성 어거스틴의
고 백 록

성 어거스틴 지음
김 광 채 옮김

기독교문서선교회

The Confessions

By
St. Augustine

Translated by
Guang-Chae Kim

Korean Edition
Copyright © 2003, 2016 by Christian Literature Center
Seoul, Korea

역자 서문

    본 역자가 어거스틴의 불후의 명저 『고백록』 번역을 시작한 것은 지난 1994년 초의 일이다. 그러므로 본 역자는 이 책의 번역에 만 8년 이상의 장구한 세월을 쏟은 셈이다. 이 책 번역에 이렇게 오랜 시간이 걸린 것은, 역자가 라틴어 책을 번역하는 일에 전업(專業)하는 사람이 아니기 때문이다. 그럼에도 불구하고 역자가 이 책 번역에 심혈을 기울인 것은 역자가 독일 유학 시절부터 어거스틴 연구에 종사하는 동안, 『고백록』 같은 고전은 어거스틴을 전문적으로 연구하는 신학자에 의해 번역되는 것이 옳다고 생각하였기 때문이다.

    사실, 지금까지 어거스틴의 『고백록』을 우리말로 번역한 사람은 적지 않다. 하지만 그들 중 거의 대부분은 어거스틴 전문가가 아니며, 혹 어거스틴 전문가라 할지라도 『고백록』의 라틴어 원문을 대본으로 하여 번역하기보다는, 영어 번역이나 일본어 번역에 의존하여 중역(重譯)한 관계로, 번역문 곳곳에 오류가 발생하는 것을 막기 어려웠다. 물론 카톨릭의 최민순 신부라는 분이 라틴어 원본에서 『고백록』을 번역한 일이 있다.[1] 하지만 그의 번역은 거의 직역에 가까워 이해하기 어려운 대목이 많다. 또한 카톨릭 교회의 용어를 사용하였기 때문에 개신교 신자들에게는 친숙하지가 않다. 참고

---

[1] 이 번역본의 초판 1쇄는 1965년 12월에 나왔다.

로 역자는 개신교 신자이며, 개신교 중에서도 칼빈주의를 신봉한다. 바로 이러한 입장 때문에 역자는 역자와 같은 개신교 신자들, 특히 칼빈주의를 신봉하는 사람들을 위하여 이 책을 번역하였다.

그러면 어거스틴과 개신교는 어떠한 관계가 있는가? 어거스틴은 카톨릭 측에서도 "은총의 교사"(doctor gratiae)라고 부를 만큼, 인간의 행위보다 하나님의 은혜와 은총을 강조하는 교부였다. 그러므로 어거스틴은 16세기 독일의 종교개혁자 마틴 루터(Martin Luther, 1483-1546)가 "은혜로만" (sola gratia)이라는 종교개혁의 원칙을 발견하는 데 커다란 영향을 미쳤다. 그래서 독일 비텐베르그(Wittenberg) 대학 교수였던 루터는 어거스틴 강좌가 신학부 교과과정에 포함되어야 할 것을 주장하기까지 했다. 스위스 제네바(Geneva)에서 활약한 프랑스 출신의 종교개혁자 요한 칼빈 (Iohann[es] Calvin, 1509-64) 역시 교부 어거스틴을 매우 중요시하였다. 이것은 칼빈의 주저 『기독교 강요』에 어거스틴의 여러 책을 인용한 흔적이 곳곳에 보이는 것만 보아도 잘 알 수 있다.[2]

어거스틴의 라틴어 이름은 아우구스티누스(Augustinus)로서, 아우구스투스(Augustus)의 축소형인데, 아우구스투스는 '존엄자'라는 뜻을 지니므로 아우구스티누스는 '작은 존엄자'라는 뜻을 지닌다. 어거스틴 (Augustine)은 아우구스티누스를 영어로 칭할 때 사용하는 이름이다. 하지만 우리에게는 아우구스티누스보다 어거스틴이 더 친숙하므로 본서는 어거스틴이라는 이름을 사용했다.

어거스틴이 『고백록』을 쓰기 시작한 것은 주후 397년 경(만 43세쯤)의 일이고, 집필을 완료한 것은 주후 401년(만 47세)의 일이다. 그러니까 어거스틴은 중년(中年)의 나이에 이 책을 썼다고 할 수 있다. 그리고 당시 어거스틴은 힙포(Hippo)의 감독이 된 지 얼마 되지 않은 상황이었다.

---

2) Cf. Luchesius Smits, *Saint Augustin dans l'oevre de Jean Calvin*, I: *Étude de critique littéraire* (Assen: Van Gorcum & Co., 1957), pp. 119-125; II: *Table des références augustiniennes* (Assen: Van Gorcum & Co., 1958), pp. 22-58.

어거스틴은 주후 395년 힙포의 공동감독(公同監督)이 되었고, 주후 396년 힙포의 정식 감독이 되었다.

우리는 어거스틴의 『고백록』에 자서전적인 요소가 많이 포함되어 있음을 알고 있다. 하지만 어거스틴의 『고백록』은 단순한 자서전이 아니다. 이것은 『고백록』의 집필 시기가 잘 암시해 준다. 사람들은 자서전을 쓸 경우 보통 노년(老年)에 쓴다. 아니면 자기가 목표로 한 바를 달성한 다음에 쓴다. 혹은 성공한 다음에 쓴다. 그러나 어거스틴은 아직 노인이 되기 전에 『고백록』을 썼다. 그리고 인생의 역정에서 무슨 일에 성공했다는 평가를 세인(世人)으로부터 받기 전에 『고백록』을 썼다.

오히려 어거스틴은 실패한 수사학자(修辭學者)였다. 주후 386년 가을 밀라노(Milano)의 국립 수사학교 교수직을 그만둔 다음부터 어거스틴은 기독교 철학에 관한 책을 여러 권 썼고, 마니교를 비판하는 책을 몇 권 쓰기도 했다. 하지만 아직 그는 위대한 기독교 철학자로서의 명성을 얻을 형편은 못 되었다.

어거스틴이 위대한 기독교 철학자로서의 명성을 얻게 되는 것은 그가 『고백록』과 『신국록』을 쓴 다음의 일이다.

그러면 『고백록』을 집필할 당시 어거스틴은 목회자로서의 명성을 얻고 있었는가? 이에 대해 우리는 이렇게 말할 수 있다. 당시 도나티스트 논쟁에 휩싸여 자신의 권위를 인정하지 않는 도나투스파 사람들을 설득하는 데 무진 애를 쓰고 있었다고 말이다. 물론 보편교회에 속한 북아프리카의 교인들은 대부분 어거스틴의 권위를 인정했다. 그러나 그의 권위가 로마 제국의 나머지 다른 지역까지 미치기에는 그의 목회 경력이 아직 짧았다.

그러면 이 같은 상황에서 어거스틴이 『고백록』을 저술한 이유는 무엇인가? 그것은 이 책의 독자들에게 참되고 사랑이 많으신 하나님을 함께 찾아 나서자고 촉구하기 위해서였다. 이런 의미에서 어거스틴의 『고백록』은 단순히 '죄를 고백' 하는 '참회록' 이 아니다. 어거스틴이 『고백록』에서 말하는 '고백' 은 하나님 앞에서 자신의 죄와 무능을 겸손히 고백하는 것뿐 아니라, 나와 같은 죄인을 용서하고 사랑해 주시는 진리와 사랑의 하나님께 감사하는 마음, 찬양하는 마음을 고백하는 '찬양의 고백' 도 포함된다. 어거스틴은 이 같은 고백을 다른 형제자매들과 함께 마음을 같이하여 하나님께 올리기 원했다. 그것은 하나님이야말로 우리 모두에게 삶의 진정한 기쁨과 행복을 가져다 주는 분이시며, 우리 모두가 한 마음으로 자기를 찬양하는 것을 하나님께서는 원하고 계시기 때문이다.

2003. 5. 31
역 자 識

목 차

역자 서문 / 3

제1권 어린 시절 19

1. 하나님의 위대하심에 대한 찬양 / 19
2. 하나님을 내 안에 불러 모실 수 있을까? / 20
3. 무소부재하시나 모든 것을 초월해 계시는 하나님 / 21
4. 영화로우신 하나님에 대한 찬양 / 22
5. 하나님의 긍휼을 간구하는 기도 / 23
6. 유아기와 하나님의 섭리 / 24
7. 유아기의 죄악 / 27
8. 언어를 배움 / 29
9. 초등학교 시절 / 31
10. 연극 구경을 좋아하게 됨 / 33
11. 세례의 연기 / 33
12. 억지로 공부한 것의 유익 / 35
13. 소년 시절에 공부한 내용 / 36
14. 헬라어 공부를 싫어한 이유 / 38

15. 배운 바를 하나님께 바치는 기도 / 39
16. 신화에 대한 비판 / 40
17. 웅변을 잘해 칭찬을 받았으나 헛된 일이었음 / 42
18. 문법을 잘 지키는 것만으로는 의미가 없음 / 43
19. 소년 시절에 행한 죄악 / 45
20. 어린 시절을 주신 하나님께 감사 / 46

제2권 사춘기의 분요함　　　　　　　　　　49

1. 사춘기의 죄를 고백하는 뜻 / 49
2. 정욕에 침잠했던 사춘기 / 50
3. 학업의 중단 / 52
4. 배나무에서 배를 도둑질하던 일 / 55
5. 사람이 죄를 짓는 이유 / 57
6. 죄악의 근본 동기는 하나님에게서 멀어지는 것 / 58
7. 용서하시는 하나님 / 61
8. 나쁜 친구들로 인해 죄의 유혹이 더 심해짐 / 62
9. 그릇된 우정 / 63
10. 하나님을 바라봄 / 64

제3권 마니교 신자가 되다　　　　　　　　　65

1. 유혹의 도시 카르타고로 / 65
2. 연극 관람, 특히 비극을 좋아함 / 66
3. 애욕은 추구하였으나 난폭한 행동은 삼감 / 69
4. 호르텐시우스의 체험 / 70
5. 성경을 읽고 실망을 느끼다 / 73
6. 마니교라는 이단에 빠지다 / 73

7. 마니교의 그릇된 가르침 / 77
8. 우리가 피해야 할 죄악 / 80
9. 하나님의 판단이 인간의 판단보다 중요함 / 83
10. 음식에 대한 마니교의 주장 / 84
11. 어머니의 눈물과 꿈 / 85
12. 어느 감독의 위로 / 87

제4권 마니교의 늪에서　　　　　　　　　　89

1. 이단자의 가련한 삶 / 89
2. 고향에서 수사학 교사로 일하다 / 91
3. 점성술에 현혹되다 / 92
4. 사랑하는 친구의 죽음 / 95
5. 눈물이 달콤했던 까닭 / 98
6. 잃어버린 친구에 대한 사랑 / 98
7. 다시 카르타고로 / 100
8. 점차 평온을 되찾다 / 102
9. 참된 우정과 사랑 / 103
10. 사라져 없어질 것은 참된 안식을 주지 못함 / 104
11. 오직 하나님만 변하지 않으심 / 105
12. 하나님을 사랑하자! / 106
13. 미학에 관한 책을 저술하다 / 109
14. 그 책을 로마의 수사학자 히에리우스에게 바치다 / 109
15. 그 책의 내용에 대한 비판 / 112
16. 자유학예를 독학으로 통달하다 / 115

제5권 마니교와의 결별　　　　　　　　　　119

1. 하나님을 찬양함 / 119

2. 회개하는 자는 은총을 얻음 / 120
3. 마니교의 감독 파우스투스에게 걸었던 기대 / 121
4. 하나님을 아는 사람이 진정으로 행복하다 / 124
5. 마니교의 허구성 / 124
6. 어거스틴의 질문에 대답하지 못하는 파우스투스 / 126
7. 마니교에 실망을 느끼다 / 128
8. 어머니를 속이고 로마로 가다 / 130
9. 로마에서 병에 걸리다 / 133
10. 아카데미 학파의 회의주의에 기울어지다 / 135
11. 성경에 대해 아직 마음이 열리지 않다 / 139
12. 로마의 학생들에 대해서도 실망하다 / 140
13. 밀라노에서 암브로시우스를 알게 되다 / 141
14. 마니교와 결별하기로 작정하다 / 142

제6권 정신적 방황의 계속 ········· 145

1. 어머니 모니카가 밀라노로 오다 / 145
2. 옛 습관을 포기하는 어머니 / 147
3. 암브로시우스의 설교에 감화를 받기 시작하다 / 148
4. 신자 되기를 두려워하다 / 150
5. 성경의 권위 / 152
6. 거지를 부러워하다 / 154
7. 친구 알뤼피우스 / 157
8. 검투 구경에 탐닉한 알뤼피우스 / 159
9. 도둑으로 몰린 알뤼피우스 / 161
10. 밀라노로 간 알뤼피우스와 네브리디우스 / 163
11. 하나님과 세상 사이에서 방황을 계속하다 / 165
12. 결혼 문제에 관해 알뤼피우스와 토론하다 / 167
13. 어머니의 뜻에 따라 약혼하는 어거스틴 / 168

14. 공동생활을 계획했으나 실행에 옮기지 못하다 / 169
15. 동거녀와 헤어지다 / 170
16. 구원이 가까울수록 고통은 심해지다 / 171

제7권 플라톤주의의 영향 173

1. 하나님의 본성에 대한 생각 / 173
2. 마니교도들에 대한 반박 / 175
3. 악의 원인에 대해서는 아직 알 수 없었다 / 176
4. 하나님은 불변적이시다 / 178
5. 악의 근원에 대한 탐구 / 179
6. 점성술이 미신임을 깨닫다 / 181
7. 계속되는 영혼의 불안 / 185
8. 하나님의 가시채 / 186
9. 신플라톤주의자들의 책을 읽게 되다 / 187
10. 영원한 진리의 빛에 가까이 나아가다 / 190
11. 피조물의 본성 / 192
12. 모든 피조물은 선하다 / 192
13. 만물의 질서와 조화 / 193
14. 하나님에 대한 새로운 깨달음 / 195
15. 하나님이 모든 것을 붙들고 계심 / 195
16. 죄는 실체가 아니라, 의지의 왜곡 / 196
17. 지적인 깨달음만으로는 부족함 / 196
18. 겸손하신 그리스도를 영접해야 했음 / 198
19. 그리스도의 성육신에 관한 당시의 생각 / 199
20. 플라톤주의는 교만하게 만듦 / 201
21. 성경, 특히 바울 서신의 연구 / 202

제8권 회심을 위한 마지막 싸움 — 205

1. 심플리키아누스를 찾아갈 계획을 세움 / 205
2. 심플리키아누스가 빅토리누스에 대해 이야기해 주다 / 207
3. 곤고함이 클수록 구원받은 기쁨도 크다 / 211
4. 빅토리누스의 회심이 어거스틴에게 끼친 영향 / 213
5. 자신을 얽어맨 사슬을 완전히 끊지 못하다 / 215
6. 폰티키아누스의 이야기 / 217
7. 어거스틴은 그 이야기에 큰 충격을 받다 / 222
8. 밀라노 정원에서의 영혼의 싸움 / 224
9. 두 의지의 싸움 / 226
10. 마니교의 오류 / 227
11. 옛 사람과의 처절한 싸움 / 230
12. 회심에 도달하는 어거스틴 / 233

제9권 세례를 받음 — 237

1. 구원받은 자의 기쁨 / 237
2. 교수직을 포기하기로 하다 / 238
3. 친구 베레쿤두스와 네브리디우스에 대한 추억 / 241
4. 카씨키아쿰에서의 행복한 나날 / 243
5. 수사학 교수직에서 물러남 / 249
6. 알뤼피우스 및 아데오다투스와 함께 세례를 받다 / 250
7. 밀라노 교회 찬송의 유래 및 성유물로 인한 기적 / 251
8. 북아프리카로 귀환하던 길에 어머니 모니카 소천 / 253
9. 현모양처였던 모니카 / 257
10. 오스티아에서의 신비체험 / 260
11. 모니카의 소천 / 263
12. 어머니 모니카를 애도함 / 265

13. 어머니를 위한 기도 / 269

제10권 내적인 성찰 — 273

1. 고백의 목적 / 273
2. 하나님 앞에서 고백을 행하는 뜻 / 273
3. 사람 앞에서 고백을 행하는 뜻 / 274
4. 사람들이 이 고백을 들으려 하는 이유 / 276
5. 고백자 자신도 자기 자신을 완전히 알지 못함 / 279
6. 하나님의 본성에 대한 탐구 / 279
7. 하나님을 알고자 하는 자는 감각적인 것을 초월해야 / 283
8. 기억의 힘, 특히 감각적 기억의 힘에 관하여 / 284
9. 비감각적 기억 / 287
10. 올바른 판단기준은 기억 속에 현존함 / 288
11. 학습의 본질 / 289
12. 대수학 및 기하학의 내용에 대한 기억 / 290
13. 정신적 활동도 기억의 대상이 됨 / 291
14. 감정에 대한 기억 / 292
15. 영상을 통한 기억과 영상을 통하지 않은 기억 / 294
16. 망각에 대한 기억 / 295
17. 하나님을 찾는 자는 기억의 힘까지도 넘어서야 / 297
18. 기억이 있으므로 다시 찾을 수 있음 / 298
19. 완전히 망각한 것은 회상이 불가능함 / 299
20. 모든 사람은 행복을 추구하며 행복을 알고 있음 / 300
21. 행복한 삶은 일종의 기쁨 / 302
22. 행복한 삶은 하나님 안에서의 기쁨 / 304
23. 행복한 삶은 진리를 기뻐하는 삶 / 304
24. 하나님은 기억 안에 계심 / 306
25. 하지만 기억의 어디에 계시는가? / 307

26. 하나님은 무소부재하심 / 308
27. 하나님을 너무 늦게야 사랑하게 됨 / 308
28. 인생은 시련의 연속 / 309
29. 유일한 소망은 하나님의 자비 / 310
30. 아직 육욕에서 완전히 해방되지 못함 / 311
31. 아직 식욕에서도 완전히 해방되지 못함 / 313
32. 좋은 냄새가 주는 시험 / 317
33. 청각에서 오는 시험 / 318
34. 안목의 정욕에서 오는 시험 / 319
35. 호기심 때문에 오는 시험 / 322
36. 교만과 칭찬받고자 하는 욕심에서 오는 시험 / 326
37. 칭찬을 받고서 기뻐해도 되는 경우는? / 328
38. 헛된 영광을 무시하는 데서 오는 시험 / 330
39. 자기의 기분만을 생각하는 데서 오는 시험 / 331
40. 하나님이 계신 높은 곳을 향해 올라가기 원함 / 332
41. 하나님과 거짓은 공존할 수 없음 / 333
42. 사단은 거짓된 중보자 / 334
43. 참된 중보자는 오직 한 분 / 335

제11권 시간을 창조하신 하나님 ········ 339

1. 고백의 목적은 참된 사랑을 일깨우는 데 있음 / 339
2. 성경 말씀의 깊은 뜻을 알게 해 주시기를 간구함 / 340
3. 하나님의 내적 조명을 통해서만 진리를 알 수 있음 / 343
4. 피조물이 창조주를 선포함 / 344
5. 하나님은 무에서 유를 창조하심 / 345
6. 하나님의 로고스 / 346
7. 로고스의 영원성 / 347
8. 태초부터 있는 영원한 진리 로고스 / 348

9. 로고스의 신비 / 349
10. 창조 이전에 대한 질문은 어리석음 / 350
11. 영원과 시간의 질적 차이 / 351
12. 하나님이 창조 이전에 하신 일은 없다 / 352
13. 창조 이전에는 시간 대신 영원만 있었다 / 352
14. 시간의 본질 / 354
15. 시간의 길고 짧음 / 355
16. 시간의 측정 / 357
17. 과거와 미래는 분명 존재한다 / 358
18. 과거와 미래는 현재 속에 존재한다 / 359
19. 신비로운 예언의 은사 / 361
20. 과거, 현재, 미래라는 세 가지 시제 / 361
21. 시간을 어떻게 측정할 것인가? / 362
22. 하나님의 도우심만이 이 문제의 해결책이다 / 363
23. 시간은 천체의 운동이 아니다 / 364
24. 물체의 운동은 시간으로 측정함 / 367
25. 시간은 수수께끼 / 368
26. 짧은 시간으로 긴 시간을 측정함 / 368
27. 시간은 영혼으로 측정함 / 370
28. 기억과 감지와 예상 / 373
29. 시간적인 것에는 끝이 있다 / 374
30. 시간은 창조와 함께 시작됨 / 375
31. 하나님은 영원토록 모든 것을 아심 / 376

제12권 창세기 1장에 나오는 '천지'의 뜻 ⋯⋯ 379

1. 성경의 올바른 해석은 어렵다 / 379
2. 두 종류의 하늘 / 380
3. 깊음 위의 흑암 / 380

4. 무형의 질료 / 381
5. 질료가 무엇인지를 알기란 대단히 어려움 / 382
6. 유형적 존재와 절대무 사이의 중간적 존재 / 382
7. 무형의 질료는 하나님께서 창조하심 / 384
8. 무형의 질료에서 우주만물이 창조됨 / 385
9. 시간 이전의 창조 / 386
10. 빛의 조명을 간구함 / 386
11. 어거스틴이 '천지'에 대한 자신의 해석을 요약함 / 387
12. 시간을 초월하면서도 영원하지는 않은 존재 / 389
13. 창조의 날 이전에 창조된 피조물 / 390
14. 성경 말씀은 놀랍도록 심오함 / 391
15. 어거스틴의 반론 / 392
16. 상반된 해석에 대한 최종적 심판자는 하나님 / 395
17. 창세기 1장 1절에 대한 여러 가지 해석의 가능성 / 396
18. 한 성경 구절에 대해 여러 가지 해석이 가능함 / 399
19. 이들 여러 가지 해석에 모두 타당한 부분이 있음 / 400
20. 창세기 1장 1절에 대한 다섯 가지 해석 / 401
21. 창세기 1장 2절에 대한 다섯 가지 해석 / 401
22. 네 번째와 다섯 번째 해석에 대한 반론과 답변 / 403
23. 두 가지 의문 / 405
24. 성경 해석의 어려움 / 405
25. 오만함과 논쟁하기 좋아하는 것을 경계함 / 407
26. 성경의 권위는 지극히 높다 / 409
27. 성경은 단순한 자도 이해할 수 있다 / 410
28. 지혜로운 자에게 깊은 진리를 열어 주는 성경 / 411
29. '처음에'라는 말의 네 가지 의미 / 413
30. 의견이 다름에도 영원한 사랑 안에서는 하나가 됨 / 416
31. 모세는 해석의 여러 가능성을 염두에 둠 / 417
32. 하나님의 영이 진리를 밝혀 줌 / 418

제13권 창조주되신 삼위일체의 하나님 ·········· 421

1. 하나님의 선하심에 대한 감사 / 421
2. 모든 피조물은 하나님의 선하심 때문에 창조됨 / 422
3. 창세기 1장 3절에 대한 어거스틴의 해석 / 424
4. 하나님은 피조물을 필요로 하지 않으심 / 425
5. 창조주 되신 삼위일체 하나님 / 426
6. 성령이 수면에 운행하셨다는 표현에 대한 의문 / 427
7. 성령이 수면에 운행하셨다는 표현에 대한 해석 / 427
8. 복된 안식은 하나님 안에서만 가능 / 429
9. 하나님의 영은 위로 올라감 / 430
10. 하나님의 영이 천사와 인간에게 빛을 비춤 / 431
11. 사람 속에 있는 삼위일체의 흔적 / 432
12. 창조는 교회 창설의 예표 / 433
13. 영적인 창조는 아직 완성되지 않음 / 434
14. 우리는 어떤 의미에서 빛인가? / 435
15. 궁창은 성경의 비유 / 437
16. 하나님의 본성은 오직 하나님만 아심 / 439
17. 바다와 육지의 비유적 의미 / 440
18. 궁창에 있는 광명의 비유적 의미 / 441
19. 그리스도인은 세상의 빛 / 443
20. 바다의 생물들의 비유적 의미 / 446
21. 땅의 생물들의 비유적 의미 / 448
22. 사람이 하나님의 형상대로 지음받은 이유 / 450
23. 신령한 사람의 권세 / 452
24. 진리는 하나라도 그 해석은 다양하다 / 454
25. 땅의 열매의 비유적 의미 / 457
26. 참된 열매 / 459
27. 물고기와 고래의 비유적 의미 / 462
28. 심히 좋았더라는 말씀 / 463

29. 하나님 말씀은 영원하나 인간의 이해는 시간적임 / 463
30. 마니교의 잘못된 세계관 / 464
31. 영적인 사람은 하나님의 영을 통하여 봄 / 465
32. 하나님이 창조하신 것은 다 좋음 / 467
33. 형상과 질료의 창조는 동시적이었음 / 468
34. 창조 기사에 대한 비유적 해석을 요약함 / 469
35. 우리에게 평화를 주소서! / 470
36. 저녁이 없는 날 / 470
37. 우리 속에 있는 하나님의 안식 / 471
38. 영원하신 하나님의 보심과 일하심과 안식 / 471

어거스틴(354. 11. 13 - 430. 8. 28) 연표 ········· 473
참고문헌 ··· 475

제1권 어린 시절

1. 하나님의 위대하심에 대한 찬양

(1) "여호와는 광대하시니 크게 찬양할 것이라"(시 145:3). "우리 주는 능력이 많으시며 그 지혜가 무궁하시도다"(시 147:5).

이제 찬양을 당신께 올리기 원하나이다. 하오나 그것을 원하는 이 인간은 당신의 한줌 피조물에 불과하오며, 죽을 몸을 이끌고 다니는 자, 곧 자기 죄악의 증거를 지니고 다니는 자이오니, 이 증거를 인간이 지니고 다니는 것은 당신이 교만한 자를 대적하신 까닭이니이다. 그럼에도 당신의 한줌 피조물에 지나지 않는 이 인간이 당신께 찬양을 올리려 하나이다.

당신은 우리의 마음을 움직여 우리로 하여금 당신을 찬양하기를 즐거워하게 하셨나이다. 이는 우리가 당신을 향하여 살도록 당신이 우리를 창조하신 까닭이니, 우리 심령은 당신 안에서 쉼을 얻을 때까지 평안할 수 없나이다.

오 주여, 나에게 지혜를 주사, 당신을 부르는 것이 먼저인지, 당신을 찬양하는 것이 먼저인지, 아니면 당신을 아는 것이 먼저인지, 당신을 부르는 것이 먼저인지 깨닫게 하소서! 하오나 당신을 알지도 못하면서 당신을 부를 자 누구리이까? 이는 알지 못하면서 부르는 자는 애먼 것을 부르기가 쉬운 연고니이다. 이것이 아니라면 우리가 당신을 부름은 오히려 당신을 알기 위함이 아닌지요? 하오나 "저희가 믿지 아니하는 이를 어찌 부르리요 듣지도 못한 일을 어찌 믿으리요"(롬 10:14). "여호와를 찾는 자는 그를 찬송할 것이라"(시 22:26). 그를 찾는 자가 그를 만날 것이며, 그를 만나는 자가 그를 찬송할 것임이니이다.

주여, 나는 당신을 부르면서 찾고 당신을 믿으면서 부르리니, 이는 당신이 우리에게 전파되었음이니이다. 당신을 부르는 것은 주여, 나의 믿음인 바, 이 믿음으로 말하면 인성(人性)을 취하신 당신의 아들로 말미암아, 또 당신이 세우신 전도자[1]의 사역으로 말미암아 당신이 내게 부어 넣어 주신 것이니이다.

2. 하나님을 내 안에 불러 모실 수 있을까?

(2) 그런데 나는 내 하나님을, 내 주 하나님을 어떻게 불러야 하나이까? 내가 그를 부른다 함은 그를 내 안에 불러 모심이 아니니이까? 그렇다 하오면 내 하나님이 내게 들어오실 자리가 내 안에 있기라도 하다는 것이니이까? 천지를 창조하신 하나님이 나의 안 어느 곳에 들어오실 수 있다는 것이니이까? 주 나의 하나님이여! 내 안에 당신을 맞아들일 만한 것이 과연 무엇이 있나이까? 하오나 당신이 창조하셨고, 나를 그 안에 창조하신 저 하늘과 땅이라도 당신을 맞아들일 수 있겠나이까? 아니면 존재하는 모든 것은 당신 없이 존재할 수 없기에, 존재하는 모든 것이 다 당신을 맞아들일 수 있는 것이니이까? 나라는 존재가 존재하는 것이 사실이고, 당신이 내 안에 계시지 않는다면 나도 존재하지 않았을 것이 사실인데, 당신이 내 안에 오시도록 내가 간구하는 것은 무슨 까닭이니이까? 나는 아직 음부(陰府)에 내

---

[1] 밀라노의 감독 암브로시우스(*334?, 재직 374-397)를 말한다. 암브로시우스는 어거스틴의 회심에 중요한 영향을 미쳤다. 어거스틴은 주후 387년 봄 암브로시우스에게서 세례를 받는다.

오, 나의 생명, 나의 거룩한 즐거움이 되신 나의 하나님이시여, 우리가 무엇을 아뢰었나이까? 인간이 당신에 대하여 말할 때, 무엇을 말하는 것입니까? 당신을 찬양함에 있어서는 말을 많이 하는 자들도 실상은 벙어리나 다름없으니, 당신에 대하여 침묵하는 자들은 화로다!

5. 하나님의 긍휼을 간구하는 기도

(5) 누가 나를 이끌어 당신 안에서 쉼을 얻게 해 주리이까? 누가 당신을 내 심령 속에 오시게 하리이까? 그리하면 나는 흠뻑 취하여 내 죄악을 잊고 내 유일한 보화인 당신을 얼싸안으리이다.

당신은 나의 무엇이 되시나이까? 긍휼을 베푸사 나로 하여 말씀하게 하소서! 내가 당신의 무엇이길래 내게 당신을 사랑하라 명하시고, 내가 당신을 사랑하지 아니하면 진노하셔서 내가 엄청난 고통을 당할 것이라고 겁을 주시나이까? 내가 당신을 사랑하지 않는다 해도 아무런 고통을 받게 되지 않나이까? 내게 화가 있을 것이니이다! 주 나의 하나님, 당신이 나의 무엇이 되시는지, 당신의 긍휼을 좇아 내게 말씀하소서! "내 영혼에게 '나는 네 구원이라' 이르소서!"(시 35:3) 그리 말씀하소서! 내가 듣겠나이다. 주여, 보소서! 내 마음의 귀가 당신 앞에 있나이다. 내 귀를 여시고 "내 영혼에게 '나는 네 구원이라' 이르소서!" 내가 이 음성을 좇아 달려가 당신을 붙들리이다. 당신의 "얼굴을 내게서 숨기지 마소서!"(시 143:7) 내가 당신의 얼굴을 봄으로써 내 육신이 죽는다 할지라도, 내 영혼은 죽지 않으리이다.

(6) 내 영혼의 집은 당신이 들어오시기에는 너무 좁으니 당신이 넓혀 주소서! 무너져 가오니 고쳐 주소서! 당신의 눈에 거슬리는 것이 있는 줄 알고 이를 고백하나이다. 하오나 누가 이것을 깨끗하게 하리이까? 당신 아니면 어느 누구에게 "주여 나를 숨은 허물에서 벗어나게 하소서!"(시 19:12), "남들이 지은 죄에 빠지지 않도록 당신의 종을 건져 주소서!" 하고 부르짖겠나이까? "내가 믿는 고로 말하나이다"(시 116:10). 주여, 당신은 아시나이다.

나의 하나님, "주께 내 죄를 아뢰었더니 곧 주께서 내 마음의 악을 사하여 주시지 않았나이까"(시 32:5). 나는 진리이신 당신과 쟁론하지 않나이다. 하오나 내가 나 자신을 속이는 것도 원치 않사오니, 이는 내 죄악이 스스로 속일까 염려함이니이다. 그러므로 나는 당신과 쟁론하지 않나이다. "주여, 주께서 죄악을 감찰하실진대 주여 누가 서리이까"(시 130:3).

6. 유아기와 하나님의 섭리

(7) 그러하오나 나로 하여금 당신의 긍휼에 의지하여 아뢰게 하소서! 비록 "티끌과 같은 나라도"(창 18:27) 아뢰게 하소서! 보소서! 내가 아뢰는 것은 당신의 자비하심 때문이지 사람에게, 나를 비웃는 사람에게 말함이 아니니이다. 혹 당신마저 나를 비웃을지 모르나, 돌이켜 나를 불쌍히 여겨 주실지라. 주여, 내가 당신께 아뢰고자 하는 것은 바로 이것이니, 내가 어디로서 이리로 — 이 "죽어 가는 생명 속으로" 혹은 "생명 있는 죽음 속으로" — 왔는지 모른다 하는 것이라. 나는 모르겠나이다. 하오나 당신의 자비의 위로하심이 나를 붙들었다 함을 내 육신의 부모님을 통해 들었나이다. 당신은 나를 그들에게서, 또한 그들 안에서 시간 속에 창조하셨으나 나는 기억치 못하겠나이다.

그리하여 사람의 젖의 위로가 나를 붙들었으나, 내 어머니나 유모들이 자기들의 젖을 채운 것이 아니고, 오직 당신이 그들을 통하여 나에게 젖먹이의 양식을 주셨으니, 이는 당신이 세우신 법도와 만물의 기초까지 섭리하시는 당신의 풍성하심으로 말미암은 것이었나이다. 당신은 또한 당신이 주시는 분량보다 내가 더 많이 원하지 않도록 해 주셨으며, 나를 기르시는 분들에게는 당신이 그들에게 주시는 분량만큼만 내게 먹이도록 하셨으니, 당신이 그들의 정(情)을 다듬질하심으로 그들은 당신이 풍성하게 주신 것을 즐거이 내게 주기를 원했나이다. 이는 그들을 통해 주어진 나의 행복이 곧 그들의 행복이었음이니이다. 하오나 그 행복은 그들에게서 나온 것이 아니라 단지 그들을 통해 나왔을 따름이니이다. 이는 오 하나님, 모든 선한 것은 당신으로 좇아 나오며, 나의 모든 구원도 내 하나님으로 좇아 나오는 까닭이니이다. 물론 나는 이 사실을 나중에야, 곧, 당신께서 안과 밖으로 베풀어 주시는 이 모든 은혜를 통해 내게 큰 소리로 말씀하실 때에야 깨달았나이다. 이는 그 무렵 나는 젖을 먹고 기분이 좋아 조용히 있거나, 내 육신이 불편하면 우는 것밖에는 아무것도 몰랐던 까닭이니이다.

(8) 나중에 나는 웃기도 시작했는데 처음에는 잠을 자면서, 나중에는 깨어 있을 때 그리했나이다. 하오나 이 일조차 남이 내게 말을 해 주어서 알게 된 것이고, 다른 아이들이 그러는 것을 보고야 믿게 되었을 뿐, 내가 그러했다는 것은 전혀 기억나지 않나이다. 그리고 보소서! 나는 점차 내가 어디 있는지를 알게 되었사오며, 나의 요구를 들어 줄 것으로 생각되는 사람들에게 나의 뜻을 표현하고 싶어했나이다. 하오나 나의 뜻을 충분히 표현하는 것은 불가능했사온데, 이는 나의 뜻은 내 안에 있었고 사람들은 내 밖에 있어서, 그들이 자기들에게 주어진 감각적 힘으로는 내 영혼 속으로 들어올 수 없었던 까닭이니이다. 그리하여 나는 사지를 움직이거나 소리를 내어 내 마음의 뜻을 힘이 닿는 한 조금이나마 표현해 보고자 했나이다. 그러나 그것은 시늉뿐이었지 나의 참뜻을 전달하기에는 힘이 부족하였나이다. 그래서 그들이 내 뜻을 못 알아들어 그랬든지, 아니면 내게 해가 될까 봐 그랬든지 간에, 그들이 내 뜻을 받들어 주지 않으면 나는 어른들이 나에게 복종하지 않았다고, 자유자들인 그들이 내게 종노릇하지 않았다고 성질을 부리며, 앙앙 울어서 그들에게 앙갚음을 하였나이다. 나는 어린아이들이 그렇다는 것을 다른 어린아이들을 살펴봄으로써 알게 되었고, 나도 그러했다는 것을 나에 대해서 잘 모르는 그 어린 아이들이 나에 대해서 잘 아는 나의 양육자들보다 오히려 더 잘 가르쳐 주었나이다.

(9) 그리고 보소서! 나의 젖먹이 시절은 이미 오래 전에 죽었으나 나는 지금 살아 있나이다. 그러하나 주여, 당신은 항상 살아 계시며, 당신 안에서는 아무것도 죽지 않나이다. 이는 당신이 만세 전부터, 그리고 '이전'이라고 일컬을 수 있는 모든 것 이전부터 계시며, 당신이 만드신 모든 것들의

하나님이시요 주가 되심이니이다. 당신께서는 덧없는 만물의 모든 원인, 변화하는 삼라만상의 불변적 근원, 또한 이성이 없는 모든 시간적 존재의 영원한 이치가 있사오니 하나님이시여, 나에게, 당신께 간절히 비는 자에게 말씀하여 주소서! 긍휼히 여기시는 분이시여! 불쌍한 당신의 종에게 말씀하여 주옵소서! 내게 전생(前生)이라는 것이 있어서, 나의 어린 시절은 이미 사라져 버린 그 전생의 연속이었는지요? 혹은 그것은 내가 내 어머니의 복중에서 지내던 때였는지요? 태아 시절에 대해서는 사람들이 여러 가지를 말해 주었으며, 나 자신도 임신한 여자들을 보았나이다. 나의 기쁨이 되시는 나의 하나님, 하오나 태아 시절 이전의 나는 무엇이었나이까? 나는 어디에 있었으며 나는 누구였나이까? 이에 대해서는 아무도 내게 말해 줄 사람이 없나이다. 아버지도 어머니도 말해 줄 수 없었으며, 다른 사람들의 경험이나 나 자신의 기억도 이에 대해서는 무능하나이다. 하온데 이런 것을 묻는 나를 보고 당신은 우습다 하시나이까? 당신은 내가 아는 것에 대하여나 당신을 찬양하고, 당신께 대한 나의 신앙을 고백하는 일이나 하라고 명하시나이까?

(10) 천지의 주재시여, 당신께 나의 신앙을 고백하오니, 나의 시초와 기억에 남아 있지 않은 나의 젖먹이 시절에 대해 당신께 아룀으로 당신을 찬양하려 하나이다. 하온데 당신은 사람으로 하여금 자기에게 그런 일이 있었다는 것을 남을 통해 짐작하게 해 주셨으며, 또 자기를 길러 준 부녀들이 자기에 대해서 해 주는 여러 가지 이야기가 신빙성이 있다는 사실을 믿게 해 주셨나이다. 당시에도 나는 분명히 존재했고 살아 있었으며, 유아기가 끝날 무렵에는 벌써 내 느낌을 다른 사람들에게 알리고자 무슨 표시를 해 보려고 노력하였나이다.

주여, 당신이 아니면 어디로 좇아 이러한 생명체가 나올 수 있었겠나이까? 어느 누가 자기 자신을 만드는 창조자가 될 수 있으리이까? 그렇지 않으면 어딘가에서 우리의 존재와 생명이 그 어떤 핏줄을 통하여 우리에게로 흘러 들어오는 것이니이까? 주여, 아니니이다. 당신만이 우리를 창조하셨나이다. 당신께서는 존재와 생명이 하나이니, 이는 당신이 최고의 존재이시며 최고의 생명 그 자체이심이니이다.

　진실로 당신은 지극히 높으신 분이시며 변함이 없으시니, 당신 안에서는 '오늘'이라는 날짜가 지나가지 않나이다. 하오나 당신 안에서 '오늘'이라는 날짜가 지나가기도 하는 것은 당신 안에 이 모든 것이 있음이니이다. 당신이 지탱해 주지 않으시면 모든 것은 옮겨갈 길을 찾지 못할 것이니이다. 또한 "주의 연대는 무궁"하니(시 102:27), 당신의 연대는 항상 '오늘' 이니이다. 수없이 많은 우리의 날들과 우리 조상의 날들이 당신의 '오늘'을 통하여 지나갔으며, 당신의 '오늘'로부터 척도와 존재를 부여받았나이다. 앞으로의 모든 날들도 그렇게 지나갈 것이며, 그렇게 척도와 존재를 부여받을 것이니이다. 하오나 주는 언제나 동일하시오니(시 102:27), 내일 이후의 모든 일을 오늘 하시며, 지나가 버린 모든 일 또한 오늘 하시나이다. 누가 이것을 이해하지 못한다 해도 내게 무슨 상관이 있나이까? 하오나 그로 하여금 즐거이 "이것이 무엇이냐"(출 16:15)고 묻게 하소서! 그로 하여금 그냥 그대로 즐거워하게 하시며, 당신을 찾으면서도 발견하지 못하기보다는, 당신을 찾지 않으며, 발견함을 사모하게 하소서![2]

7. 유아기의 죄악

　(11) 하나님이여, 들으소서! "화로다, 사람의 죄악이여!" 이렇게 사람이 부르짖을 때에 당신은 그를 긍휼히 여기시나니, 이는 당신이 그를 만드셨으되, 그 안에 있는 죄악은 당신이 만들지 않으셨음이니이다.

　누가 나로 하여금 내가 젖먹이였을 때의 죄악을 기억나게 하리이까? 이는 아무도 당신 앞에서는 죄에서 깨끗한 자 없음이니, 태어난 지 단 하루밖에 안 된 갓난아이라도 그러함이니이다. 누가 나로 하여금 그것을 기억나게

---

2) 어거스틴은 여기서 하나님의 본성을 이성적으로 탐구하는 것보다는, 하나님을 믿음으로써 하나님이 어떤 분인지 깨닫는 것을 더 좋게 여긴다.

하리이까? 내가 비록 그때의 나 자신을 기억하지 못한다 하더라도, 내가 지금 보고 있는 작은 아이들은 모두 그것을 기억나게 해 주지 아니하나이까?

하오면 당시에 나는 무슨 죄를 지었나이까? 울면서 젖 달라고 보챈 것이었나이까? 만약 내가 지금 이 나이에 젖이 아니라 밥을 달라고 그때처럼 보챈다 해도 나는 웃음거리가 됐을 것이요, 꾸지람을 받아 마땅할 것이니이다. 당시 나는 꾸지람 받을 일을 분명히 했을 것이오나, 당시 나는 꾸짖는 이들을 이해할 수 없었을 것이니이다. 그런 까닭에 당시 나를 꾸짖는 일은 세상 풍속도 이치도 허용하지 않았을 것이니이다. 이는 우리 인간들은 성장함에 따라 그런 일을 더 이상 하지 않게 됨이니이다. 누구든지 무엇을 깨끗이 닦으면서, 좋은 것을 알고도 그것을 버리는 사람을 나는 본 적이 없나이다. 하오면 그때 가지면 해로운 것을 울면서 달라고 보챈 것과 자유자들, 어른들, 나를 낳아 준 부모님들, 그 밖에 나보다 지혜로운 많은 사람들이 내 말을 들어 주지 않는다고 내가 무섭게 분을 내던 것, 그리고 나에게 해가 되기 때문에 내 말을 들어 주지 않던 그들에게 할 수만 있다면 때리거나 해를 끼치려 했던 것이 그 당시의 나에게는 좋은 일이었나이까?

그런즉 젖 먹는 아이들이 순결하다 함은 그 지체의 여림 때문이지, 그 영혼의 완전함 때문이 아닙니다. 나는 일찍이 어린아이가 질투하는 것을 목격하고 체험하였나이다. 그 아이는 아직 말도 못하는 젖먹이였으나 자기의 젖형제를 성난 얼굴로 바라보는 그의 눈에는 파란 불꽃이 튀고 있었나이다. 이런 일을 누가 모르겠습니까? 어머니 된 자들과 유모 된 자들은 이런 일은 곧 괜찮아진다고 말하지만, 그것이 어떤 방법으로 가능한지 나는 모르겠나이다. 젖이 많이 나와 남아 흐르는데, 도움을 절대 필요로 하며 이제까지 오직 그 한 가지 식료로 목숨을 부지하고 있는 다른 아이에게 나눠 먹이기를 용납하지 않는 것이 어찌 옳은 일이라 할 수 있나이까? 하오나 사람들은 이런 일을 웃으면서 넘어가나이다. 이는 이 일이 아무 일이 아니거나 하찮은 일이어서가 아니라, 아이들은 나이가 들면서 철이 들기 때문이니이다. 하오나 당신이 아시는 대로 그와 같은 일을 나이든 사람이 한다면 그것을 마냥 참아 주지는 않을 것이니이다.

(12) 그러므로 주 나의 하나님, 당신은 어린아이에게 생명과 육신을 주시고, 우리가 보는 바와 같이 그의 육신에 감각기관을 마련해 주시고, 그의 지체를 든든히 결합시켜 주시고, 그의 용모를 아름답게 하시고, 그의 온전함과 안전함을 위하여 생명의 모든 능력을 심어 주셨나이다. 지극히 높으신 분이시여, 당신은 우리에게 명하사 이 모든 일로 인해 당신을 송축하며 당신께 "감사하며 주의 이름을 찬양"(시 92:2)하라 하나이다. 당신밖에는 어느 누구도 이런 일을 할 수 없사오니, 이 일 한 가지를 하신 것만으로도 당신은 전능하시고 선하신 하나님이라. 유일하신 분이시여, 당신에게서 모든 척도가 나왔사오며, 지극히 아름다운 분이시여, 당신은 모든 것을 아름답게 만드시며, 모든 것을 당신의 법도를 따라 운행(運行)시키시나이다.

하오나 주여, 젖먹이 시절을 내가 어떻게 보냈는지 기억할 수 없사오니, 다른 사람들이 그때의 나에 대하여 들려주는 말을 믿을 수밖에 없으며, 다른 젖먹이들을 통해 내 자신도 그랬거니 짐작할 수밖에 없나이다. 하오나 그 짐작이 아무리 믿을 만하더라도 그 시절을 현재 이 세상을 살아가고 있는 나의 생애 속에 포함된 것으로는 생각하고 싶지 않나이다. 그것은 망각의 어두움에 속하는 것으로 말하면 내 젖먹이 시절이나 내가 어머니 뱃속에 있었을 때나, 똑같은 까닭이로소이다. 하오나 "내가 죄악 중에 출생하였음이여, 모친이 죄 중에 나를 잉태하였나이다"(시 51:5)라는 말씀이 옳다면 주 나의 하나님, 내가 당신께 기도하오니 내가, 당신의 종이 죄 없던 때가 언제였으며 죄 없던 곳이 어디였나이까? 그러하나 보소서! 유아기는 이제 그만 넘어가려 하나이다. 아무런 기억도 남아 있지 않은 그때가 지금의 나와 무슨 상관이 있나이까?

8. 언어를 배움

(13) 그 후에 내가 유아기를 지나 소년기로 접어들지 않았나이까? 그것이 아니라면, 소년기가 내게로 다가와서, 나의 유아기에 이어졌나이까? 하

오나 유아기는 사라지지 않았사오니, 그것이 갔다면, 어디로 갔겠나이까? 단지 그것이 현존하지 않았던 것은 사실이니이다. 이는 내가 더 이상 말도 못 하는 젖먹이가 아니라 말할 줄 아는 소년이 벌써 되었음이니이다. 내가 이것을 기억하고 있는데, 내가 어떻게 말을 배웠는지는 나중에 알게 되었나이다. 어른들이 내게 말을 가르쳐 준 것은 얼마 뒤 글을 가르쳐 줄 때처럼, 어떤 일정한 교과 과정을 따라 가르쳐 준 것이 아니었나이다. 나의 하나님이여, 당신이 내게 주신 이성의 힘을 사용하여 내 스스로 말을 배웠사온데, 옹알이를 하고, 갖가지 소리를 지르고, 갖가지 몸짓을 하는 것을 통해 나는 내 마음의 느낌을 표현하여, 사람들이 내 뜻을 따르도록 만들고자 하였나이다. 그러나 내가 원하는 모든 것을 내가 원하는 모든 사람에게 다 나타낼 수는 없었나이다. 그리하여 사람들이 어떤 사물의 이름을 부르면서 그와 동시에 그쪽으로 몸을 향하면 나는 그것을 기억 속에 담아 두었나이다. 기억의 힘이 있었기에 나는 사람들이 말소리를 내며 어떤 것을 가리키는 것을 본 다음에는 어떤 말소리만 듣고도 사람들이 무엇을 가리키려 하는지를 알아차리게 되었나이다. 그들이 무엇을 원하는지는 그들의 몸의 움직임을 통해 분명히 드러났는데, 몸의 움직임으로 말하면 모든 민족의 자연적 언어라. 얼굴 표정, 눈짓, 기타 다른 지체의 움직임과 소리의 울림 등이 그것인바, 이를 통해 사람들의 영혼의 움직임을 표현하는 것이니, 그들이 무엇을 원하는지, 무엇을 가지려 하는지, 무엇을 거절하며 무엇을 피하려 하는지를 알게 해 주나이다. 그리고 나는 사람들이 하는 말을 자꾸 들으면서 어떤 단어가 어떤 문장에서 어떤 위치와 어떤 의미를 취하게 되는지를 알게 되었고, 이를 통해 나의 어휘력을 향상시켜 갔사오며, 나의 입을 이러한 언어적 표상(表象)에 적응시킨 다음에는 나의 뜻을 언어를 통해 나타내기 시작하였나이다.

이렇게 하여 나는 내 주위 사람들과의 의사소통을 하기 위해 언어라는 표상을 주고받게 되었사오며, 부모님의 명령과 어른들의 지도에 따라 인생의 거친 파도가 이는 사회 속으로 점점 깊숙이 들어가고 있었나이다.

9. 초등학교 시절

(14) 하나님, 나의 하나님, 소년 시절 나는 얼마나 많은 괴로움과 실망을 경험하였는지요? 올바른 생활이라며 철없는 나에게 제시된 것은, 이 세상에서 잘살기 위해서는 인간의 명예와 헛된 부귀를 얻게 하는 웅변술에 뛰어나야 하고, 그러기 위해서는 선생님의 말씀에 순종해야 한다는 것이었나이다. 그리하여 나는 글을 배우러 학교에 다니게 되었는데, 그것이 무슨 소용이 있는지 이 불쌍한 자식은 알지 못하였나이다. 하오나 나는 공부를 게을리하면 매를 맞았나이다. 어른들은 이런 일을 잘하는 일이라 여겼사온데, 우리 이전에도 수많은 사람들이 똑같은 삶을 살았사오며, 그들이 닦아 놓은 이 힘든 길을 우리는 억지로 갈 수밖에 없었사오니, 아담의 후손들에게는 세월이 갈수록 수고와 고통만 늘어 가나이다.

하오나 주여, 그 즈음 우리는 당신께 기도하는 사람들을 만나게 되었고, 그들로부터 배워서 우리의 이해력이 허락하는 범위 안에서 당신은 어떤 위대한 존재로서, 비록 우리의 감각에는 나타나지 않을지라도 우리 기도를 들어 주시며, 우리를 도와주실 권능이 있는 분임을 깨닫게 되었나이다. 그리하여 당시 나는 소년으로서 나의 도움이시요 나의 피난처 되시는 당신께 기도하기 시작했사온데, 당신을 부름으로써 내 혀의 매듭은 풀렸사옵고, 내 비록 작은 아이였사오나 상당히 간절한 심정으로 학교에서 매를 맞지 않게 해 달라고 당신께 기도했나이다. 하오나 당신이 나를 가르치시려고 내 기도를 들어 주시지 않아, 내가 매를 맞을 때 어른들은 웃었으며, 나에게 어떠한 불행도 닥치기를 원하지 않는 부모님까지도 웃었나이다. 당시 나에게 있어, 매 맞는 것은 여간 크고 견디기 어려운 불행이 아니었는데도 말입니다.

(15) 주여, 어느 누가 위대한 영혼을 소유하여 당신께 깊은 애정을 품고 당신을 섬기기 위해 어떠한 고통도 마다앟을 사람이 있나이까? 그러한 사람이 있나이까? 이렇게 여쭙는 것은 둔한 사람 가운데는 그러한 사람도 있기 때문이니이다. 하오나 보통 사람들 가운데서 당신을 사랑하는 마음이 뜨겁게 불타올라 형틀이나 쇠갈고리 또는 이와 비슷한 여러 가지 고문 도

구를 가벼이 여기는 사람이 얼마나 있나이까? 고문 도구는 온 세상 사람들이 크게 두려워하는 것입니다. 그것을 모면하기 위해 많은 사람들이 당신께 간구하지 않나이까? 그와 같이 우리 소년들도 매 맞는 것을 심히 두려워했나이다. 그런데도 우리들의 부모님들은 우리 소년들이 선생님들에게 매 맞는 것을 보고 좋아라 웃었나이다. 우리는 매맞는 것을 심히 두려워했으며, 그것을 모면하게 해 달라고 당신께 기도했나이다. 하오나 우리들은 읽기와, 쓰기, 논리적으로 생각하기[3] 같은 공부에서 우리에게 부과된 숙제를 제대로 하지 않음으로써 죄를 지을 때가 많았나이다.

주님, 그때 우리에게 기억력 또는 재능이 없어서가 아니었나이다. 당시 우리 나이에 맞는 재능을 우리가 충분히 가지는 것이 당신의 뜻이었나이다. 하오나 우리는 노는 것을 너무 좋아하여 그 때문에 어른들에게 벌을 받았는데, 사실은 노는 것을 좋아하기는 어른들도 마찬가지였나이다. 어린아이들이 놀이를 좋아하는 것은 당연한 일 아니니이까? 하오나 똑같은 놀이라도 어른들이 하면 '일'이라 하고, 아이들이 하면 어른들에게 벌을 받는데, 아무도 아이들을 동정하는 사람이 없으며 어른들을 한심하게 생각하는 사람도 없나이다. 사리를 잘 판단하는 사람이라면 어린 내가 공놀이를 하고 그 놀이 때문에 글공부의 진도가 빨리 나가지 못했다 하여 나를 매질하는 것을 옳다 하지 않았을 것입니다. 나는 어른이 된 다음 그 글을 가지고 더 나쁜 장난을 치지 않았나이까? 사실 나를 매질하던 그분도 나보다 더 나을 것이 없었나이다. 동료 교사하고 하찮은 논쟁을 하다 자기가 지면 분노와 시기를 이기지 못해, 내가 내 친구하고 공놀이하다가 질 때보다 더 붉으락푸르락하지 않았나이까?

---

[3] 고대 로마인들은 고대 헬라인들과 마찬가지로 논리적으로 사고하는 훈련을 중요시하였다.

10. 연극 구경을 좋아하게 됨

(16) 하오나 주 나의 하나님, 자연의 모든 것을 지으시고 다스리시나, 죄악은 짓지 않으시고 오직 다스리기만 하시는 분이시여, 나는 죄를 지었나이다. 주 나의 하나님, 나는 부모님과 선생님들의 말씀에 거역함으로 죄를 지었나이다. 이는 저들이 무슨 의도로 나에게 공부를 하라고 했든지 간에, 내가 배운 그 글을 훗날 내가 잘 사용할 수가 있었기 때문이니이다. 내가 저들에게 순종하지 않았던 것은 저들이 시키는 일보다 더 훌륭한 일을 하려고 했던 것이 아니었나이다. 나는 놀이를 좋아했고, 놀이에서 이겨 '승리를 뽐내기'를 좋아했으며, 허구적인 이야기로 내 귀를 간지럽히기를 좋아했는데, 자꾸만 더 재미있는 것을 구하게 되었나이다. 그리하여 나의 호기심은 자꾸만 커졌고 귀에서 눈으로 옮겨 어른들의 놀이인 연극이나 경기를 구경하는 재미까지 구하게 되었나이다. 그러한 행사를 주최하는 사람들은 모두 사회적 지위가 높은 사람들로서, 이 세상 부모들은 거의 대부분 자기 자녀들이 장차 그러한 사람 되는 것이 소원입니다. 하오나 자기 자녀들이 그러한 경기나 연극을 구경하는 것 때문에 공부를 게을리하게 되면 매를 맞는 것이 당연하다고 여기는 것도 부모들입니다. 하온데 그 공부라는 것이 자녀들로 하여금 장차 그러한 행사를 주최할 수 있는 사회적 지위를 갖도록 하는 데 목적이 있지 않나이까?

주여, 이런 일을 불쌍히 여기사 당신께 부르짖는 우리를 구하여 주시며, 아직 당신께 부르짖지 않는 자들까지도 구하여 주사 그들도 당신께 부르짖어 당신의 구원을 받게 하소서!

11. 세례의 연기

(17) 나는 아직 소년일 때 영생에 관한 것을 들었는데, 그 영생이란 교만한 우리들에게까지 내려오신 우리 주 하나님의 겸손으로 말미암아 우리에게

약속된 것이었나이다. 나는 당신에게 큰 소망을 두었던 내 어머니의 태에서 나오자마자 십자가의 성호로 표식을 받았으며 소금으로 뿌림을 받았나이다.

주여, 내가 소년 시절 어느 날 갑자기 위장의 압박으로 거의 죽게 되었을 때 당신은 보셨나이다. 나의 하나님, 당신은 그때 이미 나를 지키시는 자이셨으니, 내가 어떠한 마음으로, 또 얼마나 뜨거운 믿음으로 내 어머니의 경건과 우리 모두의 어머니인 당신의 교회의 경건에 힘입어, "나의 주시며 나의 하나님"(요 20:28)이신 그리스도, 당신의 기름 부은 자의 세례 받기를 간절히 구했는지 보셨나이다.

내 육신을 낳아 주신 어머니는 당신에 대한 믿음 안에서 경건한 마음으로 내 영혼의 구원도 값지게 낳아 주셨는데, 내가 거의 죽게 된 것을 보자 심히 당황하였나이다. 주 예수여, 그리하여 내가 참회하고 죄 사함을 얻도록 구원에 이르게 하는 성례를 받아 죄 씻음을 얻도록 황급히 준비하였나이다. 하오나 나는 병에서 곧 회복되었나이다. 그러자 내가 세례 받는 것은 연기되었는데, 그것은 나에게 생명이 유지되는 동안 나는 계속해서 더 많은 죄를 짓게 될 것이라는 이유 때문이었나이다. 이는 세례 받은 후에 죄를 짓는 것은 더 크고 심한 벌을 받을 것이 확실함이니이다.

여하간 나는 이미 믿는 자였고, 아버지를 제외하고는 어머니와 온 집안 식구가 다 믿었나이다. 하온데 아버지는 어머니의 신앙심이 내게 영향을 미치지 못하도록 막지는 못했나이다. 그리하여 그리스도에 대한 나의 믿음이 엷어지도록 만드는 일을 아버지는 하지 못했나이다. 당시 아버지는 아직 신자가 아니었음에도 그런 일은 하지 못했나이다. 나의 하나님, 이는 어머니가 온갖 노력을 다하여, 내가 육신의 아버지보다는 당신을 나의 아버지로 모시도록 만들었기 때문이니이다. 그리고 그때 당신은 어머니를 도우사 어머니로 하여금 남편을 이기게 하셨나이다. 어머니는 아버지보다 훌륭한 분이었으나 아버지를 섬겼는데, 이를 통해 사실은 남편을 섬기라 명하신 당신을 섬긴 것이니이다.

(18) 나의 하나님, 당신께 여쭈옵나니, 그때 나의 세례가 어찌하여 연기되었는지요? 이것을 내가 알기 원하나이다. 이것을 내가 아는 것을 당신도

원하실 것입니다. 죄악을 억제하는 고삐가 늦추어진 것이 내게 잘된 일이었나이까? 아니면, 늦추어지지 않았더면 더 좋을 뻔했나이까? 하오면 어찌하여 지금도 도처에서 이런 저런 사람들에 대해 "하고 싶은 대로 하게 내버려두라! 저는 아직 세례를 받지 않았으니"라는 소리가 우리 귀에 들려오나이까? 그러하오나 육신의 건강에 대해서는 "더 상하도록 내버려 두라! 저는 아직 낫지 않았으니"라는 말은 없나이다. 그러므로 당신이 주시는 바 내 영혼의 건강을 내가 받아, 당신의 보호 아래 그것을 지키고자 나와 내 주변 사람들이 힘써 왔다면, 나는 얼마나 더 훌륭하게, 얼마나 빨리 치유함을 받았겠나이까?

진실로 더 나았을 것이라! 하오나 소년 시절이 지나면 얼마나 높은 유혹의 파도가 얼마나 많이 닥쳐올지 분명하였으니, 이미 이것을 알고 있던 어머니는 내가 그리스도의 형상을 당장 닮지 못할 바에는 차라리 장차 그 형상대로 빚어질 수 있는 '진흙 덩어리'로 그냥 있는 것을 허락하고자 했나이다.

12. 억지로 공부한 것의 유익

(19) 나의 소년 시절에 대해서 사람들은 청년시절에 대해서 보다 염려를 덜했는데, 그 소년 시절 나는 공부를 좋아하지 않았으며, 특히 억지로 공부하는 것을 싫어했나이다. 하오나 사람들은 내게 억지로 공부를 시켰는데, 그것이 내게 유익한 일이었음은 사실이니이다. 그러하오나 나의 행동은 옳지 않았으니, 이는, 억지로 시키지 않았으면, 내가 공부를 하지 않았을 것이기 때문이니이다. 누구든지 억지로 선한 일을 한다면, 그가 하는 일이 비록 선한 일이라 해도 그가 진정으로 선한 일을 한다고는 말할 수 없나이다. 또한 내게 억지로 공부를 시킨 사람들도 선한 일을 한 것이 아니니 나의 하나님, 당신으로 인하여 그것이 내게 유익이 되었을 따름이니이다. 저들은 내게 억지로 공부를 시키면서, 나로 하여금 헛된 재물과 부끄러운 명예에 대한 한없는 욕망을 충분히 맛보게 한다는 것 이외의 다른 목적은 추구하

지 않았나이다. 하오나 우리의 "머리털까지 다 세신"(마 10:30) 당신께서는 나에게 공부를 강요했던 모든 사람들의 그릇됨을 선용하시어 나의 유익이 되게 하셨으며, 공부하기 싫어한 나의 그릇됨은 나를 벌하기 위하여 사용하셨으니, 조그만 소년이었으나 큰 죄인이었던 내가 벌을 받는 것은 결코 부당하지 않았나이다. 그리하여 선하게 행동하지 않은 사람들을 통하여 당신은 내게 선을 행하셨사오며, 죄를 지은 나 자신을 통하여는 나에게 의로운 징벌을 내리셨나이다. 이는 잘못된 영혼이 모두 자기 자신에게 징벌이 되는 것은 당신이 명하신 바로서 그렇게 되는 것이 당연함이니이다.

13. 소년 시절에 공부한 내용

(20) 나는 어릴 때부터 헬라어를 공부했는데, 내가 왜 헬라어 공부를 싫어했는지 지금도 그 까닭을 확실히 알 수 없나이다. 라틴어는 좋아했으나, 그것은 초등교사들이 가르치는 것이 아니라 소위 '문법교사'들이 가르치는 것이었나이다. 읽기와 쓰기와 산수를 배우는 초등과정은 어떠한 헬라어 과목 못지않게 힘들고 따분하였나이다. 하오나 이렇게 된 것이 인생의 죄와 허무 때문이 아니고 무엇이겠나이까? 그러므로 나는 '육체'였으며, "가고 다시 오지 못하는 바람"(시 78:39)이었나이다. 사실 초등과정에서 습득한 능력은 지금도 소지하고 있는데, 이로 말미암아 나는 글로 기록된 것을 대하면 그것을 읽을 수 있고, 나 스스로 무엇을 쓰고 싶으면 쓸 수도 있나이다. 그러므로 초등과정은 그 후의 중등과정보다 더 건실한 것이었으며, 따라서, 더 유익한 것이었나이다. 중등과정에서 나는 애네아스인가 하는, 누군지 알지도 못하는 사람의 표류기를 강제로 암기해야 했고, 사랑 때문에 자살한 디도의 죽음을 애도해야 했나이다. 하오나 나 자신의 방황에 대해서는 잊고 있었으며, 내 생명이신 하나님, 이런 일로 인해 당신을 떠나 죽어 가는 나 자신에 대해서는 눈물 한 방울 흘리지 않았으니, 나는 지극히 불쌍한 자였나이다.

(21) 애네아스를 사랑했기 때문에 죽은 디도를 애도하면서도, 당신을 사랑하지 않기 때문에 죽어 가고 있는 자기 자신에 대해서 이 불쌍한 자는 슬퍼하지 않았으니 오 하나님, 내 마음의 빛이시며 내 영혼의 입에 양식이 되시며, 내 정신을 내 생각의 품과 짝지어 주는 능력이 되시는 이시여, 자기 자신의 불쌍함을 불쌍히 여기지 않는 것보다 더 불쌍한 일이 또 어디 있겠나이까? 나는 당신을 사랑하지 않았으며 당신을 멀리 떠나 행음하였는데, 행음하는 나에게 도처에서 들려오는 것은 "잘한다, 잘한다" 하는 소리였나이다. 무릇 이 세상과 벗하는 것은 당신을 멀리 떠나 행음함이오니, "잘한다, 잘한다" 말하는 것은, 이러한 사람이 되지 않으면 수치를 느끼도록 하기 위함이니이다. 그리하여 나는 이러한 일은 슬퍼하지 않고, "칼날에 엎드러져 스러져 간 디도"[4]를 위하여 슬퍼하였사오나, 나 자신은 당신을 버리고 당신이 만드신 피조물의 찌끼를 좇아갔사오니, 흙이 흙을 향해 간 형국이니이다. 그때 만약 나보고 이런 것을 읽지 말라고 금했더라면 나를 슬프게 하는 것을 읽지 못하게 한다고 슬퍼했을 것입니다. 하온데 사람들은 이와 같이 헛된 것을 내가 읽기와 쓰기를 배웠던 그 공부보다 더 훌륭하고 유익한 공부로 생각하였나이다.

(22) 하오나 나의 하나님, 이제 내 영혼 속에 말씀하시며, 내게 당신의 진리로 "그렇지 않다. 그렇지 않다. 그 처음 공부가 훨씬 더 나은 것이다"라고 말씀하게 하소서! 보소서, 이는 내가 애네아스의 표랑(漂浪)이나 그와 비슷한 모든 것은 다 잊어버릴지언정, 읽기와 쓰기는 잊어버리지 않기를 원함이니이다. 아, 지금도 문법학교의 출입문에는 휘장이 드리워져 있사오나, 그것이 상징하는 바는 영광스러운 신비함이라기보다 오류를 가리는 덮개라 함이 옳을 것이니이다. 나의 하나님이여, 내 영혼이 원하는 바를 당신께 고백하고자 하오니, 저 문법을 파는 자, 사는 자들로 하여금 나를 향해 소리치지 못하게 하소서! 저들을 나는 더 이상 두려워하지 않나이다. 도리어 나는 나의 죄악된 길을 비판함으로 평안을 얻고 당신의 선한 길을 사모

---

4) Vergilius, *Aeneis* VI, 457.

할 수 있사오니, 저들로 하여금 나를 향해 소리치지 못하게 하소서! 이는 내가 만약 저들에게, 애네아스가 시인의 말대로 정말 카르타고에 온 적이 있었느냐고 묻는다면, 저들 중 무식한 자들은 모른다고 대답할 것이며, 유식한 자들은 그것이 사실이 아니라고 말할 것이기 때문이니이다. 하오나 내가 애네아스라는 이름을 쓸 때 어떤 글자로 쓰느냐고 묻는다면, 글쓰기를 배운 자들은 모두 사람들이 기호로 정한 약속과 원칙에 따라 올바로 대답할 것이니이다. 내가 만일 다시 읽기 및 쓰기와 이런 허구적인 시(詩) 가운데서 어떤 것을 잊어버리는 것이 우리의 삶에 더 큰 불편을 끼칠까 묻는다면, 완전히 정신을 잃은 사람이 아니라면 뭐라고 대답해야 할지 모를 사람이 누가 있겠나이까?

그리하여 나는 소년 시절 저 무익한 것들을 유익한 이것들보다 더 좋아함으로써, 아니 그보다는 이것들은 미워하고 저것들은 사랑함으로써 죄를 지었나이다. 사실 "하나 더하기 하나는 둘, 둘 더하기 둘은 넷"이라는 노래는 너무나 싫증이 났으나, 무장한 병정들로 가득 찬 목마(木馬)와 불타는 트로이, 그리고 "크레우사[5]의 그림자" 같은 허황된 광경은 지극히 흥미롭게 느껴졌나이다.

14. 헬라어 공부를 싫어한 이유

(23) 하오면 나는 이와 같은 노래들을 취급하는 헬라어 문법 시간을 왜 싫어했나이까? 이는, 호머 역시 이와 같은 헛된 이야기를 흥미진진하게 엮어 내는 솜씨가 뛰어났사오나, 소년인 내게는 그것이 쓰게만 느껴졌기 때문이니이다. 내가 믿기로는 헬라의 소년들도, 내가 호머를 배웠던 것처럼 베르길리우스를 억지로 배워야 했다면 마찬가지 느낌을 가졌을 것이니이

---

5) 크레우사는 애네아스의 아내로서, 트로이가 불탈 때 미처 빠져 나오지 못하고, 그 곳에서 죽었다. Cf. Aen. II, 772.

다. 외국어에 능통한다는 것은 분명 어려운 일, 정말 어려운 일이니이다. 그리하여 헬라어 시간은 헬라 신화의 달콤한 맛에다 쓸개를 끼얹어 마시는 시간 같았나이다. 이는 헬라어 단어 실력이 전혀 없는 나에게 사람들은 무서운 벌을 받을 것이라고 위협하며, 그 언어를 꼭 배워야 한다고 나를 몹시 닦달하였기 때문이니이다.

물론 나는 젖먹이 적에 라틴어도 전혀 모를 때가 있었으나, 나를 귀여워해 주는 유모들과 나를 보고 웃고 나와 함께 놀아 주는 사람들의 농담과 장난치는 소리를 들으면서, 아무런 두려움이나 어려움 없이 라틴어를 배울 수 있었나이다. 라틴어는 공부하라고 무거운 벌을 주며 닦달하는 사람이 없었어도 내 마음이 자기의 생각을 내놓으려고 나를 채근했기 때문에 저절로 배우게 되었나이다. 물, 이를 위해서는 몇 마디 단어라도 알아야 했는데, 이것도 이른바 '교사'들이 따로 있어서가 아니라 말하는 사람들의 말을 귀담아 들음으로써 알게 되었으며, 그 후에 나도 그들의 귀에다 내가 느끼는 바를 말로 표현하게 되었나이다. 이를 통해 분명히 알 수 있는 바는, 언어 교육은 어린이들의 마음속에 공포심을 일으켜 강제로 가르치는 것보다는 그들 마음속에 자연스레 일어나는 호기심을 자극하는 것이 훨씬 더 효과가 있다는 사실이니이다. 하오나 하나님, 당신의 법은 호기심이 지나치게 흘러넘치는 것을 징계를 통하여 방지하오니, 교사들의 채찍으로부터 순교자들의 시련에 이르기까지 당신의 능력 있는 법은 쓴 맛을 적절하게 혼합하여, 우리를 당신에게서 떠나게 했던 해로운 쾌락에서 우리를 불러내어 당신에게로 다시 향하게 하나이다.

15. 배운 바를 하나님께 바치는 기도

(24) 주여, "나의 부르짖음을 들으사"(시 61:1) 내 영혼이 당신의 징계로 인해 곤비치 말게 하시며, 내가 당신의 긍휼을 송축함으로 피곤치 말게 하소서! 당신의 긍휼로 나를 지극히 그릇된 모든 길에서 건져 주셨사오니, 내

가 이제껏 따르던 모든 달콤한 유혹보다 당신이 내게 더 달콤한 기쁨이 되게 하옵소서! 그리하여 나로 당신을 굳게 사랑하게 하시며, 내 온 마음으로 당신의 손을 붙들게 하사 나를 모든 유혹에서 "끝까지"(고전 1:8) 건져 주옵소서! 주여, 보소서! 당신은 "나의 왕 나의 하나님"(시 5:2)이시오니, 내가 소년 시절 배웠던 모든 유익한 것은 당신을 섬기는 데 사용하게 하시고, 내가 지금 말하고 쓰고 읽고 셈하는 것을 당신을 섬기는 데 사용하게 하소서! 이는 내가 헛된 것을 배울 때, 당신은 내게 징계를 내리셨으며, 헛된 것을 즐거워하던 나의 죄악을 당신이 사해 주셨기 때문이니이다. 물론 헛된 것을 배우는 중에도 유익한 말을 많이 배운 것은 사실이니이다. 하오나 유익한 말은 헛되지 않은 것에서도 얼마든지 배울 수 있으니, 이 길이야말로 소년들이 가야 할 확실한 길이니이다.

16. 신화에 대한 비판

(25) 그러나 인간 세태의 흐름이여, 너에게 화 있도다! 너를 거스를 자 누구냐? 네가 마를 날이 언제겠느냐? 너 언제까지 하와의 자손들을 이 크고 무서운 바다로, 나무[6]에 오른 자들도 건너기 어려운 바다로 떠밀 것이냐? 제우스 신이 뇌성벽력도 치고 간음도 한다는 이야기를 내가 읽은 것은 너로 인해서가 아니냐? 이 두 가지가 서로 어울리지 못할 것이로되 마치 어울리는 것처럼 묘사된 것은, 가짜 벼락이 뚜쟁이 노릇을 함으로, 사람들이 간음을 진짜로 본뜨도록, 이야기에 권위를 부여하기 위함이라.

하지만 제복을 입은 교사치고 누가 자기와 동류(同類)의 사람이 "이것은 호머가 지어낸 것으로 인간의 일을 신들에게 옮겨 놓은 것이라. 그가 차라리 신들의 일을 인간에게 옮겨 놓았더라면 더 좋았겠도다"[7]라고 외쳐 댄다

---

6) 노아의 방주를 상징한다.

7) Cicero, *Tusculanes* I, 65.

면 즐거운 마음으로 귀를 기울여 주겠느냐? 그러나 "이것은 호머가 지어낸 것이지만 타락한 인간에게 신적(神的)인 것을 옮겨 놓음으로써 죄가 죄로 여겨지지 않게 하고, 죄를 지은 사람은 누구나 타락한 인간들을 모방한 것이 아니라 하늘의 신들을 모방한 것처럼 보이게 하기 위함이라"고 말하는 것이 더 옳을 것이라.

(26) 그렇지만 오, 지옥의 강이여! 이런 것을 배우려고 인간의 자녀들이 월사금을 내 가며 네 속에 뛰어드는구나! 그런데 이런 것을 가르치는 일이 광장에서 공개적으로 행해지면 국법에 의해 크게 중요한 일로 인정되어 월사금 외에 국가 보조금까지 지급되니, 너는 네 바위를 치며 "여기는 말을 배우는 곳, 여기는 사람들에게 확신을 심어 주며, 모든 것을 명확히 설명해 주는 데 지극히 필요한 곳"이라고 부르짖는구나! 그리하여 테렌티우스[8]가 제우스 신을 음탕한 생활의 본보기로 삼았던 한 방탕한 청년을 소개하지 않았더라면, 우리는 그의 글에 적혀 있는바 "황금의 비", "여인의 품", "속임수", "하늘의 신전" 등과 같은 표현을 알지 못했을지라. 테렌티우스에 의하면 그 청년은 벽화 하나를 구경했는데, 그 벽화에는 신화에 나오는 대로, 제우스 신이 언젠가 다나에[9]의 품에 황금비를 내려 그 여인을 속임수로 꾀어내는 장면이 그려져 있었다. 그런데 그 청년이 자신의 정욕을 불태울 때 마치 천상(天上)의 교사[10]로부터 가르침을 받기라도 한 것처럼 자기에게 하는 말을 들어 보라!

아, 어떠한 신을 본받으랴? 하늘의 신전을 엄청난 우뢰 소리로 뒤흔드는 그 신? 그렇다면, 나같이 미천한 인간이라고 그런 일을 못 할까? 아니, 나는 벌써 그런 일을

---

8) 테렌티우스(Terentius, 195-159 BC)는 리비아 출신의 해방노예로서, 카르타고와 로마에서 활약한 희극작가였다.

9) 다나에(Danae)는 아크리시오스의 딸로, 제우스 신에게 황금비를 맞은 후 페르세우스를 낳았다고 한다.

10) 제우스 신을 의미한다.

했도다. 즐거운 심정으로.[11]

이러한 표현들을 이렇게 추잡한 것을 통해 쉽게 배우려 하는 일은 절대로, 절대로 있을 수 없도다. 이는 이러한 표현들을 배움으로 우리가 이렇게 추잡한 일을 오히려 더 거침없이 행하게 됨이라. 하지만 내가 탓하는 것은 언어가 아니라. 언어는 고르고 고른 값진 그릇과도 같은 것. 내가 탓하는 것은 우리를 오류에 빠뜨리는 술이라. 이것을 거나하게 취한 교사들이 그릇에 담아 우리 앞에 내어놓고, 우리가 마시지 않으면 매를 때렸으니, 당시 우리에게는 이 문제를 사려 깊은 재판관에게 호소할 자유마저 없었도다.

하오나 나의 하나님, 이제 내가 당신 앞에서 옛날을 회상하며 아뢴다 해도 두려움을 가질 필요가 없나이다. 당시의 나는 그런 신화를 즐겨 배웠으며, 가엾게도 거기에 탐닉하였고, 사람들은 나를 장래가 촉망되는 아이라고 불렀나이다.

17. 웅변을 잘해 칭찬을 받았으나 헛된 일이었음

(27) 나의 하나님, 나로 하여금 당신의 선물인 나의 재능에 관하여도, 내가 그것을 얼마나 헛되게 사용하였는지 조금 아뢰게 허락하소서! 당시 나는 나의 마음을 심히 불안하게 하는 과제 하나를 받았는데, 그것을 잘해 내면 상으로 칭찬을 받을 수 있었으며, 그렇지 않으면 망신을 당하거나 매 맞을 염려를 해야 했나이다. 그 과제는 "트로이의 왕이 이탈리아로 들어오는 것을 막지"[12] 못해 분통을 터뜨리는 여신 유노의 말을 웅변으로 표현해 보라는 것이었나이다. 하오나 나는 유노가 그런 말 하는 것을 직접 들어 본 적이 한 번도 없었나이다. 그럼에도 불구하고 우리는 시적(詩的) 공상의 발

---

11) Terentius, *Eunuchus* 584-591.

12) *Aen.* I, 38.

자취를 따라 헤매도록 강요받았으며, 시인이 운문으로 표현한 것을 산문으로 고쳐서 표현해야 했나이다. 이때 우리는 등장인물의 분노와 통한의 감정을 그 인물의 지위에 걸맞게 적절한 말로 표현하는 일을 훌륭히 해 낼수록 더 큰 칭찬을 받았나이다.

오, 참된 생명 되시는 나의 하나님, 그것이 내게 무슨 의미가 있나이까? 내가 웅변을 할 때 수많은 나의 동년배들이나 동급생들보다 더 많은 박수갈채를 받았다 해서, 그것이 무슨 소용이 있나이까? 보소서! 그것은 모두 연기요 바람이 아니었나이까? 내 재주와 혀를 연마할 방도가 그리도 없었나이까? 주여, 당신을 찬송함, 당신을 찬송함이 당신의 성경 말씀을 통하여 내 마음의 포도넝쿨을 받쳐 주었더라면 저 허망한 것들로 인해 부끄럽게도 새들[13]의 노략물이 되어 이리저리 방황하지 않았을 것입니다. 이는 반역한 천사들에게 희생되는 길은 이것 하나만이 아님이니이다.

18. 문법을 잘 지키는 것만으로는 의미가 없음

(28) 하온데 나의 하나님, 내가 이렇게 헛된 것에 빠져 당신을 떠나 밖으로 헤맨 것이 정말 이상한 일이었습니까? 당시 나에게 본보기로 제시된 사람들은 자기의 어떤 소행이 아무리 악하지 않다 하더라도 그것을 어색한 발음으로, 또는 문법에 맞지 않게 표현하면 트집을 잡혀 창피를 당하고, 자기의 육욕이라도 정확하고 잘 가다듬어진 말로 훌륭하고 멋지게 표현하면 칭찬을 받고 스스로 뽐내던 자들이었나이다.

주여, 당신은 이런 일을 보고 계시나 당신은 "노하기를 더디 하시며 인자와 진실이 풍성"(시 86:15)하사 잠잠히 계시나이다. 하오면 당신은 영원히 잠잠하실 것이니이까? 이제 당신은 당신을 찾고 당신이 주시는 기쁨을 목

---

13) 여기서 '새들'은 '공중의 권세 잡은 자'인 사단과 '악한 영들'을 상징한다. 마 13:4, 엡 2:2 및 6:12 참조.

마르게 갈구하는 영혼을 이 심히 무서운 무저갱에서 건져 주시나니, 저의 마음이 당신께 "내가 주의 얼굴을 찾았나이다. 주여, 내가 주의 얼굴을 찾으리이다"(시 27:8)라고 아뢰나이다. 이는 정욕의 어두운 그늘에 머물러 있음이 곧 당신의 얼굴을 멀리 떠나 있음이라. 그것은 당신에게서 떠나가는 것이나 당신에게로 돌아가는 것이 발로 걸어서든지 아니면 다른 방법으로든지 간에, 공간을 이동함으로 이루어지는 것이 아니기 때문이니이다. 당신의 작은 아들 탕자가 먼 고장으로 떠나갈 때 말이나 배를 구하지 않았으며, 보이는 날개로 훨훨 날아가지도 않았고, 다리를 움직여 걸어가지도 않았나이다. 사랑의 아버지시여, 저는 당신이 주신 재물을 탕진하였사오나 저가 아무것도 없이 돌아왔을 때 크신 사랑으로 맞아 주셨나이다. 그러므로 그릇된 정욕에 사로잡혀 있음, 그것이 곧, 당신의 얼굴을 멀리 떠나 있음이니이다.

(29) 주 나의 하나님, 굽어 살펴 주소서! 당신이 언제나 그러시듯 길이 참으시며 살펴보아 주소서! 인생들은 옛부터 전해져 내려오는 문법이나 철자법은 얼마나 잘 지키는지요? 하오나 당신이 정해 주신 영원한 구원의 법은 얼마나 경홀히 여기는지요? 예컨대 옛부터 전해져 내려오는 발음법을 지키고 가르치는 자가 혹 문법을 어기고, '사람'(homo)이라는 말의 첫 음절에 있는 기식음(氣息音) h를 빼고 omo라고 발음했을 경우 사람들은 그것을 매우 싫어하나이다. 하오나 사람이 사람을 미워함으로써 당신의 계명을 어겼을 경우 사람들은 그것을 별로 대수롭게 여기지 않나이다. 그것은 마치 사람이 자기의 원수를 미워할 때는 자기의 마음 속에 품고 있는 미움 자체가 사실은 자기의 원수보다 자기에게 더 해롭다는 사실을 모르는 것과 같나이다. 또 그것은 사람들이 남과 원수를 맺음으로써 사실은 상대방보다 자기 자신의 마음을 더 황폐케 만든다는 사실을 모르는 것과 같나이다. 그리고 분명한 것은, '글에 관한 지식'(scientia litterarum)은 우리 영혼 속에 '기록된 양심'(scripta conscientia), 곧 "네가 당하고 싶지 않은 것을 남에게 당하게 하지 말라"는 율례보다 더 우리의 내면 깊숙이 자리잡고 있지 않다는 것이니이다. 홀로 위대하신 하나님, 지극히 높은 곳에 잠잠히 계시

는 당신은 얼마나 신비하신지요? 당신은 변하지 않는 법으로 사악한 정욕에 붙잡힌 사람의 눈에 맹목(盲目)이라는 벌을 뿌리시나이다. 즉 웅변의 명성을 추구하는 사람이 수많은 사람들에게 둘러싸여 재판관인 사람 앞에서 엄청난 증오의 감정으로 자기의 적대자를 공격할 때, 혀의 실수로 "사람들 사이에서"(inter homines)라는 말을 inter omines로 발음할까 봐 지극히 조심하면서도, 정작 분노 때문에 한 사람을 '인간 사회에서' (ex hominibus) 소외시키는 일은 서슴없이 행하였나이다.

19. 소년 시절에 행한 죄악

(30) 나는 소년 시절에 가엾게도 이런 속습(俗習)의 문턱을 밟고 있었나이다. 그곳은 그토록 유치한 싸움을 연습하기 위한 훈련장으로서, 거기서 나는 혹시 내가 문법적 실수를 하지 않을까 하는 것만 염려하여, 다른 사람들은 문법적 실수를 하지 않고 나만 했을 때 다른 사람들을 시기하지 않고서는 배기지 못하였나이다.

나의 하나님, 이것을 아뢰면서 나는 사람들의 칭찬을 받았던 사실도 고백하오니, 당시는 사람들에게 인기를 얻는 것이 내게는 보람된 삶으로 여겨졌나이다. 이는 당시 "내가 주의 목전에서 끊어져"(시 31:22), 더러움이 가득한 심연 속으로 굴러 떨어졌으나 나는 그것을 미처 깨닫지 못했음이니이다.

당시 나보다 더 못된 녀석이 어디 있었겠나이까? 나는 이루 헤아릴 수 없는 거짓말로 몽학선생과 학교 교사들, 그리고 부모님을 속여, 그들의 마음을 아프게 했는데, 그것은 내가 놀기를 좋아했고, 쓸데없는 구경을 너무 많이 하고 싶어했고, 구경한 것을 쉴새없이 흉내내고 싶어했던 까닭이 아니었나이까? 더욱이 나는 부모님의 곳간과 식탁에서 물건을 훔치기도 하였는데, 때로는 무엇이 먹고 싶어서 그랬으며, 때로는 아이들에게 줄 것을 마련하기 위해서 그랬나이다. 사실 내게 무엇을 받은 아이들은 나와 함께 잘 놀아 주었는데, 저들도 놀기를 좋아하기는 나와 마찬가지였나이다. 그러한 놀이에 있어서도 나는 남보다 나아야겠다는 헛된 욕망에 사로잡혀 승리를 얻기 위해 부정한 방법을 사용하는 경우가 많았나이다. 하오나 나 자신은 남에게 이런 일을 했으면서도 왜 나 자신은 이런 일을 당하려 하지 않았으며, 또 남이 내게 이런 일 하는 것을 발견하면 나는 왜 그리도 심하게 그 일을 비난하였나이까? 그러면서도 들켜서 비난을 받게 되면 나의 잘못을 인정하기보다는 오히려 내가 더 날뛰었나이다.

이것을 어린아이의 순진함 때문이라 할 수 있나이까? 주여, 아니니이다. 나의 하나님이여, 결코 아니니이다. 소년 시절 우리의 잘못은 몽학선생이나 학교 교사들이 회초리로 다스림같이, 어른이 되면 총독이나 왕이 더 무서운 형벌로 다스리나이다. 사람들은 나이가 들어 가면 호두나 공이나 참새를 가지고 노는 일은 그만두나, 그 대신 금이나 토지나 노예를 차지하려고 혈안이 되나이다.

그러므로 우리 임금이시여, 당신이 "천국이 이런 자의 것이니라"(마 19:14)고 말씀하신 것은, 어린아이의 키를 오직 겸손의 표상으로만 인정하셨음이니이다.

20. 어린 시절을 주신 하나님께 감사

(31) 그러하오나 주님, 당신이 설령 나를 어린아이 상태로 그냥 내버려 두셨다 해도, 나는 지극히 높으시고 선하신 우주의 창조자, 섭리자이신 당신께 감사했을 것이니이다. 이는 당시에도 내가 존재했었고, 살아 있었고, 감각을 가지고 있었기 때문이니이다. 또한 당시 나는 나의 안전에도 유의하였는데, 이것은 나의 존재의 근원인 지극히 신비로운 하나님[14]의 흔적이

---

14) '하나 됨'(Gk: henotes, Lt.: unitas)은 신플라톤주의자들이 즐겨 사용하는 개념이다. 신플라톤주의에 의하면, 하나님은 '일자'(一者, Gk: to hen), 곧 '한 분'으로, 만유를 하나 되게 하며, 또 우주만물은 일자에게서 나왔으므로 일자에게로 돌아가려 하고, 그래서 하나 됨을 지향한다. 어거스틴은 기독교적 신플라톤주의자이다.

니이다. 나는 내적 감각으로 외적 감각이 올바로 기능하도록 감시하였으며, 나의 사고능력은 비록 제한되었으나, 아무리 작은 일에 대해서도 진리를 발견할 때면 기쁨을 감추지 못했나이다. 나는 속기를 원하지 않았으며, 기억력이 좋았고 말솜씨 훈련을 받았으며, 우정으로 인해 즐거워하였고 슬픔이나 비굴함이나 무지함을 멀리하였나이다. 이와 같은 생명체에 경탄(敬歎)과 상찬(賞讚)을 금할 것이 어디 있겠나이까?

하오나 이 모든 것이 내 하나님의 선물로 내가 나 자신에게 준 것이 아니었은즉 다 좋은 것이었으며, 이 모든 좋은 것이 합하여 나를 이루었나이다.[15] 그러므로 나를 만드신 분은 선하시며 그분 자신이 나의 선이 되시니, 나는 그분에게 내가 어릴 때 지니고 있던 모든 좋은 것을 인하여 찬양을 드리나이다. 그렇지만 나는 그분에게서 즐거운 것, 위대한 것, 참된 것을 찾지 않고, 그의 피조물인 나 자신과 그 밖의 것에서 찾았사오니, 내가 슬픔과 혼란과 오류 속으로 빠져 들어간 것은 바로 이 때문이니이다.

나의 기쁨, 나의 영광, 나의 미쁨이 되시는 나의 하나님, 당신께 감사하나이다. 당신께서 주신 선물로 인하여 당신께 감사하나이다. 하오나 당신이 주신 것들을 내 안에 잘 보존하게 하소서! 그리하면 당신이 내게 주신 것들이 더 풍성해지고 온전해짐으로 당신이 계신 곳에 나도 함께 있게 되리니, 이는 내가 존재하는 것조차 당신이 내게 주신 것인 까닭이니이다.

---

15) '존재=선'이라는 신플라톤주의의 사상에 영향을 받은 어거스틴은 창 1장에 여러 차례 나오는 "하나님의 보시기에 좋았더라"는 말씀을 성경적 근거로 삼아, 존재하는 모든 것을 좋은 것으로 파악한다.

성 어거스틴의 ║고백록║

제2권 사춘기의 분요함

1. 사춘기의 죄를 고백하는 뜻

(1) 이제 지난 날 내가 행했던 추악한 일들과 내 영혼이 빠져 들어갔던 육체적 부패에 대하여 추억하고자 하오니, 이는 내가 그런 일들을 사랑해서가 아니라 나의 하나님, 내가 당신을 사랑하기 위함이니이다. 내가 이것을 행함은 당신을 사랑하는 까닭이니, 고통스러운 추억을 통하여 나의 지극히 추악했던 과거의 행로(行路)를 돌이켜보는 것은 순전한 기쁨, 복되고 확실한 기쁨이 되시는 당신만을 나의 기쁨으로 삼으려 함입니다. 나는 한 분이신 당신을 떠나 여럿의 세계에서 망하게 되었을 때 산산조각이 나 흩어져 있었는데, 이제 그 흩어진 상태에서 나를 거두려 하나이다.[1] 이는 청소년기에 한 때나마 저속한 것으로 나 자신을 만족시키려는 욕망에 불탄 적이 있었음이니이다. 그때 내 속에는 갖가지 그릇된 사랑의 잡초가 무성

---

1) 여기서 어거스틴은 신플라톤주의자로서 말하고 있다. 즉 어거스틴은 신플라톤주의의 '일자'(一者)를 기독교의 하나님과 일치시키고 있으며, 또 모든 존재자는 '일자'에게서 멀어질수록 통일성 대신 다양성이 증가하여 혼돈과 허무 속으로 빠져들게 된다는 신플라톤주의의 사상을 피력하고 있다. 신플라톤주의에 의하면, 어떤 존재자가 자기 존재의 진정한 의미를 발견하기 위해서는, '일자'를 향해 나아가 '일자'로부터 통일성을 부여받아야 한다.

하게 자라고 있었고, 나의 아름다움은 점점 사라지고 있었나이다. 당시 나는 당신이 보시기에 부패할 대로 부패한 존재였으나 나 자신의 눈에는 내가 좋게 보였으며 또 사람들 눈에 내가 좋게 보이기를 바라고 있었나이다.

2. 정욕에 침잠했던 사춘기

(2) 당시 나에게 사랑하고 사랑받는 것 말고 즐거운 일이 또 무엇이더이까? 하오나, 당시 나는 영혼과 영혼을 맺어 주는 밝은 우정의 길만으로는 만족하지 못했으니, 흙탕물 같은 육신의 정욕으로 가득한 사춘기의 용솟음치는 물 속에서 짙은 물안개가 피어올라 내 마음을 흐리게 하고 어둡게 하여, 사랑의 순수함과 정욕의 혼탁함을 구별하지 못하였나이다. 이 두 가지는 서로 뒤엉켜 파도를 일으켰고, 나의 연약한 청춘을 정욕의 낭떠러지로 끌고 가 죄악의 소용돌이 속에 빠뜨렸나이다.

이러한 나에게 당신의 진노가 거세게 임했어도 나는 그것을 알지 못했나이다. 나는 죽음이라는 운명의 쇠사슬에 매여 있었으며, 그 쇠사슬 소리에 귀가 어두워져─이는 내 영혼의 교만 때문에 주어진 벌이라─당신에게서 더욱더 멀리 떠나갔으나 당신은 내버려두셨고, 내가 방탕한 생활 속에서 이리저리 흔들리고 자신을 허비하고 쏟아 버리며 나뒹굴 때에도 당신은 잠잠히 계셨나이다.

오, 나의 기쁨이시여! 당신은 더디시나이다. 당신은 그때 잠잠히 계셨으며, 나는 당신을 아득히 멀리 떠나 교만으로 인해 소망을 잃고 불안으로 인해 곤비하였으니, 고통을 싹틔우는 메마른 씨앗만이 계속 늘어 갔나이다.

(3) 그때에 어느 누가 나의 불행을 막아 주었더이까? 만약 그때 내 청춘의 파도를 결혼이라는 해안에 부서지도록 만들어 주는 사람이 있었더라면, 나는 청춘을 달콤하게 즐기는 일을 절제하여 청춘의 덧없는 아름다움을 올바로 사용할 수 있었을 것입니다. 그랬더라면 내 청춘의 파도는 잔잔해져 나는, 당신의 법이 정해 준 대로 자녀를 갖는다는 목적으로 만족했을 것이

니이다. 주여, 당신은 죽을 수밖에 없는 우리 인생에게 자손을 만들어 주시니, 당신은 당신의 낙원에서 내침을 받은 가시나무[2]조차 부드러운 손길로 어루만져 무디게 하실 수 있나이다. 이는 우리가 당신에게서 멀리 떠나 있다 하더라도 당신의 전능하심이 우리에게서 멀지 않음이니이다.

그때 나는 구름[3] 속에서 울려 나오는 우뢰 같은 당신의 음성에 귀를 더 기울였어야 했나이다.

"이런 이들은 육신에 고난이 있으리니 나는 너희를 아끼노라"(고전 7:28).
또 "남자가 여자를 가까이 아니함이 좋으니라"(고전 7:1).
또 "장가가지 않는 자는 주의 일을 염려하여 '어찌하여야 주를 기쁘시게 할꼬' 하되 장가간 자는 세상일을 염려하여 '어찌하여야 아내를 기쁘게 할꼬' 하느니라"(고전 7:32-33).

그때 내가 이 같은 음성에 귀를 더 기울였더라면 나는 "천국을 위하여 스스로 고자가 되어"(마 19:12), 당신의 안아 주심을 더욱 복되게 기다렸을 것이니이다.

(4) 하오나 나는 가련하게도 당신을 버리고 정욕의 파도가 이끄는 대로 따라가 당신의 "모든 규례"(레 10:11)를 범함으로 당신의 채찍을 피하지 못하게 되었사오니, 죽을 인생 가운데 누가 이를 피할 자 있으리이까? 그때 당신은 항상 내 곁에 계셔서, 진노하심 중에도 긍휼히 여기심으로, 나의 그릇된 모든 쾌락에 심히 역겨운 구토제(嘔吐劑)를 뿌리셔서, 나로 하여금 역겨움 없이 즐거워할 수 있는 길이 없는지 찾게 하셨나이다. 주여, 당신 이외에 어디서 참된 즐거움을 찾을 수 있으리이까? 당신 외에는 결단코 없으니, 당신은 고난을 통하여 교훈을 주시며, 때리심으로 낫게 하시고, 우리를 죽이심으로 우리가 당신을 떠나 죽어 가는 것을 막으시나이다.

---

2) 여기서 가시나무는 정욕을 상징한다.

3) 여기서 구름은 성경을 상징한다.

내 육신의 나이 열여섯 되던 해, 나는 어디에 있었더이까? 그때 나는 기쁨이 넘치는 당신의 집에서 얼마나 멀리 떨어져 스스로 귀양살이를 하고 있었나이까? 그때 나는 광적(狂的)인 정욕의 지배를 받아 그것에 두 손을 다 든 상태였으니, 파렴치한 인생의 법으로는 허용이 될지 모르나 당신의 법으로는 허용될 수 없는 것입니다. 그때 내 집안사람들의 관심은 나를 최소한 결혼이라도 시켜 나의 영혼이 망해 가지 않도록 하는 데 있지 않았나이다. 오히려 내가 가급적 최상의 말솜씨를 배워, 말로써 사람들을 설득하는 수법을 익히는 것만이 그들의 유일한 관심사였나이다.

3. 학업의 중단

(5) 그 해 나의 학업은 중단되었나이다. 나는 타가스테 인근의 도시 마다우라4)에서 문학과 수사학 공부를 이미 시작했는데, 아버지는 나를 그곳에서 고향으로 돌아오게 하였나이다. 그리고 아버지는 내가 카르타고에서 장기간 유학하는 데 필요한 학자금을 마련하고 있었나이다. 하오나 이것은 타가스테에서 결코 부유하다고 할 수 없었던 아버지의 공명심 때문이었지 재력 때문이 아니었나이다.

내가 이런 이야기를 누구에게 하고 있나이까? 나의 하나님, 이런 이야기를 당신께 하는 것이 아니고 당신의 면전에서 내 동류(同類) 인생들에게 하는 것이니, 나의 이 글을 읽게 될 사람들의 수가 아무리 적다고 하더라도 바로 그들에게 하는 것이니이다. 하오면 이런 이야기를 하는 목적은 무엇입니까? 그것은 곧 나나 이 글을 읽는 그 누구나 아득히 "깊은 데서"(시 130:1) 당신께 부르짖어야 한다는 사실을 깊이 생각하도록 만들자는 데 있나이다. 고백하는 심령과 믿음으로 말미암는 삶 말고 당신이 귀를 가까이 기울이시는 것이 또 무엇이리이까?

---

4) 마다우라는 타가스테 남쪽 약 22km 지점에 위치한다.

그 당시 내 아버지 된 그분을 높이 칭송하지 않는 사람이 어디 있더이까? 이는 아버지가 넉넉지 못한 집안 형편에도 불구하고 아들이 멀리 유학을 떠나는 데 필요한 모든 경비를 마련해 주고자 했던 까닭이니이다. 당시 아버지보다 훨씬 부유하게 사는 사람들은 많았으나 자녀들을 위하여 이런 일까지 하는 사람은 별로 없었나이다. 하오나 바로 그러한 아버지가 내가 당신 앞에서 어떠한 사람으로 성장하는지에 대해서는, 또 내가 얼마나 순결한지에 대해서는 아무 관심이 없이, 내 마음밭이 당신의 가꿈을 받지 못해 황폐해지든 말든 내가 말솜씨에 능하기만 하면 되었나이다. 오 하나님, 오직 당신만이 당신의 밭인 내 마음의 참되고 선한 주인이 아니니이까?

(6) 그렇지만 내가 열여섯 살 때 어려운 집안 형편으로 인해 모든 학업을 중단하고 부모님과 함께 지내면서 쉬는 동안, 정욕의 가시덤불이 내 머리 위로 무성히 올라왔어도 그것을 뽑아 주는 손이 전혀 없었나이다. 오히려 상황은 그와 정반대였나이다. 나의 아버지는 공중 목욕탕에서 내가 격정의 사춘기를 맞아 성인으로 변해 가는 모습을 보았는데, 벌써 손자라도 본 듯 뛸 듯이 기뻐하며 그것을 어머니께 말하였나이다. 하오나 내 아버지의 기쁨은 이 세상이 창조자이신 당신을 잊고, 당신 대신 당신의 피조물을 사랑하는 그릇된 사랑으로 잔뜩 취한 데서 오는 것이었으니, 이 세상 사람들은 그릇된 사랑이라는 보이지 않는 술로 인해 심지(心志)가 왜곡되어 지극히 낮은 것을 추구하게 되나이다. 하온데 당신은 이미 어머니의 가슴에 당신의 성전을 짓기 시작하셨으며, 당신의 거룩한 처소의 기초를 벌써 닦아 놓으셨나이다. 반면 아버지는 아직 학습 교인이었는데, 저가 학습 교인 된 것은 바로 얼마 전의 일이었나이다. 그러므로 그 말을 들은 어머니는 거룩한 두려움으로 인해 떨면서, 내가 아직 정식 교인이 아니었음에도 불구하고 당신께 "등을 향하고 얼굴을 향하지 아니하는"(렘 2:27) 자들이 걷는 그릇된 길로 혹시 내가 걸어갈까 염려하여, 펄쩍 뛰었나이다.

(7) 내게 화 있을지라! 나의 하나님, 내가 당신을 떠나 멀리멀리 갔으면서도 당신이 잠잠하셨다고 감히 말할 수 있나이까? 당신은 그때 정말 내게 잠잠히 계셨습니까? 하오면 당신의 신실한 여종인 어머니를 통하여 내 귓

전에 들려지던 그 말씀이 당신의 말씀이 아니고 누구의 말씀이었나이까? 하오나 어머니의 그 어떠한 말씀도 내가 그것을 실행에 옮길 만큼 내 마음 속에 파고들지 않았나이다. 너무나 큰 염려를 한 어머니가 나에게 조용히 타이르던 일이 생각나는데, 어머니가 바랐던 바는 내가 음행하지 않는 것, 특히 다른 사람의 아내와 간음하지 않는 것이었나이다.

그러한 훈계는 내게 여자라면 노상 하는 것처럼 보여, 그것을 따르는 것이 창피하게 여겨졌나이다. 사실 그것은 당신의 훈계였사오나, 나는 그것을 알지 못하여 당신은 잠잠히 계시고, 어머니만 말씀하시는 줄로 생각했나이다. 하오나 어머니를 통하여 말씀하신 분은 바로 당신이었으니, 당신은 잠잠히 계신 것이 아니니이다. 그러므로 내가 어머니를 업신여긴 것은 당신을 업신여긴 것이니 내가, 어머니의 아들인 내가, "주의 여종의 아들 곧 주의 종"(시 116:16)인 내가 당신을 업신여겼나이다. 그러하나 나는 이를 알지 못하고 장님처럼 그릇된 길로 갔으니, 나와 같은 나이 또래의 아이들보다 잘못된 일을 덜하는 것을 창피하게 여길 정도였나이다. 즉 저들이 저들의 잘못된 행위를 자랑하는 소리를 듣고, 또, 저들의 행위가 추하면 더 추할수록 더 많이 자랑하는 모습을 보고 나 역시 그러한 행위를 하게 되었는데, 그때 나는 그러한 행위를 통하여 얻는 즐거움 때문만이 아니라, 그러한 행위로 인해 친구들로부터 얻는 찬사 때문에 그러한 행위를 하였나이다. 악한 행위가 책망을 받는 것은 당연한 일이 아니니이까? 그럼에도 나는 책망 대신 찬사를 받고자 더 악한 일을 하게 되었으니, 못된 친구들보다 악한 일에서 더 승(勝)하지 못했을 경우에는 내가 하지도 않을 일을 했다고 꾸며 대기까지 하였나이다. 이는 내가 순수할수록 친구들에게 무시를 당하고, 정결할수록 욕을 더 많이 먹는다는 사실을 알았음이니, 나는 순수함과 정결함 때문에 친구들에게 무시를 당하거나 욕먹는 일을 원하지 않았음이니이다.

(8) 보소서! 내가 어떠한 친구들과 바벨론의 거리를 누비고 다녔었나이까? 나는 그 진흙탕 속을 마치 계피가루가 뿌려진 값비싼 향유 속이나 되는 것처럼 뒹굴지 않았나이까? 보이지 않는 원수는 내가 그 속에 더 깊이 빠져

들어가도록 나를 발로 차 넣었으니, 이는 내가 유혹에 약하여 쉽게 넘어갈 수 있었기 때문입니다. "바벨론 가운데서"(렘 51:6) 벌써 도망하여 나와 그 가장자리를 천천히 걷고 있던 내 육신의 어머니도 나에게 몸가짐을 바르게 하라고 타이르기는 했으나, 자기 남편을 통하여 나에 대해 들은 말에는 그다지 큰 관심을 갖지 않았나이다. 이는 나의 정욕이 해롭다는 것, 장차 나를 위태롭게 할 것이라는 것을 어머니도 감지하고는 있었으나, 그것을 뿌리째 뽑아 버릴 수 없을 바에는 나를 굳이 결혼시켜, 부부애(夫婦愛)라는 속박으로 나의 정욕을 억제할 것까지는 없다고 생각하였음이니이다. 어머니가 나를 결혼시키는 일에 관심을 가지지 않았던 것은 나의 장래가 결혼이라는 족쇄 때문에 방해받을까 염려했던 까닭이니, 어머니가 내게 걸었던 희망은 당신 안에서 장차 올 세상에 관계된 것이 아니었고 단지 내가 학문에서 큰 진보를 이루는 것이었나이다. 나의 학문적 진보에 대한 희망은 내가 알기로는 양친 모두가 다 가졌는데, 아버지는 당신에 대해서는 거의 생각하지 않았으므로 나에 관하여 오직 헛된 것만을 기대하였으나 어머니는 당시 장래를 촉망받는 젊은이들이 일반적으로 행하던 학문 연구가 나에게 아무런 해를 끼치지 않고, 오히려 당신께로 향하는 나의 길에 장차 상당한 도움이 될 것으로 믿었나이다.

내 기억애는 양친의 성격은 대강 그러했던 것 같나이다. 그때 나의 고삐는 너무 꽉 조인 것을 좀 느슨하게 해 주는 정도를 지나 지나칠 정도로 많이 풀어졌으니, 나는 여러 가지 정욕에 휩싸여 무절제하게 이러저러한 놀이를 즐길 수 있었나이다. 나의 하나님, 그때 내 위에는 도처에 어두움이 드리워 당신의 진리의 밝은 빛을 가렸사오니, 내 죄악이 내 속에서 흘러 나오는 모양은 마치 비계가 잔뜩 낀 살에서 기름기가 분비되는 것 같았나이다.

4. 배나무에서 배를 도둑질하던 일

(9) 주여, 도둑질은 분명히 당신의 율법이 금하는 것이며 죄악으로도 결

코 말살되지 않는, 인간의 심령에 기록된 [양심의] 법이 또한 징책(懲責)하는 것이오니, 어떤 도둑이 자기 것을 훔친 도둑을 쉽게 용서해 주리이까? 부자라 할지라도 궁핍 때문에 도둑질한 사람을 용서해 주지 않을 것이니이다. 하온데 나는 도둑질을 하고 싶었고, 실제로 하였나이다. 하오나 내가 도둑질을 한 것은 궁핍 때문이 아니라, 의(義)의 결핍 내지는 의에 대한 혐오, 그리고 죄를 짓고 싶은 욕망 때문이었나이다. 왜냐하면 나의 도둑질이 내가 가진 것이 넉넉하고 남의 것보다 훨씬 더 좋은 것이었음에도 불구하고 행해진 일이며, 내가 도둑질하고자 했던 그 물건 자체가 좋아서라기보다는 도둑질하는 것 자체, 죄를 짓는 것 자체가 좋아서 행한 일인 까닭이니이다.

우리 집 포도원 근처에 배나무 한 그루가 있었는데, 열매는 주렁주렁 많이 달려 있었으나 모양이나 맛은 그다지 좋지 않았나이다. 나와 내 친구들은 밤늦게까지 들판에서 노는 나쁜 습관이 있었습니다. 개망나니 같은 우리들은 깊은 야음(夜陰)을 틈타 그 나무를 흔들어 열매를 따 가기 위해 나섰나이다. 그리고는 열매를 잔뜩 따서 끌고 갔는데, 한바탕 실컷 먹어 보자는 것이 아니라, 기껏해야 두세 개만 맛보고 나서 돼지들에게 던지고야 말았나이다. 우리가 그런 짓을 한 것은 사람들이 그런 짓을 하지 말라고 하면 할수록 그런 짓을 하는 것이 재미있었던 까닭이었나이다.

보소서, 내 마음을! 하나님, 보소서, 내 마음을! 지극히 깊은 수렁 속에 빠진 내 마음을 당신은 긍휼히 여기셨나이다. 보소서! 이제 내 마음이 당신께 아뢰나니, 내가 거기서 무엇을 찾고 있었더이까? 내가 거기서 찾던 것은 특별한 이유도 없이 악한 자가 되는 것이었으니, 내 악함의 원인은 바로 악함 그 자체에 있었음이니이다. 그것은 누추한 것이나, 나는 그것을 사랑했나이다. 나는 멸망을 사랑했으며 나의 궁핍을 사랑했으니, 내게 결핍된 그 무엇을 사랑한 것이 아니라 나의 궁핍 그 자체를 사랑한 것이라. 잘못된 내 영혼은 반석이 되신 당신을 버리고 멸망의 수렁으로 뛰어내렸으니, 그 어떤 대상을 그릇된 방법으로라도 얻고자 함이 아니라 그릇된 것 그 자체를 얻고자 함이었나이다.

5. 사람이 죄를 짓는 이유

(10) 하온데 사람의 시각은 아름다운 육신, 금이나 은 등 모든 것을 지향하며, 육체의 접촉에서 오는 촉감은 두 육체가 조화를 이룰 때 최고의 효과를 보고, 그 밖의 다른 감각에도 각자 자기에게 적합한 육신의 속성이 있나이다. 세상의 영광이나 명령하고 지배하는 권세 역시 나름대로의 매력이 있으니, 노예들이 자유를 얻고자 하는 욕구를 갖는 것도 이에서 비롯되나이다. 그러하오나 주여, 이 모든 것을 얻으려는 목적 때문에 당신을 떠나거나 당신의 법도에서 어긋나는 것은 불가하나이다. 우리가 이 세상에서 사는 삶도 나름대로의 매력이 있는데, 이는 이 삶이 어느 정도는 자체적으로 아름다움을 가지고 있고, 또 이 낮은 세상의 모든 아름다운 것들과 조화를 이루고 있는 까닭이니이다. 사람들의 우정 또한 감미로운 것이니 이는 여러 영혼을 성실이라는 귀중한 끈으로 연결하여 하나 되게 만드는 까닭이니이다.

이 모든 것과 이와 비슷한 것들로 인하여 사람들은 죄를 범하게 되오니 주 우리 하나님이여, 지극히 하찮은 재화(財貨)임에도 불구하고 사람들은 그런 것을 이리도 무분별하게 추구하면서 그보다 더 좋은 재화, 최고의 재화인 당신과 당신의 진리, 당신의 법도는 버리나이다. 물론 그 하찮은 것들도 즐거움이 되는 것은 사실이되 만물을 지으신 나의 하나님 같지는 않사오니, 이는 의인은 주 안에서 기뻐하고, 주는 마음이 올바른 자들의 기쁨이 됨이니이다.

(11) 이러므로 악행에 대하여 그것이 어떠한 연고로 행해졌느냐고 묻는다면, 우리가 지극히 하찮은 것이라 일컬은 그 재화 중 어떤 것을 얻고자 하는 욕망, 또는 그것을 잃어버릴지도 모른다는 두려움 때문이었다고 사람들은 보통 생각할 것이니이다. 이는 이런 것이 보다 고차적이고 복된 것과 비교할 때 하찮고 보잘것없는 것이라 할지라도, 나름대로의 아름다움과 매력이 있기 때문이니이다. 어떤 사람이 살인을 했나이다. 왜 살인을 했나이까? 저는 피살자의 아내나 전토를 탐냈거나, 먹고 살기 위해 돈을 빼앗으려

했거나, 혹은 피살자에게 이와 같은 것을 빼앗길까 봐 염려했거나, 혹은 모욕을 받고 복수심에 불타 그런 일을 했을 것이니이다. 저가 단지 살인 그 자체를 좋아하여 아무 이유 없이 살인할 수 있나이까? 누가 그것을 믿겠나이까? 옛날에 정신 나간, 그리고 매우 잔인한 어떤 위인(爲人)이 있었는데,[5] 그에 대하여 사람들은 저가 아무 이유 없이 악하고 잔인하다고 말하였으나 그럼에도 그 이유가 밝혀졌으니, 이는 저가 "한가로움 때문에 손과 영혼이 둔해질까 염려하여 그랬다"[6]고 말했음이니이다. 하오면 저는 무슨 이유, 무슨 목적으로 그런 일을 했겠나이까? 저가 그러한 죄악을 행한 것은 도성을 점령하여 영예와 권세와 부를 얻게 되며, 법을 더 이상 무서워하지 않게 되고, 재산의 부족에서 오는 경제적 어려움과 죄악에 대한 양심의 가책에서 벗어나게 되기를 원했던 까닭이니이다. 그러므로 저 카틸리나조차도 자기의 악행 자체를 사랑한 것은 아니었으니, 저가 그러한 일을 저지른 동기는 전혀 다른 데 있었나이다.

6. 죄악의 근본 동기는 하나님에게서 멀어지는 것

(12) 아, 내가 행했던 도둑질이여! 아, 내가 열여섯 살 나던 해 그 밤중에 저지른 나의 죄악이여! 내가 가련하게도 너를 통하여 사랑하려 했던 것이 무엇이더냐? 이는 네가 도둑질인 까닭에 아름다운 것이 아니었음이라. 허나, 네가 무엇이기에 내가 네게 말을 거는 것이냐?

우리가 도둑질한 그 실과는 아름다웠나이다. 모든 것 중에서 가장 아름다우신 분이시여, 만유의 창조자시여, 좋으신 하나님이시여, 최고의 선이

---

5) 카틸리나(Catilina)라는 사람을 지칭. 카틸리나는 주전 63년 쿠데타를 기도했으나 실패하였고, 주전 62년 초 에트루리아(Etruria) 지방의 피스토리움(Pistorium)에서 3000명의 지지자들과 함께 죽임을 당했다.

6) Sallustius, *Catilīna* ix.

되시며 나의 참된 재화(財貨)가 되신 하나님이시여, 이는 그것이 당신의 창조물임이니이다. 그 실과는 아름다웠으나 가련한 내 영혼이 탐낸 것은 그 실과 자체가 아니었나이다. 이는 내게 그것보다 좋은 것이 얼마든지 있었으며, 내가 그것을 딴 것은 단지 도둑질 그 자체를 하고자 했음이니이다. 나는 실로 그것을 따자마자 버렸으며, 내가 거기서 먹은 것은 오직 죄악뿐이었으니, 나는 그 죄악을 기뻐하고 즐거워했나이다. 이는 그 실과 중 얼마가 설령 내 입 속으로 들어갔다 하더라도 거기서 조미료 역할을 한 것은 죄악이었던 까닭이니이다. 주 나의 하나님, 내가 묻자오니 도둑질의 어떤 면이 나를 즐겁게 한 것이니이까? 보소서! 도둑질에는 아름다운 풍채가 전혀 없나이다. 거기에는 공평함이나 명철함 속에 있는 아름다움은 고사하고 인간의 영혼, 기억력, 감각능력, 육신적 생명 속에 있는 아름다움도 없으며, 각기 자기 자리에서 아름답게 빛나는 별들의 아름다움이나 생성과 소멸을 계속 이어가는 피조물로 가득한 땅과 바다의 아름다움도 없나이다. 거기에는 악이 우리를 속일 때 나타나는, 불완전하고 그늘진 아름다움조차 없나이다.

(13) 실로 교만이라 하는 것도 존귀함을 가장하나, 당신만이 홀로 모든 것 위에 뛰어나신 하나님이시니이다. 야망이라는 것도 명예와 영광만을 추구하나, 당신만이 홀로 모든 것에 앞서 칭송을 받으셔야 하오며 영원토록 영화로우시나이다. 권력자들의 잔임함도 두려움 받기를 원하는 까닭이라. 하오나 하나님 한 분 외에 두려울 자 어디 있겠나이까? 어느 누가 하나님의 권능의 손길을 벗어나며 피할 수 있으리이까? 당신의 권능의 손길을 피할 수 있을 때가 있으며, 피할 수 있는 곳이 있나이까? 피한다면 어디로 피하겠으며, 도대체 누구의 도움으로 피하겠나이까? 방탕한 자들의 보드라움도 사랑받기를 원하는 까닭이니이다. 하오나 당신의 사랑보다 더 보드라운 것은 없으며, 그 어떤 것보다 더 아름답고 찬란한 당신의 진리를 사랑함보다 더 건전한 사랑은 없나이다. 하온데 호기심이라는 것이 지식욕(知識欲)을 자극하는 것처럼 보이나, 모든 것을 가장 잘 아시는 분은 당신이시니이다. 무식함과 우둔함마저 순수와 무흠(無欠)이라는 이름으로 자신을 감싸

나이다. 이는 당신보다 더 순수한 존재는 없음이니이다. 당신보다 더 무흠한 존재가 어디 있겠나이까? 악인들을 해치는 것은 바로 저들 자신의 악한 행동이 아니니이까? 나태함도 마치 안식을 추구하는 것처럼 보이나이다. 하오나 주님을 두고 어디서 참된 안식을 찾을 수 있으리이까? 사치스러움은 만족함, 풍성함이라 칭해지기 원하지만, 당신께만 영원한 기쁨의 충만함과 다함이 없는 부요함이 있나이다. 낭비는 인심이 후한 것을 위장하나, 온갖 재화를 넘치도록 주시는 분은 당신이시니이다. 탐욕은 많은 것을 소유하기를 원하나, 당신은 이미 모든 것을 소유하고 계시나이다. 시기(猜忌)는 우월함을 놓고 다투나, 당신보다 더 우월한 자가 어디 있겠나이까? 분냄은 복수의 기회를 노리나, 당신보다 더 의롭게 갚아 주는 자가 어디 있나이까? 두려움은 예상치 못한 일이 갑자기 일어나 우리가 사랑하는 것들을 위협할 때 그들의 안전을 염려함으로 생기는 것이나, 당신에게 예상치 못한 일이 있나이까? 갑작스러운 일이 있나이까? 혹은 당신이 사랑하시는 것을 누가 당신에게서 떼어 놓으리이까? 혹은 당신 곁이 아니면 어디에 진정한 안전이 있으리이까? 슬픔은 우리 욕심이 즐거워하던 어떤 대상을 잃어버렸을 때 상심(傷心)에 빠지는 것이니, 이는 당신에게는 아무것도 잃어버린 바 되지 않는 것처럼, 자신에게도 아무 것이나 전혀 잃어버린바 되기를 원하지 않는 까닭이니이다.

(14) 그리하여 영혼이 음행을 하게 되는 것은, 당신에게서 돌이켜 당신 밖에서 깨끗하고 순전한 것을 찾으려 할 때이니, 이러한 것은 당신에게로 돌아가지 않고는 발견할 수 없습니다. 무릇 당신을 멀리 떠나 당신을 거슬러 스스로를 높이는 자는 누구나 당신을 모방하되 비뚤게 모방하는 것입니다. 하오나 이렇게라도 당신을 모방함으로 말미암아 저들은 만유의 창조자가 당신이심을 드러내니, 그러므로 당신을 떠나 물러갈 곳이란 전혀 있을 수 없나이다.

그렇다면 내가 저 도둑질의 어떤 면을 사랑했나이까? 내가 나의 주님을 악하게, 또 비뚤게 모방했다면 어떤 점에서 그리했나이까? 아니면 내가 힘으로는 할 수 없어 최소한 속임수로라도 법에 반하여 행동하는 것처럼 보이기를 바랐나이까? 그리하여 당신의 전능하심을 그릇되게 모방하는 과정에서 허용되지 않은 것을 아무런 벌도 받지 않고 행함으로써, 나는 종이면서도 거짓된 자유[7]를 추구하지 않았나이까? 보소서! "자기 주인을 피하여 그늘을 얻은 종"[8]이 여기 있나이다. 오호라, 부패함이여! 오호라, 삶의 흉물스러움, 죽음의 무저갱이여! 어째서 내가 해서는 안 될 일을 오직 해서는 안 된다는 그 이유 하나만으로 좋아할 수가 있었나이까?

7. 용서하시는 하나님

(15) 이런 일을 회상하면서도 내 영혼이 그로 인해 두려움을 느끼지 않게 되니 내가 주님에게 "무엇으로 보답할꼬"(시 116:12). 주여, 내가 당신을 사랑하며, 당신께 감사드리며, 당신의 이름을 찬송하오니, 이는 당신이 내가 행한 그 많은 악하고 가증한 행위를 용서하셨음이니이다. 당신이 나의 죄악을 얼음 녹이듯 도말(塗抹)하여 주신 것은 당신의 은혜와 긍휼을 인함이니이다. 또한 내가 무슨 죄악이든 저지르지 않은 것이 있으면 그것도 당신의 은혜를 인함이오니, 죄악된 일을 아무 이유도 없이 사랑한 내가 무슨 짓인들 못하였겠나이까?

이제 나의 모든 죄가 씻음 받았음을 고백하오니, 내가 스스로 지은 죄뿐 아니라 당신의 인도하심으로 말미암아 내가 짓지 않게 된 죄까지니이다. 자신의 연약함을 헤아리는 사람치고 누가 감히 자신의 순결함과 무죄함을 자신의 능력으로 돌리오리이까? 그리하여 당신께로 돌아오는 자들의 죄를 용서하시는 당신의 긍휼이 별로 아쉽지 않다고 생각하며, 당신에 대한 사

---

[7] 여기서 말하는 '거짓된 자유'(manca libertas)란 인간이 죄의 종이 된 상태에서 추구하는 자유를 말한다. 어거스틴은 이것을 『삼위일체론』(*De trinitate*) 제11권 5장 8절에서 '노예적 자유'(libertas servilis)라고 불렀다.

[8] 『칠십인경』의 욥 7:2.

랑을 줄일 수 있으리이까? 이는 당신의 부르심을 받고 당신의 목소리를 청종한 사람이 있다 해도, 또 내가 나 자신에 대해 회상하며 고백하는 것을 읽고, 자신은 그런 짓을 하지 않았다고 자처할 사람이 있다 해도, 저는 나를 비웃지 말아야 할지니이다. 병든 나를 고쳐 준 바로 그 의사가 저를 병들지 않도록 만들었음이니이다. 혹은 저로 하여금 나보다 병을 덜 심하게 앓도록 만들었다 함이 더 옳을 것이니이다. 이러므로 저는 당신을 나만큼, 아니 나보다 훨씬 더 사랑해야 할지니, 이는 당신으로 말미암아 이토록 엄청난 나의 죄과(罪過)가 사해졌음을 저가 보았다면, 저 자신이 이토록 엄청난 죄과에 빠지지 않은 것은 당신의 은혜로 말미암았음을 깨닫게 될 것임이니이다.

8. 나쁜 친구들로 인해 죄의 유혹이 더 심해짐

(16) 이 가련한 자가 "그때에 무슨 열매를 얻었"더이까?(롬 6:21). 이제 내가 그 모든 일을 생각하며 부끄러워하나이다. 특히 그 도둑질, 다른 아무 목적 없이 오직 그 자체만을 좋아하여 저질렀던 그 도둑질을 생각하면, 부끄러워지나이다. 그것은 원래 '없음'[9]이었으니, 그런 까닭에 나는 더욱 불쌍한 자가 아니었나이까? 그러하오나 나 혼자였다면 나는 그 일을 안 했을 것이니이다. 당시 내 마음을 돌이켜 볼 때, 나 혼자서는 절대로 그 일을 하지 않았을 것이니이다. 나는 친구 사귀기를 좋아했던 까닭에 저들과 함께 그 일을 행하였나이다. 하오면 나는 도둑질 그 자체만을 사랑한 것은 아니니이다. 그러하오나 나는 '없음' 이외의 다른 어떤 것도 사랑한 것이 아니니, 이는 친구들과 함께 악을 행하는 것도 '없음'인 까닭이니이다.

---

9) 여기서 어거스틴은 '악'(惡, Gk: kakon, Lt.: malum)은 곧 '무'(無, Gk: ouden, Lt.: nihil) 또는 '선의 결핍'(privatio boni)이라고 하는 신플라톤주의의 입장을 받아들이고 있다.

하오면 무엇이 사실이니이까? 내 마음을 비추사 어두움을 몰아내 주실 분 말고 나를 가르칠 자 어디 있나이까? 나에게 이에 대하여 묻고 연구하고 생각할 마음이 생기게 된 것은 무슨 까닭이니이까? 이는 당시 내가 훔쳤던 그 과일이 내가 진정 좋아하고 실컷 먹기 원한 것이었다면 나 혼자서도 넉넉히 그 죄를 지었겠고 나 혼자 얼마든지 욕심을 채울 수 있었을 것이오니, 굳이 공범자들의 자극을 통해 내 욕망이 불타오르도록 만들 필요가 없었나이다.

하오나 나의 욕심의 대상은 그 과일이 아니었으니, 함께 죄를 짓는 자들과의 사귐으로 인해 불타오른 나의 욕심은 죄를 짓는 것 자체에 있었나이다.

9. 그릇된 우정

(17) 그때 내 영혼의 상태는 어떠했나이까? 실로 너무나 심히 더러운 상태였사오니, 그러한 상태에 있었던 나는 매우 불행한 자였나이다. 하오나 그러한 상태가 구체적으로 어떠한 상태였나이까? "자기 허물을 능히 깨달을 자 누구리이까?"(시 19:12).

우리들이 그런 짓을 하리라고는 꿈에도 생각지 못한 사람들, 만약 우리들이 그런 짓을 하는 줄 알았더라면 엄청나게 화를 냈을 사람들을 속이는 맛에 우리들은 기분이 좋아 한바탕 웃음을 터뜨렸나이다. 그 일이 그렇게 기분 좋은 일이었다면 나는 왜 혼자서 그 일을 하지 않았는지요? 사람이란 혼자서 웃는 것이 결코 쉽지 않기 때문이니이까? 사실 혼자서 웃는 것은 결코 쉽지 않나이다. 하오나 때로는 다른 사람이 곁에 전혀 없고 자기 혼자 외로이 있는 사람이라도, 대단히 우스운 일이 떠오르거나 생각나면 웃음을 참지 못할 수가 있나이다. 그럼에도 나는 혼자서는 그런 짓을[=도둑질을] 안했을 것이니, 혼자서는 결단코 하지 않았을 것이니이다.

나의 하나님, 보소서! 당신 앞에서 내 영혼이 그것을 생생하게 기억하나이다. 나는 혼자서는 그 도둑질을 안 했을 것이니, 내가 원했던 것은 도둑질한 물건 그것이 아니라, 도둑질이라는 행위 그 자체였사온데, 내가 만약 혼자였더라면 절대로 그 일을 하고 싶지 않았을 것이며, 또 하지도 않았을 것이니이다. 오, 너무나 그릇된 우정이여! 네가 영혼을 그릇된 길로 인도했다니, 이해할 수 없도다. 까불고 장난하는 것이 지나쳐 남을 해치고자 하는 마음이 생기다니! 내게는 아무런 유익이 없고 남에게 복수하고자 하는 것도 아닌데, 남이 잘못되는 것을 보고자 함이여! "자, 가자! 그렇게 하자!" 하는 소리에 부끄러운 줄 모르는 것을 오히려 부끄러워하는구나!

10. 하나님을 바라봄

(18) 누가 이 복잡하게 얽히고 설킨 매듭을 풀어 주리이까? 이것은 보기가 싫사오니, 들여다보는 것도 바라보는 것도 싫나이다. 나는 당신을 바라오니 당신은 의로움, 순전함, 아름다움, 찬란함 그 자체이시니이다. 당신은 고결한 빛을 비추시며, 다함이 없는 만족이 되시나이다. 당신께는 참된 안식과 요동치 않는 생명이 있나이다. 당신 안으로 들어가는 자는 자기 "주인의 즐거움에 참예"(마 25:21)하게 되오니, 아무 두려움 없이 진정 선하신 분 속에서 진정 선하게 살게 될 것이니이다.

나의 하나님, 나는 당신을 떠나 길을 잃고 헤매었나이다. 나는 사춘기에 나를 든든히 붙들어 주시는 당신을 아득히 멀리 떠나 궁핍한 땅을 스스로 찾아갔나이다.[10]

---

10) 어거스틴은 아버지를 멀리 떠나 스스로 궁핍하게 된 탕자를 염두에 두고 이 글을 썼다. 눅 15:14 참조.

제3권 마니교 신자가 되다

1. 유혹의 도시 카르타고로

(1) 나는 카르타고로 왔는데, 그곳에는 내 주변 도처에 지옥의 불구덩이에서 나오는 것과 같은 그릇된 사랑의 불길이 솟아오르고 있었나이다. 나는 아직 사랑을 해 본 적이 없었으나 사랑을 하고 싶었으며, 비밀한 사랑의 욕구를 마음속 깊이 간직하고 있던 나는 나 자신이 그러한 욕구를 별로 가지지 않은 것같이 느껴져 나 자신을 미워하기도 했나이다. 나는 사랑하기를 원하며 사랑할 대상을 찾고 있었으나 사랑을 위하여 안전한 길, 올무가 놓이지 않은 길을 찾는 것은 싫어했나이다. 이는 나의 하나님이여, 내 마음속의 영적 굶주림을 영혼의 양식 되시는 당신만이 홀로 채워 줄 수 있는 것이었으나 나는 그러한 굶주림을 느끼지 못하고 있었고, 썩지 않을 양식에 대한 소원을 가지고 있지 못했음이니, 이는 나에게 썩지 않을 양식이 풍부해서가 아니라, 그 양식이 내게 없으면 없을수록 그 양식이 매스껍게 느껴졌기 때문이니이다. 그러므로 내 영혼은 성한 곳 없이 종기가 잔뜩 나 밖으로 곪아 터지고 있었는데, 가련하게도 나는 감각적인 것과 접촉함으로써 가려움증을 해소하고자 했나이다. 하오나 감각적인 것은 영혼이 없으므로 그것이 진정한 사랑의 대상이 될 수는 없나이다.

사랑하고 사랑받는 것은 나에게 참으로 달콤했나이다. 그리고 그것은 내가 사랑하는 사람의 육체를 즐길 수 있을 때 더욱 그러했나이다.[1] 그리하여 나는 우정의 샘을 정욕이라는 오물로 더럽혔으며, 그 밝은 빛을 지옥에서 발산되는 욕망의 구름으로 흐리게 만들었는데, 이렇게 추하고 악한 사람이었음에도 불구하고 헛된 생각으로 가득 차 세련되고 학식 있는 사람처럼 보이기를 원하였나이다. 결국 나는 사랑에 사로잡히려다가 그 속으로 굴러 떨어진 셈이 되고 말았나이다. 나의 하나님이여! 나를 긍휼히 여기는 분이시여! 나의 그 달콤함 속에 쓰디쓴 담즙을 많이 뿌려 주신 당신은 얼마나 선하신 분인지요? 나는 사랑을 받을 뿐 아니라 남몰래 쾌락의 노예가 되기도 하였으며, 고통스러운 속박에 기꺼이 묶이기도 하였으나, 종내는 질투, 의심, 두려움, 분노, 다툼 등으로 달구어진 쇠채찍으로 두들겨 맞을 뿐이었나이다.

2. 연극 관람, 특히 비극을 좋아함

(2) 연극을 공연하는 극장이 나를 사로잡았는데, 거기에는 나의 비참한 모습을 비쳐 주는 장면과 나에게 정욕의 불길을 일으켜 주는 화약(火藥)이 가득했나이다.

사람들은 자기 스스로는 서럽고 슬픈 일을 당하고 싶어하지 않으면서, 왜 극장에 가서 그런 일을 구경하면서 슬퍼하려고 하나이까? 관객들은 그런 장면들을 보면서 슬픔을 느끼려고 하오니 그들에게는 슬픔 자체가 기쁨이 되나이다. 이야말로 불쌍하고 미친 짓이 아니고 무엇이니이까? 이는 누구든지 그러한 장면에서 감동을 받으면 받을수록 그러한 감정에서 벗어나지 못하게 되기 때문이니이다. 물론 자기 스스로 그러한 일을 당하면 '불행'(miseria)이라고 부르고, 다른 사람이 그런 일을 당할 때 함께 슬퍼하면

---

[1] 어거스틴은 카르타고에서 공부를 시작하던 해인 주후 371년(만 17세 때), 어떤 여자와 사랑에 빠져 그 여자를 동거녀로 삼게 된다.

'동정'(misericordia)이라고 부르는 것이 보통입니다. 하오나 꾸며 낸 연극 줄거리에 도대체 무슨 동정이 필요하나이까? 이는 관객이 도와달라는 요청을 받는 것이 아니고 오직 슬퍼해 달라는 초청만을 받는 것이오니, 관객은 슬픔을 많이 느끼면 느낄수록 그런 장면을 연출한 사람에게 더 많은 박수갈채를 보내게 됩니다. 그리고 만약 연출자가 사람들이 당한 불행한 일들을 ― 그것이 옛날에 실제로 일어난 일이든 작가가 꾸며낸 일이든 간에 ― 연출할 때 관객의 슬픔을 자아내지 못하면, 관객은 재미없다고 불평하며 퇴장해 버리나, 만약 슬픔을 느끼게 되면 그 관객은 재미있다고 즐거워하며 계속 앉아 있나이다.

(3) 하오면 사람들은 눈물과 슬픔을 사랑하는 셈이니이다. 물론 사람은 누구나 기뻐하고 싶어하나이다. 하오나 사람은 스스로가 불행하게 되기를 어느 누구도 원하지 않지만 다른 사람을 불쌍히 여기는 것은 좋아하고, 함께 슬퍼함 없이 다른 사람을 동정하는 것은 있을 수 없다는 바로 그 한 가지 이유만으로 슬픔을 사랑하게 되나이까?

이것도[=동정도] 저 우정(友情)이라는 샘에서 흘러나오나이다. 하오나 이것이 가는 곳은 어디니이까? 이것은 어디로 흐르나이까? 이것은 왜 끓는 역청(瀝靑)의 분류(奔流) 속으로, 더러운 육욕의 거친 파도 속으로 뛰어드나이까? 그리고 그 속에서 자기 스스로의 의지로 천상의 청정함을 떠나, 깊은 흙탕 속으로 들어가, 거기에 섞여 변질되어 버리는 것이니이까? 하오면 동정을 하지 말아야 하나이까? 절대 그렇지는 않나이다. 때로는 슬픔도 사랑해야 할지니이다. 그렇지만 내 영혼아! 더러움을 삼가라! 나의 하나님의 인도하심, 세세토록 찬송받으실 지극히 존귀하신 우리 조상의 하나님의 인도하심을 받아 더러움을 삼가라!

지금도 내게 동정심이 없지는 않나이다. 하오나 당시 나는 극장에서 사랑하는 사람들이 사랑의 즐거움을 옳지 못한 방법으로 함께 나누는 장면을 보고, 비록 그것이 연극 무대 위에서 행해지는 가상적 행위이기는 했으나 함께 즐거워했으며, 저들이 서로 헤어질 때는 동정이나 하듯 함께 슬퍼했나이다. 물론 내가 이 두 가지를 다 좋아했던 것이 사실이니이다. 하오나 지금에 이르러 나는 해로운 향락 내지는 불행한 행복[2]의 상실이라는 괴로움을 당하는 자들보다는 부끄러운 것을 즐기는 자를 더 불쌍히 여기게 되었나이다. 사실은 이것이야말로 진정한 동정이니, 이러한 동정을 할 때에는 슬픔이 즐거움의 대상이 되지 않나이다. 왜냐하면 불쌍한 자를 보고 아픔을 느끼는 자는 비록 사랑의 관점에서는 칭찬을 받을지 모르나, 진정으로 올바른 동정심을 가진 자는 오히려 아픔을 일으키는 원인 자체가 존재하지 않기를 바랄 것이기 때문이니이다. 불가능한 일이기는 하나, 만약 심술궂은 선의(善意)가 있다고 가정한다면, 동정을 진실되고 정직한 마음으로 하는 사람의 경우라도 동정을 베풀 수 있기 위하여, 동정의 대상이 되는 불쌍한 사람이 존재하기를 바랄 수 있나이다. 그러므로 우리는 슬픔을 가끔은 긍정적으로 봐 줄 수 있으나 슬픔 자체가 사랑의 대상이 될 수는 결단코 없나이다. 영혼을 사랑하시는 주 하나님이시여, 그러므로 당신의 자비는 우리의 동정보다 더 넓고, 더 깊고 더 순수하고 더 영원하니, "누가 이것을 감당하리이까"(고후 2:16).

(4) 하오나 당시 이 가련한 자는 슬퍼하기를 좋아하여 슬퍼할 대상을 찾아 헤매었나이다. 배우들이 가상적으로 연출한 고통은 남의 고통 또는 거짓된 고통이기는 하였으나 나는 배우들의 연기를 무척 좋아하였으며, 그 연기가 나의 눈물을 더 많이 짜내면 짜낼수록 나는 더욱 더 즐거워하였나이다. 그렇다면 당신의 돌보심을 싫어하여 당신의 양떼를 떠나 길을 잃고 방황하는 가여운 양 한 마리가 흉한 몰골을 하게 된 것이 무슨 놀라운 일이겠나이까? 그리하여 그것은 슬픔에 대한 사랑이었으나, 그 슬픔이 내 마음 속 깊이 파고드는 것을 나는 원하지 않았고—이는 내가 연극에서 본 것과 같은 일이 내게도 일어나는 것을 내가 바라지 않았음이라—다만 허구적인 이야기를 듣고 봄으로써 마치 가려운 피부를 긁어 주는 것과 같은 효과를 얻고자 했을 따름이니이다. 하오나 그것은 가려운 곳을 손톱으로 긁으면,

---

2) 어거스틴은 그릇된 방법으로 얻은 행복이 우리에게 결국 불행을 초래하는 것으로 생각했기 때문에, 이 같은 역설적 표현을 쓴 것이다.

부스럼이나 염증이 나서 무시무시한 피고름이 나오게 되는 것 같은 결과를 초래했나이다.

이런 것이 당시 나의 삶이었으니 나의 하나님, 그것을 삶이었다고 할 수 있겠나이까?

3. 애욕은 추구하였으나 난폭한 행동은 삼감

(5) 하온데 당신의 신실한 긍휼이 멀리서 내 위를 선회하며 날고 있었나이다. 그때에 내가 얼마나 큰 죄에 빠져 나 자신을 망치고 있었는지요? 내가 또 얼마나 사악한 호기심을 따라다니고 있었는지요? 그 호기심은 당신을 떠난 나를 불충(不忠)의 밑바닥까지 끌고 내려가 악령들을 요사스럽게 섬기도록 만들었으니, 저들에게 나는 나의 악한 행실을 제물로 바치기까지 하였나이다. 하오나 그럴 때마다 당신은 나에게 징계의 회초리를 드셨나이다. 하온데 나는 엄숙한 예배의식이 거행되는 당신의 교회 건물 안에서조차 정욕을 이기지 못해 죽음의 열매를 즐기기 위한 약속을 하는 만용을 부리기도 하였나이다.[3] 그러므로 당신은 나를 심한 벌로 징치(懲治)하셨으나, 그것은 나의 허물에 비하면 아무것도 아니니이다. 오, 긍휼이 한량없으신 나의 하나님, 당신은 엄청난 해악(害惡)에서 나를 건져 주시는 나의 피난처시나, 나는 당신에게서 멀리 떠나고자 목을 곧게 하고 헤매었고, 당신의 길보다는 나 자신의 길을 더 사랑하였으니, 그것은 마치 노예가 자유를 사랑한 나머지 자기 주인의 낯을 피해 도망하는 것과 같았나이다.[4]

(6) 내가 받던 이른바 '고등교육' 이라 하는 것은, 내가 '싸움으로 얼룩진

---

[3] 학자들은 이 글에 근거하여, 어거스틴이 카르타고 교회에서 그의 동거녀가 된 소녀를 만나게 되었을 것으로 추정한다. 그녀는 어거스틴을 처음 만날 당시 벌써 그리스도인이었을 것으로 여겨진다.

[4] 어거스틴은 노예제도를 인정하는 입장에서 이 글을 썼다.

법정'⁵⁾에서 두각을 나타내는 것이었는데, 그 법정은 많이 속이면 속일수록 더 큰 명성을 얻는 곳이었나이다. 인간의 어리석음은 이렇게 엄청나니, 인간은 자기의 어리석음조차 자랑하나이다. 나는 수사학교(修辭學校)에서 일찍부터 좋은 성적을 거두어 몹시 좋아 뽐내었으며 교만으로 잔뜩 부풀어 있었나이다. 하오나 주여, 당신이 아시는 대로 나는 상당히 진중한 편이어서 소위 '불량학생들'이 하던 난폭한 행동과는 매우 거리가 멀었나이다. 하오나, 내게는 '불량학생'이라는 이 흉칙하고 악마적인 이름이 멋의 상징처럼 느껴졌고, 저들과 함께 생활할 때에, 내가 저들과 같은 부류(部類)가 되지 못함을 부끄러워했으니, 당시 나는 참으로 부끄러움이 무엇인지 모르는 자였나이다. 나는 저들과 함께 지내면서 한때 저들의 우정에 기쁨을 느끼기도 하였으나 저들이 하는 행동, 곧 난폭한 행동은 싫어했나이다. 저들은 그런 일에 익숙하지 않은 자들이 취하는 조심스러운 태도를 함부로 비난하면서 아무 이유 없이 놀리고 괴롭힘으로써⁶⁾ 자기들의 사악한 즐거움을 채우려 하였나이다. 이 같은 행실처럼 악마들의 소행에 가까운 것은 없으니, '불량학생들'이라는 이름보다 저들에게 더 어울리는 이름이 있으리이까? 하오나 저들이 남을 비웃고 속이는 일을 즐기기에 앞서 악마들이 먼저 저들을 비웃으며 몰래 꾀어 속이고 있었으니, 완전히 엎어지고 망하게 된 것은 사실은 저들 자신이었나이다.

4. 호르텐시우스의 체험

(7) 이러한 자들 사이에서 나는 아직 인격적으로 미숙한 단계에서 수사학 책들을 공부하고 있었는데, 수사학 분야에서 특출한 사람이 되는 것이

---

5) Ovidius, *Fasti* IV, 188. 오비디우스(43 BC – 17 AD)는 아우구스투스 황제(재위 28 BC – 14 AD) 때 활약했던 로마의 시인이다.
6) '집단 괴롭힘'이라는 현상은 이미 어거스틴 때에도 있었다.

당시 나의 소원이었나이다. 하오나 내가 추구했던 목적은 인간의 헛된 욕심을 만족시키려 한 것으로 정죄받아 마땅한 것이었으며 바람을 잡는 것과 같은 것이었나이다. 당시에 일반적이었던 교과과정을 따라 공부하는 중에, 나는 키케로[7]라는 사람의 책을 접하게 되었는데, 저가 사용한 언어는 거의 모든 사람들이 상찬(賞讚)해 마지않았으나, 저가 가졌던 생각은 그렇게 하지 않았나이다. 저가 쓴 그 책은 철학 공부를 권장하는 책으로서 『호르텐시우스』라는 책이었나이다.

하온데 그 책은 내 생각을 변화시켰으니 주여, 내 기도를 당신 자신께로 향하게 변화시켰으며, 내 소원과 희망을 전혀 새로운 것으로 바꾸어 주었나이다. 갑자기 나의 헛된 욕망은 모두 사라지고 영원한 지혜를 뜨겁게 사모하는 마음이 믿기지 않을 정도로 일어나, 나는 자리를 떨치고 당신께로 돌아가고자 하는 소원을 가지게 되었나이다. 당시 내 나이는 열아홉 살이었고, 아버지는 돌아가신 지 이태가 지났으니, 나는 어머니가 대주는 학비로 말하는 능력을 연마하고 있었나이다. 하오나 내가 그 책을 읽고 또 읽은 것은, 다른 사람 눈에는 어떻게 보였을지 몰라도, 말하는 능력을 연마하기 위함이 아니었나이다. 그 책이 나를 사로잡은 것은 그 책에 사용된 말 때문이 아니라 그 책이 말하고자 하는 내용 때문이었나이다.[8]

(8) 나의 하나님, 그때에 내 마음이 얼마나 불타고 있었는지요! 땅의 것을 떠나 당신께로 다시 날아가고자 얼마나 불타고 있었는지요! 하오나 나는 당신이 내게 무엇을 하시려는지 알지 못하고 있었나이다. 이는 "지혜가 당신께 있음이라"(욥 12:13, 16). 하온데 지혜에 대한 사랑을 헬라어로는

---

7) 키케로(Cicero, 106~43 BC)는 로마의 정치가요 철학자였으며, 수사학의 대가였다.

8) 로마 사람들이 수사학을 공부한 것은 언어적인 표현 능력을 연마하기 위함이었다. 하지만 어거스틴은 언어란 내용을 전달하는 수단에 불과함을 깨달았다. 전달 수단이 아무리 훌륭한 것이라 하더라도 전달되는 내용이 무가치한 것이라면, 그것은 소용없다는 것이 어거스틴의 깨달음이었다. 그렇다고 어거스틴이 수사학이라는 전달 수단을 완전히 포기한 것은 아니었다. 단지 어떠한 수단이든지, 올바른 목적을 위해 봉사할 때만 참된 의미를 지니게 된다는 것이 어거스틴의 생각이었다.

'철학' 이라 이르오니,⁹⁾ 그 책은 나로 하여금 그것에 대한 사랑으로 불타오르게 하였나이다. 반면, 세상에는 철학을 이용하여 사람을 미혹케 하는 자들, 철학이라는 위대하고 매력적이고 고상한 이름으로 윤색(潤色), 장식하여 자신들의 오류를 가리는 자들이 있나이다. 그러한 자들이 그 책에는—그 당시의 사람이든지, 아니면 그 이전 사람들이든지 간에—거의 모두 지적되거나 소개되고 있었으며, 그 책에는 또 당신의 영이 당신의 선하고 신실한 종[=바울]을 통하여 허락하신 다음과 같은 은혜로운 권면의 말씀을 밝혀 주는 것이 들어 있었나이다.

> 누가 철학과 헛된 속임수로 너희를 노략할까 주의하라. 이것이 사람의 유전(遺傳)과 세상의 초등학문(初等學問)을 좇음이요 그리스도를 좇음이 아니니라. 그 안에는 신성(神性)의 모든 충만이 육체로 거하시고······(골 2:8-9).

내 마음의 빛이시여! 당신이 아시는 대로 나는 그때 아직 [바울] 사도의 이 말을 알지 못했으나, 그 책이 권면하는 말을 오직 이 한 가지 이유 때문에 좋아하였으니, 곧 이 학파 저 학파가 아니라 지혜 자체를, 그것이 무엇이 되었든지 간에 사랑하고 탐구하고 발견하고 붙들어 힘껏 안아 보라 하였기 때문이니이다. 나는 그 말에 이끌렸고 불이 붙어 타올랐나이다. 하오나 이렇게 불타오르는 가운데도 단 한 가지 마음에 걸리는 것이 있었으니 곧, 그 책에 그리스도의 이름이 없다는 것이니이다. 이는 이 이름, 나의 구주이신 당신의 아들의 이 이름은 "주여, 당신의 인자하심을 따라"(시 25:7). 내가 어머니의 젖을 먹을 때부터 벌써, 여리고 여린 내 심령이 경건한 마음으로 마시고 마음속 깊이 간직한 것으로, 아무리 박학하고 세련되고 진실된 책이라 할지라도 이 이름이 없는 이상 나를 온전히 사로잡을 수 없었음이니이다.

---

9) philosophia(철학) 〈 philia(사랑) + sophia(지혜).
Eng.: philosophy 〈 Lt.: philosophia.

5. 성경을 읽고 실망을 느끼다

(9) 그리하여 나는 성경으로 마음을 돌려 그것이 어떠한가를 살펴보기로 작정하였나이다. 하온데 보소서! 지금 내가 보니 성경은 교만한 자들에게는 닫혀 있고, 심령이 어린 자들에게는 드러나지 않고, 입구는 낮지만 들어 갈수록 아득히 높아지고, 신비의 베일에 싸여 있는 것이니이다. 나는 당시 그 속으로 들어갈 힘이 없었사오며, 고개를 숙이고 말씀의 인도를 따라갈 겸손도 없었나이다. 당시 나는 지금 내가 말하는 이런 느낌으로 성경을 대하지 않았으니, 툴리우스 키케로[10]가 쓴 책들의 가치에 비교해 볼 때 성경은 내게 아무 가치가 없는 것처럼 보였나이다. 이는 나의 교만함이 성경의 문체를 싫어하였고, 나의 통찰력으로는 성경의 내적 의미까지 통달할 수 없었음이니이다. 성경에 대한 이해는 실로 어린아이들이 자라듯 자라는 것이나, 교만으로 부풀어 오른 나는 스스로를 큰 자처럼 착각했었나이다.

6. 마니교라는 이단에 빠지다

(10) 그리하여 나는 교만한 미치광이들, 몹시도 육신적인 말쟁이들에게 빠지게 되었는데, 그들의 입 속에서 나온 말에는 사단의 올무와 새 잡는 끈 끈이가 당신의 이름, 주 예수 그리스도의 이름, 우리의 위로자 되시는 보혜사 성령의 이름과 함께 뒤섞여 있었나이다. 저들은 이러한 이름들을 입에 달고 살았으나, 그것은 다만 군소리, 곧 혀에서 굴러 나오는 시끄러운 소리였을 뿐, 저들의 마음은 진리에서 멀리 떨어져 있었나이다. 저들은 "진리,

---

10) 툴리우스(Tullius)는 성(姓, Lt.: nomen gentile)이고, 키케로(Cicero)는 가명(家名, Lt.: cognomen), 곧 가문(家門)의 이름이다. 키케로의 '첫 이름'(Lt.: praenomen, Eng.: first name)은 마르쿠스(Marcus)였다. 고대 로마의 명망 있는 집안 사람들은 서로 상대방을 부를 때 보통 가명을 사용했고, '첫 이름'은 아주 가까운 사람들끼리만 사용했다.

진리"를 외쳤고 나에게 진리에 대한 말을 많이 하였으나 저들에게 진리가 있은 적은 한 번도 없었나이다. 저들은 거짓을 말하고 있었으니, 참으로 진리 되시는 당신에 대해서뿐만 아니라 당신의 창조물인 이 세상의 구성 요소들에 대해서도 그러했나이다. 모든 아름다운 것들의 아름다움 되시며 지극히 선하신 나의 아버지여! 이 세상의 구성 요소들에 대해서는 철학자들이 참된 것을 말할 때가 있으나, 그것까지라도 나는 당신을 향한 사랑 때문에 무시하고 지나가야 했을 것이니이다.

오, 진리, 진리시여! 저들이 나에게―단순히 말만을 통해서든지 아니면 수많은 엄청난 책을 통하여서든지 간에―당신에 관하여 계속해서 여러 가지로 이야기해 줄 때, 내 영혼의 지극히 깊은 데서부터 내가 얼마나 당신을 애타게 사모하더이까? 하오나 그런 말이나 책들은 당신에 굶주린 나에게 당신 대신 당신의 아름다운 작품인 해와 달을 올려놓은 쟁반이었는데, 해와 달은 당신의 피조물일 뿐 당신 자신은 아니었으며, 피조물 중 맨 처음 된 것도 아니었나이다. 이는 당신의 영적인 피조물이 육적인[=물질적인] 피조물들보다 먼저 창조되었음이니이다. 아무리 빛나는 것, 하늘에 있는 것이라도 육적인 것은 영적인 것보다 나중 창조된 것이니이다. 하오나 내가 굶주리고 목말라한 것은 먼저 창조된 저 영적인 것들이 아니라 진리 되시는 당신 자신이었으니, 당신은 "변함도 없으시고 회전하는 그림자도 없으"신 분이시옵니다(약 1:17). 하온데 나를 위해 준비된 저 쟁반 위에는 찬란한 환영(幻影)들이 여전히 올려져 있었사오나, 그러한 거짓된 것들보다는 최소한 이 육안(肉眼)에는 참된 것처럼 보이는 이 태양을 사랑하는 것이 더 나았을 것이니, 이는 육안은 영혼을 속임이니이다. 하오나 나는 그것들이 당신인 줄 알고 받아먹었나이다. 물론 나는 그것들을 맛있게 먹지는 못하였으니, 이는 내 입으로는 있는 그대로의 당신을 맛볼 수 없음이며, 또 당신은 그렇게 허망한 가상적 존재가 아니심이니이다. 그리하여 나는 그것들을 통해 영양을 보충받은 것이 아니라, 도리어 자꾸 허약해지기만 했나이다.

꿈속에서 보는 음식이 깨어 있을 때 보는 음식과 매우 흡사하게 보일지 모르나 그것이 잠자는 사람에게 영양이 될 수는 없사오니, 이는 저가 잠자고 있기 때문이니이다. 하온데 당신께서 이제까지 말씀하신 대로, 이단자들이 제시한 그 환영들은 당신과 같은 점이 조금도 없으니, 이는 그것들이 물체의 환영 내지는 거짓된 물체인 까닭에 차라리 육안으로 보는 현실의 물체가―이것이 하늘에 있는 물체든 땅에 있는 물체든 간에―그것들보다 더 확실히 존재하는 것임이니이다. 이 현실의 물체는 들짐승들이나 새들도 우리처럼 볼 수가 있사오니, 우리의 상상 속에 존재하는 것보다 현실의 물체가 더 확실히 존재하는 것이니이다. 또한 현실의 물체를 상상하여 마음에 그려 본 것이, 이것을 토대로 전혀 존재하지도 않는 다른 거대하고 무한한 것을 추측하여 만든 것보다 확실성이 더 크니이다. 전혀 존재하지도 않는 헛된 환영들이 그때의 내 양식이었으나, 그런 것들은 나의 참된 양식이 되지 못하였나이다.

그렇지만 사랑하는 주님, 나는 당신 안에서 약해짐으로 강해지는데,[11] 하늘에 있으나 우리 눈으로 볼 수 있는 물체이든지 하늘에 있으나 우리 눈으로 볼 수 없는 물체이든지 간에 당신은 그러한 물체가 아니니, 이는 당신이 그것들을 만드셨고, 또 당신은 그것들을 당신이 만드신 최고의 작품들로 여기시지 않음이니이다.[12] 하오면 당신은 나의 저 환영들, 곧 도무지 존재하지도 않는 가상적인 물체들과는 얼마나 거리가 머시나이까? 이런 것들보다는 존재하는 물체에 대한 상상이 더 확실하고, 이러한 상상보다는 실제로 존재하는 물체가 더 확실하나이다. 그렇지만 당신은 물체가 아니니이다. 그리고 영혼도 아닌데, 영혼은 육체의 생명을 이루니, 그러므로 육체의 생명이 육체보다 더 낫고 더 확실하나이다. 그러하오나 당신은 영혼의 생명, 생명의 생명 되시니 당신은 스스로 살아 계시며 변함이 없으시며 내 영혼의 생명이 되시나이다.

(11) 하오면 그때에 당신은 어디 계셨더이까? 나에게서 얼마나 멀리 계셨더이까? 나는 당신을 멀리 떠나 타지(他地)에서 돼지 키우는 목자가 되었

---

11) 고후 12:10 참조.

12) 어거스틴에 의하면, 하나님께서 만드신 최고의 작품은 천사들과 인간의 영혼이다.

사온데, 결국에는 돼지들이 먹는 쥐엄 열매조차 얻어먹지 못하는 처지가 되었나이다.[13] 그러므로 문법 교사들과 시인들의 이야기가 [마니교의] 속임수보다 얼마나 더 나은 것인지요?! 이는 시구와 시가, 또 나는 '메데이아'[14]에 관한 이야기가 [마니교에서 말하는] 다섯 가지 원소보다 훨씬 더 쓸모가 있음이니이다. [마니교는] 이 다섯 가지 원소가 다섯 가지 암흑의 동굴과 대비되는 것으로 서로 다른 색을 가지고 있다고 주장하나,[15] 그러한 원소들은 전혀 존재하지 않으며, 오히려 그러한 주장을 믿는 자들을 죽일 따름이니이다. 이는 시구나 시가는 내가 실속 있는 고기 요리로 바꿀 수 있었으며, 내가 나는 메데이아를 노래할 때도 그 내용을 역사적 사실이라 주장하지 않았고, 남이 그런 노래하는 것을 들을 때도 그 내용을 역사적 사실이라 믿지 않았음이니이다. 하온데 나는 [마니교의]의 주장은 믿었으니, 나에게 화, 화가 있었나이다. 내가 어떠한 계단을 따라 "음부의 깊은 곳"(잠 9:18)으로 내려갔는지요? 하오나 나의 하나님이여, 당신께 고백할 줄도 모르던 나를 긍휼히 여기신 당신께 고백하오니, 당시 나는 진리에 대한 아쉬움으로 애태우며 허덕이면서도 당신을, 인간에게 영혼을 주어 짐승보다 뛰어나게 하신 당신을 영혼의 시력으로 찾으려 하지 않고 육신의 감각으로 찾으려 하였나이다. 그럼에도 당신은 내 안의 가장 깊은 곳보다 더 깊이 계셨고, 나의 가장 높은 곳보다 더 높이 계셨나이다. 당시 나는 솔로몬의 잠

---

13) 눅 15:11-16 참조.

14) 희랍신화에서 메데이아(Gk: Medeia, Lt.: Medea)는 흑해 동부 연안에 위치한 콜키스(Gk: Kolchis, Lt.: Colchis) 왕국의 공주로서 마술을 부리는 힘이 있었는데, 야손(Iason)이라는 사람을 도와 금으로 된 양털 가죽을 차지하게 했다고 전해지며, 메대 사람들의 조상으로 알려져 있다. 메대 사람들은 메대 왕국을 건설하였으나, 주전 550년 메대의 귀족들이 바사 왕 고레스를 자기들의 왕으로 삼음으로써, 메대와 바사의 연합왕국이 이루어졌다.

15) 마니교는 선한 원소 다섯 가지와 악한 원소 다섯 가지를 구별하였다. 악한 원소는 '암흑의 동굴'이라고도 불렸다. 빛, 공기, 바람, 불, 물을 선한 원소라 하였고, 어둠, 연기, 나쁜 바람, 나쁜 불, 나쁜 물을 악한 원소라 하였다.

언에 나오는 저 불손하고 지각 없는 여자를 만난 셈이니, 저는 문간에 자리를 깔고 앉아 "도적질한 물이 달고 몰래 먹는 물이 맛이 있다"(잠 9:17)고 말하였나이다. 저가 나를 시험에 들게 할 수 있었음은 내가 나의 [영혼] 밖으로 나와 내 육신의 눈으로 보는 것에 얽매여 눈으로 본 것만을 속에서 새김질하는 것을 저가 알아챘음이니이다.

7. 마니교의 그릇된 가르침

(12) 존재하는 다른 실체가 또 있다는 사실을 모르고 그 어리석은 사기꾼들이 "악은 어디서 오느냐? 하나님은 육신적 형상을 가지고 계시느냐? 그렇다면 하나님도 머리털이나 손톱이 있느냐? 아내를 여럿 두고 사람을 죽이고 짐승을 잡아 제사를 드리는 사람들도 의롭다고 보아야 하느냐?"고 내게 물을 때, 나는 바늘에라도 찔린 듯 마음이 움직여 박수갈채를 보내었나이다. 이런 질문을 받고 대답할 바를 잘 몰랐던 까닭에 나는 혼란스러웠으며, 진리로부터 멀어지고 있으면서도 진리를 향해 나아가고 있다고 착각하고 있었나이다. 이는 악이란 선의 결핍이며, 이 결핍은 완전한 비존재로까지 연결된다는 것을 내가 몰랐기 때문이니이다. 눈으로는 겨우 물체를, 혼으로는 겨우 환영을 보는 것이 고작이었던 내가 어찌 그것을 알 수 있었겠나이까?

하나님은 영이시며, 하나님에게는 길이나 폭을 가진 지체(肢體)가 없다는 것을 나는 알지 못했나이다. 내가 또 알지 못했던 것은, 하나님은 일정한 부피를 가진 덩어리가 아니라는 사실이니, 이는 덩어리의 부분은 덩어리 전체보다 작으며, 그 덩어리가 무한히 크다 해도 어느 일정한 공간에 국한된 그것의 어떤 부분은 무한한 전체보다 작게 마련인데, 그것은 영이나 하나님과는 달리 어디에든지 온전하게 존재하지 않음이니이다. 내가 전혀 몰랐던 것이 또 있었으니, 그것은 우리 안에 있는 우리의 원래적인 존재양식이 무엇인지, 성경에 우리가 "하나님의 형상대로"(창 1:27) 지음 받았다고 기록된 뜻이 무엇인지 하는 것이었나이다.

　(13) 나는 또 참된 내적인 의(義)에 대해서도 알지 못하였는데, 이 의는 관습에 의해서가 아니라 전능하신 하나님의 지극히 올바른 법에 의해서 판단하오니, 이 법에 의하여 어떤 지역과 시대의 풍속이 그 지역과 시대에 맞게 형성되나이다. 하오나 이 법 자체는 언제 어디서나 동일하오니, 시간과 장소가 바뀐다 해도 바뀌지 않으며, 아브라함, 이삭, 야곱, 모세, 다윗 등 하나님이 그 입을 열어 칭찬하신 모든 사람들이 의인이 되는 것은 바로 이 법에 의해서니이다. 하오나 어리석은 자들은 이들을 죄인이라 판단하니, 이는 인간의 방식대로 판단하거나 자기들의 특수한 도덕규범으로 인류 전체의 일반적인 풍속을 판단하는 까닭이니이다. 이는 마치 전신갑주(全身甲胄)에 대해서 아무것도 모르는 사람이 몸의 각 지체에 무엇이 맞는지도 모르고 정강이받이는 머리에 쓰고 투구는 발에 신고서 잘 맞지 않는다고 불평하는 것과 같사오며, 어떤 상인이 오후 시간에는 휴무한다고 공고된 날에 오후에도 오전처럼 물건을 내놓고 파는 것이 허락되지 않는다고 투덜대는 것과 같나이다. 혹은 어떤 사람이, 같은 집에 힘든 일 하는 종이 따로 있고, 술시중 드는 종이 따로 있다고, 혹은 마구간에서 하는 일 따로 있고 식당에서 하는 일이 따로 있다고, 혹은 한 집안, 한 가족 내에서 사람마다 하는 일이 항상 똑같지 않다고 비판하는 것과 같나이다.

　이전 시대의 의인들은 해도 괜찮았던 일을 지금 이 시대의 의인들은 해서는 안 된다는 말을 듣고, 불평하는 사람들도 이와 같사오니, 하나님은 시대마다 뜻이 계셔서 그 시대 사람들에게는 그것을, 이 시대 사람들에게는 이것을 명하시나, 언제나 똑같은 의만을 추구하시나이다. 하오나 같은 사람, 같은 날, 같은 집이라도 그 사람의 위치와 처지에 따라 하는 일이 달라진다는 사실, 곧, 식구마다 하는 일이 다르며, 조금 전까지는 허락되던 일이라도 시간이 좀 지난 후에는 허락되지 않는 경우가 있고, 또 저 구석에서는 허용하거나 명령하던 일을 이 구석에서는 금지하거나 처벌하는 경우가 있다는 사실을 보고 불평하는 사람들도 있나이다. 하오면 의라는 것이 정말 다양하고 가변적인 것이니이까? 아니니이다. 의는 시간을 다스리나 시간은 그 흐름이 항상 일정하지 않으니, 이는 시간이란 다 그런 것임이니이다. 하온데 인생은 짧은 까닭에 사람은 자기가 알지 못하는 옛 시대나 다른 민족의 생활상을 자기가 스스로 경험하여 알고 있는 것과 연결하여 생각하지 못하나이다. 반면에 같은 몸, 같은 날, 같은 집에서는 무엇이 어떤 지체, 어떤 시점, 어떤 부분, 어떤 사람에게 어울리는지를 쉽게 분간할 수 있나이다. 그래서 사람들은 옛 시대나 다른 민족의 관습에 대해서는 비판을 가하고, 지금 시대나 자기 민족의 관습에 대해서는 옳다고 인정하는 것이니이다.

(14) 이러한 사실을 당시 나는 몰랐으며 관심도 갖지 않았고, 이러한 사실을 증명하는 것들이 어디를 가든 내 눈앞에 아른거리고 있었으나 나는 그것을 보지 못했나이다. 당시 나는 시를 지어 읊었는데, 그때 내가 각운을 아무 데나 붙이는 것은 허용되지 않아 운율에 맞춰 여기에는 이러한 운을, 저기에는 저러한 운을 붙여야 했으니, 동일한 시귀(詩句)에서도 자리마다 운을 다르게 붙여야 했나이다. 하오나 시를 짓는 방법 자체는 장소마다 다르지 않고 어디서나 동일하였나이다. 하온데 그 선하고 거룩한 사람들이[=성경에 나오는 의인들이] 받들던 그 의(義) 속에는 하나님이 명하시는 모든 것이 다 포괄되어 있되 지극히 탁월하고 고상하게 포괄되어 있다는 사실, 또 그 의는 스스로는 결코 변하지 않으나 변화하는 시대에 맞추어 각 시대마다 그 시대에 합당한 것을 명한다는 사실을 나는 깨닫지 못하였나이다. 그리하여 소경 된 나는 믿음의 선조들이 현세적인 것들을 하나님의 명하심과 감동하심을 따라 사용[16]했던 사실뿐 아니라, 장래 일에 관하여 하나님의 계시하심에 따라 미리 말했던 사실을 놓고도 비난을 가했나이다.

---

16) 어거스틴의 윤리에 있어서 '사용'(使用, Lt.: uti)의 개념은 '향유'(享有, Lt.: frui)의 개념과 함께 매우 중요한 위치를 차지한다. 어거스틴은 '현세적인 것'(praesentia)은 '사용'의 대상으로, '영원적인 것'(aeterna)은 '향유'의 대상으로 생각하였다. 이에 대해 상세한 것은 Roy W. Battenhouse, ed., *A Companion to the Study of St. Augustine* (New York: Oxford Univ. Press, 1955), pp. 380-381 참조.

8. 우리가 피해야 할 죄악

(15) "네 마음을 다하며 목숨을 다하며 [힘을 다하며] 뜻을 다하여 주 너의 하나님을 사랑하고 또한 네 이웃을 네 몸과 같이 사랑하라"[17]는 계명을 불의하게 여겨야 할 때 또는 장소가 있을 수 있나이까? 하오나 자연에 거스르는 추한 행위들, 예컨대 소돔 사람들이 행한 추한 행위들은 언제 어디서나 혐오하고 징벌함이 마땅하나이다.[18] 이러한 행위를 설령 모든 인종과 민족이 다 행한다 하더라도, 이러한 행위를 하는 자들은 하나님의 법에 따라 모두 똑같이 심판을 받아야 하오니, 이는 하나님의 법이 사람으로 하여금 스스로를 그런 식으로 사용하지 말도록 금하고 있음이니이다. 이는 하나님께서 창조하신 자연이 정욕의 도착(倒錯)[19]으로 인해 오염된다면, 하나님과 우리 사이에 이루어져야 할 교제가 훼방을 받게 되는 까닭이니이다.

인간의 풍속을 거스르는 행위도 각각의 풍속을 따라 제재를 받아야 하오니, 어떤 나라나 종족이든지 관습이나 법에 의해 정해 놓은 사회규범을 시민이나 외래인이 자기 정욕 때문에 침해하는 일이 결코 있어서는 안 되나이다. 이는 어떤 부분이든지 전체와 조화를 이루지 못하면, 그 부분은 언제나 추하게 보이는 까닭이니이다. 하온데 하나님께서 기존의 관습이나 규범에 어긋나는 것을 명하실 때는, 그 명령이 거기서 한 번도 시행되지 않은 것이라 해도 시행되어야 하며, 한때 시행되다 폐지된 것이면 다시 시행되어야 하고, 아직 제정되지 않은 것이면 새로 제정되어야 하나이다. 왕에게는 자기가 다스리는 나라에서 그 이전의 어떤 왕도, 또 자기 자신조차도 여태껏 한 번도 명한 적이 없는 것을 명할 권한이 있으니, 그 명령에 복종하는 것은 국가 사회에 해가 되는 것이 아니라, 오히려 그 명령에 복종하지 않는 것이 국가 사회에 해가 되나이다. 이는, 위정자에게 복종하는 것이 인

---

17) 눅 10:27, 마 22:37-39 및 막 12:30-31 참조.

18) 소돔 사람들은 남색(男色)과 수간(獸姦)을 했다고 전해진다.

19) 남색과 수간은 성도착증(性倒錯症)으로 보아야 한다.

간 사회의 일반적 규범인 까닭이니이다. 하오면 모든 우주만물의 통치자이신 하나님이 무엇을 명령하시든지, 그 명령을 아무 의심 없이 받드는 것은 지극히 당연하나이다. 이는 인간 사회에서, 보다 큰 권세를 가진 자를 보다 작은 권세를 가진 자보다 우선적으로 복종해야 하는 것과 마찬가지로, 하나님을 모든 것보다 먼저 받들어야 함이니이다.

(16) 남을 해칠 목적으로 행해지는 죄악도 피하는 것이 마땅하오니, 이러한 죄악은 악한 말이나 폭력적인 행동으로 이루어지는바, 그 동기는 첫째, 복수심으로서, 이는 자기의 원수에 대해 복수하려는 사람이 가지는 마음이며, 둘째, 어떤 외적인[=물질적인] 이익을 얻으려는 마음으로, 예컨대 길 가는 사람을 습격하는 강도에게서 볼 수 있나이다. 셋째, 자기에게 닥쳐올 불행을 미리 피해 보자는 마음으로, 예컨대 자기에게 피해를 입힐까 염려되는 사람을 자기가 먼저 공격하여 무력화시키려 하는 자에게서 발견되는 마음이며, 넷째, 시기하는 마음으로, 예컨대 어려운 처지에 있는 사람이 자기보다 더 나은 처지에 있는 사람을 시기하거나, 어떤 일에 성공한 사람이 자기의 경쟁자가 자기와 동등한 위치에 오르는 것을 염려하거나, 그가 자기와 동등한 위치에 있는 것을 가슴 아파하는 경우에 볼 수 있나이다. 다섯째, 다른 사람이 고통당하는 모습을 보는 것으로 낙을 삼는 자들의 마음으로, 이런 마음은 예컨대 검투사들이 싸우는 모습을 즐겁게 구경하는 사람들 또는 다른 사람을 비웃거나 조롱하기를 즐기는 사람들에게서 찾아볼 수 있나이다.

이렇게 중대한 죄악은 지배욕과 "안목의 정욕"(요일 2:16), 감각적 정욕 가운데서 하나나 둘, 또는 이들 모두에서 동시에 싹트는 것이오니, 오, 지극히 높으신 하나님, 나의 지극히 큰 기쁨이 되시는 하나님이시여, 사람들은 "열 줄 비파"(시 33:2; 144:9)와도 같은 당신의 십계명의 상삼계(上三誡)와 하칠계(下七誡)를 거슬러 악하게 살고 있나이다.[20] 하오나 당신은 변함

---

20) 어거스틴은 주님께서 가르쳐 주신 "사랑의 이중계명"에 따라 십계명을 두 부분으로 나누어, 첫 번째 세 가지 계명은 우리가 하나님을 어떻게 섬길 것인가를 가르치

이 없으시니, 인간의 어떤 악행이 당신께 영향을 미치리이까? 당신은 아무런 해를 받지 않으시니, 인간의 어떤 죄악이 당신께 해를 끼치리이까? 하오나 당신은 이러한 죄악을 징치(懲治)하시니, 죄악을 범하는 자가 자기 스스로를 해치도록 저를 벌하시나이다. 이는 사람이 당신께 죄를 범할 때 실은 자기 자신의 영혼을 망치는 일을 하는 것이니이다. 인간은 죄악으로 인해 자기 자신을 속이나이다. 이는 죄악이, 당신이 창조하시고 정돈하신 인간의 천성을 부패 또는 왜곡시킴으로써 인간으로 하여금 사용이 허락된 것은 무절제하게 사용토록 만들고, 허락되지 않은 것은 그릇된 욕망으로 인해 "역리대로 쓰"(롬 1:26)도록 만듦이니이다. 사람들은 또 생각과 말로 당신을 거슬러 광패(狂悖)해지며, "가시채를 뒷발질"(행 26:14)함으로 죄를 짓거나, 인간 사회의 기강을 무너뜨리고 오만불손해져, 자기들이 무엇을 좋아하고 무엇을 싫어하는가에 따라 제멋대로 뭉쳤다 헤어졌다 하기를 즐거워하나이다. 이런 일이 일어남은 사람들이 "생명의 원천"(시 36:9)이시며 만유의 유일하고 참된 창조자, 통치자이신 당신을 버리고, 스스로의 교만으로 인해 부분을 전체[21]인 양 그릇 사랑하는 까닭이니이다.

  그러므로 우리가 당신을 겸손하게 경외함으로 당신께 돌아가면, 당신은 우리를 그릇된 습성에서 씻어 주시고, 죄악을 아뢰면 "자비하심으로 죄악을 사"해 주시고(시 78:38), "갇힌 자의 탄식을 들으시며"(시 102:20), 우리

는 계명으로, 그리고 두 번째 일곱 가지 계명은 우리가 이웃을 어떻게 사랑할 것인가를 가르치는 계명이라고 하였다. 하지만 어거스틴은 오늘날 우리가 알고 있는 십계명 중에서 "너는 네 하나님 여호와의 이름을 망령되이 일컫지 말라!"고 하는 제3계명을 십계명에서 제외시키고, 대신 제10계명 앞에 "네 이웃의 아내를 탐내지 말라!"는 내용의 제9계명을 추가하였다. 어거스틴은 이때 아마 10이라는 완전수는 하나님과 관계된 완전수 3과 인간의 삶과 관계된 완전수 7의 합이라는 사실을 염두에 둔 것으로 보인다. Cf. Sermo IV, v, 6 – vii, 7.

  21) 라틴어 원문에는 unum으로 되어 있어, 엄밀하게는 '일자'(一者)로 번역되어야 한다. '일자'는 신플라톤주의에서 하나님을 지칭하는 개념이다. 어거스틴은 기독교적 신플라톤주의자였다.

스스로 지어 만든 사슬에서 우리를 풀어 주시오니, 우리가 거짓된 자유의 뿔을 들지 아니할 때[22] 그리하시나이다. 하온데 우리가 거짓된 자유의 뿔을 드는 것이란, 우리가 더 많이 가지려는 탐욕 때문에 벌을 받아 모든 것을 잃어버리게 된 상황에서 당신보다, 모든 선의 선이 되신 당신보다 우리 자신의 것을 더 사랑하는 것이니이다.

9. 하나님의 판단이 인간의 판단보다 중요함

(17) 하온데 추행이나 악행, 그 밖의 많은 죄악 외에도 [도덕적으로] 진보 과정에 있는 자들이 범하는 죄악도 있으니, 판단이 옳은 사람들은 완전함이라는 잣대를 가지고 이것을 비난할 수도 있을 것이며, 혹은 이것이 곡식 종자에서 싹터 나온 푸른 줄기처럼 장차 열매를 맺을 것이라는 희망 때문에 칭찬할 수도 있을 것이니이다. 그리고 어떤 행동은 외관상으로 추행이나 악행처럼 보여도, 실상은 우리 주 하나님이신 당신을 욕되게 함이 없고, 인간사회의 질서도 해함이 없으므로 죄가 되지 않을 수 있나이다. 예컨대 생활의 필요와 그때의 형편을 고려하여 무슨 물건을 쌓아 둘 때, 우리는 이런 일을 소유욕 때문에 한 것이라고 단정할 수 없으며, 또한 올바른 위정자가 교정(矯正)을 목적으로 어떤 사람을 벌했을 때, 이것이 그 사람을 해칠 마음으로 한 것이라고 확실하게 말할 수 없나이다.

그리하여 사람들이 옳지 않다고 생각하는 많은 일이 당신의 증거로 옳다고 인정받았으며, 사람들이 칭송하던 많은 일도 당신이 증인으로 나오셔서 정죄하시니, 이는 어떤 행동의 겉모양과 그것을 행한 사람의 속마음이 서로 같지 않고, 그것이 행해진 때의 상황도 쉽게 알 수 없음이니이다. 하오나 당신이 별안간 우리에게 익숙하지 않은 일, 우리가 예상하지 못한 일을 명하신다면, 그 일이 한때 당신이 금하신 일이라 해도, 그리고 당신이 그

---

22) 시 75:4-5 참조.

일을 명하시는 이유를 잠시 숨기신다 해도, 또 그 명령이 인간 사회의 현행 규범에 어긋난다 해도, 누가 감히 그 명령 준행하기를 주저하겠나이까? 이는, 인간 사회는 당신을 섬길 때에 비로소 의로운 사회가 됨이니이다. 하오나 이것을 명하신 분이 당신임을 아는 자들은 복이 있나이다. 이는 당신을 섬기는 자들이 하는 일은 모두 현재에 필요한 것을 만족시키거나 아니면 장래 일을 예표(豫表)하기 위한 것임이니이다.

10. 음식에 대한 마니교의 주장

(18) 나는 이런 것도 모르고 당신의 저 거룩한 종들과 선지자들을 비웃었나이다. 하온데 내가 저들을 비웃음으로 얻은 것이 무엇이니이까? 그것은 내가 당신에게서 비웃음을 받은 것이니, 나는 자신도 모르게 점점 [마니교도들의] 교묘한 말장난에 넘어가, 무화과를 따면 무화과 열매가 울고, 그 어미인 무화과나무도 젖빛 눈물을 흘리며 운다고 믿게 되었나이다. [저들은 주장하기를] 그 무화과를 [마니교의] 어떤 성인(聖人)이 먹으면 ─ 물론, 그 성인 자신은 무화과를 따는 죄를 범하지는 않고, 그러한 죄는 다른 사람이 범하나 ─ 그 무화과는 그 성인의 내장 속에서 소화되어, 그 성인이 기도 중에 탄식하거나 숨을 내쉴 때 거기에서 천사들, 보다 정확히는 하나님의 조각들을 내어놓는다고 하였나이다. 그리고 지극히 높으시고 참되신 하나님의 이 조각들은 '선택 받은 성인들'의 치아와 위장으로 말미암아 놓임받지 않으면 그 열매 속에 계속 갇혀 있게 된다고 하였나이다. [그러한 주장에 속아 넘어갔던] 나는 사람에 대해서보다는 사람을 위하여 생겨난 땅의 소산물에 대해 더 많은 자비를 베풀어야 한다고 믿는 가련한 자였나이다. 이는 마니교 신자가 아닌 사람이 배가 고파 구걸할 때 저에게 그 과일을 한 입만 준다 해도 극형(極刑)을 받아 마땅하다는 생각을 내가 하였음이니이다.

11. 어머니의 눈물과 꿈

(19) 하오나 당신은 높은 곳으로부터 당신의 손을 펴시사, 내 영혼을 이 깊은 어둠 속에서 건져내 주셨나이다. 이는 당신의 신실한 여종 내 어머니가 나를 위해 당신께 눈물로 부르짖었음이니이다. 어머니는 [이 세상의 다른] 어머니들이 저들의 죽은 자식을 위해 통곡하는 것보다 더 애절하게 나를 위해 통곡하였나이다. 이는 어머니가 믿음으로 말미암아, 또 당신께서 주신 성령으로 말미암아 내 죽음을 보고 있었기 때문이니이다. 주여, 당신은 어머니의 기도를 들어 주셨나이다. 당신은 어머니의 기도를 들어 주셨으며 그 눈물을 멸시치 않으셨으니, 어머니가 어디서 기도하든지 그 눈에서 눈물이 샘솟듯 흘러나와 그 밑의 땅을 적실 때 그러하셨나이다. 당신은 어머니의 기도를 들어 주셨나이다.

그렇지 않고서야 당신이 어머니를 위로해 주신 그 꿈이 어디로 좇아 왔겠나이까? 이는 그 꿈을 꾼 다음에야 비로소 어머니가 나와 한 집에서 함께 살고, 나와 한 상에서 같이 식사를 하였음이니이다. 이전에 어머니는 그렇게 하지 않았사오니, 내가 하나님을 모욕하는 이단의 오류에 빠진 것을 어머니가 싫어하고 혐오하였기 때문이니이다.

[꿈속에서] 어머니는 자신이 나무로 된 자 위에 서 있는 것을 보았나이다. 그때 어머니는 근심과 슬픔에 싸여 괴로워하였는데, 빛나는 옷을 입은 청년 하나가 즐거운 낯으로 웃으며 어머니에게 다가와서는, 어머니가 왜 슬퍼하는지, 왜 날마다 눈물을 흘리는지를 물었나이다. 하오나 그 물음은 무엇을 알기 위한 물음이라기보다는 어머니에게 깨달음을 주어 위로하기 위한 물음이었나이다. 그 물음에 어머니가 [자식인] 나의 타락 때문에 괴로워하는 것이라고 대답하자, 그 청년은 어머니 보고 안심하라면서, 좀더 자세히 살펴보면 어머니가 있는 곳에 나도 있다는 사실을 발견하게 될 것이라고 권면하였나이다. 이에 어머니가 정신을 차리고 자세히 살펴보니, 내가 같은 자 위에 자기와 나란히 서 있는 것을 발견할 수 있었

나이다.

　이것이 어머니의 마음에 당신의 귀를 기울이심이 아니고 무엇이나이까? 오, 선하신 전능자시여! 당신은 우리 한 사람 한 사람을 돌보아 주시되, 마치 이 세상에 당신의 돌보심을 받는 사람이 단 한 사람뿐인 양 집중적으로 돌봐 주시며, 그와 동시에 모든 사람을 다 돌봐 주시니, 모든 사람이 마치 한 사람밖에 안 되는 것처럼 능력 있게 돌봐 주시나이다.

　(20) 그리하여 이제 내가 아뢰고자 하는 것도 당신의 돌보심에 기인한 것이니이다. 어머니는 꿈에 본 것을 내게 이야기하였나이다. 그때 나는 그것을 어머니와 전혀 다른 방식으로 해석하여, 어머니가 나처럼 될 때가 장차 있을 것이니 실망치 말라는 뜻이라고 하였나이다. 그랬더니 어머니는 전혀 서슴지 않고 대뜸 이렇게 말하였나이다.

> 아니니라. 내가 들은 말은 "저가 있는 곳에 너도 있으리라"가 아니고, '네가 있는 곳에 저도 있으리라'는 것이었느니라.

　주여, 전에도 여러 번 아뢰었던 것처럼 내 기억력이 허락하는 범위 안에서 내가 기억하는 바를 당신께 아뢰나이다. 그 당시 나는 그 꿈 자체보다 꿈에서 깨어난 어머니를 통해 주신 당신의 대답에 더 큰 감동을 받았나이다. 어머니는 나의 분명히 잘못된 해몽(解夢)에 당황하지 않았으니, 이는 그 꿈이 무엇을 의미하는지 일찍부터 알고 있었음이니이다. 하오나 나는 그것을 어머니가 말해 주기 전에는 전혀 알지 못했었는데, 당시 그 꿈은 경건한 당신의 여종인 어머니의 현재의 근심을 위로하기 위해 아주 먼 장래에 있을 기쁨을 미리부터 알려 주는 것이었나이다.

　이는 내가 거의 아홉 해 동안이나 [마니교의] 저 "깊은 수렁"(시 69:2)과 거짓의 암흑 속에서 뒹굴었음이니이다. 나는 거기서 일어서려고 여러 번 애를 썼으나, 그럴수록 더 깊이 그 속으로 빠져들어 갔나이다. 하오나 정숙하고 경건하고 사려 깊은 저 과부는—당신은 이런 이들을 사랑하시는데—꿋꿋하게 희망을 잃지 않았나이다. 어머니는 당신께 기도드릴 때마다 끊임

없는 눈물과 한숨 가운데서 애통해 하며 간구하기를 쉬지 않았나이다. 이런 어머니의 기도가 당신께 비록 상달되었으나,[23] 당신은 그럼에도 나를 그 어둠 속에서 뒹굴며 살도록 그냥 내버려두셨나이다.

12. 어느 감독의 위로

(21) 내가 기억하기로는, 그러는 동안 당신은 [어머니께] 다른 응답을 주셨나이다. 내가 많은 일을 언급하지 않고 그냥 지나가오니, 이는 내가 당신께 꼭 고백해야 되겠다고 생각하는 일에 빨리 이르기 위함이며, 또 내가 더 이상 기억하지 못하는 일도 많음이니이다.

당신이 [어머니께] 주신 다른 응답은 당신의 제사장인 어느 감독을 통하여 주신 것인데, 저는 교회에서 성장하였으며 당신의 말씀에 능통하였나이다. 저에게 어머니가 나와 함께 대화를 좀 나누어 나의 오류를 논박하고, 나의 나쁜 점은 고쳐 주고 좋은 것은 가르쳐 달라고 요청하였나이다. 사실 그 감독은 받아들일 태세가 돼 있는 사람에게는 그런 권면을 종종 했던 사람이었나이다. 하오나 그 감독은 어머니의 그러한 요청을 거절하였으니, 나중에 생각해 보면 그의 그러한 거절은 매우 현명한 처사였나이다. 이는 저가 대답하기를, 어머니가 자기에게 귀띔해 준 대로, 나는 저 새로운 이단의 가르침에 마음이 잔뜩 현혹돼 있을 뿐 아니라 몇 가지 하찮은 질문을 가지고 벌써 많은 무지한 사람들의 마음을 들뜨게 만들어 놓은 사람인만큼 아직은 가르쳐도 별 도움이 되지 않을 것이라고 하였음이니이다. 그 감독은 이렇게 말했다 하나이다.

그러니 저를 그냥 내버려두시오! 오직 저를 위해 주께 기도하시오! 저는 책을 공부하다가 스스로 자기가 어떠한 잘못에 빠져 있는지, 자기의 죄악됨이 얼마나 큰지

---

23) 시 88:2 참조.

를 깨닫게 될 것입니다.

그 감독은 그와 동시에 자기도 어린 소년 시절 이단에 빠진 자기 어머니 때문에 마니교 신자들과 어울려 지내며 마니교의 책이란 책은 거의 다 읽고 그 책들을 필사(筆寫)까지 하였으나, 마니교는 사교(邪敎)이므로 버려야겠다는 생각을 스스로 하게 되었다는 것, 그때 자기에게 마니교의 오류에 대해 지적하거나 가르쳐 주는 사람이 전혀 없었음에도 마니교를 결국 버릴 수 있었다는 것을 이야기해 주었다 하나이다. 이런 이야기를 저가 해 주었어도 어머니는 안심을 못 하고 눈물을 펑펑 쏟으며 나를 한 번 만나 이야기를 좀 해 달라고 계속 간청하였고, 그러자 저는 귀찮아 짜증을 내면서 이렇게 말했다 하나이다.

이제 그만 가시오! 그대의 삶을 두고 이르노니, 눈물의 아들은 결코 망하지 않소.

그 후 어머니는 나와 이야기하는 중에 그때 그 일을 이따금 회상하면서 그의 그 말을 마치 하늘에서 내려온 음성인 양 받아들였다고 하였나이다.

제4권 마니교의 늪에서

1. 이단자의 가련한 삶

(1) 내 나이 열아홉부터 스물여덟까지 9년 동안 우리는 여러 가지 욕심에 휩싸여 스스로 시험을 받고 또 남을 시험하는 일을 하는 자들이었으며, 스스로 속임을 받고 또 남을 속이는 일을 하는 자들이었사오니, 표면적으로는 소위 '자유자들을 위한 학문'[1]이라는 것을 통하여, 그리고 이면적으로는[2] '종교'라는 허울 좋은 이름을 가지고 그러한 일을 했었나이다. 하온데 학문에서는 교만하고 종교에서는 미신적이어서 헛되기는 어디서나 매한가지였나이다. 그리하여 학문에서는 대중들에게 헛된 인기를 얻어 극장에서 박수갈채를 받고자 백일장에 참가하였으니, 그것은 지푸라기로 만든 월계관을 얻기 위한 헛된 무대연극 또는 무절제한 정욕 추구 외에는 아무

---

1) '자유학예'(自由學藝, Lt.: artes liberales, Eng.: liberal arts)를 말하는데, 이에는 문법, 철학, 수사학 등 '3학예'(三學藝, Lt.: trivium)와 대수학, 기하학, 천문학, 음악 등 '4학예'(四學藝, Lt.: quadrivium)가 속했다.

2) 마니교는 주후 372년 로마 황제 발렌티니안 1세(*321, 재위 364-375)의 칙령에 의해 금지되었으므로, 어거스틴과 그의 친구들은 마니교를 믿는다는 사실을 외부인들에게는 최대한 숨겼다. 그렇지만 마니교가 금지된 종교였다는 점이 어거스틴을 위시한 젊은 지성인들의 마음을 끌었던 것으로 보인다.

것도 아니었나이다. 한편, 종교에서는 이러한 더러움에서 깨끗함을 얻고자 하여 소위 '피택자'(被擇者) 또는 '성인'(聖人)[3]이라고 하는 사람들에게 음식을 갖다 바쳤으니, 이는 저들이 이 음식을 먹고, 저들의 위장이라는 공장(工場)에서 천사 또는 하나님을 만들어 우리를 [죄악에서] 해방시켜 준다고 믿었음이니이다. 나는 이런 일을 행할 때 나의 친구들과 함께 행하였는데, 저들은 나로 말미암아 그리고 나와 함께 이단의 속임수에 빠져들어 간 자들이니이다

나의 하나님이여, 교만한 자들이 당신이 사람을 구원하기 위하여 내리시는 징벌을 아직 받아 본 적이 없어 땅바닥에 엎드리지 않는 자들이 나를 비웃어도 좋나이다. 그리해도 나는 당신을 찬양하는 가운데 나의 부끄러운 일을 당신께 고백하고자 하나이다. 내가 간구하오니 내게 은혜 베푸사, 나로 하여금 과거에 내가 다녔던 그릇된 길을 현재의 기억 속에 되살림으로써 당신께 "즐거운 제사를 드리"도록(시 27:6) 허락하소서! 당신이 아니시면 대체 나는 어떻게 되겠나이까? 나는 나 자신을 무저갱으로 빠뜨리는 자가 되지 않겠나이까? 혹은 내가 편안히 지낼 때도 내가 당신이 주시는 젖을 먹는 것이 아니라면, 영원히 썩지 않은 음식인 당신 자신을 즐기는[4] 것이 아니라면 대체 무엇이겠나이까? 그리고 사람은 누구나 그가 어떤 사람이든지 간에 오직 사람일 따름이 아니니이까? 하오나 그 힘세고 강한 자들이 우리를 비웃는다 해도, 우리 약하고 가난한 자들은 당신의 영화로우심을 고백하리이다.

---

3) 마니교도들은 그들의 성직자들을 '피택자'(단수: electus, 복수: electi) 또는 '성인'(단수: sanctus, 복수: sancti)이라고 부른다.

4) 어거스틴에 있어 하나님은 '향유'(享有, frui)의 대상이며, 반면 물질은 '사용'(使用, uti)의 대상이다.

2. 고향에서 수사학 교사로 일하다

(2) 그 무렵 나는 수사학을 가르치고 있었는데, 그것은 스스로는 욕심에 굴복한 상황에서 말로 남을 이기는 재주를 파는 것이었나이다. 하오나 주여, 당신이 아시는 대로, 나는 좋은 학생들, 세인(世人)들이 좋다고 칭하는 학생들을 제자로 두고 싶었나이다. 나는 저들을 속이지 않았으나 저들에게 속임수를 가르쳐 주었사오니, 이는 저들이 그것으로 비록 죄 없는 자를 해치지는 않을지라도 경우에 따라 죄 있는 자에게 유익을 주라고 가르치는 것이었음이니이다. 하나님이여, 당신은 먼 곳에서, 나의 신실함이 미끄러운 길 위에서 어떻게 요동하는지, 자욱한 연기 속에서 어떻게 희미한 불꽃만을 내며 타고 있는지 보고 계셨나이다. 나는 "허사를 좋아하고 궤휼을 구하"는(시 4:2) 자들에게 교사로서 나의 신실함을 보여 주었으나, 실상 나 자신은 그런 자들과 다를 바 없는 자였나이다.

그 무렵 나는 어떤 여자와 동거를 시작하였는데, 정식으로 결혼한 여자가 아니라 아무런 지각(知覺)도 없이 들뜬 정욕으로 찾아낸 여자였으며, 그 여자 하나만을 [동거녀로] 두어 오직 그녀에게만 진실한 애정을 쏟아 부었나이다.5) 그러는 중에 나는 스스로의 경험을 통해 정식 결혼과 동거의 차이가 무엇인지를 깨닫게 되었사오니, 정식 결혼은 자식을 낳을 목적 때문에 맺어지는 관계인 반면 동거는 육신적인 사랑 때문에 맺어지는 것으로서, 육신적인 사랑을 통해서도 우리의 의지와 상관없이 자식은 태어나며, 한 번 태어난 이상 우리가 저를 사랑하는 것은 자연의 이치라는 사실이었나이다.

(3) 또 한 가지 기억나는 것이 있으니, 극장에서 거행된 백일장에 내가 나가려 할 때, 어떤 장복(臟卜) 점술가6)가 나타나, 자기가 나로 하여금 장원

---

5) 로마제국에서는 자유민인 남자가 동거녀나 첩을 두는 것이 허용되었다.

6) 로마 시대에 활약했던 장복점술가(haruspex)는 제물로 바쳐진 짐승의 내장(內臟)을 보고 점을 쳤다.

을 할 수 있도록 도와줄 터이니 자기에게 그 대가로 무엇을 주겠느냐고 물어 왔나이다. 하오나 나는 그 흉칙한 푸닥거리를 매우 싫어하고 혐오했던 까닭에, "승리의 월계관이 영원히 없어지지 않을 금으로 만들어졌다 해도, 승리를 얻기 위해 나는 파리 한 마리 죽이는 것조차 허락할 수 없노라"고 대답했나이다. 이는 저가 짐승을 잡아 제사를 지내고, 그것을 기화(奇貨)로 악령들을 불러 나를 도우라고 할 작정인 것처럼 보였음이니이다. 하오나 "내 마음 반석"(시 73:26)이신 하나님, 내가 그러한 악한 일을 거절한 것은 당신께 대한 순전함 때문이 아니었나이다. 그것은 내가 당신을 어떻게 진정으로 사랑할 수 있는지를 몰랐기 때문이었나이다. 당시 나는 당신을 무슨 빛나는 물체로만 생각할 수 있었나이다. 이와 같은 허상을 좋아하는 영혼은 "음녀(淫女)같이 주를"(시 73:27) 떠나 사특(邪慝)한 것을 믿고, "바람을 먹"는(호 12:1) 것이 아니니이까? 나는 나 자신을 위해 악령들에게 제사 지내는 것을 거절한 것이 사실이나, 그럼에도 [마니교라는] 미신에 빠져 나 자신을 희생의 제물로 바치고 말았나이다. '바람을 먹는 것'이란 실상 악령들에게 먹이가 되는 것, 곧 그릇된 길을 걸어 저들의 노리개나 웃음거리가 되는 것이 아니고 무엇이니이까?

3. 점성술에 현혹되다

(4) 그때에 나는 '점성가'라 칭하는 저 사기꾼들을 아무 주저 없이 찾아 다녔으니, 이는 저들이 짐승을 희생제물로 바치는 일을 전혀 하지 않았고, 점을 치기 위해 어떤 악령에게 기도하는 일도 전혀 하지 않았기 때문이니이다. 하오나 기독교를 믿는 사람, 곧 참된 신앙을 가진 사람이라면 이러한 일을 철저히 배격하고 정죄하나이다.

주여, 이는 당신께 "나를 긍휼히 여기소서, 내가 주께 범죄하였사오니 내 영혼을 고치소서"(시 41:4)라고 고백하고 아뢰며, 당신의 인자하심을 죄짓는 기회로 악용하지 않고, "보라, 네가 나았으니 더 심한 것이 생기지 않게 다시는 죄를 범치 말라"(요 5:14)고 하신 주님의 음성을 기억하는 것은 좋은 일이기 때문입니다.
　이렇듯 유익한 말씀의 효력을 없애 버릴 요량으로 저들은 이렇게 말했나이다.

　네가 죄를 짓는 것은 하늘이 시키는 일이므로 불가피하니라. 너로 죄짓게 하는 것은 금성이나 토성이나 화성이니라.

　말하자면 죄의 원인이 "혈과 육"(고전 15:50)을 지닌 인간의 교만함과 부패함에 있지 않고, 하늘과 별들의 창조자, 주관자이신 당신에게 있다는 것이니이다. 하오나 당신은 우리의 참된 기쁨이시며 모든 의의 근원되시는 우리 하나님이시니, 당신은 "각 사람에게 행한 대로 갚으"시되(마 16:27), "상하고 통회하는 마음을 멸시치 아니하시"(시 51:17)는 분이 아니니이까?
　(5) 그 시절 한 명철한 사람이 있었으니, 저는 의술(醫術)에 능통하여 그 분야에서 명성이 매우 높았나이다. 저가 총독 자리에 있을 때, 앞서 언급한 백일장에서 내가 장원을 하였고, 저가 장원을 한 나의 머리에 손수 승리의 월계관을 씌워 주었나이다. 하오나 나의 머리는 병들어 있었고, 저는 비록 의사였으나 나의 병을 고쳐 줄 생각은 못 하였나이다. 이는 그러한 병은 "교만한 자를 물리치시고 겸손한 자에게 은혜를"(약 4:6)[7] 베푸시는 당신만이 홀로 고치실 수 있기 때문이니이다. 그럼에도 당신은 그 노인을 통하여 나를 도우시고 내 영혼의 치료를 계속하지 않으셨나이까?
　이는 내가 저와 친하게 되자 저와 자주 대화를 나누면서 저가 하는 이야기에 열심히 귀를 기울이게 되었기 때문이니이다. 저의 말은 세련되지는 못했사오나, 그 대신 살아 있는 체험을 나타내 주는 것이었기 때문에 유쾌하고 진중한 느낌을 주었나이다. 저는 나하고 대화를 나누는 중에, 내가 점성가들의 책을 탐독한다는 사실을 알게 되자, 아버지같이 인자하게 그런

---

7) 벧전 5:5, 잠 3:34 참조.

것을 버리라고 타이르면서, 유익한 일에 기울여야 할 관심과 노력을 그런 헛된 일에 공연히 낭비할 필요가 없다고 하였나이다. 저의 말에 따르면, 자기도 젊었을 때는 점성술을 배워서 그것을 직업으로 삼아 생계를 유지하려 했다는 것이었나이다. 자기는 히포크라테스[8]를 이해하고 있었으므로 점성술 정도야 문제없이 통달할 수 있었겠지만, 그럼에도 불구하고 점성술을 버리고 의학도의 길을 갔는데, 그 이유는 다른 데 있지 않고 오직 점성술이 완전히 속임수라는 것을 안 이상 자기처럼 점잖은 사람이 남을 속이는 일로 생계를 유지하고 싶은 생각이 없었기 때문이라는 것이었나이다. 그리고 이렇게 말했나이다.

하지만 자네는 이 세상에서 살아갈 만한 수사학이라는 직업이 있으니, [점성술 같은] 이런 허망한 공부야 맘이 내키니까 하지, 어디 생계의 필요 때문에 하는가? 나는 [점성술] 하나만 가지고 생계를 도모할 요량으로 그것을 철저히 공부하려고 무척이나 애써 본 사람이니 부디 내 말을 믿어 주게!

그러자 나는 저에게 그렇다면 왜 [점성가들의] 예언이 맞을 때가 많은지, 그 이유가 무엇인지를 물어보았나이다. 이에 대해 저는 자기의 능력 범위 내에서 이렇게 대답했나이다. 즉 대자연 속에는 어디나 예언의 능력이 두루 퍼져 있어 이런 일이 일어나도록 한다는 것이었나이다. 그리하여 누가 좋은 아이디어를 얻고자 어떤 시인의 시집을 뒤져 볼 때, 그 시인이야 전혀 다른 뜻으로 노래했다 하더라도, 어떤 시구가 이상하게도 읽는 사람이 현재 당하고 있는 일에 꼭 부합하는 일이 있는데, 그것은 별로 이상하게 생각할 일이 아니라는 것이었나이다. 이는 인간의 영혼 속에는 어떤 고차적인 본능이 숨어 있어서, 무엇이 자기 안에 일어나고 있는지는 잘 알지 못하지만, 그래도, 기예(技藝)의 힘이 아니라 예언(預言)의 힘에 의해서 무엇이 궁금하여 찾아온 자들의 일이나 행동에 대하여 적절한 해답을 해 주게 되기

---

8) 고대 희랍의 가장 유명한 의사로서 '의학의 아버지' 라고 칭해진다.

때문이라는 것이었나이다.

(6) 이러한 사실은 당신이 저를 시켜, 또는 저를 통하여 나에게 알려주신 것이니, 당신은 이 모든 것을 내 기억 속에 그려 주셔서, 훗날 나로 하여금 이것을 스스로 궁구해 보게 하셨나이다. 하오나 당시로서는 저나 내가 진정 사랑하는 친구 네브리디우스까지도 나를 설복시켜 그 미신을 버리게 하지는 못하였나이다. 네브리디우스로 말하면 매우 선하고 매우 깨끗한 청년으로서, 그 따위 점술 같은 것은 완전히 웃음거리로 여기고 있었나이다. 하오나 당시는 저들보다 점성술 책을 쓴 사람들의 권위가 나에게 더 많은 영향을 미쳤으니, 이는 내가 묻는 것에 대하여 점성가들이 올바른 대답을 하는 것이 우연이나 예언의 힘에 의한 것이지, 별 하늘을 관찰하는 그들의 기예의 힘에 의한 것이 아니라는 것을 의심할 여지없이 증명해 주는 확실한 책을 아무리 찾아보아도 그때까지는 아직 찾아낼 수가 없었기 때문이었나이다.

4. 사랑하는 친구의 죽음

(7) 그 무렵 나는 고향에서 글을 처음으로 가르치기 시작했는데, 거기서 친구 한 사람을 얻었나이다. 저는 나와 학문적 관심이 같았던 까닭에 나에게는 더할 나위 없이 귀중한 친구였나이다. 저는 나와 나이도 같았고, 나와 똑같이 한참 피어나는 꽃다운 청년이었나이다. 저는 소년 시절 나하고 함께 자랐으니, 우리는 같이 학교에 다니고 같이 놀기도 했나이다. 하오나 아직 그때는 그렇게 친하지 않았나이다. 물론 그 후로도 우리 사이에 참된 우정은 없었는데, 이는 참된 우정이란 "우리에게 주신 성령으로 말미암아…… 우리 마음에 부은 바"(롬 5:5) 된 사랑으로 인해 당신을 사랑하는 사람들을 당신이 서로 맺어 주실 때만 성립될 수 있음이니이다. 하오나 그럼에도 불구하고 우리의 우정은 매우 뜨거웠으며, 같은 학문을 열심히 추구함으로 인해 더욱 성숙해 갔나이다. 저는 청년으로서 아직 참된 신앙에 온

전한 마음으로 깊이 침잠하지 못한 것은 사실이나, 그래도 한때 참된 신앙을 가까이하고 있었는데, 내가 저를 그 신앙에서 떨어져 나오게 하여 미신적이고 해로운 [마니교의] 신화 속으로 빠져들게 하였사오니, 그 때문에 어머니는 나를 위해 슬피 우셨나이다. 그 친구는 이미 나와 함께 정신적인 방황을 경험하고 있었는데, 내 영혼은 저가 없이는 살아갈 의미조차 전혀 없을 지경이었나이다. "보수하시는 하나님이여"(시 94:1), 보소서! 당신은 당신을 버리고 도망하는 자들의 등덜미를 바짝 쫓으시나이다. 하오나 당신은 긍휼의 샘이시기도 하오니, 당신은 신묘한 방법으로 우리를 당신께 돌아오게 하시나이다. 보소서, 당신은, 우리의 우정이 겨우 일년을 다 채우지 못했을 때 – 나에게 그 우정은 그때의 내 삶의 그 어떠한 것보다 더 아름다운 것이었는데 – 그 사람을 이승에서 데려가셨나이다.

(8) 누가 당신의 영화로우신 행사를 낱낱이 들어 다 찬양할 수 있으리이까? 자기 스스로 체험한 것이라 할지라도 누가 그것을 다 기억할 수 있으리이까? 나의 하나님, 그때에 당신은 무슨 일을 하셨나이까? 당신의 판단은 오묘하여 그 깊은 뜻을 측량할 길 없나이다![9] 이는 저가 열병에 걸려 오랫동안 의식을 잃고 식은땀을 흘리며 죽은 듯 누워 있어 살아날 가망이 없어 보일 때, 사람들은 무의식 상태에 있는 저에게 세례를 받도록 하였나이다. 나는 그때 그런 일에는 관심이 별로 없었으니, 이는 내가 속으로 저의 영혼은 무의식 중에 육체에 행해진 [세례]보다는 의식 중에 내게서 배운 [마니교의 교리를] 더 소중히 간직할 것이라고 생각했음이니이다. 하오나 나의 기대는 완전히 빗나갔나이다. 저가 몸이 회복되어 건강을 되찾은 것처럼 보이자마자 나는 저와 이야기를 나누게 되었는데, 이는 내가 저의 곁을 떠나지 않고 있었고 또 우리는 너무나 가까운 사이라 서로 떨어져 있을 수가 없었기 때문이니이다. 그리하여 저가 말을 할 수 있는 상태가 되자마자 나는 이야기를 꺼내어, 저가 전혀 의식이 없는 상태에서 받은 그 세례를 우스운 것이라고 말하려 했으니, 이는 저도 나처럼 그 세례를 우습게 여길 것으

---

9) 롬 11:33 참조.

로 기대했던 까닭이니이다. 하온데 [놀랍게도] 저는 자기가 세례를 받은 사실을 벌써 알고 있었나이다. 저는 내 말을 듣고는 마치 원수라도 만난 듯 몸서리를 치면서, 내가 전혀 예상할 수 없었던 분명하고 무서운 어조로, 만약 자기와 계속 친구로 지내고 싶으면 그런 소리는 더 이상 하지 말라고 말했나이다. 나는 당혹과 경악을 금할 수 없었으나 나의 모든 감정을 감추었으니, 이는 그가 완전히 건강해지고 체력을 완전히 회복한 후에 내가 하고 싶은 말을 할 수 있을 것으로 여겼음이니이다. 하오나 당신은 나의 망상을 실현할 기회를 주지 않으시고 저를 데려가셨으니, 이는 저가 당신 곁에 있어 나의 영원한 위로로 남아 있어야 했음이니이다. 저는 며칠 뒤 내가 없는 사이에 열병이 도져 세상을 떠났나이다.

(9) 그때 내 마음은 슬픔으로 인해 그 얼마나 어두워졌는지요? 어디를 둘러보아도 보이는 것은 모두 죽음뿐이었나이다. 그리하여 고향은 내게 고통이 되었고, 부모님 집은 불가사의한 불행의 장소가 되었으며, 저와 함께 [즐겁게] 나누던 모든 일이 저가 없어진 후에는 모두 엄청난 괴로움으로 변하였나이다. 나의 눈은 어디서나 저를 찾아 헤맸으나 저는 보이지 않았나이다. 그리하여 나는 모든 것을 싫어하게 되었사오니, 이는 그 아무 데도 저가 없었기 때문이니이다. 즉 저가 살아 있을 때는 저가 잠깐 어디 갔다가 다시 올 때, "보라, 저기 온다!"는 말을 들을 수가 있었는데, 이제는 그것이 불가능해졌나이다. 나는 나 자신에게 큰 수수께끼가 되었나이다. 그리하여 내 영혼에게 어찌하여 슬퍼하는지, 어찌하여 그렇게 심히 고통스러워하는지 물었으나, 내 영혼은 내게 아무 대답도 해 주지 못했나이다. 내가 만약 "너는 하나님을 바라라"(시 43:5)고 말했다 해도 내 영혼은 당연히 순종하지 않았을 것이니, 이는 [마니교가] 바라라고 가르쳤던 그 도깨비 같은 신보다 내 영혼이 지극히 사랑했던 그 친구가 내게는 더 참되고 더 귀했음이니이다. 오직 눈물만이 달콤하게 느껴졌으니, 그 친구 대신 눈물이 내 영혼의 유일한 낙이 되었나이다.

5. 눈물이 달콤했던 까닭

(10) 주여, 이제 그때 일은 이미 다 지나갔고, 시간이 흐름에 따라 나의 상처도 많이 아물었나이다. 이제 내 마음의 귀를 당신의 입에 가까이 가져가, 불행한 자에게는 왜 눈물이 달콤하게 느껴지는지, 당신이 내게 하시는 말씀을 진리 되신 당신에게서 들을 수 있으리이까? 아니면 당신은 어디든지 계시지만 우리의 불행에는 전혀 무관심하셔서, 당신 혼자 불변의 존재로 계시면서, 우리는 이런 시험 저런 시험을 받으며 나뒹굴도록 내버려두시는 것이니이까? 하오나 그렇다 할지라도 당신의 귀를 향해 우리가 울부짖지 않는다면 우리에게는 아무 소망도 남아 있지 않을 것이니이다. 하오면 한숨과 눈물과 신음과 슬픔뿐인 쓰라린 인생살이에서 달콤한 열매를 거두게 됨은 어찌된 까닭이니이까? 당신이 우리의 기도를 혹시 들어 주실지 모른다는 희망 때문에 달콤한 느낌을 가지게 되는 것이니이까? 옳소이다. 기도하는 자에게는 이러한 일이 일어나니, 이는 기도하는 자는 당신 앞에 이르기를 간절히 바람이니이다. 하오면 그때 나에게 닥친, 무엇을 잃어버린 자로서 당하는 고통과 슬픔은 어떠했나이까? 나는 물론 저가 되살아나기를 바라지 않았으며 그렇게 되기를 눈물로 간구하지도 않았나이다. 나는 그저 슬퍼하며 눈물을 흘릴 따름이었나이다. 이는 내가 불행하게도 나의 기쁨을 잃어버린 까닭이니이다. 하오면 혹시 눈물이란 쓰디쓴 것이나, 우리가 이전에 즐겨하던 것들에서 역겨움을 느끼게 될 때 비로소 깜짝 놀라면서 눈물에서 [위로와] 기쁨을 찾게 되나이까?

6. 잃어버린 친구에 대한 사랑

(11) 하오나 내가 왜 이런 것을 아뢰는지요? 이는 지금은 내가 당신께 질문할 때가 아니요, 고백할 때이기 때문이니이다. 나는 불행한 자였사오니, 사라져 없어질 것에 대한 사랑에 얽매인 영혼은 모두 불행하나이다. 우

리 영혼은 사라져 없어질 것을 사랑하다 그것을 잃으면 깊은 상처를 받아 불행을 느끼나, 실상은 사라져 없어질 것을 사랑하는 영혼은 이미 그것을 잃기 전부터 불행한 상태에 있었나이다. 나는 그때 그러한 상태에 있었나이다. 그리하여 나는 심히 애처롭게 울었사오니 나의 안식은 고통 속에 있었나이다. 나는 그토록 불행한 자였으나 [그럼에도] 그토록 [사랑하던] 친구보다 나의 불행한 생명을 더 귀하게 여겼나이다. 이는 내가 나의 생명을 저의 생명과 바꾸고 싶었으나, 저를 위해 나의 생명을 완전히 잃고 싶지는 않았음이니이다. 아니면 혹시 오레스테스와 퓔라데스[10]의 이야기가 지어낸 것이 아니라면, 그 두 사람은 함께 살지 못할 바에는 죽는 것이 더 낫다 하여 서로를 위해 함께 죽기로 하였는데, 나도 그들처럼 친구를 위해 죽는 것을 원했을지도 모르겠나이다. 하오나 내 마음 속에 죽도록 살기 싫고, 그러면서도 정작 죽기는 정말 싫은, 이렇게 서로 완전히 반대되는 감정이 왜 일어났는지 알 수가 없나이다. 생각컨대 내가 그 친구를 사랑하면 할수록 내게서 저를 앗아간 죽음을 가장 흉측한 원수처럼 미워하게 되었나이다. 그리하여 죽음이 저를 앗아갈 수 있었으니 모든 사람을 홀연히 앗아갈 것이라 믿게 되었나이다. 당시 나의 상태가 전적으로 이와 같았사오니, 내가 이것을 잘 기억하나이다.

　나의 하나님, 나의 마음을 보소서! 내 마음속을 들여다보소서! 나의 소망

---

10) 오레스테스(Orestes)는 트로이 전쟁(주전 13세기 중엽) 당시 헬라군 총사령관이었던 미케네의 왕 아가멤논의 아들이었는데, 친구인 퓔라데스(Pylades)와 함께 아버지 아가멤논의 원수를 갚은 다음, 아폴로 신의 명령으로 크리미아 반도의 타우리스로 가, 그곳 신전에서 아데미 여신상을 훔치다가 붙잡혀 죽을 처지에 놓이게 된다. 이때 퓔라데스는 타우리스의 왕 토아스가 오레스테스의 얼굴을 모른다는 사실을 알고, 자기가 여신상을 훔친 범인 오레스테스라고 나선다. 하지만 오레스테스는 친구가 자기 때문에 죽는 것을 보고만 있을 수 없어, 자기가 진짜 오레스테스임을 밝힌다. 때마침 그곳 신전의 여사제로 있던 오레스테스의 여동생 이피게네이아가 두 사람의 목숨을 구해 준다. 오레스테스와 퓔라데스의 우정은 친구를 위해서라면 목숨까지도 버릴 수 있는 참된 우정의 대명사로 알려져 있다.

이 되시는 주님, 당신은 나를 더러운 정욕에서 정결케 하사 내 눈을 당신께로 향하게 하시고, "내 발을 그물에서"(시 25:15) 벗어나게 하시니, 내가 무엇을 기억하고 있는지 굽어 살펴 주소서! 내가 실로 이상히 여긴 것은, 결코 죽지 않을 것이라 여기며 사랑했던 그 친구는 죽었는데, 그 밖의 사람들은 죽을 운명이면서도 아직 살아 있다는 것이었으며, 그보다 더 이상히 여긴 것은, 그 친구의 '제2의 영혼'이었던 내가 그 친구가 죽었음에도 아직 살아 있다는 것이었나이다. 어떤 사람이 자기 친구에 대하여, 그 친구는 "내 영혼의 반쪽"[11]이라 한 것은 옳은 말이로소이다. 이는 내 영혼과 저의 영혼은 두 몸 안에 있는 하나의 영혼[12]이라는 느낌을 내가 가졌음이니이다. 그러므로 사는 것이 내게는 두려움이었으니, 이는 내가 반쪽 인생을 살기 원하지 않았음이라. 그럼에도 나는 죽음을 두려워하였으니, 이는 아마도 나마저 죽으면 내가 그처럼 뜨겁게 사랑했던 그 친구가 온전히 죽지나 않을까 두려워했기 때문일 것이니이다.

7. 다시 카르타고로

(12) 아, 사람을 올바로 사랑할 줄 모르는 바보! 아, 인간의 운명을 조용하게 받아들일 줄 모르는 어리석은 인간! 당시의 나는 그러한 자였나이다. 그래서 나는 슬픔에 겨워 한숨짓고 울며 몸부림치느라 마음의 평정도 분별력도 잃었나이다. 나는 깊은 상처를 입고 피를 철철 흘리는 내 영혼을 이리저리 끌고 다녔으나 내 영혼은 내게 끌려 다니는 것을 견디지 못했으니, 나는 내 영혼을 놓아둘 자리도 찾지 못했나이다.

---

11) Horatius, *Carmina* I, iii, 8. 호라티우스(65-8 BC)는 아우구스투스 황제(재위 28 BC - 14 AD) 때 활약한 로마의 시인이다.

12) Ovidius, *Tristia* IV, iv, 72.

> 아름다운 숲속에도,
> 놀이나 노래에도,
> 그윽한 향기 가득한 곳에도,
> 푸짐한 잔치 자리에도,
> 향락을 즐기는 침상에도,
> 심지어 책이나 시집 속에도
> 내 영혼이 쉴 자리는 없었나이다.

모든 것이 싫어졌으니 빛마저 그리 되었고, 그 친구 이외의 모든 것이 다 역겨워졌으니 역겹지 않은 것은 오직 탄식과 눈물뿐이었나이다. 내가 실로 약간의 위로라도 얻은 것은 오직 탄식과 눈물 속에서니이다. 하오나 내 영혼이 탄식과 눈물의 기회마저 빼앗길 때에는 나를 억누르는 불행의 짐이 더욱 더 커지기만 하였나이다.

주여, 내 영혼이 당신을 우러러보아야만 나음을 얻을 수 있었나이다.[13] 나는 그것을 알았으나 그렇게 할 생각도 힘도 없었사오니, 이는 내가 당신에 대하여 묵상할 때 당신이 내게 분명하고 확실한 실체로 다가오지 않았기 때문에 더욱 그러했나이다. 나는 당신을 나의 하나님으로 생각지 못하고 도깨비 같은 헛된 신을 하나님으로 생각했으니 나의 잘못이 너무 컸나이다. 내 영혼이 쉼을 얻고자 그런 헛된 것에 기대 보았사오나, 내 짐은 허공으로 미끄러져 다시 나를 덮쳤으며, 나 자신이 나에게 불행의 터전이 되어 오도 가도 못 하는 가련한 처지가 되고 말았나이다. 내 마음이 내 마음을 피해 달아날 곳이 실로 어디겠나이까? 내가 나 자신을 피해 어디로 달아나리이까? 내가 어디로 간들 내가 나를 따라가지 않겠나이까?

그럼에도 불구하고 나는 고향에서 달아났나이다. 이는 그 친구를 익히 보지 않던 곳이라면, 나의 눈이 저를 좀 덜 찾을 것 같았음이니이다. 그리하여 나는 타가스테를 떠나 카르타고로 갔나이다.

---

[13] 시 25:1 참조.

8. 점차 평온을 되찾다

(13) 시간의 흐름은 쉼이 없으나 아무 하는 일 없이 우리 감각을 스쳐 지나가는 것이 아니니, 이는, 시간이 우리 영혼 속에 기이한 일을 행함이니이다. 보소서! 시간은 날이면 날마다 왔다가는 다시 가 버렸으나, 시간은 오고 감을 통하여 나의 마음속에 새로운 희망과 새로운 추억을 심어 주었사오니, 나는 점차 옛날에 즐기던 일을 다시 즐기게 되었고, 그로 인해 나의 슬픔이 [조금씩] 가라앉게 되었나이다. 하온데 슬픔 다음에 오는 것이 비록 슬픔 자체는 아니었으나, 그것이 또 다른 슬픔의 원인이었던 것은 사실이었나이다. 하오면 첫 번째의 그 슬픔이 내 마음속 가장 깊은 곳까지 그렇게 쉽게 뚫고 들어올 수 있었던 것은 죽을 수밖에 없는 자를 영원히 죽지 않을 자처럼 사랑하여 내 영혼을 모래 위에 쏟았던 까닭이 아니면 무엇이니이까?

나로 하여금 슬픔을 이기고 다시 일어나게 한 것은 무엇보다 다른 친구들의 위로였나이다. 내가 저들과 함께 사랑한 것은 당신 이외의 다른 것이었는데, 그것은 곧 [마니교의] 엄청난 신화요 장황한 거짓말이었나이다. 우리 영혼은 우리의 귀를 간지럽히며 음란하게 유혹하는 [이단의 말에] 속아 부패해졌나이다. 그리하여 나의 친구 한 사람이 죽으면 죽었지, 그 허황된 신화는 나의 마음을 사로잡고 놓아 주지를 않았나이다. 하온데 친구들과의 사귐에 있어 나의 마음을 더 단단히 사로잡은 것이 또 있었으니, 곧 함께 이야기 나누기, 함께 웃기, 서로 마음에 들려고 노력하기, 재미있는 책을 함께 읽기, 서로 농담을 나누면서도, 상대방을 존중하기, 간혹 서로 뜻이 다르면서도―사람은 자기 자신과도 뜻이 맞지 않을 때가 있으며, 어쩌다가 한 번 있는 불화는 거의 언제나 볼 수 있는 조화에 양념이 되는 까닭에―서로 미워하지 않기, 무엇을 서로 가르치기도 하고, 서로 배우기도 하기, 없으면 서로 못 견디게 보고 싶어하기, [그러다가] 나타나면 반갑게 맞이하기 등이었나이다. 사랑을 주고받는 사람들의 마음속에서 표출되는 이러저러한 표상(表象)은 입을 통해, 혀를 통해, 눈을 통해, 그리고 지극히 반가워하는 수천 가지의 [표정과] 몸짓을 통해 전달되어, 마치 뜨거운 불꽃처럼 우리 마음을 타오르게 함으로써 여럿을 하나로¹⁴⁾ 만들어 놓나이다.

9. 참된 우정과 사랑

(14) 친구에 대한 사랑은 이와 같은데, 친구를 이와 같이 사랑하는 자는 자기에게 사랑의 빚을 갚는 자를 사랑하게 되며, 자기를 사랑하는 자에게는 사랑의 빚을 갚게 되고, 상대방의 몸에서 나오는 사랑의 표현 이외에 다른 어떤 것도 상대방에게서 바라지 않게 되오니, 만약 그렇게 하지 않을 때는 저의 인간적인 양심이 죄책감을 느끼게 되나이다. 그러므로 누가 죽으면 견딜 수 없이 큰 슬픔에 싸여 애통의 어두운 밤을 지내게 되고, 즐거운 노래가 슬픈 탄식으로 변하여 마음이 눈물에 젖고, 죽은 자가 잃어버린 생명에서 산 자의 죽음과도 같은 고통이 태어나나이다.

당신을 사랑하는 자, 친구를 당신 안에서 사랑하는 자, 원수를 당신 때문에 사랑하는 자는 복이 있나이다. 이는 오직 이러한 사람만 [자기의] 사랑하는 자를 잃지 않게 되는 까닭이니, 저는 누구를 사랑하든지 아무것도 잃어버리지 않는 그분 안에서 사랑함이니이다. 하온데 하나님, 그분이 바로 천지를 지으시고 그것을 충만케 하시는 우리 하나님이 아니니이까? 이는 하나님은 천지를 지으시되 충만케 하심으로 지으셨음이니이다. 하온데 당신을 떠나는 자 외에는 당신을 잃는 자가 아무도 없으나, 당신을 떠난다 한들 사람이 어디로 가며 어디로 달아나리이까? 저는 은혜로우신 당신을 떠나 진노하시는 당신께로 갈 뿐이 아니니이까? 저가 어디로 간들 저를 징벌하시는 당신의 율법을 만나지 않겠나이까? "주의 법은 진리"(시 119:142)라. 당신이 곧 진리니이다.

---

14) 이것의 라틴어 원문은 ex pluribus unum로서, 현재 미국의 국가 표어인 e pluribus unum(= '다양성 속의 통일성')과 사실상 같다. 미국의 국새(國璽)에는 이 표어가 새겨져 있다.

10. 사라져 없어질 것은 참된 안식을 주지 못함

(15) "만군의 하나님이여, 우리를 돌이키시고 주의 얼굴빛을 비취사 우리로 구원을 얻게 하소서"(시 80:7) 이는 인간의 영혼이란 당신께로 향하지 않는 한, 그것이 어디에 있든지 고통 가운데 머물게 됨이니이다. 비록 그것이 아름다운 것에 머무른다 할지라도 당신 이외의, 그리고 자신 이외의 그 어떠한 것에서도 그리 되나이다. 하오나 존재하는 것은 그 어떠한 것도 당신께로 말미암지 않은 것이 없나이다. 모든 것이 생성했다가 소멸하오니, 저들의 생성은 존재의 시작과 흡사하나이다. 저들은 성장을 통하여 완성되나, 완성된 것은 노쇠해지고, 또 사멸(死滅)하나이다. 물론 모든 것이 다 노쇠해지지는 않으나 사멸하기는 다 마찬가지라. 그러므로 저들은 생성함으로 존재를 추구하나, 저들이 존재를 위하여 빨리 성장하면 할수록 저들은 그만큼 더 빨리 비존재(非存在)를 향하여 가게 되나이다. 이것이 저들의 모습이니이다. 당신은 저들에게 이것만을 허용하셨으니, 이는 저들이 만유(萬有)의 부분인 까닭이니이다. 저들은 모두 동시에 존재할 수 없는데, 한편에서는 없어지고 한편에서는 이어가면서 모두 함께 만유를 형성하오니, 저들은 그것의 일부분이라. 보소서! 음성이라는 표상으로 이루어지는 우리의 언어도 그와 같나이다. 이는 어떤 단어가 일단 발음된 다음에 없어지지 아니하면 다른 단어가 이어지지 않아 온전한 문장으로 된 말이 될 수가 없음이니이다.

"만유의 창조주 하나님,"[15] 내 영혼이 이 모든 만물들을 인하여 당신을 찬양할 것이니이다! 하오나 육신의 감각으로 말미암는 사랑 때문에 이것들에 애착을 가져서는 안 될 것이니이다! 이는 이것들은 어디로 가든지 비존재를 향하여 가기 때문이니이다. 이것들은 우리 영혼 속에 그릇된 욕심을 일으켜, 그것을 망하게 하오니, 이는 영혼이란 그것이 사랑하는 것 속에 있

---

15) 밀라노의 감독이었던 교부 암브로시우스(*334?, 재직 374-397)가 지은 저녁 찬송 *Deus, creator omnium*의 첫 행.

고 싶어하고 그 안에서 쉬기를 원하는 까닭이니이다. 하오나 무상(無常)한 만물들 속에는 [참된] 쉴 곳이 없나이다. 그것들이 달아나니 누가 그것들을 육신의 감각으로 쫓아가리이까? 그것들이 혹시 바로 눈앞에 있다 할지라도 누가 그것을 온전히 붙잡을 수 있으리이까? 육신의 감각은 참으로 느리니, 이는 그것이 육신의 감각인 까닭이니이다. 이것이 그것의 참 모습이니이다. 육신의 감각은 그것이 만들어진 원래의 목적을 달성하는 데는 충분한 힘이 있으나, 예정된 출발점에서 예정된 종착점까지 달려가는 만물들을 붙들기에는 그 힘이 충분치 않나이다. 이는 당신의 말씀으로 지음을 받은 만물들은 그 말씀을 통하여 "여기서부터 저기까지"[16]라는 음성을 들음이니이다.

11. 오직 하나님만 변하지 않으심

(16) 내 영혼아, 헛된 일을 그만두라! 너의 헛된 소란으로 네 마음의 귀를 멀게 하지 말라! 너도 들으라! '말씀'께서 몸소 네게 돌아오라고 외치시니, 바로 거기에 참된 평안의 자리가 있도다. 그곳에서 사랑은 사랑 자체가 없어지지 않는 한 결코 사라지지 않으리라. 보라! 만물들은 가고, 또 오는도다. 그리하여 지극히 낮은 이 세상은 [무상한] 부분들이 모두 합하여 이루어져 있구나. 그러나 하나님의 말씀은 "네가 어디로 가겠느냐?"고 말씀하도다. 속고 또 속아서 지칠 대로 지친 내 영혼아, 그곳에 네 처소를 마련하라! 너의 가진 것은 모두 그곳에서 얻은 것이니, 그곳에 모든 것을 맡기라! 네게 있는 모든 것은 진리에서 온 것이니, 진리에 모든 것을 맡기라! 그리하면 너는 아무것도 잃지 않으리니, 너의 썩은 것에서 새싹이 돋아나고, 너의 모든 질병은 고침을 얻고, 네 속의 무상한 것들은 개조되고 갱신되어 너 자신과 굳게 결합될 것이니라. 너는 이제 그것들이 내려가는 곳으로 더 이상 끌려 내려가지 않을 것이며, 도리어 그것들이 너와 더불어 영원토록 굳게 설 것

---

16) 욥 38:11 ("네가 여기까지 오고 넘어가지 못하리니") 참조.

이니, 곧 영원토록 굳게 서 계시는 하나님 곁에서 그러할 것이라.

(17) [내 영혼아,] 어찌하여 너는 그릇되게 네 육신을 좇느냐? 돌이키라! 그리하면 육신이 너를 좇으리라. 네가 육신을 통하여 감지(感知)하는 것은 부분적인 것이라. 너는 부분적인 것의 근원이 되는 온전한 것을 몰라서 [부분적인 것을] 즐거워하는도다. 그러나 네가 만약 징계로 인해 온전한 것의 부분만을 알 수 있도록 제한을 받지 않았다면, 그리하여 네 육신의 감각이 온전한 것을 파악할 수 있다면, 그렇다면 너는 온전한 것을 즐거워하기 위하여 현재에 존재하는 부분적인 것이 다 지나가 버리기를 원하리라. 이것은 마치 우리가 말하는 것을 네가 육신의 감각을 통해 들을 때 음절이 정지해 있지 않고 지나가 주기를 바라는 것과 같으니, 이는 다른 음절이 [계속] 와야만 온전한 말을 들을 수 있는 까닭이라. 부분적인 것은 다 언제나 이와 같으니, 부분이 모여 전체를 이루는도다. 하지만 어떤 것을 구성하는 모든 부분적인 요소들이 동시에 존재하지는 않도다. 그러므로 전체적인 것을 감지할 수만 있다면 부분적인 것보다는 전체적인 것이 더 많은 즐거움을 주도다. 그러나 만유를 창조하신 분은 그 어떠한 것보다 더 좋으신 분이니, 그분이 바로 우리 하나님이시라. 하나님은 떠나가시는 일이 없으니, 그를 이어서 올 자도 있을 수 없도다.

12. 하나님을 사랑하자!

(18) [아름다운] 육신이 너를 기쁘게 하거든, 너는 그것으로 인해 하나님을 찬양하며, 그것을 지으신 하나님께 너의 사랑을 돌리라! 그리하면 너는, 네가 기뻐하는 것으로 말미암아 하나님의 싫어하심을 받지 않으리라. [아름다운] 영혼이 너를 기쁘게 하거든, 너는 하나님 안에서 그것을 사랑하라! 이는 그것이 가변적이어서 하나님의 붙드심을 받을 때만 요동치 않으며, 만일 그렇지 못할 때는 덧없이 멸망함이라. 그러므로 너는 하나님 안에서 영혼들을 사랑할지니, 할 수만 있다면 많은 영혼을 하나님께로 인도하라!

그리고 그들에게 이렇게 말하라!

우리가 하나님을 사랑하자! 저는 이 모든 것을 다 지으셨으니, 멀리 계시지 않도다.

하나님은 지으시고 멀리 떠나시는 분이 아니니, 모든 것이 하나님으로 말미암았으며, 또한 모든 것이 하나님 안에 있느니라. 하나님 계시는 곳이 어딘지를 보라! 진리의 맛이 [진하게] 느껴지는 곳, 그곳에 하나님이 계시지 않느냐? [우리의] 심령 가장 깊숙한 곳, 그곳에 하나님이 계시도다. 하지만 [우리의] 심령은 하나님에게서 멀어졌구나! 너희 패역한 자들아, 너희 심령을 돌이키라! 그리고 너희의 창조자 하나님을 사랑하라! 하나님의 세우심을 받으라! 그리하면 너희가 굳게 설 것이며, 하나님 안에서 쉬라! 그러면, 너희가 쉼을 얻으리라. 너희가 어찌하여 황폐한 곳으로 가느냐? 너희가 [도대체] 어디로 가느냐? 너희가 사랑하는 재화(財貨)는 모두 다 하나님께로 왔으니, 너희가 하나님 안에 있을 때에만 그것은 선하고 아름다운 것이 되는도다. 그러나 너희가 하나님을 떠난 상태에서 하나님에게서 나온 것을 그릇되게 사용한다면, 그것은 마땅히 악하고 추한 것이 될 수밖에 없도다. 그런데 너희는 왜 여태 계속 어렵고 힘든 길을 걷느냐? 너희는 안식이 없는 곳에서 안식을 찾고 있구나! 너희가 찾는 것을 찾을 테면 찾아보라! 그러나 너희가 찾는 곳에는 [참된 안식이] 없도다. 너희는 복된 삶을 죽음의 곳에서 찾고 있으나, 거기에는 그런 것이 없도다. 삶조차 없는 곳에 복된 삶이 어찌 있을까 보냐?

(19) 그리하여 우리의 참된 생명 되시는 그분이 몸소 이 세상에 내려오사 우리의 죽음을 담당하시고, 자신의 풍성한 생명으로 말미암아 죽음을 없이 하셨도다. 그리고는 우뢰같이 큰 소리로 우리를 부르시며 자기에게로, 곧 그의 신비한 성소로 돌아오라고 하셨도다. 그는 거기에서 나오셔서 우리에게 강림하셨으니, 먼저는 동정녀의 태 속으로 들어가 피조물 된 인간의 가사적(可死的) 육신과 결합하심으로서 우리 육신으로 하여금 가사성(可死性)에만 언제나 매여 있지 않도록 하셨도다. 그리고는 그 태에서 나오

셨으니, 그것은 마치 "그 방에서 나오는 신랑과 같고 그 길을 달리기 기뻐하는 장사 같"다(시 19:5)는 말씀과 흡사하도다. 이는 그가 쉼 없이 달리시며, 우리를 향해 자기에게로 돌아오라 외치시되 말씀과 행동, 죽음과 삶, 지옥하강(地獄下降)과 승천(昇天)을 통하여 외치심이라. 그리고는 우리 눈앞에서 떠나가셨으니, 이는 우리로 하여금 우리 심령으로 돌아가, 거기서 그를 찾도록 만드시려는 것이라.[17] 그는 실로 떠나가셨으나 "보라 여기"(마 24:23) 계시도다! 그는 오랫동안 우리 곁에 계시려 하지는 않으셨으나, 우리를 버리신 것이 아니라. 그가 거기로 떠나가셨으나 실상은 그가 거기에서 떠난 적은 한 번도 없으니,[18] 이는 세상이 "그로 말미암아 지은 바"(요 1:10) 되었고, 그가 이 "세상에"(요 1:10) 계셨으며, 그가 "죄인을 구원하시려고 세상에"(딤전 1:15) 임하셨음이라. 내 영혼이 그에게 범죄하였어도 그의 영화로우심을 고백하면, 그는 내 영혼을 고쳐 주시도다. "인생들아 어느 때까지…… 허사를 좋아…… 하겠는고"(시 4:2). 생명 되신 분이 내려오셨으니 너희는 위로 올라가[19] 생명을 얻지 않겠느냐? 그렇지만 너희가 높은 곳에 앉아 너희 입술을 "하늘에 두고"(시 73:9) 있으니, 더 올라갈 곳이 어디 있겠느냐? 너희는 [먼저] 내려오라. 그리하면 올라가리니, 곧 하나님께로 올라가리라. 이는 너희가 떨어졌던 것은 하나님을 대항하면서 올라가려 했던 까닭이라.

이것을 저들에게 말하여 저들로 "눈물 골짜기에서"(시 84:6) 울게 하라!

---

17) 어거스틴은 주님께서는 우리 심령 가장 깊숙한 곳에 임하시므로 우리가 그곳에서 주님을 찾아야 한다고 생각한다. 어거스틴은 하나님을 인식함에 있어 매우 실존적인 방법을 사용한다.

18) 그리스도는 '인간이 되신 하나님'(Deus homo factus)이시므로, 그가 지상에 계실 때도 하나님으로서의 초월성을 계속 유지하셨다는 뜻이다.

19) 그리스도께서 하늘에서 내려오신 것은 우리에게 하늘로 올라갈 수 있는 길을 열어 주시기 위해서라는 뜻이다. 이때 어거스틴은 플라톤주의의 '하강'(Gk: katabasis, Lt.: descensus)과 '상승'(Gk: anabasis, Lt.: ascensus)의 개념도 함께 염두에 두고 있다.

그리하여 저들을 하나님께로 인도하라! 이는 네가 저들에게 이것을 말할 때 사랑의 불길에 뜨겁게 타오르면서 말하면, 그것은 곧 그의 영으로 말하는 것임이라.

13. 미학에 관한 책을 저술하다

(20) 당시 나는 이러한 것을 알지 못하고 낮은 단계의 아름다움을 사랑하여 깊은 수렁으로 빠져 들어갔고, 내 친구들에게는 이런 말을 하였나이다.

우리가 사랑하는 것이 아름다운 것 외에 또 있느냐? 그러면 아름다운 것이란 무엇이냐? 그리고 아름다움이란 무엇이냐? 우리의 사랑하는 것들이 우리 마음을 사로잡고, 우리가 그것들을 우리 기쁨으로 삼는 것은 무슨 일이냐? 이는 그것들에 만약 아름다운 모양이 없다면, 그것들이 결코 우리 마음을 붙잡을 수 없을 것임이라.

그리하여 내가 자세히 살펴보니, 사물 가운데 어떤 것은 그 사물 자체가 온전하므로 아름다운 것이 있고, 또 어떤 것은—마치 몸의 어느 한 부분이 몸 전체와 조화를 잘 이룬다든지, 구두가 발에 맞는다든지 하는 것처럼—다른 사물과 잘 어울리므로 아름다운 것이 있었나이다. 이러한 생각이 나의 마음속 깊은 곳에서부터 용솟음쳐 올라왔으므로 나는 『아름다움과 조화에 관하여』(De pulchro et apto)라는 책을 두세 권 썼나이다. 그러나 그 정확한 권수는 잊었사오니 하나님, 당신은 아시리이다. 그 책은 지금 내 수중에 없나이다. 어찌된 영문인지는 모르나 없어지고 말았나이다.

14. 그 책을 로마의 수사학자 히에리우스에게 바치다

(21) 하온데 주 나의 하나님, 어찌하여 내가 쓴 그 책을 로마의 수사학

자 히에리우스에게 바치게 되었나이까? 나는 저를 한 번도 만나 본 적이 없었으나, 저의 학식이 뛰어나다는 평판 때문에 저를 사랑하게 되었으며, 또한 저가 했다는 말을 전해 들었는데, 그 말도 내 마음에 합치했나이다. 하오나 내가 저를 좋아하게 된 더 큰 이유는 다른 사람들이 저를 좋아하여, 저에게 경탄과 찬사를 아끼기 않았다는 것이었나이다. 이는 저가 시리아 사람으로서, 처음에는 헬라 수사학에 능통하더니, 다음에는 라틴 수사학에 대해서도 놀라우리만큼 탁월하였고 철학에 관한 지식도 매우 해박하였음이니이다.

이처럼 저는 칭송을 받는 인물이었고, 멀리 떨어져 있으면서도 사랑을 받는 사람이었나이다. 하오면 그러한 사랑이 칭송하는 자의 입을 통하여 듣는 자의 마음속으로 들어가는 것이니이까? 그렇지 않나이다. 사랑의 불꽃은 이 사람에게서 저 사람에게로 옮겨 붙는 것이니이다. 그런즉 칭찬하는 사람의 마음에 거짓이 없다고 여겨질 때, 곧 [진심으로] 사랑하면서 칭찬할 때만 칭찬받는 사람이 사랑받는 사람도 되는 것이니이다.

(22) 그리하여 당시 나는 사람을 사랑할 때 당신의 판단을 따라 한 것이 아니라 사람들의 판단을 따라 하였나이다. 하오나 나의 하나님, 오직 당신 안에서만 우리는 속임을 당하지 않나이다.

하오나 나는 왜 [히에리우스를] 대중들에게 큰 인기가 있는 전차 경주자[20]나 투수자(鬪獸者)[21]처럼 칭송하지 아니하고, 그런 사람들과는 사뭇 다르게, 곧 장중하게 칭송하였나이까? 나도 그 사람처럼 그렇게 칭송을 받고 싶은 마음이 있어서가 아니니이까? 나는 희극배우들을 칭송하기도 하고 좋아하기도 하였사오나, 내가 희극배우들처럼 칭송받고 사랑받는 것은 원하지 않았사오니, 내가 저들처럼 유명해질 바에는 차라리 숨어 지내는 것이 더 낫고, 내가 저들처럼 사랑받을 바에는 차라리 미움을 받는 것이 더 낫다고 생

---

20) 벤허를 생각해 보라!

21) 원형경기장에서 맹수와 싸우는 사람. 현재 서반아(西班牙)에서 활약하고 있는 투우사(鬪牛士)들을 생각해 보라!

각했나이다. 하온데 어찌하여 한 영혼 속에 이렇게 서로 다른 종류의 사랑이 함께 존재할 수 있나이까? 내가 다른 사람 속에 있는 그 무엇은 사랑하면서도, 그것이 내 안에 있는 것은 싫어하여 멀리하고 물리치는 것은 어찌된 연고니이까? 사람은 다 똑같은 존재가 아니니이까? 좋은 말(馬)을 사랑하는 사람이 있다고 할 때, 그 사람은 비록 그것이 가능하다 하더라도 말이 되려 하지는 않을 것이니이다. 하오나 이런 말은 희극배우에게는 적용되지 않을 것이니, 이는 저가 나와 똑같은 본성을 지닌 인간인 까닭이니이다. 그럼에도 나는 저와 같은 사람이 되고 싶지 않았나이다. 하오면 나도 똑같은 사람인데, 나는 그런 사람이 되기 싫어하면서 남이 그런 사람이 되는 것은 좋아하는 까닭은 무엇이니이까? 사람이란 무한히 신비로운 존재니이다. 주여, 당신은 사람의 머리털까지 세시니, 그 가운데 하나도 잃어버리지 않으시나이다. 하오나 사람의 머리털을 세는 것은 사람의 감정과 마음의 움직임을 헤아림보다 쉽나이다.

(23) 하온데 내가 사랑했던 수사학자 [히에리우스]는 나도 그렇게 되었으면 하고 바라던 그러한 종류의 사람이었나이다. 그리하여 나는 교만으로 인해 그릇된 길로 갔으며, "모든 교훈의 풍조에 밀려 요동"(엡 4:14)하였으나, 당신은 지극히 은밀한 손길로 나를 인도해 주고 계셨나이다. 하오면 내가 저를 사랑했던 것이 저에게 칭송을 받을 만한 점이 있었기 때문이 아니라, 저를 칭송하는 사람들의 [저에 대한] 사랑 때문이었다는 사실을 내가 어떻게 알며, 그 사실을 이렇듯 확신을 가지고 당신께 고백할 수 있는 것은 어찌된 일이니이까? 이는 만약 똑같은 사람들이 저를 칭송하는 대신 비난하고, 저에 대해 이야기할 때 저를 비난하고 경멸하면서 이야기했다면, 내 마음은 저로 인해 불타거나 도취되지 않았을 것이니이다. 이때 사실 저의 형편이나 저의 인간됨 자체는 달라진 것이 전혀 없으며, 오직 저에 대해 이야기하는 사람들의 생각만 달라진 것이니이다. 보소서! 진리의 터에 아직 굳게 서지 못한 영혼은 이렇듯 연약하게 흔들리나이다. 그리하여 헛된 생각을 하는 자들의 가슴에서 울려나온 말소리가 바람처럼 불어닥치면 이리저리 날아 다니고 떠 다니고 끌려 다니다가 어느새 그 빛이

흐려져서 진리를 분간하지 못하게 되나이다. 하오나 보소서! 진리는 우리 눈앞에 있나이다.

하온데 나의 말솜씨와 나의 학식이 그 사람에게[=수사학자 히에리우스에게] 알려지는 것은 당시 내게 매우 중요한 일이었나이다. 저가 만약 나를 인정해 주었다면 내 마음은 더 크게 불타올랐을 것이며, 만약 인정해 주지 않았다면 당신의 터 위에 굳게 서지 못한 허탄한 내 마음은 상처를 받았을 것이니이다. 하오나 내가 저에게 써 바친 책의 연구 대상인 아름다움과 조화에 대해 나는 계속 열심히 연구하면서, 비록 나를 칭송해 주는 사람이 없었어도 나 스스로는 [내 책에 대해] 흐뭇하게 생각하였나이다.

15. 그 책의 내용에 대한 비판

(24) 하오나 "홀로 기사를 행하시는"(시 72:18), 전능자시여, 나는 아름다움과 조화의 출발점이 당신에게 있음을 알지 못하여 내 영혼은 사물의 형상만을 좇아갔으니, 스스로 존재하는 '아름다움'과, 다른 것과 잘 어울릴 때 아름다움을 느끼는 '조화'를 구별하여 정의한 다음, 이 둘에 대해 사물의 세계에서 예를 들어 논증하였나이다. 그런 다음 영혼의 본질에 대해 논하였는데, 당시 나는 영적인 것에 대해 잘못된 생각을 가지고 있었기 때문에 진리를 깨달을 수 없었나이다. 그 진리의 벅찬 힘이 내 눈 속으로 밀려 들어왔어도, 나는 떨리는 내 마음을 무형적인 것에서 돌이켜 물체의 윤곽, 색깔, 크기 등을 향하였으며, 영혼 속에는 이런 것들이 보이지 않았으므로 내 영혼도 보이지 않는 것이라고 생각하게 되었나이다. 더욱이 나는 덕(德) 속에 있는 평화를 사랑했고, 악덕(惡德) 속에 있는 불화를 미워했던 까닭에 덕에는 일치가, 악덕에는 일종의 분리가 있다고 보았나이다. 그리하여 일치는 이성적 영혼에 속하는 것으로서 그 속에 진리나 최고선(最高善)의 본질이 있고, 분리는 비이성적 삶에 속하는 것으로서 잘은 모르지만 그 속에 최고악(最高惡)의 실체 내지 본질이 있다고 생각했나이다. 모든 것

의 근원이 되신 나의 하나님,[22] 그때 나는 비록 최고악이 당신에게서 나온 것은 아니라는 생각은 하고 있었으나, 가련하게도 최고악이 어떤 실체를 가지고 있으며, 나아가 생명까지 가지고 있다는 생각을 하고 있었나이다.

그리하여 나는 일치를 마치 성별(性別)이 없는 이성(理性)처럼 '단일자'(單一者)[23]라 부르고, 분리는 폭행할 때의 분노나 음행할 때의 정욕처럼 '중첩자'(重疊者)[24]라 불렀으나, 내가 무슨 말을 하고 있는지조차 잘 모르고 있었나이다. 이는 악은 어떠한 실체도 아니라는 사실, 그리고 우리의 이성 역시 변함없는 최고선이 아니라는 사실을 내가 알지도 배우지도 못했음이니이다.

(25) 무릇 행동의 바탕이 되는 영혼의 움직임이 왜곡되어 오만하고 거칠어질 때 포악한 행동을 하게 되고, 영혼의 정념(情念)이 절제를 잃고 육신의 쾌락을 추구할 때 음행을 하는 것같이, 이성적 영혼이 혼탁해질 때 그릇되고 거짓된 생각들이 우리의 삶을 더럽히게 되나이다. 당시 나의 형편이 이와 같았나이다. 내 영혼이 진리의 본체가 아닌 이상, 진리에 참예하려면, 어떤 다른 빛으로부터 조명(照明)을 받아야 했으나, 나는 그 사실을 모르고 있었나이다.

"주께서 나의 등불을 켜심이여. 여호와 내 하나님이 내 흑암을 밝히시리이다"(시 18:28). 이는 "우리가 다" 당신의 "충만한 데서"(요 1:16) 받음이라. 당신은 "참 빛 곧 세상에 와서 각 사람에게 비취는 빛"(요 1:9)이시니이다. 이는 당신께는 "변함도 없으시고 회전하는 그림자도 없"으심이라(약 1:17).

(26) 그럼에도 나는 애써 당신께로 나아가려 했으나, 당신은 물리치실 뿐이었으니, 내가 맛본 것은 죽음뿐이니이다. 당신은 "교만한 자를 대적"

---

22) 고전 8:6 참조.

23) 이것을 헬라어와 라틴어로 monas라고 하며, 영어로는 monad라 한다. 우리말로 '단원'(單元)이라고 번역할 때도 있다.

24) 이것을 헬라어와 라틴어로 dyas라고 하며, 영어로는 dyad라 한다. 우리말로 '이원'(二元)이라고 번역할 때도 있다.

(벧전 5:5)하시나이다. 나는 내가 본질적으로 당신과 같은 존재라는,[25] 놀랍게도 미치광이 같은 주장을 하고 있었사오니, 이보다 더 교만한 일이 또 어디 있었겠나이까? 나는 가변적인 존재임이 분명하나이다. 또 내가 가변적이라는 사실은 내가 지혜롭게 되려 한다는 사실, 곧 내가 보다 불완전한 상태에서 보다 완전한 상태에 도달하려 한다는 사실만 보아도 잘 알 수 있나이다. 그럼에도 불구하고 나는 내가 당신과 같은 존재가 아니라는 사실을 인정하기보다는, 당신도 [나처럼] 가변적인 존재라고 생각하기를 더 좋아하였나이다. 그러므로 나는 물리쳐졌으니, 당신은 나의 변덕스럽고 [곧은] 목을 대적하셨나이다. 나는 감각적 형상만을 상상하였으니, 나 자신부터 '육체뿐'이면서, 육체를 탓하였나이다.[26] 나는 "가고 다시 오지 않는 바람"(시 78:39)처럼 당신에게 아직 돌아오지 않고 길을 잃고 헤매면서, 존재하지 않는 것, 즉 당신 안에도, 내 안에도, 물체 안에도 존재하지 않는 허망한 것 사이를 헤매고 다녔나이다. 하온데 그 허망한 것이란 당신의 진리가 나를 위해 창조한 것이 아니라 감각적 세계가 제공하는 허상(虛像)을 따라 나의 망상(妄想)이 지어낸 것이었나이다. 그때에 나는 당신을 믿는 "소자"(마 10:42; 18:6)들, 곧 나의 [하나님 나라] 동향인(同鄕人)들에게서 나도 모르게 멀어져 갔는데, 그들에게 나는 곧잘 다음과 같은 어리석고도 무례한 질문을 던졌나이다. "하나님이 창조하신 영혼이 어찌하여 잘못을 범하느냐?" 그러하나 다른 사람이 나에게 "그런즉 하나님은 어찌하여 잘못을 범하느냐?"고 묻는 것은 싫어하였나이다. 그리하여 가변적인 나의 본성 때문에 내가 자유의지에 의하여 그릇된 길을 감으로써 벌을 받아 잘못을 범하게 된다고 고백하기보다는, 당신의 불변적 실체가 [육체의] 강요에 의해 어쩔 수 없이 잘못을 범하는 것이라고 주장하였나이다.[27]

---

25) 마니교에 의하면, 우리 인간의 영혼은 인간 속에 있는 빛의 요소이며, 바로 이 점에서 빛의 신인 하나님과 본질적으로 같다.

26) 마니교에서는 육신을 악한 것으로 본다.

27) 어거스틴은 그 당시, 영혼은 인간 속에 있는 신적인 요소인데, 육체의 억압을 받아 어쩔 수 없이 악을 범하게 된다는 마니교의 가르침을 받아들이고 있었다.

(27) 하온데 내가 그 책을 썼을 때는 아마도 내 나이 스물예닐곱 되던 해였을 것이니이다. 그때 나는 내 마음의 귀를 시끄럽게 울리던 감각적 허상들에 정신이 팔려 있었나이다. 오, 감미로운 진리시여, 나는 그때 '아름다움과 조화'에 관해 묵상하면서, 내 귀를 기울여 마음속에 울려오는 당신의 그윽한 가락을 들으려고 했나이다. 그리하여 "신부를 취하는 자는 신랑이나, 서서 신랑의 음성을 듣는 친구가 크게 기뻐"한다(요 3:29)는 말씀대로, 서서 당신의 음성을 듣고 기뻐하기를 원하였나이다. 그러나 그렇게 하지 못하였으니, 이는 내가 나 자신의 그릇된 음성으로 인해 나 자신 밖으로 끌려다녔고,[28] 내 교만의 무게 탓으로 인해 깊은 수렁 속으로 빠져 들어갔음이니이다. 그것은 당신이 [아직] "나로 즐겁고 기쁜 소리를 듣게"(시 51:8) 하지 않으셨고, 내 뼈가 [아직] 꺾이지 않아 즐거워할 수 없었음이니이다.

16. 자유학예를 독학으로 통달하다

(28) 내 나이 스무 살쯤 되던 해 나의 수중에 아리스토텔레스[29]의 『십범주론』(十範疇論, Decem Categoriae)이라는 책이 들어왔는데, 그 책을 나의 스승이던 카르타고의 수사학 교수와 그 외에 박학하다고 알려진 다른 사람들이 어찌나 뽐내면서 자랑스럽게 인용하던지, 나는 그 책을 무슨 어마어마하게 거룩한 책이라도 되는 것처럼 우러러보며 읽기를 갈망했나이다. 결국 그것을 혼자 힘으로 읽고 깨칠 수 있었으나, 그것이 나에게 무슨 도움이 되었나이까? 나는 이 책에 대하여 사람들과 이야기를 나누었는데, 저들은 말하기를, 매우 학식이 높은 선생들이 말로만이 아니라 모래밭 위

---

28) 어거스틴은 참된 진리란 우리 외부의 감각적 세계에서 찾을 것이 아니라, 우리의 내면세계에서 찾아야 한다고 생각한다.

29) 아리스토텔레스(384-322 BC)는 플라톤(427-347 BC)과 함께 서양 고대철학의 양대 거봉(巨峰) 중의 한 사람이다.

에 그림을 그려 가면서까지 여러 가지로 설명을 해 주었어도 이해하기가 쉽지 않았다고 하였나이다. 그리하여 저들은 내가 혼자서 읽고 깨친 것 이상의 것을 내게 말해 주지 못하였나이다.

내가 보기에 그 책은 실체와 그 속성에 관하여 논하는 것이 분명하였나이다.[30] 예컨대 사람이라는 실체에 있어 그의 성질은 어떠한지, 그의 키는 몇 자인지, 혈족 관계로는 누구의 형제인지, 그가 어떤 장소에 있는지, 그가 언제 태어났는지, 그가 서 있는지, 앉아 있는지, 신을 신고 있는지, 무장을 하고 있는지, 무엇을 하고 있는지, 또, 무슨 일을 당하고 있는지를 말할 수 있는데, 모든 것은 내가 방금 예시한 대로 아홉 가지 범주에 속하든지, 아니면 실체의 범주에 속하는 것이니이다.

(29) 이런 것이 내게 무슨 도움이 되었나이까? 나의 하나님, 도리어 해만 되었나이다. 이는 모든 존재를 이 열 개의 범주로 파악할 수 있다고 생각함으로 인해, 신묘(神妙)하게 순수하시며 불변하시는 당신까지도 그러한 방식으로 파악해 보려 했음이니이다. 그리하여 나는 당신을 크기와 아름다움을 지닌 실체로 생각하였나이다. 마치 어떤 물체가 무슨 속성을 지니는 것처럼 당신도 크기라는 속성, 아름다움이라는 속성을 지니는 어떤 주체(主體)라고 생각하였나이다. 하오나 당신이야말로 당신의 크기 자체시며, 당신의 아름다움 자체가 아니시니이까? 반면, 물체는 그것이 크거나 아름다운 까닭에 물체가 되는 것은 아니지 않나이까? 이는 물체란 크기가 줄어들고 아름다움이 줄어든다 해도, 물체라는 사실에는 변함이 없음이니이다. 당신에 대하여 내가 생각했던 것은 이렇게 거짓된 것이었지 참된 것이 아니었으며, 나의 비참에서 연유한 허상(虛像)이었지 당신이 주시는 행복에 기초한 것이 아니었나이다. 이제 당신이 말씀하신 일이 내게 일어났사오

---

30) 아리스토텔레스에 의하면, 어떤 명제는 개념의 집합체인바, 개념은 열 가지 범주로 분류된다. 여기서 열 가지 범주란, 실체와 어떤 실체의 아홉 가지 속성 말하는 것이며, 어떤 실체의 아홉 가지 속성은 (1) 양 (2) 질 (3) 관계 (4) 장소 (5) 시간 (6) 위치/자세 (7) 상태 (8) 능동 (9) 수동을 말하는 것이다.

니, 땅은 나에게 "가시덤불과 엉겅퀴를"(창 3:18) 내었으며, 나는 땀을 흘려야 "식물을"(창 3:19) 먹을 수 있게 되었나이다.

(30) 나는 또 소위 '자유학예'(自由學藝)[31]에 관한 책들을 내가 구해서 읽을 수 있는 대로 모두 읽고 나 혼자의 힘으로 이해할 수 있었으나, 사악한 욕심에 얽매여 있던 나, 지극히 악한 종이었던 나에게 그것이 무슨 도움이 되었나이까? 나는 그 책들을 읽고 기뻐했으나 그 속에 있는 모든 참된 것, 모든 확실한 것의 근원이 무엇인지는 알지 못했나이다. 이는, 내가 빛에 등을 돌리고, 빛의 조명(照明)을 받는 것들에 얼굴을 향하였음이니이다. 나는 내 얼굴을 향하여 빛의 조명을 받는 것들은 바라볼 수 있었으나, 정작 나 자신의 얼굴은 빛의 조명을 받지 못하였나이다. 주 나의 하나님, 당신이 아시는 대로 나는 수사학, 철학, 기하학, 음악, 대수학에 관한 모든 것을 다른 사람들의 도움을 전혀 받지 않고도 별 어려움 없이 다 이해하였나이다. 빠른 이해력이나 날카로운 통찰력은 당신의 선물이니이다. 하오나 나는 그것으로 인해 당신께 [감사와 찬송]의 제사를 드렸어야 하는데, 그렇게 하지 못했나이다. 그러므로 그것은 나에게 아무런 도움이 되지 못하고 오히려 해가 되었나이다. "재산 중에서 내게 돌아올 분깃"(눅 15:12)은 그토록 좋은 것이었는데, 나는 이를 내 차지로 만드는 데만 힘썼지, 내 힘을 당신을 위해 간직하고 사용하는 일은 하지 않았고, 도리어 당신을 떠나 "먼 나라에 가"(눅 15:3), 음탕한 욕심으로 "거기서 허랑방탕하여 그 재산을 다 허비"(눅 15:3)하였을 따름이었나이다. 선한 것을 선하게 사용하지 못하였으니, 그것이 내게 무슨 소용이 있었나이까? 진실로 자유학예의 여러 분야들은 열심히 공부를 하고 재능이 있다는 사람들도 통달하기 매우 어려우니, 내가 그 사실을 깨달은 것은 내가 학생들을 직접 가르쳐 본 다음의 일이었나이다. 이는 우수한 학생이라고 해도 나의 설명을 이해하는 속도가 그다지 빠르지 못했기 때문이니이다.

(31) 하오나 그것이 내게 무슨 소용이 있었나이까? 진리 되신 주 하나님

---

31) '3학예'(三學藝)와 '4학예'(四學藝)를 말한다.

이여, 나는 당신을 무한히 큰 빛나는 물체라고, 나는 그 물체의 조각이라고 믿고 있었으니 얼마나 잘못돼 있었나이까? 당시 나의 형편이 그러했나이다. 하오나 나의 하나님, 그때 나는 사람들 앞에서 당신을 공공연히 모독하면서 당신을 향해 개처럼 짖어 대기를 부끄러워하지 않았사오니, 이제 내가 나를 향한 당신의 긍휼을 찬양하며 고백하기를, 당신께 부르짖기를 부끄러워할 이유가 없나이다. 그때 나의 지적 능력이 좋아 그러한 여러 학문을 빨리 통달하고, 상당히 어려운 내용의 책들을 선생의 도움이 전혀 없이 쉽게 이해할 수 있었다 해도, 경건에 대한 가르침에 있어서는 악하고 추한 불신앙 때문에 그릇된 길을 가고 있었으니, 그러한 능력이 내게 무슨 소용이 있겠나이까? 반면, 당신의 소자(小子)들이 비록 재능은 모자랄지언정 당신을 멀리 떠나지 않고, 당신 교회의 보금자리 안에서 편안하게 길러지고, 건전한 신앙의 영양소로 사랑의 날개를 키워 간다면, 재능이 모자란 것이 그들에게 무슨 해가 되겠나이까?

오, 우리 주 하나님, 우리로 "주의 날개 그늘에서"(시 63:7) [당신을] 바라게 하소서! 우리를 감싸 주시고 우리를 품어 주소서! 당신은 [우리를] 품어 주시리니 어린아이 때에 품어 주시겠고 "노년에 이르기까지"(사 46:4) 품어 주실 것이니이다. 이는 당신만이 우리의 능력이 되시는 까닭이니, 우리 홀로 있다면 우리의 능력은 오히려 우리의 무능력이 됨이니이다. 우리가 당신 품에서 사는 것은 언제나 좋사오니, 이는 우리가 당신 품을 떠나는 것이 곧 타락임이니이다. 주여, 우리가 이제 당신께 돌아가고자 하오니 우리를 멸망에서 건지소서! 이는 우리가 당신 품에서 사는 것이 좋음이니이다. 당신은 선(善) 자체시오니, 당신께는 부족함이 전혀 없나이다. 우리는 [이제] 돌아갈 곳이 없다고 염려할 필요가 없나이다. 우리는 실로 당신 품에서 떨어졌고, 우리가 비록 거기를 떠났으나 우리의 집은 무너지지 않았사오니, 당신의 영원하심이 우리의 집이니이다.

제5권 마니교와의 결별

1. 하나님을 찬양함

(1) 나의 혀라는 손을 사용하여 [당신께] 드리는 나의 [이 찬양과] 고백의 제사를 받아 주소서! 당신이 이 혀를 만드시고 움직이게 하신 것은 당신의 이름을 찬양토록 함이니, "나의 뼈"(시 6:2)를 고치소서. "내 모든 뼈가 이르기를, '여호와 같은 이 누구리요?'"(시 35:10) 하나이다. 이는 당신께 고백하는 자가 자기 안에 일어나는 일을 새삼 당신께 알려 드리는 것이 아님이니이다. 당신의 눈은 닫힌 마음이라도 들여다보며, 당신의 손길은 아무리 강퍅한 사람의 마음이라도 뿌리칠 수 없나이다. 당신이 원하시면 당신은 사람의 마음을 때로는 긍휼, 때로는 징벌을 통하여 녹이시니, 당신의 "온기에서 피하여 숨은 자"(시 19:6) 없나이다.

하오나 내 영혼이 당신을 찬양함으로 당신을 사랑하게 하시고, 당신 앞에서 당신의 긍휼하심을 고백함으로 당신을 찬양하게 하소서! 당신의 모든 피조물이 쉼 없이 소리 높여 당신께 찬양을 드리니, 영적인 피조물은 저들의 입을 당신께로 향하여 찬양 드리며, 온갖 생물과 무생물은 저들을 바라보는 자들의 입을 통하여 찬양 드리나이다. 그러므로 우리 영혼은 게으름을 떨치고 일어나 당신이 지으신 만물을 의지하여, 기이한 솜씨로 그것을 지으신 당신께로 나아가니, 당신만이 우리 영혼을 새롭게 하시고 우리에게 참된 힘을 주시나이다.

2. 회개하는 자는 은총을 얻음

(2) 당신을 떠나 도망하는 자에게는 안식이 없사오니, 그러한 자가 죄인이니이다. 하오나 당신은 저들을 보고 계시며 빛과 그림자를 구별하고 계시니 보소서, 저들과 함께 있는 만물이 다 아름다우나, 저들은 추한 몰골을 하고 있나이다. 하오나 저들의 추함이 당신께 해를 끼친 적이 있나이까? 저들이 또한 하늘로부터 가장 낮은 곳까지 미치는 당신의 의롭고도 온전한 통치를 훼손한 적이 있나이까? 저들이 당신의 낯을 피한다 한들 대체 어디로 피할 수 있겠나이까? 당신이 저들을 찾지 못하실 곳이 어디 있겠나이까? 저들은 당신을 보지 않으려고 도망하였으나, 당신은 항상 저들을 보고 계시나이다. 저들은 눈이 어두워져 당신께 부딪혔사오니, 이는 당신이 만드신 것을 당신은 하나도 버리지 않으심이니이다. 불의한 저들은 당신께 부딪혀 저들에게 합당한 벌을 받고 말았사오니, 저들은 당신의 온유하심을 피해 달아나다가 당신의 공의로우심에 부딪혔고, 당신의 지엄한 [진노] 아래 떨어지게 되었나이다. 당신은 어디에나 계시고, 어떠한 공간도 당신을 에워쌀 수 없으며, 당신에게서 멀리 떠나 있는 자들에게도 당신은 홀로 가까이 계신다는 사실을 저들이 알지 못하는 것이 분명하나이다. 그러므로 저들은 돌아와 당신을 찾을지니, 이는 저들이 저들의 창조자를 버렸으나 당신은 당신의 피조물을 버리지 않으셨음이니이다. 저들은 돌아와 당신을 찾을지니 보소서, 저기 저들의 심령 속에, 당신께 고백하는 자들, 당신 앞에 무릎을 꿇는 자들, 험한 길을 달려온 후 울면서 당신의 품속에 뛰어드는 자들의 심령 속에 당신은 계시나이다. 당신은 온유하사 저들의 눈물을 씻어 주시니, 그때 저들의 눈물은 더욱 북받쳐 오르나 그 눈물은 기쁨의 눈물이 되나이다. 주여, 당신은 "혈육"(마 16:17)을 지닌 인간이 아니시니이다. 주여, 당신은 저들의 창조자시니, 당신은 [이제] 저들을 재창조하시고 또 위로하시나이다.

하온데 당신이 나를 찾으실 때 나는 어디에 있었나이까? 당신은 [바로] 내 앞에 계셨건만, 나는 나 자신에게서 [멀리] 떠나 있었던 까닭에, 나를 나 자신조차 발견하지 못하였으니, 하물며 어떻게 당신을 발견할 수 있었겠나이까?

3. 마니교의 감독 파우스투스에게 걸었던 기대

(3) 내 나이 스물아홉 살 시절을 나의 하나님께 아뢰려 하나이다.
그때 파우스투스라는 이름을 가진 마니교의 어떤 감독이 카르타고에 왔으니, 저는 "마귀의 올무"(딤전 3:7)였나이다. 많은 사람들이 저의 말재주에 속아 저에게 걸려들었나이다. 나 역시 저의 언변(言辯)에는 찬사를 아끼지 않았으나, 진리 탐구에 열심이었던 나는 언변과 진리가 서로 다르다는 사실을 알고 있었나이다. 그리하여 나는 언변이라는 그릇보다는 저들 사이에서 그토록 명성이 높은 파우스투스가 그 그릇에 담아내어 놓는 지식이라는 음식에 더 주목하였나이다. 내가 저에 관하여 들은 평판에 의하면, 저는 모든 종류의 순수학문에 조예가 매우 깊고, 특히 자유학예에 뛰어나다는 것이었나이다.

당시 나는 철학자들의 책을 많이 읽었고, 읽은 내용을 [많이] 기억하고 있었는데, 철학자들의 이론과 마니교도들의 기나긴 신화를 비교해 보니 내게는 철학자들이 말하는 것이 더 그럴 듯하게 보였나이다. 철학자들은 비록 이 세상의 주가 되시는 당신을 발견하지 못했으나, 저들의 능력 범위 안에서 이 세상에 대하여 [인식과] 판단을 할 수 있었나이다. 주여, 당신은 "높이 계셔도 낮은 자를 하감하시며 멀리서도 교만한 자를"(시 138:6) 아시오니, "마음이 상한 자에게 가까이"(시 34:18) 하시나이다. 하오나 교만한 자들은 저들이 아무리 지적 호기심을 총동원하여 별과 모래의 수를 세고 성좌(星座)를 측량하며 천체의 궤도를 관찰한다 할지라도 당신을 발견할 수 없나이다.

(4) 저들은 저들이 가진 이성과 당신이 저들에게 주신 재능을 사용하여 많은 것을 발견해 냈으니, [예컨대] 일식(日蝕)과 월식(月蝕)이 일어날 날짜

와 시간과 범위를 여러 해 전에 미리 말하매, 저들이 말한 것이 한 치의 어긋남도 없이 저들이 말한 그대로 이루어졌나이다. 저들은 또한 저들이 발견한 자연법칙들을 기록해 놓았기 때문에 오늘날도 사람들이 그것을 읽고 그것에 의거해 해와 달이 어느 해, 어느 달, 어느 날, 어느 시에 어느 쪽이 이지러질 것인지 예보하며, 예보한 그대로 이루어지나이다.

이러한 일을 보고 무식한 사람들은 신기해하고 놀라며, 유식한 자들은 환호하며 자랑하오니, 불손한 교만으로 당신의 빛에서 멀어져 스스로 어둡게 되나이다. 저들은 먼 장래에 있을 일식은 예견하면서 현재 자기 자신의 어둠은 보지 못하니, 이는 저들이 이러한 것을 연구하는 저들의 재능이 어디서 오는지를 경건한 마음으로 궁구하지 않는 까닭이니이다. 혹 저들이 당신이 저들을 지으셨다는 사실을 발견한다 해도, 저들은 자기 자신을 당신께 바치지 않나이다. 그러므로 당신은 당신이 지으신 저들을 [끝까지] 보호하시지 않나이다. 저들은 또한 자기들이 만든 것을 죽여 당신께 바치지 않사오니, 새들처럼 [높이 올라가는] 저들의 교만함, 물고기처럼 깊은 해저(海底)의 은밀한 길을 찾아다니는 저들의 호기심, 들짐승처럼 [발하는] 저들의 욕심을 죽이지 않나이다. 하나님이여, 당신은 "소멸(燒滅)하는 불"(신 4:24; 히 12:29)이시니이다. 저들이 만약 그것들을 죽여 당신께 바친다면, 당신은 저들의 죽음에 대한 염려를 온전히 불 사르사 저들을 새롭게 창조하시고, 저들을 영영히 죽지 않도록 하실 것이니이다.

(5) 하온데 저들은 길이 되는 당신의 말씀을 알지 못하나 당신은 말씀으로 저들이 셈하는 대상(對象)인 만물, 만물을 셈하는 주체(主體)인 저들 자신, 셈하는 대상을 식별하는 감관(感官), 셈하는 능력을 지닌 이성을 창조하셨으니, 당신의 "지혜가 무궁"(시 147:5)하도소이다. 하오나 [당신의] 독생자가 "우리에게 지혜와 의로움과 거룩함"(고전 1:30)이 되셨으니, 그는 우리 가운데 거하시며 가이사에게 세금까지 바치셨나이다.[1] 저들은 이 길을 몰랐으니, 이 길을 통하여 저들은 저들 자신에게서 떠나 그에게로 내려

---

1) 마 22:21(= 막 12:17; 눅 20:25) 참조.

가고, 그로 말미암아 다시 그에게로 올라가야 했나이다. 저들은 이 길을 알지 못하여 자신들이 하늘의 별처럼 높고 빛나는 줄 알았는데, 보소서, 땅으로 떨어졌으니, 이는 저들의 "미련한 마음이 어두워졌"(롬 1:21)음이니이다. 저들이 피조물에 대하여는 옳은 말을 많이 하나 진리 자체이신 피조물의 창조자에 대하여는 경건한 마음으로 찾지 않사오니, 그러므로 저들은 창조자를 발견할 수가 없으며, 혹 발견한다 하더라도 "하나님을 알되 하나님으로 영화롭게도 아니하며 감사치도 아니하고 오히려 그 생각이 허망하여지"나이다(롬 1:21). 저들은 "스스로 지혜 있다 하나 [우둔하게 되어]"(롬 1:22) 당신의 것을 자기들에게 돌리고, 이로 말미암아 마음이 심하게 구부러지고 눈이 어두워져서, 자기들의 것을 당신께로 돌리는 일까지 하니, 곧 거짓을 진리이신 당신에게 돌리는 것이니이다. 저들은 "썩어지지 아니하는 하나님의 영광을 썩어질 사람과 금수와 버러지 형상의 우상으로 바꾸"며(롬 1:23), 당신의 "진리를 거짓 것으로 바꾸어 피조물을 조물주보다 더 경배하고 섬"기나이다(롬 1:25).

(6) 하오나 내가 기억하건대, 저들이 피조세계에 대하여 말한 것 가운데는 옳은 것이 많사오니, 수(數)나 시간의 질서 있는 진행, 별들이 보여 주는 증거들을 통하여 저들의 말에 타당성이 있다는 것을 알 수 있었나이다. 나는 저들의 말을 마니가 한 말과 비교해 보았는데, 마니는 이런 것들에 관하여 많은 글을 썼으나 그 내용은 너무나 허황된 것으로 가득 차 있었나이다. 즉 하지와 동지, 춘분과 추분, 일식과 월식 등에 관하여 그가 쓴 내용은 세속 철학자들의 책에서 내가 배운 내용과는 달리 타당성이 전혀 없었나이다. 마니는 그저 믿기만 하라고 했으나, 그가 믿으라는 내용은 내가 수학적으로 계산해 보고 내 눈으로 관찰해 본 것과는 전혀 맞지 않고 동떨어진 내용이었나이다.

4. 하나님을 아는 사람이 진정으로 행복하다

(7) "진리의 하나님"(시 31:5)이신 주여, 이런 것을 아는 사람이라면 모두 당신을 기쁘게 해 드릴 수 있나이까? 아니니이다. 이 모든 것을 안다 해도 당신을 모르는 사람은 불행하며, 이 모든 것을 알지 못한다 해도 당신을 아는 사람은 행복하나이다. 하오면 당신을 알고 또한 이런 것까지도 아는 사람은 더 행복하나이까? 아니니이다. 사람은 이런 것을 안다고 해서 행복한 것이 아니라 오직 당신 까닭에 행복한 것이오니, 당신을 당신으로 알고 당신께 영광과 감사를 드리며 "그 생각이 허망하여지"지(롬 1:21) 않을 때 그러하나이다.

어떤 나무가 있을 때, 그 나무의 높이가 몇 자이고 그 둘레가 얼마인지 몰라도 그 나무를 간수할 줄 아는 사람, 또한 그 나무를 이용할 수 있는 데 대해 당신께 감사드리는 사람이, 그 나무의 높이와 둘레를 재고 가지의 수를 세면서도 그 나무를 창조하신 당신을 알지도 못하고 사랑할 줄도 모르는 사람보다 더 행복하나이다. 신앙인도 이와 같으니, 부요함으로 가득한 온 천하가 다 그의 것이니이다. 저는 북두칠성의 운행 경로는 몰라도 만물의 섬김을 받는 당신을 의지함으로 "아무것도 없는 자 같으나 모든 것을 가진 자"(고후 6:10)가 되나이다. 그리하여 하늘의 크기를 재고 별들의 수를 세며 원소의 무게는 달 수 있지만, 당신, 곧 우주만물을 크기와 수와 무게에 따라 질서 있게 배치하시는 당신을 모르는 자보다 당신을 믿고 의지하는 자가 훨씬 더 행복하나이다.

5. 마니교의 허구성

(8) 하오나 대체 누가 마니 같은 사람을 시켜서 이런 것을 쓰게 하였나이까? 구태여 이런 지식이 없더라도 우리는 경건을 배울 수 있지 않나이까? 이는 "보라, 경건이 곧 지혜라"[2]고 당신이 사람에게 말씀하셨음이니

---

2) 『칠십인경』의 욥 28:28.

이다. 마니가 이런 지식을 제아무리 완벽하게 갖추었다 가정해도 경건의 지혜를 아는 것은 불가능했나이다. 하오나 저에게는 이런 지식조차 전혀 없었나이다. 그러면서도 저는 무엄하게도 이런 지식이 있기라도 한 것처럼 [사람들을] 가르치려 했으니, 저가 경건의 지혜를 안다는 것은 도저히 불가능했나이다. 이런 세상적 지식을 안다고 공언(公言)하는 것은 헛된 일이니이다. 당신께 [우리의 신앙을] 고백하는 것이 경건이니이다. 하온데 마니는 이러한 경건에서 떠나 천문학적인 문제에 대하여 [불필요한] 말을 많이 하다가, 결국 그 방면에 진정한 지식을 가진 사람들에게 논박을 받았사오니, 천문학적인 문제보다 더 심오한 다른 문제에 대하여 저가 얼마나 무지할 것인지는 불을 보듯 환하나이다. 저는 사람들이 자기를 무시하는 것을 원하지 않았나이다. 그리하여 당신을 믿는 신자들을 위로하시고 그들에게 각종 은사를 허락하시는 보혜사 성령께서 마니 자신 속에 친히 권능으로 충만하게 임하여 계심을 사람들로 하여금 믿게 만들려고 무진 애를 썼나이다. 그러므로 저가 하늘 및 [하늘의] 별들에 대하여, 해와 달의 움직임에 대하여 거짓을 말하였음이 드러났을 때, 비록 그것이 종교의 가르침과는 [직접] 관련이 없다 해도 저가 신성모독적인 일을 한 것은 너무나 분명하오니, 이는 저가 알지도 못하는 일을 말했을 뿐 아니라 광적(狂的)인 헛된 교만 때문에 거짓된 것을 말하면서, 마치 자기의 말이 하나님의 말씀이라도 되는 것처럼 받아들일 것을 사람들에게 요구했던 까닭이니이다.

(9) 나는 그리스도를 믿는 어떤 교우가 천문학적인 문제에 대한 지식이 별로 없어, 틀린 말을 할 때도 저가 그릇된 주장을 내세우는 것을 인내심을 가지고 보아주나이다. 만유의 창조자 되신 주여, 저가 당신께 대하여 잘못된 것을 믿지 않는 한 저가 혹시 당신의 창조물인 천체(天體)의 위치와 모양을 잘 알지 못한다 하더라도, 그것이 저에게 아무런 해가 되지 않을 줄로 여기나이다. 하오나 이런 세상 지식이 신앙의 본질적 내용과 관계있다고 생각하여 자기도 잘 알지 못하는 것을 지나치게 옳다고 고집하다 보면, 그것은 저에게 해가 될 것이니이다. 하오나 이러한 연약함도 신앙의 요람기

(搖籃期)에는 어머니³⁾ 되는 사랑에 의하여 지탱되니, "새 사람"(엡 4:24)이 "온전한 사람을 이루어"(엡 4:13) "모든 교훈의 풍조에 밀려 요동하지 않게"(엡 4:14) 될 때까지니이다.

하온데 마니는 스스로를 학자라, 스승이라, 지도자라, 두령이라 하면서, 자신의 추종자들에게 자기 자신을 단순한 인간이 아니라 당신의 성령이라 믿고 따르기를 요구하나, 저의 말이 거짓임이 밝혀질 때 누가 이런 광증(狂症)을 혐오해야 할 것으로, 또 멀리 떨쳐 버려야 할 것으로 생각하지 않겠나이까?

하오나 당시 나는 낮과 밤의 길이의 변화, 낮과 밤의 교체, 일식과 월식, 그리고 내가 다른 책에서 읽은 바 기타의 [천문학적] 현상들을 과연 마니의 가르침에 따라 설명할 수 있는지 없는지 아직 확실히 알지 못했나이다. 그리고 혹시 설명이 가능하다 하더라도, 저의 가르침이 과연 옳은가 하는 것을 나는 확신할 수 없었나이다. 단지 저가 성자(聖者)라는 잘못된 평판 때문에, 나는 나의 신앙을 결정하는 데 있어서 저의 권위를 저의 지식보다 더 중요한 것으로 여겼나이다.⁴⁾

6. 어거스틴의 질문에 대답하지 못하는 파우스투스

(10) 그리하여 영혼이 혼미한 상태에서 마니교의 가르침에 귀를 기울이던 거의 9년이라는 세월 동안, 나는 매우 간절한 심정으로 그 파우스투스라는 사람이 오기만을 기다리고 또 기다렸나이다. 이는 당시 내가 만나던 마니교 신자들은 내가 던지는 이런 질문에 대답하기가 어려우면 나에게 파우스투스에 대해 이야기하면서, 저가 오면 이러한 문제뿐 아니라 이보다

---

3) 어거스틴은 여기서 사랑을 의인화시켜, 믿음이 연약한 자를 돕는 역할을 하는 것으로 보고 있다.

4) 어거스틴에 있어서 영적, 도덕적 권위는 지식보다 더 우선하는 것이다.

더 어려운 문제를 내가 묻는다 하더라도 아주 쉽게 또 아주 명확하게 해결해 줄 것이라고 하였나이다.

하온데 막상 저가 도착했을 때 나는 저가 호감이 가는 사람이며 말솜씨가 훌륭하여 똑같은 말이라도 다른 사람들보다 훨씬 더 재미있게 한다는 사실을 알 수 있었나이다. 하오나 저가 하는 말의 내용은, 다른 마니교 신자들이 하는 말과 별로 다를 바가 없었나이다. 사실, 아주 근사하게 차려입은 시종이 값비싼 옥배(玉杯)를 올린다 한들, 내 갈증 해소에 무슨 도움이 되었겠나이까? 저가 들려 준 말은 내가 다른 마니교 신자들로부터 귀에 못이 박히도록 들어 온 말이었나이다. 똑같은 내용의 말을 표현만 더 잘한다 해서, 더 훌륭하게 여겨지지 않았으며, 말을 잘한다 해서 참된 것을 말한다고 생각되지 않았나이다. 또 표정 관리가 뛰어나고 구변(口辯)이 좋다고 해서, 저의 영혼까지 지혜롭게 여겨지지는 않았나이다. 그러므로 나에게 저에 대한 기대감을 갖게 해 준 사람들은 사물을 올바로 판단하는 자들이 아니었나이다. 그들이 저를 명철하다, 지혜롭다 생각했던 것은 저의 말이 그들을 재미있게 해 주었다는 이유 한 가지뿐이었나이다.

하온데 나는 다른 부류의 사람들도 알게 되었으니, 저들은 참된 것을 세련되고 풍성한 언어를 사용하여 제시하면, 그것이 참된 것이라 할지라도 의심하여 믿지 않으려는 자들이었나이다. 하오나, 나의 하나님, 당신은 나를 이미 놀랍고도 오묘한 방법으로 가르치셨으니, 당신이 내게 가르쳐 주신 것을 내가 믿음은 당신의 가르침이 진리인 까닭이니이다. 또한 진리가 어디서 어떻게 계시된다 하더라도, 진리를 가르칠 스승은 당신 외에 아무도 없나이다. 그러므로 내가 당신으로부터 이미 배워 알게 된 것은, 말을 잘한다고 참을 말하는 것이 아니요, 말을 못 한다고 거짓을 말하는 것이 아니며, 또한 소박한 말이라고 해서 참된 말이 아니며, 멋진 말이라 하여 거짓된 말이 아니라는 사실이니이다. 그리하여 지혜로움과 어리석음은 마치 좋은 음식과 나쁜 음식에 비할 수 있고, 세련된 말과 소박한 말은 마치 정교한 그릇과 투박한 그릇에 비할 수 있사오니, 어떤 음식이든지 이 두 가지 그릇에 다 담을 수 있나이다.

(11) 하온데 나는 하도 오랫동안 그 사람을 간절히 기다렸던 까닭에 저의 말하는 태도와 열심, 그리고 자기 생각을 적절한 말을 사용하여 능란하게 표현하는 능력이 마음에 들었나이다. 그러한 것은 정말 마음에 들었나이다. 그리하여 나는 다른 사람들이 하는 것처럼, 아니 다른 사람들이 하는 것보다 훨씬 더 많이 저를 칭송하고 찬양했나이다. 그러하나 청중들이 많이 모이는 집회에서는 저에게 다가가 내가 가진 문제에 대하여 질문을 하거나 저와 함께 친밀하게 말을 주고받을 수 있는 기회가 좀처럼 주어지지 않았나이다. 하온데 나는 결국 나의 가까운 친구들과 함께 저와 서로 대화를 나눌 수 있는 적절한 기회를 포착하게 되었나이다. 그리하여 나는 평상시 답답하게 여기던 문제들을 저에게 털어놓았는데, 그 결과 내가 알게 된 것은, 저는 문법을 제외하면 자유학예에 대해서는 별다른 교육을 받지 않았다는 사실이었나이다. 저가 받은 문법교육도 평범한 수준에 불과하였나이다. 저는 키케로의 연설문 약간과 세네카의 책 극히 일부, 그리고 시인들의 시집 조금과 자기 교파(敎派)의 책 가운데서 라틴어로 짜임새 있게 기록된 것 몇 권을 읽었을 따름이었나이다. 하오나 저는 매일같이 강론하는 것이 화술(話術)을 연마하는 데 도움이 되었을 것이며, 약간의 재능과 멋을 타고났기 때문에 저가 하는 말은 더 큰 설득력 내지는 호소력을 지니게 되었나이다.

내 양심의 심판자이신 주 나의 하나님이여, 내 기억하는 바가 옳으니이까? 내 마음과 내 기억이 당신의 목전에 있나이다. 당신은 그때 당신의 신비로운 섭리의 손길로 나를 인도하셨으니, 내 잘못들을 나의 "목전에 차례로"(시 50:21) 베푸사, 나로 하여금 나의 잘못들을 보고 미워하게 하셨나이다.

7. 마니교에 실망을 느끼다

(12) 나는 파우스투스가 자유학예에 뛰어난 줄로 믿었으나, 그러한 나의 믿음과는 달리, 저가 그 방면에 지식이 없다는 사실을 확인한 다음부터는, 여태껏 내가 궁금하게 여기던 문제들을 저가 해결해 주거나 대답해 줄

수 없다는 것을 알고 실망하기 시작했나이다. 물론 저가 비록 그러한 지식이 없다고 해도 마니교도만 아니었다면, 참된 경건에 관한 진리를 굳게 붙들 수 있었을 것이니이다. 하오나 저들의 책들은 하늘과 별과 해와 달에 대한 장황하고 허황된 신화로 가득 차 있었나이다. 내가 파우스투스에게 바랐던 것은, 내가 하늘과 천체에 대하여 다른 곳에서 읽은 바 있는 수리적(數理的) 설명을 마니의 가르침과 비교하여, 과연 마니의 책들에 기록된 내용이 맞는지, 아니면 최소한 두 가지가 대등한 이론적 근거를 가지고 있는지를 정확하게 설명해 주는 것이었으나, 나는 결국 저에게 그러한 설명을 해 줄 능력이 없다는 생각을 하게 되었나이다.

하오나 내가 이러한 문제들을 함께 생각하고 토론해 보자고 제안했을 때 저는 참으로 겸허한 태도를 취하여, 이러한 문제들을 감히 취급해 보려 하지 않았나이다. 이는 저가 자기의 무지함을 알았고, 그것을 고백하기를 부끄러워하지 않았음이니이다. 세상에는 이러한 문제들에 대하여 나를 가르쳐 보겠다고 무척 애를 쓰면서도 결국 아무것도 가르쳐 주지 못한 요설가(饒舌家)들이 많으니, 나는 그런 자들 때문에 무척 힘이 들었나이다. 하오나 파우스투스는 그런 자들과는 같지 않았나이다. 저는 실로 당신을 향하여는 "정(定)함이 없는 마음"[5]을 가졌으나, 자기 자신을 향하여는 무분별한 생각을 결코 하지 않았나이다. 저는 결코 자기의 무지함을 모를 만큼 무지하지는 않았으니, 불필요한 토론에 경솔하게 휘말려 들어가 탈출구도 없고 퇴로를 쉽게 찾을 수도 없는 궁지에 스스로 몰리는 일을 하려 하지 않았나이다. 이러한 점 때문에 나는 저를 더욱 좋아하게 되었나이다. 이는 자기 자신의 한계를 정직하게 인정하는 겸손한 마음 자세가, 내가 원하던 지식을 획득하는 것보다 더 아름답게 느껴졌음이니이다. 어렵고 까다로운 문제를 취급할 때마다 저의 태도가 이러한 것을 나는 보았나이다.

(13) 이렇게 하여 마니교 서적들을 탐독하던 나의 열심이 식고 말았나이다. 내가 궁금해 하던 여러 문제들에 대하여 저들 중 가장 유명하다고 하는

---

5) 시 78:37 참조.

파우스투스가 그 정도였으니, 다른 마니교 교사들에게 무엇인가 기대한다는 것은 무리라고 생각되었나이다. 당시 나는 이미 오래 전부터 카르타고에서 수사학 교사로 활약하면서, 청년들에게 자유학예를 가르치고 있었는데, 파우스투스도 그것을 배우려는 열심이 있었으므로 나는 저와 자주 만나, 저가 남에게서 간접적으로 들은 것 중에서 직접 읽기를 원하는 것이나, 내가 판단하기에 저의 취미나 능력에 맞다고 생각되는 것을 골라 함께 읽었나이다. 하오나 그 사람을 알게 된 다음부터 마니교의 가르침에 정진하려던 나의 모든 결심은 완전히 사라지고 말았나이다. 물론 내가 저들과 완전히 결별한 것은 아니었으니, 마니교의 가르침보다 더 나은 것을 발견하지 못한 상태에서 특별히 더 나은 것이 반짝 하고 나타나지 않는 한, 한 번 발을 내디딘 그곳에 임시로라도 그냥 머물러 있어야겠다는 생각을 했기 때문이니이다.

그리하여 많은 사람들에게 "사망의 올무"(시 18:5)가 되고 있던 파우스투스는 내가 걸려들어 있던 그 올무를 – 원하지는 않았겠지만 – 자신도 모르는 사이에 점차 느슨하게 풀어 놓기 시작하였나이다. 나의 하나님, 이는 당신의 신비로운 섭리의 손길이 내 영혼을 버리지 않았음이니이다. 또한 내 어머니가 피를 토하는 심정으로 나를 위해 밤낮으로 눈물의 제사를 드린 것이 당신께 상달되었음이니, 당신은 나에게 정말 "기이히"(욜 2:26) 행하셨나이다. 나의 하나님, 이것을 행하신 이는 당신이시니이다. 주께서는 실로 "사람의 걸음을 정하시고 그 길을 기뻐하시"나이다(시 37:23). 당신이 이미 창조하신 것을 다시 창조하는 당신의 손길이 아니면, 우리가 어디서 구원을 얻겠나이까?

8. 어머니를 속이고 로마로 가다

(14) 그러므로 내가 로마로 가기로 결심한 것, 그리하여 카르타고에서 가르치던 것을 로마에서 가르쳐야겠다는 결심을 하게 된 것은 당신의 섭리였나이다.

하오나 내가 이러한 결심을 하게 된 경위에 대하여 당신께 고백하지 않고 그냥 지나가지는 않겠나이다. 이는 거기에도 당신의 지극히 깊은 뜻이 숨겨져 있고, 동시에 우리를 향한 당신의 자비가 지극히 밝게 드러나고 있음을 생각하며 찬양해야 하는 까닭이니이다.

내가 로마로 간 것은 더 좋은 수입과 더 높은 지위를 얻을 수 있다는 친구들의 설득 때문이 아니었나이다. 물론 그런 것에 당시 내 마음이 끌린 것은 사실이었으나, 내가 로마로 간 가장 크고 거의 유일하다 할 수 있는 이유는, 거기서는 젊은이들이 더 조용하게 공부하고 보다 엄격한 규율의 통제를 받고 있어서, 자기가 등록하지 않은 선생의 학당(學堂)에는 턱없이 무례하게 출입하지 않고, 선생의 허락 없이는 등록조차 전혀 할 수 없다는 말을 들었기 때문이니이다. 이와는 반대로 카르타고 학생들의 불손함은 혐오스러울 정도로 도가 지나쳤나이다. 이들은 무례하게 [교실로] 뛰어들어 거의 미치광이들이 다 된 듯, [교사들이] 학생들을 위해서 세워 놓은 [규칙들을 무너뜨리며] 질서를 어지럽혔나이다. 이들은 믿기 어려울 정도로 무지하게 여러 가지 난잡한 행동을 하였으니, 관습으로는 용납이 될지 모르나 법으로는 마땅히 처벌받을 일이었나이다. 하오나 영원법(永遠法)으로는 도저히 용납되지 않는 것을 마치 허용된 것처럼 행하면 행할수록 더욱 더 저들의 비참함이 드러나게 되었나이다. 저들은 그러한 일을 행해도 벌을 받지 않을 것이라고 생각하나, 실상은 그러한 일을 행하는 맹목성 자체가 벌로서, 저들이 받게 될 고통은 저들이 남에게 끼치는 괴로움에 비할 수 없이 클 것이니이다.

하온데 내가 학생이었을 때, 나는 이런 행동을 하기 싫어했나이다. 그럼에도 교사가 된 다음에는 학생들이 하는 이런 행동을 참아 내야 했나이다. 그리하여 나는 사정을 아는 사람이면 모두 이런 일이 일어나지 않는다고 말하는 그곳으로[=로마로] 떠나기를 원한 것이니이다. 하오나 "나의 피난처시요 생존 세계에서 나의 분깃"(시 142:5)이 되신 [주여], 당신은 내 영혼의 구원을 위하여 나로 하여금 사는 곳을 옮기게 하셨으니, 당신은 카르타고에서는 채찍으로 나를 몰아내셨으며, 로마에는 당근을 마련하사 나를 그리로 이끄셨나이다. 당신은 죽어 가는 삶을 사랑하는 사람들을 통하여 이렇게 하셨으니, 카르타고에서는 광적인 행동을 하는 사람들을 통하여, 로마에서는 헛된 것을 약속하는 사람들을 통하여 이렇게 하셨나이다. 당신은 "내 걸음"(시 40:2)을 바로잡아 주시려고 은밀히 저들과 나의 사악함을 사용하고 계셨나이다. 이는 나의 평안을 어지럽히던 자들은 추악한 광증(狂症)으로 눈먼 자들이었고, 나를 다른 곳으로 초청했던 자들은 땅의 것을 맛본 자들이었음이라. 하온데 나는 카르타고에서는 현실의 불행을 혐오했으나, 로마에서는 거짓된 행복을 추구하였나이다.

(15) 하오나 하나님, 내가 왜 여기를 떠나 거기로 갔는지 당신은 그 까닭을 아시나, 당신은 그것을 내게도, 어머니에게도 알려주시지 않았나이다. 하온데 어머니는 내가 떠난다 해서 애처롭게 울면서 바닷가까지 따라 나왔나이다. 어머니는 한사코 나를 붙들면서, 나에게 집으로 돌아가든지 아니면 자기가 나를 따라가겠다고 하였으나, 나는 그 어머니를 속였나이다. 친구가 하나 있는데, 그 친구가 순풍을 만나 출항할 때까지 그 친구를 떠날 수가 없다고 하였나이다. 어머니, 그런 어머니를 속이고 나는 빠져 나왔나이다. 이것도 당신이 긍휼로 나를 용서하신 까닭이니, 저주받아 마땅할 만큼 더러움으로 가득한 나를 [흉용한] 바닷물에서 건지사 당신의 은총의 물, 곧 세례에까지 이르게 하셨나이다. 내가 이 물에 씻김을 받자마자, 내 어머니의 눈물의 강이 마르게 되었나이다. 어머니는 날마다 나를 위해 당신의 존안(尊顔) 앞에 엎드려 눈물로 땅을 적시지 않았더이까?

하온데 어머니는 나와 함께가 아니라면 집으로 돌아가지 않겠다고 하였나이다. 그리하여 나는 겨우 어머니를 설득하여, 그날 밤 퀴프리안[6] 기념 예배당에 머무르게 하였나이다. 그날 밤 나는 몰래 떠났고, 어머니는 그곳에 남아 눈물을 흘리며 기도하였나이다.

하온데 나의 하나님, 어머니가 그렇게 눈물 흘리며 간구한 것은 무엇이니이까? 당신이 나의 출항을 허락지 마시라는 것 아니었나이까? 하오나 당

---

6) 교부 퀴프리안(Cyprian)은 카르타고의 감독이었으며, 주후 258년 순교하였다.

신의 섭리는 오묘해서, 어머니의 마음속 깊은 곳의 [진정한] 소원을 들어주시고자 어머니가 그때 구한 것을 허락지 않으셨나이다. 이는 어머니가 [그전에] 항상 소원했던 대로 나를 만들어 주시려는 당신의 뜻이 있었기 때문이니이다.

바람이 불고 우리의 돛이 부풀자 해안이 우리의 시야에서 사라져 갔는데, 이른 아침 어머니는 미친 듯 애통해 하며 비탄과 한숨으로 당신의 귀를 메웠으나 당신은 모른 체하셨사오니, 이는 [첫째] 나의 정욕으로 나를 붙들어 가게 하사 정욕 자체를 없애시고, [둘째] 어머니의 육신적 욕심에는 슬픔이라는 온당한 채찍으로 징벌을 가하고자 하셨음이니이다. 어머니는 다른 어머니들처럼, 아니 그들보다 훨씬 더 [아들인] 나와 함께 사는 것을 좋아했으나, 내가 [어머니 곁을] 떠나간 후에 당신이 어머니께 어떠한 즐거움을 마련해 주실지는 모르고 있었나이다. 어머니는 그것을 몰랐던 까닭에 슬피 통곡하였는데, 이러한 통곡을 통해 어머니는 자기 속에 하와로부터 물려받은 유산이 있는 것을 드러냈으니, 자신이 고통 속에서 낳은 자식을 고통 속에서 찾고 있었나이다. 하오나 어머니는 나의 거짓말과 매정함을 한탄한 연후에, 다시 돌이켜 당신께 나를 위해 간구하면서 평상시 하는 일로 돌아갔고, 나는 로마로 갔나이다.

9. 로마에서 병에 걸리다

(16) 하온데 보소서! 거기 [로마에서] 나를 맞이한 것은 신병(身病)이라는 매질이었으니, 나는 이미 내가 당신께, 나 자신에게, 그리고 다른 사람들에게 지은 온갖 죄악, 곧 "아담 안에서 모든 사람"(고전 15:22)이 죽을 수밖에 없도록 만든 원죄라는 사슬 뿐 아니라, 그 밖의 수많은 무거운 죄악을 짊어지고 "음부로"(욥 7:9) 내려가고 있었나이다. 이는 이 모든 죄악을 그리스도 안에서 용서해 주시는 당신의 은총을 내가 아직 받지 못했음이며, 나의 죄로 인하여 내가 당신과 맺은 원수됨을 자기의 십자가를 통하여 풀

어 주시는 그리스도를 내가 아직 의지하지 않았음이니이다. 만약 그 당시 내가 믿던 대로, 그리스도께서 거짓된 몸으로 십자가를 지셨다면,[7] 어떻게 그러한 죄를 사하실 수 있겠나이까? 하온데 당시 내가 그리스도의 몸의 죽음을 거짓된 것이라고 믿었던 만큼 내 영혼의 죽음은 더더욱 사실적이었나이다. 그리하여 그리스도의 몸의 죽음이 사실적이었던 만큼 그것을 믿지 않은 내 영혼의 삶은 더더욱 거짓되었나이다.

내 열병은 점차 심해지기만 하여 나는 거의 죽게, 망하게 되었나이다. 만일 내가 그때 이승을 떠났다면, 당신의 어김없는 진리의 말씀에 따라 내 [그릇된] 소행에 합당한 벌을 받기 위해 "[영영한] 불에"(마 25:41) 들어가는 길밖에 없지 않았나이까? 이런 줄을 어머니는 알지 못했으나, 그럼에도 멀리서 나를 위해 [계속] 기도하고 있었나이다. 하오나 당신은 어디에나 계시니, 어머니가 있는 그곳에도 계셔서 어머니의 기도를 들어주셨으며, 내가 있는 곳에서는 나를 불쌍히 여기사 내 육신의 건강을 회복시키셨는데, 당신을 거역하는 내 심령은 여전히 병들어 있었나이다.

나는 실로 그러한 위기에서도 당신의 세례를 원치 않았으니, 이미 회상하여 아뢰었음같이 어머니의 신앙을 따라 세례를 간청했던 어린 시절이 차라리 더 나았나이다. 하오나 나는 수욕(羞辱) 가운데서 자라면서 당신이 처방하신 약[8]을 어리석게도 비웃었는데, 그럼에도 당신은 나 같은 자를 두 번 죽도록 내버려두지는 않으셨나이다. 내가 만약 그렇게 죽어 어머니의 마음이 상처를 받았다면, 그 상처는 결코 회복되지 못했을 것이니이다. 이는 나를 위해 어머니가 얼마나 마음을 쓰고, 영적으로 나를 낳기 위하여 육신으로 낳을 때보다 얼마나 더 큰 산고(産苦)를 치러야 했는지 말로 다 형용하지 못하겠나이다.

(17) 그러므로, 나의 그러한 죽음이 어머니 속에 있던 사랑의 심부(心府)

---

7) 마니교에서는 그리스도의 몸은 몸처럼 보이기만 하는 몸이라는 가현설(假現說)을 믿었다.

8) 세례를 의미한다.

를 찔러 꿰뚫었더라면, 그 상처가 어떻게 나을 수 있었을지 나는 도저히 상상할 수 없나이다. 하온데 어머니의 그 간절한 기도, 그토록 끊임없이 드리던 수많은 기도는 어디로 올라갔나이까?

바로 당신께 올라갔나이다. 긍휼의 하나님이시여, 당신은 경건하고 사려 깊은 과부의 "상하고 통회하는 마음"(시 51:17)을 멸시하셨나이까? 어머니는 자주 구제를 하고, 당신의 거룩한 자들을 받들어 섬기며, 당신의 제단에 하루도 빠짐없이 제물을 봉헌하고, 매일 아침저녁 두 번씩 하루도 쉬지 않고 교회에 출석하되, 쓸데없는 이야기나 할머니들의 잡담을 듣고자 함이 아니라, 설교를 통해서는 당신의 말씀을 듣고, 기도를 통해서는 당신께 자신의 심정을 토로하고자 함이 아니었나이까? 어머니는 당신께 금이나 은이나 변하여 없어질 재화(財貨)를 달라고 구하지 않았고, [오직] 자기 아들의 영혼 구원을 위하여 눈물로 기도하였나이다. 당신은 어머니께 은혜 베푸시기를 기뻐하셨는데, 어찌 당신이 어머니의 눈물을 멸시하여 아무런 도움도 주시지 않을 수 있었겠나이까? 아니니이다. 주여, 결코 아니니이다. 당신은 어머니 곁에 계시사 그 기도를 들어 주시고, 당신이 행하려고 예정하신 일을 순서에 따라 행하고 계셨나이다. 하온데 내가 이미 앞에서 아뢴 것도 있고 아뢰지 않은 것도 있으나, 당신이 허락하신 꿈과 응답으로 어머니를 속이신 것이 결코 아니오니, 어머니는 믿는 마음으로 그것을 간직하여, 기도할 때마다 항상 마치 당신이 친히 쓰신 채무증서인 양 당신 앞에 내놓고 간구하였나이다. 이는 당신의 "인자하심이 영원"(시 118:1)하므로 [당신께] 빚진 자들의 빚을 탕감해 주시고도 [당신이 하신] 약속 까닭에 스스로 채무자가 되어 주심이니이다.

10. 아카데미 학파의 회의주의에 기울어지다

(18) 그리하여 당신은 그때 나를 그 질병에서 회복시키시고, "주의 여종의 아들을 구원"(시 86:16)하사 우선 몸만이라도 살려 주셨사오니, 이는 저

에게 보다 낫고 보다 확실한 구원을 주려 하셨나이다.

나는 그때 로마에서도 나 스스로와 남을 함께 속이는 이른바 '성자'(聖者)들과 사귀었으니, '청문자'(聽聞者)[9]들뿐 아니라 소위 '피택자'(被擇者)[10]들과도 사귄 것이니이다. 그리고 내가 로마에서 병들었을 때 요양을 위해 머무른 집은 [마니교] 청문자의 집이었나이다.

그때까지 나는 "죄를 짓는 것은 우리 자신이 아니라 우리 안에 있는, 다른 무슨 본성"이라고 생각하였나이다. 그리하여 "나 자신은 죄가 없다"는 생각은 교만한 나의 마음을 즐겁게 하였나이다. 그리하여 내가 무슨 악한 일을 행했다 하더라도, 나 자신이 그것을 행했다고 고백하며, "내가 주께 범죄하였사오니 내 영혼을 고치소서"(시 41:4)라고 아뢰기보다는, 내 안에 있으나 나는 아닌, 다른 무엇에 죄를 돌리기를 좋아하였나이다. 하오나 실상은 나 자신이 온전히 죄인이었고, 나의 불신앙이 나로 하여금 자가당착(自家撞着)에 빠지게 하여 나 스스로를 나누어지게 하였으니, 곧 나는 죄인이 아니라는 생각을 할수록 나의 죄악은 더욱 고치기 어려운 것이 되어 갔으며, 나의 죄악이 가증했던 것은, 내가 당신에게 져서 구원에 이르기보다는 내가 당신을 이겨 멸망에 이르기를 더 좋아했음이니이다.

당신은 "내 마음이 악한 일에 기울어 죄악을 행하는 자와 함께 악을 행치"(시 141:4) 않도록 "내 입 앞에 파수꾼을 세우시고 내 입술의 문을"(시 141:3) 지키는 일을 아직 행하지 않으셨으므로, 나는 그때까지 저들의 '피택자'들과 교제를 나누고 있었나이다. 그럼에도 나는 [마니교의] 거짓된 가르침에서 진보를 이룰 수 있다는 희망을 이미 버렸으며, 그 가르침보다 더 나은 것을 발견하기 전까지는 우선 그것에 만족하자고 결심했던 마음도 점차 약해지고 해이해졌나이다.

(19) 그 즈음 내게는 아카데미 학파라고 칭하는 철학자들이 다른 철학자

---

9) 여기서 '청문자'(단수: auditor, 복수: auditores)란 마니교의 평신도를 말한다.

10) 마니교도들은 그들의 성직자를 '피택자'(단수: electus, 복수: electi) 또는 '성자'(단수: sanctus, 복수: sancti)라고 부른다.

들보다 더 현명하다는 생각이 떠올랐는데, 이는 저들이 모든 것을 의심해 보아야 한다고 생각했기 때문이니이다. 저들은 또 인간은 아무런 진리도 인식할 수 없다고 가르쳤나이다. 당시 나는 아직 그들의 의도를 [정확하게] 파악하지 못하고 있었으나, 이것이 일반적으로 알려진 그들의 학설이라고 확신하고 있었나이다.

그리하여 내가 기거하던 집의 주인이 마니교의 책들을 가득 채운 허황된 신화들을 너무 깊이 믿고 있던 까닭에, 나는 저에게 그렇게 하지 말라고 드러내 놓고 충고하였나이다. 하오나 나는 그 이단에 빠지지 않은 사람들보다는 그 이단자들과 더 친밀히 교제를 나누고 있었나이다. 나는 이전 같은 열성을 가지고 그 이단을 옹호하지는 않았으나, 그럼에도 로마에 상당히 많이 숨어 있던 그 이단자들과의 교제 때문에 다른 길을 찾으려던 내 발걸음이 느려졌나이다. 보이는 것과 보이지 않는 것을 모두 지으신 천지의 주재(主宰)시여, 이는 내가 당신의 교회에서 진리를 발견할 수 있다는 희망을 버렸음이니이다. 이단자들은 그렇게 나를 진리에서 떼어 놓았나이다. 하오나 당신이 인간의 육체와 같은 형상을 가지셨다는, 또 당신에게 우리 인간의 몸에서 볼 수 있는 지체가 있다는 [마니교의] 주장은 도저히 받아들일 수 없다고 생각되었나이다. 하오나 나는 나의 하나님에 대하여 생각할 때, 큰 물체 덩어리로밖에 생각할 줄 몰랐으니, 이는 무릇 물체 아닌 것은 존재하지 않는다는 생각을 내가 했음이니이다. 이것이 바로 내가 도저히 피할 수 없었던 오류의 가장 크고도 거의 유일한 원인이었나이다.

(20) 그리하여 나는 악도 그와 같은 실체로서 추하고 보기 흉한 물체 덩어리를 이루고 있다고, 그리하여 밀도가 높으면 마니교에서 말하는 땅 덩어리가 되고, 밀도가 낮고 세미하면 공기 덩어리가 된다고 믿었는데, 마니교도들은 악령이 땅 속으로 기어 들어가는 것이라 상상하나이다. 하온데 그때 내게는 당신께 대한 경외심이 약간은 남아 있어서, 선하신 하나님이 악한 본성을 창조하셨을 리가 절대 없다고 믿었던 까닭에, 나는 서로 적대적인 두 개의 물체 덩어리를 상정하였으니, 이 둘은 다 무한한 것이로되 악한 것은 상대적으로 작고, 선한 것은 상대적으로 크다고 생각하였나이다.

이와 같은 그릇된 전제로부터 그 밖의 여러 가지 신성 모독적인 생각들이 뒤따라 나오게 되었나이다.

　그리하여 내 영혼이 보편교회(普遍敎會)[11]의 신앙으로 돌아가고자 할 때마다 뒤로 물러서게 되었으니, 이는 보편교회의 신앙이 내가 생각했던 것과는 다른 것이었던 까닭이니이다. 나의 하나님, 내가 당신의 "인자하심"(시 107:8)을 찬양하며 고백하나이다. 하오나 당시 나는 당신이 악의 덩어리와 대적하는 한 가지 면에서는 유한하실 수밖에 없으나, 그 밖의 다른 모든 면에서는 무한하시다고 믿었나이다. 이렇게 믿는 것이 당신은 유한하사 인간과 마찬가지로 모든 면에서 육신의 형상으로 제한받고 있다고 믿는 것보다 훨씬 더 경건한 것처럼 여겨졌나이다. 그리고 무지한 나는 악이 일종의 실체일 뿐 아니라 육신적인 것이기도 하다는 생각을 하였으며, 영혼조차 공간 속에 퍼져 있는 세미한 물체로만 생각했던 까닭에, 악의 본성이 당신에게서 나왔다고 생각하기보다는, 당신은 악을 창조하시지 않았다고 생각하는 것이 더 낫다고 여겼나이다. 우리의 구세주이신 당신의 독생자까지도 빛의 덩어리, 곧 찬란히 빛나는 발광체(發光體)이신 당신으로부터 나오기나 한 것처럼 나는 믿었사오니, 주님에 대하여 내가 믿은 것은 이러한 허망한 상상의 산물 외에는 아무것도 아니었나이다.

　그리하여 나는 독생자가 동정녀 마리아에게서 태어날 때, 그의 이러한 본성이 육신과 결합되지 않을 수 없었다고 생각하였나이다. 하오나 내가 상상한 바 그의 이러한 본성이 육신과 결합해도 오염되지 않는다는 사실을 이해하지 못하였나이다. 그리하여 나는 그리스도의 성육신을 믿기 어려웠사오니, 이는 성육신이란 필연적으로 그리스도의 본성이 육신으로 말미암아 더럽혀지는 것을 의미한다고 생각했던 까닭이니이다.

　지금이야 당신의 신령한 자녀들이 나의 이 고백을 읽고, 친절과 애정을

---

　11) 고대에는 정통신앙을 고수하는 전 세계의 모든 교회가 주안에서 '하나의 교회'(una ecclesia)를 이루고 있다는 의미에서 '보편교회'(ecclesia catholica/universalis)라는 개념이 사용되었다.

가지고 나를 향해 미소 짓겠으나, 당시의 나는 그러한 자였나이다.

11. 성경에 대해 아직 마음이 열리지 않다

(21) 하온데 나는 당시 마니교도들이 당신의 책인 성경에 있는 내용을 비판하는 것에 대하여 반론을 제기하는 것이 가능하다고 생각하지는 않았으나, 때로는 성경에 관한 지식이 풍부한 사람을 만나서 한 가지 한 가지 사실에 대하여 대화를 나누며, 그의 의견이 어떤지를 알아보고는 싶었나이다.

이는 내가 카르타고에 있을 때 이미 마니교도들에 맞서 공개토론에 나섰던 헬피디우스라는 사람의 말이 내 마음을 움직인 바 있음이니이다. 저는 쉽게 반박할 수 없는 말을 성경에서 인용하였고, 이에 대한 마니교도들의 답변은 궁색하게 보였나이다. 그리고 그 답변이라 하는 것도 저들은 공개석상에서는 쉽게 못하고 비밀리에 우리들에게만 할 때가 많았나이다. 저들은 주장하기를, 신약성경은 유대교의 율법을 기독교 신앙에 접목시키고자 누군가 위조한 것이라 하였나이다. 하오나 저들은 위조되지 않은 성경의 원본을 전혀 제시하지 못하였나이다. 그리하여 물질주의적 세계관[12]에 꽉 붙들려 있던 나를 [선과 악이라는] 저 물체 덩어리들이 눌러 거의 질식 상태에 빠뜨렸으므로, 나는 그 아래서 숨을 헐떡거리며, 당신의 진리의 맑고 순수한 공기를 마시고자 하였으나 그렇게 하지 못하였나이다.

---

12) 어거스틴은 아직 "하나님은 영이시니"(요 4:24)라는 성경 말씀을 받아들이지 못하고 있었으므로, 하나님을 '빛의 덩어리'라는 식의 물질주의적 사고에서 벗어나지 못하고 있었다.

12. 로마의 학생들에 대해서도 실망하다

(22) 내가 로마에 온 목적은 수사학을 가르치는 것이었으므로, 열심히 일을 시작하여 우선 집에 몇몇 학생을 모았나이다. 그리하여 내 이름이 먼저 그들에게 알려지게 되었고, 후에는 그들을 통하여 다른 사람들에게까지 알려지게 되었나이다.

하온데 보소서! 내가 아프리카에서도 겪어 보지 못한 일을 로마에서 겪게 되었나이다. 물론 로마에서는 불량한 청년들이 행하는 난폭한 행동을 나는 전혀 볼 수 없었나이다. 하오나 이러한 말은 들었나이다.

> 하지만 많은 청년들이 선생에게 월사금을 주지 않고자 작당을 해서, 갑자기 다른 선생에게 가 버리니 의리 없는 자들이라네. 저들은 돈을 사랑하는 까닭에 의(義)는 멸시한다네.

내가 비록 저들을 "심히 미워"(시 139:22)한 것은 아니었사오나, 그래도 내 마음에는 저들에 대한 미움이 일어났나이다. 내가 저들을 미워한 것은 아마도, 저들이 다른 어떤 교사에게 부정한 일을 행하는 것보다도, 나 자신이 저들로부터 받게 될지도 모를 피해 때문이었을 것이니이다.

하오나 그러한 자들은 분명 잘못된 자들이니, "음녀같이 주를"(시 73:27) 떠나 시간만 죽이는 헛된 놀이를 즐기고, 부정한 이득을 추구하여 손을 더럽히며, 덧없는 세상을 부여잡고 영원하신 당신을 저버리니, 창녀 된 인간의 영혼을 다시 부르사 당신께 돌아오는 자를 용서해 주시는 당신을 멸시하는 자들이니이다. 이렇게 구부러지고 비뚤어진 자들을 미워하기는 지금도 마찬가지이나, 저들을 사랑하여 고치고자 하는 마음도 있사오니, 저들이 돈보다도 저들이 배우는 학문을 더 사랑하기를 바라며, 하나님이여, 저들이 더 나아가 학문보다도 진리 되시며 모든 선의 충만 되시며 지극히 참된 평화 되시는 당신을 더 사랑하기를 바라나이다. 하오나 당시 내가 바란 것은 당신을 위한 것이 아니라 오히려 나 자신을 위한 것이었으니,

곧 저들이 선한 사람이 되는 것이 아니라 나에게 피해를 끼치지 않는 사람이 되는 것이었나이다.

13. 밀라노에서 암브로시우스를 알게 되다

(23) 그때에 밀라노[13]에서 로마의 판윤(判尹)[14]에게 수사학 교사를 구하여 관용마차(官用馬車) 편으로 보내 달라는 통지가 왔는데, 마니교의 허망에 도취된 자들의 추천을 받아 내가 그 자리에 지원했나이다. 내가 로마를 떠나는 것은 저들과 결별하는 결과를 초래하게 될 것이었으나, 당시는 그 사실을 저들도 몰랐고 나도 몰랐나이다. 그리하여 당시 로마의 판윤이던 쉼마쿠스[15]는 나에게 시험적으로 연설을 시켜 보았고, 내가 거기에 합격하자 나를 밀라노로 보내었나이다.

그리하여 나는 밀라노로 가서 암브로시우스 감독을 만나게 되었나이다. 저는 이 세상에서 가장 훌륭한 사람 가운데 하나요, 당신의 신실한 종이라고 알려져 있었사오니, 그 당시 저의 감동적인 설교는 당신의 백성들에게 당신의 "밀의 아름다운 것"(시 81:16)과 "즐거움의 기름"(시 45:7)과 정신을 쇄락케 하는 포도주의 향기로움을 선사하였나이다. 나도 모르게 당신에게 이끌려 저에게로 갔으니, 나는 저로 말미암아 당신께로 인도함받게 된 것을 나중에 알게 되었나이다.

"하나님의 사람"(왕하 1:9)이었던 저는 나를 아버지가 자식을 맞이하듯

---

13) 밀라노(Milano)는 당시 메디올라눔(Mediolanum) 또는 메디올라니움(Mediolanium)이라 칭했으며, 주후 286년부터 주후 402년까지 로마제국 서부의 수도였다.

14) 한성(漢城) 판윤(判尹)은 조선시대에 우리나라 수도인 서울의 행정을 담당한 사람이었다.

15) 쉼마쿠스(Symmachus, 345?-?403)는 기독교를 반대하던 로마의 귀족으로서, 주후 384년 6월부터 주후 385년 2월까지 로마의 판윤으로 재직했다.

맞아 주었으며, 내가 그곳에 도착한 것을 감독 자격으로 정중하게 환영해 주었나이다.

 그리하여 나는 저에게 마음이 끌렸는데, 하오나 처음에는 진리의 교사로서가 아니라 나를 친절히 대해 주는 사람이라는 점에서 그리하였으니, 이는 그때에 내가 당신의 교회에서 진리를 찾는다는 것을 전혀 기대하지 않고 있었음이니이다. 그리하여 나는 저가 백성들 앞에서 행하는 설교에 열심히 귀를 기울였는데, 실은 올바른 의도로 그렇게 한 것이 아니라 저의 말솜씨가 과연 세평(世評) 그대로인지 아니면 소문보다 더 나은지, 혹은 못한지를 살펴보고자 하는 뜻에서였나이다. 그리하여 나는 저가 하는 말을 진지하게 청취하였으나 저가 말하는 내용에 대해서는 관심이 없었사오니, 실은 무시하기까지 하였나이다. 저가 말하는 솜씨를 보면 파우스투스보다는 재미가 덜하고 사람을 혹하게 하는 면이 없었으나, 학식이 더 풍부하게 배어 나왔고 듣기에 유쾌하였나이다. 더구나 그 내용을 보면 비교도 되지 않았나이다. 이는 파우스투스가 마니교의 거짓된 가르침으로 말미암아 스스로 헤매는 자였다고 한다면, 암브로시우스는 구원의 도리를 지극히 건전하게 가르치는 자였기 때문이니이다.

 하오나 "구원이 악인에게서 멀어"졌다는(시 119:155) 말은 당시의 내게 적용되는 말이었나이다. 나는 암브로시우스에게 조금씩 가까이 가고 있었으나 그 사실을 알지 못하고 있었나이다.

14. 마니교와 결별하기로 작정하다

 (24) 나는 [당시] 저가 말하는 내용에 대해서는 배우려는 생각이 전혀 없었고, 대신 저가 어떻게 말하는지를 듣는 것, [곧 형식]에만 관심이 있었는데, 이는 사람이 당신께로 나아갈 수 있는 길은 없다고 단정해 버린 나에게 이런 허망한 관심만 남아 있었기 때문이니이다. 하오나 [내가 저의 설교를 듣고 있을 때] 내 영혼 속에는 내가 좋아하던 말만 들어온 것이 아니라, 그

말과 함께 [그때까지] 내가 등한시했던 내용도 동시에 들어왔나이다. 하오나 나는 [당시] 이 두 가지를 구별할 능력이 없었나이다. 그리하여 저가 어떻게 말을 잘하는지 듣기 위하여 내가 마음을 열었을 때, 저가 말하는 참된 내용도 동시에 들어왔나이다. 물론 그 일이 점진적으로 이루어진 것은 사실이니이다.

나는 우선, 저가 한 말을 옹호하는 것이 충분히 가능하다는 점을 알게 되었나이다. 그리고 보편교회의 신앙을 공격하는 마니교도에 대항하여 말하는 것이 전에는 불가능하다고 여겼으나, 이제는 보편교회의 신앙을 당당하게 주장하는 것이 얼마든지 가능하다고 여기게 되었나이다. 이러한 생각을 내가 갖게 된 것은 특히 저가 구약성경의 여기저기에 자주 나타나는 풀기 어려운 문제를 [영적으로] 풀어 주는 것을 내가 듣게 되었을 때였나이다. 이는 내가 "죽이는"(고후 3:6) 문자에 얽매일 때는 [영으로] 죽임을 당할 수밖에 없었음이니이다. 그리하여 저가 구약성경의 여러 부분을 영적으로 해석해 주었을 때, 율법과 선지자를 거부하고 조소하는 자들에게 대항할 길이 전혀 없다고 믿으며 포기했던 나 자신을 스스로 나무라게 되었고, 그것은 지극히 당연한 일이었나이다.

하오나 그럼에도 불구하고 보편교회의 길을 변호하는 학자들이 있어서 반대 이론을 충분히 잘 논박했다 해도, 보편교회의 길을 따라야 한다, 또 이제까지 내가 믿어 왔던 것을 버려야 한다는 생각은 아직 하지 못하였으니, 이는 양쪽이 다 변증에 있어서는 서로 대등한 위치에 있는 것처럼 보였음이니이다. 그리하여 나의 입장에서는 보편교회의 길이 벌써 패배당한 것도 아니요, 그렇다고 아직 이긴 것도 아닌 것처럼 생각되었나이다.

(25) 그 당시 나는 어떻게 하면 확실한 근거를 가지고 마니교도들의 오류를 밝혀 낼 수 있을지 골똘히 생각하고 있었나이다. 만약 내가 그때 영적인 실체에 대해 이해할 수 있었다면 저들의 모든 거짓된 이론을 즉각 무너뜨려, 그것을 내 마음에서 몰아낼 수 있었을 것이나, 그것은 내게 아직 불가능했나이다. 하온데 우주의 구조에 관하여, 또 육신의 감각으로 지각(知覺)할 수 있는 모든 자연에 관하여 철학자들과 마니교도들이 생각하는 것

을 서로 비교해 볼 때, 대다수의 철학자들은 마니교도들보다 훨씬 더 타당성 있는 생각을 한다는 결론에 점차 도달하게 되었나이다.

그리하여 나는 아카데미 학파가 그렇게 한다고 알려진 대로, 모든 것에 대하여 의심하고 모든 학설들 사이에서 마음을 정하지 못하고 이리저리 방황하였으나, 그러는 중에도 최소한 마니교도들과 결별해야겠다는 결심만은 굳히게 되었으니, 이는 내가 회의주의에 빠져 있던 그 기간 동안 이미 다수의 철학자들을 마니교보다 더 높이 평가하게 된 이상 그 이단 종파에 계속 머물러 있을 필요가 없다는 생각을 하게 되었음이니이다. 하오나 그리스도의 이름으로 구원 받는다는 사실을 알지 못하는 철학자들에게 내 영혼의 병을 치료해 달라고 맡기는 일도 나는 절대 할 수 없었나이다.

그리하여 나는 내가 어떠한 길을 가야 할지 확신이 설 때까지, 부모님이 내게 당부하신 대로 보편교회의 학습교인의 지위를 유지하기로 작정하였나이다.

제6권 정신적 방황의 계속

1. 어머니 모니카가 밀라노로 오다

(1) "나의 어릴 때부터 나의 소망"(시 71:5)이셨던 주여, 주는 어디에 계셨으며 어디로 떠나가셨나이까? 나를 지으신 분이 주가 아니시며, 나를 네 발 달린 짐승과 구별하시고 나를 "공중의 새"(시 8:8)보다 더 지혜롭게 하신 분이 주가 아니시니이까? 나는 "어둡고 미끄러운 곳"(시 35:6)으로 다녔으며 밖, 곧 내 밖에서 주를 찾아 헤매었으나 "내 마음의 반석"(시 73:26)은 찾지 못하였나이다. 그리하여 나는 "바다 깊은 데"(시 68:22)로 빠졌으며, 믿음을 잃고 진리를 찾을 수 없다고 낙심하였나이다.

바로 그때 어머니께서 내게로 왔나이다. 믿음이 굳센 어머니는 수륙만리(水陸萬里)를 멀다 않고 나를 찾아오기 위해 모든 위험을 무릅썼으나, 주로 인해 안전하였나이다. 바다의 풍랑을 만날 때에는, 평상시 같으면 바다여행을 한 경험 없는 승객들이 동요할 때 뱃사람들이 그들을 위로했을 터이지만, 어머니가 오히려 뱃사람들을 위로하였나이다. 어머니가 오히려 그들에게 안전하게 도착하리라고 약속했으니, 이는 주께서 어머니에게 묵시로 이것을 약속하셨던 까닭이니이다.

그리하여 어머니가 나를, 진리를 발견할 수 없다는 절망감 때문에 실로 심한 위기에 처해 있던 나를 찾아왔나이다. 하오나 내가 어머니께 나는 더 이상 마니교 신자가 아니지만 그렇다고 보편교회의 신자도 아니라고 말했을 때, 어머니는 기쁜 소식을 예기치 않게 들었을 때처럼 희희낙락하지 않았으니, 이는 이러한 방면의 내 비참함에 대해 어머니는 이미 평안한 마음을 가졌던 까닭이니이다. 즉 어머니는 나를 죽은 자로 치부하고 애곡하였으나, 다시 살림을 받을 자로 여기는 가운데 애곡하였으며, 어머니의 마음속에서 나를 죽은 자의 관에 담아 주 앞에 가지고 나아갈 때 주께서 과부의 아들에게, "청년아 내가 네게 말하노니 일어나라"(눅 7:14)라고 말씀하시기를 소원하였나이다. 그리하여 그는 다시 살아 말하기를 시작하고, 주께서는 그를 그의 어머니에게 다시 주시기를 소원하였나이다. 하오나 어머니는 자기가 날마다 주님께 울면서 간구하던 일이 상당 부분 이루어졌다는 말, 곧 내가 비록 진리에 이르지는 못하였지만 그래도 오류에서는 이미 벗어났다는 말을 들었을 때에도 심장이 엄청나게 기뻐 떨지지는 않았나이다. 오히려 어머니는 주께서 어머니에게 하신 모든 약속 중 아직 이루어지지 않은 것까지도 허락하실 줄 확신하였기에 극히 평온하게, 그러나 마음이 확신으로 가득 찬 가운데 내게 대답하기를, 어머니는 그리스도를 믿으니 이 승의 삶이 끝나기 전에 내가 올바른 그리스도인이 되는 것을 볼 것이라 하였나이다. 어머니는 내게 이것을 말하였나이다. 하지만 자비의 근원이신 주께는 더 많은 눈물의 기도를 드려서, 주께서 속히 도우심을 허락하사 "내 흑암을 밝히시"기를(시 18:28) 간구하였으며, 암브로시우스의 입을 통해 나오는 말씀을 사모하여 더욱 더 열심히 교회를 찾아가, "영생하도록 솟아나는 샘물"(요 4:14)을 마셨나이다. 어머니는 그분을 마치 "하나님의 천사처럼" 존경하였으니, 이는 그 사이 나를 그러한 불안정한 동요의 상황으로 인도한 사람이 그분이라는 사실을 어머니가 알게 되었던 까닭이니이다. 그러한 상황은 병으로 말하자면 의사들이 '발작'이라고 부르는 것과 흡사한데, 나의 병은 그러한 상황을 통하여 보다 더 심각한 위기를 거친 후에야 비로소 건강 상태로 전환될 것이라고 어머니는 확신하였나이다.

2. 옛 습관을 포기하는 어머니

(2) 그리하여 어머니가 아프리카에서 하던 습관대로 죽과 빵과 포도주를 성인 기념관에 봉헌하려 했을 때 문지기의 저지를 받았는데, 그러한 봉헌을 암브로시우스 감독이 금지했다는 사실을 알았을 때 어머니는 매우 경건하게 그에 순종하였으므로, 나 자신도 어머니가 그러한 금지에 대해 불평하기보다는 오히려 주저 없이 자기 자신의 습관을 나무라는 모습을 보고 놀랄 지경이었나이다. 이는 주벽(酒癖)이 어머니를 사로잡지 않았고, 어머니는 다른 많은 남자나 여자의 경우와는 달리 술을 좋아하는 일로 인해 진리를 미워하는 일을 하지 않았기 때문인데, 사실 많은 사람들이 술꾼들이 물 탄 포도주를 역겨워하는 것처럼 술을 마시지 않고 찬송하는 것을 역겨워했었나이다. 하온데 만약 그러한 방식으로 찾아보아야 할 죽은 자의 기념관이 많을 경우, 어머니는 같은 잔 하나를 가지고 모든 곳에 들고 다니며 바쳤고, 그것이 비록 매우 묽을 뿐 아니라 상당히 미적지근하다 해도, 그것을 자기와 함께 한 사람들과 나누어 마셨나이다. 어머니가 거기서 추구한 것은 경건이었지 방종이 아니었나이다.

그리하여 유명한 설교자이며 신앙의 스승 되는 분이 금령(禁令)을 내려, 그러한 일은 비록 간소하게 행해진다 할지라도 술을 좋아하는 자들에게 술 취할 수 있는 기회를 주는 까닭에, 또 조상을 위한 제사는 이교도들의 미신과 매우 흡사한 까닭에 금지했다는 사실을 알게 되자, 어머니는 아주 기꺼이 그러한 일을 그만두었나이다. 그리하여 어머니는 순교자들을 기념하는 장소를 찾을 때, 땅의 소산(所産)으로 가득한 바구니를 가지고 가는 대신에 순전한 마음, 기도하는 심정을 가지고 가는 법을 배웠나이다.[1] 그리하여 어머니는 힘이 허락하는 한 가난한 이들을 돌보아 주었으며, 순교자들이 주님의 수난을 본받아 스스로 희생 제물이 됨으로써 [생명의] 면류관을 얻은

---

1) 어거스틴은 그의 『신국론』(De civitate Dei) 제8권 26장 및 27장에서 제사 문제 및 순교자숭배 문제에 대한 자신의 입장을 잘 밝히고 있다.

장소에서 주님의 성만찬에 참예하였나이다.

하오나 주 나의 하나님, 이 문제에 대한 내 마음의 생각은 이러하오니, 내가 보기에는 만약 이러한 금령을 어머니가 그토록 존경하던 암브로시우스 말고 다른 사람이 내렸다면, 아마도 그렇게 쉽게 예전의 습관을 끊어 버리지는 못했을 것이니이다. 저를 어머니가 지극히 존경했던 것은 나의 구원을 위함이었고, 저가 어머니를 매우 높이 평가했던 것은 어머니의 지극히 경건한 신앙생활 때문이었으니, 어머니는 선한 일을 많이 하였고, "열심을 품고"(롬 12:11) 교회에 출석하였음이니이다. 그리하여 감독은 나를 볼 때마다 어머니를 칭찬하며, 그러한 어머니를 모시고 있는 내가 복되다고 말해 주었나이다. 하오나 저는 어머니가 어떠한 아들을 두고 있는지는 모르고 있었으니, 당시 나는 모든 것을 의심하여 "생명의 길"(시 16:11)을 발견하는 것은 도저히 불가능하다는 생각을 하고 있었음이니이다.

3. 암브로시우스의 설교에 감화를 받기 시작하다

(3) 하오나 나는 아직도 당신께 나를 도와 달라는 기도를 간절히 드리지 못하였으니, 내 마음은 학문 연구에만 몰두하고 논쟁에만 열을 올리고 있었나이다. 암브로시우스에 대해서도 세상의 많은 유력자들이 저를 존경하고 있었으므로, 나는 저를 세상의 판단 기준에 입각하여 행복한 사람이라고 여겼을 따름이니이다. 단지 저의 독신 생활만은 견디기 어려운 일이라고 나는 생각했나이다. 하온데 저가 어떠한 희망을 품고 있는지, 높은 [사회적] 지위에서 오는 유혹을 어떻게 이겨 나가고 있는지, 역경을 당할 때는 어떻게 위로를 받는지, 저의 마음이라는 보이지 않는 입이 당신의 [말씀이라는] 양식을 되새김질할 때 어떠한 기쁨을 맛보는 것인지 - 이러한 일에 대하여 나는 전혀 짐작도 할 수 없었으니, 나 스스로는 이러한 일에 대하여 경험한 바가 전혀 없었음이니이다.

하오나 저는 내 마음 속의 고민이나 내가 처한 위험이 얼마나 무서운 것인지를 전혀 알지 못하고 있었나이다. 이는 내가 아무리 저에게 물어보고 싶은 것이 있어도 물어볼 수가 없었기 때문이니이다. 저는 수많은 사람들의 연약함을 돌보느라 분주했던 까닭에, 나는 저에게 가까이 가서 대화를 나눌 기회가 없었나이다. 극히 짧은 시간이기는 하였으나, 사람들이 없어서 조금 한가할 때면, 저는 몸을 위하여 소찬(素饌)을 들고 있든지, 아니면 영혼을 위하여 독서를 하고 있었나이다.

하온데 책을 읽을 때 저의 눈은 책장을 훑어 갔고, 저의 마음은 그 뜻을 찾고 있었으나, [책을] 소리 내어 읽지는 않았으므로 혀는 쉬고 있었나이다. 저를 찾아가는 것은 아무에게도 금지되지 않았으며 저를 찾아왔다고 전갈하는 법도 없었는데, 우리가 종종 저를 찾아갈 때면 저는 조용히 독서를 하고 있었나이다. 저는 독서할 때 항상 묵독(默讀)하였나이다. 우리는 한동안 말없이 앉아 있다가 조용히 물러 나왔으니, 그와 같이 독서에 열중하고 있는 사람을 누가 감히 방해할 수 있으리이까? 우리는 저가 다른 사람들의 복잡한 문제에서 해방되어, 영적인 재충전을 위해 모처럼 얻은 짧은 시간을 다른 곳에다 쓸 마음이 없을 것이라고 짐작했나이다. 저가 묵독만을 한 이유는 또 저의 책 읽는 소리를 의심 많은 사람이 주의 깊게 듣다가, 만약 애매모호한 대목이 나오면 저에게 설명해 달라고 부탁하거나 무슨 어려운 문제에 대하여 토론하자고 제안하지나 않을까 염려했기 때문이었을 것이니이다. 저가 이런 일로 시간을 너무 많이 빼앗겼다면 원래 읽고자 했던 분량을 다 읽지 못할 때가 많았을 것이니이다. 그 밖에도 저가 묵독만을 한 이유는, 저는 목이 너무 잘 쉬므로 목을 좀 쉬려는 데 있을 것으로 여겨지나이다. 여하튼 무슨 이유로 그리하였든지 간에 저가 선의(善意)로 그리하였던 것은 분명하나이다.

(4) 하오나 저의 가슴속에 있는 당신의 거룩한 뜻에 관하여 내가 원하는 대로 물어 볼 수 있는 기회는 전혀 없었으며, 설혹 있었다 해도 저의 말을 들을 수 있는 시간은 너무 짧았나이다. 나를 괴롭히던 여러 문제를 저에게 다 털어놓으려면 상당히 긴 시간이 필요했는데, 저에게는 그런 시간을 낼 여유가 없었나이다. 하오나 "진리의 말씀을 옳게 분변"(딤후 2:15)하여 백

성들을 가르치는 저의 설교 말씀을 나는 주일마다 항상 들을 수 있었으니, 이를 통해 나는 우리를 속이는 자들[2]이 하나님의 말씀을 거슬러 악의에 찬 모함으로 엮어 놓은 모든 매듭을 풀 수 있다는 확신이 점차 더 커졌나이다.

하온데 당시 내가 확실히 깨달은 것은, 보편교회의 품속에서 당신의 은혜로 거듭난 당신의 영적 자녀들은 "사람이 당신의 형상대로 지음받았다"[3]는 말씀을 당신이 인간의 육체의 형상으로 제한받고 있다는 뜻으로 이해하고 있지 않다는 것이었나이다. 물론 나는 영적인 실체가 어떤 것인지 전혀 몰랐으니, 그런 것은 나에게 풀 수 없는 수수께끼처럼 여겨졌나이다. 하오나 내가 그토록 오랜 세월 동안 반대해 왔던 것은 보편교회의 정통신앙이 아니라, 육신적인 생각이 만들어 낸 허상(虛像)인 것을 그제야 깨닫고 부끄러움과 기쁨을 동시에 느꼈나이다. 내가 실로 불손하고 불경건했던 것은, 탐구하며 학습해야 할 일에 대하여 오히려 비난의 말을 퍼부었다는 것이니이다. 하오나 무한히 높으시면서도 무한히 가까이 계시며, 지극히 깊은 곳에 은밀히 숨어 계시면서도 지극히 드러나 계시는 분이시여! 당신은 크든 작든 아무 지체가 없으시나, 어디서든 온전히 계시면서도 특정한 공간의 제한을 받지 않고, 육신의 형체를 가지고 계시지 않으나 사람을 당신의 형상대로 지으셨는데, 보소서! 인간은 머리끝에서 발끝까지 공간의 제한을 받으며 존재하나이다.

4. 신자 되기를 두려워하다

(5) 하온데 나는 [인간 속에 있는] 당신의 이 형상이 어떠한 것인지 몰랐었나이다. 그러므로 나는 이에 관해 어떻게 믿어야 할지, 문을 두드리는 자의 심정으로 물어야 했을 뿐, 사람들이 그렇게 믿을 것이라고 가정한 것을

---

2) 마니교도들.
3) 창 1:26-27 및 9:6 참조.

가지고 욕을 하며 반대할 이유가 없었나이다. 하오나 확실한 것을 알게 해 준다는 약속에 바보같이 속아, 그토록 오랫동안 유치한 오류와 객기 때문에 확실치도 않은 것을 확실한 것처럼 지껄이고 다닌 일이 너무나 부끄러웠고, 그러면 그럴수록 확실한 것을 붙잡아야겠다는 소원은 더욱 간절해져, 나는 마음 깊은 곳에서부터 더욱 심한 통증을 느끼게 되었나이다. 이는 무엇이 잘못된 것인지를 훗날에야 내가 알게 되었음이니이다. 그리하여 불확실했던 것이 이제는 확실해졌나이다. 나는 한때 불확실한 것을 확실한 것처럼 생각하고 있었으니, 그때는 곧 내가 당신의 보편교회를 맹목적으로 반대하고 있을 때니이다. 비록 나는 아직 교회가 참된 것을 가르친다는 사실을 알지 못했으나, 그래도 내가 알게 된 것은 내가 맹렬히 비난하던 것을 교회가 가르치지 않는다는 사실이었나이다. 그리하여 나는 놀라 돌아오게 되었고 또 기쁨을 느끼게 되었나이다. 나의 하나님, 이는 당신의 독생자의 몸이요, 내가 어렸을 때 나를 그리스도의 이름으로 인쳐 준 하나뿐인 교회는 그같이 유치한 것을 가르치지 않았음이니이다. 또한 교회의 건전한 가르침 속에는 그 어떠한 공간이라 할지라도 만유의 창조자이신 당신을 가두어 둘 수 있다는 내용이 포함되어 있지 않았음이니이다. 즉 수많은 지체로 구성된 인간의 형상은 모든 면에서 제한을 받으나 당신은 그렇지 않은 까닭에, 아무리 높고 넓은 공간이라 할지라도 당신을 받아들이는 것은 불가능함이니이다.

(6) 한 가지 더 기뻤던 것은, 구약성경의 율법과 선지자들을 이전과는 전혀 다른 관점에서 바라보며 읽게 되었다는 것이니이다. 전에 내가 그것을 대할 때 그것은 허황된 것처럼 보였나이다. 그래서 나는 당신의 성도들을 비난하였으니, 이는 그들이 구약성경을 [문자적으로] 이해한다고 생각했기 때문이니이다. 하오나 실상은 그들이 구약성경을 [문자적으로] 이해하는 것이 아니었나이다. 그리하여 나는 암브로시우스가 교인들에게 하는 설교 중에 자주 "문자는 죽이는 것이요 영은 살리는 것이라"(고후 3:6)는 말씀을 성경해석의 가장 중요한 기준인 것처럼 권면하는 소리를 즐거운 마음으로 듣곤 했나이다. 문자적으로는 잘못된 것을 가르치는 것 같은 대목이라 할

지라도, 저가 신비의 휘장을 치우고 영적으로 해석해 줄 때, 저가 말하는 것이 참인지 아닌지 나는 아직 분간하지는 못하였으나, 그래도 저가 말하는 것이 나에게 거침돌이 되지는 않았나이다. 나는 오류에 빠지는 것이 두려워 어떠한 것도 긍정적으로 받아들일 마음이 없었는데, 그러면 그럴수록 나는 소위 '판단 중지'라는 것 때문에 거의 죽을 지경에 이르렀나이다. 이는 내가 보지 못하는 일들이 7에 3을 더하면 10이 되듯이, 그렇게 확실하게 되기를 바랐음이니이다. 물론 나는 보이지 않는 것은 전혀 알 수 없는 것이라고 생각할 정도로 어리석지는 않았나이다. 하오나 물질적 존재로서 내 감각의 영역 안에는 존재하지 않는 것들이든, 아니면 영적인 존재이지만 당시 나로서는 오직 육신적으로만 파악하는 것이 가능했던 것들이든지 간에, 나는 그 밖의 다른 것들도 [모두 다 이와 같은 수학적 진리와] 마찬가지로 확실하게 되기를 원하였나이다.

물론 나는 믿기만 했다면 고침받을 수 있었을 것이니이다. 그랬더라면 내 영혼의 눈은 더욱 맑아져, 당신의 영존(永存)하는 진리, 아무 부족함도 없는 진리를 어떻게든 향할 수 있었을 것이니이다. 하오나 한 번 돌팔이 의사를 만나 고생한 사람이 자기 몸을 좋은 의사에게 맡기기 두려워하는 것이 보통이듯, 내 영혼의 상태도 이와 비슷하여, 믿지 않고서는 고침받을 수 없었음에도 불구하고, 거짓된 것을 믿을까 두려워하여 고침 받는 것을 거절하였으니, 그것은 믿음이라는 약을 지으사 이 세상의 모든 병을 고치시기 위하여 나누어 주시는 당신의 손길, 곧 당신의 사역자들을 통하여 큰 권능을 베풀어 주시는 당신의 치료의 손길을 거절한 것이니이다.

5. 성경의 권위

(7) 하오나 나는 이미 그때부터 보편교회의 가르침을 더 좋아하게 되었나이다. 내가 느끼기에 보편교회는 증명되지 못한 것을—증명되었다 해도, 아무나 이해하지 못하는 것 또는 전혀 증명되지 못한 것을—믿으라고 요구

할 때, 마니교보다는 더 겸손하고 정직했나이다. 하온데 마니교에서는 참된 지식을 주겠다고 주제넘게 약속하면서 기독교 신앙을 조롱했으나, 종내에는 황당무계한 허구를 증명할 수 없기 때문에 믿으라고 강요하였나이다.

주여, 그 후에 당신은 지극히 부드럽고 자비로운 손길로 나를 어루만지사, 내 심령을 점차 안온(安穩)케 하셨나이다. 그리하여 나는 내가 믿고 있는 일 가운데 헤아릴 수 없이 많은 일이 내가 보지 못했던 일이며, 또 그 일이 일어날 때 내가 현장에 없었다는 사실을 생각하게 되었나이다. 곧 세계역사에 있었던 수많은 일들, 내가 보지 못했던 장소나 도시에 관련된 수많은 일들, 그리고 친구들이나 의사들, 그 밖의 수많은 이런저런 사람들의 말을 믿지 않고서는 우리가 이 세상에서 전혀 아무것도 할 수 없다는 것을 생각하게 되었나이다. 또한 내가 어느 부모에게서 태어났다는 것도 너무 확실하여 의심할 여지가 전혀 없었으나, 그것조차도 다른 사람들이 해 준 말을 믿지 않았다면 전혀 알 수 없었던 것이 사실이니이다. 그리하여 당신은 나로 하여금 당신의 책인 성경을 믿는 자들이 잘못이 아니라, 믿지 않는 자들이 잘못이라는 사실을 확실히 믿게 하셨으니, 이는 당신의 역사(役事)하심으로 말미암아 이 세상의 거의 모든 민족이 성경의 권위를 인정하게 되었음이니이다. 그러므로 혹자가 내게 "성경을 유일하시고, 참되시고, 지극히 신실하신 하나님의 영이 우리 인류에게 선물로 주셨다는 사실을 네가 어떻게 아느냐?"고 물어도 귀를 기울일 필요가 없었나이다. 이는 바로 이것이야말로 가장 믿어야 할 내용인 까닭이니이다. 나는 서로 논쟁을 일삼는 철학자들의 책을 많이 읽었는데, 저들이 참람한 질문을 하며 가해 오는 어떠한 공격도 나로 하여금, 비록 당신이 대체 어떠한 분인지 모를지언정, 당신이 계시다는 사실과 인간 만사(萬事)를 다스리심이 당신 손에 달려 있다는 사실을 믿을 수 없게 만든 일은 한 번도 없었나이다.

(8) 물론 당신이 계시다는 것, 당신이 우리를 권념(眷念)하신다는 것에 대한 나의 믿음이 어떤 때는 더 강해졌다가, 또 어떤 때는 더 약해졌다가 하는 것은 사실이었나이다. 하오나, 그러한 믿음이 없어진 적은 한 번도 없었나이다. 단지 당신의 본체에 대하여 어떻게 생각해야 할지, 당신께로 가는 길,

당신께로 돌아가는 길은 어떠한 길인지에 대해서는 알지 못했나이다.

그러므로 우리는 연약하여 순수이성(純粹理性)으로는 진리를 발견할 수 없는 까닭에, 우리에게는 성경의 권위가 필요하다는 사실을 나는 깨닫게 되었사오니, 당신이 성경에다 온 세상에서 그토록 엄청난 권위를 부여하신 것은 오직 우리가 성경을 통해서 당신을 믿고, 성경을 통해서 당신을 찾는 것이 당신의 뜻이기 때문이라는 사실을 조금씩 믿을 수 있게 되었나이다.

전에는 성경 속에 마음에 들지 않는 부분이 너무 많았는데, [암브로시우스 감독이] 해 주는 적절한 해석을 듣고는 그 속에 깊은 비밀이 감추어져 있음을 깨닫게 되었나이다. 성경은 누구나 손쉽게 읽을 수 있으면서도, 동시에 아무나 그 심오한 뜻을 이해할 수 없기 때문에 신비스러운 위엄을 함께 갖추고 있으니, 바로 그 때문에 성경의 권위는 더욱 높아지게 되며, 지극히 거룩한 신앙에 더욱 합당한 것이 되나이다. 성경은 또한 지극히 평범한 말과 단순한 문체로 모든 사람들에게 스스로 다가가는 반면, 생각을 깊이 하는 자들의 주의력도 향상시키나이다. 그리하여 모든 사람들을 자신의 넓은 품으로 받아들이되, "좁은 문"(마 7:13)을 통하여 소수의 사람만을 당신께로 인도하나이다. 하오나 [당신께 인도되는 사람의 숫자는] 성경이 권위의 최고봉에 서 있지 않을 때든지, 혹은 그 거룩한 겸손의 품 안으로 많은 사람들을 끌어들이지 않는 경우보다는 훨씬 더 많은 것이니이다.

내가 이러한 생각을 할 때 당신은 나의 곁에 계셨으며, 한숨쉴 때, 들어주셨고, 내가 방황할 때 나를 인도해 주셨으며, 내가 세상의 넓은 길로 갈 때도 버리지 않으셨나이다.

6. 거지를 부러워하다

(9) 내가 명예와 부와 결혼의 행복을 추구하고 있을 때 당신은 나를 비웃으셨나이다. 그러한 욕망으로 인해 나는 지극히 쓰라린 고통을 당하였으니, 당신은 나로 하여금 당신 아닌 것에서 즐거움 느끼는 것을 허락지 않으

심으로써 내게 은혜를 더하셨나이다.

　주여, 당신은 내가 이를 기억하고 당신께 고백하기를 원하셨사오니, 나의 심령을 살펴 주소서! 내 영혼은 이제 당신만 의지할지니이다. 이는 당신이 내 영혼을 그토록 끈적끈적한 죽음의 끈끈이에서 떼어 주셨음이니이다.

　내 영혼은 그때 얼마나 비참했는지요? 당신은 나의 아픈 상처를 찌르사 "모든 것을 버려두고"(눅 5:11) 당신께 돌아오도록 만드셨나이다. 당신은 "만물 위에"(롬 9:5) 계시며 만물 중 당신 없이 된 것은 하나도 없사오니, 내 영혼은 당신께 돌아올 때 비로소 나음을 얻을 수 있나이다. 그러므로 나는 그때 얼마나 비참했는지요? 그리고 당신은 나로 하여금 나의 비참함을 깨닫게 하시려고 어떤 일을 행하셨는지요? 어느 날이었나이다. 그 날 나는 황제에게 바치는 찬사의 낭송 준비를 하고 있었나이다. 나는 그 찬사에서 거짓말을 많이 해야 했고, 많은 사람들은 내가 거짓말을 하는 줄 알면서도 내게 박수갈채를 보내야 했나이다. 그 당시 내 심장은 그에 대한 염려로 인해 요동하고 있었으며, 나는 초조함 때문에 열병이 날 지경이었나이다. 그 날 나는 밀라노의 어떤 골목길을 지나다가 불쌍한 거지 한 사람을 보게 되었는데, 술에 잔뜩 취해서 그랬는지는 몰라도 농담을 하면서 즐거워하고 있었나이다. 그때 나는 한숨을 쉬면서, 나와 같이 있던 친구들에게 이렇게 말하였나이다.

> 우리가 미친 탓으로 당하는 고통이 얼마나 많은가? 내가 여태 행한 것과 같은 노력을 우리가 이렇듯 다해 왔어도, 욕망이라는 "가시채"(행 26:14) 아래서 불행이라는 짐을 끌고 갈 따름이라. 우리가 바라는 것은 오직 참된 기쁨에 도달하는 것인데, 저 거지는 우리보다 먼저 거기에 도달했고, 우리는 아마 거기에 영원히 도달하지 못할 것 같구나.

　사실, 그 거지는 동전 몇 닢을 구걸해서 기쁨, 곧 이 땅의 행복에 도달했는데, 나는 그 행복을 얻기 위해 구불구불 돌아가는 길을 이리저리 헤매며 고생하고 있었나이다. 물론 그 거지가 소유했던 기쁨이 참된 기쁨은 아니었으나, 내가 추구했던 야망은 그보다 훨씬 더 허망한 것이었나이다. 그 거지는 분명 기뻐하고 있었는데, 나는 근심하고 있었으며, 그 거지는 아무 걱정이 없었는데 나는 걱정하고 있었나이다. 그리하여 혹시 누가 내게 "즐거운 것이 좋으냐? 아니면 두려운 것이 좋으냐?"고 물었다면, 나는 "즐거운 것이 좋다"고 대답했을 것입니다. 하오나 그가 재차 "저 거지처럼 되는 것이 좋으냐? 아니면 너의 현재 상태가 좋으냐?"고 물었다면, 내가 아무리 근심과 두려움으로 지쳐 있었다 해도, 그때의 내 현재 상태를 더 좋아했을 것이니이다. 하오나 그것은 잘못된 선택이었을 것이오니, 내가 어찌 올바른 선택을 할 수 있었겠나이까? 내가 학식이 더 있다고 해서 그 거지보다 더 낫다고 할 이유가 전혀 없었으니, 이는 내가 학문 자체에 기쁨을 느꼈다기보다는, 내가 학문을 통하여 사람들을 기쁘게 해 주는 것을 추구하였음이니이다. 말하자면 나는 그들을 가르치기보다는 기쁘게 해 주려고만 하였나이다. 그러므로 당신은 징계의 몽둥이로 내 뼈를 부수었나이다.

(10) "사람이란 기쁨을 어디서 느끼느냐에 따라 차이가 있도다. 저 거지는 술 취하는 것에서 기쁨을 느꼈고, 너는 영광을 얻음으로 기쁨 누리기를 원하였다." 이렇게 말하는 사람들을 내 영혼은 멀리할 것이니이다. 주여, 내가 찾던 영광은 어떠한 것이었나이까? 그것은 당신 안에 있는 영광이 아니었나이다. 이는 그 거지의 기쁨이 참된 기쁨이 아니었던 것처럼 내가 추구하던 영광도 참된 영광이 아니었음이니이다. 그것은 오히려 내 마음만 산란하게 만들었나이다. 그 거지는 그날 밤 술에 취해 잠을 잘 잤을 것이나, 나는 나의 문제를 안은 채 잠이 들었다 깨었다 하기를 계속하였으니, 보소서! 얼마나 많은 날을 그렇게 하였더이까? 사람이란 어디서 기쁨을 얻는가에 따라 분명히 차이가 있나이다. 나는 그것을 아나이다. 믿음의 소망에서 오는 기쁨과 헛된 것에서 오는 기쁨 사이에는 비교할 수 없을 만큼 큰 차이가 있나이다. 하오나 그 당시에는 그 거지와 나 사이에도 큰 차이가 있었나이다. 저는 분명히 나보다 더 행복한 자였으니, 내가 근심으로 고통할 때 저는 기쁨이 가득했던 까닭만이 아니라, 내가 거짓말을 함으로 헛된 영광을 찾고 있을 때, 저는 지나가는 사람에게 복을 빌어 줌으로 포도주를 얻을 수 있었던 까닭이니이다.

나는 그때 나의 친한 친구들에게 이와 같은 의미의 말을 여러 차례 하기도 하고, 내가 어떤 상태에 있는지도 자주 생각하였는데, 그럴 때마다 나는 내가 잘못된 상태에 있다는 것을 발견하고는 슬퍼했고, 그러면 그럴수록 내 상태는 더욱 악화되기만 했나이다. 혹시 무슨 좋은 기회가 왔다 해도 그것을 붙들기 싫었으니, 이는 내가 그것을 붙들려 할 때마다, 날아가 버리기 일쑤였기 때문이니이다.

7. 친구 알뤼피우스

(11) 서로 친하게 지내던 우리들은 이런 일을 함께 탄식하였는데, 그 중에 특히 알뤼피우스와 네브리디우스가 이 문제에 대해 가장 친밀하게 대화를 나누는 상대였나이다. 그 중 알뤼피우스는 나와 같은 도시 출신으로, 저의 집안은 그 도시에서 유력한 집안이었고, 저는 나보다 나이가 어렸나이다. 저는 내가 고향 [타가스테]에서 처음으로 [수사학을] 가르칠 때 내게서 배웠고, 나중에 카르타고에서도 그랬나이다. 저는 내가 착하고 아는 것이 많다고 생각해 무척 나를 사랑하였고, 나도 저가 그토록 젊은 나이에 매우 뛰어난 덕성을 보여 줄 가망성이 있었기 때문에, 저를 사랑하였나이다. 하오나 하찮은 구경거리에 열을 올리는 것이 카르타고 사람들의 성향이었는데, 저도 그러한 소용돌이 속에 휘말려 들어가 원형극장에서 벌어지는 미친 놀이에 열중하게 되었나이다. 하온데 저가 가엾게도 거기서 헤어나지 못할 무렵, 나는 카르타고의 공립학교에서 수사학을 가르치고 있었으나, 그때 저는 저의 아버지와 나 사이에 있었던 모종의 불편한 관계 때문에 아직 내 강의를 듣고 있지 않고 있었나이다. 나는 저가 너무 지나치게 원형극장을 좋아하는 것을 알고는 심히 근심했으니, 이는 내가 저에게 걸었던 큰 기대가 꺾일 것처럼, 아니 이미 꺾인 것처럼 보였기 때문이니이다. 그럼에도 아무리 우정이 두터웠어도 저에게 충고하기에는 역부족이었고, 강제로라도 그를 제지하자니 선생으로서의 권위도 없었나이다. 나는 저가 나에 대하여

저의 아버지와 마찬가지의 감정을 가졌을 것으로 믿었으나, 사실은 그렇지가 않았나이다. 저는 [어느 날] 강의실로 나를 찾아와 인사하기 시작했나이다. 그리고 [때로는] 강의를 듣고 가기도 했나이다.

(12) 하오나 나는 저가 쓸데없는 놀이에 정신이 팔려 지각없이 에너지를 낭비하면, 그토록 훌륭한 재능을 사장(死藏)시키고 말 것이라고 저에게 말해 주는 것을 깜빡 잊고 말았나이다. 하오나 주여, 창조하신 모든 것을 주관하시고 다스리시는 당신만은 장차 당신의 자녀들 가운데서 당신의 성례를 집전할 감독이 될 저를 잊지 않으셨나이다. 당신은 나도 모르는 사이에 나로 말미암아 저를 회개시키셨으니, 이는 저의 회개가 오직 당신이 하신 일임을 드러내시기 위함이니이다.

어느 날 내가 평소처럼 자리에 앉아 있고 학생들은 내 앞에서 강의를 듣고 있을 때, 저가 들어와서 인사를 하고 앉더니, 내가 가르치는 내용을 경청하는 것이었나이다. 마침 나는 어떤 책을 손에 들고 있었나이다. 나는 그 내용을 설명하면서, 원형극장의 비유를 사용하면 좋겠다는 생각이 들었나이다. 그렇게 하면, 내가 설명하는 내용이 좀더 재미있고 확실하게 될 것 같아, 원형극장을 광적으로 좋아하는 사람을 비웃으며 꼬집어 주었나이다. 우리 하나님 당신이 아시듯, 당시 나는 알뤼피우스의 병을 그런 식으로 고칠 수 있으리라고는 전혀 상상하지 못했나이다. 하온데 저는 내가 한 말을 자신에게 적용시켜, 내가 그 말을 한 것은 바로 자기 때문이라고 믿었나이다. 다른 사람 같았으면 그 말을 듣고 나를 미워하였을 터인데, 그 고결한 청년은 그 말을 듣고 오히려 자기를 꾸짖고 나를 더 뜨겁게 사랑하였나이다. 하오나 저를 책망한 것은 내가 아니라 당신이었으니, 당신은 당신만이 아시는 질서, 곧 의로운 질서를 따라 모든 사람을—그들이 그것을 알든 모르든—사용하시나이다. 그리하여 내 심령과 내 혀로 뜨거운 "숯불"(롬 12:20)을 삼으사, 장래가 촉망되는 그 청년의 식어져 가는 영혼을 불태워 나음을 얻게 하셨나이다. 당신의 인자는 내 심령 깊은 곳에서부터 당신을 찬양케 하오니, 그것을 알지 못하는 자는 그 혀로 당신을 찬양하지 못하게 하소서!

알뤼피우스는 내 말을 듣자마자 전에 괴이한 쾌락에 눈이 어두워 그토록 즐겨 빠져 들어갔던 깊은 수렁에서 뛰쳐나와, 굳센 절제력을 발휘하여 영혼을 가다듬었으니, 이로부터 원형극장의 모든 더러운 것은 저에게서 떨어져 나가고, 그 후 결코 그곳을 가까이하지 않았나이다. 그 후 저는 부친의 반대를 극복하고 나를 자기의 선생으로 삼았으니, 이는 저의 부친이 양보하여 허락한 것이니이다. 그리하여 저는 다시 나의 문하생이 되었고, 나와 함께 [마니교의] 미신에 빠져들게 되었으니, 이는 마니교 신자들이 자랑하는바 절제라는 것을 참되고 순수한 것이라 믿고 사랑했던 까닭이니이다. 하오나 그것은 사람을 기만하는 광적인 절제로서, 아직 [참다운] 덕의 깊이를 알지 못하여 겉모양에 속기 쉬운, 그러나 귀한 영혼들을 가장된 덕의 허울로 사로잡는 것이었나이다.

8. 검투 구경에 탐닉한 알뤼피우스

(13) 하오나 저의 부모들이 항상 노래하는 것은 출세하는 길이었던지라, 알뤼피우스는 법률을 공부하러 [나보다] 먼저 로마로 갔나이다. 그런데 거기서 저는 어처구니없게도 검투(劍鬪) 구경에 너무 열광적으로 탐닉하게 되었나이다. 저는 [원래] 그러한 것을 혐오하여 멀리하였사오나, 어느 날 점심을 먹고 돌아오는 몇몇 친구들과 학우들을 길에서 우연히 만났는데, 그들은 한사코 싫다고 거절하는 사람을 강제로 원형경기장으로 끌고 갔으니, 그 날은 마침 생사를 건 잔인무도한 시합이 열리던 날이었나이다. 그때에 저는 이렇게 말했다 하나이다.

너희가 내 몸은 그리로 끌고 가 앉혀 놓을지 모르나, 내 마음과 내 눈으로 하여금 그 경기를 향하게 만들 수 있을까 보냐? 나는 그 자리에 가 있다 해도 그 자리에 없는 것과 같으리니, 그렇게 함으로 나는 너희를 이기고 그 경기조차 이기리라.

그들은 이 말을 듣고도 전혀 개의치 않고 저를 끌고 갔으니, 이는 아마도 저가 과연 저가 말한 대로 할 수 있는지 시험해 보고 싶어서였을 것이니이다.
그들이 원형경기장에 도착하여 자리를 잡았을 때는 벌써 야만적인 재미에 온통 들떠 있었나이다. 알뤼피우스는 눈을 꼭 감고, 마음속으로 그런 죄악된 것에는 절대 관심을 가지지 않으리라 다짐했나이다. 하오나 저가 귀까지 막았다면, 더 좋을 뻔했나이다. 이는 검투가 진행되는 중간에 갑자기 관중들이 모두 와와 고함지르는 소리가 귓전을 때리자, 저는 호기심에 못이겨 눈을 떴음이니이다. 아마도 저는 도대체 무슨 일이 일어났는지 봐 주리라, 그리고 다음에 그 본 것을 얼마든지 무시하고 넘어갈 수 있으리라고 생각했을 것이니이다. 하오나 저는 자기가 보고 싶어했던 사람이 육체에 입은 상처보다 더 큰 상처를 영혼에 입고 쓰러졌으니, 저의 쓰러짐은 관중들로 하여금 고함을 지르게 했던 그 검투사의 쓰러짐보다 더 비참한 것이었나이다. 그 고함 소리는 저의 귀를 통해 [저의 영혼 깊은 곳까지] 침투하여, 저의 눈의 빗장을 열어 놓았나이다. 그리하여 저의 영혼은 일격에 쓰러졌으니, 아직 저의 영혼은 굳셌다기보다는 뻔뻔스러웠다고 하는 것이 옳을 것이니이다. 저의 영혼이 이렇게 연약했던 것은, 저가 당신을 의지했어야 함에도 불구하고 자기 자신을 의지했던 탓이니이다. 저는 피를 보자마자, 그 피를 야만인처럼 들이마시게 되었사오니, 곧 그 광경을 외면하기는커녕 거기에 눈을 고정시켜, 자신도 모르는 사이에 흥분의 도가니 속에 빠져 들어가, 그 사악한 투기(鬪技)를 즐기며 잔혹한 쾌락에 흠뻑 취하고 말았나이다. 이제 저는 들어오던 때와는 전혀 딴 사람이 되었으니, 곧 그곳에 온 관중의 한 사람이 되었으며, 저를 그곳으로 이끌고 온 자들의 진정한 동류가 되어 버렸나이다. 그러므로 무엇을 더 말하리이까? 저는 구경하고 고함치고 흥분하였으며, 저가 그 자리를 떠난 다음에도 흥분은 저를 떠나지 않고 저를 다시 그곳으로 가게 하였나이다. 그리하여 저는 전에 자기를 끌고 갔던 자들과 함께 갈 뿐 아니라, 그들보다 앞장서서 가고, 다른 사람들을 끌고 가기도 했나이다.

하오나 당신은 지극히 강하고 자비로운 손으로 저를 거기에서 건져 주사, 저로 하여금 자신을 믿지 않고 [오직] 당신만을 믿도록 가르쳐 주셨는데, 이는 한참 후의 일이니이다.

9. 도둑으로 몰린 알뤼피우스

(14) 그럼에도 이러한 경험은 장래를 위한 양약(良藥)으로 저의 기억 속에 깊이 간직되었나이다. 저가 카르타고에서 아직 학생으로 내 문하에서 공부하고 있을 때 이런 일이 있었나이다. 어느 날 낮에 저는 다른 학생들이 보통 하던 습관대로 광장에서 앞으로 발표해야 될 내용을 구상하고 있었는데, 광장 관리인들이 저를 도둑으로 오인하여 저를 붙들어 갔으니, 이는 당신이 허락하신 일이니이다. 우리 하나님, 내가 믿기로 당신이 이를 허락하신 것은 장차 큰 인물이 될[4] 저가 송사(訟事)를 취급할 때, 남의 말을 경솔히 믿고 사람을 함부로 정죄해서는 안된다는 것을 배우게 하심이니이다.

알뤼피우스는 그때 재판소 앞에서 서판(書板)과 철필(鐵筆)을 들고 혼자 거닐고 있었는데, 문득 어떤 청년 하나가 몰래 도끼를 들고 은행가(銀行街) 위에 높이 세워진 납 울타리로 다가가 납을 끊기 시작했으니, 학생이었던 이 청년이 진짜 도둑이었고, 알뤼피우스는 이런 일이 일어나고 있다는 것도 전혀 모르고 있었나이다. 하오나 도끼 소리를 듣고 아래에 있던 은행원들이 서로 가만히 의논한 다음, 누구든지 보는 대로 붙잡아 오라고 체포조를 내보냈나이다. 도둑은 하오나 저들이 다가오는 소리를 듣고 붙잡힐까 두려워 도끼를 내버리고 줄행랑을 쳤나이다. 하온데 저가 그리로 가는 것을 못 본 알뤼피우스는 저가 황급히 달아나는 것을 보고는 무슨 일이 있는지 궁금하여 그리로 다가갔나이다. 알뤼피우스는 도끼를 발견하고는 이상해 하면서, 그것을 집어들고 서서 자세히 살펴보고 있었나이다. 보소서, 이 때 체포 조가 그가 도끼를 들고 홀로 서 있는 것을 발견했으니, 저들은 도

---

[4] 알뤼피우스는 주후 394년 경 타가스테 교회의 감독이 되었다.

끼 소리 때문에 달려온 만큼 그를 붙잡아 광장으로 끌고 갔나이다.

(15) 하오나 알뤼피우스의 교육은 그것으로 충분했나이다. 이는 주여, 그의 유일한 증인이셨던 당신이 즉시 그의 무죄함을 밝혀 주셨음이니이다. 즉 저들이 알뤼피우스를 구금 내지 문초하기 위하여 끌고 가는 길에 건축사(建築士) 한 사람을 만나게 되었으니, 저는 공공 건물을 관리하는 최고 책임자였나이다. 저들은 그 사람을 보고 심히 기뻐하였사오니, 이는 광장에서 물건이 없어지면 그 사람은 저들을 의심했던 터라, 저들은 이제 진짜 범인이 누구인지 그 사람에게 보여 줄 수 있다고 생각한 까닭이니이다.

하온데 그 사람은 어떤 원로원 의원 집을 인사차 자주 드나들던 사람으로, 그 집에서 여러 번 알뤼피우스를 만나 본 일이 있었기에 즉시 그를 알아보고는, 어떤 이유로 이런 곤경에 빠지게 되었는지 물었나이다. 그 사람은 무슨 일이 일어났는지 들은 다음, 소란을 피우며 미친 듯 을러대는 사람들을 보고 모두 자기를 따라오라고 말하였나이다. 그리고는 일을 저지른 청년의 집으로 그들과 함께 갔나이다. 그 집 문 앞에는 어린 하인 하나가 서 있었는데, 저는 어찌나 어린지 모든 일을 사실 그대로 고했으니, 이는 저가 그런 말을 할 때 제 주인에게 무슨 해가 될 것이라는 생각을 전혀 못했음이니이다. 사실, 그 아이는 제 주인과 함께 광장에 갔었나이다. 알뤼피우스는 그 아이를 알아보고는 건축사에게 일러주었나이다. 이에 건축사는 그 아이에게 도끼를 보여 주며, "이것이 뉘 것이냐?"고 물었나이다. 그러자 그 아이는 즉시 "우리 것이니이다"고 대답했나이다. 그리고는 그 밖의 다른 것도 다 묻는 대로 털어놓았나이다.

이렇게 하여 그 범행이 그 집의 청년의 책임으로 밝혀지자 알뤼피우스를 범인 취급하던 무리들은 부끄러움을 당했나이다. 하오나 장차 당신 말씀의 종이 되어 당신의 교회에서 허다한 사람들을 치리하게 될 알뤼피우스는 좋은 경험을 하게 되어, 이전보다 더 명철한 자가 될 수 있었나이다.

10. 밀라노로 간 알뤼피우스와 네브리디우스

(16) 이 알뤼피우스를 나는 로마에서 다시 만났고, 그는 나와 깊은 우정으로 맺어져 나와 함께 밀라노로 가게 되었으니, 그 첫째 이유는 그가 나와 떨어져 있고 싶어하지 않았기 때문이니이다. 그리고 둘째 이유는, 그가 배운 법률 지식으로 무엇인가 해 보려고 했기 때문이니, 이것은 그 자신의 뜻이라기보다는 그의 부모의 뜻을 따르는 것이었나이다. 그는 이미 세 번이나 배석판사(陪席判事)로 있으면서 청렴결백으로 사람들을 놀라게 했으며, 그 자신은 사람들이 정직보다 황금을 더 사랑하는 것을 놀라워했나이다. 이는 그의 성품이 정욕의 유혹을 통해서뿐 아니라, 공포의 채찍을 통해서도 이미 훈련을 받았음이니이다.

로마에서 그는 이탈리아 재무관의 보좌역으로 일했나이다. 그 당시 [로마에는] 매우 권세 있는 원로원 의원 한 사람이 있었는데, 많은 사람들이 저의 도움을 받아서였든지 아니면 저를 두려워해서였든지, 저의 통제를 받으며 저에게 복종하는 형편이었나이다. 저는 권력자들의 관행에 따라 법에 금지된 모종의 특혜를 누리고자 했으나 알뤼피우스가 이를 거절했나이다. 뇌물을 준다 해도 소용이 없었고, 협박을 해도 소용이 없었나이다. 모든 사람들은, 알뤼피우스의 유례없는 이런 성품에 찬탄을 금하지 못하였으니, 이는 그가 남을 돕기와 해치기에 무궁무진한 수를 가졌다고 정평이 나 있는, 그와 같은 세력가와 친해지기도 원치 않았고 적이 되는 것도 두려워하지 않았기 때문이니이다. 알뤼피우스를 보좌역으로 쓰고 있던 그 재무관도 내심 그 원로원 의원의 요구를 옳다고 생각하지 않았으나 드러내 놓고 거절하지는 못하고, 알뤼피우스에게 책임을 미루면서, 그가 반대하니 어쩔 수 없다고 말했나이다. 그리고 실제로 만약 그 재무관이 그 원로원 의원의 요구를 들어주었더라면, 알뤼피우스는 그 자리를 사임했을 것이니이다.

하오나 알뤼피우스는 단 한 가지 학문에 대한 열심 때문에 시험에 들 뻔한 일이 있었나이다. 즉 개인용 책 사본을 만들 때 공금으로 비용을 지불할 생각을 한 적이 있었으나, 의(義)에 대하여 숙고한 끝에 생각을 보다 선한 방향으로 돌렸으니, 이는 그것을 금지하는 공평의 법을 따르는 것이 자신에게 허용된 특권을 사용하는 것보다 더 낫다는 결론을 내렸음이니이다. 이것은 사소한 일이었으나 "[지극히] 작은 일에 충성된 자는 큰 것에도 충성되"고(눅 16:10), 당신의 진리의 입에서 나온 말씀, 곧 "너희가 만약 불의한 재물에 충성치 아니하면 누가 참된 것으로 너희에게 맡기겠느냐. 너희가 만일 남의 것에 충성치 아니하면 누가 너희의 것을 너희에게 주겠느냐"(눅 16:11-12)는 말씀은 결코 헛된 말씀이 아니니이다.

그는 이러한 인물이었나이다. 그는 당시 나를 의지하고 있었으며, 어떠한 모양의 삶을 살아야 할지 고민하면서 나와 함께 생각을 나누고 있었나이다.

(17) 네브리디우스도 카르타고에서 가까운 자기 고향과 자기가 오래 살았던 카르타고 자체를 떠나, 자기 아버지 소유의 대농장과 집, 그리고 동행을 거절하는 자기 어머니를 뒤에 두고 밀라노로 왔으니, 저가 이렇게 한 것은, 나와 함께 지내면서 불타는 열심으로 진리와 지혜를 탐구하자는 목적 외에 다른 목적은 없었나이다. 복된 삶을 열심히 추구하고 지극히 어려운 문제를 예리하게 궁구(窮究)하는 자였던 저는 우리와 함께 탄식과 방황을 같이 나누었나이다. 그리하여 불쌍한 우리 세 사람은 서로 자신의 궁핍함을 하소연하며, 입을 벌려 "때를 따라 저희에게 식물(食物)을"(시 145: 15) 주시는 당신을 앙망하였나이다. 당신의 긍휼하심으로 인해 우리의 세상적인 행위에는 항상 쓴맛이 따르나, 왜 이런 괴로움을 우리가 당해야 하는지 그 이유를 궁구해 보아도, 우리 눈앞에는 어두움뿐이라. 우리는 뒤돌아서서 서로에게 "언제까지 이런 일을 감당해야 할까?"라고 말하며 함께 탄식하였나이다. 우리는 이런 탄식을 자주 하였으나, 그러면서도 옛 생활을 버리지 못하였으니, 이는 그것을 버린 다음 우리가 붙들 수 있는 확실한 그 무엇이 아직 밝히 드러나 보이지 않았기 때문이니이이다.

11. 하나님과 세상 사이에서 방황을 계속하다

(18) 나는 열아홉 살 때 지혜에 대한 사랑을 느껴, 그것을 발견하기만 하면 헛된 정욕에 대한 부질없는 희망과 거짓된 망상을 모두 내어버리기로 작정하였는데, 그 이래 얼마나 많은 세월이 흘렀는지, 애써 회상할 때 나 자신 엄청난 놀라움에 빠지게 되었나이다. 하오나 보소서, 나는 그 당시 벌써 나이 삼십이었으나, 아직도 예의 그 진흙탕에 빠져 나를 흐트러뜨리며 도망치는 현세적 재화(財貨)를 즐기려는 욕심에 사로잡혀 이렇게 독백하고 있었나이다.

내일이면 찾게 될 걸. 보라! 분명히 밝혀지리라. 그러면 나는 붙들리라. 보라! 파우스투스가 와서 모든 것을 밝혀 주리라. 오, 위대한 아카데미 학파 사람들이여! 인생을 어떻게 살아야 할 것인지에 대한 확실한 근거는 찾을 길이 전혀 없다. 하지만 그럴수록 우리는 더 열심히 찾자! 그리고 낙심하지 말자! 보라! 성경책 가운데서 전에는 불합리하게 보였던 부분들이 이제는 전혀 그렇게 보이지 않는구나. 해석하는 방법만 바꾸면 얼마든지 이해할 수 있는 내용이 되도다. 진리가 밝히 드러날 때까지, 어릴 때 부모님이 나를 세워 주신 그곳에 굳게 서 있으려고 한다. 하지만 [진리를] 어디서 찾을 수 있을까? 언제나 찾을 수 있을까? 암브로시우스는 시간이 없고, 나 역시 책 읽을 시간이 없도다. 책은 또 어디서 구할까? 어딜 가야 살 수 있으며, 언제나 살 수 있을까? 누구한테서 빌릴 수 있을까? 시간을 쪼개어 영혼의 건강을 위해 시간을 배정하여라. 큰 희망이 피어오른다. 보편교회의 신앙은 우리가 생각했던 것, 우리가 공연히 비난했던 것과 같은 내용을 가르치지 않도다.
보편교회의 학자들은 하나님을 사람처럼 공간적으로 제한된 형체를 지닌 존재로 생각하는 것을 죄악으로 여기도다. 그렇다면 다른 문제들의 해결을 위해 문 두드리는 일을 주저해야 할까? 오전 시간은 학생들을 위해 쓴다지만, 나머지 시간은 무엇을 위해 쓰느냐? 왜 문 두드리는 일에 쓰지 않느냐? 하지만, 그렇다면 나를 후원해 주는 유력한 친구들을 찾아가 인사할 시간은 어떻게 마련하느냐? 학생들이 사서 공부하게 될 교재는 언제 준비하느냐? 업무에 시달린 우리 영혼을 쉬게 하여 소성시킬 시간도 있어야 하지 않느냐?

(19) 다 사라져라! 이러한 헛되고 무익한 것은 다 버리리라. 오직 진리를 찾는 데만 힘쓰리라. 인생은 비참하고 죽을 때를 모르나니, 죽음이 갑자기 찾아오면 우리는 어떤 모양으로 이승을 떠나게 될까? 그런데 이승에서 등한시한 것을 어디 가서 다시 배울 수 있을까? 도리어 우리의 나태함에 대한 징벌을 받게 되지 않을까? 만약 죽음으로 감각과 함께 모든 염려도 사라져 없어지는 것이라면, 어떠한가? 그렇다면, 이 또한 궁구해 볼 문제로다.

하지만 그럴 리가 절대 없도다. 기독교 신앙이 온 세상에 전파되어, 그 권위가 이렇듯 탁월하게 떨치고 있음은, 결코 우연한 일이거나 무의미한 일이 아니리라. 육신의 죽음으로 영혼의 생명도 끝이라면, 하나님이 이렇듯 엄청나고 이렇듯 놀라운 일을 우리를 위해 했을 리가 전혀 없도다. 그렇다면, 우리가 속세의 희망을 버리고 하나님을 찾고, 복된 삶을 추구하는 데 우리 자신을 온전히 바치기를 왜 주저하느냐?

하지만 기다려 다오! 이 세상 것도 즐거움은 있고, 그 달콤함은 결코 작은 것이 아니니, 그것을 쉽게 끊을 수 없도다. 이는 그것을 끊은 다음 다시 찾는 것은 한층 더 부끄러운 일이라. 보라! 조금만 있으면 명예로운 자리를 얻게 될 것이라. 그렇게만 되면, 이 세상에서 바랄 것이 또 무엇이냐? 우리에게는 유력한 친구들이 많이 있으니, 특별히 서두르지 않아도 총독 자리 정도는 쉽게 얻을 수 있으리라. 그렇게 되면 돈이 좀 있는 여자를 아내로 맞이하게 되어, 우리의 경제적 부담은 없을 것이요, 우리의 욕망도 충족될 것이라. 우리가 반드시 본받아야 할 위대한 인물들이 많이 있었지만, 그들은 결혼생활을 하면서도 지혜를 추구하는 일에 몰두할 수 있었도다.

(20) 내가 이런 말을 하면서 이 바람 저 바람에 내 마음이 요동치고 있을 때, 시간은 흘러가고 나는 주님께 돌아가기를 미루고 있었사오니, 당신 안에서 사는 일은 매일같이 미루면서, 날마다 내 안에서 스스로 죽는 일은 미루지 아니했나이다. 복된 삶을 원하면서도, 그러한 삶이 있는 곳으로 가는 것은 두려워하였으니, 나는 복된 삶을 갈망하면서도 그것을 피하고 있었던 셈이니이다. 나는 실로 여자를 포옹할 수 없다면 너무나 비참할 것이라 여기고 있었고, 나의 이러한 연약함을 치료하는 데는 당신의 긍휼이라는 약이 필요하다는 사실을 생각지 못하였으니, 이는 내게 그 약을 써 본 경험이

없었음이니이다. 그리고 절제라는 것도 나는 미련하여 "당신이 허락지 아니하시면 아무도 절제할 수 없다"(지혜서 8:21)라고 기록된 말씀을 몰랐던 까닭에, 자기 자신의 능력에 달린 줄로 믿었었나이다. 하오나 내가 맘속의 탄식으로 당신의 귀를 두드렸더라면, 굳건한 믿음으로 내 근심을 당신께 맡겼더라면, 당신은 분명 그것을 허락하셨을 것이니이다.

12. 결혼 문제에 관해 알뤼피우스와 토론하다

(21) 하온데 알뤼피우스는 나의 결혼을 적극 만류하면서, 내가 만일 결혼하면, 우리가 오랫동안 염원해 오던 유유자적(悠悠自適)함 속에서의 공동생활과 지혜의 탐구를 결코 할 수 없을 것이라는 말을 되풀이했나이다. 사실 그는 당시 실로 놀라울 만큼 엄격한 금욕생활을 하고 있었나이다. 그는 청년기에 접어들 때 이미 성경험을 하였으나, 계속 그것에 매달리지 않고, 오히려 그것을 후회하고 멸시하였으니, 그 다음부터는 완전히 금욕적인 삶을 살았나이다.

하오나 나는 기혼자들이라도 지혜를 사랑하고 하나님을 기쁘시게 하며, 친구들에게 신의와 사랑을 베푼 사람들이 있었다는 예를 들어 그에게 반박했나이다. 물론 나는 그러한 위대한 영혼의 소유자들과는 너무나 동떨어진 자였으니, 육욕이라는 병으로 인하여 치명적인 쾌락의 사슬에 묶여, 그 사슬에서 풀려나기조차 두려워하는 자였나이다. 그리하여 마치 아픈 상처를 감은 붕대를 풀어 주려는 사람의 손을 뿌리치듯, 선하게 권하는 친구의 충고를 물리쳤나이다.

그뿐 아니라 나를 통해 알뤼피우스에게 말한 것은 뱀이었으니, 저는 내 혀를 통하여 그 가는 길에다 유혹의 올무를 엮어 펼쳐 놓고, 알뤼피우스의 고귀하고 자유로운 발이 거기 걸려 넘어지게 하였나이다.

(22) 알뤼피우스는 자기가 높이 평가하는 내가 쾌락이라는 끈끈이에 부착되어, 우리가 결혼 문제에 대해 이야기할 때마다 독신생활은 절대 할 수

없다고 내가 말하는 것을 듣고 놀랐나이다. 그가 놀라는 모습을 보고 나는, 그의 성경험은 남몰래 슬쩍 한 것이므로 기억조차 거의 할 수 없고, 그래서 아무 어려움 없이 쉽게 단념할 수 있지만, 나의 경우는 쾌락에 습관이 붙어 있었기 때문에, 거기에 결혼이라는 떳떳한 명목만 덧붙인다면 내가 그런 생활을 포기하지 못한다고 이상하게 생각할 것이 없다고 변명하였나이다. 그러자 그 역시 결혼하고 싶다는 생각을 하기 시작했는데, 그것은 쾌락에 대한 욕망에 졌기 때문이 아니라 호기심 때문이었나이다. 이는 그에게는 그처럼 좋아 보이는 내 삶이 결혼하지 않고는 삶이 아니라 징벌이라니, 도대체 결혼이라는 것이 무엇인지 알고 싶다고 그가 말했음이니이다. 그러한 속박에서 자유로웠던 그가 나의 노예 상태에 호기심을 가지게 되었는데, 호기심 때문에 그는 그러한 것을 경험해 보려는 욕망을 갖게 되어 결국 그것을 직접 경험해 보고자 했으니, 그가 만약 실제로 그렇게 했더라면 그의 호기심의 대상이었던 노예 상태에 빠지게 되었을 것이니이다. 그리하여 그는 "사망과 언약"(사 28:15)을 맺으려 하였으니, 위험을 좋아하는 자, 거기에 빠질 것이니이다.

하온데 우리는 둘 다 집안을 다스리고 자녀를 기른다는 결혼한 사람들의 신성한 의무에 대해서는 별로 관심이 없었나이다. 도리어 나는 채워지지 않는 정욕을 채우려는 습관에 사로잡혀, 엄청난 고통을 당하는 것이 보통이었고, 그는 호기심으로 인하여 종살이로 끌려가고 있었나이다.

지극히 높으신 분이시여, 당신이 티끌과 같은 우리를 버리지 않으시고, 오히려 우리 불쌍한 자들을 불쌍히 여기사, 신비하고 오묘한 방법으로 구출하시기까지 우리는 그러한 자들이었나이다.

13. 어머니의 뜻에 따라 약혼하는 어거스틴

(23) 하온데 나는 결혼하라는 재촉을 끝없이 받았나이다. 그래서 나는 구혼하게 되었고, 특히 어머니가 애를 쓴 덕으로 약혼까지 하게 되었나이

다. 어머니는, 내가 일단 결혼을 하게 되면 구원의 세례를 통해 깨끗이 씻음받게 될 것이라고 생각하였나이다. 그리하여 내가 날마다 조금씩 세례받기에 합당한 사람이 되어 가고 믿음의 진보를 보이게 되자, 자기의 소원과 당신의 약속이 성취되어 간다는 생각에 기뻐했나이다.

하오나 나의 부탁과 어머니 자신의 소원 때문에 어머니는 매일같이 간절한 마음으로 당신께 울부짖으며, 내 미래의 결혼생활에 대해 환상을 통하여 무엇을 좀 보여 달라고 간구하였으나 당신은 들어 주시지 않았나이다. 어머니는 단지 인간의 영혼이 이러한 일을 골똘히 생각할 때 생기는 허황된 환상만을 보았나이다. 그리하여 내게 그것에 대하여 이야기할 때, 당신이 어머니께 계시를 주셨을 때와 같이 확신을 가지고 이야기하지 않고, 오히려 대수롭지 않은 것이라는 투로 이야기하였나이다. 즉 어머니는, 자기에게는 말로 설명할 수 없는 어떤 느낌이 있는데, 그것으로 당신의 계시와 자기 영혼 속에 나타나는 몽상을 구별할 수 있다고 말하였나이다.

하여튼 결혼하라는 재촉이 빗발 같았으므로, 나는 대체로 2년 정도만 지나면 법정 결혼연령이 되는 소녀에게 청혼하였고, 그녀가 내 마음에 들었으므로 법정 연령이 될 때까지 기다리기로 하였나이다.

14. 공동생활을 계획했으나 실행에 옮기지 못하다

(24) 그때 우리 여러 친구들은 괴롭고 소란한 인간 생활이 몹시 싫어져서 속세를 떠나 조용한 생활을 해 보자는 생각을 하게 되었으므로, 그에 관해 서로 의견을 나눈 다음, 그것을 실행에 옮기자고 거의 결정하였나이다. 하온데 조용한 생활을 위한 우리의 계획은 이러했나이다. 곧 우리는 각자의 소유는 무엇이든지 한데 모아 공동재산을 만들기로 하였는데, 그러면 신실한 우정으로 말미암아 모든 것은 네 것, 내 것이 없이 하나의 재산이 되므로, 모든 재산은 개개인의 것임과 동시에 모든 사람의 공동재산이 되는 것이었나이다. 우리가 보기에, 그 공동체에 참여할 수 있는 사람은 대강

열 명쯤 되는 것 같았나이다. 우리 중에는 아주 부유한 자들도 있었는데, 특히 로마니아누스는 나와 동향인으로 어렸을 때부터 아는 사이였으며, 당시에는 사업상의 중차대한 일로 [밀라노의] 대법정에 출입하고 있었나이다. 이 사람은 우리 계획에 대찬성이었고, 재산이 다른 사람들보다 훨씬 더 많았기 때문에 이 사람이 하는 말은 설득력이 컸나이다.

우리는 또한 매년 두 사람의 관리인을 뽑아 필요한 모든 일을 하도록 하고, 나머지 사람들은 조용히 지내자고 합의하였나이다. 하오나 우리 중 일부는 이미 결혼을 했고 앞으로 결혼하려는 자들도 있었던 만큼, 여자들이 이러한 계획을 허락할 것인지에 대해 생각이 미치자, 우리가 세웠던 멋진 계획은 손 쓸 사이도 없이 모두 깨어지고 산산조각이 나 폐기되고 말았나이다.

그리하여 우리는 다시 한숨과 탄식을 되풀이하게 되었으며, 우리의 발검음은 세상 사람들이 많이 다니는 넓은 길을 다시 따르게 되었으니, 이는 "사람의 마음에는 많은 계획이 있어도"(잠 19:21) 오직 "여호와의 도모가 영영히"(시 33:11) 서는 까닭이니이다. 당신이 당신의 도모로 우리의 도모를 비웃으신 것은 우리에게 "때를 따라 식물을 주시며 손을 펴사" 우리 영혼의 "소원을 만족케"(시 145:16) 하시려는 뜻이 계셨음이니이다.

15. 동거녀와 헤어지다

(25) 그러는 동안 내 죄악은 쌓여만 갔으니, 이는 내가 그때까지 함께 지내던 동거녀를 결혼에 지장이 된다는 이유로 내 곁에서 떠나보냈음이니이다. 저를 사랑했던 내 마음은 그로 인해 찢어지고 상처가 나 피를 흘리게 되었나이다. 그녀는 다른 남자에게는 결코 가지 않겠다는 맹세를 당신 앞에서 하면서, 자기가 낳아 준 아들을 내 곁에 남겨 놓고 아프리카로 돌아갔나이다.

하오나 이 못난 자식은 그 여자의 결단을 본받지 못하였으니, 이는 내가 구혼한 여자를 [아내로] 맞이하게 될 그 2년이 견딜 수 없이 지루하여 다른 동거녀를 얻었음이니이다. 나는 실로 결혼을 사랑하는 자가 아니라 정욕의 노예였사오니, 내 영혼의 고질병은 계속되는 악습으로 인해 더 악화되어 갔으며, 그런 가운데서 나는 결혼자들의 세계를 향해 나아가고 있었나이다. 하오나 첫 동거녀와 생이별한 데서 온 상처가 낫는 것도 아니었나이다. 도리어 심한 열과 통증 끝에 그 상처는 곪고, 나중에는 오한까지 들었으니, 나의 고통은 더욱 더 절망적이 되어 갔나이다.

16. 구원이 가까울수록 고통은 심해지다

(26) 긍휼의 샘이시여, 당신께 찬송을, 당신께 영광을 돌리나이다. 나는 더욱 더 가련해지고 있었으나, 그럴수록 당신은 [내게로] 더 가까이 오셨나이다. 당신은 진작부터 당신의 오른팔로 나를 진흙탕에서 건져 내사 깨끗이 씻어 주시려 하셨으나, 나는 그것을 깨닫지 못하였나이다. 육욕의 깊은 수렁으로 빠져 들어가는 나를 돌이킨 것은 죽음에 대한 두려움, 장차 있을 당신의 심판에 대한 두려움뿐이었사오니, [세월이 지남에 따라] 내 생각은 여러 가지로 변하였으나, 그 두려움만큼은 내 마음에서 결코 떠난 적이 없나이다.

그리하여 나는 내 친구 알뤼피우스, 그리고 네브리디우스와 선과 악의 본성에 관해 이야기하면서, 영혼이 죽은 후에도 생존하며, [생전에 행한 그 행위에 따라] 상벌을 받는다는 사실을 내가 믿지 않는다면, 차라리 에피쿠로스의 의견을 따랐을 것이라고 말하였나이다. 이는 에피쿠로스는 영혼불멸과 인과응보를 믿지 않았기 때문이니이다. 나는 또 이렇게 말했나이다.

> 만약 우리가 영원히 죽지 않고 육체의 쾌락을 잃어버릴 염려가 전혀 없이 항상 누릴 수만 있다면, 행복하지 않을 이유가 어디 있겠으며, 더 바랄 것이 또 어디 있겠는가?

이러한 생각이 크나큰 불행의 원인인 줄 모르고 나는 [수렁 속에] 깊이 빠져 장님이 된 채, 덕과 아름다움이라는 빛을 보지 못하였으니, 이 빛은 그 자체로서 목적이 되는바, 육신의 눈으로는 볼 수 없고 심령 깊은 곳에 있는 영혼의 눈으로만 볼 수 있는 것이니이다. 이 가련한 자는 악한 일에 대하여 이야기할 때도, 친구들과 함께 이야기하면 왜 즐거워지는지 그 이유를 몰랐으니, 육체적 쾌락을 얼마든지 풍성하게 맛볼 수 있었던 당시의 기분으로도 친구들 없이는 전혀 행복할 수 없었나이다. 실로 나는 내 친구들을 목적 그 자체로서 사랑했으며, 그들 역시 나를 목적 그 자체로서 사랑한다고 나는 느끼고 있었나이다.

오, 구부러진 길이여! 당신을 떠나가면, 무슨 더 좋은 것을 얻으리라 기대했던 교만한 내 영혼에 화 있을지라! 등으로, 옆으로, 배로 아무리 엎치락뒤치락해 보아도 모두 불편할 뿐이니이다. 오직 당신만이 안식이 되나이다. 보소서, 당신은 [우리를] 도우사 가련하게 방황하는 우리를 구원해 주시고, 우리를 당신의 길에 세우시나이다. 그리고 우리를 위로하사 이렇게 말씀하시나이다.

달라라! 내가 너희를 붙들리라. 내가 너희를 인도하며, 거기서도 내가 붙들리라.

제7권 플라톤주의의 영향

1. 하나님의 본성에 대한 생각

(1) 악하고 죄 많던 내 청년기는 이미 지나가고 장년기에 접어들었는데, 나이가 들어갈수록 나는 헛된 생각으로 인해 더 사악해져, 육신의 눈으로 볼 수 있는 것 외에는 어떠한 실체에 대해서도 생각지 못했나이다. 하오나 하나님, 철학에 관한 공부를 좀 시작한 이후 당신을 인간의 형체를 가진 존재로 생각하지는 않았으니, 나는 그러한 생각을 멀리하였고, 우리의 신앙의 어머니가 되는 당신의 보편교회도 그러한 생각을 멀리한다는 사실을 알고는 기뻐하였으나, 당신을 어찌 생각하는 것이 옳은지는 [아직] 알지 못했나이다. 물론 나는 인간, 곧 하찮은 인간에 지나지 않았으나, 당신을 지극히 높으시고 유일하시고 참되신 하나님으로 생각하고자 노력하였으며, 당신은 썩지 않으시고 손상받지 않으시며 변함이 없으신 분이라는 사실을 마음속 깊이에서부터 믿었나이다. 나는 왜, 어찌해서 그렇게 믿고 생각해야 하는지 알지 못했으나, 한 가지 밝히 보고 확신했던 것은 썩는 것이 썩지 않는 것보다 못하고, 손상받지 않는 것이 손상받는 것보다 물론 더 낫고, 변하지 않는 것이 변하는 것보다 더 좋다는 사실이었나이다.

나의 심령은 나의 모든 헛된 망상에 대항하여 격하게 부르짖었으며, 그 일격으로 내 마음의 눈 주위를 날아다니는 불결한 망상의 파리떼를 쫓아

보려고 시도하였으나, 그것들은 물러갔구나 싶으면 보소서, 다시 내 눈앞으로 몰려와 내 시야를 가려 놓았나이다. 그리하여 나는 비록 당신을 인간의 형체를 가진 존재로는 생각지 않았으나, 당신을 세상 안에 두루 스며 계시든지 아니면 세상 밖으로 무한히 뻗어 계시든지 간에, 어떤 공간을 차지하고 있는 존재라고, 하지만 썩을 수 있는 것, 손상받는 것, 변하는 것보다는 더 우월한, 썩지 않고 손상받지 않고 변하지 않는 존재라고 생각하는 정도에 머물렀나이다. 이는 내가 어떤 존재에서 공간성을 배제한다면 그것은 무, 곧 공허가 아닌 절대무(絶對無)일 수밖에 없다고 생각했음이니이다. 만약 어떤 물체가 어떤 장소에서 옮겨진다면 거기에는 공간이라도 남게 될 것이니, 그 공간에는 흙도, 습기도, 공기도, 천체(天體)도 없을 것이나, 빈 공간, 말하자면 연장(延長)된 무는 남아 있을 것이니이다.

(2) 그리하여 심령이 지극히 우둔했던 나는 나 자신이 어떠한 존재인지도 잘 알지 못하면서, 일정한 공간 안에 연장돼 있거나, 전개돼 있거나, 집중돼 있거나, 팽창돼 있거나 하지 않는 것은, 또 어떤 물체를 수납하지 않거나 수납할 수도 없는 것은 그것이 무엇이든지 간에, 절대적으로 존재할 수 없다고 생각했나이다. 내 마음에 떠오르는 영상은 내 눈에 늘상 비치는 형상과 같은 것이었으나, 내 마음에 이러한 영상이 떠오르도록 해 주는 정신력 그 자체는 물질적인 것이 아니라는 사실을 나는 몰랐나이다. 그리하여 정신력 그 자체도 어떤 큰 물질적 존재가 아니라면 마음의 영상을 이루어 낼 수 없으리라고 생각했나이다.

오, 나의 생명의 근원 되시는 주여, 나는 그래서 당신도 무한한 공간을 통하여 어디나 존재하며, 온 우주를 이루고 있는 덩어리 전체에 침투해 있으며, 나아가 그것을 넘어서서 모든 방향으로 무한히 퍼져 있는 거대한 실체라고 생각했사오니, 땅과 하늘과 만물이 모두 당신으로 가득 차 있고, 당신 안에서 제한을 받고 있으나 당신은 아무런 제한을 받지 않으신다고 생각했나이다. 마치 땅을 덮고 있는 대기(大氣)가 햇빛에 아무런 장애를 주지 않고, 오히려 햇빛이 그것을 통과할 때 그것을 찢거나 부수지 않고도 그것을 온전히 채우면서 지나가듯, 당신도 하늘이나, 공기나 바다, 심지어 땅까지라도 모두 대소를 막론하고 통과하거나 침투하실 수 있어, 당신의 임재로 가득 채우시며, 당신이 창조하신 만물에 신비스러운 생기를 불어 넣으사, 만물을 내적으로 또 외적으로 다스리신다고 생각했나이다. 내가 그렇게 생각했던 것은 달리 생각할 능력이 없었던 까닭이니이다. 하오나 그것은 틀린 생각이었나이다. 이는 이런 식으로 생각한다면, 땅의 부분 가운데서 크기가 더 큰 것은 당신을 더 많이 차지하고, 작은 것은 당신을 덜 차지하게 되며, 모든 것이 당신으로 가득 차 있되 코끼리는 참새보다 당신을 더 많이 차지한다는 결론에 도달하게 됨이니이다. 만약 그렇다고 한다면 몸집이 큰 것일수록 당신을 더 많이 차지하게 되어, 당신은 세상을 이루는 여러 부분에 대해 큰 것에는 크게, 작은 것에는 작게 나누어져서 임재하게 되나이다. 물론 이러한 일은 있을 수 없나이다. 하오나 당신은 아직 "내 흑암을" (시 18:28) 밝히시지 않았나이다.

2. 마니교도들에 대한 반박

(3) 주여, 저들은[=마니교도들] 스스로 속으면서 남을 속이는 자들이요, 말은 많이 하면서도 벙어리 된 자들이니, 이는 저들의 입에서는 당신의 말씀이 울려나지 않음이니이다. 나는 저들을 반박할 논거가 충분하였으니, 이미 오래 전 카르타고에서 네브리디우스가 곧잘 제시했던 논거로도 충분하였나이다. 사실 네브리디우스의 논거는 듣는 우리 모두에게 큰 충격이 되었나이다. 네브리디우스에 의하면, 저들이 으레 당신과 대립하는 세력이라 말하는 어두움의 세력이 당신에게 싸움을 걸어 온다 해도, 당신이 만약 그 싸움에 응하지 않으신다면 당신에게 도대체 무슨 일을 할 수 있느냐는 것이었나이다. 이 질문에 대해 어두움의 세력이 만약 당신에게 무슨 해를 끼칠 수 있다고 대답한다면, 당신은 상함과 썩음을 받을 수 있다는 의미가 될 것이니이다. 반면, 그 세력이 당신을 전혀 해칠 수 없다고 대답한다면, 당신은 싸울 이유가 전혀 없다는 의미가 될 것니이다. 하오나 마니교도들

에 의하면, 싸움이 생기는 것은 당신의 한 부분, 당신의 지체 하나, 또는 당신의 본체에서 태어난 어떤 소생(所生)이 거스르는 세력 내지는 당신에 의해 창조되지 않은 본성과 혼합됨으로 인하여 심히 부패하고 변화하여 악한 것이 되며, 결국 행복한 상태에서 비참한 상태로 전락하는바, 구원과 정화를 위하여는 도움이 필요한 연고라는 것이니이다. 또한 그들에 의하면 이것이 바로 영혼인바, 이 억압받고 더럽혀지고 타락한 영혼을 구하기 위하여 당신의 자유롭고 순결하며 온전한 로고스가 오셨으나, 로고스도 영혼과 동일한 본체에서 나왔기 때문에 썩어질 수 있다는 것이니이다. 그러므로 그들이 당신의 본성 내지는 본체를 썩지 않는 것이라 주장한다면, 이 모든 말은 거짓이 되고 저주받아 마땅한 것이 되며, 만약 썩는다고 주장한다면, 이런 주장은 처음부터 거짓이 되고 첫 마디부터 가증스러운 것이 되나이다.

그러므로 나는 가슴을 답답하게 하는 이런 것들을 입에서 토해 버려야 했는데, 네브리디우스의 이러한 논거는 나로 하여금 그것을 충분히 해 낼 수 있도록 만들어 주었나이다. 이는 당신에 대한 마니교도들의 이러한 생각과 발언은 마음과 혀로 당신의 거룩하심을 모독하지 않고 빠져나갈 길이 없었음이니이다.

3. 악의 원인에 대해서는 아직 알 수 없었다

(4) 하오나, 비록 내가 당신에 대하여는 더럽혀지거나, 달라지거나, 전혀 바뀔 수 없으신 우리 주님이시요, 참된 하나님으로서, 우리 영혼뿐 아니라 육체도 지으시고, 또 우리 영혼과 육체뿐 아니라 모든 영혼과 육체도 지으신 분이라고 말하고 또 그것을 굳게 믿고 있었으나, 악의 원인에 대하여는 명확한 해답을 얻지 못하고 있었나이다. 하오나, 악의 원인이 무엇이든 간에 그것을 탐구하는 데 있어서, 변하지 않으시는 하나님을 변하시는 분으로 믿도록 강요하는 방법을 나는 옳다 인정할 수 없었나이다. 내가 만약 그런 방법을 인정했다면, 나 스스로가 이때까지 탐구해 온 악의 원인이 되었

을 것이니이다. 그리하여 나는 차분히 악의 원인을 탐구할 수 있었으며, 저들이 말하는 것이 참이 아니라는 사실을 확신하게 되었나이다. 나는 이제 저들을 전심으로 멀리하였나이다. 이는 저들이 악의 원인을 탐구하나, 저들 자신이 악으로 가득 차 있음을 나는 보았기 때문이니이다. 하오나 저들은 저들 자신이 악을 행한다고 생각하기보다는, 당신의 본체가 악의 침해를 받는다고 생각하기를 좋아했나이다.

(5) 우리가 악을 행하는 것은 자유의지 때문이고, 우리가 고난을 받는 것은 당신의 의로운 심판 때문이라는 말을 듣고 나는 이를 이해하려고 노력했으나, 명확하게 이해하는 것은 불가능했나이다. 그리하여 나는 나의 이해력을 깊은 수렁에서 끌어올리려고 애를 썼으나 다시 빠져 들어갔으니, 거듭거듭 애를 쓸 때마다 번번이 다시 빠져 들어갔나이다.

하온데 나를 당신의 빛으로 끌어올려 주는 것이 한 가지 있었으니, 그것은 내가 의지를 가졌다는 것이 내가 살아 있다는 것과 마찬가지로 내게는 확실하다는 사실이었나이다. 그리하여 내가 무엇을 원하든지 원하지 않든지 간에, 그 의지의 주체는 바로 나 자신이라는 사실을 나는 너무나 확실히 알게 되었으며, 바로 여기에 내 죄악의 원인이 있음도 점차 깨닫게 되었나이다. 하오나 내가 원하지 않는 것을 행한다면, 그것은 내가 행한 것이 아니라 내가 당한 것이라고 여겼던 까닭에, 그것은 죄가 아니요 벌이라고 생각했으니, 나는 당신을 의로운 분이라 생각했으므로 나 자신이 당하는 벌을 불의하다고 쉽사리 판단내릴 수 없었나이다. 하오나 다시 이렇게 자문해 보았나이다.

나를 만드신 이가 누구냐? 나의 하나님이 아니시냐? 저는 선하실 뿐 아니라 선 그 자체가 아니시냐? 그렇다면 내가 악을 원하고 선은 원하지 않는 것은 어찜이냐? 내가 벌을 마땅히 받기 위해서냐? 나의 전부가 지극히 선하신 하나님으로부터 창조되었다면, 누가 내 안에 이런 것을 두었으며 누가 고통의 씨앗을 뿌려 놓았느냐? 악마가 그랬다면, 악마는 어디서 생겼느냐? 만약 사악한 의지 때문에 선한 천사가 변하여 악마가 되었다고 한다면, 저로 하여금 악마가 되게 한, 저 안에 있는 악한 의지는 어디로 좇아 온 것이냐? 모든 천사는 지극히 선하신 창조주가 만드신 것이 아니냐?

이러한 생각으로 다시 눌림을 받아 나는 거의 질식할 지경이었으나, 그럼에도 "주께 감사할 자"(시 6:5) 없는 지옥의 오류에까지는 빠지지 않았사오니, 인간이 악을 행한다고 생각하기보다는 당신이 악의 침해를 받는다고 생각하는 오류에까지는 빠지지 않았나이다.

4. 하나님은 불변적이시다

(6) 그리하여 나는 불변적인 것이 가변적인 것보다 더 낫다는 것을 이미 알아냈고, 당신이 어떤 존재이시든지 불변적이라는 사실을 고백하게 된 만큼, 나는 이런 방법으로 다른 진리도 알아내려고 노력하였나이다. 당신은 최고, 최상의 선이시니, 이제까지 어떤 영혼도 당신보다 더 선한 것을 생각하는 것은 불가능했으며 앞으로도 불가능할 것이라. 불변적인 것이 가변적인 것보다 우월하다는 것은 너무나 참되고 너무나 확실하며, 내가 그 사실을 일찍부터 알았던 만큼, 만약 당신이 불변적이 아니시라면, 나는 내 하나님보다 선한 그 무엇을 생각해 낼 수 있었을 것이니이다. 그리하여 불변적인 것이 가변적인 것보다 더 우월하다는 것을 알게 된 바로 그곳에서 나는 당신을 찾아야 했으며, 거기서 더 나아가 악이 있는 그곳, 다시 말해 변화의 근원을 찾아 나서야 했나이다. 하오나 어떠한 변화든지 당신의 본체는 절대로 침해할 수 없나이다. 즉 어떠한 종류의 변화도 우리 하나님을 침해할 수 없사오니, 그 어떠한 의지나 필연, 예견할 수 없는 우연이라 할지라도 침해할 수 없나이다. 이는 당신이 우리 하나님이시며, 당신이 원하시는 것은 다 선이며, 당신이 선 그 자체이신 까닭이니이다. 손상을 받는 것은 선이 될 수 없나이다. 당신은 또한 당신이 원하지 않는 것을 하도록 강요받지 않나이다. 이는 당신의 의지가 당신의 권능보다 크지 않음이라. 만약 당

신이 당신 자신보다 더 크시다면 그럴 수 있을 것이나, 하나님의 의지와 권능은 실로 하나님 자신이니이다. 그리고 모든 것을 아시는 당신에게 무슨 우연이 있으리이까? 당신이 알지 못하시는 존재란 도대체 존재할 수 없나이다. 하온데 변하는 것은 하나님이 아닌 상황에서, 하나님의 본체가 왜 변하지 않는지를 무슨 까닭에 이리 많이 논하는 것이니이까?

5. 악의 근원에 대한 탐구

(7) 나는 또한 악은 어디서 오는지 그 근원을 찾고 있었으나 내가 그것을 찾는 방법이 악하였사오니, 이는 내가 나의 탐구 그 자체에 있는 악을 보지 못하였음이니이다. 나는 내 영혼의 눈앞에 피조세계의 모든 것, 곧 땅이나 바다, 공기나 별, 나무나 동물같이 눈으로 볼 수 있는 모든 것과, 하늘 위의 궁창이나 모든 천사, 영계(靈界)에 속한 모든 것같이 눈으로 볼 수 없는 모든 것을 펼쳐 놓았는데, 눈으로 볼 수 없는 것에 대하여는 그것이 마치 물체라도 되는 것처럼 내 상상을 따라 이 자리, 저 자리에 정돈하고 배치해 보았나이다. 그리하여 나는 당신의 피조세계를 하나의 거대한 덩어리로 보았으며, 그것을 구성하고 있는 물체들을 종류에 따라 구별해 보았사오니, 그 물체들은 현실의 물체들일 수도 있고, 영적인 것들을 대신할 가상(假想)의 물체들일 수도 있었나이다. 나는 피조세계를 엄청나게 크다고 생각했으나 정확히 얼마나 큰지는 알지 못했으며, 그것이 아무리 크다 해도 모든 면에서 유한한 것이라고 생각했나이다. 하오나 주여, 당신은 피조세계를 모든 면에서 포괄, 침투하고 계시며, 모든 면에서 무한하시다고 생각했나이다. 그리하여 마치 온 천지에 바다가 있고 넓은 바다만 끝없이 펼쳐져 있다 하여도, 그 안에 유한하지만, 엄청나게 큰 해면(海綿)이 있어, 이 해면이 그 거대한 바다로 완전히 흠뻑 젖어 있는 것과 같이, 피조세계도 당신으로 말미암아 충만해 있다고 생각했나이다.

이처럼 나는 당신의 피조세계가 무한하신 당신으로 충만해 있다고 생각하면서 다음과 같이 지껄였나이다.

하나님을 우러러보라! 또한 하나님이 창조하신 것들을 바라보라! 허나, 선하신 하나님은 이 모든 것보다 무한량 선하시며, 무한정 높으시다. 허나, 선하신 자가 선한 것을 창조하셨으니, 그가 어떻게 그것을 포괄하고 계시며, 또 어떻게 그것에 충만하신가를 보라! 그렇다면, 악은 어디에 존재하며, 어디서 어떻게 여기까지 침투해 왔는가? 그것의 뿌리는 무엇이며, 그것의 싹은 어디서 났는가? 혹은 악이란 전혀 존재하지 않는 것일까? 만약 그렇다면 왜 우리는 악을 두려워하며 무서워하는가? 혹은, 우리가 만약 공연히 두려워하는 것이라면, 두려움 그 자체가 분명 악이라. 까닭 없이 마음에 불안과 고통을 안겨 주니 말이다. 우리가 존재하지 않는 것을 두려워할 필요가 없음에도 불구하고 두려워한다면, 더더욱 그것은 심각한 악이라. 그런즉 악이기 때문에 우리가 두려워하거나, 우리가 두려워하기 때문에 악이 되거나, 둘 중 하나다. 선하신 하나님이 이 모든 것을 선하게 만드셨는데, 그렇다면 악은 대체 어디서 오는가? 더 나은 선, 최고의 선이 보다 덜 선한 것들을 만들었으나, 창조자뿐 아니라 모든 피조물도 다 선하다. 악은 어디서 올까? 혹 어떤 악한 질료(質料)가 원래 있었는데, 하나님이 그것으로 피조물을 만드셨을까? 그래서 그것에 형태와 질서를 주셨으나, 그 중 일부를 선한 상태로 변화시키지 않고 그냥 내버려두셨을까? 그렇다면 그 까닭은 무엇일까? 그는 전능자신데, 악한 것이 조금도 남지 않도록 그 질료를 온전히 변화시키실 힘이 없었을까? 왜 하필 그런 질료로 무엇을 만드시려 했을까? 그의 전능하심으로 오히려 그런 악한 질료를 완전히 소멸시키실 수는 없었을까? 아니면 혹시 그 악한 질료가 그분의 뜻을 거슬러서도 존재할 수 있었던 것일까? 그런데 만약 그것이 영원 전부터 존재한 것이라면, 어찌하여 그토록 오래, 헤아릴 수 없이 장구한 세월 동안 그것을 그대로 방치해 두셨다가, 이제 와서야 그것으로 무엇을 만드시고자 했을까? 그런데 만약 그가 이렇게 갑자기 무슨 일을 하시고자 했다면, 그는 전능하시므로 악한 질료를 차라리 소멸시키는 편이 더 낫지 않았을까? 그리하여 그만이 홀로 온전히 참된 선, 최고의 선, 무한한 선으로 남아 계셔야 되지 않았을까? 아니면 혹시 선하신 분이 선한 것을 만들거나 짓지 않는 것이 선하지 않다면, 악한 질료는 모두 제거하여 무로 돌아가게 하신 다음, 선한 질료를 만들어 그것으로 모든 것을 창조하셔야 하지 않았을까? 이는 그가 손수 만드신 질료가 없다 해서 선한 것을 지으실 수 없다면, 그는 전능자가 될 수 없음이라.

나는 마음속으로 고민하는 가운데, 이런 생각들을 이리저리 하고 있었는데, 진리를 발견하지도 못하고 죽을지 모른다는 두려움 때문에 극심한 불안에 휩싸여 있었나이다. 하오나 보편교회에서 배운바 "우리 주 되신 구주"(벧후 2:20), 당신의 그리스도에 대한 신앙만은 내 마음 속 깊이 뿌리내리고 있었나이다. 물론 아직 내 신앙은 여러 가지 면에서 확고하지 못하였고, 올바른 교리에서 벗어나 흔들리는 일도 있었으나, 그럼에도 내 영혼은 그 신앙을 아주 놓치지는 않았으며, 오히려 날마다 더욱 그 신앙에 젖어들고 있었나이다.

6. 점성술이 미신임을 깨닫다

(8) 나는 점성가들의 거짓된 점술과 불경한 망령과도 이미 관계를 끊었나이다. 나의 하나님, 이에 대하여도 나는 당신께 내 영혼 깊은 곳에서부터 당신의 긍휼을 인하여 찬양을 드려야 할 것이니이다. 이는 당신만이, 오직 당신만이 우리를 모든 오류에서 건져 내사 죽음을 면하게 하심이니이다. 당신만이 죽음을 모르는 생명 되시니, 당신 외에 어느 누가 그 일을 하리이까? 당신은 가난한 영혼들을 비추는 지혜이시나 스스로는 빛을 조금도 필요로 하지 않으시나이다. 당신은 지혜로 이 세상을 다스리시되, 바람에 나부끼는 나뭇잎 하나까지 다스리시나이다. 당신은 나의 완악함을 인하여 나로 하여금 빈디키아누스라는 현명한 노인과 재능이 뛰어난 청년 네브리디우스를 만나게 해 주셨나이다. 나는 저들에게 완강히 대항하였으나 빈디키아누스는 강한 확신을 가지고, 네브리디우스는 조금 주저하면서, 자주 나에게 이러한 말을 해 주었나이다.

장래의 일을 미리 알아내는 기술이란 없는 법일세. 물론 사람들이 추측한 것이 우연히 맞는 경우가 가끔 있네. 사람이 말을 많이 하다 보면, 더러는 장래 일어날 일을 말할 수도 있으나, 실은 말하는 사람 자신이 그것을 미리 알고 말하는 것은 아니라네. 그것은 사람이 말을 많이 하다 보면, 개중에는 맞는 말도 하게 되기 때문이네.

마침 당신은 친구 하나를 붙여 주셨는데, 저는 스스로는 점성술에 정통하지 않았어도 점성가들을 찾아다니는 일에는 열심인 사람이었나이다. 하오나 내가 아뢴 대로 저는 [점성가들을] 찾아다니기는 했으나 호기심 때문에 찾아다니는 사람이었으며, 저가 말한 대로 자기 아버지에게서 들은 바가 있어 [점성술을] 조금 아는 자였나이다. 하오나 저는 저가 내게 해 주는 이야기가 점성술에 대한 [나의] 미신을 깨뜨리는 데 커다란 공을 세울 것이라는 사실은 미처 짐작하지 못하고 있었나이다.

하온데 이 사람의 이름은 피르미누스였으며, 자유학예를 공부했고 수사학에 능한 자로서, 나를 절친한 친구로 여겼던 까닭에 나를 찾아와서, 자기의 야망인 출세에 관계된 여러 가지 문제를 상의하며 자기가 타고난 별자리 운세에 관한 나의 의견을 물었나이다. 나는 이미 이런 문제에 관하여는 네브리디우스의 생각에 기울어지고 있었으나 저의 물음에 대한 답변을 거절하지는 않고, 사실을 정확히 잘 알지 못하면서도, 마음에 떠오르는 대로 추측하여 내 의견을 말해 주었나이다. 하오나 나는 이미 이런 것들에 대해 가소롭고 의미 없는 것이라는 확신을 상당히 많이 가지고 있다고 덧붙였나이다. 그러자 저는 한때 점성술 책에 심취했던 자기 아버지에 대한 이야기를 들려주었나이다. 그 이야기에 의하면, 피르미누스의 아버지에게는 자기와 똑같이 점성술에 심취하여 그것을 공동으로 연구하기까지 하는 친구가 하나 있었나이다. 저들은 이같이 어리석은 일에 저들의 마음을 불태우면서 함께 힘을 합쳐 열심히 연구하였는데, 말 못 하는 가축이 집에서 새끼를 낳는 때까지 관찰하고, 그때의 별자리를 기록함으로써 이 같은 엉터리 학문에 관한 증거자료를 수집하였나이다.

하온데 피르미누스가 자기 아버지에게서 들었다는 이야기는 이러하나이다. 피르미누스의 어머니가 피르미누스를 임신한 바로 그때, 피르미누스의 아버지의 친구의 여종 하나도 똑같이 임신을 했나이다. 그 여종의 주인은 자기 집 개들이 새끼 낳는 시간까지도 극히 세심하게 조사하는 사람이었던 까닭에, 자기 여종의 임신 사실을 모르고 지나칠 리가 없었나이다. 그리하여 피르미누스의 아버지는 자기 아내에 대하여, 그 여종의 주인은 자기 여종에 대하여 각기 그 여자들이 출산할 날과 시간과 분까지 면밀히 계산하고 있었는데, 두 여자가 동시에 진통을 시작하였으므로 두 사람은 새로 태어난 아이들에 대하여, 곧 한 사람은 자기 아들에 대하여, 또 한 사람은 자기 여종의 아들에 대하여 완전히 똑같은 별자리 운세를 산출할 수밖에 없었나이다. 이는 여자들이 진통을 시작하면, 두 사람은 서로 각기 자기 집에서 일어나는 일을 알려주기로 하고, 어린아이가 태어나자마자 소식을 전해 줄 심부름꾼을 서로 동시에 대기시켰음이니이다. 그들은 각기 자기 집안의 주인이었으므로, 어린아이가 태어나는 즉시 상대방에게 알려주는 것은 쉬운 일이었나이다. 피르미누스의 말에 의하면, 양가(兩家)에서 어린아이들이 태어나자마자 심부름꾼을 상대방 집에 보냈는데, 그들은 두 집 거리의 꼭 중간 지점에서 서로 만나게 되었나이다. 그러므로 두 아이의 출생 시간이나 별자리 운세를 기록하는 데 차이란 있을 수가 없었나이다. 하온데 명문가에서 태어난 피르미누스는 탄탄대로를 따라 출세의 길을 걸으며 부를 쌓고 명예가 높아진 반면, 그 여종의 자식은 그를 잘 알고 있던 피르미누스가 말해 준 대로 신분의 멍에를 벗을 길이 전혀 없이 상전들만 섬기고 있었나이다.

(9) 나는 이 이야기를 해 준 피르미누스의 성품을 잘 알았으므로 이 이야기를 듣고는 믿게 되었으며, 이전의 내 모든 반항심이 송두리째 무너져 내리고 말았나이다. 그리하여 나는 우선 피르미누스부터 점성술에 대한 호기심을 버리게 하려고 시도하였나이다. 그래서 나는 말했나이다.

내가 만일 자네의 별자리를 보고 자네의 운세를 정확히 판단하려면, 나는 분명 자네 부모들의 높은 사회적 지위, 자네의 훌륭한 가문, 자네의 고귀한 신분, 자네의 높은 교육수준, 자유학예에 대한 자네의 학식 등을 고려해야 할 것일세. 하지만 만약 그 종이 내게 자기의 별자리 운세를 봐 달라고 부탁했다면, 나는 다시 극히 미천한 그의 집안, 종이라는 신분 등 자네와는 너무 다르고 동떨어진 형편을 고려하지 않을 수 없었을 것일세. 그렇다면 똑같은 별자리를 보고도 서로 다른 운세를 말해야 사실을 말하게 되고, 똑같은 운세를 말하면 거짓을 말하게 되는 것일세. 그런즉 별자리를 보고 올바른 말을 하는 것은 학술적인 지식에 의한 것이 아니라 우연의 일치에 의한 것이고, 틀린 말을 하는 것은 학술적인 지식이 없어서라기보다는 우연이라는 것의 속임수에 빠졌기 때문이네.

(10) 여기에서 나는 [문제 해결의] 단서를 얻어 생각을 계속 발전시켜 나갔나이다.

[점성술로] 돈벌이를 하는 어리석은 자들 가운데 혹시 누가 나에게 맞서, 피르미누스가 나에게 한 이야기, 혹은 피르미누스의 아버지가 피르미누스에게 한 이야기를 거짓이라고 항변한다면, 나는 저들을 단숨에 공박하여 웃음거리로 만들고 말리라. 쌍둥이로 태어나는 사람들을 생각해 보라! 그들은 대부분 모태에서 나올 때 거의 동시에 나오게 되는데, 그 짧은 시간의 차이가 사람의 운명에 얼마큼 영향을 미칠지는 알 수 없는 일이지만, 인간의 관찰 능력으로는 그 영향력을 파악하기가 사실상 불가능하다. 그것은 점성가들이 올바른 예견을 하기 위해 운세표를 들여다보고 무슨 표시를 하려 해도 표시하는 것이 너무 어렵기 때문이다. 그래서 에서와 야곱이 설사 같은 별자리 운세를 가지고 태어났다 해도, 두 사람에게 똑같은 운세를 말하는 것은 옳지 않다. 그 두 사람의 운명은 결코 같지 않았기 때문이다. 그러므로 [점성가들의] 말은 거짓이다. 혹시 그들이 올바른 말을 할 때가 있다면, 그것은 그들이 같은 운세표를 보고도 [그 표와는] 다른 말을 하기 때문이다. 그러므로 그들이 무엇을 알아맞히는 것은 학술적인 지식에 의해서가 아니라, 우연의 일치에 의한 것이다.

만유를 지극히 의롭게 다스리시는 주시여, 당신은 실로 묻는 자들이나 대답하는 자들에게 저들이 알지 못하는 은밀한 방법으로 역사하사, 묻는 자들은 누구나 당신의 공의로운 심판이 행해지는 심연으로부터, 저들 영혼의 숨은 공로에 따라 저들이 마땅히 들어야 할 것을 듣도록 하시나이다. 그러므로 사람이 당신께 "이것이 무엇이니이까?" 혹은 "이것은 무슨 연고니이까?"라고 물어서는 안 될 것이니이다. 저는 그런 것을 물어서는, 절대 물어서는 안 되리니, 이는 저가 사람인 까닭이니이다.

7. 계속되는 영혼의 불안

(11) 나의 도움이 되시는 주여, 당신은 나를 이렇게 [점성술이라는] 사슬에서 풀어 주셨나이다. 하오나 "악은 어디서 오는가?" 하는 문제에 대한 고민은 계속하고 있었는데, 그 해답은 얻지 못하였나이다. 하오나 나의 마음이 아무리 이리저리 요동칠지라도, 내가 신앙의 길에서 떨어져 나가는 것을 당신은 허락지 않으셨으니, 이 신앙에 의하여 나는 당신이 계시다는 것과 당신의 실체는 불변적이라는 것을 믿었으며, 인간에 대한 당신의 돌보심과 심판을 믿었고, 당신은 인간을 위하여 장차 사후(死後)에 생명에 이르게 하는 구원의 길을 당신의 아들이시며 우리 주이신 그리스도 안에서 마련하셨음을 당신이 보편교회에 맡기신 성경의 권위에 의지하여 믿었나이다.

그리하여 이 모든 것에 대한 믿음은 확실하게 흔들림 없이 자리잡았으나, "악은 어디서 오는가?" 하는 문제의 해답은 아직 구하지 못하여 안타까워하였나이다. 나의 하나님, 내 심령은 [그때] 얼마나 심한 해산의 고통을 겪었는지요? 나의 한숨은 [그때] 얼마나 깊었는지요? 그때 당신이 귀 기울여 듣고 계셨어도 나는 그것을 알지 못하였나이다. 하온데 내가 침묵 가운데서 열심히 [해답을] 찾고 있던 그때, 내 영혼의 소리 없는 고통은 당신의 긍휼을 간구하는 크나큰 부르짖음이었나이다. 당신만이 내가 겪은 고통을 아셨으니, 사람들은 아무도 몰랐나이다. 나는 내 가장 친한 친구들에게도 그러한 이야기를 거의 하지 못했나이다. 내 영혼의 모든 번민이 어찌 그들의 귀에 들렸겠나이까? 내 혀로 그것을 다 표현하기에는 시간도, 언어도 충분치 못했나이다. 하오나 당신의 귀에는 내 마음의 부르짖음이 온전히 상달

되었으니, 나의 소원이 당신 앞에 있었나이다. 하오나 내 안광(眼光)은 나와 함께 하지 않았나이다. 이는 그것은 내 안에 있었고, 나는 내 밖에 있었음이니이다. 그 빛은 공간 속에 있는 것이 아니었으나, 나는 공간 속에 있는 것들만 안중에 두었으므로 공간 속에서조차 쉴 곳을 찾지 못하였으니, 이는 공간 속의 사물들이 내가 "이만하면 족하다", "이만하면 좋다"고 말할 수 있도록 나를 받아 주지 않았음이니이다. 하오나 그것들은 나로 하여금 나 스스로 만족할 수 있는 곳으로 돌아가도록 가만 내버려두지 않았나이다. 하온데 내가 공간적인 것들에서 안식을 얻을 수 없음은, 내가 그것들보다는 위에 있되 당신보다는 아래에 있음이니이다. 당신만이 나의 참된 기쁨이 되시니, 내가 당신에게 순복할 때 당신은 나의 아래에 있는, 당신이 창조하신 것들을 내게 복종시키시나이다. 이것이 나를 구원에 이르게 하는 바른 법도요 중용의 길이었사오니, 나로 하여금 항상 당신의 형상을 보존하고 당신을 섬기면서 육신을 다스리게 해 주는 길이었나이다. 하오나 내가 교만하게 당신에 대항해 일어나서 곧은 목을 방패삼아 주님을 향하여 달려들 때, 내 밑에 있던 하찮은 것들이 내 위로 올라가 나를 무겁게 내리눌러, 숨쉴 틈조차 전혀 주지 않았나이다. 내가 눈을 뜨고 보려 할 때는, 그것들이 도처에서 무더기로 떼를 지어 몰려들었으며, 내가 정신을 차려 나의 내면 속으로 돌아가려 할 때는 이런 육신적 영상들이 길을 가로막으며, "더러운 녀석아, 어림도 없이 어디로 가는 것이냐?"고 말하는 것 같았나이다. 이 모든 것이 다 나의 상처에서 자랐으니, 이는 당신이 교만한 자를 억누르사 겸손케 하시는 까닭이니이다. 하오나 나는 교만으로 인해 당신과 분리되었으며, 얼굴이 너무 많이 부어올라 눈을 가릴 지경이었나이다.

8. 하나님의 가시채

(12) 하온데 주여, 당신은 영원토록 계시나 "우리에게 영원히"(시 85:5) 노하지 않으시니, 이는 "티끌과 재"(욥 30:19) 같은 자들을 불쌍히 여기심

이니이다. 나의 일그러짐을 고쳐 주심이 당신 면전에서 기쁨이 되었나이다. 그리하여 당신은 내 안에 가시채를 두사, 나를 몰아 앞으로 나아가게 하셨으니, 내면의 눈으로 당신에 대한 확신을 가질 때까지 나는 [고통을] 참을 길이 없었나이다. 그리하여 당신의 신비로운 약손으로 나의 부기(浮氣)는 [점차] 가라앉았으며, 내 영혼의 흐려져 어두워진 시력은 아프지만 약효는 좋은 따가운 안약의 도움으로 나날이 회복되어 갔나이다.

9. 신플라톤주의자들의 책을 읽게 되다

(13) 하온데 당신이 내게 가장 먼저 보여 주시기 원했던 것은 당신은 "교만한 자를 물리치시고 겸손한 자에게 은혜를 주신다"(약 4:6)[1]는 사실과, 사람들에게 겸손의 길을 보여 주시기 위하여 긍휼을 베푸사, 당신의 로고스로 하여금 "육신이 되어"(요 1:14) 사람들 가운데 거하게 하셨다는 사실이었나이다. 그리하여 당신은 나에게 헬라어에서 라틴어로 번역된 플라톤 주의자들의 몇 가지 책을 지극히 엄청난 교만으로 부풀어 오른 어떤 사람을 통하여 마련해 주셨나이다. 그 책들을 읽어 보면, 비록 표현은 달랐지만 내용 면에서는 수많은 여러 가지 논증을 통하여 똑같은 사실을 설명하고 있었는데, 그 내용은 이러했나이다.

태초에 말씀이 계시니라. 이 말씀이 하나님과 함께 계셨으니 이 말씀은 곧 하나님이시니라. 그가 태초에 하나님과 함께 계셨고 만물이 그로 말미암아 지은 바 되었으니 지은 것이 하나도 그가 없이는 된 것이 없느니라. 그 안에 생명이 있었으니 이 생명은 사람들의 빛이라. 빛이 어두움에 비취되 어두움이 깨닫지 못하더라.[2]

---

1) 잠 3:34, 벧전 5:5 참조.
2) 요 1:1-5.

나는 또한 그 책들에서, 인간의 혼이 "빛에 대하여"(요 1:7) 증거하지만 "이 빛이 아니"(요 1:8)라는 사실, 도리어 하나님 자신인 로고스가 "참 빛 곧 세상에 와서 각 사람에게 비취는 빛"(요 1:9)이라는 사실, "그가 세상에 계셨으며 세상은 그로 말미암아 지은 바 되었으되 세상이 그를 알지"(요 1:10) 못했다는 사실을 읽었나이다. 하오나 나는 거기서 다음과 같은 내용은 읽지 못하였나이다.

> 자기 땅에 오매 자기 백성이 영접지 아니하였으나, 영접하는 자, 곧 그 이름을 믿는 자들에게는 하나님의 자녀가 되는 권세를 주셨으니,[3]

(14) 나는 또한 거기서 하나님이신 로고스가 "혈통으로나 육정으로나 사람의 뜻으로 나지 아니하고 오직 하나님께로서 난 자"(요 1:13)이심은 읽었으나, "말씀이 육신이 되어 우리 가운데"(요 1:14) 거하신다는 것은 읽지 못하였나이다.

나는 비록 그 책들에서, 아들이 "근본 하나님의 본체시나 하나님과 동등됨을 취할 것으로 여기지"(빌 2:6) 아니했다는 내용은 여러 가지 모양으로 여러 번 발견했으나, 다음과 같은 내용은 발견하지 못했나이다.

> 오히려 자기를 비어 종의 형체를 가져 사람들과 같이 되었고, 사람의 모양으로 나타나셨으매 자기를 낮추시고 죽기까지 복종하셨으니, 곧 십자가에 죽으심이라. 이러므로 하나님이 그를 지극히 높여 모든 이름 위에 뛰어난 이름을 주사, 하늘에 있는 자들과 땅에 있는 자들과 땅 아래 있는 자들로 모든 무릎을 예수의 이름에 꿇게 하시고, 모든 입으로 예수 그리스도를 주라 시인하여 하나님 아버지께 영광을 돌리게 하셨느니라.[4]

하온데 만세 전부터 모든 시간을 초월하여 계시는 당신의 독생자는 당신

---

3) 요 1:11-12.
4) 빌 2:7-11.

과 마찬가지로 영원불변하시다는 내용, [모든] 영혼은 "그의 충만한 데서"(요 1:16) 받아 복락을 누리며, 자존(自存)하는 지혜에 참예함으로 지혜롭게 된다는 내용은 거기 있었으나, [당신의 독생자가] "기약대로...... 경건치 않은 자를 위하여"(롬 5:6) 죽으셨고, 당신이 당신의 "아들을 아끼지 아니하시고 우리 모든 사람을 위하여"(롬 8:32) 내어주셨다는 내용은 거기 없었나이다. 이는 당신이 "이것을 지혜롭고 슬기 있는 자들에게는 숨기시고 어린 아이들에게는"(마 11:25) 나타내사, "수고하고 무거운 짐진"(마 11:28) 자들이 그에게 나아가 쉼을 얻도록 하기 위함이었나이다. 그는 "마음이 온유하고 겸손"(마 11:29)하여 "온유한 자를 공의로 지도"(시 25:9)하시며, "온유한 자에게는 그 도를"(시 25:9) 가르치시고, 우리의 "곤고와 환난을 보시고"(시 25:18) 우리의 "모든 죄를 사하여"(시 25:18) 주시나이다. 하오나, 높은 학식이라도 있다는 듯 교만하게 뽐내는 자들은 "나는 마음이 온유하고 겸손하니 나의 멍에를 메고 내게 배우라. 그러면 너희 마음이 쉼을 얻으리니"라는 그의 말씀을 듣지 못하나이다. 그러므로 저들은 "하나님을 알되 하나님으로 영화롭게도 아니하며 감사치도 아니하고 오히려 그 생각이 허망하여지며 미련한 마음이"(롬 1:21) 어두워져, "스스로 지혜 있다 하나 우준하게"(롬 1:22) 되었나이다.

(15) 그리하여 내가 또 거기서 읽은 것은, 저들이 "썩어지지 아니하는"(롬 1:23) 당신의 "영광을 썩어질 사람과 금수와 버러지 형상의 우상으로"(롬 1:23) 바꾸어 놓았다는 것이니이다. 이것은 곧 애굽인의 음식이오니, 에서가 이것으로 인해 장자권을 상실했으며, 당신의 장자 된 [이스라엘] 백성도 마음이 "애굽으로 향하여"(행 7:39), 당신의 형상인 자신의 영혼을 "풀 먹는 소의 형상"(시 106:20) 앞에 굽힘으로 당신 대신 네 발 달린 짐승의 머리를 경배하였나이다.

나는 이런 내용을 거기서 발견했으나 받아들이지는 않았나이다. 주여, 당신은 동생으로 태어난 야곱의 수치를 제하사 "큰 자가 어린 자를"(롬 9:12) 섬기게 하시고, 이방인을 부르사, 당신의 후사(後嗣)로 삼기를 기뻐하셨나이다. 나도 이방인 중에서 당신께 나아온 자로서, 당신이 당신의 백성에게 애굽에서 가지고 나가라 명하신 그 황금에 마음을 두었사오니, 이는 그것이 어디에 있든지 당신의 것임이니이다.[5] 당신은 또한 당신의 사도를 통하여 아테네 사람들에게, 그들 "시인 중에도 어떤 사람들의 말과 같이"(행 17:28) 우리가 당신을 "힘입어 살며 기동하며 있느니라"(행 17:28)고 말씀하셨거니와, 그 [철학] 책들은 사실 아테네에서 온 것이니이다. 하오나, 저들은 당신 소유의 황금으로 애굽의 우상들을 섬겼는데, 나는 그 우상들에는 마음을 두지 않았사오니, 이는 "저희가 하나님의 진리를 거짓 것으로 바꾸어 피조물을 조물주보다 더 경배하고 섬김"(롬 1:25)이니이다.

10. 영원한 진리의 빛에 가까이 나아가다

(16) 그리하여, 나는 그 책들을 통해 나 자신으로 돌아가라는 권면을 받았는데,[6] 당신의 인도하심으로 나는 나의 내면 가장 깊숙한 곳으로 들어갔으며, 내가 그렇게 할 수 있었던 것은 당신이 "나의 돕는 자가"(시 30:10) 되셨기 때문이니이다. 나는 들어가서 미약한 내 영혼의 눈으로나마 바로 내 영혼의 눈보다 높이 있는, 그리고 내 정신보다 높이 있는, 불변의 빛을 보았오니, 이 빛은 아무 육체나 볼 수 있는, 예사로운 빛이 아니었고, 같은 종류의 빛 가운데서 엄청나게 더 크고 엄청나게 더 밝아, 우주공간 전체를 비출 만큼 조명의 범위가 무척 광대한 그러한 것도 아니었나이다. 이 빛은 그런 종류의 것이 아니었고, 이 모든 것과는 종류가 전혀 다른 빛이었나이다. 이 빛이 내 정신보다 높이 있다 함은, 물 위에 기름이 뜨고 땅보다 하늘이 높다 함과는 성질이 다른 것이었나이다. 이 빛이 나보다 높은 것은 이

---

5) 여기서 황금은 이방 철학자들이 발견한 진리를 상징한다.

6) 신플라톤주의의 대표자 플로틴은 "자기 자신으로 돌아가는 것"(Gk: anage epi sauton, Lt.: redire ad semet)을 일자(一者), 곧 하나님께 이르는 첫 번째 단계로 보았다.

빛이 나를 창조했기 때문이요, 내가 이 빛보다 낮은 것은 내가 이 빛에 의하여 창조되었기 때문이니이다. 무릇 진리를 아는 자는 이 빛을 알며, 무릇 이 빛을 아는 자는 영원을 아나이다. 무릇 참된 사랑은 이 빛을 아나이다.

오, 영원한 진리시여! 참된 사랑이시여! 사랑스러운 영원함이시여! 당신은 나의 하나님이시니 내가 "주야로"(시 1:2) 당신을 사모하나이다. 내가 당신에 관하여 처음 깨달았을 때 당신은 나를 맞이하사, 나로 하여금 보아야 할 존재가 있다는 사실을 깨닫게 하셨으나, 나는 아직 그것을 볼 수 있는 시력이 없나이다. 당신이 나에게 [강렬한] 빛을 세게 비추사 시력이 연약한 나를 물리치셨으니, 나는 사랑과 두려움으로 떨었나이다. 그때 나는 당신과 너무 멀리 떨어져 있어서, 당신이 계신 곳과는 전혀 이질적인 세계에 있음을 발견했는데, 마치 지극히 높은 곳에서 당신의 음성이 이렇게 들려오는 듯했나이다.

나는 장성한 자들의 음식이로다. 장성한 분량에 이르라! 그러면 나를 맛보게 되리라. 네 육신의 음식을 네 몸으로 변화시키듯 나를 너로 변화시키려 하지 말라! 도리어 네가 나처럼 변화되어라!

"주께서 죄악을 견책하사 사람을 징계하실 때에"(시 39:11) 내 영혼을 "좀먹음같이 소멸하게"(시 39:11) 하심을 깨닫고 나는 [혼자] 말하였나이다.

진리란 유한한 공간이든 무한한 공간이든 공간에는 퍼져 있지 않으니, 도무지 존재하지 않는 무(無)인가?

그때 당신이 먼 데서부터 외치셨나이다. "아니라 나는 스스로 있는 자니라."[7] 이 음성은 내 심령에 들려온 음성이었으므로 나는 의심할 이유가 전혀 없었나이다. 이는 진리는 "그 만드신 만물에 분명히 보여 알게"(롬 1:20)

---

7) 출 3:14 참조.

되는 것으로, 차라리 내가 살아 있음을 의심할지언정 진리가 없다고 의심할 수는 없었음이니이다.

11. 피조물의 본성

(17) 내가 또한 당신 아래에 있는 그 밖의 것들을 살펴보았는데, 그것들이 온전한 존재도 온전한 비존재도 아님을 나는 깨달았나이다. 그것들이 존재하는 것은 당신으로부터 왔음이며, 그것들이 존재하지 않는 것은 당신과 같은 [수준의] 존재가 아님이니이다. 불변적으로 존재하는 것, 오직 그것만이 참된 존재니이다. "하나님께 가까이함이 내게 복이라"(시 73:28). 하나님 안에 거하지 아니하면 나는 실로 나 자신 안에도 거할 수 없나이다. 하온데, 당신은 스스로는 변하지 않으시나 만물을 새롭게 하시나이다.[8] 당신은 "나의 주시오니"(시 16:2), 당신은 나의 선함 없이도 자족하시나이다.

12. 모든 피조물은 선하다

(18) 나는 또한 썩음을 입는 것들도 선하다는 사실을 분명히 깨달았나이다. 그것들이 만약 최고선이었다면 썩을 수 없었을 것이니이다. 하오나 선한 것이 아니었다면 썩을 수도 없었을 것이니이다. 이는 최고선은 [전혀] 썩을 수 없고, 전혀 선하지 않은 것에는 그 안에 [더 이상] 썩을 수 있는 것이 없음이니이다. 썩음이란 실로 해(害)가 되는 것인데, 선이 감소하는 경우에만 해가 되는 까닭이니이다. 그리하여 썩음이 아무 해가 되지 않는 것은 있을 수 없으니, 썩는 것은 모두 선을 상실한다는 사실은 너무나 확실하나이다. 하오나 어떤 존재가 선을 완전히 상실한다면, 그것은 더 이상 전혀

---

8) 구약외경 지혜서 7:27 참조.

존재할 수 없나이다. 그러므로 계속 존재하면서도 더 이상 썩지 않을 것은 더 좋은 것이 될 것이니, 이는 그것이 더 이상 썩지 않고 계속 존재할 것임이니이다. 선한 것을 모두 상실한 후에 더 선한 것이 되었다는 말보다 더 해괴한 말이 어디 있겠나이까? 그러므로 선한 것을 모두 상실한다면 존재조차도 완전히 상실할 것이니이다. 그런즉 존재하는 것은 선한 것이니이다. 그리하여 존재하는 것은 다 선하니, 내가 그 근원을 캐묻던 악은 실체가 아니니이다. 이는 만약 그것이 실체라면 선할 것임이니이다. 그리하여 그것이 만약 썩지 않는 실체라면 고차적인 선일 것이요, 썩는 실체라 할지라도 선함이 없다면 썩음도 없을 것이니이다.

그리하여 나는 당신이 만드신 만물은 다 선하며, 당신이 창조하지 않은 실체는 결코 있을 수 없다는 사실을 분명히 보고 깨달았나이다. 하온데 당신은 모든 것을 [서로] 같지 않게 창조하셨기에, 모든 것이 [각자 특색 있게] 존재하나이다. 그리하여 만물이 개체로서도 선하고, 전체로서는 [더더욱] 매우 선하니, 이는 우리 하나님이 모든 것을 다 함께 지극히 선하게 창조하셨음이니이다.

13. 만물의 질서와 조화

(19) 그리하여 당신께는 아무런 악도 존재하지 않으며, 당신뿐 아니라 당신의 창조물 전체에도 그러하오니, 이는 밖에서 어떤 것이 침입하여 당신이 세워 두신 질서를 흔들 수 있는 것이 없는 까닭이니이다. 하온데 부분의 관점에서 보면, 피조물 중 어떤 것이 다른 것에 조화를 이루지 못할 때 악으로 취급되나이다. 하오나 그것이 또 다른 것에는 조화를 이루어 선한 것이 되니, 그 자체로서는 선한 것이니이다. 또한 서로 간에는 조화를 이루지 못하는 것이라도 모두 우리가 땅이라 부르는 낮은 단계의 피조물과는 조화를 이루며, 한편 땅은 구름 끼고 바람 부는 하늘과 조화를 이루나이다. 하오나 내가 "이런 것은 차라리 존재하지 않았더라면" 하는 말을 해서는 안

될 것이니이다. 이것들을 그 자체로만 본다면 더 선한 것을 내가 바랄 수도 있을 것이나, 이것들만 가지고도 내가 당신을 찬양해야 하나이다. 땅에 있는 [수많은] 피조물들이 실로 시편의 다음 찬양과 같이 당신을 찬양해야 한다는 사실을 보여 주고 있나이다.

> 7 너희 용들과 바다여 땅에서 여호와를 찬양하라 8 불과 우박과 눈과 안개와 그 말씀을 좇는 광풍이며 9 산들과 모든 작은 산과 과목과 모든 백향목이며 10 짐승과 모든 가축과 기는 것과 나는 새며 11 세상의 왕들과 모든 백성과 방백과 땅의 모든 사사며 12 청년 남자와 처녀와 노인과 아이들아 13 다 여호와의 이름을 찬양할지어다(시 148:7-13).

하오나 우리 하나님이여, 하늘에 있는 피조물들도 시편의 다음 찬양과 같이 당신을 찬양해야 하나이다.

> 1 할렐루야 하늘에서 여호와를 찬양하며 높은 데서 찬양할지어다 2 그의 모든 사자여 찬양하며 모든 군대여 찬양할지어다 3 해와 달아 찬양하며 광명한 별들아 찬양할지어다 4 하늘의 하늘도 찬양하며 하늘 위에 있는 물들도 찬양할지어다 5 그것들이 여호와의 이름을 찬양할 것은 저가 명하시매 지음을 받았음이로다(시 148:1-5).

그러므로 나는 더 이상 더 좋은 세계를 바라지 않았나이다. 이는 내가 이 모든 것을 생각해 볼 때, 위에 있는 것이 아래에 있는 것보다 더 좋다는 것은 사실이었으나, 모든 피조물이 함께 존재하는 것이 위에 있는 것들만 홀로 존재하는 것보다 더 좋다는 것을 깨닫게 되었으니, [실로] 이것이 건전한 판단이었나이다.

14. 하나님에 대한 새로운 깨달음

(20) 당신의 창조물 중 하나라도 싫어하는 자는 건전함이 없는데, 실상 내가 그러하여 당시 나는 당신의 수많은 창조물을 싫어하였나이다. 그래도 내 영혼은 감히 나의 하나님을 싫다고 할 만큼 무모하지는 않았으므로, 내 영혼이 싫어하는 것들을 당신의 창조물이라 인정하고 싶지 않았나이다. 이로 인해 내 영혼은 두 가지 본체를 주장하는 이론에[=이원론에] 빠져 안식을 찾지 못하고 어리석은 말만 하였나이다. 그러다가 [이원론을 버린 다음에는] 무한한 공간 속에 두루 펴져 있는 하나님을 상정하여, 그 하나님을 당신으로 믿고 내 마음에 모셨으니, 나의 영혼은 또다시 스스로 만든 우상의 신전이 됨으로써 당신이 가증히 여기시는 바가 되었나이다. 하오나 당신은 이렇게 무지한 자의 머리를 어루만지시며, "내 눈을 돌이켜 허탄한 것을 보지"(시 119:37) 못하게 하셨나이다. 그리하여 나는 나의 이런 상태에서 조금 벗어났고, 나의 광기도 가라앉게 되었나이다. 그 후 내가 당신 품 안에서 눈을 떠 당신의 무한하심을 보게 되었는데, 당신의 무한하심을 보는 나의 눈은 이전과는 달리 육신의 눈이 아니었나이다.

15. 하나님이 모든 것을 붙들고 계심

(21) 그리고 눈을 돌이켜 다른 것들을 살펴보니, 그것들이 당신으로 말미암아 존재함과 당신이 그 모든 것을 붙들고 계심을 깨달을 수 있었나이다. 하오나 붙들고 계신다는 것은 [내가 이제까지 생각했던 것과는] 다른 의미에서였으니, 곧 어떤 장소에 붙들어 둔다는 의미가 아니라 모든 것을 당신의 손, 곧 진리의 손에 붙들고 계신다는 의미에서였나이다. 그러므로 모든 것은 존재하는 한에 있어 참되며, 거짓이란 오직 존재하지 않는 것을 존재하는 것으로 생각할 때만 존재하나이다.

나는 또한 모든 것에는 자기에게 알맞은 장소가 있을 뿐 아니라 자기에게 알맞은 시간도 있다는 사실을 깨달았나이다. 하오나 당신은 홀로 영원하신 분으로서 헤아릴 수 없는 시간이 경과한 다음에 창조사역을 시작하신 분이 아니오니, 이는 지나간 모든 시간이나 앞으로 올 모든 시간은 항상 일하시며 항상 존재하시는 당신 없이는 가지도 오지도 못함이니이다.

16. 죄는 실체가 아니라, 의지의 왜곡

(22) 건강할 때는 맛있던 빵도 입천장이 병들었을 때는 고역이 되고, 건강한 눈에는 아름답던 빛도 아픈 눈에는 고통이 된다는 사실은 이상한 일이 아님을 나는 경험을 통하여 아나이다. 그리하여 당신의 의를 사악한 자들이 싫어하는 것은 당연하나이다. 저들은 독사나 벌레도 싫어하나, 그것들은 당신 창조물의 낮은 부분에 어울리도록 당신이 선하게 창조하신 것이니이다. 사악한 자들도 그런 저급한 부분에는 어울리니, 저들은 당신의 형상을 닮지 않았으며, 반대로 당신의 형상을 많이 닮을수록 보다 높은 부분에 어울리게 되나이다. 그리하여 나는 죄가 무엇인지 궁구해 본 결과, 그것은 무슨 실체가 아니라 의지의 왜곡임을 깨달았나이다. 곧 최고의 실체이신 하나님 당신에게서 돌이켜 자기 내면 아주 깊숙한 곳에 감추어진 보배를 버리고 밖으로 부풀어 올라, 지극히 비천한 데로 떨어지는 것임을 깨달았나이다.

17. 지적인 깨달음만으로는 부족함

(23) 나는 어느덧 내가 당신을 사랑하고 있다는 사실에 놀랐는데, 내가 당신 대신 어떤 환영(幻影)을 사랑한 것은 아니었나이다. 하오나 나는 내 하나님을 향유[9]하는 일은 계속하지 못하였나이다. 나는 도리어 당신의 아

---

9) 어거스틴에 있어서 향유(frui)는 매우 중요한 개념인데, 그는 하나님을 향유의 대상으로 본다.

름다움에 이끌려 당신께로 향하다가도, 얼마 있지 못해 나의 무게로 인해 당신에게서 떨어져 나와, 탄식하면서도 낮은 곳으로 내려가기를 반복했는데, 그 무게는 곧 육신의 습관이었나이다. 그럼에도 당신에 대한 기억은 내게 남아 있어, 내가 의지해야 할 분이 계심을 나는 결코 의심치 않았나이다. 단지 내가 당신에게 붙들려 있기에는 아직 부족한 자였으니, 이는 썩어질 육신이 영혼을 짓누르고, 땅의 장막이 온갖 생각에 잠기는 내 영혼을 괴롭게 하였음이니이다.[10] 하오나 나는 창세로부터 당신의 보이지 아니하는 것들, 곧 당신의 영원하신 능력과 신성이 당신의 만드신 만물에 분명히 보여 알게 되는 것은 확실히 알게 되었나이다.[11] 그리하여 하늘이나 땅에 있는 여러 물체들의 아름다움을 내가 평가하는 근거는 무엇이며, 무상하게 변하는 것들에 대하여 "이것은 이래야 하고, 저것은 저래야 한다"고 생각하고 말할 때의 나의 정확한 판단 기준은 무엇인지까지 알고 싶었나이다. 내가 무엇을 기준으로 그러한 판단을 하는지 알아보는 중에, 변전(變轉)하는 내 정신보다 훨씬 위에 있는 진리의 영원함을 발견했으니, 그 영원함은 불변적이고 진실된 것이었나이다.

 이리하여 나는 물체에서 혼(魂)으로, 혼에서 혼의 내적 능력으로, 혼의 내적 능력에서 다시 이성(理性)의 사유(思惟)하는 능력으로 나아갔는데, 혼은 육신의 감관(感官)을 통해 물체를 지각(知覺)하는 것이며, 혼의 내적 능력은 육신의 감관을 통해 외부의 것을 전달받는 것인데, 짐승들에게도 이러한 능력은 있고, 이성의 사유하는 능력으로는 육신의 감관을 통해 지각한 것을 판단할 수 있나이다. 하오나 이러한 이성의 판단 능력까지도 내게는 변하는 것으로 생각되었으므로, 나는 나의 판단력을 인도하여 이성 자체에까지 올라가, [과거의 그릇된] 사유 습관에서 벗어나, 서로 모순되는 온갖 잡다한 환상의 무리를 떨쳐 버렸으니, 도대체 무슨 빛이 비쳐 오기에 불변하는 것은 변하는 것보다 낫다는 사실을 절대 의심할 수 없다고 외치

---

10) 구약외경 지혜서 9:15 참조.

11) 롬 1:20 참조

는 것인지, 그 불변하는 것을 어떻게 알아냈는지 발견하고 싶었나이다. 이는 무슨 방법으로든지 알아내는 방법이 있었기에, 불변하는 것이 변하는 것보다 분명히 더 낫다는 사실을 알아냈을 것임이니이다. 이리하여 나의 이성적 능력은 순간적으로 떨면서 눈을 떠, 마침내 존재 자체에까지 이르렀나이다. 그때 나는 당신의 보이지 아니하는 것들을 당신이 만드신 만물을 분명히 보아 알았으나[12] 시선을 고정시킬 수는 없었는데, [내 시력이] 약한 탓으로 물리쳐져 [내게] 익숙한 일상의 세계로 되돌아갔으니, 내게는 그에 대한 아련한 기억만 남았을 따름이어서, 마치 맛있는 음식을 냄새만 맡고 먹지는 못하는 것과 흡사했나이다.

18. 겸손하신 그리스도를 영접해야 했음

(24) 그리하여 나는 당신을 향유하는 데 필요한 힘을 얻고자 길을 찾아 보았으나, 하나님과 사람 사이의 중보(中保) 되신 분, 곧 "만물 위에 계셔 세세에 찬양받으실 하나님"(롬 9:5)이시며 "사람이신 그리스도 예수"(딤전 2:15)를 영접할 때까지는 찾지 못하였으니, 그는 우리를 부르시며 "나는 길이요 진리요 생명"(요 14:6)이라 말씀하셨고, 내가 연약하여, 받아 먹을 수 없는 [하늘의] 양식을 [인간의] 육신에 섞어 우리에게 주신 분, 곧 "말씀이 육신이"(요 1:14) 되신 분이니이다. 그는 당신의 지혜로, 당신은 저로 말미암아 만유를 지으셨는데, 그는 연약한 우리를 위한 젖이 되어 주셨나이다.

하오나 나는 겸손하지 못하여 겸손하신 나의 하나님 예수를 붙들지 못하였으니, 그의 연약함이 나에게 무엇을 가르쳐 주는지 깨닫기란 도저히 불가능하였나이다. 영원한 진리 되신 당신의 로고스는 실로 당신의 피조물 중 높은 것보다 지극히 높으사 순종하는 자들을 자신에게로 이끌어 올리시나, 이 낮은 세상에서는 우리를 지으신 진흙으로 겸손히 자신의 집을 지으

---

12) 롬 1:20 참조.

사 우리로 하여금 교만을 버리고 겸손을 배우게 하시며, 우리 자신을 버리고 그에게로 나아가게 하셨나이다. 그는 [우리의] 교만함을 고치시고, 사랑을 키워 주시니, 우리가 더 이상 우리 자신을 신뢰함으로 방황하지 아니하고 도리어 그의 발 앞에 엎드리도록, 그리하여, 우리와 마찬가지로 약하게 되사 가죽옷[13]을 입으신 그의 신성(神性)을 바라봄으로 우리도 연약해져서, 힘이 다해 쓰러지며 그에게 몸을 던질 때, 그가 일어나시면서 우리를 안아 일으키시려 함이니이다.

19. 그리스도의 성육신에 관한 당시의 생각

(25) 하오나 당시 나는 그렇게 생각하지 않고 나의 주 그리스도를 인간으로, 단지 어느 누구와도 비교할 수 없는 탁월한 지혜를 소유한 인간으로 생각했나이다. 이것은 무엇보다 그가 신비하게도 동정녀에게서 태어나사, 영원한 생명을 얻기 위하여 시간적인 것들을 경히 여기는 모범을 제시하시고, 이로 말미암아 그가 우리를 위한 하나님의 섭리에 따라 위대한 스승으로서의 권위를 획득하게 된 것으로 보였던 까닭이니이다. 하오나 육신이 되신 말씀[14]이 어떠한 신비를 지녔는지에 대하여 [당시] 나는 짐작조차 하지 못하고 있었나이다. 단지 아는 것이라고는 그리스도에 대해 성경이 기록하여 전해 주고 있는 것 중에서, 그가 잡수셨고, 마셨고, 주무셨고, 걸어 다니셨고, 기뻐하셨고, 슬퍼하셨고, 말씀하셨다는 것, 그의 육신이 당신의 로고스와 결합할 때, 오직 인간의 혼(魂)과 영(靈)을 지닌 상태에서만[15] 결

---

13) 여기서 가죽옷은, 원죄로 인하여 죽을 수밖에 없게 된 인간에게 하나님께서 지어 주신 것을 말하며, 어거스틴은 이것을 인간의 가사성(可死性)을 상징하는 표상으로 제시한다. 창 3:21 참조.

14) 요 1:14 참조.

15) 여기서 어거스틴은 인간은 영(mens), 혼(anima), 육(caro) 세 가지 요소로 구성되었다는 삼분설(三分說)의 입장을 취한다.

합하였다는 것 정도였나이다. 이 정도는 당신의 로고스의 불변성을 아는 사람이라면 누구나 아는 것으로, 나 역시 나름대로는 이미 알고 있었으므로 이에 대해 아무것도 의심하지 않았나이다. 그것은 의지의 변화에 따라 어느 때는 지체(肢體)를 움직이고 어느 때는 움직이지 않는 것, 어느 때는 감정이 변화하고 또 어느 때는 감정이 변화하지 않는 것, 어느 때는 [여러 가지] 표상(表象)을 사용하여 지혜로운 생각을 드러내다가, 어느 때는 침묵을 지키는 것―이 모든 것은 혼과 영의 변화하는 속성에 기인하는 것이니이다. 하온데 그에 대한 이런 기록이 거짓된 것이라면, [성경의 다른] 모든 기록도 거짓말이 될 염려가 있고, 따라서 성경에는 인류가 구원받기 위해 믿어야 할 내용이 전혀 있을 수 없게 되나이다. 하오나 성경의 기록은 참된 까닭에 나는 그리스도를 온전한 인간으로 인식하였사오니, 그가 인간의 육신만, 아니면 영은 없이 육신과 혼만 지녔다고 생각하지 않고, 인간의 모든 요소를 온전히 갖추었다고 생각했으며, 진리의 화신(化身)이라기보다는 그냥 인간이라고 생각했나이다. 단지 내가 그를 다른 모든 사람보다 월등히 뛰어나다고 생각한 것은 그가 아주 탁월한 인간성과 보다 완전한 지혜를 지녔다고 보았던 까닭이니이다.

하온데 알뤼피우스의 말에 의하면, 보편교회 신자들은 그리스도를 육신을 입은 하나님으로 믿는 까닭에, 그리스도에게는 하나님과 육신만 있지 인간의 혼과 영은 없다는 것이 보편교회의 가르침이라는 것이었나이다. 하오나 알뤼피우스는 그리스도에 대하여 기록된 모든 일은 혼과 영이 없는 피조물에게는 적용될 수 없다는 강한 확신을 가지고 있었기에 기독교 신앙을 받아들이기가 어려웠나이다. 하오나 나중에 그는 이것이 아폴리나리스파[16]의 이단설이라는 사실을 알고는 보편교회의 신앙을 즐거이 받아들였나이다.

하온데 나의 경우를 고백하자면, "말씀이 육신이 되셨다"(요 1:14)는 보

---

16) 라오디게아의 감독 아폴리나리스(Apollinaris, 310?-?390)의 주장을 따르는 이단으로, 주후 381년 콘스탄티노플 회의에서 정죄되었다.

편교회의 진리가 포티노스[17]의 잘못된 학설과 어떻게 다른지를 상당히 나중에야 알게 되었나이다. 이단자들을 물리치는 것은 실로 당신의 교회가 무엇을 믿고 있는지, 올바른 교리란 무엇인지 하는 것을 밝히 드러내나이다. 약한 자들 사이에서는 "편당(偏黨)이 있어야…… 옳다 인정함을 받는 자들이 나타나게"(고전 11:19) 되나이다.

20. 플라톤주의는 교만하게 만듦

(26) 하온데 당시 나는 플라톤 학파의 그 책들을 읽고 무형(無形)의 진리를 탐구하라는 권면을 받았던지라, 당신의 "보이지 아니하는 것들"(롬 1:20)을 그 만드신 만물을 통하여 보아 알게 되었고, [당신의] 물리침을 받고서도 내 영혼의 어두움으로 인해 바라볼 수 없었던 것에 대한 느낌을 어렴풋하나마 갖게 되었나이다. 당시 나는 당신이 계신다는 것, 당신은 무한하시되 유한한 공간이든 무한한 공간이든지 간에 공간에 퍼져 계신 분이 아니라는 것, 당신은 항상 동일하신 분으로 이러저러한 변화를 결코 받으시지 않기 때문에 당신만이 참된 존재라는 것, 하지만 모든 피조물은 그들이 존재하고 있다는 이 가장 확실한 이유 한 가지만으로도 당신으로 말미암았다는 것을 확실히 알 수 있었나이다. 이러한 것들은 확실히 알 수 있었으나, 그럼에도 나는 당신을 향유하기에는 너무나 연약한 몸이었나이다. 나는 제법 유식한 체 떠벌리기도 하였으나, 당신의 길을 "우리 구주"(딛 1:4)이신 그리스도 안에서 찾지 않는 한 나는 유식한 자가 되기는커녕 멸망할 수밖에 없었을 것이니이다. 나는 벌을 충분히 받았음에도 불구하고 어느새 지혜로운 자처럼 행세하기 시작했으니, [나의 무지를] 슬퍼하기는커

---

17) 주후 4세기 중엽 시르미움(Sirmium)의 감독이었던 포티노스(Photinos)는 그리스도의 선재(先在)를 부인하고, 그리스도는 로고스의 조명을 받은 탁월한 인간일 따름이라고 주장하였다.

녕 나의 지식을 뽐내고 있었나이다. 하오니 겸손의 바탕 위에 세워질 사랑이 과연 [내게] 있었겠나이까? 혹은 [플라톤 학파]의 그 책들이 나에게 그러한 사랑을 가르쳐 줄 수 있었겠나이까? 하오나 내가 믿기로는, 당신의 책을 상고하기 전에 그 책들을 먼저 접하게 된 것은, 당신의 뜻이었으니, 그 책들에서 받은 인상이 나의 기억 속에 각인되어 내가 당신의 책을 통해 길들여지고, 당신의 치료하시는 손길로 나의 상처가 어루만짐을 받은 후에, 교만한 자기만족과 겸손한 신앙고백의 차이, 가야 할 목적지는 알면서도 그리로 가는 길은 모르는 자들과, 복된 나라로 인도하는 길을 보여 줄 뿐 아니라 거기에 가서 살 수 있도록 길이 되어 주시는 분과의 차이가 무엇인지 나로 하여금 알아차리고 이해할 수 있도록 하기 위함이었나이다.

내가 만약 당신의 성경을 먼저 배웠더라면, 그리하여 성경연구를 통하여 당신을 가까이한 다음 [플라톤 학파의] 그 책들을 접하게 되었더라면, 아마도 그 책들은 내 신앙의 바탕을 무너뜨렸거나, 아니면 내가 성경에서 얻은 구원의 경험이 계속 유지되었다 하더라도, [플라톤 학파의] 그 책들을 연구하는 것만으로도 누구나 그러한 경험을 할 수 있다고 생각했을 것이니이다.

21. 성경, 특히 바울 서신의 연구

(27) 그리하여 나는 당신의 영으로 감동함을 받은 고귀한 책, 그 중에서도 특히 바울 서신을 매우 열심히 탐독했는데, 그러자 이전에 나로 하여금 바울이 자기모순에 빠졌다고, 바울의 가르침이 율법과 선지자의 증거와 일치하지 않는다고 생각하게 했던 의문들이 사라지고, 그 말씀의 순결한 모습이 내 앞에 환히 드러났나이다. 그러하므로 나는 [그 말씀을] 배울 때 "떨며 즐거워"(시 2:11)하였나이다. 이렇게 시작하여 나는 플라톤 학파의 책들에서 읽은 진리가 성경에 모두 들어 있을 뿐 아니라, 나아가 성경은 당신의 은총을 찬양하는 가운데 기록되었다는 것을 발견하게 되었으니, 누구든지 보는 사람은 자기가 보는 대상뿐만 아니라 볼 수 있는 시력까지도

[위로부터] 받은 만큼, 마치 받지 아니한 것같이 자랑하지 말아야 하나이다. 사람에게 "있는 것 중에 받지 아니한 것이 무엇"(고전 4:7)이겠나이까? 그러므로 우리들은 항상 동일하신 당신을 바라보도록 권고함을 받으며, 그뿐 아니라 당신을 굳게 붙들 수 있도록 고침을 받나이다. 또한 멀리 있어서 [당신을] 볼 수 없는 자도 가까이 와서 [당신을] 보고 붙들 수 있도록 길을 계속 가야 하나이다. 우리가 "속사람으로는 하나님의 법을 즐거워하되"(롬 7:22), 우리 "지체 속에서 한 다른 법이 [우리] 마음의 법과 싸워 [우리] 지체 속에 있는 죄의 법 아래로 [우리]를 사로잡아 오는 것을 보는"(롬 7:23) 형편에, 우리가 [달리] 무엇을 할 수 있으리이까? 주여, 당신은 의로우시나, "우리는 범죄하여 패역을 행하며 악을 지었나이다"(왕상 8:47). 당신의 "손이 [우리를] 누르시오니"(시 32:4), 우리가 죄의 원조(元祖)이자 죽음의 군주인 마귀에게 넘겨지는 것은 당연한 일이니이다. 저는 우리의 의지를 오도(誤導)하여 자기의 의지를 닮게 하였으니, 저는 [저의 잘못된] 의지로 인하여 "당신의 진리에 서지"(요 8:44) 못하였나이다. 이 "곤고한 사람"(롬 7:24)이 무엇을 할 수 있으리이까? "이 사망의 몸에서 누가 나를 건져"(롬 7:24) 내리이까? 오직 우리 주 예수 그리스도로 말미암는 당신의 은혜밖에는 없나이다. 당신은 그리스도를 당신과 같이 영원한 분으로 낳으시고, 당신 "조화의 시작"(잠 8:22)에 그를 가지셨으니, "이 세상 임금"(요 14:30)은 그에게서 죽음에 합당한 죄를 전혀 찾지 못하였으나[18] 그를 죽였나이다. 하오나 이로 인해 우리에 대한 죄의 기록이 깨끗이 도말되었나이다.

하온데 플라톤 학파의 책들에는 이런 내용이 없었나이다. 거기의 책장에는 이러한 경건의 표현인 참회의 눈물이나 당신이 원하시는 제사인 "상한 심령", 곧 "상하고 통회하는 마음"(시 51:17)이 묻어 있지 않았으며, [당신] 백성의 구원이나 당신의 신부인 도성(都城),[19] 성령의 보증[20]이나 우리 구

---

18) 눅 23:4, 요 18:34 참조.

19) 계 21:2 참조.

20) 고후 5:5 참조.

속(救贖)의 잔(盞)에 관한 기록도 찾아볼 수 없었나이다. 거기에는 다음과 같이 노래하는 자도 없었나이다.

> 나의 영혼이 잠잠히 하나님만 바람이여. 나의 구원이 그에게서 나는도다. 오직 저만이 나의 반석이시요 나의 구원이시요 나의 산성이시니 내가 크게 요동치 아니하리로다(시 62:1-2).

거기에는 "수고하고 무거운 짐진 자들아 다 내게로 오라"(마 11:28)고 부르는 음성도 들리지 않았나이다. 저들은 "나는 온유하고 겸손하니 내게 배우라"(마 11:29)고 말씀하시는 분에게서 배우기를 싫어했나이다. 이는 당신이 "이것을 지혜롭고 슬기 있는 자들에게는 숨기시고 어린아이들에게는"(마 11:25) 나타내셨음이니이다. 숲이 울창한 산봉우리에서 평화로운 본향을 바라보면서도, 그곳으로 가는 길을 알지 못하여 길 아닌 길을 헛되이 가려다, 사자와 용을 수령으로 하여 매복해 있던 탈주병들의 습격을 받는 것과, 하늘 황제 되신 주님의 보호를 받으며 잘 닦인 길을 따라 그곳으로 인도되는 것은 전혀 다른 것이니, 이 길에서는 하늘의 군대를 이탈한 자들이 노략질하는 일이 전혀 없는데, 이는 저들이 이 길을 아주 싫어하여 멀리하는 까닭이니이다.

내가 당신의 "사도 중에 지극히 작은 자"(고전 15:9)의 글을 읽을 때 이상하게도 이런 것들이 내 마음 속에 파고들어서, 나는 당신의 역사(役事)를 생각할 때마다 두려워 떨었나이다.

제8권 회심을 위한 마지막 싸움

1. 심플리키아누스를 찾아갈 계획을 세움

(1) 나의 하나님, 당신이 내게 베푸신 긍휼을 나로 하여금 감사함으로 기억하며 당신을 찬양하게 하소서! 당신의 사랑을 내 뼛속까지 스며들게 하사, 나로 하여금 "주여, 당신과 같은 자 누구리요?",[1] "주께서 내 결박을 푸셨사오니 내가 주께 감사의 제사를 드리리이다"[2] 하고 아뢰게 하소서! 당신이 어떻게 그것을 풀어 주셨는지 내가 선포하리니, 당신을 경배하는 자들은 모두 이를 듣고 이렇게 말할 것이니이다.

하늘과 땅에서 주를 찬송할지로다! 그의 이름이 크고 놀랍도다!

당신의 말씀은 [이제] 내 마음속 깊이 자리잡아, 나는 사방에서 당신으로 둘러쌈을 당하였나이다. 당신의 영원한 생명에 대하여는 비록 "거울로 보는 것같이 희미"(고전 13:12)하게나마 확신을 가지고 있었나이다. 당신은 불멸의 실체시며, [다른] 모든 실체의 근원이시라는 사실에 대한 의심도 사

---

1) 시 35:10 참조.
2) 시 116:16-17 참조.

라겼나이다. 그리하여 내가 [당시] 바랐던 것은 당신에 대하여 더욱 강한 확신을 가지기보다는, 오히려 당신 안에서 더욱 더 견고히 서는 것이었나이다. 하오나 내 육신의 삶은 [아직] 모든 것이 흔들리고 있었사오니, 내 심령은 "묵은 누룩"(고전 5:7)을 내버리고 씻음을 받아야 했나이다. 나는 비록 길 되신 구세주에 대해서는 호감을 가졌으나, 그가 가신 좁은 길을 따라가는 것은 싫어했나이다.

이때 당신은 내 마음 속에 심플리키아누스를 찾아가는 것이 좋겠다는 생각을 심어 주셨나이다. 나는 그를 당신의 신실한 종으로 알고 있었으니, 그에게서는 당신의 은총의 빛이 넘쳐 나고 있었나이다. 나는 또한 그가 젊어서부터 당신을 극진히 섬기며 살아 왔다는 이야기를 들었나이다. 하온데 당시 그는 이미 나이 많은 노인으로서 오랜 세월 동안 당신의 길을 열성으로 추구하며 살았던 까닭에, [신앙의] 경험과 지식이 풍부하다는 인상을 나는 받았고, 실제로 그는 그러한 사람이었나이다. 그리하여 나는 그에게 나의 번민을 털어놓기 원했으니, 이는 나와 같은 마음 상태에 있는 사람이 당신의 길을 걷기 위해서는 어떻게 해야 하는지 충고받기를 바랐음이니이다.

(2) 나는 교회가 [사람들로] 가득 찬 것을 보았는데, 사람마다 신앙의 길을 가는 방식은 달랐나이다. 하오나 나는 세상적인 방식으로 살고 있는 나 자신이 싫었나이다. 세상적인 삶의 방식은 오히려 내게 고역이었으니, 이제는 전처럼 명예와 돈에 대한 욕심이 힘든 종살이를 견딜 수 있을 만큼 불타오르지도 않았음이니이다. 당신이 내게 주신 기쁨이 컸고 당신 집의 아름다움을 사모했던 까닭에, 이 세상적인 것은 더 이상 나를 기쁘게 하지 않았나이다.[3] 하오나 여자에 대한 사랑만큼은 든든한 쇠사슬처럼 나를 꽁꽁 묶어 두고 있었나이다. 물론 사도 바울도 비록 모든 사람이 자기와 같이 "그냥 지내기를"(고전 7:26) 바라는 심정에서 더 나은 것을 권면하고는 있으나, 결혼 자체를 나에게 금하지는 않았나이다. 하오나 나는 연약하여 더 안일한 쪽을 선택하였나이다. 이 한 가지 이유로 인해 나는 다른 일에도 자

---

3) 고전 7:27-40 참조.

신이 없어졌고, 여러 가지 걱정 근심 때문에 [심신이] 피폐해졌나이다. [그때] 나는 결혼을 하고 싶었고 또 하지 않을 수도 없는 형편이었으나, 결혼 생활을 하려면 내가 원하지 않는 다른 일도 억지로 해야만 했나이다.

    진리의 입을 통하여 "천국을 위하여 스스로 된 고자도 있도다"(마 19:12) 라고 하신 말씀, 또 "받을 만한 자는 받을지어다"(마 19:12)라고 하신 말씀을 나는 들은 적 있나이다. 하나님을 아는 지식이 없는 자들이나 선하게 보이는 피조물을 보고도, 존재 자체이신 하나님을 발견하지 못하는 자들은 다 허망한 자들이니이다. 하오나 나는 그러한 정도의 허망함에는 빠져 있지 않았나이다. 오히려 나는 그러한 허망함을 극복하고, 모든 피조물의 증거에 근거하여 우리의 창조주이신 당신과 당신의 로고스를 발견하였으니, 이 로고스로 말하면 하나님이신 당신과 함께 계시며, 당신은 그로 말미암아 천지를 창조하셨으니, 그는 당신과 함께 유일하신 하나님이시니이다.[4)]

    하온데 [세상에는] 다른 종류의 불경건한 자들도 있으니, 그들은 "하나님을 알되 하나님으로 영화롭게도 아니하며 감사치도"(롬 1:21) 아니하는 자들이니이다. 나도 한때 그 가운데 빠졌으나, 당신의 "오른손이 나를"(시 18:35) 붙드사 거기서 나를 건지시고, 나로 하여금 구원 받을 수 있는 자리에 서게 하셨나이다. 당신은 인간에게 "주를 경외함이 곧 지혜"(욥 28:28)이니 "스스로 지혜롭게 여기지 말지어다"라고 말씀하셨사오니, 이는 "그들이 스스로 지혜 있다 하나 우준하게"(롬 1:22)된 까닭이니이다. 나는 이미 "값진 진주 하나를"(마 13:46) 만났고, 내 모든 소유를 다 팔아 그것을 사야 했으나 망설이고 있었나이다.

2. 심플리키아누스가 빅토리누스에 대해 이야기해 주다

    (3) 그리하여 나는 심플리키아누스를 찾아갔나이다. 저는 당시 감독이

---

4) 요 1:1-3 참조.

었던 암브로시우스의 신앙의 아버지였는데, 암브로시우스 감독은 저를 진정 아버지처럼 경애(敬愛)하였나이다. 나는 저에게 내가 어떻게 그릇된 길을 방황하고 있었는지 이야기했나이다. 그리고 플라톤 학파의 책을 몇 권 읽었다고 말하였나이다. 그 책들은 빅토리누스라는 사람이 라틴어로 번역한 것이었는데, 빅토리누스는 한때 로마 시 당국이 공식으로 임명한 수사학자였으며, 후에 기독교 신자가 되어 신자로서 생애를 마감하였다고 들었나이다. 내가 이러한 말을 하자 심플리키아누스는, 철학자들의 책은 "세상의 초등학문을"(골 2:8) 좇아 거짓과 속임수로 가득 차 있는 경우가 많은데, 빅토리누스가 번역한 책들은 그렇지 않고 도리어 하나님과 그의 로고스에 관하여 여러 가지 방식으로 잘 설명해 준다면서, 세상 철학자들의 책이 많이 있지만, 그 중에서 특별히 빅토리누스가 번역한 책들을 내가 읽은 것은 잘한 일이라고 칭찬해 주었나이다. 그리고 나서 심플리키아누스는 "지혜롭고 [슬기 있는] 자들에게는 숨기시고 어린아이들에게는 나타내신"(마 11:25) 그리스도의 겸손을 내게 권하고자, 저가 로마에 있을 때 아주 막역한 사이로 지냈던 빅토리누스를 회상하며 그에 대한 이야기를 내게 해 주었사오니, 나 역시 빅토리누스에 대하여 침묵하지 않겠나이다. 내가 빅토리누스를 크게 칭송함은 당신이 그에게 베푸신 은총을 찬양하기 위함이니이다. 학식이 매우 높은 노인이었던 그는 모든 자유학예에 능통하였고, 철학자들의 허다한 책들을 두루 읽고 비평을 가했으며, 고귀한 신분에 속하는 수많은 원로원 의원들의 스승이었나이다. 사람들은 뛰어나게 훌륭한 그의 교수활동을 기리기 위하여 로마 광장[5]에 그의 입상(立像)을 세워 주었사온데, 이것은 이 세상의 시민들에게는 아주 큰 영예로 여겨지는 것이었나이다. 하오나 그는 나이가 많을 때까지도 우상 숭배자였으니, 로마의 거의 모든 귀족들이 열성적으로 참가했던 미신적 종교의식에 동참하고 있었나이다. 당시 로마의 귀족들은 백성들에게도 [죽음의 신] 오시리스와 한

---

5) 라틴어로 Forum Romanum이라 하며, 로마 시내의 한 광장(廣場)이다.

때 "넵투누스,[6] 베누스,[7] 미네르바[8]에게[9]" 창을 겨누며 대항했다는 개의 신 아누비스 등 수많은 가증스러운 잡신(雜神)들을 섬기라 권하였는데, 로마 사람들은 자기들에게 정복당한 민족의 잡신들을 숭배한 것이니이다. 노학자(老學者) 빅토리누스도 오랜 세월 동안 땅이 진동할 정도로 열변을 토하며 그러한 우상숭배를 옹호하였나이다. 그러던 그가 당신의 자녀가 되고 그리스도의 제자가 되기 위해 세례받기를 부끄러워하지 아니하였으니, 겸손의 멍에 앞에 목덜미를 숙이고 십자가의 능욕 앞에 이마를 조아렸나이다.

(4) 오 주여, "하늘을 드리우고 강림하시며 산들에 접촉하사 연기가 발하게"(시 144:5) 하시는 주여, 당신은 대체 어떠한 방식으로 그의 심령 속에 들어가셨나이까?

심플리키아누스의 말에 따르면, 그는 성경을 읽고 모든 기독교 관련 서적들을 열심히 철저하게 조사, 연구한 후에, 사람들이 없는 데서 심플리키아누스에게 무척 은밀하고 다정하게, "자네는, 내가 벌써 기독교 신자가 된 사실을 알아 주겠나!"라고 했다는 것이었나이다. 그러자 심플리키아누스는 "자네가 그리스도의 교회에 출석하는 모습을 보지 못하면 나는 자네 말을 믿을 수도 없고, 자네를 기독교 신자라고도 볼 수 없네"라고 대답했다 하나이다. 이에 그가 웃으면서 말하기를, "그렇다면 교회당 벽이 기독교 신자를 만들어 준단 말인가?" 하면서, 자기는 벌써 기독교 신자가 되었노라고 여러 번 말했고, 그럴 때마다 심플리키아누스가 똑같은 대답을 하면 그는 또 벽 이야기냐고 핀잔을 주었다 하나이다. 이는 잡신들을 섬기는 교만한 자기 친구들의 감정을 상하게 하고 싶지 않았던 까닭이니이다. 바벨론[10]의 최상층 계급에 속하는 저들은 주께서 아직 꺾어 부수지 않으신 레바논의

---

6) 바다의 신으로, 희랍 신화의 포세이돈에 해당.

7) 사랑의 여신으로, 희랍 신화의 아프로디테에 해당.

8) 지혜와 명철의 여신으로, 희랍 신화의 아테나에 해당.

9) Vergilius, *Aen.* VIII, 698ff.

10) 로마를 상징함.

백향목처럼[11] 거만한 자들로, 빅토리누스는 저들이 자기에게 엄청난 적개심을 퍼부을 것을 염려했던 것이니이다. 하오나 그는 [성경을] 읽고 묵상하는 가운데 믿음이 굳세어져서, 그리스도를 "사람[들] 앞에서"(마 10:32) 시인하기를 자기가 두려워하면, 그리스도는 "거룩한 천사들"(막 8:38) 앞에서 자기를 부인할 것이라고 두려워하게 되었나이다. 그리하여 그는 교만한 악마들을 모방하여 스스로 교만하여진 것, 악마들을 섬기는 종교의식에 참가함으로써 행하는 신성모독은 부끄러워하지 않으면서, 당신의 로고스가 세우신 겸손의 성례는 부끄러워한 것, 거짓 앞에서는 담대했으나 진리 앞에서는 낯을 붉힌 것을 큰 죄로 여기게 되었나이다. 심플리키아누스의 이야기에 따르면, 빅토리누스는 갑자기 예상 밖으로 심플리키아누스에게 "교회로 가세! 나는 기독교 신자가 되려네" 하고 말했다 하나이다. 이에 심플리키아누스는 기쁨을 이기지 못하며 그와 함께 [교회로] 갔나이다. 거기서 그는 [기독교의] 신비에 대한 기초교육을 받게 되었고, 얼마 되지 않아 세례로 말미암은 중생을 체험하기 위하여 [세례 지원자 명부에] 이름을 등록하게 되었으니, 로마 도성이 들끓고 교회는 환호하였나이다. 교만한 자들은 "이를 보고 한하여 이를 갈면서 소멸"(시 112:10)하였으나, 당신의 종에게는 주 하나님이 소망이시니이다. 그러므로 그는 허망한 것들, 어리석고 거짓된 것들을 돌아보지 아니하였나이다.

(5) 마침내 그가 신앙을 고백해야 할 때가 왔는데, [당시] 로마에서는 당신의 은혜를 받고자 입교하려는 사람은 높은 단 위로 올라가, 자기가 외운 내용을 [교회의 모든] 신자들 앞에서 암송하는 것이 관례였으나, 그것이 두려워 떨리는 사람은 은밀한 장소에서 암송하는 것이 허락되는 경우도 간혹 있었으므로, 장로들은 빅토리누스에게 원한다면 그렇게 하라고 했다고 심플리키아누스는 이야기했나이다. 하오나 빅토리누스는 자기가 구원받은 사실을 거룩한 회중(會衆) 앞에서 공개적으로 선포하기를 더 원하였나이다. 그가 가르친 수사학에 구원이 없음에도 그것을 공개적으로 가르

---

11) 시 29:5 참조.

쳤고, 어리석은 무리들 앞에서 자기 자신의 말로 연설할 때도, 아무 두려움이 없었는데, 하물며 당신의 말씀을 당신의 온순한 양떼들 앞에서 암송하는 것을 두려워할 것이 무엇이었겠나이까? 그리하여 그가 신앙고백을 하러 단상으로 올라갔을 때, 모든 사람들은 그가 누구인지 알아보고 서로를 향해 그의 이름을 말하며 기뻐하였나이다. 사실, 거기 있는 사람 가운데서 그를 모르는 사람이 어디 있었겠나이까? 그들은 모두 함께 기뻐하며 "빅토리누스, 빅토리누스" 하는 소리를 조용히 입에 올렸나이다. 그들은 그를 보자마자 이내 환성을 질렀으나, 그의 신앙고백을 들을 생각으로 잠잠해졌나이다. 그는 그의 진실된 신앙을 확신에 찬 어조로 고백하였고, 모든 사람들은 그를 자기들 가슴 속 깊이 끌어안으려 했나이다. 그들은 사랑과 기쁨으로 끌어안으려 했으니, 그를 끌어안는 자들의 손이 그것을 나타내 주었나이다.

3. 곤고함이 클수록 구원받은 기쁨도 크다

(6) 좋으신 하나님, 사람의 영혼이 절망 상태에서 구원함을 받고 큰 위험에서 놓임을 받을 때, 항상 희망이 있고 위험이 별로 없을 때보다 더 큰 기쁨을 느끼는 것은 어찜이니이까? 자비하신 아버지, 실로 당신도 "죄인 하나가 회개하면, 회개할 것 없는 의인 아흔아홉을 인하여 기뻐하는 것보다 더"(눅 15:7) 기뻐하시나이다. 우리들도 이와 같이 길 잃은 양을 찾아 기뻐하며 어깨에 메고 돌아오는 목자의 이야기[12]를 들을 때나, [잃어버린] 은전(銀錢)을 찾아, 당신의 보배함에 다시 넣고 이웃과 함께 즐거워하는 여인의 이야기[13]를 들을 때 큰 기쁨과 즐거움을 느끼나이다. 또한 당신의 집인 [교회]에서 "죽었다가 살았으며 잃었다가"(눅 15:24, 32) 얻은 당신의 작은 아들에 대한

---

12) 눅 15:4-6 참조.
13) 눅 15:8-9 참조.

이야기가 낭독될 때면, 당신의 집인 [천국]에서 베풀어질 기쁨의 잔치를 생각하고 눈물이 쏟아지나이다. 당신은 우리로 말미암아, 또 거룩한 사랑으로 거룩해진 당신의 천사들로 말미암아 기뻐하시니, 당신은 항상 동일하신 분이시니이다. 항상 동일하지 않은 것들을 당신은 모두 다 아시나이다.

(7) 하오면 좋아하는 것을 항상 소유하고 있는 것보다 그것을 [다시] 찾거나 되돌려받을 때, 더 큰 기쁨을 영혼에 느끼는 것은 어찜이니이까? 이와 같은 사례는 [이 세상에] 많으니, 모든 것이 "그러하다" 외치는 증거로 가득하나이다. 승전한 황제는 개선식을 올리거니와, 싸움이 없었다면 승리도 없었을 것이니이다. 전투의 위험이 크면 클수록 개선의 기쁨은 더욱 더 크나이다. 폭풍우로 배에 탄 사람들이 이리저리 나뒹굴고 배에는 파선(破船)의 위험이 닥쳐올 때, 모든 사람들이 죽음의 공포에 휩싸이나이다. 하오나 하늘과 바다가 평온해지면 그들은 너무나 기뻐하니, 이는 그들이 너무나 두려워하였기 때문이니이다. 사랑하는 자가 병들고 그의 맥박이 그의 위독함을 말해 준다면, 그가 낫기 원하는 자들은 모두 마음속으로 함께 아파할 것이나, 그가 나으면 비록 예전처럼 힘있게 걸어다니지 못할지라도, 그가 예전에 건강하고 힘있게 걸어다닐 때 이상으로 기뻐할 것이니이다. 인생의 즐거움도 마찬가지라. 사람들은 예기치 못했고, 뜻하지 않게 닥쳐오는 고생을 통해서뿐 아니라, 고생을 계획적, 의도적으로 자초함으로써 즐거움을 얻기도 하나이다. 배고픔과 목마름이라는 괴로움을 경험해 보지 않고서는, 먹고 마시는 즐거움을 [온전히] 경험할 수 없나이다. 어떤 음주가들은 타는 듯한 갈증을 느끼고자 일부러 짭짤한 안주를 [먼저] 먹사오니, 이는 술을 마셔서 갈증을 해소함으로 즐거움을 얻기 위함이니이다. 약혼한 여성을 신랑에게 바로 넘겨주지 않는 풍속도, 신랑으로 하여금 약혼 기간 동안 그녀를 간절히 사모하도록 만들지 않으면, 결혼한 다음 그녀를 업신여길까 저어하는 까닭이니이다.

(8) 이것은 부끄럽고 더러운 즐거움이든 충분히 용납될 수 있는 즐거움이든, 또는 순수하고 고결한 우정관계에서 오는 즐거움이든 아니면 "죽었다가 살았으며 잃었다가"(눅 15:24, 32) 얻게 된 자를 인한 즐거움이든 다

적용될 수 있으니, 큰 고통이 있은 연후에 큰 즐거움이 오는 것이 [세상의] 보편적 이치니이다.
　주 나의 하나님, 당신은 당신 자신에게 스스로 영원한 기쁨이 되시는데, 당신 주위에 있는 일부 피조물들[14]이 당신으로 인해 영원히 즐거움을 누리는 것은 어찜이니이까? 반면에, 하층 세계의 피조물들이 영고성쇠(榮枯盛衰)와 이합집산(離合集散)을 거듭하는 것은 어찜이니이까? 이것이 당신이 그들에게 정해 주신 존재 양식이니이까? 높고 높은 하늘 끝에서부터 아래로 낮고 낮은 땅속 깊은 곳까지, 창세(創世)로부터 세상 끝까지, 천사로부터 벌레에 이르기까지, 최초의 운동으로부터 마지막 운동에 이르기까지 당신은 모든 종류의 선한 사물과 당신의 모든 의로운 행사(行事)를 적절한 장소와 적절한 시간에 만들어지고 이루어지도록 하셨나이다. 화로다, 나여! 높은 곳에 계신 당신은 얼마나 높으시며, 깊은 곳에 계신 당신은 얼마나 깊으신지 알 수 없나이다. 당신은 결코 우리를 떠나가지 않으셨으나, 우리가 당신께 돌아가는 것은 참으로 어렵나이다.

4. 빅토리누스의 회심이 어거스틴에게 끼친 영향

　(9) 주여, [어서] 역사하소서! [어서] 행하소서! 우리를 일깨우사 돌아오라 부르소서! 불타게 하시며 끌어당기시며 당신의 향기, 당신의 달콤함에 취하게 하소서! 우리가 사랑하리이다. 달려가리이다.
　사람들 중에는 빅토리누스보다 더 깊은 미망(迷妄)의 수렁에서 빠져나와 당신께 돌아오고, 가까이 와서는 당신의 빛으로 조명(照明)을 받는 사람, 그리하여 당신의 빛을 받음으로 말미암아 당신의 "자녀가 되는 권세를"(요 1:12) 누리는 사람이 실로 많지 않나이까? 하오나 저들의 명성이 높지 않을 때는 아는 사람들까지도 저들의 회심(回心)을 기뻐하는 정도가 미

---

14) 천사들을 의미함.

약하나이다. 이는 기쁨이란 많은 사람이 서로 함께 나누면 한 사람 한 사람의 기쁨도 더 풍성하여지니 서로가 서로를 더 뜨겁게 하고 더 불타오르게 하는 까닭이니이다. 더욱이 저들의 이름이 많은 사람들에게 알려진 경우에는 저들은 많은 사람들에게 본이 되어 그들을 구원에 이르게 하며, 많은 사람들을 앞서가면서 그들로 하여금 따라오게 만드나이다. 그리하여 저들보다 앞서 구원의 길로 들어선 자들도 저들로 인하여 기뻐하게 되니, 이는 저들 때문만이 아니라 그 뒤를 따라 구원의 길을 가게 될 많은 사람들 때문이니이다.

하오나 당신의 장막에서는 가난한 자보다는 부유한 자, 천한 사람보다는 귀한 사람이 우대 받는 일은 없어야 할 것이니이다. 당신은 오히려 "세상의 약한 것들을 택하사 강한 것들을 부끄럽게 하시며…… 세상의 천한 것들과 멸시받는 것들과 없는 것들을 택하사 있는 것들을 폐하려"(고전 1:27-28) 하셨나이다. 하온데 당신의 이러한 말씀은 당신의 "사도 중에서 지극히 작은 자"(고전 15:9)의 입을 통하여 울려나왔으니, 저는 [당신의 말씀을] 무기로 하여 [구브로] 총독 [서기오] 바울의 교만을 무너뜨리고, 그로 하여금 당신 그리스도의 가벼운 멍에를 메고 위대한 왕의 신민(臣民)이 되도록 하였으며, 자기도 이러한 큰 승리를 기념하여 이전의 사울이라는 이름 대신 바울이라는 이름으로 불리기를 기뻐하였나이다.[15] 원수 [마귀]에게 강하게 붙들려 있는 자, 마귀의 도구가 되어, 많은 사람을 마귀의 종이 되게 하는 자를 이기면, 마귀의 세력은 그만큼 더 꺾이나이다. 하온데 마귀는 교만한 자들을 고귀한 신분이라는 미명 하에 많이 붙들어 두고 있으며, 그들의 명망을 이용하여 더 많은 사람들을 자기의 종으로 만드나이다. 그러므로 마귀가 난공불락의 요새처럼 움켜쥐고 있던 빅토리누스의 마음을 생각할 때, 그리고 빅토리누스가 그의 혀를 무기삼아 많은 사람들을 망친 일을 생각할 때, 당신의 자녀들은 당신께 큰 감사와 찬송을 돌려드리지 않을 수 없었나이다. 이는 우리 임금이 "강한 자를 결박"(마 12:29)하신 일, 그 자의 세간을 늑탈하사 깨끗하게 하여 당신의 영광에 합당한 그릇으로 변화시킨

---

15) 행 13:4-13 참조.

일, 곧 "[주인의] 쓰심에 합당하여 모든 선한 일에 예비함이"(딤후 2:21) 되게 하신 일을 당신의 자녀들이 보았음이니이다.

5. 자신을 얽어맨 사슬을 완전히 끊지 못하다

(10) 하온데 당신의 사람 심플리키아누스가 빅토리누스에 대하여 이런 이야기를 해 주었을 때, 나는 빅토리누스를 본받을 마음이 불 일듯 하였으니, 사실 심플리키아누스가 이야기를 해 준 목적도 여기에 있었나이다. 율리안 황제[16] 때 기독교인은 수사학 등 학예를 가르치지 못한다는 금령(禁令)이 반포되었는데, 빅토리누스는 그 금령을 기꺼이 받아들여 당신의 말씀을 버리기보다는 [세상의 말로] 수다스러운 학교를 버리는 것을 더 즐겨 하였으니, 심플리키아누스가 이런 이야기를 추가로 해 주었을 때 나는 빅토리누스를 용감하다기보다는 부럽다고 생각하였나이다. 이는 그가 자기의 시간을 당신을 위해 온전히 드릴 수 있는 기회를 가지게 되었음이니이다. 나 역시 그렇게 되기를 소원하고 있었으나 쇠사슬에 묶여 있었으니, 나를 묶은 그 쇠사슬은 다른 사람이 놓은 것이 아니라 바로 나 자신의 의지라는 쇠사슬이었나이다. 원수 [마귀]는 나의 의지를 꽉 붙잡음으로 내게 족쇄를 채워, 나를 완전히 묶어 놓았나이다. 이는 사악한 의지로 인하여 정욕이 일어나고, 정욕에 종노릇함으로써 [잘못된] 습관이 생기고, 그 습관을 이기지 못함으로 인해 끊기 어려운 죄성(罪性)이 형성됨이니이다. 이러한 것들이 작은 고리처럼 서로 연결되어 있었사오니, 그래서 쇠사슬이라 부르며, 나는 그 쇠사슬에 꽁꽁 묶여 견디기 힘든 종살이를 하고 있었나이다. 하나님, 당신만이 나의 참된 기쁨이시니이다. 하오나 내 안에 비록 당신을 감사함으로 섬기며 당신만을 향유하고자 하는 새로운 의지가 생겨나기 시작했

---

16) 율리안(Iulian)은 주후 331년에 태어났으며, 주후 361년부터 주후 363년까지 로마제국 황제였다. 그에게는 '배교자'(Apostata)라는 별명이 주어졌는데, 이는 그가 황제로 즉위한 다음 그의 반기독교적 성향을 노골적으로 드러냈기 때문이다.

어도, 그 의지는 너무 약하여 오랜 습관으로 굳어져 버린 옛 의지를 이기기에는 역부족이었나이다. 그리하여 나의 두 의지, 곧 옛 의지와 새 의지, 육적인 의지와 영적인 의지가 서로 충돌하고 싸움으로 말미암아 내 영혼을 두 갈래로 찢어 놓고 있었나이다.

(11) 이렇듯 나는 나 자신의 경험을 통해 전에 내가 읽은 바, "육체의 소욕(所欲)은 성령을 거스르고 성령의 소욕은 육체를"(갈 5:17) 거스른다는 말씀의 뜻을 이해하게 되었나이다. 물론 나는 두 쪽에 다 마음을 두고 있었으나, 내가 옳지 않다고 여기는 쪽보다는 옳다고 여기는 쪽에 마음이 더 가 있었던 것은 사실이니이다. 하온데 옳지 않다고 여기는 쪽에 마음이 잘 가지 않았던 것은, 내가 그것을 좋아서 행하기보다는 싫은 것을 할 수 없이 당하는 경우가 많았음이니이다. 그럼에도 [옛] 습관이 나 자신을 거슬러 싸우게 된 것은 [결국] 나 자신 탓이니이다. 나는 스스로의 의지에 의하여 나 자신이 원하지 않는 곳에 이르렀나이다. 죄를 짓는 자에게는 당연히 벌이 따르오니, 누가 불평을 한들 법의 인정을 받을 수 있으리이까? 이제 진리가 확실하게 인식된 상황에서, 진리를 아직 확실하게 인식하지 못했다는 핑계로 세상을 등지고 당신을 섬기는 일에 나설 수 없다는 상투적 변명은 더 이상 불가능하였나이다. 하오나 나는 아직 세상에 얽매여 당신의 군사 되기를 거절하였으니, 쇠사슬에 묶여 있기를 두려워해야 했음에도 불구하고 오히려 쇠사슬에서 풀려나는 것을 두려워하는 형편이었나이다.

(12) 나는 마치 잠에 취한 사람처럼 세상의 무거운 짐에 지그시 눌려 있었으니, 잠에서 깨어나려 애쓰면서도 쏟아지는 잠을 이기지 못하여 다시 잠에 곯아떨어지는 사람처럼 당신에 대해 깊이 생각하기 시작했다가도 그 생각을 계속 이어가지 못했나이다. [세상에는] 잠만 계속 자려는 사람은 없으며, 정상적인 생각을 하는 사람이라면 깨어 있는 것이 잠자는 것보다 더 낫다는 것은 누구나 다 알 수 있으나, 사지가 몹시 나른한 상태에서 사람들은 대부분 잠을 떨쳐 버리는 일을 뒤로 미루면서, 그것이 옳지 않다는 것을 알면서도, 일어날 시간이 되었음에도 잠을 계속 청하나이다. 이처럼 나도 당신을 사랑하는 일에 전념하는 것이 정욕에 굴복하는 것보다 더

낫다는 것을 분명히 알았으나, 당신을 사랑하는 일에 전념할 마음을 가지다가도 정욕을 더 좋아하여 그것의 포로가 되었나이다. 그러므로 "잠자는 자여, 깨어서 죽은 자들 가운데서 일어나라. 그리스도께서 네게 비취시리라"(엡 5:14)고 내게 말씀하시는 당신에게 나는 대답할 말씀이 없었나이다. 당신은 진리만을 말씀하신다는 사실을 도처에서 보여 주셨으므로, 나는 진리에 압도당한 몸으로 당신께 대답할 말씀이 전혀 없었나이다. 그리하여 잠꼬대처럼 느린 소리로 "곧 이제 곧 가오니, 조금만 기다려 주소서!"라는 말씀 외에는 드리지 못하였나이다. 하오나 "곧, 이제 곧"이라는 말은 한없이 계속되었고, '조금만' 이라는 말 또한 무한정 오래 계속되었나이다. 그러므로 "내 지체 속에서 한 다른 법이 내 마음의 법과 싸워 내 지체 속에 있는 죄의 법 아래로 나를 사로잡아 오는"(롬 7:23) 형편에 "내 속사람으로는 하나님의 법을"(롬 7:22) 즐거워하는 것이 무슨 소용이 있었겠나이까? 그 "죄의 법"(롬 7:23)이란 실로 [나의] 습관을 이용한 폭거(暴擧)였사오니, 이로 인해 [내] 마음은 나 자신의 의지에 역행하면서까지 끌려 다니거나 붙들려 있었나이다. 하오나 그렇게 된 것이 당연했음은, 내 마음이 거기에 빠지는 것은 나의 [다른] 의지의 동의가 있기 때문이니이다. 그러므로 "오호라, 나는 곤고한 사람이로다. 이 사망의 몸에서 누가 나를 건져 내랴"(롬 7:24)라는 말씀이 나에게 그대로 적용되었으니, "우리 주 예수 그리스도로"(롬 7:25) 말미암는 당신의 은혜가 아니고는 나를 건져 낼 자 없었나이다.

6. 폰티키아누스의 이야기

(13) "나의 반석이시요 나의 구속자이신"(시 19:14) 주여, 나를 너무나 단단히 묶어 놓았던 정욕의 굴레에서, 그리고 세상일의 속박에서 당신이 어떻게 나를 풀어 주셨는지 아뢰며 당신의 "이름에 감사"(시 54:6)하오리다.

나는 일상생활을 [계속] 영위해 갔으나 번민은 자꾸 더 커져 가, 날이면 날마다 당신께 한숨을 쏟아 놓았으며, 나를 무겁게 내리누르는 일상의 업무에서 벗어나 시간이 생길 때면 자주 당신의 교회를 찾았나이다. 그 당시 알뤼피우스가 나와 함께 있었는데, 그는 세 번째의 배석판사(陪席判事) 일을 끝내고 법률 사무에서 놓여나 있던 때라, 내가 마치 수사학을 가르침으로 말재주를 팔아먹으며 살고 있듯, 그도 법률 자문으로 돈벌이를 하려고 자기의 법률 지식을 필요로 하는 사람을 기다리고 있었나이다. [그 당시] 네브리디우스도 함께 있었나이다. 그때 밀라노의 시민이며 문법교사로, 우리 모두의 절친한 친구였던 베레쿤두스는 신실한 보조교사가 꼭 필요했는데, 우리 가운데 한 사람이 그 일을 맡아 줄 것을 간절히 소원했고, 그의 그러한 요구는 친구로서의 특권이기도 했으므로 우리는 네브리디우스에게 그 일을 맡으라고 권고했나이다. 그리하여 네브리디우스는 우리와의 우정 때문에 베레쿤두스의 보조교사 일을 하게 되었나이다. 그러므로 네브리디우스가 그 일을 하게 된 것은 결코 이익을 바라서가 아니었나이다. 이는 만약 그가 생각만 있었다면, 그의 학문을 이용해 더 큰 이득을 보았을 것임이니이다. 하오나 지극히 다정스럽고 상냥한 친구였던 그는 친구에 대한 정리(情理) 때문에 우리의 부탁을 거절할 생각을 하지 못했나이다. 그는 그 일을 맡아 하면서 매우 슬기롭게 대처하였나이다. 그리하여 "이 세상 풍속을"(엡 2:2) 좇아 소위 거물이라는 사람들에게 자신을 알리는 일은 삼갔고, 그런 사람들과의 접촉을 철저히 피함으로써 정신이 산란해짐을 막았나이다. 그는 자신의 정신을 자유로운 상태로 두기를 원하였으며, 되도록 많은 시간을 내어 무엇인가를 읽고 들음으로써 지혜에 관해 탐구하기를 원했나이다.

(14) 하온데 어느 날 폰티키아누스라는 사람이 집으로 우리, 곧 나와 알뤼피우스를 찾아왔으니, 저는 우리와 동향인 아프리카 사람이었고 궁중 시위대에서 높은 벼슬을 하고 있었나이다. 그때 네브리디우스는 없었는데, 무슨 일 때문이었는지는 기억나지 않고, 폰티키아누스가 우리를 찾아온 이유도 잘 알지 못하겠나이다. 하여간 우리는 함께 앉아 서로 이야기를 나누었나이다. 그때 폰티키아누스는 우연히 우리 앞에 있는 책상 위에 책이 한 권 놓여 있는 것을 보고 그것을 집어 펴 보았는데, 전혀 뜻밖에 그 책이 사

도 바울의 서신인 것을 알게 되었나이다. 저가 놀란 것은 그 책을 내가 힘들지만 직업상 할 수 없이 읽어야 하는, 그런 책으로 생각했던 까닭이니이다. 그러므로 저는 미소를 지으며 경탄하는 눈빛으로 나를 쳐다보고는, 예상 밖으로 내 앞에 다른 책은 없고 그 책만 있다는 사실에 놀라워했나이다. 이는 저가 신실한 그리스도인으로 자주 교회를 찾아가, 우리의 하나님이신 당신 앞에 엎드려 수많은 기도를 오래도록 드리는 사람이었음이니이다. 내가 저에게 나의 최대의 관심이 그 책에 있다고 말하자, 저는 애굽의 수도사 안토니우스[17]에 대한 이야기를 꺼냈는데, 안토니우스의 높은 명성은 당신의 종들 사이에서는 널리 알려져 있었으나 우리는 그때까지 전혀 모르고 있었나이다. 이러한 사실을 알게 된 폰티키아누스는 우리가 이렇게 위대한 인물을 모른다는 사실에 놀라면서, 우리 무지한 자들을 깨우치기 위해서 이 인물에 대해 오랫동안 이야기해 주었나이다. 하온데 우리들은 그 이야기를 듣고 놀랐으니, 이렇게 최근에, 곧 우리와 거의 동시대에 바른 신앙이 지켜지는 보편교회 안에서 당신의 기사(奇事)[18]가 너무나 확실하게 일어났음이니이다. 우리 셋은 다 놀랐는데, 알뤼피우스와 내가 놀란 것은 그처럼 엄청난 일을 들은 까닭이고, 폰티키아누스가 놀란 것은 그런 일을 우리가 아직 듣지도 못했던 까닭이었나이다.

(15) 하온데 저의 이야기는 수도원에 사는 사람들, 당신의 향기로 가득찬 그들의 생활, 광야에서의 풍요로운 한적함으로 옮겨 갔으나, 우리로서는 전혀 아는 바가 없었나이다. 밀라노의 성 밖에도 수도원이 있어, 암브로시우스의 돌봄을 받는 착한 수도사들로 가득하였으나, 우리는 그것도 모르고 있었나이다. 저가 이러한 이야기를 계속하는 동안 우리는 조용히 앉아 열심히 듣고만 있었나이다. 이러는 중에 저는 이러한 이야기를 하였

---

17) 안토니우스(Antonius, 251?-?356)는 고대에 수도 생활자의 모범이었다. 교부 아타나시우스(295?-373)가 주후 357년 경 『안토니우스 전기』를 썼고, 이것이 주후 370년 경 에바그리우스(Evagrius)에 의해 라틴어로 번역되었다.

18) 시 145:5 참조.

나이다. 언젠가 자기와 자기 친구 세 사람이 트레베리[19]에서, 황제가 오후 시간에 원형 경기장에서 경기를 관람하는 사이 성벽 부근의 공원으로 산책을 나갔는데, 저들은 거기서 저절로 패가 갈라져 둘씩 짝을 지어 산책하게 되었다 하나이다. 그리하여 한 사람은 자기와 함께 따로 가고, 다른 두 사람은 저들대로 따로 가게 되어 서로 헤어졌다 하나이다. 하온데 다른 두 사람이 한참 거닐다가 우연히 어떤 움막집에 들어가게 되었나이다. 그리고 거기에는 당신의 종들 몇 명이 살고 있었는데, 그들은 "심령이 가난"(마 5:3)하여 천국을 소유한 자들이었나이다. 폰티키아누스의 친구 두 사람은 거기서 안토니우스의 생애를 기록한 책을 한 권 보았나이다. 하온데 저들 중 하나가 그 책을 읽기 시작하자마자 감탄하면서 [마음이 뜨겁게] 불타올라, 그 책을 읽는 도중에 [벌써] 자기도 세상의 직업을 버리고 당신만을 섬기는 그러한 삶을 살면 어떨까 궁리하였나이다. 하온데 저들 두 사람은 궁내부(宮內府)에서 황제를 위하여 일하는 고위 관리들이었나이다. 책을 읽은 그 친구는 금세 거룩한 사랑과 순결한 부끄러움으로 [가슴이] 벅차 올라 자기 자신을 향해 분을 내면서, 자기 친구를 바라보며 이렇게 말했다는 것이니이다.

제발 부탁이니, 자네 말 좀 해 보게나! 우리가 이 고생을 하면서 도달하려는 것이 무엇인가? 우리가 추구하는 것이 무엇인가? 우리가 공직을 맡은 이유가 무엇인가? 궁내부에서 일하는 우리의 소망은 고작 황제의 측근이 되는 것에 불과하지 않은가? 그런 지위라는 것이 얼마나 불안정하고, 위험 많은 것인가? 숱한 위험을 무릅쓰고 [높은 자리에] 올라간다 해도, 거기에는 더 큰 위험이 도사리고 있지 않은가? 더구나 언제 그런 자리에 올라갈 수 있단 말인가? 하지만 하나님의 측근이 되는 것은 마음만 먹으면 지금이라도 당장 가능하다네.

---

19) 트레베리(Treveri)의 정식 이름은 아우구스타 트레베로룸(Augusta Treverorum)이었고, 갈리아(Gallia) 지방의 수도로 황제가 자주 머물렀다. 지금은 트리어(Trier)라 하며, 인구 약 10만의 독일 서부의 도시다.

저는 이렇게 말하고는 새 생명이 태어나는 산고(産苦)를 아프게 느끼면서, 책장으로 다시 눈을 돌렸다 하나이다. 저가 [책을] 읽는 동안, 당신이 내려다보고 계시던 저의 마음속에는 변화가 일어나 세상적인 것에서 벗어나고 있었으니, 그 사실은 [조금 뒤에] 곧 외부로 드러나게 되었다 하나이다. 즉 저가 [책을] 읽는 동안 저의 심령 속에는 격랑(激浪)이 일어, 가쁜 숨을 자주 몰아쉬었고, 결국 더 좋은 것을 가려내고는 그것을 선택하기로 결심하고 자기 친구에게 이렇게 말했다 하나이다.

나는 이제 우리의 그 야망을 버리고 하나님을 섬기기로 결심했네. 지금 이 시간 이 자리에서 당장 새로 시작하겠네. 자네가 나와 행동을 같이하기 싫다면 반대라도 말아 주게!

저의 친구는 [이 말을 듣고] 자기도 친구를 따라 그처럼 훌륭한 상급을 위해 그처럼 훌륭한 봉사에 동참하겠노라고 대답했다 하나이다. 그리하여 두 사람은 벌써 당신의 소유가 되어 "모든 것을 버리고"(눅 5:11) 당신을 좇았다고 하오니, 저들은 합당한 비용을 치르고 망대(望臺)를 세운 셈이니이다.[20]

그때 공원 다른 쪽을 산책하던 폰티키아누스와 또 그와 함께 있던 친구는 저들을 찾다가, 마침내 그 움막으로 와 저들을 발견하고는, 날이 저물어 가니 돌아가자 했다 하나이다. 하오나 저들은 자기들의 생각과 결심에 대하여, 그리고 어떻게 그러한 결심이 생겼으며 굳어졌는지에 대하여 이야기하고는, 만약 자기들과 멍에를 같이할 수 없다면 자기들을 방해하지나 말아 달라고 부탁했다 하나이다. 하오나 폰티키아누스와 그의 친구는 전과 전혀 달라지지 않은 상태였기 때문에 자기 자신들에 대해 슬퍼는 하면서도 저들을 진심으로 축복해 주면서, 저들에게 자신들을 위해 기도해 줄 것을 부탁하고는 마음을 땅 위로 끌면서 궁으로 돌아간 반면, 저들은 마음을 하늘에 붙인 채 그 움막집에 머물렀다 하나이다.

---

20) 눅 14:28 참조.

저 두 사람은 다 약혼자가 있었는데, 나중에 이 소식을 듣고 그녀들은 자기들도 당신께 정절(貞節)을 바쳤다 하나이다.

7. 어거스틴은 그 이야기에 큰 충격을 받다

(16) 이상이 폰티키아누스의 이야기였나이다. 주여, 하온데 그가 이런 이야기를 하는 동안 당신은 나로 하여금 나를 돌아보게 하셨나이다. 나는 나 자신을 바라보기가 싫어, 나 자신을 내 등 뒤에 놓아두고 있었는데, 당신은 나를 거기서 끌어 내사 나의 면전에 세우시고, 나로 하여금 나 자신이 얼마나 추한지, 얼마나 어그러지고 더럽고 흠이 많고 부스럼투성이인지 보게 하셨나이다. 과연 나는 나 자신을 보는 순간 너무 놀라 도망하고 싶었으나 도망할 곳이 없었나이다. 그리하여 나 자신의 모습을 보지 않기 위해 눈길을 돌리려 해도 폰티키아누스의 이야기는 계속되고 있었으며, 당신은 나를 다시 나 자신 앞에 마주 세워 놓으시고, 내 눈으로 나 자신을 바라보지 않을 수 없게 하셨사오니, 나는 나의 죄악됨을 발견하고 그것을 미워하지 않을 수 없었나이다. 나는 나의 죄악됨을 잘 알고 있었으나 그것을 감추려 하였고, 못 본 체하며 잊으려 하였나이다.

(17) 하오나 그 두 사람이 완전한 치유를 받기 위하여, 구원받기에 합당한 뜨거운 신심(信心)으로 자신을 당신께 온전히 바쳤다는 이야기를 들었을 때 나는 그들을 흠모하는 마음으로 불타올랐으나, 그러면 그럴수록 그들과 나 자신을 비교하면서 나를 더 혐오하게 되었나이다. 나는 열아홉 살 때 키케로의 『호르텐시우스』를 읽고 지혜를 탐구하고자 하는 마음이 생겼는데, 그로부터 대략 12년이라는 많은 세월이 흘러갔으나 나는 [아직도] 세상의 행복을 물리치고 지혜 탐구에 몰두하는 일을 뒤로 미루고 있었나이다. 비록 지혜를 발견하지는 못할지라도 그것을 탐구하는 일은 세상의 보화나 왕국을 얻는 일, 눈짓 한 번으로 마음껏 누릴 수 있는 육신의 쾌락을 추구하는 것보

다 더 보람된 일이었음도 그러했나이다. 하오나 너무나 가여운 이 몸은 젊은 시절, 청년기가 시작될 때부터 당신에게 순결을 빌면서 이렇게 아뢰었나이다.

나에게 순결과 절제를 허락하옵소서! 하오나 지금은 마옵소서!

이는 당신이 내 기도를 빨리 들어주사, 당신이 나를 정욕이라는 병에서 빨리 고쳐 주실까 두려워했음이니이다. 나는 정욕의 불이 꺼져 없어지는 것보다는 정욕을 충족시키는 것을 더 소원했었나이다. 그리하여 나는 사악한 미신[21]을 믿으며, 구부러진 길을 따라 다녔으니, 그 미신에 확신을 가져서가 아니라, 다른 종교들에 비해 그것이 더 낫다고 생각했음이니이다. 나는 다른 종교들에 대하여 경건한 마음으로 탐구하기보다는 적의를 품고 공격만 했나이다.

(18) 내가 세상에 대한 소망을 버리고 당신만을 따르는 일을 하루하루 연기한 이유를 전에 나는 나의 길을 인도할 확실한 목적이 내게 [아직] 나타나지 않은 까닭이라고 믿었나이다. 하오나 [이제] 내가 벌거숭이로 나 자신 앞에 서고, 나의 양심의 소리가 내게 숨김없이 들려오는 날이 왔나이다.

혀를 놀려 할 말이 있느냐? 진리가 확실하지 않다는 이유로 세상의 헛된 짐을 내려놓을 수 없다고 너는 분명히 말했지 않았느냐? 보라! 이미 진리가 확실해졌도다. 그런데 아직도 그 짐이 너를 짓누르고 있구나! 다른 사람들을 보라! 그들은 너처럼 [진리를 탐구하느라] 뼈를 깎는 고생도 하지 않았고, 10년 이상의 세월을 궁구(窮究)하는 데 소비하지 않았어도, 그들의 어깨는 너보다 더 가볍고 [비상하는] 날개까지 달지 않았느냐?

폰티키아누스가 이야기를 하는 동안, 나는 속으로 심한 가책을 받았으며, 무서울 정도의 수치심에 압도되어 몸둘 바를 몰랐나이다. 그는 이야기를 마쳤나이다. 그리고 찾아온 용무를 마친 다음 떠나갔고, 나는 나 자신

---

21) 마니교.

속으로 돌아갔나이다. [그때] 내가 나 자신에게 하지 않은 말이 무엇이었겠나이까? 나는 자책(自責)의 채찍으로 내 영혼을 때리며, 당신의 뒤를 따르려 애쓰는 나를 따르라고 하였나이다. 하오나 내 영혼은 반항하고 거절하였나이다. 그러면서도 변명은 못했나이다. 변명의 구실은 모두 소진되고 무너져 버렸으니, 남은 것이라고는 아무 말도 못 하고 떠는 일밖에 없었나이다. 내 영혼은 습관의 흐름이 저지당하는 것을 죽는 것처럼 두려워였으나, 사실은 그 습관으로 인해 죽음으로 빠져들고 있었나이다.

8. 밀라노 정원에서의 영혼의 싸움

(19) 이때 나는 내 심령의 밀실 안에서 내 영혼을 상대로 격렬한 집안싸움을 벌이면서, 얼굴과 마음 모두가 흥분에 휩싸인 채, 알뤼피우스를 붙들고 이렇게 소리질렀나이다.

우린 어찌 된 거지? 자네도 들었겠지만, 도대체 이게 뭐지? 무식한 자들은 [불쑥] 일어나 하늘을 차지하는데, 학문을 했다고 하는 우리는 아무 생각 없이 살과 피 속에 뒹굴다니! 다른 사람들이 우리보다 앞서 가서, 그들을 뒤따라가기 부끄러운 것일까? 그렇지만 그들 뒤라도 따라가지 않은 것을 부끄러워해야 하지 않을까?

나는 이와 비슷한 소리를 하였으나 정확하게는 생각나지 않나이다. 그리고는 흥분을 이기지 못하여 알뤼피우스 곁에서 갑자기 일어났는데, 저는 당황한 나머지 아무 말도 못 하고 나를 바라만 보았나이다. 이는 나의 목소리가 평상시와는 [너무] 달랐음이니이다. 실상 내 입에서 나오는 말보다 나의 이마나 뺨, 눈이나 안색 또는 어조가 내 심정을 더 잘 드러내고 있었나이다.
우리의 셋집에는 작은 정원이 하나 있었는데, 집 주인이 함께 살고 있지 않았던 까닭에 우리는 그 정원과 함께 집 전체를 내 집같이 쓰고 있었나이다. 나는 마음속에 일어나는 격랑을 이기지 못해 그 정원으로 밀려갔는데,

거기에는 내가 나 자신을 상대로 하여 싸우는 격렬한 싸움을, 그 싸움이 언제 끝나든지 간에 방해할 자가 아무도 없었나이다. 하오나 그 싸움이 어떻게 끝날지 그것은 당신만이 아실 뿐 나는 알지 못하였나이다. 하오나 내가 그처럼 미친 상태가 된 것은 구원을 받기 위함이었으며, 내가 죽을 지경이 된 것은 살림을 받기 위함이었나이다. 하온데 나는 내가 얼마나 불행한 처지에 있다는 것은 알았으나, 조금 뒤면 내가 얼마나 복된 사람이 될 것인지에 대해서는 알지 못했나이다. 그리하여 나는 정원으로 내려갔고, 알뤼피우스는 [내 뒤를] 한 걸음 한 걸음 따라왔나이다. 저가 내 곁에 와 주었다 해서 나의 외로움이 가시지는 않았나이다. 하오나 그토록 괴로워하는 나를 저가 어찌 그냥 내버려둘 수 있었겠나이까?

 우리는 할 수 있는 대로 집 건물에서 멀리 떨어져 앉았나이다. 나는 나 자신에 대하여 극도의 분노를 느끼며 속으로 심히 탄식하였나이다. 나의 하나님이여, 이는 내가 당신의 뜻을 받들지 못하고, 당신과 언약관계를 맺지 못하고 있었음이니이다. "내 모든 뼈"(시 35:10)가 그 길을 가야 한다고 외치며 하늘 [높은 곳]까지 찬송을 올리고 있었음에도 그러했나이다. 하늘까지의 거리는 흡사 우리가 지금 앉아 있는 곳에서 집까지의 거리 정도밖에 되지 않은 까닭에, 거기로 가는 데는 배도 사두마차(四頭馬車)도 필요 없고 오래 걸어갈 필요도 없었나이다. 이는 거기로 가는 데는, 거기에 도달하는 데는 오직 가고자 하는 의지만 있으면 되었기 때문이니이다. 단, 그 의지는 굳세고 온전한 의지여야지, 이리 비틀거리며 저리 흔들리는 반병신(半病身)의 의지이거나, 마치 씨름하듯 한 쪽은 올라가고 다른 쪽은 내려가며 요동치는 그런 의지여서는 안 되나이다.

 (20) 이처럼 나는 결단을 못 내리고 고민하고 있었나이다. 나는 마치 사람들이 몸을 움직이려 해도 손발이 없다든가, 아니면 있어도 사슬에 묶여 있다든가, 병으로 쇠약해졌다든가, 기타 다른 이유로 인해 지장을 받아 움직일 수 없어 이러저러한 몸짓을 다 하는 것 같았나이다. 내가 만일 머리카락을 잡아당기거나 이마를 두들기거나 손가락을 서로 끼어 무릎을 감쌌다면, 그것은 나 자신이 원했기 때문에 그렇게 한 것이니이다. 하오나 사지

(四肢)의 움직임이 [내 의지를] 따라 주지 않았다면, 내가 그것을 원했을지라도 행하지는 못했을 것이니이다. 그러므로 내가 여러 가지 일을 했으나 나의 의지와 나의 능력 사이에는 모순되는 경우가 많았나이다. 그리하여 엄청나게 하고 싶은 일도 하지 못하는 경우가 많았으니, 내가 마음만 먹으면 할 수 있는 일도 하지 못할 때가 많았나이다. 이런 경우, 나는 어떤 일을 할 의지만 있었다면 그 일을 행했을 것이니이다. 이는 이런 경우 능력이 의지와 일치하고, 의지가 곧 행동으로 옮겨지는 까닭이니이다. 하오나 [당신의 뜻을 받드는 문제에 있어서는] 나의 의지가 행동으로 옮겨지는 일은 일어나지 않았나이다. 내 육신은 내 영혼의 아주 가녀린 의지라도, 그 지체(肢體)를 움직여 잘 따라 주었으나, 내 영혼은 자기 자신의 아주 큰 의지라 할지라도 그 의지 하나만으로는 순복시키기가 어려웠나이다.

9. 두 의지의 싸움

(21) 이렇게 이상한 일이 어떻게 일어나는 것이니이까? 왜 이렇게 되는 것이니이까? 당신의 긍휼을 비추사 나로 하여금 묻게 하소서! 혹시, 인간이 받고 있는 징벌에 감추인 비밀, 아담의 후예들이 겪는 고통 위에 드리운 엄청난 흑암(黑暗)이 그 해답이 되나이까? 이렇게 이상한 일이 어떻게 일어나는 것이니이까? 왜 이렇게 되는 것이니이까? 영혼이 육신에 명령하면 즉시 순종하나이다. 하오나 영혼이 스스로에게 명령하면 반항하나이다. 영혼이 손더러 움직이라 명령하면, 너무나 쉽게 순종하는 까닭에 명령과 순종을 구별하기가 어려울 정도니이다. 하오나 영혼은 영혼이고, 손은 몸이니이다. 영혼이 영혼더러 무슨 의지를 가지라 명령해도, 서로 같은 영혼이면서도 그대로 행하지 않나이다. 이렇게 이상한 일이 어떻게 일어나는 것이니이까? 왜 이렇게 되는 것이니이까? [이미] 아뢴 대로, 영혼이 영혼더러 무슨 의지를 가지라 명령하는 것이니, 그가 원하지 않았다면 명령도 하지 않았을 것이니이다. 그럼에도 영혼은 그 명령을 이행하지 않나이다.

하오나 영혼의 의지가 온전하지 않다면, 명령도 온전하지 않나이다. 이는 영혼은 원하는 만큼만 명령함이니이다. 명령한 것도 원하지 않는 것은 행하지 않나이다. 이는 의지가 의지더러 있으라고 명령함이니이다. 하오나 그 명령의 대상은 바로 자기 자신이니이다. 그러므로 명령한 것이 이루어지지 않는 것은, 그 명령이 온전한 의지에 의한 명령이 아니기 때문이니이다. 만약 의지가 온전했다면 그러한 의지가 있으라는 명령을 내릴 필요조차 없었을 것이니, 이는 그러한 의지가 이미 존재하는 까닭이니이다. 그러므로 한편에서는 원하고 다른 한편에서는 원하지 않는 것은 하등 이상한 일이 아니고 도리어 영혼에 병이 든 까닭이니, 비록 진리에 떠받혀 일어났나가도 온전히 일어나지 못하고 습관의 무게에 짓눌려 버리는 것이니이다. 그러므로 우리에게는 두 가지 의지가 있으니, 이 두 가지가 모두 온전치 못하여 어느 한 쪽에 결핍된 것이 다른 쪽에는 존재하는 것이니이다.

10. 마니교의 오류

(22) 하나님이여, "헛된 말을 하고 속이는 자"(딛 1:10)들은 당신 "앞에서 망하게 하소서"(시 68:2). 저들은 어떤 사람이 무슨 결정을 내리려 할 때, 그의 마음속에 두 가지 의지가 일어남을 보고, 선과 악이라는 두 가지 본성을 지닌 두 가지 영혼이 우리 속에 있다고 주장하나이다. 이런 잘못된 생각을 하는 저들은 실로 잘못된 자들이나, 저들이 만약 진리를 깨닫고 진리를 인정한다면 저들도 올바른 자들이 되리니, 그때에는 당신의 사도가 "너희가 전에는 어두움이더니 이제는 주 안에서 빛이라"(엡 5:8)고 한 말이 저들에게 응하리이다. 이는 저들이 빛이 되기를 원하였으나 주 안에서 그리 되기보다는, 자기들 스스로 안에서 그리 되기를 원하였음이니이다. 그리하여 저들은 영혼의 본성을 하나님의 본성과 같다고 생각함으로 말미암아 더욱 더 진한 어두움이 되었으니, 이는 저들이 무서운 교만으로 인하여 "참 빛, 곧 세상에 와서 각 사람에게 비취는 빛"(요 1:9)이 되신 당신을 멀리

멀리 떠나간 연고니이다. [마니교도들이여!] 너희는 너희 말하는 바를 삼가며, 부끄러움을 느끼며, 주님께 가까이 나아가 비췸을 입으라! 그리하면 너희가 부끄러움을 면하게 되리라.[22]

내가 오랫동안 마음먹은 대로, 이제 나는 나의 하나님을 섬겨야 하겠다는 결정을 내리려 할 때, 그것을 하고자 하는 것도 나였으며, 그것을 하지 않고자 하는 것도 나였으니, 결정의 주체는 결국 나였나이다. 하오나 나는 온전히 원한 것도 아니었고, 온전히 원하지 않은 것도 아니었나이다. 그러므로 나는 나 자신과 싸우게 되었고, 내 안에는 의지의 분열이라는 현상이 일어났으니, 이러한 분열 현상은 나의 의지에 반하여 일어났나이다. 하오나 이것은 내게 다른 영혼의 본성이 있음을 증명해 주는 것이 아니라, 내가 징벌받고 있음을 보여 주는 것이었나이다. 그러므로 그 분열 현상을 일으킨 것은 내가 아니라 "내 속에 거하는 죄"(롬 7:17)였는데, 그 죄는 아담이 그의 자유의지를 그릇 사용함으로 행한 죄의 벌이었으니, 이는 내가 아담의 후손임이니이다.

(23) 만약 서로 대립하는 의지의 수만큼 서로 대립하는 본성이 있다면, 사람의 본성은 둘이 아니라 더 많아야 할 것이니이다. 만약 어떤 사람이 마니교의 집회에 갈까, 아니면 극장에 갈까 하고 생각한다면 마니교도는 이렇게 외칠 것이니이다.

> 보라! 여기에 두 본성이 있다. 하나는 선한 본성으로 이리로 인도하고, 또 하나는 악한 본성으로 저리로 인도한다. 그렇지 않다면, 서로 대립되는 두 의지로 인해 이렇게 망설일 이유가 어디 있느냐?

하오나 내가 아뢰는 것은 저들에게로 인도하는 의지나 극장으로 인도하는 의지나 둘 다 모두 악하다는 것이니이다. 하오나 저들은 오직 저들에게 인도하는 의지만이 선하다고 믿나이다. 그렇다면 우리 [그리스도인들] 중

---

22) 시 34:5 참조.

어떤 사람이 "극장으로 갈까, 아니면 교회로 갈까?"라는 두 가지 상반된 의지로 인해 망설인다면 어떠하겠나이까? 저들은[=마니교도들은] 뭐라고 대답해야 할지 쩔쩔매지 않겠나이까? 이는 저들이 인정하고 싶지 않겠으나, 교회로 가도록 하는 의지는 – 신자들은 교회에 출석함으로 성례에 참예하고 신앙생활을 착실히 하게 되므로 – 선하다고 인정하든지, 아니면 사람은 하나지만 그 사람 안에 악한 두 본성, 악한 두 영혼이 서로 충돌한다고 말해야 할 것임이니이다. 하오나 한 사람 안에서 악한 두 본성, 악한 두 영혼이 서로 충돌한다고 말하면, 저들이 평소에 선한 본성 하나와 악한 본성 하나가 있다고 주장하던 것은 참이 될 수 없나이다. 그러므로 저들은 회개하고 진리를 받아들여야 할 것이니이다. 사람이 무슨 결심을 하려면, 그의 영혼은 하나로되 여러 의지로 인하여 망설이게 된다는 사실을 저들은 부인해서는 안 되나이다.

(24) 그런즉 한 사람 안에서 두 가지 의지가 서로 충돌하는 것을 보고, 그 충돌이 두 개의 상반된 실체 및 두 개의 상반된 원리로부터 유래한 두 개의 상반된 영혼, 곧 선한 영혼과 악한 영혼의 싸움이라고 주장해서는 안 되나이다. 참되신 하나님이여,[23] 진실로 당신은 저들을 인정치 않으시며, 논박하시며 책망하시나이다. 어떤 사람이 무엇을 망설일 때, 두 의지 모두 다 악한 경우가 있나이다. 예컨대 사람을 죽이려 할 때, 독약을 사용할까 아니면 칼을 사용할까 망설이는 경우, 다른 사람의 두 가지 부동산을 단번에 다 취할 수 없으니, 이것을 먼저 취할까 아니면 저것을 먼저 취할까 망설이는 경우, 돈을 물 쓰듯 써서 쾌락을 추구할까 아니면 구두쇠 노릇을 철저히 해서 돈을 많이 모을까 망설이는 경우, 같은 날 원형 경기장과 극장이 다 문을 열었을 때 이곳으로 갈까 아니면 저곳으로 갈까 망설이는 경우를 생각할 수 있나이다. 또 기회가 주어지면 다른 사람 집에 들어가 도둑질을 해도 괜찮을까 망설이는 경우도 있나이다. 한 걸음 더 나아가, 할 수만 있다면 간음을 해도 될까 망설이는 경우도 있나이다. 이 모든 생각이 한꺼번

---

23) 요 3:33 참조.

에 일어나고 이 모든 것이 한꺼번에 이루어지기를 바랄 수는 있으나, 그것은 불가능한 관계로서, 사람의 영혼은 여러 가지 의지로 인하여 심한 혼란을 겪게 되니, 욕구하는 것이 많으면 많을수록 그 혼란은 더 심해지나이다. 그럼에도 저들은 상반된 실체가 그렇게 많다고 말하지는 않나이다.

선한 의지에 대하여도 마찬가지니이다. 내가 저들에게 [바울] 사도의 글을 즐겨 읽는 것이 좋은지, 신령한 시편을 즐거워하는 것이 좋은지, 아니면 복음서를 연구하는 것이 좋은지 묻는다면, 저들은 모두 다 좋다고 대답할 것이니이다. 하오나 그 모두를 동시에 똑같이 읽고 싶다고 한다면 어떠하겠나이까? 무엇을 가장 우선적으로 해야 할까 망설이는 동안 사람의 심령은 여러 가지 의지로 인해 당혹해 할 것이니이다. 이 모든 의지는 다 선한 것이므로 그 중 하나가 선택될 때까지는 서로 다투나, 일단 선택이 이루어지면 여럿으로 나뉘었던 의지가 결국은 하나의 의지로 온전히 모아지나이다.

영원한 것은 우리로 위의 것을 사모하게 하나, 시간적 재화(財貨)에서 오는 쾌락은 우리로 낮은 것에 얽매이게 하나이다. 그럼에도 영혼은 역시 하나이니이다. 다만 의지만 온전치 못하여, 이것을 원하기도 하다가 저것을 원하기도 하나이다. 그러므로 어떤 것은 진리를 위해 선호하지만 어떤 것은 오랜 습관 탓으로 버리지 못하여, 그 까닭에 영혼이 마치 찢어지는 듯한 아픔을 느끼는 것이니이다.

11. 옛 사람과의 처절한 싸움

(25) 나는 이처럼 병들어 있었고, 나 자신을 그 어느 때보다 더 심하게 질책하며 괴로워하고 있었으니, 나를 얽매고 있던 사슬이 완전히 끊어질 때까지 몸을 뒹굴기도 하고 뒤틀기도 하였나이다. 물론 그 사슬이 많이 약해지기는 하였으나 아직도 나를 얽매고 있는 상태였나이다. 주여, 당신은 긍휼하심 가운데서도 엄하시어, 두려움과 수치라는 두 가지 채찍으로 나를 내 가장 은밀한 곳까지 계속 몰아 세우셨으니, 이는 내가 다시 주저할까

봐, 또 약하고 느슨하게나마 아직 나를 얽매고 있던 사슬이 다시 강해져 나를 더 든든히 묶게 될까 봐 염려하신 까닭이니이다.

실로, 나는 속으로 나 자신에게 "당장 그렇게 하자! 당장 그렇게 하자!" 말했나이다. 그리고 그런 말을 하면서 당장 실행에 옮길 결심까지 하였나이다. 나는 결심을 거의 실행에 옮기기 직전까지 나아갔나이다. 하오나 실지로 실행에 옮기지는 못하였나이다. 그렇다고 이전 상태로 다시 미끄러진 것은 아니었으니, [목표에] 근접한 곳에 서서 다시 숨을 고르고 있었나이다. 그리하여 나는 계속 다시 시도하여 거리를 조금씩 좁혀 갔사오니, 거의 닿을 듯, 거의 만질 듯 거리는 가까워져 갔나이다. 하오나 나는 아직도 거기에 도달하지 못했으니, 아직 [손을] 대지도 만지지도 못했나이다. 나는 죽음에 대하여는 죽고, 삶에 대하여는 사는 일을 아직까지도 주저하고 있었나이다. 이는 습관화된 악이 습관화되지 못한 선보다 나에게 더 강하게 역사(役事)하고 있었기 때문이니이다. 내가 [지금까지와는 전혀] 다른 사람이 되려는 순간이 가까이 오면 가까이 올수록 더욱 더 큰 두려움이 엄습해 왔나이다. 하오나, 그것이 나를 다시 뒤로 물러나게는, 몸을 돌이키게는 못하였으니, 나는 단지 엉거주춤한 상태였다고 하는 것이 옳을 것이니이다.

(26) 내가 이전에 좋아했던 어리석기 짝이 없고 헛되고 헛된 일들이 아직도 나를 붙들고 있었으니, 그 일들이 내 육신의 옷자락을 잡아당기며 이렇게 소곤대는 것이었나이다.

> 당신은 정말 우릴 버리실 건가요? [만약 그러신다면] 지금 이 순간부터 우리는 아주 영원히 당신과 함께 있지 못할 거예요. 당신은 이 순간부터 이전에 좋아하셨던 일들은 영원히 아무것도 하지 못하실 거예요.

나의 하나님, 내가 '이전에 좋아했던' 일들이란 무엇을 말하나이까? 당신의 긍휼을 베푸사 당신의 종으로 그 영혼을 그런 일들에서 돌이키게 하소서! 그 일들은 너무나 더럽고 부끄러운 일들 아니니이까? 하오나 이제 그렇게 소곤거리는 소리도 멀리서 들려왔으므로, 나는 그 소리를 절반도 알아듣지 못하였으니, 나에게 정면으로 맞서서 거리낌 없이 하는 소리가 아니라 등 뒤에서 속삭이는 듯한 소리, 떠나가는 나를 마치 가만히 잡아당기면서 하는 소리 같았나이다. 그럼에도 그로 인해 내 발걸음이 느려졌사오니, 나는 그것들을 떨쳐 버리고 부름받은 곳을 향해 뛰어가야 했으나, 습관이 폭력을 휘두르며 내게 "이런 것 없이 네가 정말 지낼 수 있을 것 같으냐?"고 말할 때 머뭇거리게 되었나이다.

(27) 하오나, 그 말소리는 이미 아주 맥이 풀려 있었나이다. 이는 내가 눈을 향했던 그곳, 내가 건너기를 두려워했던 그곳에서 정절(貞節)이 고결한 품위를 갖추고 나타났음이니이다. 해맑고 단아한 웃음을 머금고 정답게 손짓하며, 나를 보고 "오라! 주저하지 말라!" 하면서 그 거룩한 팔을 펴, 나를 영접하여 품에 안으려 하였으니, 그 품속에는 이미 선한 모범을 보여 준 선진(先進)들이 많이 안겨 있었나이다. 거기에는 수많은 소년소녀들, 수많은 젊은이들이 있었으며, 모든 연령층의 사람들이 있었으니, 진실된 과부들과 나이 많은 동정녀들도 있었나이다. 그들은 모두 정절을 지켰는데, 그 정절은 결코 열매 없는 것이 아니었나이다. 이는 주여, 저들은 당신의 은총으로 말미암아 기쁨의 자녀들을 많이 가졌음이니이다.

정절은 나에게 조롱하듯 웃음 지었는데, 그 웃음을 통해 내게 이렇게 격려의 말을 하는 것 같았나이다.

> 이 남녀들이 하는 일을 너는 못 한단 말이냐? 이 남녀들이 그들의 주 하나님을 의지하지 않고 스스로의 힘으로 할 수 있는 줄 아느냐? 그들의 주 하나님께서 나를 그들에게 은사(恩賜)로 주셨느니라. 너 자신을 그에게 맡기라! 두려워하지 말라! 그가 몸을 피함으로 네가 넘어지는 일은 생기지 않으리라. 안심하고 너를 맡기라! 그가 너를 영접하여 낫게 하시리라.

나는 너무나 부끄러웠으니, 이는 내가 아직도 허망한 것들의 속삭임을 완전히 물리치지 못하여 엉거주춤한 상태로 망설이고 있었음이니이다. 이때 정절이 다시 이렇게 말하는 것 같았나이다.

더러운 것에 귀를 기울이지 말고 '땅에 있는 지체를 죽이라!' (골 3:5). 저들은 너에게 즐거움을 말할 것이나, 그것은 네 주 하나님의 법도에 어긋나는 것이라.

이렇듯 내가 나 자신을 상대로 한 쟁론(爭論)이 마음속에서 벌어지고 있었나이다. 하온데 알뤼피우스는 여전히 내 곁을 떠나지 않고, 평상시와는 다른 나의 흥분 상태가 어떻게 끝날 것인지를 묵묵히 지켜보고 있었나이다.

12. 회심에 도달하는 어거스틴

(28) 이렇듯 철저한 자기반성을 통해 내 영혼 은밀한 곳에 감추어져 있던 나의 모든 비참함이 드러나 내 심령의 눈앞에 쌓이게 되자, 거대한 폭풍우가 일어나 소낙비처럼 세찬 눈물을 쏟아 놓을 것만 같았나이다. 나는 소리라도 내어 실컷 울어 보고자 알뤼피우스의 곁에서 일어났으니, 이는 우는 일에는 고독이 더 어울린다고 생각되었음이니이다. 그리하여 나는 그에게서 조금 떨어진 곳으로 갔으니, 그가 나의 바로 옆에 있는 것이 나의 우는 일에 방해가 되지 않도록 하기 위함이었나이다.

당시 나의 심정이 그러했는데, 그도 그것을 감지하고 있었나이다. 나는 무슨 말을 했는지 알 수 없으나, 내가 믿기로 그때 내 목소리는 벌써 내가 울음보를 터뜨리기 직전임을 나타내 주고 있었을 것이니이다. 그리하여 나는 [거기에서] 일어났고, 그는 우리가 여태 앉아 있던 그 자리에 너무나 놀란 모습으로 그냥 앉아 있었나이다. 나는 나 자신도 모르게 어떤 무화과나무 아래에 주저앉아 울음보를 터뜨렸는데, 내 눈에서는 눈물이 강물처럼 흘러내렸으니, 당신이 받으실 만한 희생 제물이었나이다. 내가 그때 주님께 계속 부르짖었던 말씀을 정확히 기억할 수는 없으나, 대강 다음과 같은 뜻의 말씀이었나이다.

오 주여, 어느 때까지니이까? 주여, 어느 때까지니이까? 영원히 노하시려 하나이까? 우리의 옛 죄악을 기억하지 마옵소서!

나는 그 죄악에 꽉 붙들려 있는 것같이 여겨졌나이다. 그리하여 나는 애처로운 목소리로 계속 부르짖었나이다.

언제까지, 언제까지 "내일, 내일"이라는 말을 되풀이해야 하나이까? 왜 지금은 할 수 없나이까? 왜 지금 이 시간 나의 치욕이 끝나지 않나이까?

(29) 나는 이렇게 말하면서, 내 심령으로부터 쓰디쓴 통회의 눈물을 흘리고 있었나이다. 이때였나이다. 이웃집에서 소년인지 소녀인지는 알 수 없으나, "집어, 읽어라! 집어, 읽어라!"[24] 하는 어린아이의 노랫소리가 자꾸만 들려왔나이다. 나는 곧 마음을 가다듬고, 어린아이들이 보통 어떤 놀이를 할 때 저런 노래를 부르는지 곰곰이 생각해 보았나이다. 하오나 [아무리 생각해 보아도] 그런 노래를 들어 본 일은 전혀 없었나이다. 이에 나는 흐르는 눈물을 억제하고 [자리에서] 일어났으니, 이는 오직 성경책을 펴서 첫눈에 들어오는 곳을 읽으라는 하나님의 명령이라 여겨졌음이니이다. 나는 안토니우스에 대해 들은 이야기가 있었는데, 그것은 저가 [교회에서] 복음서가 낭독되는 것을 듣다가, "가서 네 소유를 팔아 가난한 자들을 주라. 그러면 하늘에서 보화가 네게 있으리라. 그리고 와서 나를 좇으라"(마 19:21)는 말씀이 낭독되는 것을 듣고는, 그 말씀을 자기에게 하는 말씀으로 받아들여, 그 말씀의 명령에 따라 즉시 당신께로 돌아갔다는 이야기였나이다.

나는 급히 알뤼피우스가 앉아 있는 곳으로 되돌아갔나이다. 이는 아까 내가 거기서 일어날 때 [바울] 사도의 책을 두고 왔음이니이다. 나는 그것을 집어들어 폈나이다. 그리고는 첫눈에 들어오는 대목을 읽었나이다.

---

24) 라틴어로 "Tolle, lege; tolle, lege!"이며, 영어로는 "Take and read! Take and read!"라고 번역한다.

방탕과 술 취하지 말며 음란과 호색하지 말며 쟁투와 시기하지 말고 오직 주 예수 그리스도로 옷 입고 정욕을 위하여 육신의 일을 도모하지 말라(롬 13:13-14).

나는 더 이상 읽고 싶지 않았으며, 그럴 필요도 없었나이다. 이는 이 구절을 읽는 바로 그 순간, 내 심령 속에 확신이 밝은 빛처럼 비쳐와 모든 의심의 구름이 다 사라져 버렸음이니이다.

(30) 그때 나는 손가락인지 무엇인지는 몰라도 책갈피에 무슨 표가 될 만한 것을 끼워 넣은 다음, 그 책을 덮고 평온을 되찾은 얼굴로 알뤼피우스에게 그 [모든] 이야기를 해 주었나이다. 그러자 그도 자기 내면에서 일어난 일을 이야기해 주었나이다. 하오나 나는 그가 그런 경험을 하고 있었는지 전혀 모르고 있었나이다. 그가 내가 읽었던 곳을 보여 달라고 청하기에 보여 주었더니, 그는 내가 읽었던 곳뿐 아니라 그 다음 구절까지 읽어 내려갔나이다. 나는 그 다음 구절이 무엇인지 잘 모르고 있었나이다. 하온데 그 다음 구절의 내용은 이러했나이다.

믿음이 연약한 자를 너희가 받되 [그의 의심하는 바를 비판하지 말라](롬 14:1).

그는 이 말씀이 자기에게 해당되는 말씀이라고 내게 말했나이다. 그는 이 말씀의 권면에 따라, 나의 선한 결심과 계획에 아무런 거리낌이나 주저함도 없이 동참하였으니, 이것은 그의 평상시 성격에도 아주 부합한 행동이었나이다. 즉 그는 선한 일에 대해서는 옛날부터 나보다 훨씬 더 앞서가는 사람이었나이다.

우리는 곧장 [집으로] 들어가 어머니께 그 [모든] 이야기를 했고, 어머니는 [아주] 기뻐하였나이다. 우리가 일의 경과를 상세히 들려주자 어머니는 환호작약(歡呼雀躍)하며, "우리의 온갖 구하는 것이나 생각하는 것에 더 넘치도록 능히 하실"(엡 3:20) 당신께 찬양을 드렸사오니, 이는 어머니가 늘 상 나를 위해 애처롭고 눈물겹게 탄식하며 간구하던 것 이상으로 너무나 풍성하게 당신이 허락해 주시는 것을 보게 되었음이니이다. 이는 당신이 나를 당신께로 돌아가게 해 주실 때, 내가 더 이상 여자도 세속의 어떠한 다른 욕망도 구하지 아니하고, 오직 당신이 여러 해 전에 어머니에게 [꿈으로] 보여주신 그 신앙의 자[25] 위에 서 있었음이니이다. 그리하여 당신은 어머니의 "슬픔을 변하여 춤이 되게"(시 30: 11) 하셨으니, 어머니의 소원은 어머니가 바라던 것보다 훨씬 더 풍성하게, 내 육신에서 태어난 손자들을 통해 얻을 수 있는 것보다 훨씬 더 귀하고 아름답게 이루어졌나이다.

---

25) 여기서 '자'는 '척도' 또는 '규준'을 의미한다. 그러므로 '신앙의 자'란 '신앙의 규준'(regula fidei)을 말하는 것이다. III, xi, 19-20 참조.

제9권 세례를 받음

1. 구원받은 자의 기쁨

(1) 오 주여, "나는 [진실로] 주의 종이요 주의 여종의 아들, 곧 주의 종이라. 주께서 나의 결박을 푸셨나이다. 내가 주께 감사제를"(시 116:17) 드리리이다. 당신을 내 심령과 내 혀가 찬양할지며, "내 모든 뼈가 이르기를 '여호와 같은 자 누구리요?'"(시 35:10) 해야 할지니이다. 이들이 [이렇게] 이를 때에 당신은 내게 화답하사, "내 영혼에게 '나는 네 구원이라' 이르소서"(시 35:3).

나는 진정 어떠한 자였나이까? 나의 행위 가운데 악하지 않은 것이 무엇이더이까? 혹 행위가 그렇지 않았다면, 나의 말 가운데 악하지 않은 것이 무엇이더이까? 혹 말이 그렇지 않았다면, 나의 의지 가운데 악하지 않은 것이 무엇이더이까? 하오나 주여, 당신은 선하시며 자비로우셔서 당신의 오른팔로 나를 죽음의 무저갱(無底坑)에서 구하시고, 내 심령 속 깊디깊은 연못에 괴인 엄청난 양의 썩은 물을 다 퍼서 없애 주셨나이다. 그리하여 내가 원하던 것을 [더 이상] 원하지 않고, 당신이 원하시는 것을 내가 원하게 된 것은 온전히 당신의 선물이었나이다.

하오나 내 자유의지는 그 오랜 세월 동안 어디에 가 있었나이까? 그리하여 어느 한 순간 그 깊고도 은밀한 무저갱에서 불려 나오게 된 것은 어찜이니이까? 오, 나의 도움이시요 나의 구원자 되시는 그리스도 예수여! 내가 목덜미를 숙여 당신의 '쉬운 멍에'를 메고, 어깨에 당신의 '가벼운 짐'을 지게 된 것은[1] 어찜이니이까? 허망한 것에서 오는 즐거움을 포기하는 것이 어떻게 그리 갑자기 큰 기쁨으로 변하였는지요? 전에는 그렇게 잃어버릴까 두려워하던 것들을 이제는 기쁨으로 버리게 되었나이다.

이는 당신이 그것들을 내게서 몰아내 주시고, 당신이 그것들 대신 내 안에 들어오셨음이니이다. 당신은 그 모든 쾌락보다 더 큰 기쁨이 되시나, 혈(血)과 육(肉)에 의한 것은 아니며, 당신은 이 세상 모든 빛보다 더 밝은 빛이시나, 그 어떻게 은밀한 것보다 더 은밀히 계시고, 당신은 그 어떻게 존귀한 것보다 더 존귀하시나, 스스로 존귀하게 여기는 자들을 멀리하시나이다. 이제 나의 영혼은 지위를 얻고 재물을 얻고자 하는 데서 오는, [내게] 괴로움만 주는 염려에서 벗어났으며, 몸을 아무리 구르고 손으로 긁어 대도 시원해지지 않는 욕망의 옴딱지들에서 해방되었나이다. 그리하여 나는 나의 명예, 나의 부(富), 나의 구원 되시는 나의 주 하나님 당신과 [즐거운] 대화를 나눌 수 있게 되었나이다.

2. 교수직을 포기하기로 하다

(2) 그리하여 나는 요설(饒舌)의 시장(市場)에서 혀를 도구 삼아 말재주를 파는 일을 그만두되, 시끄럽지 않게 조용히 그만두기로 당신의 면전에서 결심하였나이다. 내가 그 일을 그만두기로 결심한 것은 "주의 법을"(시 119:70), 당신의 평화를 즐거워하지 않는 소년들, 도리어 어리석음과 거짓과 법정 싸움만을 좋아하는 소년들이 광포(狂暴)를 발휘하는 데 쓸 무기를 다시는 내 입에서 사들이지 못하게 함이었나이다.

때마침 포도철 휴가[2]가 불과 며칠밖에 남지 않았던 까닭에 그때까지 기

---

1) 마 11:30 참조.
2) 당시의 법정은 포도 수확기가 오면 휴정(休廷)하였는데, 이때 각급 학교도 방학에 들어갔다. 포도철 휴가는 8월 22일부터 10월 15일까지로 정해졌다.

다리기로 하였으니, 이는 정상적으로 자연스럽게 그만두고자 하였음이니이다. 이제 당신의 속량(贖良)을 받은 몸이니, 또다시 종으로 팔려 가는 일이 없기를 소원했나이다.

우리는 이러한 계획을 당신 앞에서 세웠나이다. 그러므로 사람들 중에서는 우리 계획을 아는 자가 아주 가까운 친구들밖에는 없었나이다. 우리들 사이에는 이러한 계획을 아무한테나 마구 알리지 않기로 약속이 돼 있었나이다. 하오나 우리가 "눈물 골짜기"(시 84:6)에서 나와 "성전에 올라가는 노래"[3]를 부를 때, 당신은 우리로 하여금 "[거짓된 입술과] 궤사한 혀"(시 120:2)에 대항해 싸울 수 있도록 "장사(壯士)의 날카로운 살과 로뎀나무 숯불"(시 120:4)을 주셨나이다. 이는, "궤사한 혀"는 우리를 도와주는 척하며 우리를 해치는 것임이니이다. 마치 사람들이 음식을 맛있다고 좋아는 하면서 집어삼키는 것과 진배없나이다.

(3) 당신은 우리 심령을 당신의 사랑이라는 화살로 관통해 주셨으며, 우리는 당신의 말씀을 폐부에 깊이 새겨 간직하였나이다. 당신은 당신의 종들을 어두움에서 빛으로, 사망에서 생명으로 인도해 주셨는데, 그들이 보여 준 숱한 모범들이 우리 마음의 품에 모아져 불에 탐으로써 [우리의] 심한 게으름을 없애어, 우리로 하여금 [다시는] 지극히 낮은 곳으로 떨어지지 않게 하기 위함이었나이다. 우리는 그 불에 맹렬히 타고 있었사오니, "궤사한 혀"(시 120:2)에서 나오는 모든 거스르는 바람은 그 불을 꺼뜨리기보다는 오히려 더 활활 타오르게 만들었나이다.

하오나 온 땅에 거룩하게 하신 당신의 이름을 인하여 우리의 결심과 계획을 상찬(賞讚)해 줄 사람도 분명 있을 것이기에, 곧 다가올 휴가철까지 기다리지 않고, [가뜩이나] 모든 사람들의 눈에 노출돼 있는 공직에서 때 아니게 물러나는 것은 자기과시처럼 생각되었나이다. 이는 얼마 남지 않은 포도철 휴가의 시작을 내가 만일 기다리지 않는다면, 나의 그러한 행동을 본 모든 사람들이 내가 무슨 위대한 사람처럼 보이려고 일부러 그런다고

---

3) 시 120편부터 132편까지를 말한다.

입을 모아 많은 말들을 할 것임이니이다. 사람들이 내 영혼의 문제에 대하여 이러저러한 억측과 논의를 하여 우리의 "선한 것이 비방을"(롬 14:16) 받는다면, 그것이 내게 무슨 유익이 되겠나이까?

(4) 더욱이 바로 그 여름에 학교 일이 너무 과중하여 내 폐가 약해진 까닭에, 호흡이 곤란해지고 가슴에 통증까지 느끼게 되었으며, 목이 쉬어 오랫동안 맑은 목소리를 내는 것이 불가능해졌나이다. 이로 인해 나는 처음에 당혹감에 빠졌으니, 이는 이런 상황에서 교수직을 그만두는 것은 거의 불가피하였고, 혹 치료되어 건강을 회복할 수 있다 하더라도 [얼마간은 교수직을] 휴직하는 것이 꼭 필요했던 까닭이니이다. 하오나 조금 후에는, 내가 "가만히 있어"(시 46:10) 당신이 하나님 되심을 알고자 하는 마음이 내게 일어났으며, 또 그러한 마음이 굳어졌나이다. 나의 하나님, 당신은 이를 아시오니, 나는 거짓된 변명을 하지 않고서도 [교수직을 그만둘 수 있다는 생각에 마음이] 기뻐지기 시작했나이다. 학부모들은 자기 자녀들을 위해 내게 절대로 자유를 주고 싶어하지 않을 터인데, 이것이 그들의 불만을 달랠 수 있는 적절한 이유가 될 것이기 때문이니이다.

나는 이러한 기쁨으로 가득 차 있었으므로 아마 스무 날 정도 되었을 그 기간이 지나갈 동안 인내할 수 있었나이다. 하오나 그 인내는 용기가 필요할 만큼 힘들었으니, 나로 하여금 힘든 일도 감당하게 해 주었던 것은 야망이었는데, 그 야망이 사라진 지금 인내가 그 자리를 대신해 주지 않았던들 나는 힘든 일에 짓눌려 쓰러지고 말았을 것이니이다.

혹시 당신의 종들, 곧 내 형제 중 누가 이르기를, 내가 이미 당신을 섬길 마음으로 가득 차 있으면서, 단 한 시간이라도 거짓을 가르치는 의자에 앉아 있었던 것은 죄였다고 할지 모르겠나이다. 나는 그 말을 반박하고 싶지 않나이다. 하오나 지극히 자비로우신 주여, 당신은 이 죄악을 그 밖의 무섭고 죽어 마땅한 죄악들과 함께 거룩한 물로 용서하사 도말해 주시지 않았나이까?

3. 친구 베레쿤두스와 네브리디우스에 대한 추억

(5) 우리가 이러한 은혜를 받자, 그것은 [우리 친구] 베레쿤두스(Verecundus)에게 근심거리가 되었나이다. 그가 괴로워했던 것은, 그는 [이미 결혼이라는] 사슬에 아주 단단히 얽매인 몸이었으므로 우리의 공동체에 참여할 수 없다고 생각된 까닭이니이다. 그는 아직 그리스도인이 아니었으나 그의 아내는 신자였는데, 그 무엇보다 그의 아내가 크나큰 장애가 되어 우리가 접어든 길에 동참하지 못하였나이다. [그리하여 그의 생각에는] 그리스도인이 되려면 반드시 수도생활을 해야 되는데, 자기는 그렇게 할 수 없어 안타깝다는 말을 그는 하였나이다.

하오나 그는 친절하게도 우리에게 그의 농장을 빌려주며, 우리가 있고 싶은 기간만큼 거기에 있으라 하였나이다. 주여, 당신은 의인의 부활 때에 그에게 [상으로] 갚아 주실 것이니이다. 이는 당신이 이미 그에게 선인(善人)에게 행하시는 선(善)을 행하셨음이니이다.[4] 우리가 로마에 머무를 때 그는 우리 곁에 없었는데, 그의 몸이 병들었고, 그는 병중에 신실한 그리스도인이 되어 이 세상을 떠났나이다.[5] 이를 통해 당신은 그에게뿐 아니라 우리에게도 긍휼을 허락하셨으니, 이는 그가 만약 당신의 양떼 속에 들지 못했다면, 우리에게 [그처럼] 특별한 호의를 베풀어 준 그 벗을 생각할 때마다 우리의 마음이 견딜 수 없는 고통에 시달렸을 것이니이다.

우리 하나님이여, 당신께 감사하나이다. 우리는 당신의 것이니이다. 이 사실은 당신의 권면과 위로가 말해 주고 있나이다. 당신은 언약을 신실하게 지키시는 분이니, 그의 카씨키아쿰(Cassiciacum)의 그 농장을 우리로 하여금 쓰게 한 베레쿤두스에게 [상으로] 갚아 주소서! 우리는 그곳에서 세속의 번뇌를 떠나 당신 안에서 쉼을 얻었으니, 당신의 영원히 푸르른 낙원의 아름다움을 그에게 허락하소서! 이는 당신이 지상에서의 그의 죄를 이

---

4) 시 125:4 참조.

5) 베레쿤두스는 주후 388년 소천하였다.

미 사하사, 그를 [이제] 젖[과 꿀]이 흐르는 산, 당신의 산, 풍요의 산에 두셨음이니이다.

(6) 하온데 베레쿤두스가 괴로움에 시달리던 당시 네브리디우스는 [우리와] 함께 기쁨을 누리고 있었나이다. 이는 그가 아직 그리스도인이 아니었던 까닭에 너무나 위태로운 오류의 함정에 빠져, 당신의 아들, 진리 되신 그분의 몸을 환영(幻影)이라 믿고 있었으나, [결국] 거기서 빠져나와 자기 자신을 되찾게 되었음이니이다. 그는 아직 당신의 교회가 베푸는 성례로 씻음을 받지는 못했으나, 진리를 아주 열렬히 탐구하는 자가 되었나이다. 우리가 회심하여 당신의 세례를 통해 중생한 지 얼마 되지 않아, 그 역시 보편교회의 신실한 신자가 되어 완전한 순결과 절제 가운데서 당신을 섬기다가, 그의 온 집안 식구들을 기독교 신앙으로 인도한 다음 아프리카에서 세상을 떠났나이다.[6]

그리하여 이제 그는 "아브라함의 품"(눅 16:22)에서 살고 있사오니, 그 '품' 이 무엇이든지 간에, 무엇을 의미하든지 간에, 거기에 나의[!] 네브리디우스가 살고 있나이다. 주여, 나의 사랑하는 벗은 한때 해방 노예였으나, 이제 당신의 양아들이 되어 그곳에서 살고 있나이다. 진실로 그러한 영혼에게 합당한 곳이 그곳 말고 또 어디 있겠나이까? 그는 [생전에] 나와 같이 미숙하고 연약한 자에게 그곳에 대해 많이 묻곤 했는데, [이제] 그곳에서 살고 있나이다. 그는 이제 그의 귀를 내 입에 댈 필요가 없이, 자신의 영혼의 입을 당신의 샘에 대고 그가 원하는 대로 마음껏 지혜를 마실 수 있으니 영원히 복된 자니이다. 하오나 내가 믿기로는, 그가 아무리 그 [지혜의] 물에 취한다 할지라도 나를 잊어버리지는 않을 것이니이다. 주여, 이는 그가 마시고 있는 당신은 우리를 [항상] 기억하심이니이다.

그리하여 당시 우리는 이렇게 하였나이다. 즉 우정에는 변함이 없었지만 우리의 이러한 회심에 대하여는 섭섭하게 생각했던 베레쿤두스를 우리가 위로하였으며, 그의 처지, 곧 결혼생활을 하는 [그의] 처지에 합당한 형태

---

6) 네브리디우스는 주후 390년 소천하였다.

의 신앙을 가지라고 권면했나이다. 하오나 네브리디우스에 대하여는, 그가 언제나 [우리 뒤를] 따라오나 하고 고대하였나이다. 그 일을 그는 언제라도 할 수 있었으며, 마침내 그 날이 오기만 하면 그는 벌써 [그 일을] 하고도 남을 사람이었나이다. 하오나 기다리는 나날은 [우리에게] 너무나 길고 지루하게 느껴졌으니, 이는 우리가 자유로운 여가를 얻어 다음과 같은 찬송을 마음껏 부르고 싶었던 까닭이니이다.

내 마음이 주께 말하되 "내가 주의 얼굴을 찾았나이다. 여호와여, 내가 주의 얼굴을 찾으리이다."[7)]

4. 카씨키아쿰에서의 행복한 나날

(7) 드디어 내가 수사학 교수직에서 정말 해방되는 날이 왔나이다. 물론 마음으로는 거기서 진작 해방되어 있었나이다. 내 심령을 진작 거기에서 구해 내신 당신께서는 내 혀 [또한] 거기에서 구해 내셨으니, 그 일은 실지로 일어난 일이니이다. 그리하여 나는 기쁨으로 당신께 찬양을 드리면서, 나의 모든 권속(眷屬)들[8)]과 함께 [카씨키아쿰의] 농장을 향해 나아갔나이다.

숨 가쁘게 달리던 자가 잠시 쉬며 숨을 고르듯, 나는 그곳에서 당신을 섬기는 데 필요한 학문을 한다는 구실로 지식의 교만을 흡입하고 있었으니, 내가 그곳에서 무엇을 했는지는 내가 그곳에 함께 있던 자들과 함께 나누었던 [철학적] 대화에 관한 책들,[9)] 그리고 당신의 면전에서 나 혼자 독백한

---

7) 시 27:8 참조.
8) 그때 어거스틴과 함께 카씨키아쿰으로 간 사람은 어거스틴의 어머니 모니카, 어거스틴의 아들 아데오다투스, 어거스틴의 친형 나비기우스, 어거스틴의 사촌동생 루스티쿠스와 라스티디아누스, 어거스틴의 친구 알뤼피우스, 어거스틴의 제자 리켄티우스와 트뤼게티우스 등 여덟 명이었다.
9) 『아카데미 학파에 대한 반론』(Contra Academicos), 『행복론』(De beata vita), 『질서론』(De ordine)을 말한다.

것을 적은 책[10]이 증거해 주나이다. 또한 그곳에 함께 있지 않았던 네브리디우스와 주고받은 편지들[11]도 그것을 증거해 주나이다.

내게 언제 시간이 넉넉히 있어, 당신이 그때 우리에게 베푸신 그 큰 은총을 전부 다 아뢸 수 있으리이까? 나는 [지금] 그보다 더 중요한 일을 아뢰기에도 바쁘지 않나이까? 주여, 당신이 행하신 일들을 회상하면서 당신께 찬송의 고백을 드림이 내게 기쁨이 되나이다. 당신은 보이지 않는 가시채로 어떻게 나를 철저히 길들이셨는지요? 산 같고 언덕 같던 내 생각들을 어떻게 낮추어 평탄케 해 주셨는지요? 당신은 나의 굽은 것을 바르게 해 주셨으며, 단단히 굳은 것을 연하게 해 주셨나이다. 당신은 내 마음의 친구인 알뤼피우스도 당신의 독생자, "우리 주 곧 구주 예수 그리스도의"(벧후 3:18) 이름에 순복시키셨나이다. 하오나 알뤼피우스는 처음에 그리스도의 이름이 우리가 쓰는 책에 등장하는 것을 싫어했나이다. 이는 저가 뱀[12]에게 상극(相剋)이 되는 영험한 약초보다는, 학문의 세계에서 자라나는 백향목의 드높은 향내를 맡기 더 원했음이니이다. 하오나 주께서는 그 백향목을 벌써 꺾어 버리셨나이다.

(8) 나의 하나님, 내가 다윗의 시편을 읽을 때 신앙의 노래, 곧 교만한 영을 멀리 물리치는 경건한 칠현금 소리를 들을 그때, 당신께 내가 어떠한 소리로 부르짖었더이까? 그 당시 나는 당신께 대한 참된 사랑이 무엇인지 모르는 예비 신자였으며, 같은 예비 신자였던 알뤼피우스와 함께 [카씨키아쿰] 농장에서 한가한 나날을 보내고 있었는데, 어머니도 거기 우리와 함께 있었나이다. 어머니는 비록 겉모양은 여자였으나 신앙에서는 대장부다웠고, 지긋한 나이에 맞게 안온(安穩)하였고, 어머니다운 사랑과 그리스도인

---

10) 『독백록』(獨白錄, *Soliloquia*)을 말한다.

11) 그 중 12개가 남아 있는데, 어거스틴 서한집의 제3번 서한부터 제14번 서한이 그것이다. 이 중 어거스틴이 네브리디우스에게 보낸 것은 제3, 4, 7, 9-14번 서한이며, 네브리디우스가 어거스틴에게 보낸 것은 제5, 6, 8번 서한이다.

12) 뱀은 사단을 상징한다.

다운 경건을 함께 갖추고 있었나이다. 내가 그 시편을 읽었을 때 어떠한 소리로 당신께 부르짖었더이까? 내가 그 시편을 읽었을 때, 내 마음은 당신을 향해 얼마나 불타올랐더이까? 나는 할 수만 있었다면 인류의 교만에 [감연히] 맞서, 온 세상 사람들을 향해 그 시편을 크게 낭독했을 것이니이다. 하오나 온 세상은 이미 시편을 노래하고 있었으니, 당신의 "온기(溫氣)에서 피하여 숨은 자"(시 19:6)는 있을 수 없었나이다. 그때 내가 마니교 신자들에 대해 얼마나 심히 분노하고 있었더이까? 하오나 다른 한편에서는 그들을 불쌍히 여기고 있었으니, 이는 저들이 성례(聖禮)13)라는 치료약을 알지 못하고, 그들의 병을 고칠 수 있는 해독제를 마치 미친 자들처럼 거부하는 까닭이니이다. 나는 당시 그들이 [내 곁] 어딘가에 가까이 있어 주기 바랐나이다. 그리하여 그들이 거기 있는 줄을 나는 모른다 할지라도 그들은 내 얼굴을 보고 있었으면, 내가 시편을 읽을 때 그들은 내 목소리를 듣고 있었으면, 하고 나는 바랐나이다. 나는 당시 한가한 틈을 타 시편 4편을 읽었는데, 이 시편이 내게 어떠한 감동을 주었는지요?

> 내 의의 하나님이여, 내가 부를 때에 응답하소서! 곤란 중에 나를 너그럽게 하셨사오니, 나를 긍휼히 여기사 나의 기도를 들으소서!

내가 바란 것은 저들이 나의 시편 읽는 소리를 듣는 것이었나이다. 하오나 저들이 듣고 있다는 사실을 나는 몰랐어야 했나이다. 이는 내가 저들 때문에 이러한 말을 한다는 생각을 저들은 하지 말아야 했음이니이다. 이는 저들이 나를 보고 있고, 내 말을 듣고 있다는 사실을 만약 내가 감지하고 있었다면, 나는 다른 내용을 다른 방식으로 말했을 것임이니이다. 혹 내가 똑같은 내용을 똑같은 방식으로 말했다 하더라도, 내가 당신 앞에서 나 자신을 상대로 나 자신을 향해 마음을 다 터놓고 이야기한다는 사실을 저들은 인정하지 않았을 것이니이다.

---

13) 교회에서 거행되는 세례식과 성찬식을 말한다.

(9) 아버지여, 나는 두려움에 떨고 있었으며, 그와 동시에 당신의 인자하심을 인해 기뻐 뛰며 희망에 불타오르고 있었나이다. 하온데 이 모든 감정은 당신의 선하신 영이 우리를 향하여 "인생들아, 어느 때까지 마음을 굳게 하여 허사를 좋아하고 궤휼을 구하겠는고?"[14] 라고 말씀하실 때 내 눈과 목소리를 통해 표현되었나이다. 이는 내가 허사를 좋아하고, 궤휼을 구했음이니이다. 하오나 주여, 당신은 당신의 거룩한 자를 영화롭게 하셨으며, "그를 죽은 자들 가운데서 다시"(엡 1:20) 살리사 당신의 오른편에 앉히셨으니, 그는 거기 그 높은 곳으로부터 그의 "약속하신 것"(눅 24:49), 곧 "진리의 영"(요 14:17) 보혜사를 보내셨나이다. 그는 벌써 그 영을 보내셨으나, 나는 그것을 모르고 있었나이다. 저가 벌써 그 영을 보내신 것은, 저가 죽은 자들 가운데서 부활하사 하늘에 올라가심으로 영광을 받으셨음이니이다. 하온데 그 이전에 성령이 아직 계시지 않은 것은, "예수께서 아직 영광을 받지 못하신"(요 7:39) 까닭이니이다. 하온데 선지자는 이렇게 외치나이다.

> 어느 때까지 마음을 굳게 하여 허사를 좋아하고 궤휼을 구하겠는고? 주께서 자기의 거룩한 자를 영화롭게 하신 줄을 너희가 알지어다![15]

선지자는 "어느 때까지?"라고 부르짖나이다. "너희가 알지어다!"라고 부르짖나이다. 그러하나 나는 그처럼 오랫동안 무지몽매하여 허사를 좋아하고 궤휼을 구하였으니, 그러므로 나는 그 말씀을 듣고 두려워 떨었나이다. 이는 돌이켜보건대, 그 말씀은 나 같은 사람을 두고 하신 말씀인 까닭이니이다. 내가 참이라고 생각했던 환영(幻影)들 속에는 실로 헛됨과 거짓이 가득했나이다. 내가 그것을 회상하는 것은 고통이었으니, 나는 깊은 한숨을 오랫동안 몰아쉬지 않을 수 없었나이다. 여태까지 허사를 좋아하고 궤휼을 구하는 자들은 [그때] 나의 한숨 소리를 들었으면 좋았을 것이니이다. 그랬

---

14) 시 4:2 참조.
15) 시 4:2-3 참조.

다면 저들은 아마도 정신이 번쩍 나 거짓을 토해 버렸을 것이며, 당신은 저들이 당신께 부르짖을 때 저들의 간구를 들어주셨을 것이니이다. 이는 "우리를 위하여 간구하시는 자"(롬 8:34)가 우리를 위하여 죽으셨으니, 그의 육체의 죽음은 진정한 죽음이었음이니이다.[16]

(10) 나의 하나님이여, "너희는 떨며 범죄치 말지어다"(시 4:4)라는 말씀을 읽을 때, 내가 얼마나 큰 감동을 받았는지요? 나는 이미 나의 과거에 행한 일에 대하여 분 내어 떨었으니, 이는 장차 더 이상 죄를 짓지 않기 위해서니이다. 내가 분 내어 떤 것은 당연한 일이었나이다. 이는 내 안에서 죄를 짓는 것이, 마니교도들의 주장처럼 어두움의 왕국에 속해 있는 다른 본성이 아니요, 바로 나 자신인 까닭이니이다. 마니교도들은 자기 자신들에 대하여는 분 내어 떨지 않고, "진노의 날 곧 하나님의 의로우신 판단이 나타나실 그 날에 임할 진노를"(롬 2:5) 스스로 쌓고 있나이다. 내가 기뻐하는 재화(財貨)는 이미 밖에 있는 것이 아니었으니, 세상의 태양빛 속에서 육신의 눈으로 찾을 것이 아니었나이다. 밖의 것을 기뻐하는 자들은 허망함을 쉽게 경험하나이다. 그리고 보이는 것, 덧없는 것에 스스로를 쏟게 되어, 허기진 심령으로 헛된 그림자만 핥게 되나이다. 하온데 저들이 허기(虛飢)를 견디지 못하여, "우리에게 선을 보일 자 누구뇨"(시 4:6) 하고 말한다면, 우리는 저들로 하여금 이러한 말을 듣도록 하겠나이다.

주여, 주는 당신의 얼굴빛을 들어 우리에게 비추셨나이다.[17]

우리는 "각 사람에게 비취는 빛"(요 1:9)이 아니고, 단지 "전에는 어두움"(엡 5:8)이던 우리가 당신의 조명을 받아 당신 안에서 빛이 되었을 따름이니이다. 아, 저들이 영원한 내면적 빛을 볼 수 있다면! 나는 그 빛을 맛보았

---

16) 가현설(假現說)을 주장하는 자들은, 그리스도는 몸처럼 보이는 몸만 가지셨으므로, 그의 죽음은 진정한 의미의 육체의 죽음이 아니라고 주장한다.

17) 시 4:6 참조.

으나, 그 빛을 저들에게 보여 줄 수 없어 괴로워했는데, 저들은 당신을 떠나 외면적인 것만을 바라보는 저들의 눈에다 마음을 둔 채, 그러한 마음을 내게 들이대며, "우리에게 선을 보일 자 누구뇨"(시 4:6)라고 말하였나이다. 하오나 내 마음속의 골방, 내가 나 자신에게 분을 내던 그곳, 내 마음이 찔림을 받던 그곳, 내가 나의 옛사람을 죽여 [당신께] 제물로 바치던 그곳, 내가 당신께 소망을 두고 나의 새로운 삶에 대해 묵상하기 시작한 그곳에서 나는 당신이 주시는 기쁨을 맛보기 시작했으니, 이는 당신이 내 마음에 기쁨을 두셨음이니이다.[18] 그리하여 나는 이 시편을 읽을 때, 겉으로는 소리 내어 읽고 속으로는 그 뜻을 파악코자 했나이다. 그때 나는 지상적인 재화(財貨)를 늘리기 원하지 않았으며, 시간적인 것을 삼키는 것이나 시간적인 것에 삼킴을 당하는 것 모두를 원하지 않았으오니, 이는 [당신의] 영원한 순일성(純一性) 속에 [전혀] 다른 종류의 곡식과 포도주와 기름이 내게 있었음이니이다.[19]

(11) 오, 평화의 주시여! 오, 항상 동일하신 분이시여! 나는 그 다음 구절을 내 심령 깊은 곳으로부터 크게 소리내어 읽었나이다. 그 구절은 어떤 내용이었나이까? 그 구절에는 "평안히 눕고 자기도 하리니"(시 4:8)라는 말이 들어 있었나이다. 실로 "사망이 이김의 삼킨 바"(고전 15:54) 되리라고 기록된 말씀이 이루어질 때, 누가 우리를 대적하리이까? 당신은 항상 동일하신 분이시니이다. 당신은 변함이 없사오니, 당신께는 모든 곤고함을 잊게 하는 안식이 있나이다. 주와 같으신 이 없사오니, 주밖에는 하고많은 어떠한 것도 바랄 것이 없나이다. 그러므로 주여, 오직 당신만이 나를 소망의 반석 위에 세우셨나이다.

나는 그 시편을 읽고 [마음이] 불타올랐으나, 저 죽어 넘어진 귀머거리들 [=마니교도들]을 위해 무엇을 해 주어야 할지 알지 못했나이다. 나도 한때 저들 중에 속하여 멸망으로 치닫고 있지 않았나이까? 성경은 하늘에서 흘

---

18) 시 4:7 참조.
19) 시 4:7 참조.

러내린 꿀처럼 달콤하고 당신의 빛으로 인해 찬란히 빛나는 책이나, 나는 그 성경을 반대하여 마치 눈먼 자처럼 심하게 짖어 대었나이다. 하오나 이제 나는 이 성경의 반대자들로 인해 마음이 상하게 되었나이다.

(12) [카씨키아쿰에서] 한적하게 지내던 동안 일어난 일을 언제 다 회상할 수 있으리이까? 하오나 당신이 나를 얼마나 아프게 채찍질하셨는지, 그러면서도 얼마나 빨리 내게 긍휼을 베푸셨는지를 나는 결코 잊을 수 없으며, 또 침묵하고 지나갈 수도 없나이다.

그 즈음 당신은 내게 치통(齒痛)을 주사 괴롭게 하셨으니, 통증이 심할 때에는 말도 제대로 하지 못했나이다. 그때 내 마음 속에는 이러한 생각이 떠올랐나이다. 곧 나와 함께 있는 나의 모든 권속(眷屬)들에게 "모든 종류의 샬롬을 우리에게 허락하시는 하나님께 나를 위해 기도해 달라"는 부탁을 하자는 생각이었나이다. 그리하여 나는 나의 부탁을 납판(蠟板)에 적어, 그들에게 주어 읽게 하였나이다. 하온데 우리가 간절한 심정으로 기도하러 무릎을 꿇자마자 그 통증은 씻은 듯 사라졌나이다. 무슨 통증이 그리도 쉽게 가실 수 있었는지요? 내 주 나의 하나님이여, 내가 고백하오니, 나는 [정말] 놀랐나이다. 이는 그와 같은 통증은 내가 어려서부터 한번도 겪어보지 못한 것이었음이니이다. 그리하여 나는 내 속 깊은 곳에서부터 당신의 섭리를 깨닫고, 믿음 안에서 기쁨으로 당신의 이름을 찬양하였나이다. 하오나 그러한 믿음에도 불구하고 과거에 지은 나의 죄로 인한 불안감은 가시지 않았으니, 이는 나의 죄가 아직 당신의 세례로 말미암아 씻음을 받지 못했음이니이다.

5. 수사학 교수직에서 물러남

(13) 포도철 휴가가 끝나자 나는 밀라노 사람들에게 연락하여, 나 대신 학생들에게 말솜씨를 팔 사람을 구하라고 하였나이다. 이는 내가 당신을 섬기기로 작정했을 뿐 아니라, 호흡이 곤란할 때도 있고 가슴에 통증을 느

끼기도 하여 그 직책을 감당할 수 없었음이니이다.
　그리하여 나는 당신의 거룩한 사람인 암브로시우스 감독에게 편지를 보내어, 내 과거의 잘못과 내 현재의 결심을 전하였사오니, 이는 [세례를 받음으로] 당신의 엄청난 은총을 입는 일을 잘 준비하려면, 당신의 책인 성경 중에서 특히 어떤 부분을 읽는 것이 가장 좋은지에 대한 도움말을 얻기 위함이었나이다. 이에 그는 선지자 이사야의 글을 읽으라고 하였는데, 내가 믿기로는, 그것이 다른 어떤 책보다 복음에 대하여, 또 이방인을 부르심에 대하여 명확하게 예언해 주는 책인 까닭이니이다. 하오나 나는 그 책의 처음 부분이 잘 이해되지 않았으므로 그 책 전체가 다 그럴 것으로 짐작하고는, 주님의 화법(話法)에 익숙해진 다음에 다시 읽을 요량으로 그 책 읽기를 훗날로 미루어 놓았나이다.

6. 알뤼피우스 및 아데오다투스와 함께 세례를 받다

　(14) 그 후 [세례를 받기 위해] 내 이름을 [예비신자 명부에] 등록할 때가 다가와, 우리는 시골 [농장]을 떠나 밀라노로 돌아갔나이다.
　알뤼피우스도 나와 함께 당신 안에서 거듭나기를 원하였나이다. 그는 이미 겸손의 옷을 입고 있었으므로 당신의 성례에 참예하기에 적합하였나이다. 그는 또한 비상한 용기를 발휘하여, 당시 얼음으로 덮여 있던 이탈리아 땅을 맨발로 걸어 [밀라노까지] 갈 만큼 자신의 육체를 잘 제어할 수 있는 자였나이다. 우리는 또 [내] 아들 아데오다투스도 함께 데리고 갔는데, 저는 내 죄악 때문에 태어난 내 육신의 소생이었나이다. 당신은 저를 선하게 창조하셨나이다. 저는 조금 있으면 만 15세가 되는 어린 소년에 불과했으나, 저의 재능은 많은 훌륭한 학자를 능가할 정도였나이다. 주 나의 하나님, 만유의 창조자시며 우리의 잘못된 것을 위대한 능력으로 고쳐 주시는 분이시여, 내가 당신께 찬송하며 고백드리오니, 저의 재능은 당신이 주신 선물이니이다. 내가 저 아이에게 준 것이라고는 죄악밖에 없었나이다. 이는 우리가 저를 당신의 훈계로 양육한 것도 실은 당신이 우리에게 그렇게 하라고 영감을 주신 까닭이니이다. 다른 이유는 없나이다. 그러므로 우리는 저의 재능을 당신이 주신 선물이라고 고백하는 것이니이다.

우리가 쓴 책 가운데 『교사론』이란 것이 있나이다. 하온데, 거기서 나와 대화하는 자가 바로 아데오다투스니이다. 당신이 아시는 대로, 거기에 기록된 나의 대화 상대자의 생각은 모두 당시 16세밖에 되지 않았던 저의 생각이었나이다. 나는 저에게서 이보다 더 놀라운 일도 많이 발견했으니, 저의 재능은 나에게 무서움마저 느끼게 할 정도였나이다. 당신이 아니면, 누가 이같이 놀라운 일을 행할 수 있었겠나이까?

당신은 저의 생명을 세상에서 일찍 거두어 가셨나이다. 그러므로 나는 저의 소년 시절이나, 청년시절에 대해, 아니 그의 생애 전체에 대해 아무 근심도 할 필요 없이, 오히려 안온(安穩)한 마음으로 저를 회상할 수 있나이다.

당신의 은혜라는 관점에서는 우리와 같은 나이인 저를 우리는 우리와 한 그룹에 소속시켜, 당신의 훈계로 양육하려 했나이다. 그리하여 우리는 세례를 받았는데, 그러고 나니 과거 우리의 [그릇된] 삶으로 인한 고뇌가 [모두] 사라졌나이다.

그때에 나는 인류 구원을 위한 당신의 구속경륜의 깊이를 묵상하는 기쁨을 맛보았는데, 그 놀라운 기쁨은 아무리 맛을 보아도 질리지 않았나이다. 당신의 교회에서 아름답게 울려나오는 찬송과 노랫소리를 듣고 나는 너무나 감격하여 얼마나 많은 눈물을 흘렸는지요! 그 찬송 소리가 내 귀에 스며들고 당신의 진리가 내 심령에 배어들 때, 그 속에서 경건의 염(念)이 솟아올랐고 [눈에서는] 눈물이 쏟아졌으나, 그 눈물은 기쁨의 눈물이었나이다.

7. 밀라노 교회 찬송의 유래 및 성유물로 인한 기적

(15) 밀라노 교회가 이러한 종류의 위로와 권면의 찬송을 부르기 시작한 것은 그리 오래된 일이 아니었는데, 그곳 교우들은 한 목소리로, 또 한 마

음으로 아주 열심히 찬송 부르는 일을 습관으로 삼게 되었나이다. 이는 [당시] 소년 황제였던 발렌티니안의 모후(母后) 유스티나가 아리우스 파[20]라는 이단에 미혹된 까닭으로, 당신의 사람 암브로시우스를 핍박한 지, 일년 남짓밖에 지나지 않았음이니이다. [당시] 경건한 백성들은 교회에서 철야를 하며, 당신의 종이요 자기네 감독인 암브로시우스와 함께 죽을 각오를 하고 있었나이다. 그 철야에는 당신의 여종인 내 어머니도 [누구보다] 앞장서 참가하고 있었으니, 어머니는 기도로 살고 있었나이다. 우리들은 아직 당신의 성령으로 뜨거워지지 못해 냉랭한 상태였으나, 그래도 그 도성(都城)의 소란함과 분요(紛擾)함으로 인해 마음은 요동하였나이다. [밀라노에서] 동방교회의 관습을 본받아 찬송과 성가를 부르기 시작한 것은 바로 이때의 일이었으니, 사람들이 괴로움으로 인해 지치지 않게 함이 그 목적이었나이다. 그 이후 오늘날까지 이 관습이 지켜져 내려오고 있으며, 전 세계에서 수많은, 아니 거의 모든 당신의 양떼가 이 관습을 본뜨고 있나이다.

(16) 그때 당신은 암브로시우스 감독에게 꿈으로 이상(異像)을 보여 주사, 순교자 프로타시우스와 게르바시우스의 유해(遺骸)가 숨겨져 있던 곳을 알려주셨는데, 당신은 저들의 유해를 그토록 오랜 세월 동안 당신의 신비로운 보고(寶庫)에 썩지 않도록 보존해 두셨다가 적절한 시기에 내놓으심으로써 황태후(皇太后) 신분인 그 여자의 광기(狂氣)를 제어하는 데 사용하셨나이다. 이는 저들의 유해를 찾아내어 발굴한 다음, 성대하게 예(禮)를 갖추어 암브로시우스 예배당으로 옮겨놓았을 때, 더러운 귀신들에게 시달림받던 사람들이 여럿 고침을 받았음이니, 그것은 악령들 스스로가 고백한 바와 같았나이다. 또한 여러 해 동안 앞을 보지 못하던, 밀라노 성에서는 아주 유명했던 소경 한 사람도 고침을 얻었는데, 저는 백성들이 기뻐 소리지르는 이유를 묻고는, 그 이유를 듣고 나자 벌떡 일어나 자기의 인도자에게 그리로 자기를 인도해 달라고 부탁하였나이다. 그 성자들의 죽음은 당신 앞에서 "귀중히"(시 116:15) 여김받았나이다. 저는 그리로 인도되자 사

---

20) 삼위일체 교리를 받아들이지 않는 기독교의 이단.

람들에게 간청하여 그 관에 [자기] 손수건을 대는 것을 허락받았나이다. 저가 관에 손수건을 댄 다음 그 손수건을 [자기] 눈에 대자마자, 저의 두 눈은 즉시 시력을 회복했나이다. 그러자 소문이 널리 퍼져 나갔으며, 당신을 향한 찬송 소리 또한 더 뜨겁게, 더 환하게 울려 퍼졌나이다. 이로 인해 저 원수같이 광포한 황태후의 마음이 진정되어, 비록 건전한 신앙으로 돌아서진 못했어도 우리를 심하게 박해하려던 생각은 멈추었나이다.

나의 하나님, 당신께 감사하나이다. 당신은 내 기억을 어디로부터 어디를 향해 이끄셨나이까? 그리하여, 나로 하여금 잊고 지냈던 그 엄청난 일들을 다시 기억나게 하사, 당신께 찬양의 고백을 드리게 하시나이까? 하오나 당신의 "기름이 향기로워"(아 1:3) 너무나 아름다웠던 그때에도 나는 당신을 뒤쫓아 달리지 않았나이다. 그러므로 당신을 찬양하는 찬송 소리를 듣고, 나는 더 많은 눈물을 흘렸나이다. 전에는 당신을 호흡하기가 너무 어려웠으나, 이제는 [내 육신의] 초막에 들어오는 당신의 기운을 마음껏 호흡하게 되었나이다.

8. 북아프리카로 귀환하던 길에 어머니 모니카 소천

(17) 뜻이 같은 사람들로 한 집에 모여 살게 하시는 분이시여! 당신은 에보디우스도 우리에게 붙여 주셨는데, 저는 우리와 같은 도시 출신의 청년이었나이다. 저는 제국 정부의 관리로 일하다가 우리보다 먼저 당신께 귀의하여 세례를 받고는 세상 직업을 버리고 당신을 섬길 준비를 하고 있었나이다. 우리는 [당시] 다 함께 있었으며, 거룩한 목적을 위해 함께 살기로 작정하였나이다.

우리는 당신을 섬기기에 어떠한 장소가 제일 좋을까 심사숙고하다가, 모두 함께 아프리카로 귀환하기로 하였나이다. 하온데 아프리카로 귀환하는 도중, 티베르 강변의 오스티아에서 어머니가 세상을 떠났나이다.

내가 급히 할 일이 많은 탓으로 많은 일을 그냥 지나쳐 가나이다. 내 하나님이여, 내가 비록 다 아뢰지는 못하나, 당신께 찬양과 감사를 드릴 일이 너무나 많나이다. 그럼에도 당신의 여종 [모니카]에 대하여 내 마음에 일어나는 상념(想念)은 무엇이나 그냥 지나칠 수 없사오니, 어머니는 나를 육신으로는 시간의 빛 속에서 낳으셨고, 심령으로는 영원한 빛 속으로 태어나게 하셨나이다.

내가 아뢰고자 하는 것은 어머니께서 주신 선물이 아니라, 어머니에게 주신 당신의 선물이니, 이는 어머니가 자기 자신을 창조하지도 않았고 교육시키지도 않았기 때문이니이다. 당신이 어머니를 창조하셨나이다. 어머니의 부모님들도 자기들에게서 어떠한 아이가 나올지 몰랐나이다. 하오나 당신의 그리스도의 회초리, 곧 당신의 독생자의 다스리심이 어머니로 하여금 당신을 경외하는 사람이 되도록, 당신 교회의 충실한 지체인 신자의 가정에서 양육시켰나이다.

어머니는 자기가 받은 좋은 교육에 대하여 이야기할 때, 그것이 외할머니의 열성 덕택이라기보다는 외가(外家)에서 일하던 나이 많은 하녀의 열성 덕택임을 강조하는 편이었나이다. 하온데 그 하녀는 외할아버지를 업어서 키웠다 하오니, 요즘에도 큰 여자 아이들이 작은 어린아이들을 업고 다니는 일이 많나이다. 그 하녀는 그러한 이유만이 아니라 나이가 많았고 행실 또한 지극히 훌륭했기 때문에, 기독교 가정인 그 집안에서 주인들의 존경을 많이 받았나이다. 그리하여 그 하녀는 주인 집 여식(女息)들을 양육하는 일을 맡게 되었나이다. 그 하녀는 자기가 맡은 이 일을 충실히 수행하였는데, 필요한 경우에 그 여식들을 거룩한 엄격함으로 심히 경책(警責)하였으며, 가르칠 때는 단아한 명철함으로 가르쳤나이다.

그리하여 그 여식들이 부모들과 함께 식탁에서 아주 검소한 식사를 하는 시간 외에는, 타는 듯이 목이 말라도 물조차 마시는 것을 허락하지 않았으니, 그것은 잘못된 습관이 들지 않도록 미연에 방지하기 위함이었나이다. 그러면서 그 하녀는 다음과 같이 타일렀다 하나이다.

지금은 아씨들이 술을 마음대로 마실 수 없으니 물을 마시지만, 장차 결혼하여 가

정주부로서 곳간이나 포도주 창고를 관리하게 되면, 물은 맛이 없다며 대신 술 마시는 습관을 들이게 될 것이라.

이러한 합리적인 권면과 권위 있는 명령을 통하여 그 하녀는 나이 어린 소녀들의 욕심을 억제하여, 그들로 하여금 갈증까지도 적절히 제어할 수 있게 만듦으로써, 옳지 않은 것이면 바라지도 못하게 하였다 하나이다.

(18) 그랬음에도 불구하고, 당신의 여종이 아들인 내게 들려준 이야기에 의하면, 어느 틈엔가 자기도 모르게 술을 좋아하는 버릇이 들었다고 하나이다. 당시 흔히 있는 일이기는 했으나, 착실한 소녀였던 그녀에게 부모님들은 포도주 통에서 포도주를 떠오라고 [간혹] 심부름을 시켰는데, 그녀는 포도주를 그릇으로 떠서 병에다 붓기 전에 입술을 비쭉 내밀어 조금 맛을 보았다 하나이다. 하오나 많이 마시지는 않았으니, 이는 술이 비위에 거슬렸기 때문이니이다. 이렇게 맛본 것은 술맛을 좋아해서가 아니라, 그 나이에 흔히 볼 수 있는 장난기와 호기심이 발동하여 주체하기 어려웠던 탓이었나이다. 하오나 어린아이들은 어른들의 질책을 받으면, 이런 짓을 쉽게 그만두나이다.

하온데 그녀는 날마다 술이 조금씩 늘어, 결국에는 포도주 원액(原液)을 한 잔 가까이 거의 가득 채워 마시기를 즐겨하는 습관에 빠지게 되었으니, 이는 "작은 것을 경홀히 여기는 자는 조금씩 조금씩 멸망의 길로 들어간다"21) 하는 말과 같나이다.

그때 나이 많은 그 현명한 하녀는 어디에 가 있었나이까? 그녀의 엄격한 금령은 어찌 되었나이까? 주여, 당신의 치료약이 우리를 지켜 주지 않는다면, 이 숨겨진 질병을 고쳐 줄 다른 치료약이 있었겠나이까? 아버지와 어머니, 그리고 유모가 곁에 없을 때에도 당신은 [우리] 곁에 계시니, 당신은 창조자시며, 부르시는 자시며, [때로는 우리] 영혼의 구원을 위해 악한 자들을 통해서도 선한 일을 행하시는 자시니이다. 나의 하나님, 당신은 그때 어

---

21) 구약 외경에 속하는 집회서 19:1에 나오는 말.

떤 일을 하셨나이까? [내 어머니를] 무엇으로 치료하셨나이까? 어떻게 고쳐 주셨나이까? 당신은 [당신의] 신비로운 계획에 따라 다른 사람의 입에서 심하고 험한 욕설이 나오게 하셨사오니, 당신은 그것을 마치 의사의 수술용 칼이나 되는 것처럼 사용하사, 곪은 데를 단 한 번의 칼질로 터뜨려 주시지 않았나이까?

어머니는 포도주 창고로 갈 때 어떤 [어린] 하녀 하나와 같이 갈 때가 많았는데, 그 하녀는 어머니와 단 둘이 있을 때면, 자기의 주인집 딸인 어머니와 말다툼을 자주 했다 하나이다. 하온데 그 하녀가 [어머니의] 그 잘못된 행동을 보고 '술고래'라면서, 아주 험한 욕설을 퍼부었다고 하나이다. 그러한 욕설에 심한 충격을 느낀 어머니는 자기의 잘못된 행동을 반성하고, 즉각 그러한 행동을 하지 않기로 작정했다 하나이다.

아첨하는 친구들은 [우리를] 그르치지만, 욕하는 원수들은 [우리를] 고쳐 줄 때가 많나이다. 하오나 당신은 [당신의] 뜻을 이루시기 위해서 사람들을 쓰신다 해도, 그들이 행한 행위의 결과보다 그들이 어떠한 동기로 그 일을 행하였느냐에 따라 그들에게 갚아 주시나이다. 그 하녀가 화를 낸 것은 주인집 딸을 고쳐 주기보다는 모욕을 가하려는 의도가 더 강했을 것이니이다. 그리하여 단둘이 있을 때 그리한 것은, 말다툼을 하기에 때와 장소가 적당해서였든지, 아니면 나중에 [어머니의 잘못된 행동이] 주인집 식구들에게 발각될 때, 자신이 꾸중을 받을까 염려한 까닭일 것이니이다.

그러하나 천지에 있는 모든 것의 통치자 되시는 주시여, 당신은 소용돌이치며 흐르는 깊은 강물도 당신의 뜻에 따라 그 방향을 돌려 놓으시며, 아무리 어지러운 세파(世波)라도 고르게 만드시는 분이시니이다. 당신은 한 영혼의 질병을 다른 영혼의 질병을 통해 고쳐 주셨나이다. 그러므로 이 일을 [마음속 깊이] 생각해 볼 때, 말로써 다른 사람을 고쳐 주고자 시도한 사람은, 그 시도가 비록 성공한 경우라도, 그 성공을 자기의 공로로 돌려서는 안 될 것이니이다.

9. 현모양처였던 모니카

(19) 그리하여 어머니는 정숙하고 단아하게 양육을 받았나이다. 하오나 어머니는 [자기] 부모님들로 인해 당신을 섬겼다기보다는, 당신으로 인해 [자기] 부모님들께 순종했다고 말하는 것이 옳을 것이니이다. 그리고 혼인할 나이가 되자 어머니는 시집을 갔는데, 남편을 섬길 때 주를 섬기듯 하였나이다. 어머니는 남편을 당신께로 인도하기 위하여 많은 노력을 했는데, [그때 어머니는 많은] 말보다는 선한 행실로써 남편에게 당신에 대해 이야기하였나이다. 이로 인해 당신은 어머니를 아름다워 보이게 만드셨고, 어머니는 남편에게 존경과 사랑과 찬탄을 받게 되었나이다. 한 편으로 어머니는 남편이 바람을 피울 때도 그것을 잘 참아 내어, 그 일로 인해 남편과 다투는 일은 한 번도 없었나이다. 이는 남편에게 당신의 자비하심이 임하여, 그가 당신을 믿게 됨으로 말미암아 정결해지기를 바랐음이니이다.

하온데 아버지는 매우 선량한 사람이기는 하였으나, 불 같은 성질 때문에 곧잘 화를 내었나이다. 하오나 어머니는 아버지가 화를 낼 때, 말과 행동을 조심하여 일체 대항하지 않았나이다. 그리고는 그의 화가 가라앉아 조용해지기를 기다려 좋은 기회가 되었을 때, 어머니가 한 일을 아버지가 혹시 오해하여 그렇게 화를 내었다면, 그 일에 대하여 잘 설명해 드렸나이다.

이 세상에는 실로 아버지보다 훨씬 더 성질이 좋은 남편과 사는 부인네들이 많았나이다. 하오나 남편에게 매를 맞아, 수치스럽게도 얼굴에까지 매 맞은 흔적이 남아 있는 부인네들도 있었나이다. 그네들이 모여 앉아 정담(情談)을 나누다가, 자기들 남편의 행실을 욕하는 이야기들을 하면, 어머니는 농담을 하는 것처럼 하면서도 진지하게 권면을 하여, 그네들의 말을 다음과 같이 꺾어 놓고는 하였나이다.

여자들은 소위 '혼인계약서'라는 것이 낭독된 다음부터는 자기를 종으로 삼는 문서가 낭독되는 소리를 들었다고 생각해야 할 것이야. 그렇기 때문에 여자들은 자기 위치를 생각하여, 주인 양반에게 대드는 교만한 일일랑 절대 하지 말아야 돼.

하온데 그 부인네들은 어머니가 성질 사나운 남편 밑에서 힘들게 살고 있다는 것을 잘 알았던 까닭에, 파트리키우스가 부인을 때렸다거나, 단 하루라도 부부싸움을 했다는 소리를 들은 적이 없어, 그것을 신기하게 여겼나이다. 그리하여 은근히 그 비결을 물을라치면 어머니는, 내가 위에서 언급한 그 생활 원칙을 가르쳐 주었나이다. 하온데 그 원칙을 따라서 해 본 부인네들은 그 원칙이 옳다는 것을 깨닫고 [어머니께] 감사하였으며, 그 원칙을 따르지 않은 부인네들은 종속 상태에서 벗어나지도 못하면서 매만 계속 맞았나이다.

(20) 어머니의 시어머니[22]도 처음에는 못된 하녀들의 수군거리는 소리를 듣고는 어머니에 대하여 나쁜 인상을 가졌으나, 어머니는 인내심과 양순(良順)함으로 한결같이 순종했던 까닭에, 결국 시어머니의 마음을 돌릴 수 있었나이다. 그리하여 시어머니는 혀를 잘못 놀린 하녀들에 대하여 벌을 내리라고 자기 아들 [파트리키우스]에게 말하기에 이르렀나이다. 즉 그 하녀들이 자기와 며느리 사이를 이간질하여 집안의 평화를 어지럽혔다는 사실을 자기 아들에게 알린 것이니이다. 그러자 그는 자기 어머니의 말에 순종하고, 집안에 기강을 세우고, 집안 식구들 사이에 화목함이 있게 하기 위하여, 자기 어머니가 원하는 대로 문제가 된 하녀들을 매로 다스렸나이다. 이에 할머니는 하녀들에게 다음과 같이 경고했나이다.

> 누구든지 나를 기쁘게 하려고 내 며느리에 대하여 무슨 나쁜 소리를 하면, 이 같은 벌을 결코 면할 수 없을 것이야.

그 뒤로는 감히 그런 일을 하는 하녀가 전혀 없었고, 할머니와 어머니는 아주 화목하게 잘 지내었나이다.

(21) 나의 하나님, "나를 긍휼히 여기시는 하나님"(시 59:17), 당신은 당신의 이 선한 여종의 복중(腹中)에서 나를 창조하셨사온데, 이 여종에게 당

---

22) 어거스틴의 할머니.

신은 또 다른 큰 은사를 주셨으니, 곧 서로 싸우며 불화하는 영혼들 사이에서 어머니는 "화평케 하는 자"(마 5:9)의 역할을 힘닿는 대로 감당하였음이니이다. 사람들이 서로 불화하게 되면 보통 상대방이 없는 자리에서 옆의 친구에게 원수 된 상대방에 대한 험담을 하게 되는데, 그때 그 험담에 과장을 섞을 뿐 아니라, 그 험담을 통해 자신의 증오심을 아무 여과 없이 표현할 때가 많나이다. 하오나 어머니는 어떤 두 사람으로부터 서로를 헐뜯는 말을 들을 때에도, 그 두 사람을 화해시키는 데 도움이 되는 말 외에는, 이 사람의 말을 저 사람에게 옮기는 일이 전혀 없었나이다.

[이 세상의] 수많은 사람들로부터 내가 슬픈 경험을 하지 않는다면, 이 정도 일쯤은 하찮은 선(善)으로 여길 수 있을지 모르겠나이다. 하오나 [이 세상에는] 엄청난 죄악이 무서운 전염병처럼 널리 퍼져 있어, 서로 원수 된 사람들의 말을 상대방에게 전해 줄 뿐 아니라, 하지도 않은 말까지 덧붙여 전해 주는 일이 너무나 많나이다. [실로] 사람다운 사람이라면 말조심을 하여, 사람들 사이의 악감정(惡感情)을 부채질하거나 증폭시키는 일을 하지 말아야 하고, 오히려 좋은 말로써 그러한 감정을 해소시키려고 노력하는 것이 도리니이다.

어머니는 바로 이러한 사람이었사오니, 이는, 당신이 심령의 학교에서 가르치시는 지극히 내적(內的)인 교사가 되셨음이니이다.

(22) 끝으로 어머니는 자기 남편을 그가 이 세상을 떠나기 얼마 전 당신께로 인도하였나이다. 어머니는 아버지가 아직 신자가 되기 전에는 참고 기다려야 했으나, 아버지가 신자가 된 다음에는 아버지 때문에 더 이상 탄식할 일이 없었나이다. 어머니는 또한 당신의 종들을 섬기는 여종이었나이다. 어머니를 알게 된 당신의 종들마다 어머니로 인하여 당신을 높이 찬양하고 경배하고 사랑하였으니, 이는 어머니의 거룩한 생활을 통하여 나타난 열매들의 증거로 인하여, 어머니의 심령 속에 당신이 현존(現存)해 계심을 그들이 느꼈기 때문이니이다. 어머니는 실로 "한 남편의 아내"(딤전 5:9)[23]

---

23) 모니카는 남편 파트리키우스가 죽은 다음에 재혼하지 않고 혼자 살았다.

였으며, "효를 행하여 부모에게 보답"(딤전 5:4)하였고, 자기 가정을 충실하게 꾸려 갔으며, "선한 행실의 증거가"(딤전 5:10) 있었나이다. 어머니는 자식들을 기를 때, 그들이 당신에게서 멀어져 감을 볼 때마다 마치 산통(産痛)을 겪을 때처럼 그들을 위하여 고통을 겪으셨나이다. 주여, 당신께서 우리에게 은혜를 베푸사 당신의 종들인 우리로 하여금 여쭙게 하시니, 마지막으로 이것을 덧붙이나이다. 곧 어머니가 세상을 떠나기 전, 우리는 모두 당신의 세례를 받는 은총을 입었고 또한 함께 살고 있었는데, 그때 어머니는 우리를 돌보아 주면서는 마치 우리 전부를 친자식처럼 돌보아 주었고, 우리를 섬기면서는 마치 우리 모두의 딸처럼 섬겼나이다.

10. 오스티아에서의 신비체험

(23) 하온데, 어머니가 이 세상을 떠날 날이 가까이 왔나이다. 물론 그 날은 당신만 아셨고, 우리는 알지 못하였나이다. 내가 믿기로는, 정녕 당신의 신비한 섭리의 손길로 인해 일어난 일이겠으나, 나와 어머니는 단둘이서 우리가 묵고 있는 집 안쪽의 정원이 내다보이는 창가에 기대어 서 있었나이다. 당시 우리는 지루하고 고달픈 여행을 잠시 멈추고, 티베르 강 하구(河口)의 오스티아라는 항구 도시에 머무르며 [북아프리카로 가는] 배를 기다리고 있었나이다. 우리는 [사람들의] 무리를 피해 조용히 대화를 나누었나이다. "뒤에 있는 것은 잊어버리고 앞에 있는 것"(빌 3:13)에 열중하여, 진리이신 당신의 존전(尊前)에서 나누는 우리의 대화는 너무나 즐거웠나이다. "거룩한 사람들이 누리는 영원한 생명, 곧 '눈으로 보지 못하고 귀로도 듣지 못하고 사람의 마음으로도 생각지'(고전 2:9) 못하는 그 미래의 삶이란 어떠한 것일까?" 하는 이야기를 우리는 함께 나누었나이다. "대저 생명의 원천이 주께 있사오니"(시 36:9), 우리는 심령의 입을 크게 벌려 하늘에 있는 당신의 샘으로부터 흘러나오는 [생명의] 물을 받아 마시기를 간절히 사모하였나이다. 그리하여 거기서 흘러나오는 샘물을 단 몇 방울만이라도

힘껏 받아 마셔, 그토록 심오한 문제를 조금이나마 이해해 보고자 시도했나이다.

(24) 이러한 대화를 나누는 가운데 우리는 다음과 같은 결론에 이르게 되었나이다. 곧 육신적 감각에서 오는 쾌락은 그것이 제아무리 크다 할지라도, 또 육신의 눈을 통해 보는 빛이 제아무리 아름답다 할지라도, 저 영원한 생명의 [즐거움] 앞에서는 비교할 가치가 없다는, 아니 언급할 가치조차 없다는 것이었나이다. 이러한 결론에 도달한 우리는 마음이 한층 더 뜨거워져, 항상 동일하신 당신께로 향해 나아가는 중에, 모든 삼라만상을 단계적으로 뚫고 지나간 다음, 해와 달과 별들이 있어 지상으로 빛을 보내는 [저] 천상의 세계에까지 도달하였나이다. 그리고는 당신이 하신 일에 대하여 생각하고 말하고 찬탄하면서, 더 높이 높이 올라가다가, 우리 인간 영혼의 세계에까지 이르렀으며, [결국에는] 그것까지 초월하여, 당신이 진리의 꼴로 이스라엘을 영원토록 먹이시는 저 무한히 풍요로운 곳에 다다르게 되었으니, 그곳에서는 생명이 곧 지혜였는데, 그 지혜로 말하면, 그것으로 말미암아 현재에 존재하는 모든 것, 과거에 존재했던 모든 것, 미래에 존재할 모든 것이 생성되고 생성되었고 생성될 것이니이다. 하오나 지혜 그 자체는 생성되는 것이 아니니, 과거에 존재했던 그대로 현재에도 존재하며, 미래에도 언제나 [현재에 존재하는] 그대로 존재할 것이니이다. 왜냐하면 지혜에는 과거에도 생성이 없었고, 미래에도 생성이 없을 것이며, 오직 [영원히 현재적인] 존재만이 있을 따름인 까닭이니이다. 지혜는 실로 영원한 것이니이다. 과거에 생성된 것이나 미래에 생성될 것은 영원한 것이 아니니이다. 우리가 이렇게 지혜에 대하여 이야기하면서 지혜를 애타게 사모하는 중에, 우리는 온 심령을 그것에 집중시켜 순간적이나마 그것에 살짝 접촉하게 되었나이다. 그리고 우리는 한숨을 길게 내뿜고는, "성령의 처음 익은 열매를"(롬 8:23) 그곳에 묶은 채 놓아두고, 우리 입에서 나오는바, 시작이 있고 끝이 있는 인간의 언어로 되돌아왔나이다. 하오나 당신의 말씀[=로고스]은 우리의 주님 되시니, 인간의 언어가 어찌 당신의 말씀과 같을 수 있으리이까? 당신의 말씀은 스스로 안에 항상 계시니 [영원히] 낡아지지 않으

시며, [그러면서도] 만물을 새롭게 하시나이다.

(25) 그리하여 우리는 다음과 같은 이야기를 서로 주고받았나이다.

만약 어떤 사람에게 육체의 소음(騷音)이 가라앉고 땅 속에 있는 것, 물 속에 있는 것, 공중에 있는 것에 대한 환영(幻影)이 사라진다, 또 하늘의 궁창이나 자기 자신의 영혼까지 사라져 자기 자신을 생각할 수조차 없게 된다, 또 더 이상 꿈도 꿀 수 없고 계시도 더 이상 주어지지 않는다, 모든 언어와 표상이 전부 다 사라지고, 생성·소멸하는 모든 것이 완전히 다 없어진다 가정하사이다. 이는 우리에게 정말 들을 귀가 있다면, 이 모든 것들이 이렇게 말하는 소리를 들을 것이니이다. "우리가 우리를 만들지 아니하였고, 영원토록 계시는 그분이 우리를 만드셨느니라." 이 모든 것들이 이렇게 말한 다음 스스로 침묵하면서, 자기들을 창조하신 분을 향하여 귀를 기울인다, 그리하여 그분 홀로 말씀하신다 생각해 보사이다. 사실, 창조주께서는 피조물을 통하여 말씀하시는 것이 아니라, 자기 자신으로 말미암아 친히 말씀하시는 분이니이다. 그러므로 우리는 그의 말씀을 사람의 혀나 천사의 음성, 천둥소리나 수수께끼 같은 비유를 통하여 듣는 것이 아니라, 그가 친히 하시는 말씀을 직접 듣는 것이니이다. 우리는 만물을 볼 때, 그를 사랑하게 되나, 그의 말씀은 만물 없이도 들을 수 있나이다. 이것은 마치, 우리가 우리 자신을 뻗쳐, 전광석화같이 빨리 지나가는 생각의 흐름 속에서 만물 위에 영원히 존재하는 지혜에 [살짝] 부딪쳤던 것과 같나이다. 만약 이러한 경험만이 계속 일어나고, 다른 저급한 환영들은 더 이상 보이지 않게 된다면, 그리하여 오직 이러한 경험만이 그 보는 자를 붙들어 깊은 곳에서부터 우러나오는 기쁨 속으로 흡수하여 그 속에 깊이 잠기게 함으로써 우리의 삶 전체가, 우리가 간절히 사모하는 바대로, 이 깨달음의 순간과 영원히 같아진다면, 그것이 바로 "네 주인의 즐거움에 참예할지어다"(마 25:21)라고 말씀하신 것을 의미하지 않겠나이까? 하오나 그때가 언제이겠나이까? "우리가 다 잠잘 것이 아니요 마지막 나팔에 순식간에 홀연히 다 변화하리니"(고전 15:51)라고 한 그때가 아니겠나이까?

(26) 나는 꼭 이런 식으로 이와 똑같은 말을 하지는 않았으나, 대강 이러한 내용의 말을 하였나이다. 하오나 주여, 당신이 알고 계시듯 우리가 이러

한 이야기를 나누던 그 날, 이 세상과 이 세상의 모든 즐거움은 이러한 이야기를 나누던 그 순간만큼은 아무 가치도 없는 것처럼 느껴졌나이다. 그때 어머니는 이런 이야기를 하였나이다.

아들아, 나로서는 이제 이 세상으로부터 얻을 즐거움이란 하나도 없다. 이 세상에서 바랄 것이 더 없는데, 내가 이 세상에서 아직 또 해야 될 일이 무엇인지, 내가 왜 이 세상에 더 남아 있어야 하는 것인지 모르겠구나. 내가 이 세상에 조금이라도 더 머물러 있고자 했던 단 한 가지 이유는, 죽기 전에 네가 기독교 신자가 되는 모습을 보고 싶었기 때문이었다. [그런데] 내 하나님께서는 내가 간구한 것보다 더 풍성하게 허락해 주셔서, 나로 하여금 네가 이 세상의 행복을 버리고 그의 종이 되는 모습을 보게 해 주셨구나. [그러니 내가 이 땅에서 무슨 할 일이 또 있겠느냐?

11. 모니카의 소천

(27) 이 말에 내가 어떠한 대답을 하였는지는 잘 생각이 나지 않나이다. 하온데 이런 일이 있은 지 대략 닷새 정도 지나 어머니는 열병으로 몸져 누우셨나이다. 그렇게 병상에 누워 있던 어느 날 어머니는 의식을 잃고 잠시 깨어나지 못하였나이다. 우리가 얼른 달려가 보니 곧 다시 의식을 회복하고는, 나와 내 형이 곁에 서 있는 것을 바라보며 마치 우리에게 무엇을 묻는 것같이 이렇게 말하였나이다. "내가 어디에 가 있었지?" 그리고는 슬픔으로 어찌할 바를 모르는 우리들을 응시하며, "너희 어미를 이곳에 묻어 다오!"라 말하였나이다. [이에] 나는 아무 말도 못 하고, 눈물만 삼켰나이다. [그때] 형이 나서서 몇 마디 말을 했는데, 그 내용은 어머니가 타지(他地)에서 돌아가시기보다는 고향에서 편안하게 돌아가시는 것이 더 좋겠다는 것이었나이다. 그 말을 들은 어머니는 안색이 변하고 그를 쏘아보면서, 무슨 [쓸데없는] 생각을 하느냐고 나무라고는 나를 쳐다보며, "이 보아라! 얘가 무슨 말을 하고 있는 거냐?" 하고 말하였나이다. 그리고 잠시 후 어머니는

우리 둘에게 이렇게 말했나이다.

내 육신은 아무 곳에나 묻어라! 내 육신에 대해서 너희는 아무 염려도 할 필요가 없다. 단지 내가 너희에게 부탁하는 것은, 너희가 어디에 있든지 주님의 제단 앞에서 나를 기억해 달라 는 것이다.

어머니는 이러한 말을 하면서 자기의 소원을 간신히 표현하고는 더 이상 입을 열지 못했는데, 병세가 더 위중(危重)해져 고통이 심하였나이다.

(28) 오, 보이지 않으시는 하나님이시여, 당신을 믿는 자들의 심령 속에 부어 주시는 당신의 은사(恩賜)를 생각해 보니, 거기에서 신기한 열매들이 산출되나이다. 내가 이미 알고 있는 일을 기억할 수 있는 것도 당신이 허락하신 은사 때문이니이다. 그러므로 내가 기뻐하며 당신께 감사드리나이다. 내가 알기로, 어머니는 자기가 묻힐 자리에 대하여 항상 큰 염려를 했었고, 그리하여 아버지의 무덤 옆에 자신의 묘 자리를 미리부터 준비해 두고 있었나이다. 어머니는 생전에 아버지와 금슬이 무척 좋았던 까닭에, 죽어서도 아버지 곁에 묻히는 행복을 원했던 것이니이다. 그리하여 해외여행을 다 마친 후에는 아버지가 묻힌 곳에 같이 묻혀, 사람들이 그 사실을 오랫동안 기억해 주기를 바랐던 것이니이다. 하오나 인간의 생각이 어찌 하나님의 생각에 미칠 수 있으리이까?

언제 이런 헛된 생각이 어머니의 심령에서 당신의 풍성한 인자로 말미암아 사라지게 되었는지 나는 알 수 없으나, 어머니의 이러한 심경의 변화를 알게 된 나는 놀라면서도 기뻤나이다. 물론 창가에 기대어 서서 나와 대화를 나누며, "내가 이 땅에서 무슨 할 일이 또 있겠느냐?"고 할 때 이미 어머니는 꼭 고향 땅에 묻혀야 되겠다는 뜻이 없음을 보여 주었나이다. 내가 나중에 들은 이야기오나, 우리가 오스티아에 있을 당시, 어머니는 어느 날 나의 몇몇 친구들과 정답게 대화를 나누었다 하나이다. 나는 마침 그 자리에 없었사온데, 어머니는 나의 친구들과, 이 세상의 삶은 별것 아니며 죽음이 오히려 복되다는 이야기를 나누었다는 것이니이다. 그러자 내 친구들은 당신이 어머니에게 주신 용기에 놀라며, 고향에서 이렇게 멀리 떨어진 곳에 몸을 묻는 것이 두렵지 않느냐고 물었다 하나이다. 이에 어머니는 이렇게 대답했다 하나이다.

하나님께는 멀다는 것이 결코 있을 수 없는 거야. 그리고 하나님께서 세상 끝 날에 나를 부활시킬 장소가 어딘지 모르실까 봐 걱정할 이유도 없는 거야.

어머니는 병상에 누운 지 아흐레 되던 날, 신앙이 돈독하고 경건했던 그 영혼이 육신을 떠났으니, 당시 어머니의 나이는 쉰 여섯이었고, 내 나이는 서른셋이었나이다.

12. 어머니 모니카를 애도함

(29) 나는 어머니의 눈을 감겨 주었나이다. 그때 내 마음속에는 엄청난 슬픔이 복받쳐 올라 눈물이 되어 터져 나왔나이다. 하오나 내 영혼은 준엄한 명령을 통하여 내 눈의 눈물샘을 막은 까닭에 내 눈에서 눈물이 그쳤나이다. 그러하나 이런 내적인 싸움을 하느라 나는 무척 힘들었나이다. 하온데 어머니가 숨을 거두는 바로 그 순간, 아데오다투스가 소리를 지르며 울기 시작했나이다. 하오나 우리 모두가 저를 제지하여 울음을 그쳤나이다. [그때] 나도 치기(稚氣)가 발동하여 소리 내어 울고 싶었으나, [아데다투스의] 울음소리, 이 소년의 마음속 깊이에서 우러나오는 울음소리로 인해 제지를 받고, 침묵을 지켰나이다. 우리는 그 장례식을 통곡이나 탄식 속에서 거행하는 것을 옳게 여기지 않았나이다. 사람들은 보통 죽은 사람이 불쌍하다거나 완전히 멸망한다고 생각하는 까닭에 통곡하나이다. 하오나 어머니는 불쌍하게 돌아가신 것도 아니요, 완전히 죽어 없어진 것도 아니었나이다. 이러한 사실은 어머니의 선한 행실이 증거해 주었으니, 우리는 이러한 사실을 "거짓이 없는 믿음"(딤전 1:5) 가운데서 확신하고 있었나이다.

(30) 하오면 내가 속으로 심히 슬퍼했던 까닭은 무엇이니이까? 그 까닭

은 오직 [어머니와] 오랫동안 함께 보냈던 그 아름답고 귀한 세월이 갑자기 정지된 데서 온 새로운 상처 때문이었나이다. 그럼에도 어머니가 임종 직전 병석에서 마지막으로 내게 해 준 말이 [조금] 위로가 되었나이다. 즉 어머니는 내가 어머니께 순종했던 일들에 대하여 고마움을 표시하면서, 나를 '효자'라고 했고, 내 입에서 자기를 향해 심한 언사나 험담이 나오는 것을 한 번도 들은 적이 없다는 사실을 언급하면서도, 나에 대한 지극한 사랑의 감정을 드러내었나이다.

그러하나 우리를 창조하신 나의 하나님, 이러한 것이 무슨 소용이 있나이까? 내가 어머니를 공경한 것이 어머니가 나를 섬긴 것하고 어찌 비교가 되리이까? [이제] 어머니가 베풀어 주었던 그 큰 위로를 더 이상 받을 수 없게 된 나는 영혼에 큰 상처를 입어, 나의 생명이 찢겨져 나가는 듯한 아픔을 맛보았으니, 이는 나의 생명은 어머니의 생명과 하나의 생명을 이루고 있었음이니이다.

(31) 아데오다투스가 [우리의] 제지로 울음을 그친 다음, 에보디우스가 시편을 집어 들고 성시(聖詩)를 낭송하기 시작했나이다. 그러자 온 집안사람들이 화답하였나이다.

> 내가 인자와 공의를 찬송하겠나이다.
> 여호와여, 내가 주께 찬양하리이다.[24]

하온데, [우리가] 당한 일에 대한 소식을 듣고 많은 형제들과 여성도들이 모여들었나이다. 장례에 필요한 일을 맡은 사람들이 관습에 따라 자기들이 할 일을 하는 동안, 나는 나를 위로해 주러 온 사람들과 당시의 상황에 가장 알맞다고 여겨지는 문제에 대하여 이야기를 나누었는데, 그것이 진정제가 되어 나의 아픈 마음을 달래 주었나이다. 하오나 나의 아픈 마음은 당신만이 아실 뿐 사람들은 알지 못했으니, 그들은 내가 하는 이야기는 귀담아

---

24) 시 101:1.

들으면서도 나의 슬픈 감정에 대해서는 아무 눈치를 채지 못하였나이다. 하오나 나는 당신의 귀에 대고 그들은 아무도 듣지 못하도록, 내 여린 마음을 한탄하는 기도를 드리며 슬픔의 홍수가 밀려오는 것을 막았나이다. 하오나 슬픔이 물러가는 것은 잠시뿐, 또 다시 폭풍처럼 밀려들었으니, 비록 내가 눈물을 쏟거나 안색이 변한 것은 아니었으나, 내 심령 속에 억제해 둔 것이 무엇인지는 잘 알고 있었나이다. 물론 이러한 감정은 우리 인간에게는 당연한 것, 필연적으로 찾아오는 그 무엇이니이다. 그럼에도 그것이 나에게 너무나 큰 힘을 발휘하는 것을 보고, 나 자신 매우 한심하게 느꼈나이다. 그리하여 가뜩이나 슬픔에 잠겨 있는 나에게 또 다른 슬픔까지 찾아와 나는 이중으로 슬픔에 젖었으니, 나의 고통은 참으로 심했나이다.

(32) 이제 어머니의 유해가 장지(葬地)로 옮겨질 때, 우리도 함께 갔나이다. 그리고 돌아왔나이다. 하오나 눈물은 참았나이다. 우리는 유해를 안장하기 전에 관습에 따라 유해를 무덤 곁에 내려놓고, 어머니를 위해 구속(救贖)의 예배를 드리며 당신께 기도를 올렸는데, 그 기도를 올리는 동안에도 나는 눈물을 참았나이다. 하오나 진종일 남몰래 속으로 심히 슬퍼하며, 상한 심령으로 당신께 "이 슬픔에서 벗어나게 해 주십사!" 하고 힘을 다하여 간구하였나이다. 하오나 당신은 응답해 주시지 않았나이다. 당신이 응답해 주시지 않은 것은, 내가 믿기로는, 이 한 가지 일을 통해서도 사람의 영혼은 습관의 힘에 너무나 많이 좌우된다는 사실, 진리의 말씀으로 양육된다 하더라도 그렇다는 사실을 나로 하여금 깨닫게 하시려는 당신의 뜻 때문인 것 같았나이다.

나는 목욕을 해야겠다고 생각했나이다. 이는 내가 듣기로, '목욕'이라는 뜻을 가진 라틴어 '발네움'(balneum)은 헬라어 '발라네이온'에서 유래했는데, 이 헬라어 속에는 '마음에서 근심을 털어 내다'라는 뜻이 들어 있는 까닭이니이다.[25] "고아의 아버지"(시 68:5)시여! 보소서! 내가 이것도 당신

---

25) 헬라어 명사 '발레이온'은 '던지다'는 뜻을 지닌 헬라어 동사 '발레인'에서 유래하였다.

의 긍휼을 힘입어 고백하거니와, 목욕을 해 보았지만 목욕 전의 나와는 달라진 것이 전혀 없었나이다. 이는 내 심령에서 슬픔의 쓴 맛이 [조금도] 씻겨 내려가지 않았음이니이다. 그래서 잠을 좀 자고 일어났는데, 그제야 내 슬픔이 적잖이 완화되었음을 알게 되었고, 나는 홀로 침상에 누워 당신의 종 암브로시우스의 진실된 시구[26]를 떠올려 보았나이다.

> 하나님, 당신은 만유의 창조자시요
> 하늘의 운행자시라.
> 낮을 찬란한 빛으로 옷 입히시고
> 밤을 포근한 잠으로 덮으시나이다.
> 조용한 안식을 주사 곤한 몸을 풀게 하시며
> 내일 수고할 힘을 다시 허락하시고,
> 지친 영혼을 소성(蘇醒)케 하사
> 모든 질고(疾苦)를 벗겨 주시나이다.

(33) 그때부터 차츰 나는, 당신의 여종이 옛날 어떠한 삶을 살았는지 추억하게 되었으니, 어머니는 당신께는 경건하고 우리에게는 한없이 부드럽고 상냥한 분이었나이다. 이러한 어머니를 창졸간에 잃은 나는 당신의 면전에서 어머니의 연고로, 어머니를 위하여 울고, 그리고 또한 나 때문에, 나를 위하여 울고 싶었나이다. 그리하여 그때까지 억제해 왔던 울음을 터뜨려, 마음껏 눈물을 흘렸으니, 그 눈물로 내 심령의 침상을 적셨고, 그 눈물 속에서 소성함을 얻었나이다. 이는 내가 그렇게 흐느껴 울었어도, 내가 우는 것을 교만하게 비방할 사람은 거기 아무도 없었으니, 오직 당신만이 내 울음소리를 들을 수 있었던 까닭이니이다.

오 주여, 이제야 내가 그 일을 이 책을 통해 당신께 고백하나이다. 원하는 사람은 누구든지 읽고, 원하는 대로 해석하라 하소서! 하오나 내가 당신

---

26) 암브로시우스의 유명한 저녁 찬송 "만유의 창조자 하나님"(*Deus creator omnium*).

의 면전에서 살 수 있도록, 나를 위해 여러 해 동안 울어 준 어머니를 위해 내가 잠시 눈물 흘린 것을 가지고, 그것이 죄라고 비웃지는 말게 하소서! 오히려 저가 사랑이 많은 사람이라면, 내가 당신께 지은 죄를 인하여 당신께 직접 기도해야 할 것이니, 당신은 당신의 기름 부음을 받은 그리스도의 모든 형제들에게 아버지가 되시나이다.

13. 어머니를 위한 기도

(34) 이제 나의 심령은 그때 입은 상처에서 치유되었는데, 그 상처는, 그때 내가 육신의 감정에 사로잡혔기 때문에 생긴 것이라는 비판을 받을 만한 것이었나이다. 하오나 우리의 하나님이시여, 내가 지금 당신의 여종을 위하여 흘리는 눈물은 전혀 다른 종류의 눈물이오니, 곧 "아담 안에서"(고전 15:22) 죽는 모든 영혼에게 닥칠 위험을 생각할 때, 마음이 두렵고 떨려 흘러나오는 눈물이니이다. 어머니가 아직 육신에 거할 때, 그리스도 안에서 비록 [새] 생명을 얻어, 믿음과 행실로 당신의 이름을 찬양하며 산 것이 사실이나, 어머니가 세례를 받고, 중생함을 받은 다음, 당신의 계명을 거스르는 말이 어머니의 입에서 한 마디도 나오지 않았다는 장담을 나는 할 수 없나이다. 진리 되신 당신의 아들의 말씀에, "형제에게…… '미련한 놈'이라 하는 자는 지옥 불에 들어가게 되리라"(마 5:22) 하였으니, 아무리 칭찬 받을 만한 삶을 산 사람일지라도, 당신이 자비하심을 거두시고 저의 삶을 철저히 살피신다면 저에게 화가 미칠 것이니이다. 하오나 당신은 죄악을 엄히 문책하지 않으시나이다. 그러므로 우리는 안심하고 당신이 베푸시는 처소로 나아갈 수 있나이다. 하오니 당신 앞에서 감히 자신의 공로를 헤아릴 자 누구리이까? 만일 헤아리는 자 있다면, 그것은 당신이 주신 은사를 헤아림에 불과하나이다. 오, 인생들은 자신이 인생임을 알아야 할지라! 이는 "자랑하는 자는 주안에서 자랑하라"(고전 1:31) 하였음이니이다.

(35) 그러므로 "나의 찬송"(시 118:14), 나의 생명, "내 마음의 반석"(시

73:26)이 되신 하나님, 나는 이제 어머니의 선한 행위는 잠시 접어두려 하나이다. 물론 나는 어머니의 선한 행위로 인해 당신께 기쁨으로 감사를 드리나, 지금은 어머니가 지은 죄를 위하여 당신께 기도하나이다. "나무에"(갈 3:13) 달리셨다가 [이제는] "하나님 우편에[서] 우리를 위하여 간구"(롬 8:34)하시며, 우리 상처의 치료자[가 되어 주시는 그리스도]로 말미암아 나의 기도를 들어 주소서! 내가 알기로 어머니는 긍휼을 베풀었으며, 자신에게 죄 지은 자들의 죄를 "중심으로"(마 18:35) 사하여 주었사오니, 어머니가 구원의 세례를 받은 후 [지낸] 오랜 세월 동안 죄를 쌓아 놓은 것이 혹시 있거든, 사하여 주소서! 주여, 사하여 주소서! 비오니, 사하여 주소서! 주의 여종에게 "심판을 행치 마소서!"(시 143:2). "긍휼이 심판을 이긴다"(약 2:13) 하신 당신의 말씀은 참되니, 당신은 "긍휼히 여기는 자"(마 5:7)에게 긍휼을 약속하셨나이다. 이것은 당신이 베푸시는 은사니이다. 당신은 "긍휼히 여길 자를 긍휼히 여기고 불쌍히 여길 자를 불쌍히"(롬 9:15) 여기시나이다.

(36) 나의 간구를 이미 들어주신 줄 믿으나 주여, "내 입의 낙헌제를"(시 119:108) 받으소서! 어머니는, 세상에서 떠날 날이 다가왔을 때, 자신의 몸을 값비싼 수의(壽衣)로 감싸는 것, 향유를 바르는 것, 멋있는 비석을 세우는 것을 원하지 않았으며, 고향의 무덤에 묻힐 생각도 하지 않았나이다. 어머니는 우리에게 그런 것을 전혀 부탁하지 않았나이다. 어머니가 바란 것은 다만, 우리가 당신의 제단 앞에 나아갈 때마다 어머니를 기억해 주는 것이었나이다. 사실, 어머니는 하루도 쉬지 않고 당신의 제단을 찾아갔었나이다. 어머니는 거기에다 거룩한 희생제물[27]을 올리는 것을 알고 있었으니, 그 희생제물로 말미암아 "우리를 거스르고 우리를 대적하는 의문(儀文)에 쓴 증서"(골 2:14)가 도말되었으며, 그 희생제물로 말미암아 우리의 원수 [사단]이 패배를 당하였나이다. 사단은 우리의 죄를 들춰내며 우리에게서 책잡을 만한 것을 찾되, [우리 대신 희생제물로 바쳐진] 그분에게서는

---

27) 그리스도의 몸을 상징하는 떡으로, 성찬식 때 분배됨.

아무것도 발견하지 못하였으니, 우리는 그분으로 말미암아 승리를 얻었나이다. 죄 없이 흘린 피를 누가 그분께 다시 돌려드릴 수 있으리이까? 그가 우리를 사단에게서 다시 찾아오기 위해 지불하신 속량금(贖良金)을 누가 그에게 갚아드릴 수 있으리이까? 이러한 속량금에 근거한 성례에 당신의 여종은 자신의 영혼을 믿음의 띠로 묶어 두었나이다. [그러므로] 아무도 어머니를 당신의 돌보심에서 떼어놓지 못할 것이니이다. "사자와 독사"(시 91:13)가 힘으로도 꾀로도 어머니의 믿음을 방해하지 못하리이다. 이는 어머니가 스스로 죄 없다고 말함으로, 저 간악한 고소자 [마귀]에게 책잡히거나 붙들리는 일은 없을 것이기 때문이니이다. 어머니는 도리어 자기의 죄가 사함 받은 것은, 우리에게 빚진 것이 전혀 없으면서도 우리의 죄값을 대신 갚아 주신 그분 때문이라고 말할 것이니, 그분에게 그 값을 다시 갚아드릴 자는 아무도 없나이다.

(37) 그러므로 어머니로 하여금 그 남편 되는 [내 육신의 아버지와] 함께 평화 속에 거하게 하소서! 어머니는, 아버지와 결혼하기 전이나 아버지가 세상을 떠난 후나, 아버지 이외의 다른 남자를 알지 아니 하였으며, 남편을 당신께로 인도하기 위하여 "인내로 결실하는 자"(눅 8:15)같이 남편을 섬겼나이다. 그리고 나의 주, 나의 하나님이여, 당신의 종들에게 영감을 주소서! 저들은 당신의 아들들이자 나의 형제들이며, 내가 마음과 말과 글로 섬기는 나의 상전들이니, 저들에게 영감을 부으소서! 그리하여 이 글을 읽는 자들은 누구든지 당신의 제단 앞에서 당신의 여종 모니카와 이승에서 그의 남편이었던 파트리키우스를 기억하게 하소서! 내가 어떻게 태어나게 되었는지는 잘 알지 못하나, 당신은 이 두 사람의 육신을 빌어 나를 이 세상에 들어오게 하셨나이다. 저들이 경건한 마음으로 내 부모님을 기억하게 하소서! 두 분은 이승의 무상(無常)한 빛 아래서는 나의 부모이나, [하늘] 아버지 되시는 당신과 [영적] 어머니 되는 교회 안에서는 나의 형제들이며, 영원한 [새] 예루살렘에서는 나와 같은 시민들이니이다. 거기서 나온 당신의 백성은 거기로 돌아갈 때까지 거기를 애타게 사모하며 순례의 길을 걷나이다. 그러므로 어머니가 내게 부탁한 마지막 소원이 나 혼자의 기도보다는, 이

고백록을 읽는 많은 사람들의 기도로 말미암아 보다 풍성하게 이루어질 것이니이다.

제10권 내적인 성찰

1. 고백의 목적

(1) [주여,] 당신을 알기 원하나이다. 나를 아시는 분이시여, "주께서 나를 아신 것같이"(고전 13:12) 내가 당신을 알기 원하나이다. 내 영혼의 힘이 되신 주여, 내 영혼으로 들어오사 내 영혼을 당신께 붙들어 매시고, 내 영혼으로 "티나 주름잡힌 것"(엡 5:27) 없는 당신의 소유가 되게 하소서! 당신의 차지가 되게 하소서! 이것이 나의 소원이니이다. 그래서 아뢰오니, 이러한 소원을 가질 때, 오직 그때만 나는 진정한 기쁨을 누리게 되나이다. 이 세상에 사는 동안 그 밖의 일들은 그것이 슬픈 것일수록, 슬퍼하지 말아야 하고, 슬프지 않은 것일수록, 더 슬퍼해야 하나이다. 주께서는 "중심에 진실함을"(시 51:6) 원하시니, 그러므로 "진리를 좇는 자는 빛으로"(요 3:21) 오나이다. 나는 진리를 좇기 원하오니, 당신 앞에서는 나의 심령을 통해, 많은 증인들 앞에서는 이 글을 통해 진실을 고백하려 하나이다.

2. 하나님 앞에서 고백을 행하는 뜻

(2) 그러하나 주여, 당신의 눈앞에서는 사람의 양심이 그 바닥까지도

"벌거벗은 것같이"(히 4:13) 드러나오니, 내 속에 있는 것 가운데 내가 당신께 고백하기 원하지 않는 것이라도 그 무엇이 [당신께] 감춰질 수 있겠나이까? 이는 내가 당신을 보지 않으려고 내 눈을 가릴 수는 있어도, 나 자신을 당신에게서 숨길 수는 없음이니이다. 이제 나의 한숨이 증거 해 주듯, 나는 나 자신이 싫사오니, 당신이 내게 빛을 비추사 당신에게서 만족을 얻게 하시며, 당신을 사랑하고 당신을 바라보게 하소서! 그리하여 나 자신에 대하여는 부끄러움을 느껴, 나 자신을 버리게 하소서! 대신 당신을 붙들게 하사 오직 당신께 의지함으로 당신을 만족케 하며, 나 자신을 만족케 하는 자 되게 하옵소서!

그러므로 주여, 나는 내 모습 이대로 당신께 드러난 바 되었고, 무슨 목적으로 당신께 이 고백을 하는지도 아뢰었나이다. 나는 이 고백을 육신의 언어나 음성으로 하지 아니하고, 영혼의 언어와 묵상이라는 외침으로 하오니, 당신의 귀에 다 들린바 되나이다. 그러므로 내가 악할 때 내가 당신께 드리는 고백은 나 자신이 싫다 하는 것이요, 내가 경건할 때 당신께 드리는 고백은 그 경건함을 나에게 돌리지 않는 것이니이다. 주여, 이는, 당신은 "의인에게 복을"(시 5:12) 주시는 분이심이니이다. 하오나 당신은 "경건치 아니한 자를"(롬 4:5) 먼저 의롭게 만들어 주시나이다. 그러므로 나의 하나님이여, 당신의 면전에서 행하는 이 고백은 잠잠히 행하는 것이기도 하나, 또 그렇지 않은 것이기도 하나이다. 이는 내가 입으로는 잠잠히 있으나, 마음으로는 소리 내어 외치고 있음이니이다. 사실 내가 사람들에게 무슨 옳은 말을 하는 것이 있다면, 그것은 모두 내가 예전에 당신께 아뢰었던 것이니이다. 그리고 내가 당신께 아뢰었던 것은 모두 당신이 예전에 내게 해 주셨던 말씀이니이다.

3. 사람 앞에서 고백을 행하는 뜻

(3) 하오면, 내가 사람들에게 이 고백을 들려주는 이유는 어디에 있나이

까? 저들이 내 "모든 병을"(시 103:3) 고쳐 주기라도 할 수 있기 때문이니이까? [사람이란] 남의 삶에 대하여는 알고자 하면서, 자기의 삶을 고치는 데는 게으른 부류가 아니니이까? 저들은 어찌하여 내가 누구인지에 대하여는 나에게 듣기 원하면서, 저들 자신이 누구인지에 대하여는 당신께 듣기를 원하지 않는 것이니이까? 내가 나 자신에 관한 일을 저들에게 들려줄 때 저들은 내가 참말을 말하는지를 어떻게 아는 것이니이까? 이는 실로 "사람의 사정을 사람의 속에 있는 영 외에는"(고전 2:11) 아무도 알 수 없음이니이다. 하오나 저들이 만약 당신께서 저들에게 하신 말씀을 듣는다면, "주께서 거짓말을 하신다"고는 말하지 못할 것이니이다. 실로 자기에 대하여 당신이 하신 말씀을 듣는 것은 바로 자기를 인식하는 것이 아니니이까? 하온데 [자기를] 인식하고도, [그 인식을] '거짓'이라고 말하는 자가 있다면, 그는 스스로 속이는 것이 아니니이까? 하오나 사랑은 모든 것을 믿는 것이라.[1] 특히 서로 하나로 맺어진 사람들 사이에서는 더욱 그러하나이다. 그러므로 주여, 나도 이같이 사람들이 들을 수 있도록 당신께 고백하오니, 나의 고백이 참되다는 것을 저들에게 밝히 보여 줄 길은 없으나, 나를 향하여 사랑으로 자기 귀를 여는 자는 나를 믿어 줄 것이니이다.

(④) 그러하나 주여, 당신은 내 영혼의 지극히 깊은 곳까지도 치료해 주시는 의사시니, 내가 이 고백을 행할 때 어떠한 결과가 초래될 것인지 내게 밝히 말씀하여 주소서! 당신은 내 영혼을 믿음으로 말미암아, 또 당신의 성례(聖禮)로 말미암아 변화시키셨으며, 나로 하여금 당신 안에서 복을 얻게 하시기 위하여, 나의 지나간 죄악을 용서하사 덮어 주셨으니, 사람들이 이 고백록의 내용을 읽거나 들을 때 마음을 추슬러 절망의 잠에서 깨어나게 하소서! 그리하여 "나는 할 수 없다"는 말을 [더 이상] 하지 말고, 도리어 당신의 긍휼하신 사랑으로 소성함을 입으며, 당신이 베푸시는 은혜의 달콤함을 체험하게 하소서! 당신의 은혜로 말미암아 자신의 연약함을 깨닫는 자에게는 실로 연약함이 강함이 되나이다. 그러므로 선한 자라도 과거의 죄

---

1) 고전 13:7 참조.

악을 용서받은 사람들의 이야기를 듣기를 좋아하나이다. 하오나 그가 좋아하는 것은, 죄악 자체가 아니라, 죄악이 과거에는 존재하였으나 이제는 더 이상 존재하지 않는 까닭이니이다.

나의 주여, 나의 양심은 매일같이 당신께 고백을 드리나, 그것은 나 자신의 순결함 때문이 아니라 당신의 자비하심을 바라는 까닭인데, 하오면 주여, 내가 당신 앞에서 사람들에게 이 고백을 하는 목적은 무엇이니이까? 내가 주께 여쭈나이다. 내가 이 책을 통해 과거의 나 자신에 대해서뿐 아니라 현재의 나 자신에 대하여도 고백을 하는 목적은 어디에 있나이까? 이는 과거의 나 자신에 대한 고백의 목적은 이미 내가 알고 있고, 또 [당신께] 아뢰기도 했음이니이다. 하오나 많은 사람들이 이 『고백록』을 쓰고 있는 현재의 나 자신에 대하여 알고 싶어하니, 저들은 나를 아는 것 같으나 [깊이는] 알지 못하는 자들이니이다. 저들은 나에게서 직접 이야기를 들었든지, 아니면 나에 대한 이야기를 다른 사람에게서 간접적으로 들었을 수는 있으나, 저들의 귀가 나의 참된 자아(自我)가 있는 나의 심령 속에까지는 이르지 못하였나이다. 그리하여 저들은 눈으로도 귀로도 이성으로도 가까이할 수 없는, 나의 내면 가장 깊숙이 있는 것을 나의 고백을 통하여 듣기 원하는 것이니이다. 하오니 저들은 나의 말을 믿을 생각을 하면서 이 고백을 들어야 할 것이니이다. 하오나 저들이 진정 나를 이해할 수 있을는지요? 이는 내 고백이 거짓이 아니라는 사실을 저들에게 말해 줄 수 있는 것은 저들을 선하게 만드는 사랑뿐임이니이다. 저들 안에 있는 사랑만이 저들로 하여금 나의 말을 믿게 할 것이니이다.

4. 사람들이 이 고백을 들으려 하는 이유

(5) 하온데, 저들이 이 고백을 들으려 하는 이유는 무엇이니이까? 내가 당신의 은혜로 당신께 가까이 나아간다는 사실을 듣고, 나와 함께 기쁨을 나누기 위해서니이까? 혹은 내가 나의 죄의 짐 때문에 당신께 가까이 나아

가지 못한다는 사실을 듣고, 나를 위해 기도해 주기 위해서니이까? 어떠한 경우든, 나는 그러한 자들에게 나 자신을 보여 주려 하나이다. 주 나의 하나님이여, 많은 사람이 당신께 "우리를 위하여 감사"(고후 1:11)하며, 많은 사람이 우리를 위하여 기도하는 것의 효용(效用)은 적지 않을 것이니이다. 그러므로 형제 된 자들의 마음으로 하여금 당신이 가르치신 바에 따라, 내 안에 있는 것 중 사랑할 만한 것은 사랑하게 하시고, 슬퍼해야 할 것은 슬퍼하게 하소서!

그러므로 형제 된 자들로 하여금 올바른 마음을 가지게 하소서! 이방인이나 이방인의 자손들은 그 입이 "궤사를 말하며 그 오른손은 거짓의 오른손"(시 144:8)이 되나, 형제 된 자들은 내 안에 칭찬할 만한 것이 있거든 그들 마음으로 기뻐하게 하시고, 내 안에 책망할 것이 있거든 그들 마음으로 슬퍼하게 하소서! 이는 그들이 나를 칭찬하든 책망하든 나를 사랑하는 까닭이니이다. 나는 그러한 자들에게 나 자신을 보여 주려 하오니, 그들로 하여금 나의 선한 것을 인하여는 환호하게 하시고, 나의 악한 것을 인하여는 한탄하게 하소서! 나의 선한 것은 [모두] 당신이 이루신 것, 곧, 당신의 은사(恩賜)니이다. 그리고 나의 악한 것은 [모두] 나의 죄과(罪過)요, 당신이 내게 내린 심판의 결과니이다. [하오니] 그들로 하여금 나의 선한 것을 인하여는 환호하게 하시고, 나의 악한 것을 인하여는 한탄하게 하소서! 그리하여 형제들의 심령에서 울려나온 송가(頌歌)와 애가(哀歌)가 모두 당신 면전의 향로(香爐)[2]에까지 올라가게 하소서!

하온데 주여, 당신은 당신의 거룩한 성전[3]의 향기를 기뻐하시오니, 당신의 이름을 위하여 "주의 많은 자비를 좇아"(시 51:1) 나를 긍휼히 여기시며, 당신이 [나에게] 시작하신 일을 결코 중단하지 마시고, 나의 불완전 것을 완전케 하소서!

(6) 이것이 내가 과거의 나 자신에 대하여가 아니라 현재의 나 자신에 대

---

2) 계 5:8, 8:3-4 참조.

3) 고전 3:17 참조.

하여 고백하는 목적이니, 내가 당신 앞에서 은밀히 "떨며 즐거워"[4]하고, 소망 중에 은밀히 슬퍼하면서 이를 고백하고, 아울러 믿는 사람들의 귓전에도 이를 고백하나이다. 이들은 나와 즐거움을 함께 나누는 벗들이요, 나와 마찬가지로 언젠가 죽을 사람들이며, 나와 함께 시민 된 자들이요, 나와 함께 순례하는 자들이니, 그들 중에는 인생길을 나보다 먼저 가는 자, 나중 가는 자, 함께 가는 자가 있나이다. 이들은 당신의 종들이요, 나의 형제들이니이다. 당신은 이들을 자녀 삼으시고 내게 명하시기를, 내가 당신으로 말미암아 당신과 함께 살 생각이 있으면, 이들을 나의 상전으로 섬기라 하셨나이다. 하온데 당신의 로고스가 이를 말씀으로만 명하시고 먼저 행하심으로 모범을 보이지 않으셨다면, 나는 이를 하찮게 여겼을 것이니이다. 그러므로 내가 이를 말과 행동으로 실천할 수 있는 것은 당신의 날개 그늘 아래서만 가능하나이다. 이는 내 영혼이 당신의 날개 그늘 아래서 당신께 순종하지 않는다면, 또 나의 연약함을 당신 앞에 고백하지 않는다면, 나는 너무나 큰 위험에 처할 것이기 때문이니이다. 나는 작은 자라도, 내 아버지는 항상 살아 계시며 나의 든든한 보호자시니, 그는 나를 낳아 주시고 지키시는 바로 그분이시니이다. [하오니 내 안에 있는 선한 것은 다 당신이 주신 것이니이다.] 당신이 나의 모든 선이 되시나이다. 당신은 전능자시니이다. 당신은 내가 당신과 함께 있기 전에도 나와 함께 계셨나이다. 하오니 나는 당신이 나더러 섬기라 명하신 자들에게 나 자신을 보여 주려 하나이다. 과거의 나 자신의 모습이 아니라, 현재의 나 자신, 나아가 미래의 나 자신의 모습까지 보여주려 하나이다. 하오나 "나도 나를 판단치 아니"(고전 4:3)하나이다. 그러므로 그들도 [나의 말을] 들을 때, 나의 이런 뜻을 헤아려야 할지니이다!

---

4) 시 2:11.

5. 고백자 자신도 자기 자신을 완전히 알지 못함

(7) 주여, 당신은 실로 나를 헤아리시는 분이시니이다. "사람의 사정을 사람의 속에 있는 영 외에는"(고전 2:11) 아무도 알지 못하나, 그럼에도 사람에게는 사람 속에 있는 영도 알지 못하는 것이 있나이다. 하오나 주여, 당신은 사람을 창조하셨기에 사람의 모든 것을 아시나이다. 하온데 내가 당신의 면전에서 나 자신을 낮추어 "티끌과 재"(욥 30:19)로 여기나, 나 자신에 대하여는 잘 알지 못할지언정 당신에 대하여는 조금 알고 있나이다. "우리가 이제는 거울로 보는 것같이"(고전 13:12) 희미하고, 아직 "얼굴과 얼굴을 대하여"(고전 13:12) 보지 못하는 것이 사실이니이다. 그리하여 우리가 당신을 떠나 순례의 길을 가는 동안은, 당신보다는 나 자신이 내게 더 가까운 것같이 느껴지나이다. 하온데 내가 아는 것은, 당신은 결단코 침범할 수 없다는 것이며, 내가 모르는 것은, 내가 어떤 시험은 이길 수 있고 어떤 시험은 이길 수 없는지 하는 것이니이다. 그럼에도 내게 소망이 있음은, "오직 하나님은 미쁘사 너희가 감당치 못할 시험당함을 허락지 아니하시고 시험 당할 즈음에 또한 피할 길을 내사 너희로 능히 감당케 하시느니라"(고전 10:13)는 말씀 때문이이다. 그러므로 고백하리이다. 내가 나 자신에 대하여 알고 있는 것뿐 아니라, 나 자신에 대하여 모르고 있는 것까지라도 고백하리이다. 이는 내가 나 자신에 대하여 안다면, 당신이 내게 조명해 주시는 빛으로 아는 것이며, 내가 나 자신에 대하여 모른다면, 당신의 면전에서 내 "어두움이 낮과 같이"(사 58:10) 될 때까지는 모를 수밖에 없는 것이니이다.

6. 하나님의 본성에 대한 탐구

(8) 주여, 나는 아무런 의심 없이 확실한 마음으로 당신을 사랑하나이다. 당신이 내 심령을 당신의 말씀으로 두드려 주셨기에, 나는 당신을 사랑하게 되었나이다. 그뿐 아니라 하늘과 땅과 그 안에 있는 만물들이 도처에서

날더러 사랑하라 외치고 있으니, [실은] 모든 사람들에게 끊임없이 외쳐 "저희가 핑계치"(롬 1:20) 못하게 하나이다. 하온데 당신의 자비는 커서, "긍휼히 여길 자를 긍휼히" 여기시고, "불쌍히 여길 자를 불쌍히"(롬 9:15) 여기시나이다. 그렇지 않다면 하늘과 땅이 당신의 영광을 송축해도, 사람들은 귀머거리처럼 알아듣지 못할 것이니이다.

　하온데 내가 당신을 사랑한다 할 때, 대체 [당신의] 무엇을 사랑하는 것이니이까? 그것은 육신의 아름다움도 아니요, 질서 정연히 흐르는 시간의 리듬도 아니요, 사람 눈을 황홀케 하는 빛의 화려함도 아니요, 온갖 노래의 달콤한 곡조도 아니니이다. 또 꽃이나 향유, 향료에서 나오는 향기로운 내음도 아니요, 만나나 꿀도 아니요, 껴안고 싶어지는 몸의 지체도 아니니이다. 내가 내 하나님을 사랑한다 할 때, 이런 것을 인하여 하나님을 사랑하는 것이 아니니이다. 하오나 내가 내 하나님을 사랑한다 할 때, 그럼에도 무슨 빛이든 무슨 음성이든, 무슨 향기든 무슨 식료(食料)든 무슨 포옹이든, 그러한 것을 사랑하는 것이 사실이니, 이는 당신이 내 속사람에게 빛이 되시고, 음성이 되시고, 향기가 되시고, 식료가 되시고, 포옹이 되심이니이다. 당신은 내 영혼 속에 [물리적] 공간으로는 붙들 수 없는 빛을 비추시고, 시간이 앗아갈 수 없는 음성을 들려주시며, 바람이 흩을 수 없는 향기를 뿜어 주시고, 또 맛있는 음식을 주시되 아무리 먹어도 줄어들지 않게 하시고, 껴안아 주시되 아무리 안겨 있어도 싫증나지 않게 하시나이다. 바로 이런 것이 내가 내 하나님을 사랑한다 할 때 사랑하는 것이니이다.

　(9) "그렇다면 이런 것이 진정 무엇이냐?" 이렇게 나는 땅에게 물었나이다. 그러자 땅은 내게 "나는 아니라"라고 대답하였나이다. 땅 속에 있는 모든 것 역시 같은 내용으로 고백하였나이다. 나는 바다와 심연(深淵)과, 그 속에 기어 다니는 모든 생물들에게도 물어보았나이다. 하오나 그것들은 이렇게 대답했나이다.

　우리는 하나님이 아니라. 우리 위에서 찾으라!

나는 지나가는 바람에게도 물어보았나이다. 그러자 공중 전체와 공중에 사는 모든 것들이 이렇게 대답했나이다.

아낙시메네스[5]는 틀렸느니라. 나는 하나님이 아니라.

나는 하늘과 해와 달과 별들에게도 물었나이다. 그러자 그들도 이렇게 대답했나이다.

우리도 네가 찾는 하나님이 아니라.

그래서 나는 내 육신의 [감각의] 문 주위에 있는 모든 것들에게 이렇게 말했나이다.

나의 하나님에 대하여 내게 말 좀 해 다오! 너희가 하나님이 아니라면, 하나님에 대하여 내게 무슨 말을 좀 해 다오!

그랬더니 그것들이 큰 소리로 외치기를, "하나님이 우리를 만드셨느니라"고 하였나이다. 하온데 나의 질문은 물론 나의 묵상 중에 행한 것이었고, 저들의 대답은 저들의 아름다움을 통하여 한 것이었나이다.

이제 나는 나 자신에게로 방향을 돌려, "너는 누구냐?"고 자문해 보았나이다. 그리고 "사람"이라고 대답하였나이다. 하온데, 보소서! 육체와 영혼이 분명 내게 있음을 알 수 있사오니, 하나는 밖에 있는 것이고 하나는 안에 있는 것이니이다. 내가 이 중 어떤 것에게 나의 하나님에 관하여 물어보았어야 했나이까? 나는 이미 땅에서부터 하늘에 이르기까지 물질세계 전체에 내 시선(視線)이라는 사신(使臣)을 보내 나의 하나님을 찾아보았나이다.

---

5) 아낙시메네스(Anaximenes)는 소아시아 반도 에게 해 연안의 항구도시 밀레도에서 활약한 희랍의 자연철학자로, 공기를 아르케(Gk: arche)라고 하였다.

하오나 안에 있는 것이 더 나은 것이니이다. 이는 내 육신이 보내는 모든 사신들은 하늘과 땅과 그 안에 있는 모든 것들이 "우리는 하나님이 아니니, 그가 '우리를 지으신 자'[6]시라"고 대답하는 말을 [육신의] 통치자, 판단자 되는, [내 안에 있는] 영혼에게 보고를 하는 까닭이니이다. 속사람이 바깥 것의 봉사로 말미암아 이런 것을 인식하게 되니, 곧 내면적 자아가 이런 것을 인식하게 되는 것은 내가, 영혼으로서의 내가 내 육신의 감관을 통하여 인식하는 것이니이다. 나는 [끝으로] 우주 전체를 향해 나의 하나님에 대해 물어보았는데, 이 역시 이렇게 대답하였나이다.

나는 [하나님이] 아니니, 하나님이 나를 만드셨느니라.

(10) [어떠한 생물이든지] 감관이 온전한 것이라면, 이 아름다운 모습이 어찌 아니 보이겠나이까? [하오면] 왜 모든 생물이 이 아름다운 모습에서 똑같은 음성을 듣지 못하나이까? "대소 생물이"(시 104:25) 같은 것을 보되, 물어볼 능력은 없나이다. 이는, 저들에게 감관이 전달한 것을 판단할 이성이 없음이니이다. 하오나 사람에게는 물어볼 능력이 있어서, "하나님의 보이지 아니 하는 것들, [곧 그의 영원하신 능력과 신성]이 그 만드신 만물에 분명히 보여 알게 되나이다"(롬 1:20). 하오나 사람은 피조물에 대한 사랑 때문에 [피조물의] 노예가 되니, 노예는 판단할 능력이 없나이다. 하온데 피조물은 물어보는 자라 하여 다 대답해 주지 않고, 오직 판단력을 가진 자에게만 하나이다. 그리하여 어떤 사람은 보기만 할 수 있고, 어떤 사람은 보기도 하고 물어보기도 할 수 있는데, 그렇다 하여 피조물이 그 음성, 곧 그 모습을 [상황에 따라] 변화시켜 이 사람에게는 이렇게, 저 사람에게는 저렇게 나타나 주지 않나이다. 도리어, 두 사람 모두에게 똑같은 모습으로 나타나나, [단지] 이 사람에게는 벙어리가 되고, 저 사람에게는 [입을 열어] 말을 해 주는 것이니이다. 하오나 실상을 아뢰면, [두 사람] 모두에게 다같이 말

---

6) 시 100:3.

을 해 주는 것이나, 감관을 통해 밖에서부터 안으로 들어오는 소리를 [자기 속에 있는] 진리에 견주어 판단할 수 있는 자만이 알아듣는 것이니이다. 실로 진리는 나에게 "하늘이나 땅이나 그 어떠한 피조물이라도 네 하나님은 아니라"고 말하나이다. 이 사실을 말해 주는 것은 피조물의 본성(本性)이라. [피조물의 본성을] 보는 자들은, 모든 물체는 부분이 전체보다 작다는 사실을 아나이다. 하오면 이제 내 영혼에게 이렇게 이르겠나이다.

내 영혼아! 네가 이들 피조물보다 더 낫도다. 이는 네가 네 육신 덩어리에 생명을 주어 그것으로 생명을 얻게 하는 까닭이니, 육신은 어느 육신이라도 다른 육신에 생명을 줄 수가 없음이라. 그러나 내 영혼아, 네 하나님은 너에게 생명의 생명이 되시도다.

7. 하나님을 알고자 하는 자는 감각적인 것을 초월해야

(11) 허면, 내가 내 하나님을 사랑한다 할 때, 나는 대체 [그의] 무엇을 사랑한다는 것이냐? 나의 영혼 위 높은 곳에 계신 그분은 대체 어떤 분이냐? 나는 내 이 영혼에 의지하여 그에게까지 올라가 보리라. 나는 내가 가진 생명력으로 말미암아 육신에 연결돼 있고 육신 마디마디에 힘을 부여받고 있지만, 이 힘마저 초월하리라. 이 힘으로는 내 하나님을 찾을 수 없도다. [만약 이 힘으로 내 하나님을 찾을 수 있다면,] "무지한 말이나 노새"(시 32:9)도 하나님을 찾을 수 있으리라. 실은 이 힘으로 저들의 육신이 생명을 부여받도다.

나에게는 주께서 만들어 주신 나의 이 육신에 생명력만 부여할 뿐 아니라, 감각능력까지도 부여하는 또 다른 힘이 있도다. 주님은 내게 눈을 주실 때 눈으로 들으라고 명하지 않으셨고, 내게 귀를 주실 때 귀로 보라고 명하지 않으셨나니, 눈은 보라고 주신 것이요, 귀는 들으라 주신 것이라. 나머지 다른 감각 기관에도 각각 제 위치와 소임을 맡기셨도다. 그리하여, 이 여러 감각 기관으로 말미암아 나라는 영혼 하나가 여러 가지 일을 하는 것이라. 하지만 나는 이 힘마저 초월하리라. 이는 말이나 노새도 이러한 힘은 가지고 있음이라. 실상 저들도 육신으로 말미암아 사물을 지각할 수 있도다.

8. 기억의 힘, 특히 감각적 기억의 힘에 관하여

(12) 이제 나는 내 본성이 제공하는 이러한 힘을 초월하여, 나를 창조하신 그분을 향해 한 단계, 한 단계 올라가려 하노라. 그리하여 나는 널따란 평원을 지나, 기억이라는 큰 전각(殿閣)에 이르게 되노니, 이곳은 감각기관을 통해 들어온 갖가지 사물의 무수히 많은 영상이 간직되는 보고(寶庫)라. 이곳에는 우리가 생각한 모든 것이 간직되나니, 우리가 감관을 통해 파악한 것을 늘이거나 줄이거나, 혹은 다른 여러 방식으로 변경을 가해 간직하는 곳이며, 망각으로 인해 아직 삼킨 바 또는 묻힌 바 되지 않은 것을 맡아 보관하는 곳이라.

내가 이곳을 찾아가 내가 원하는 것은 무엇이든 다 내놓으라 명하면, 어떤 것은 즉시 대령하기도 하고, 어떤 것은 찾는 데 오랜 시간이 걸리기도 하도다. 그리고 어떤 것은 깊숙한 곳에 숨어 있다 나오는 양 [조금씩 나오는가 하면,] 또 어떤 것은 무더기로 나오도다. 그리고 어떨 때는 구하고 찾는 것이 아닌데도, "혹시 우리를 찾는 것 아니뇨?"라고 말하는 듯 내 앞으로 뛰쳐나오기도 하도다. 그럴 때 나는 마음의 손을 들어, 그들을 내 기억의 얼굴 앞에서 쫓아 버리나니, 내가 원하는 것이 숨어 있던 곳에서 구름을 헤치고 나올 때까지 그렇게 하느니라. 그런데 어떤 것은 내가 원하는 대로 척척 차례대로 나와서, 앞의 것이 뒤의 것에 자리를 내어주고, 그러면서도 내가 다시 원하면 다시 나올 양으로, 제자리로 돌아가느니라. 이 모든 것은 다 내가 기억에 의지하여 무엇을 말한다 할 때 생기는 일이로다.

(13) 이 [기억] 속에는 모든 것이 종류대로 잘 나뉘어 간직돼 있으니, 제각기 자기 관문을 통해 들어온 것으로 빛이나 물체의 색깔이나 모양은 눈

을 통해, 각양 소리는 귀를 통해, 각종 냄새는 코라는 관문을 통해, 모든 맛은 입이라는 관문을 통해 들어오지만, 촉각을 통해서는 몸 밖의 물체든, 몸 안의 물체든 간에, 딱딱하거나 물렁한 것, 뜨겁거나 찬 것, 부드럽거나 거친 것, 무겁거나 가벼운 것이 [구별되어] 들어오도. 이 모든 것을 기억이라는 거대하고도 은밀한 창고가 받아들여, 필요할 때는 다시 꺼내어 쓰는 것이니, 그 광활하고 비밀스러움은 말로 표현할 길 전혀 없도. 이 모든 것이 제각기 자기 관문을 통하여 이곳으로 들어와, 간직되는 것이라. 하지만 들어오는 것은 사물 자체가 아니라, 사물의 지각된 영상뿐이니, 그 영상이 이곳에 간직돼 있다가 [필요할 때] 사람의 생각이 그것을 기억 속으로 불러들이도.

  그런데 감관에 포착된 영상이 기억 속에 간직되는 것은 확실하다 하더라도, 그 영상이 어떻게 만들어졌는지는 누가 말해 줄 것인가? 이는 내가 어둠 속에 있고 침묵 속에 있을 때에도, 내가 원할 때는 언제든지 나의 기억이라는 창고로 찾아가, 거기서 원하는 색깔을 끄집어내나니, 이때 나는 흰색과 검은색을 구별해 내고, 나머지 다른 색들도 구별해 낼 수가 있도. 이때 어떤 소리가 갑자기 내게 들려온다 해도, 내가 눈을 통해 들어오는 영상을 바라보면서 하는 생각을 훼방하지는 못하도. 이는 소리가 기억되고 있는 것은 사실이나, 소리가 기억되는 장소는 따로 존재하기 때문이라. 이 소리도 내가 마음만 먹으면 바로 불러낼 수 있으니, 나는 혀를 움직이거나 목청을 울리지 않고도 노래 부를 수 있도. 물론 색채에 관한 영상도 기억 속에 머무르는 것이 사실이나, 귀를 통해 들어왔다가 호출을 받고 나오는 소리에 대한 기억을 방해하거나, 차단하지 못하도. 이와 마찬가지로 다른 감관을 통해 들어와 저장된 그 밖의 다른 사물에 대한 기억들도, 내가 마음만 먹으면 다시 호출할 수 있으니, 예컨대 구태여 냄새를 맡아 보지 않고도 백합화의 향기를 오랑캐꽃 향기와 구별할 수 있으며, 맛을 보거나 손으로 만져보는 일을 전혀 않고도 끓인 포도주보다는 꿀을, 거친 것보다는 매끄러운 것을 더 낫다고 여기는 것이라.

  (14) 이런 일을 나는 나의 속, 곧 기억이라는 엄청 큰 공간에서 하도.

이곳에는 하늘과 땅과 바다와 그 속에 있는 것 중, 내가 지각할 수 있는 것은 무엇이든지, 내가 잊어버린 것 말고는 다 현존해 있도다. 이곳에서는 내가 나 자신도 만날 수 있으니, 내가 과거에, 무엇을, 언제, 어디서, 어떻게 행동했는지 이곳에서 되새겨 볼 수 있고, 당시 내가 그 행동을 할 때 어떠한 느낌을 가졌는지도 되돌아볼 수 있도다. 이곳에는 내가 과거에 [직접] 경험했던 것, 또는, [다른 사람의 경험을] 옳다고 믿고 기억해 두었던 것이 다 들어있도다. 이러한 수많은 경험 중에서 내가 [직접] 경험했던 것이든 아니면 다른 사람을 통하여 간접 경험했던 것이든 간에, 나는 이들 과거의 경험에 대한 기억을 서로 연결해 보기도 하고, 또 미래의 행동이나 사건, 희망과 연결시키기도 하도다. 그러나 이 모든 것이 마치 현재 일인 양 내 마음속에 그려 보도다. 나는 스스로 이런 말도 하도다. "내가 이러저러한 일을 해 보리라", "그러면 이러저러한 일이 생길 것이라", "아, 이러저러한 일이 생겼으면!", "하나님께서 이러저러한 일은 막아 주셨으면!" 나는 이런 말을 하면서 수많은 기억으로 가득 차 있는 내 영혼 속의 거대한 창고를 뒤져 보기도 하노니, 이 때 내가 말하는, 그 모든 것의 영상이 내 기억이 간직돼 있는 저장고에서 [뛰쳐나와] 내 앞에 모습을 드러내도다. 만약 그러한 영상이 현존하지 않는다면, 나는 그러한 것에 대해 언급조차 할 수 없을 것이라.

(15) 기억의 힘은 크도소이다. 나의 하나님, 너무나 크도소이다. [기억이 저장되는 곳은] 광대무변하나이다. 누가 그 바닥까지 내려가 보았나이까? 기억의 힘은 내 영혼의 소유이오며, 내 본성에 관계된 것이나, 나는 나 자신의 본성조차 제대로 파악할 수 없나이다. 그러므로 내 영혼은 나 자신조차 다 파악하지 못할 정도로 옹색하다 하리니, 그것이 미처 파악하지 못한 나머지 부분은 대체 어디에 가 있는 것이니이까? 내 안에 있지 않고 내 밖에 있나이까? 대체 어찌하여 [다] 파악하지 못하나이까? 이러한 일을 궁구해 볼 때, 너무나 경이로워 놀라움을 금할 길 없나이다.

사람들은 여행하는 중에 높은 산이나, 엄청난 파도가 넘실대는 바다나, 아주 큰 강이 넓은 평야를 구비구비 흐르는 모습이나, 대양의 조류(潮流)나, 별들이 운행하는 광경을 보고는 경탄을 금하지 못하면서도, 정작 자기 자신은 까맣게 잊고 지내는 경우가 많나이다. 그들은, 내가 이 모든 것을 눈으로 직접 보지 못하고 이야기할 때도 그것을 신기하게 여기지 않나이다. 하오나 실상은 내가 이 모든 것을 내 안에 있는 기억이라는 거대한 공간에서 보지 못한다면, 그 공간을 마치 밖에서 바라보는 것처럼 바라보지 못한다면, 이 모든 것에 대해 한 마디도 말하지 못할 것이니, 내가 [눈으로 직접] 본 산이나 파도든지, 강이나 별이든지, 내가 [다른 사람의 말에 의지하여 그 존재를] 믿게 된 대양이든지 간에 다 그럴 것이니이다. 하온데 내가 이것들을 눈으로 [직접] 보았다 하여도, 내가 보는 것을 통하여 이것들 자체를 내 속으로 흡수한 것이 아니니, 내 속에 들어와 있는 것은 이것들 자체가 아니라 이들에 대한 영상일 뿐이니이다. 단, 이것들에 대한 영상이 내 몸의 어떠한 감각기관을 통하여 들어왔는지는 내가 알고 있나이다.

9. 비감각적 기억

(16) 하온데 내 기억의 용량은 엄청나게 커서, 비감각적인 것들도 간직할 수 있나이다. 이 비감각적인 것들은 자유학예를 통해 배운 것인데, 이것들은 잊어버리지 않는 한 [감각적인 것들보다] 더 깊숙한 곳에 따로 간직되니, 그곳은 '장소'라 말하기조차 어려운 장소로서, 그곳이 간직하는 것은 사물의 영상이 아니라 사물 자체니이다. 이는 문학이란 무엇인지, 토론술(討論術)이란 무엇인지, 대체 얼마나 많은 종류의 문제가 있는 것인지, 이러한 것들에 대해 내가 아는 것은 모두 내 기억 속에 존재하면서도 감각적인 것과는 다르니, 감각적인 것은, 사물 자체는 외부에 남아 있고, 사물의 영상만이 기억 속에 간직되나이다. 예를 들어 소리는 귀에 울렸다가 사라지나, 그 흔적이 [마음에] 남사오니, 소리가 더 이상 들리지 않을 때에도 그것을 기억하면 마치 소리가 들리는 듯한, 느낌을 가질 수 있나이다. 혹은 냄새도 후각(嗅覺)을 [일단] 자극한 다음에는 불어오는 바람에 흩어져 사라진다 하여도, 기억 속에 그 흔적을 남기니, 우리는 그것을 다시 회상함으로

말미암아 [그때의] 느낌을 되새겨 볼 수 있나이다. 혹은 음식도 일단 뱃속에 들어가면, 그 맛을 더 이상 느낄 수 없으나, 기억을 통하여는 그 맛을 느껴 볼 수 있나이다. 혹은 우리는 무슨 물체를 만질 때, 촉감(觸感)을 느끼는데, 그 물체가 우리와 떨어져 있을 때도 그 물체의 촉감을 기억을 통해 상상해 볼 수 있나이다. 하오나 이러한 [감각적인] 대상들은 그 자체가 기억속에 들어오지 못하고, 오직 그 영상만이 놀랍게도 빨리 포착되어, 기억이라고 하는 신비로운 저장소에 간직되었다가, 그것을 다시 생각해 보면 신기하게도 다시 마음속에 떠오르게 되나이다.

10. 올바른 판단기준은 기억 속에 현존함

(17) 하온데 내가 듣기로 무릇 어떤 대상에 대해서든지 세 가지 질문을 할 수 있다 하나이다. 즉 [첫째] 그것이 존재하는지, [둘째] 그것이 무엇인지, [셋째] 그것이 어떠한 성질의 것인지 하는 것이니이다. 이렇게 질문하는 소리를 들을 때 나는 그 소리의 영상은 간직하나, 그 소리 자체는 공기의 진동과 함께 사라져 버린 까닭에 더 이상 존재하지 않는 것을 아나이다. 하오나 그 소리를 통하여 표현된 내용은 내가 육신의 감관(感官)으로 파악한 것이 전혀 아니오니, 오직 내가 내 영혼 속에서만 본 것이라. 이때 내가 기억속에 간직해 둔 것은 어떤 대상의 영상이 아니라, 대상 그 자체니이다.

하오면 이들이 어떻게 내 속에 들어오게 되었는지, 이들이 말을 할 수 있다면 말을 해 주면 좋겠나이다. 이는 내가 내 육신의 [감관의] 문을 아무리 살펴보아도, 그 중 어떤 문으로 이들이 들어왔는지 알 길이 없음이니이다. 눈이 이르기를, "만약 이들에게 색깔이 있다면 내가 말해 주었으리라" 하고, 귀가 이르기를, "만약 이들이 소리를 내었다면 내가 가르쳐 주었으리라" 하며, 코가 이르기를, "만약 이들이 냄새를 풍겼다면 우리를 거쳐 갔으리라" 하고, 미각이 이르기를, "맛을 볼 수 없는 것이라면 나에게는 아예 묻지 말라!" 하며, 촉각이 이르기를, "육신이 없는 것이면 나는 만져 볼 수가 없으니, 만져보지도 못한 것을 나는 일러 줄 수가 없도다" 하나이다.

하오면, 이들이 어디서부터 어떻게 내 기억 속으로 들어오게 된 것이니이까? 나는 그 경위를 알 수 없나이다. 이는 내가 이들에 대한 것을 배워 알게 되었을 때, 내가 다른 사람의 심령을 의지한 것이 아니라 나 자신 안에서 그것을 인식하고, "옳다" 시인한 연후에, 이들을 내 기억 속에 잘 간직해 놓았다가, 내가 원할 때에 꺼내어 사용하는 까닭이라. 그러므로 이들은 내가 이들에 대하여 배우기 이전에도, 내 속에 있었던 것인데, 단지 그전에는 내가 나의 기억 속에서 찾아내지 못했을 따름이니이다. 하오면 이들은 본디 어디서 왔나이까? 내가 이들에 대해 사람들이 하는 이야기를 듣고, "그렇도다", "옳도다" 하며 시인하는 말을 하게 되는 연유는 무엇이니이까? 이들이 벌써 내 기억 속에 들어 있었던 까닭이 아닌지요? 단지 이들은 외딴 동굴 같은 곳에 아주 깊숙이 감추어져 있어서, 누군가 이들을 불러내어 [밖으로] 나오게 하지 않았다면, 나로서는 아마 이들에 대해 전혀 상상조차 할 수 없었을 것이니이다.

Ⅱ. 학습의 본질

(18) 그러므로 감관을 통하여 이들의 영상을 받아들이는 것이 아니라, 아무런 영상 없이도 이들 대상을 우리 내면에서, 이들 자신을 통하여 있는 그대로 바라본다 함은, 기억 속에 여기저기 무질서하게 흩어져 있는 것들을 사고(思考)를 통하여 거두어들이는 일이며, 전에는 분산되어 버려진 채 기억 속에 숨어 있던 것들을, 이제는 주의를 기울여, 마치 손 위에 놓아둔 것처럼 만들 수 있으니, 이렇게 할 때 비로소 이들이 [우리에게] 친숙해져 마음에 쉽게 떠오르게 되나이다.

하온데 나의 기억이 이러한 것을 얼마나 많이 간직하고 있든지 간에 방금 아뢴 대로, 발견한 것을 마치 손 위에 놓아둔 듯할 때 비로소 그것을 "배워 알게 되었다"고 이를 수 있나이다. 하오나 내가 이들에 대한 기억을 적절한 시간 간격마다 새롭게 해 두는 일을 소홀히 하면 이들이 다시 사라지는 품이, 마치 여러 깊숙한 밀실 속으로 흩어져 버리는 것 같이 하는 까닭에, 내가 이들을 다시 생각해 내려고 한다면, 같은 장소에서 다시 불러내와야 하나이다. 이는 이들이 달리 가 있을 자리가 없음이니이다. 즉 흩어져 있던 것은 거두어들여야만 알 수 있게 되는 것이니, 이런 까닭에 사람들은 '생각함'(cogitare)을 '흩어져 있던 것을 모으는 일'(ex quadam dispersione colligere)이라고 말하는 것이니이다. 사실 [라틴어에서] 'cogo'[7]와 'cogito'[8]의 관계, 'ago'[9]와 'agito', [10] 'facio'[11]와 'facito'[12]의 관계와 같나이다. 하오나, 사람들은 'cogito'라는 말을 영혼에 대해서만 사용하니, 오직 영혼 속에 모아진 것, 곧 거두어진 것만을 생각한다라고 일컫나이다.

12. 대수학 및 기하학의 내용에 대한 기억

(19) 수(數)나 척도(尺度)에 관련된 무수한 개념과 법칙 역시 기억의 대상이 되나, 이들 중 어떠한 것도 육신적 감관을 통하여 각인된 것이 아니니, 이는 이들에게는 색깔도 없고, 소리도 없고, 냄새도 없고, 맛도 없고, 촉감도 없음이니이다. 이들에 대하여 사람들이 논할 때 사람들이 하는 말소리를 나는 듣나이다. 이때 소리가 표현 도구로 사용되나, 소리와 그것이 표현하는 내용은 서로 다른 것이니이다. 이는 똑같은 말이라도 희랍어로 말할 때와 라틴어로 말할 때 서로 다른 소리가 나지만, 그 말을 통해 표현

---

7) '거두다'의 뜻.
8) '생각하다'의 뜻.
9) '몰다', '행하다'의 뜻.
10) '계속 몰다', '재촉하다', '계속 행하다'의 뜻.
11) '만들다'의 뜻.
12) '계속 만들다', '만드는 일을 업으로 삼다'의 뜻.

되는 내용은 희랍어도 아니고 라틴어도 아님이니이다. 사실 그 내용은 언어와는 전혀 별개의 것이니이다. 나는 장인(匠人)들이 그린 거미줄처럼 극히 미세한 선(線)을 본 적이 있나이다. 하오나 기하학적인 선은 전혀 다른 것이니, 나의 육안을 통해 전달되는 선의 영상과도 전혀 다르나이다. 무릇 기하학적인 선을 이해하는 자는 누구나 어떤 물체에 대한 생각을 전혀 하지 않고서도 자기 자신의 내면에서 그것을 [보고] 인식하게 되나이다. 나는 또한 무엇을 셈할 때 사용하는 수에 대하여 육신의 모든 감관을 통하여 알게 되었나이다. 하오나 대수학적(代數學的)인 수는 전혀 다른 것이니, 수의 영상과도 전혀 달라서, 참으로 수다운 수니이다. 이 일을 알지 못하는 자는 내가 이런 말을 한다고 비웃을 것이니이다. 하오나 나는 나를 비웃는 자를 불쌍히 여길 것이니이다.

13. 정신적 활동도 기억의 대상이 됨

(20) 이 모든 것이 나의 기억의 대상이 되며, 이들을 어떻게 배웠는지도 기억의 대상이 되나이다. 나는 또한 사람들이 나의 이러한 생각에 반대하면서 대단히 그릇된 논리를 펼 때, 그들이 하는 말을 듣고 그것을 기억에 간직하오니, 그 내용이 비록 그릇되다 하여도 내가 그것을 기억하는 것 자체는 그릇된 것이 아니라. 나는 또한 내가 옳은 것과 이에 반대되는 그릇된 것을 구별했다는 사실을 기억하나이다. 그리하여 나는 한편에서는 내가 지금 그러한 구별을 하고 있다는 사실을 보며, 다른 한편에서는 내가 전에 옳은 것과 그른 것의 차이에 관하여 생각할 때마다, 그러한 구별을 했다는 사실을 기억하나이다. 하오면 나는 과거에 내가 그러한 차이를 이해한 사실이 상당히 자주 있었다는 기억을 가지고 있을 뿐 아니라, 내가 지금 구별하고 있는 사실, 이해하고 있는 사실을 기억 속에 보관해 두는 작업을 하기도 하는 것이니이다. 그러므로 나는 내가 기억했다는 사실까지도 기억하는 것이니, 내가 지금 이러한 기억을 하고 있다는 사실을 나중에 회상할 때, 그

회상도 기억의 힘에 의지하여 하게 될 것이니이다.

14. 감정에 대한 기억

(21) 내 영혼이 느끼는 감정을 간직하는 것 역시 바로 이 기억이온데, 기억이 감정을 간직하는 방식은 영혼이 감정을 느낄 때 지니는 방식과는 아주 달라서, 기억력의 특성에 꼭 맞는 상태로 간직하나이다.

이는 내가 지금은 기쁘지 않으면서도 과거에 기뻤던 일을 기억할 수 있으며, 지금은 슬프지 않으면서도 과거에 슬펐던 일을 기억할 수 있고, 지금은 아무 두려움이 없으면서도 과거에 두려워했던 일을 기억할 수 있으며, 지금은 아무 욕망이 없으면서도 과거에 내가 지녔던 욕망에 대해 기억할 수 있음이니이다. 그리고 어떤 때는 과거에 슬펐던 일을 기쁨으로 바라본다든지, 과거에 기뻤던 일을 슬픔으로 바라보는 정반대의 경우도 있나이다.

[하온데] 육신에 관련된 느낌에 대하여는 이상히 여길 것이 전혀 없으니, 영혼과 육신은 서로 다름이니이다. 그러므로 과거의 육신의 고통을 지금 내가 기쁜 마음으로 회상할 수 있다는 것 역시 이상히 여길 것이 전혀 없나이다. 하오나 영혼에 관련된 느낌은 다르니, 이 경우는 영혼이 곧 기억이 됨이니이다. 가령 우리가 무엇을 기억해 두라고 부탁할 때, "이것을 마음에 새겨 두라!"고 말하며, 우리가 무엇을 잊어버렸을 때는, "기억이 나지 않는다" 혹은 "정신이 나갔다"고 말하나니, 이렇게 함으로써 우리는 기억을 영혼과 일치시키나이다.

사실이 이러하면, 과거의 슬펐던 일을 내가 지금 기쁜 마음으로 회상할 때, 영혼은 기쁨을 간직하고, 기억은 슬픔을 간직하는 것은 어찜이니이까? 영혼은 기쁨을 간직하고 있어, 기쁘다면, 기억은 어찌하여 슬픔을 간직하고 있음에도 슬프지 않나이까? 기억은 영혼과 관계없는 것이니이까? [하오나] 누가 그런 말을 할 수 있으리이까?

그러므로 기억이란 영혼의 내장과도 흡사하다 하리니, 기쁨이나 슬픔은 맛있거나 맛없는 음식에 비유할 수 있나이다. 이들 감정이 기억 속으로 들어가면, 마치 내장 속으로 들어간 것처럼 거기 간직될 수는 있으나, 맛을 볼 수는 없나이다.

이러한 비유가 우습게 여겨질 수 있으나, 완전히 틀렸다고 볼 수는 없나이다.

(22) 하온데, 보소서! 내가 영혼에는 네 가지 감정, 곧 욕망, 기쁨, 두려움, 슬픔 등이 있다고 말할 때, 이것도 기억에서 꺼내온 것이라. 그리하여 내가 이들 감정 하나하나를 종류에 따라 분류하고, 그 개념을 정의하면서 논한다 해도, 내가 말하는 내용은 기억에서 찾아내고 기억에서 꺼내오는 것이니이다. 하오나 내가 이들 감정에 대하여 회상하며 이야기한다 해도, 이들 중 어떤 것도 내 마음에 동요를 줄 수가 없으니, 이들은 내가 이들을 상기하여 되돌아보기 전부터 내 기억 속에 들어 있었나이다. 그러므로 이들을 회상을 통하여 기억으로부터 꺼내오는 것이 가능하나이다.

하온즉 마치 음식물이 되새김질을 통하여 위(胃)에서 나오는 것처럼, 아마 이들도 회상을 통하여 기억으로부터 꺼낼 수 있는 것이니이다. 하오면 [사람이 자신의 과거의] 감정에 대하여 상기하며 이야기할 때, 왜 생각이라는 입 속에서 기쁨이 지닌 단맛과 슬픔이 지닌 쓴맛을 느끼지 못하나이까? 되새김질의 비유가 바로 이 점에서 도무지 적절치 못한 비유니이까? 만약 우리가 슬펐던 일과 두려웠던 일을 이야기할 때마다 슬픔과 두려움을 느껴야만 한다면, 누가 이 같은 일을 기꺼이 이야기하겠나이까? 하오나 그럴지라도 우리에게 만약 기억이 없다면, 우리는 이 같은 일에 대해 언급조차 할 수 없을 것이니이다. 우리는 이 기억 속에서 육신의 감관을 통해 새겨진 영상에 따라 낱말의 소리를 찾아내나이다. 입뿐 아니라 이 기억 속에서 어떤 인식 대상 자체의 개념을 찾아낼 수 있으니, 이 개념으로 말하면 그 어떠한 육신적 [감관의] 문을 통하여 들어온 것이 아니고, 오직 영혼이 자신이 느꼈던 감정의 경험을 통하여 알게 된 것을 기억에다 맡긴 것이든지, 아니면 기억이 위임을 받지 않고도 그냥 맡아 둔 것이니이다.

15. 영상을 통한 기억과 영상을 통하지 않은 기억

(23) 하오나, 이것이 영상으로 말미암은 것인지 아닌지를 누가 쉽게 말할 수 있으리이까?

가령 내가 돌에 대하여 말하고 해에 대하여 말하는 것은, 이들이 내 감관에 있지 않은 경우에도 가능하오니, 이러한 경우에도 이들의 영상은 내 기억 속에 존재함이니이다. 내가 육신의 고통에 대하여 말하는 것 역시 내가 실제로 아무런 고통을 느끼지 못하는 경우에도 가능하나이다. 하오나 그 영상이 내 기억 속에 없다면, 내가 무엇을 말하는지 모를 것이며, 고통과 쾌락을 구별하여 논하지도 못할 것이니이다. 나는 내 육신이 건강할 때, 육신의 건강에 대하여 이야기할 수 있나이다. 이때 건강 자체가 내게 있나이다. 하오나 그 영상이 내 기억 속에 없다면, 사람이 '건강'이라는 말을 할 때, 그 소리가 무엇을 의미하는지 나는 알 수 없을 것이니이다. 병든 사람 역시 비록 육신의 건강 자체는 없다 할지라도, 건강에 대한 영상을 기억의 힘으로 간직하고 있는 까닭에, 건강이라는 말을 들을 때 그 뜻이 무엇인지를 알게 되나이다.

나는 계산할 때 사용하는 수에 대하여 이야기할 수 있나이다. 하오나 보소서! 나의 기억 속에는 수의 영상은 없고 수 자체만 있나이다. 내가 태양에 대하여 이야기할 때는 그 영상이 내 기억 속에 있나이다. 이때는 나의 기억 속에 영상에 대한 영상이 있는 것이 아니고 바로 영상 그 자체가 있으며, 이 영상이 나의 기억 속에 현존해 있나이다. 내가 기억에 대하여 이야기할 때도, 내가 무엇을 이야기하는지 나는 알고 있나이다. 하오나 내가 기억 속에 들어가지 않고서는, 내가 어디서 기억에 대하여 알 수 있으리이까? 하오면 이 기억조차도 자기 스스로 말미암지 않고, 자기에 대한 영상으로 말미암아 존재하는 것이니이까?

16. 망각에 대한 기억

(24) 나는 망각에 대하여 이야기할 때도 그 말의 뜻을 알고 있는데, [망각에 대한] 기억이 없이 어떻게 [망각이라는 말의 뜻을] 알 수 있으리이까? 내가 [여기서] 말하는 것은 그 낱말의 소리가 아니라, 그 낱말이 의미하는 내용이니, 만약 그 내용을 잊어버렸다면 '망각'이라는 말을 해도 그 뜻을 이해할 수가 없을 것이니이다. 그러므로 내가 기억을 기억할 때는, 그 기억이 자기 자신으로 말미암아 자기 자신 앞에 현존하나, 망각을 기억할 때는 망각과 기억이 동시에 현존하니, 기억을 통해 나는 기억할 수 있으며, 망각은 기억의 대상이 되나이다. 그러하나 망각이란 기억의 결핍 바로 그것이 아니니이까? 이 망각이 존재하는 한 기억이란 불가능한, 어찌하여 망각이 존재함에도 내가 그것을 기억할 수 있나이까? 하오나 우리가 만약 기억하는 것만을 기억 속에 간직하고, 망각한 것은 기억하지 못한다면, 우리가 '망각'이라는 말을 들을 때에도 그 말이 의미하는 바를 전혀 이해할 수 없을 것이니, [결국] 망각도 기억 속에 간직되어 있는 것이니이다.

그러므로 망각이 존재함은, 우리가 잊어버리는 것을 방지하기 위함이나, 망각이 존재함으로 인해 우리는 잊어버리게 되나이다. 하오면 우리가 망각을 기억할 수 있는 것은 망각 자체가 우리의 기억 속에 존재하는 까닭이 아니라, 망각에 대한 영상이 존재하는 까닭이라 추론해도 되겠나이까? 이는 망각 자체가 우리 기억 속에 존재한다 하면, 그것은 우리로 하여금 기억하게 할 수 없고, 오직 잊어버리게만 할 수 있음이니이다.

하오나 대체 누가 이 같은 것을 궁구할 수 있으리이까? 누가 이 같은 것의 내용을 이해할 수 있으리이까?

(25) 주여, 나는 이 문제로 인해 너무나 고역을 치르고 있나이다. 그리고 내가 고역을 치르는 것은 나 자신의 속이오니, 이 속이 고난의 땅이 되었고 심히 땀을 많이 흘려야 할 땅이 되었나이다. 이제 하늘의 모양은 더 이상 궁구(窮究)의 대상이 되지 못하며, 별과 별 사이의 거리를 재는 것도 필요 없고, 지구의 무게를 알아볼 필요도 없나이다. [내가 알고자 하는 것은 오

직] 기억하는 주체로서의 나 자신, 곧 나의 영혼이니이다. 나와 다른 것들이 제아무리 내게서 멀다 해도 신기할 것이 전혀 없으니, 나 자신보다 내게서 가까운 것이 어디 있으리이까? 하온데 보소서! 기억이 없다면 나 자신의 이름조차 말할 수 없는데, [이] 내 기억의 힘을 나 자신이 파악하지 못하고 있나이다. 내가 망각을 기억하고 있음이 확실한데, 내가 무엇을 말할 수 있으리이까? 내가 기억하고 있는 것을 보고 내 기억 속에 없다고 말할 수 있나이까? 혹은 망각이 내 기억 속에 있음은 내가 아주 잊어버리지 않기 위함이라 말해야 하리이까? 두 가지가 다 사리에 전혀 맞지 않나이다.

하오면 세 번째 견해는 어떠하나이까? 내가 망각을 기억한다 함은 망각 자체를 내가 기억 속에 간직함이 아니라, 망각의 영상을 간직함이라 말하는 것이 어떻게 가능하나이까? 어떻게 이런 말을 하는 것이 가능하나이까? 어떤 사물의 영상이 기억 속에 각인되려면, 각인의 대상이 되는 사물이 먼저 있어야 하지 않나이까? 가령, 카르타고를 기억하는 것도 그러하고, 내가 방문했던 모든 장소를 기억하는 것도 그러하나이다. 내가 본 사람들의 얼굴을 기억하는 것도 그러하고, 시각(視覺) 이외의 다른 감각기관을 통하여 알게 된 사물을 기억하는 것도 그러하고, 내 육신의 건강이나 고통을 기억하는 것도 그러하나이다. 이런 것들이 먼저 존재해야, 기억이 이들의 영상을 포착하여 간직해 두었다가, 이들이 내 눈 앞에 없어도 내가 이들을 회상할 때, 마치 내 눈 앞에 있는 것처럼 [마음의 눈으로] 바라보며 영혼 속에서 되새겨 볼 수 있나이다.

그러므로 만일 망각이 기억 속에 있는 것이, 그 자체를 통하여가 아니라 그 영상을 통하여 있다면, 그 영상이 포착되기 위해서는 먼저 망각 자체가 존재해야 하나이다. 하오나 망각이란 자신의 존재를 통하여 이미 깨달아 알고 있는 것까지라도 지워 버리는 것이니, 망각이 만일 존재한다면, 자신의 영상을 기억 속에 기록해 두는 것이 어떻게 가능하겠나이까? 하오나 그렇다 할지라도, 기억했던 것을 묻어 버리는 망각을 내가 기억하고 있는 것은 분명하니, 어떻게 하여 이렇게 되는지는 이해할 수도 없고 설명할 수도 없음에도 그러하나이다.

17. 하나님을 찾는 자는 기억의 힘까지도 넘어서야

(26) 기억의 힘은 크도소이다. 나의 하나님, 그 힘은 얼마나 무서운지요? 그 다양함은 얼마나 깊고, 얼마나 무한한지요? 바로 이러한 것이 영혼이오니, 곧 나 자신이니이다. 하온데 나의 하나님, 나 자신은 어떠한 존재니이까? 나의 본성은 무엇이니이까? 복잡하고 다양하여 지극히 신비로운 생명이로소이다.

보소서! 내 기억 속에는 대평원이 있고 분지(盆地)와 동굴이 무수히 존재하니, 거기에는 무수한 종류의 것들이 한량없이 간직되어 있나이다. 그 중 어떤 것은 모든 물체의 영상들이고, 그 중 어떤 것은 학예에 관한 내용들이며, 그 중 어떤 것은, 영혼이 느끼는 감정과 같은 것으로 개념이나 마음에 새겨진 것의 형태로 존재하나이다. 하온데 감정이란, 영혼이 현재 느끼지 못하는 경우에도 기억 속에 간직될 수 있으니, 기억 속에 간직된 것은 다 영혼 속에 존재하는 것이니이다. 나는 이 모든 것 사이를 뛰어 다니고 이리 저리 날아 다니며, 나의 힘이 허락하는 범위 안에서 그들 속까지 침투해 들어가나 끝 간 데가 없으니, 기억의 힘은 이리도 크고, 죽을 수밖에 없는 몸으로 사는 인간이나 그 생명의 힘이 이리도 크나이다.

나의 참된 생명 되신 나의 하나님, 하오면 내가 무엇을 해야 하리이까? 나는 기억이라 일컫는 나의 이 능력마저 초월해야 하리니, 나는 이것을 초월하여 감미로운 빛 되신 당신께 이르고자 하나이다. 당신은 내게 무엇을 말씀하시나이까? 보소서! 나는 나의 영혼으로 말미암아 나의 위에 계신 당신께로 올라가니, 이로써 나는 기억이라 일컫는, 나의 이 능력마저 초월하여, 당신을 접할 수 있는 곳에서 당신을 접하고, 당신을 붙들 수 있는 곳에서 당신을 붙들려 하나이다. 이는 짐승이나 새도 기억이 있음이니이다. 만약 그렇지 않다면, 이들이 굴이나 둥지로 돌아가지 못할 것이며, 그 밖에 이들이 으레 하는 일을 하지 못할 것이니이다. 하온데, 기억이 없다면, 이들이 으레 하는 일을 한다는 것이 절대 불가능하나이다. 그러므로 나는 기억마저 초월하여 당신께 이르고자 하니, 당신은 나를 들짐승이나 하늘의 새들과 구별하여, 이들보다 더 지혜롭게 창조하셨나이다. 하온데 내가 기억마저 초월하여 당신께 이르고자 하나, 어디서 당신을 만나 뵐 수 있으리이까? 참으로 선하신 분이시여, [나의] 진실된 기쁨이시여, 내가 어디서 당신을 만나 뵐 수 있으리이까? 내가 나의 기억 밖에서 당신을 만나 뵈는 것이라면, 나는 당신을 기억하지 못하고 있는 셈이니이다. 하오면 내가 당신을 기억하지 못하는 상태에서 어찌 당신을 발견할 수 있으리이까?

18. 기억이 있으므로 다시 찾을 수 있음

(27) 어느 여자가 은전(銀錢) 한 잎을 잃었는데, 등불을 켜고 그것을 찾았나이다.[13] 은전에 대한 기억이 없었다면 그것을 발견할 수 없었을 것이니이다. 발견했다 할지라도 그 은전에 대한 기억이 없었다면, 그것이 자기가 찾던 은전인지 어떻게 알았겠나이까? 나 역시 잃어버린 물건을 찾아 헤매다가 다시 발견했던 기억이 많이 있나이다. 이를 통해 알 수 있으니, 내가 무엇을 찾을 때 누가 나에게 "혹시 이것 아니냐?", "혹시 저것 아니냐?"고 물으면, 내가 찾는 것이 나타날 때까지는 "그것은 아니라"고 으레 대답하였나이다. 기억이 없고서는 이렇게 할 수 없으니, 그 무엇이 나 앞에 나타난다 해도 모르는 것을 알아볼 수는 없을 것이니이다. 이러한 일은 잃어버린 것을 찾을 때마다 항상 있는 일이니이다. 어떤 사물, 특히 우리 눈에 보이는 사물이 우리 시야에서는 사라졌지만 우리 기억 속에는 남아 있는 경우, 그 영상이 우리 마음속에 간직되어 있는 까닭에, 그것이 우리 눈앞에 다시 나타날 때까지는 그것을 찾게 되나이다. 그리하여 그것을 발견하게 되면, 우리 마음속에 있는 영상에 근거하여, 그것이 우리가 찾던 것임을 알아보게 되나이다. 만약 우리가 그것을 알아보지 못한다면 잃은 것을 찾았다고 말할 수 없는데, 그것을 기억함이 없이는 그것을 알아보는 것이 불가

---
13) 눅 15:8 참조.

능하나이다. 그러므로 기억 속에 간직되어 있는 것은 시야에서 사라진다 해도, [나중에 그것을 발견하게 될 때 알아볼 수 있나이다.]

19. 완전히 망각한 것은 회상이 불가능함

(28) 우리가 무엇을 잊어버린 후 그것을 다시 생각해 내려 애쓸 때, 즉 무엇이 우리 기억에서 사라졌을 때는 어떠하나이까? [그때도 역시] 기억 이외의 어디에서 그것을 다시 찾을 수 있겠나이까? 그리하여 거기서 기억이 그 어떠한 것을 내놓아도, 우리가 찾는 것이 나타날 때까지는, 우리는 그것을 ["아니라"고] 물리치나이다. 반면 그것이 나타나면 "바로 이것이라"고 말하나이다. 만약 우리가 그것을 알아보지 못했다면 그러한 말을 할 수가 없었을 것이니이다. 또한 우리가 그것을 기억하지 못했다면, 그것을 알아볼 수 없을 것이니이다. 다만 우리가 그것을 망각하고 있었던 것은 확실하나이다.

하온데 기억이 완전히 사라진 것이 아니라 일부는 남아 있어서, 남아 있는 부분을 근거로 하여 사라진 부분을 찾는 것은 아닌지요? 이는 평소에는 전부 기억되던 것이 지금은 그렇지 않음을 느낄 때가 있음이니이다. 가령, 사지(四肢)의 일부를 잃은 자가 예전과는 달리 절름거리며 없어진 것을 되찾고자 애태우는 상황과 흡사하나이다.

아는 사람을 만났을 때나 혹은 생각할 때, 그 사람 이름이 생각나지 않아, 애쓸 때가 있나이다. 이 이름 저 이름 다 떠올려 보아도, 평상시 알던 그 이름과 맞지 않으면 고개를 젓나이다. 그리하여 평상시 알고 있던 그 이름이 정확하게 생각나 속이 시원해질 때에야 비로소 고개를 끄덕이나이다. 하오나 이러한 일 역시 기억이 없다면, 대체 어떻게 일어날 수 있겠나이까? 누가 우리에게 귀띔을 해 주어서 그 이름이 생각났다 할지라도, 기억이 없다면 이러한 일은 일어날 수 없나이다. 이는 이때 생각난 이름은 무슨 새로운 이름이 아니라 기억 속에 있던 것으로서, 그 이름을 부를 때 "아, 이 이름이다"라고 인정하게 됨이니이다. 하오나 그 이름이 우리 뇌리에서 완전히 지워져 버렸다면, 다른 사람이 아무리 귀띔 해 주어도 생각날 수가 없을 것이니이다. 이는 우리가 잊어버렸다는 사실을 기억하고 있는 동안은 아직 완전히 잊어버린 것은 아니니이다. 하온즉 완전히 잊어버린 것은 그것을 다시 찾는 것은 불가능하나이다.

20. 모든 사람은 행복을 추구하며 행복을 알고 있음

(29) 주여, 하오면 내가 당신을 어떻게 찾아야 하리이까? 내가 나의 하나님 되신 당신을 찾는다 함은 실로 행복한 삶을 추구하는 것이니이다. 내가 당신을 찾으려 함은, 그때에야 내 영혼이 살 수 있는 까닭이니이다. 내 육신은 실로 내 영혼으로 인해 살고, 내 영혼은 실로 당신으로 인해 사나이다. 하오면 내가 행복한 삶을 어떻게 추구해야 하리이까? 이는 내가 "족하도다", "[행복은] 여기 있도다"라고 말할 수 있기까지는, 내게 [아직 행복이] 있지 않음이라. 그러므로 나는 [먼저 행복한 삶에] 도달할 수 있는 길이 무엇인지 말할 수 있어야 하나이다. 내가 망각은 하였으나 망각했다는 사실은 기억할 수 있기에, [희미한] 기억을 더듬어 찾아야 하리이까? 혹은 전혀 알지 못했든지 혹은 [알았어도] 완전히 잊어버려, 잊어버렸다는 사실조차 생각나지 않을 정도의 것을, 알고자 하는 마음 때문에 찾아야 하리이까? 행복한 삶은 모든 사람이 바라는 것이 아니니이까? 그것을 바라지 않는 사람은 결코 없지 않나이까? 하오면 그것을 어떻게 알았기에, 그것을 이렇게 바라는 것이니이까? 그것을 어디서 보았기에, 그것을 이토록 사모하는 것이니이까? 우리가 그것을 지닌 것은 결코 놀라운 일이 아니오나, 어떻게 지니게 되었는지는 알 수 없나이다. 모양은 각기 다를지라도, 어떤 자는 그것을 [지금] 지님으로써 행복하고, 어떤 자는 그것을 바라는 중에 행복하나이다. 이 사람들은 지금 행복을 소유하고 있는 저 사람들보다 덜 행복한 것이 사실이나, 지금 행복을 소유하고 있지도 못하고 앞으로 소유

할 희망도 없는 자들보다는 더 행복하나이다. 하오나 지금 행복을 소유하고 있지도 못하고 앞으로도 소유할 희망이 없는 자들이라 할지라도, 아주 작은 행복이나마 행복을 소유한 것이 사실이니, 만일 그렇지 않다면 행복에 대한 소원조차 가질 수 없었을 것이니이다. 그들이 행복해지고자 하는 소원을 가진 것은 너무나 확실하나이다. 그들이 행복에 대해 어떻게 알게 되었는지, 그들이 행복에 대해 어떻게 생각하고 있는지 나는 알지 못하나, 그들이 행복에 대해서 알고, 또 행복을 아주 조금이나마 소유하고 있는 것은 확실하나이다. 내가 알고자 애쓰는 것은 행복에 대한 그들의 지식이 기억으로부터 왔느냐 하는 것이니이다. 이는, 만약 기억으로부터 왔다 하오면, 우리는 언젠가 행복하던 때가 있었음이니이다. 혹여 우리 한 사람 한 사람이 모두 행복했었는지, 아니면 아담 안에서 행복했었는지에 관하여는 지금 논하고 싶지 않나이다. 아담으로 말하면, 맨 처음으로 죄를 지은 사람으로서, 그 안에서 우리도 모두 다 죽었고, 그로 인하여 우리가 다 비참함 속에서 태어났나이다. 그러하나 내가 꼭 알고자 하는 것은, 행복한 삶에 대한 기억이 우리 속에 남아 있느냐 하는 것이니이다. 이는 우리가 행복한 삶에 대하여 알지 못했다면, 그에 대한 사랑도 느끼지 못했을 것임이니이다. 사람들이 '행복'이라는 말을 하는 것을 들을 때, 우리는 모두 다 행복 자체를 소유하고자 하는 마음이 생김을 고백하나이다. 이는 '행복'이라는 말을 듣는 것만으로는 기쁨을 느끼지 못하는 까닭이니이다. 가령 헬라인이 라틴어로 '행복'이라는 말을 듣는다면, 그는 그 말의 뜻을 알지 못하는 까닭에 기쁨을 느낄 수 없나이다. 하오나 그가 헬라어로 '행복'이라는 말을 듣는다 해도 행복 자체를 소유하지 못했을 경우에는 기쁨을 느낄 수 없나이다. 이는 행복이란 헬라적인 것도 라틴적인 것도 아니기 때문이니이다. 헬라어를 사용하는 사람이나, 라틴어를 사용하는 사람이나, 그 밖의 어떠한 언어를 사용하는 사람이든지, 사람은 누구나 다 행복을 추구하며 갈급해 하나이다. 그러므로 사람은 누구나 다 행복에 대하여 알고 있나이다. 그리하여 사람들에게 "행복해지고 싶으냐?"고 묻는다면, 그들은 모두 주저 없이 그렇다고 대답할 것이니이다. 하오나 이러한 대답은 '행복'

이라는 말이 상징하는 행복 자체에 대한 기억이 그들에게 간직되어 있지 않다면 불가능한 것이니이다.

21. 행복한 삶은 일종의 기쁨

(30) 하오면 행복을 기억한다 함은 카르타고라는 도시를 본 사람이 그 도시를 기억하는 것과 같나이까? 아니니이다. 이는 행복한 삶이란 눈으로 볼 수 있는 것이 아님이니이다. 그것은 물체가 아니니이다.

하오면 숫자를 기억하는 것과 같나이까? 아니니이다. 이는 어떤 숫자에 대한 개념을 가진 사람은 더 이상 그 숫자에 대한 개념을 획득하려고 애쓰지 않음이니이다. 반면에 행복한 삶이란, 우리가 그것에 대한 개념을 가지고 있다면 그것을 사랑하게 되어 있고, 행복해지 위하여 그것을 얻기 위한 노력을 계속하게 되어 있나이다.

하오면 웅변술을 기억하는 것과 같나이까? 아니니이다. 사실 웅변술에 아직 능하지 못한 자들도 '웅변술'이라는 말을 들으면, 그 말의 뜻을 기억해 낼 수 있나이다. 또한 많은 사람들이 그 말을 듣고는, 웅변술에 능한 자가 되고 싶다는 생각을 하게 되나이다. 그러므로 저들에게 웅변술에 대한 개념이 있다고 볼 수 있나이다. 하오나 저들이 다른 사람의 웅변술을 보거나, 웅변술을 좋아하거나, 스스로 웅변가가 되고자 하는 것은 [모두] 육신의 감관(感官)으로 말미암은 것이니이다. 하오나 저들이 [웅변술에 대하여] 아무런 내적 개념을 가지고 있지 않았다면 그것을 좋아하게 되지 않았을 것이니이다. 또한 그것을 좋아하지 않는다면, 스스로 웅변가가 되고자 하는 마음이 생기지 않을 것이니이다. 하오나 다른 사람이 행복한 삶을 사는 것을 우리가 알게 되는 것은 결코 육신적 감관으로 말미암는 것이 아니니이다.

하오면 기쁨을 기억하는 것과 같나이까? 아마도 그런 것 같나이다. 이는 기쁜 일은 슬플 때도 기억할 수 있는 것같이, 행복한 삶이란 불행한 상황에서도 기억할 수 있는 까닭이니이다. 하오나 나는 기쁨을 육신의 감관을 통하여는 본 것도, 들은 것도, 냄새 맡은 것도, [혀로] 맛본 것도, [손으로] 만진 것도 아니오니, 내가 기쁨을 느낀 것은 [오직] 내 영혼의 경험이며, 그때 그것에 대한 개념이 나의 뇌리에 새겨지는 것이니이다. 그리하여 [나중에] 내가 그것을 기억할 수 있게 되오니, 내가 기뻐했던 일의 성질에 따라 어느 때는 싫은 마음으로, 어느 때는 사모하는 마음으로 돌이켜보게 되나이다. 가령 나는 [한때] 추악한 일에도 기쁨을 느껴 탐닉해 본 일이 있으나, 지금 그것을 돌이켜보면 혐오하며 저주까지 하게 되나이다. 또한 나는 선하고 덕스러운 일에도 기쁨을 느껴 본 일이 있는데, 그 일은 사모하는 마음으로 회상하게 되나이다. 하오나 지금 내가 선하고 덕스러운 일을 하지 못한다 하오면 나는 그로 인해 과거의 기쁨을 회상하면서 슬픔을 느끼게 되나이다.

(31) 하오면 대체 내가 언제, 어디서 행복한 삶을 경험했관대, 내가 그것을 기억하며 사랑하며 사모하는 것이니이까? 사실, 나뿐 아니라, 혹은 몇 사람뿐 아니라 [이 세상] 모든 사람이 다 하나도 빠짐없이 행복해지기를 소원하나이다. 하오나 우리가 그것을 확실히 알지 못한다면, 이토록 강한 의지를 가지고 그것을 소원하지 않을 것이니이다. 하오면 이렇게 된 것은 어찜이니이까? 여기 두 사람이 있어 그들에게 "군대에 가고 싶으냐?" 물어보면, 그 중 한 사람은 "가고 싶다" 할 것이요, 다른 한 사람은 "가고 싶지 않다" 할 것이니이다. 반면, 그들에게 "행복해지고 싶으냐?"고 묻는다면, 두 사람 다 즉시 망설이지 않고 "행복해지고 싶다"고 말할 것이니이다. "군대에 가고 싶다"고 말한 사람도, "가고 싶지 않다"고 말한 사람도 "행복해지고 싶다"는 생각에서는 완전히 일치하나이다. 하온즉 한 사람은 기쁨을 여기에서 찾고, 한 사람은 기쁨을 저기에서 찾는 것 아니니이까? 그러므로 모든 사람에게 "기쁨을 원하느냐?"고 묻는다면 한 목소리로 "그렇다" 대답하는 것같이, 모든 사람에게 "행복을 원하느냐?"고 묻는다면 한 목소리로 "그렇다"라고 대답하니, 이 점에서 사람들은 기쁨을 행복한 삶이라고 부르나이다. 물론 한 사람은 이런 방식으로, 한 사람은 저런 방식으로 기쁨을 얻나이다. 하오나 그들이 기쁨을 얻고자 애쓴다는 점에서는 같나이다. 이러한 기쁨을 [한 번도] 경험하지 못했다 말할 수 있는 자는 하나도 없으니, 그

러므로 사람들은 '행복한 삶'이라는 말을 들을 때, 그것을 기억 속에서 다시 찾아내어 돌이켜 생각하게 되나이다.

22. 행복한 삶은 하나님 안에서의 기쁨

(32) 주여, 제하여 주소서! 당신께 고백하는 당신의 종의 마음에서 다음과 같은 것을 제하여 주소서! 즉 [이 세상에서] 내가 어떠한 기쁨을 누린다 하더라도, 그것 가지고 내가 행복하다는 생각은 하지 못하게 하소서! 경건치 않은 자들은 받을 수 없고, 오직 당신을 무조건적으로 섬기는 자들만 받게 되는 기쁨이 한 가지 있으니, 이 기쁨은 바로 당신 자신이니이다. 그러므로 진정 행복한 삶은 당신 앞에서, 당신을 바라보며, 당신 까닭에 기뻐하는 것이오니, 오직 이것만이 참된 행복이니이다. 물론 다른 것을 행복으로 생각하는 자들은 다른 기쁨을 추구할 것이나, 그것은 참된 기쁨이 될 수 없나이다. 하오나 저들의 의지가 기쁨의 영상(影像)에서 아주 등을 돌린 것은 아니니이다.

23. 행복한 삶은 진리를 기뻐하는 삶

(33) [참으로] 행복한 삶은 오직 당신으로 말미암아 기뻐하는 것인데, [이 세상에는] 당신으로 말미암아 기쁨을 얻으려 하지 않는 자들이 있으니, 모든 사람이 행복해지기를 원한다 하는 말은 불확실한 말처럼 보이나이다. 그리하여 "[이 세상에는] 행복을 원하지 않는 자들이 있다"고까지 말해야 할 것 같나이다. 혹은 모든 사람이 이것을 원한다 하더라도, "육체의 소욕은 성령을 거스리고 성령의 소욕은 육체를"(갈 5:17) 거스리는 까닭에 원하는 것을 행하지 못하고, 자기 힘으로 할 수 있는 것에 몰두하여 그것에서 만족을 얻는 것이니이까? 그리하여 할 수 없다 하는 것은 결국 그것을 꼭

성취하겠다는 의지가 약한 까닭이니이까?

이제 내가 사람들에게 "진리를 기뻐하겠느냐? 아니면 거짓을 더 기뻐하겠느냐?"라고 묻는다면, 모두 다 주저 없이 "진리를 더 기뻐하겠노라"고 말할 것이니, 이는 "행복을 원하노라"는 대답을 주저 없이 하는 것과 마찬가지이니이다. 그런즉 행복한 삶은 진리를 기뻐하는 것이니이다. 그것은 실로 진리 되신 당신을 기뻐하는 것이니, 하나님이여, 당신은 나의 빛이시며 "내 얼굴을 도우시는 내 하나님"(시 42:11)이시니이다. 이 복된 삶은 모든 사람이 원하는 것이라. 오직 이러한 삶이야말로 모든 사람이 바라는 진정 복된 삶이니, 곧 진리로 인해 기뻐하는 삶이니이다.

나는 속이려는 의도를 가진 사람들은 많이 보았으나, 속임당하기를 원하는 사람은 한 사람도 못 보았나이다. 하온즉 진리를 알지 못하고서야 어찌 행복한 삶에 대해 알 수 있으리이까? 저들이 속임당하기를 원치 않는 것은 진리를 사랑하는 까닭이니이다. 또한 저들이 행복한 삶, 곧 진리로 인한 기쁨을 사랑한다면, 저들이 진리 또한 사랑한다 함이 옳으니, 진리에 대한 개념이 저들의 기억 속에 조금도 없었다면 저들이 진리를 사랑할 수 없었을 것이니이다.

하오면 저들이 어찌하여 진리로 말미암아 기쁨을 얻지 못하나이까? 어찌하여 복된 자가 되지 못하나이까? 필시 [진리] 이외의 것에 골몰하는 까닭일 것이니이다. 저들을 행복하게 해 줄 진리에 대하여는 잘 기억하지 못하고, 저들을 불행하게 만드는 것에는 많은 관심을 가지는 까닭일 것이니이다. [하오나] "아직 잠시 동안 빛이"(요 12:35) 사람들 중에 있사오니, 저들이 가는 길을 서두르게 하소서! 서두르게 하소서! 그리하여 "어두움에 붙잡히지 않게"(요 12:35) 하소서!

(34) 하온데 왜 저들이 진리를 미워하게 되었으며, 왜 진리를 전파하는 당신의 사람이 저들의 "원수가"(갈 4:16) 되었나이까? 저들은 행복한 삶을 사모해야 하지 않나이까? 그리고 행복한 삶이란 진리로 인해 기뻐하는 삶이 아니니이까? 하오나 저들이 진리를 미워하는 것은, 저들이 진리를 사랑한다 하면서 진리 아닌 것을 진리로 내세우고 그것을 사랑하는 까닭이니이

다. 저들은 속기를 원하지 않나이다. 그런 까닭에 저들이 속고 있다는 사실을 인정하려 하지 않나이다. 하온즉 저들은 진리 아닌 것을 진리인 것처럼 사랑하는 까닭에, 그 대신 진리는 미워하나이다. 저들은 진리의 광휘(光輝)는 사랑하나, 진리가 저들을 경책(警責)할 때는 진리를 미워하나이다. 이는 저들이 속기는 원치 않으면서도 속이려는 마음을 가지기 때문이니이다. 그러므로 저들은 진리가 스스로를 드러낼 때는 진리를 사랑하다가, 진리가 저들을 드러낼 때는 진리를 미워하나이다. 하오나 진리는 이에 대한 보응(報應)으로, 스스로를 진리 앞에 드러내기 싫어하는 자들을 억지로라도 스스로를 드러내지 않을 수 없도록 만들며, 반면에 진리 자신은 저들에게 모습을 드러내 주지 않나이다.

그렇나이다. 정말 그렇나이다. 사람의 영혼은 이와 같이 눈멀고 둔하며, 추악하고 흉해서, 자기 자신은 숨어 있으려 하면서 다른 것은 숨어 있으면 안 된다 하나이다. 하오나 이에 대한 보응으로 정반대의 현상이 나타나나이다. 즉 사람의 영혼은 진리 앞에서 자기를 숨기지 못하게 되고, 반면에 진리는 사람의 영혼 앞에서 자신을 숨기게 되나이다. 이처럼 사람의 영혼은 비참한 상태에 있으나, 그럼에도 거짓보다는 참을 더 기뻐하는 마음을 가지고 있음이 사실이니이다. 하온즉 자신을 진리에서 멀어지게 하는 모든 무거운 짐은 벗어 버리고, 모든 것을 참되게 만드는 진리 자체, 그 하나만을 기뻐하는 자가 진정 복되나이다.

24. 하나님은 기억 안에 계심

(35) 주여, 보소서! 내가 당신을 찾기 위해 내 기억 속의 공간을 얼마만큼 두루 행하였는지요? 나는 당신을 기억 이외의 다른 곳에서는 발견하지 못했나이다. 하오나 이는 내가 당신에 대하여 발견한 것이 내가 당신을 알게 된 때로부터 내가 기억해 오던 것뿐이었음이니이다. 나는 실로 당신을 알게 된 이후 당신을 잊어 본 적이 없나이다. 이는 내가 진리를 발견한 그

곳에서 진리 자체이신 나의 하나님을 발견하였기 때문이었나이다. 그 후 나는 내가 발견한 진리를 잊어 본 적이 없나이다. 하온즉 내가 당신을 알게 된 때로부터 당신은 내 기억 안에 머물러 계셨나이다. 하오니 내가 거기서 당신을 기억하면서, 당신으로 인하여 즐거워할 때마다 나는 당신을 발견하게 되나이다. 이야말로 당신이 내게 베풀어 주신 나의 거룩한 즐거움이니이다. 당신이 내게 이 즐거움을 베풀어 주신 것은 당신의 자비를 인함이니, 당신은 나의 궁핍함을 돌보아 주셨나이다.

25. 하지만 기억의 어디에 계시는가?

(36) 하오나 주여, 당신은 내 기억 어디에 계시나이까? 그곳 어디에 계시나이까? 당신은 어떠한 처소(處所)를 당신을 위해 만드셨나이까? 어떠한 성소(聖所)를 당신을 위해 지으셨나이까? 당신은 내 기억에 이와 같은 영광을 베풀어 주사 그 안에 계시게 되었은즉, 그곳 어느 부분에 계신지를 내가 궁구해 보나이다. 내가 당신을 기억한다 할 때는, [나의 기억 가운데서] 들짐승들도 가지고 있는 바와 같은 부분들은 초월하였나이다. 이는 내 기억 속에 간직되어 있는 물체들의 영상(影像)들 가운데서는 당신을 발견할 수 없었음이니이다. 그러므로 나는 내 영혼이 느끼는 감정을 간직하는 곳으로 가 보았으나, 거기서도 당신을 발견할 수 없었나이다. 그러므로 나는 내 영혼이 나의 기억 안에서 차지하고 있는 바로 그 자리까지 찾아가 보았으니, 이는 영혼은 자기 자신에 대해서까지 기억하는 까닭이라. 하오나 당신은 거기도 계시지 않았나이다. 하온즉 당신은 어떠한 물체의 영상도 아니시요, 생명 있는 사람이 느끼는 바와 같은 감정, 곧 기뻐하거나 슬퍼할 때, 무엇을 바라거나 두려워할 때, 무엇을 기억하거나 망각할 때 느끼는 감정, 혹은 그 밖의 여러 가지 모양으로 느끼는 감정도 아니니이다. 당신은 그러므로 영혼 자체도 아니니, 당신은 영혼의 주(主)요 하나님이시라. 이 모든 것은 변하나 당신은 변하지 않으시며, 이 모든 것 위에 초월해 계시나이다.

그러하나 당신은 내가 당신을 알게 된 때로부터 나의 기억 속에 거하여 주시는 영광을 베풀어 주셨나이다.

하오면 나는 어찌하여 당신이 나의 기억 속 어디에 거하시는지 궁구할 때, 당신이 거하시는 곳이 가시적 장소인 것처럼 생각하는 것이니이까? 하오나 당신이 내 기억 속에 거하심은 확실하니, 이는 내가 당신을 알게 된 때로부터 내가 당신을 기억하고 있음이며, 내가 당신을 기억할 때마다 당신을 이 기억 속에서 발견하게 됨이니이다.

26. 하나님은 무소부재하심

(37) 하오면 내가 당신을 [처음] 만나 뵙고 알게 된 곳은 어디니이까? 내가 당신을 알기 전에 당신은 실로 내 기억 속에 계시지 않았나이다. 하오면 내가 당신을 [처음] 만나 뵙고 알게 된 곳은 어디니이까? 그곳은 내 위에 계신 당신의 안이니이다. 하오나 그곳은 가시적 장소가 아니니이다. 우리가 [그곳에서] 멀어졌다 가까워졌다 하는 것은 사실이나, 가시적 장소는 아니니이다. 주여, 당신은 진리시니이다. 당신은 어디나 좌정하사 당신께 간구하는 모든 사람들의 소리를 들으시오니, 그들이 어떠한 간구를 드릴지라도 그들 모두에게 동시에 응답하시나이다. 당신은 명확히 응답하시나, [당신의 응답을] 모든 사람이 다 명확히 듣는 것은 아니니이다. 모든 사람이 다 간구를 올리나, 그들이 원하는 것을 항상 듣는 것은 아니니이다. 당신의 가장 신실한 종은 자기가 원하는 것을 당신이 들어 주시기를 소원하기보다는, 오히려 당신께 들은 바대로 행하기를 소원하는 종이니이다.

27. 하나님을 너무 늦게야 사랑하게 됨

(38) 주여, 당신은 아주 오래되었으면서도 아주 새로운 아름다움이신

데, 나는 당신을 너무 늦게야 사랑하게 되었나이다. 너무 늦게야 사랑하게 되었나이다. 하온데, 보소서! 당신은 내 안에 계셨건만 나는 바깥에 있었으며, 거기서 당신을 찾았사오니, 나는 [스스로] 몰골이 흉하게 된 채 당신이 지으신 아름다운 것들 속으로 빠져 들어갔나이다. 당신 안에서 존재하지 않는다면, 존재할 수조차 없는 것들이 나를 붙들고는, 당신에게서 [나를] 멀리 떠나게 하였나이다. [그때에] 당신은 나를 큰 소리로 부르사, 나의 막힌 귀를 틔워 주셨나이다. 당신은 [또한 내게] 빛을 번쩍 비추사, 내 눈의 어두움을 쫓아 주셨나이다. 당신이 향기를 뿜어 주실 때 나는 그것을 [깊이] 들이마시고는, 당신을 [더욱 더] 갈망하게 되었나이다. 나는 당신의 감미로움을 안 다음부터는, 당신에 대한 굶주림과 목마름을 더욱 더 느끼게 되었나이다. [그때에] 당신은 나를 만져 주셨으니, 나는 당신의 평화를 사모하는 마음으로 불탔나이다.

28. 인생은 시련의 연속

(39) 내가 장차 당신과 온전히 연합하게 되면, 내게는 더 이상 고통과 괴로움이 없을 것이니, 나의 삶은 당신으로 온전히 가득 차 [진정으로] 삶다운 삶이 될 것이니이다. 당신은 충만케 하신 자를 들어올리시나이다. 하오나 지금의 나는 [아직 그렇지 않사오니], 나는 당신으로 충만치 못하여 내가 나 자신에게 짐이 되고 있나이다. [그리하여 내 안에서는] 통탄해야 할 즐거움과 환영해야 할 괴로움이 [서로] 다투고 있으니, 어느 쪽에 승리가 돌아갈지 나는 알 수 없나이다.

화(禍)로다, 나여! 주여, "나를 긍휼히 여기소서"(시 31:9) 나의 악한 괴로움과 선한 즐거움이 [서로] 다투고 있사오니, 어느 쪽에 승리가 돌아갈지 나는 알 수 없나이다. 화로다, 나여! 주여, "나를 긍휼히 여기소서" 화로다, 나여! 보소서, 나는 나의 상처를 감추지 않나이다. 당신은 의사시요, 나는 환자니이다. [또한] 당신은 불쌍히 여기시는 분이시요, 나는 불쌍한 자니이다. "세상에 있는 인생에게"(욥 7:1) 시련이 [계속] 있지 않나이까? 누가 괴롭고 힘든 것을 좋아하겠나이까? 당신은 [우리에게] 그러한 것을 견디라 명하시나, 사랑하라 명하시지는 않나이다. 인내하기를 즐겨하는 자라도, 자기가 인내하고 있는 대상 그 자체를 사랑하는 자는 아무도 없나이다. 이는 비록 인내하기를 즐겨하는 자라도, 인내해야 할 대상이 없는 것을 더 좋아하는 까닭이니이다. 나는 불행할 때는 행복을 원하나, 행복할 때는 불행한 일이 생기지 않을까 두려워하나이다. 행복한 곳과 불행한 곳 사이의 중간적 장소는 어디에 있나이까? 우리 인생에 시련이 과연 없을 수 있나이까? 이 세상의 행복에는 두 가지 화가 있으니, 첫 번째 화는 불행에 대한 두려움에 기인하며, 두 번째 화는 [세상의] 즐거움에서 멸망의 싹이 돋아나는 까닭이니이다. [하오나] 이 세상의 불행에는 세 가지 화가 있으니, 첫 번째 화는 행복에 대한 [구차한] 동경에 기인하며, 두 번째 화는 불행이 견디기가 어려운 까닭이며, 세 번째 화는 인내심이란 쉽게 꺾이는 것이기 때문이니이다. "세상에 있는 인생에게"(욥 7:1) 시련은 끊임없이 있는 것 아니니이까?

29. 유일한 소망은 하나님의 자비

(40) 하온데 나의 모든 소망은 당신의 심히 큰 자비에만 있나이다. 당신이 명하시는 것을 주시고, 당신이 원하시는 것을 명하소서! 당신은 우리에게 절제를 명하시나이다. 누군가 이르기를, "하나님이 허락지 아니하시면 아무도 절제할 수 없음을 내가 깨달았노니 이 은사를 누가 주셨는지 깨닫는 것 또한 지혜니라"(지혜서 8:21) 하였나이다. 이는 우리가 절제로 말미암아 다시 하나로 취합됨이니, 우리는 이 하나에서 많은 것으로 흘러내려 나누어졌었나이다.[14] 무릇 당신과 함께 당신 이외의 다른 무엇을 사랑하되

---

14) 이 글에는 어거스틴의 신플라톤주의적 사상이 반영돼 있다. 신플라톤주의에 의하면, 존재의 위 단계로 올라갈수록 통일성이 증대되며, 존재의 아래 단계로 내려갈수록 다양성이 증대된다.

그것을 당신 때문에 사랑하지 아니하면, 그는 당신을 온전히 사랑하지 못하게 되나이다. 오, 사랑[의 하나님]이시여, 당신은 언제나 불타오르며, 결코 꺼지지 않는 사랑이시니이다. 사랑[의 하나님]이시여, 나의 하나님이시여! 나를 불태우소서! 당신은 절제를 명하시니, 당신이 명하시는 것을 주시고 당신이 원하시는 것을 명하소서!

30. 아직 육욕에서 완전히 해방되지 못함

(41) 당신은 분명 "육신의 정욕과 안목의 정욕과 이생의 자랑"(요일 2:16)을 절제하라 명하시나이다.

당신은 혼외정사를 금하셨고 혼인은 허락하셨으나, 그보다 더 나은 것을 권고하셨나이다. 하온데 당신이 허락하신 까닭에, 나는 성례전의 집행자가 되기 전에[15] 당신의 권고를 따를 수 있었나이다. 하오나 아직도 나의 기억 속에는 나의 [그릇된] 습관으로 인해 전에 여러 번 아뢰었던 대로 쾌락에 대한 영상들이 깊이 새겨져 생생하게 남아 있나이다. 내가 깨어 있을 때는 이들이 덮쳐 와도 힘을 별로 발휘하지 못하나, 꿈속에서는 나의 기분을 좋게 할 뿐 아니라 내가 이들을 환영까지 하게 되어, 깨어 있을 때와 거의 흡사한 행동을 하나이다. 이 같은 허상(虛像)들이 내 영혼과 육신에 미치는 힘은 심히 크니, 깨어 있을 때는 실상(實像)을 보고도 아무 영향을 받지 않다가도, 잠잘 때는 거짓된 허깨비의 꾐에 넘어가나이다. 주 나의 하나님이여, 잠잘 때의 나는 내가 아니니이까? 하오나 나는 깨어 있다가 잠이 들고 잠이 들었다가 다시 깨는, 이 잠깐 사이에도 전혀 다른 사람으로 바뀔 수가 있나이다. 내가 잠들었을 때 이성은 어디에 가 있나이까? 깨어 있을 때 이 같은 허상들의 속삼임을 물리치고, 현실의 유혹이 닥쳐와도 끄떡없는 그 이성은 어디에 가 있나이까? 눈을 감고 잠을 잘 때에는 이성의 눈도 감기나

---

15) 성직자가 되기 전에.

이까? 잠을 잘 때에는 육신의 감관도 함께 잠이 드나이까? 하오면 우리가 잠을 자면서도 이따금씩 이 같은 유혹을 물리치는 것은 어찜이니이까? 곧 우리가 했던 결심을 기억하며, 꿈속에서도 정결함을 잘 지켜, 이 같은 유혹에 전혀 끄떡하지 않는 것은 어찜이니이까? 하오나 [깨어 있을 때의 나는 잠들어 있을 때의 나와는] 큰 차이가 있는 까닭에, 우리가 꿈속에서 유혹에 넘어간다 해도, 깨어나서 양심의 가책을 느끼지는 않나이다. [사실] 그러한 차이로 인하여 그러한 일을 우리가 실제로는 하지 않았음을 깨닫게 되는 것이니이다. 하오나 [꿈속에서의 일이라 할지라도] 그러한 일이 우리에게 일어났다는 사실에 대하여는 통탄하게 되나이다.

(42) 전능하신 하나님이여, 당신의 손에 힘이 없어 내 영혼의 모든 병이 치유받지 못하는 것이니이까? 당신은 [지금보다] 더 큰 은혜를 베푸사 내가 잠잘 때도 잡스러운 충동을 느끼지 못하도록 해 주실 수 없나이까? 주여, 내 안에 당신의 은사(恩賜)를 더 많이 부어 주소서! 그리하여 내 영혼을 정욕의 덫에서 풀어 주사 당신을 향하게 하소서! 그리하여 내 영혼으로 나 스스로를 거스르게 마시고, 꿈속에서도 동물적인 영상들로 인해 내 육신이 충동을 받아 이 부끄럽고 추악한 일을 하지 말게 하시고, 좋다 하지는 더더욱 말게 하소서! 이는, 나로 하여금 이 같은 일을 [지금] 이 나이뿐 아니라, 나의 일생 동안 전혀 좋아하지 않게 만드시는 것, 이 같은 일이 아무리 작아 지극히 작은 노력으로도 방지할 수 있는 것이라 해도, 잠을 자면서도 정결한 마음을 유지하게 만드시는 것은 전능하신 당신에게는 큰 일이 아니니, 당신은 "우리의 온갖 구하는 것이나 생각하는 것에 더 넘치도록 능히 하실"(엡 3:20) 수 있나이다. 하오나 지금 나는 아직도 이 같은 악에서 완전히 해방되지 못하고 있음을 내 선하신 주께 아뢰오니, 당신이 내게 베푸신 은혜를 인하여는 내가 "떨며 즐거워"(시 2:11)하며, [아직] 온전케 되지 못한 것을 인하여는, 애통함을 금할 수 없나이다. 다만 바라기는, 나에게 당신의 자비를 온전히 베푸사 온전한 평화에 이르게 하소서! "사망이 이김의 삼킨바"(고전 15:54) 될 때, 나의 안과 밖 모든 것이 당신과 함께 평화를 누리리이다.

31. 아직 식욕에서도 완전히 해방되지 못함

(43) 날에는 또 다른 괴로움이 있사오니, 그날에 족하였으면 하나이다.[16] 우리 인생은 실로 당신이 식물과 배를 다 폐하실 때까지,[17] 매일 먹고 마심으로 육신의 쇠잔(衰殘)을 보충하나이다. 그때에 당신은 나의 필요를 신비한 방법으로 채워 주시리니, "이 썩을 것이 불가불 썩지 않을 것을"(고전 15:53) 입을 때니이다.

하오나 지금은 내가 [먹고 마셔야 할] 필요를 오히려 즐거움의 기회로 삼을 때가 있나이다. 나는 이 즐거움에 사로잡히지 않도록 싸우고 있는데, 금식을 통하여 매일같이 싸우며, 무시로 "내 몸을 쳐 복종하게"(고전 9:27) 하나, [금식 후에는 먹고 마시는] 즐거움이 [배고픔과 목마름의] 고통을 쫓아 주나이다. 배고픔과 목마름도 사실상 고통의 일종이니이다. 음식이라는 약으로 빨리 치료해 주지 않는다면, 열병과 같이 몸을 불태워 죽이게 되나이다. 하오나 당신이 우리의 연약함을 돌보시기 위하여 땅과 물과 하늘로 말미암아 베푸시는 각양 은사로 인해, 우리는 이런 약을 손쉽게 구할 수 있나이다. 사람들은 [이렇게 먹고 마셔야 하는] 괴로움을 오히려 즐거움이라 부르나이다.

(44) 당신은 나에게 가르치시기를, 음식을 약으로 여기며 취하라 하셨나이다. 하오나 공복(空腹)의 괴로움에서 포만(飽滿)의 편안함으로 옮겨갈 때, 그 옮겨가는 과정에 욕심이라는 올무가 나를 노리나이다. 이는 옮겨가는 것 자체가 즐거움이 됨이니이다. 옮겨가는 데는 다른 길이 없으니, 필요 때문에라도 그 길을 지나갈 수밖에 없나이다. 그리하여 먹고 마심은 건강을 위함이나, 거기에는 쾌락이라는 위험한 동반자가 따라 다니니, 쾌락이라는 목적이 건강이라는 목적을 앞지르는 일도 아주 많나이다. 그리하여

---

16) 마 6:34 (= "...... 한 날 괴로움은 그 날에 족하니라") 참조.

17) 고전 6:13 (= "식물은 배를 위하고 배는 식물을 위하나, 하나님이 이것 저것 다 폐하시리라") 참조.

건강 때문에 먹고 마신다 말하고, 또 사실 건강 때문에 먹고 마시려 하면서도, 결국에는 쾌락 때문에 먹고 마실 될 때가 많나이다.

하오나 건강과 쾌락은 서로 다른 척도를 가지고 있으니, 이는 건강에는 충분한 것도 쾌락에는 부족하게 느껴질 때가 있음이니이다. 그리고 몸을 돌보는 데 꼭 필요하여 음식을 원하는 것인지, 아니면 식탐(食貪)이라는 거짓된 욕망에 속아 그러는 것인지 분명치 않을 때가 많나이다. 가련한 [내] 영혼은 이같이 불확실한 상황을 좋아하여, 이것을 변명의 기화(奇貨)로 삼으니, 건강에 적당한 양이 얼마인지 확실히 모른다는 것을 다행으로 여기면서, 건강을 핑계로 내세워 식탐을 은폐하나이다. 나는 날마다 이 같은 유혹을 물리치고자 애를 쓰며, 당신의 오른손이 도와주기를 간구하나이다. 내가 이같이 나의 괴로움을 당신께 토로함은, 이 문제에 대한 해결책이 내게 아직 없는 까닭이니이다.

(45) 나는 "과식과 술취함으로 너희 마음을 둔하게 하지 말라!"[18]는 내 하나님의 음성을 듣나이다. 나는 술 취함과는 거리가 머나, 그것이 내게 가까이 오지 못하도록 당신이 자비를 베풀어 주셔야 할 것이니이다. 이는 당신이 허락지 아니하시면 아무도 절제할 수 없기 때문이니이다.[19] 우리가 기도할 때 당신은 많은 것을 주시나이다. 우리가 기도하기 전에 받은 재화(財貨)도 전부 다 당신에게서 받은 것이니이다. 나는 술꾼이 돼 본 적은 전혀 없으나, 술꾼이 당신으로 말미암아 술을 끊는 것을 본 적이 있나이다. 하온즉 술꾼이 돼 본 적이 전혀 없는 자도 당신의 은혜를 힘입었고, 전에는 술꾼이었으나 이제는 술을 끊게 된 자도 당신의 은혜를 힘입었으며, 이 모두가 다 당신의 은혜임을 아는 것 또한 당신의 은혜니이다.

"너는 정욕을 좇지 말고 쾌락을 멀리하라"(집회서 18:30)는 당신의 말씀을 나는 또 들었나이다. 당신의 은혜로 나는 다음과 같은 말씀도 들었으니, 나는 이 말씀을 무척 사랑하나이다.

---

18) 눅 21:34 (= "방탕함과 술 취함과 생활의 염려로 마음이 둔하여지고") 참조.
19) 지혜서 8:21 참조.

제10권 내적인 성찰 *315*

우리가 먹지 아니하여도 부족함이 없고, 먹어도 풍성함이 없으리라.[20]

이것이 말하는 바는 내가 먹는다 해도 풍성해지지 아니하고, 먹지 아니한다 해도 부족해지지 아니한다는 것이니이다. 나는 또 다음과 같은 말씀도 들었나이다.

어떠한 형편에든지 내가 자족하기를 배웠노니, 내가 비천에 처할 줄도 알고 풍부에 처할 줄도 알아, [모든 일에 배부르며, 배고픔과 풍부와 궁핍에도 일체의 비결을 배웠노라.] 내게 능력 주시는 자 안에서 내가 모든 것을 할 수 있느니라.[21]

보소서, 하늘 진영에 속한 군사가 여기 있나이다. 우리는 땅에 속한 군사가 아니니이다. 하오나 주여, "우리가 진토임을"(시 103:14) 기억하소서! 당신은 "흙으로 사람을"(창 2:7) 지으셨으니, 저는 "잃었다가 다시"(눅 15:24) 얻은 바 되었나이다. [바울은] 당신의 영감을 받아, "내게 능력 주시는 자 안에서 내가 모든 것을 할 수 있느니라"(빌 4:13)고 말하였고, 나는 이 말을 좋아하나이다. 하온데 [이 말을 한 바울도] 자기 자신의 힘으로 할 수 있었던 것은 아니었으니, 이는 그 역시 진토였음이니이다. 내게 능력을 주사 나로 할 수 있게 하소서! 당신이 명하시는 것을 주시고, 당신이 원하시는 것을 명하소서! [바울도] 자신의 능력을 당신에게서 받았다 고백하면서, "자랑하는 자는 주 안에서 자랑하라"(고전 1:31) 하였나이다. 나는 또한 어떤 사람이 "식탐을 내게서 제거해 주소서"(집회서 23:6)라고 간구하는 소리를 들었나이다. 거룩하신 나의 하나님, 하온즉 [무엇이] 이루어지라고 당신이 명하사 그것이 이루어지는 것은 분명 당신이 허락하시는 까닭이니이다.

(46) 선하신 아버지여, 당신은 내게 가르치시기를, "깨끗한 자들에게는 모든 것이 다 깨끗하나"(딛 1:15), "거리낌으로 먹는 사람에게는 악하니라"

---

20) 고전 8:8.
21) 빌 4:11-13.

(롬 14:20), 혹은 "하나님의 지으신 모든 것이 선하매 감사함으로 받으면 버릴 것이 없나니"(딤전 4:4) 혹은 "식물은 우리를 하나님 앞에 세우지 못하나니"(고전 8:8), 혹은 "먹고 마시는 것을 인하여 누구든지 폄론하지 못하게 하라"(골 2:16), 혹은 "먹는 자는 먹지 않는 자를 업신여기지 말고, 먹지 못하는 자는 먹는 자를 판단하지 말라"(롬 14:3) 하였나이다. 나의 스승이 되신 나의 하나님, 나로 [이 같은 가르침을] 배우게 하셨으니, 감사와 찬송을 드리나이다. 내 [영혼의] 귀를 두드리는 자시여, 내 심령을 조명해 주시는 분이시여, 나를 온갖 시험에서 건져 주소서! 내가 두려워하는 것은 부정한 음식이 아니라, 부정한 욕심이니이다. 내가 알기로, 노아는 식용으로 사용된 육류는 무엇이든 먹는 것을 허락 받았고,[22] 엘리야는 고기를 먹고 원기를 회복하였으며,[23] 놀라운 절제력을 지녔던 세례 요한은 동물, 곧 메뚜기를 음식 삼았으나[24] 부정하게 되지 않았나이다. 반면에 에서는 [팥죽] 한 그릇 먹을 욕심으로 속임수에 빠졌으며,[25] 다윗은 물을 마시고 싶어했던 자신을 질책하였고,[26] 우리의 임금 [그리스도]는 고기 대신 떡으로 시험을 당했나이다.[27] 하온즉 광야에서 [이스라엘] 백성이 책망을 받은 것은 고기를 원한 까닭이 아니라 [고기를] 먹고 싶은 욕심에 주님을 원망한 까닭이니이다.

(47) 하오니 이 같은 시험에 노출돼 있는 나는 매일 먹고 싶은 욕심, 마시고 싶은 욕심과 싸우고 있는데, 이는 이 같은 욕심은 애욕(愛慾)과는 달라서, 일단 끊고 다시는 번복(飜覆)하지 않겠다는 결심을 할 수가 없음이니이다. 하온즉 나는 입의 고삐를 늦추었다 조였다 하며 알맞게 조절해야 하나이다. 하오나 주여, 필요라는 한계를 조금이라도 넘지 않는 자가 어디 있

---

22) 창 9:2-3 참조.
23) 왕상 17:6 참조.
24) 마 3:4, 막 1:6 참조.
25) 창 25:29-34 참조.
26) 삼하 23:14-17 참조.
27) 마 4:1-4, 눅 4:1-4 참조.

나이까? [그 한계를 넘지 않는 자는 진정] 위대한 자니이다. 저는 당신의 이름을 높여야 할 것이니이다. 하오나 나는 그러한 자가 못 되니, 이는 "나는 죄인"(눅 5:8)임이니이다. 하오나 나도 당신의 이름을 높이니, [이는] 세상을 이기신 자가 나의 죄를 위하여 당신께 간구하사[28] 나를 자기 몸의 연약한 지체 중으로 받아 주셨음이니이다. 당신의 눈은 실로 "내 형질이 이루기 전에"(시 139:16) 보았으며, [나의 모든 것이] 당신의 "책에 다 기록되었나이다"(시 139:16).

32. 좋은 냄새가 주는 시험

(48) 좋은 냄새의 유혹에 나는 그다지 흔들리지 않으니, 없어도 찾지 않고 있어도 싫다 하지 않나이다. [즉] 언제나 향기 없이 지낼 용의가 돼 있나이다. [물론] 내가 이렇게 생각하나, 혹시 내가 스스로 속고 있는지도 모르겠나이다. 이는 내 안에 있는 나의 능력은 안타깝게도 어두움 속에 숨겨져 있어, 내 영혼은 제 힘에 대하여 스스로 물으면서도 스스로 행한 판단을 믿기 어렵다 여기는 까닭이니, 그 이유는 첫째, 자기 안에 있는 것은 대부분 경험에 의해 드러나기 전에는 숨겨져 있기 때문이며, 둘째, "이 땅의 인생살이는 온통 시련"[29]이라 불리는지라, 설혹 나쁜 상황이 변하여 좋은 상황이 되었다 하더라도, 그 좋은 상황이 변하여 나쁜 상황이 되지 않는다고 장담할 자는 아무도 없기 때문이니이다. 우리의 소망은 오직 한 가지, 우리가 믿을 것도 오직 한 가지, 우리에게 주어진 견고한 약속도 오직 한 가지뿐이니, 그것은 당신의 자비하심이니이다.

---

28) 요 16:33, 롬 8:34 참조.

29) 헬라어 구약성경인 『칠십인경』 욥 7:1 참조.

33. 청각에서 오는 시험

(49) 귀의 즐거움은 나를 [이보다] 더 강하게 묶어 복종시키고 있었으나, 당신이 나를 풀어 자유롭게 해 주셨나이다. 이제 당신의 말씀으로 영감을 받아 지은 찬송을 아름답고 훌륭한 솜씨로 부르는 소리를 들으면, 나는 잠시 [마음의] 평안을 누림을 고백하나이다. 하오나 나는 그것에 탐닉하지는 않고, 원하기만 하면 [언제든지] 떨쳐 일어날 수 있나이다. 그럼에도 노래에 생명을 불어넣는 가사(歌辭)가 내 심령 속에 받아들여지면, 그 가사는 내 심령 속에서 상당히 중요한 자리를 차지하고자 하나이다. 하오나 그것에 합당한 자리를 마련해 주기가 쉽지 않나이다. 이는 내가 보니, 그것에 합당한 자리 이상의 것을 내어 줄 때가 종종 있음이니이다. 내가 느끼기에, 거룩한 말씀은 아름다운 찬송으로 부를 때가 그렇지 않을 때보다 우리 영혼을 경건의 불꽃으로 더 거룩하고 더 뜨겁게 타오르게 하나이다. 그리하여 우리 마음이 느끼는 갖가지 감정은 그 종류에 따라 자기에게 알맞는 음악 소리로 표현되어, 내가 알지 못하는 은밀한 친화력으로 우리의 감정을 고양시키나이다. 하오나 내 영혼이 약해져 내 육신의 기쁨에 굴복해서는 안 되는데, 내 육신의 기쁨은 자주 나를 속이나이다. 이때 감정은 이성의 동반자가 되어 잠자코 뒤에서 따라야 하나, 이성으로 말미암아 받아들여진 형편이면서도 오히려 자기가 앞장서 달려가며 이성을 [앞에서] 인도하려 하나이다. 이 경우 나는 알지 못하고 죄를 짓는데, 나중에야 이를 알게 되나이다.

(50) 하오나 나는 이러한 시험을 지나치게 경계한 나머지 너무 엄격해지는 오류를 범할 때가 있으니, 종종 그 정도가 특별하여, 보통 다윗의 시편을 찬송으로 만들어 부르는 아름다운 성가의 가락조차 모두 내 귀에 더 이상 들리지 않기를, 그뿐 아니라 아예 교회에서 완전히 사라지기를 원하기도 하나이다. 이럴 때 나는 알렉산드리아의 감독 아타나시우스가 하던 말을 떠올리면서, 차라리 그의 말을 듣는 것이 확실한 방법이라고 생각하기도 하는데, 그는 시편을 낭송하는 독경사(讀經師)들로 하여금 소리의 장

단, 고저, 강약의 변화를 되도록 작게 하여, 노래한다기보다는 낭독하는 편에 더 가깝게 하도록 하였나이다.

하오나 나는 내가 처음 믿음을 회복하던 때, 당신의 교회 안에 울려 퍼지던 찬송 소리에 눈물을 쏟은 것을 기억하며, 지금도 청아한 음성과 정확한 곡조로 찬송 부르는 소리를 들을 때 내가 감동받는 것은, 소리 자체보다도 그 소리를 통하여 표현되는 내용이니, [교회 안에서 찬송 부르는] 이 관습이 무척 유익함을 깨닫게 되나이다.

그리하여 나는 감각적 즐거움의 위험성과 [찬송의] 유익함에 대한 경험 사이에서 마음이 이리저리 흔들리면서 최종 판단을 내리지 못하고 있으나, 교회 안에서 찬송 부르는 관습을 인정하는 쪽으로 마음이 기울어지고 있으니, 이는 귀의 즐거움으로 말미암아 연약한 심령이 고양되어 경건한 감정에 이르기를 바라는 까닭이니이다. 하오나 내가 만일 찬송의 내용보다는 찬송 부르는 소리에 마음이 더 끌렸다면, 나는 벌 받을 만한 죄를 지은 것이니이다. 내가 이를 고백하나이다. 하온즉 이럴 때 나는 찬송 소리를 듣지 않는 편을 더 바라게 되나이다.

보라, 나의 이 형편을! 속에 선한 마음을 품고, 그로 인해 선한 행위를 하는 자들이여, 너희는 나와 함께 울고, 나를 위하여 울라! 이는, 그렇지 않은 자들은 나의 이 말에 괘념(掛念)하지 않을 것임이라. 하오나 주 나의 하나님, 통촉하시고 감찰[30]하소서! "궁휼히 여기소서...... 나를 고치소서."(시 6:2) 당신의 존전(尊前)에서 내가 나 자신에게 문제 거리가 되었으니, 이것이 바로 나의 병이니이다.

34. 안목의 정욕에서 오는 시험

(51) [이제] 내 육신의 이 눈과 관련된 "안목의 정욕"(요일 2:16)에 대하

---

30) 시 11:4 참조.

여 고백할 일이 남았는데, 당신의 "성전"(고전 3:17; 고후 6:16) 된 자들의 귀, 곧 신실한 형제들의 귀에 이 고백을 들려주어, "탄식하며 하늘로부터 오는 우리 처소로 덧입기를 간절히 사모"(고후 5:2)하는 나를 아직도 괴롭히는 "육신의 정욕"(요일 2:16)에서 오는 시험에 대한 이야기를 마칠까 하나이다.

눈이란 갖가지 아름다운 형상, 아름답게 빛나는 색깔을 좋아하나이다. 하오나 이런 것에 내 영혼이 붙들려서는 안 될지니, 오히려 이 모든 것을 "심히"(창 1:31) 선하게 창조하신 하나님께 붙들려야 할지니이다. 하나님이 나의 선(善)이요, 이것들이 아니니이다. 하오나 이것들은 날마다 내가 눈을 뜨고 있으면 하루 종일 내 앞에 알찐거리며 나를 성가시게 하니, 이것들이 노랫소리와 다른 것은, 노랫소리는 조용할 때는 들리지 않음이니이다. 이는 색채를 다스리는 이 빛은 우리가 바라보는 것은 무엇이든 비추어, 낮에는 내가 어디에 있든지 여러 가지 모양으로 내 앞에 나타나, 내가 다른 일에 열중하여 저에게 관심을 두지 않을 때에도 나를 시험함이니이다. 저의 영향력은 어찌나 큰지, 저가 갑자기 사라지면 보고 싶어 찾게 되고, 오래 안 보이면 마음이 침울해지나이다.

(52) 오 빛이여! 눈먼 도비아[31]가 아들에게 생명의 길을 가르칠 때[32] 보았던 빛이시여! 그는 사랑의 발걸음으로 그 길을 아들보다 앞서 걸어갔으며, 결코 어그러짐이 없었나이다. 혹은 이삭이 보았던 빛이여! 그는 나이로 인해 육신의 눈이 흐려지고 시력이 없어져, 두 아들을 분간하지 못하고 축복하였으나, 축복하는 도중에 그들을 분간하는 은사를 받았으니, 그때 그는 이 빛을 보았나이다.[33] 혹은 야곱이 보았던 빛이여! 그는 나이가 아주 많아 눈이 어두워졌으나 심령의 눈은 밝아, 그의 자손들로부터 장차 한 민족이 형성된다는 사실을 미리 볼 수 있었나이다. 그는 요셉의 소생인 그의

---

31) 구약외경 『도비아서』의 주인공.

32) 도비아서 4:1 이하 참조.

33) 창 27:1-28:5 참조.

손자들을 축복할 때 신비하게도 팔을 어긋맞게 얹었으니, 요셉이 이를 보고 고쳐 주려 했으나 허락지 아니했나이다. 이는 그때 요셉은 외적으로만 보았으나, 야곱은 내적으로 보고 분간할 수 있었음이니이다. 이 빛이야말로 [참된] 빛이니이다. 이 빛이야말로 유일하게 [참된] 빛이니, 이 빛을 보고 사랑하는 자들은 모두 하나가 되나이다.

반면, 아까 내가 말한 육적인 빛은 세상을 맹목적으로 사랑하는 자들의 삶을 달콤하게는 만드나, 그 달콤함은 그들을 위험에 빠지게 시험하는 것이니이다. 하오나 "만유의 창조자 하나님"[34]이시여, 이 육적인 빛으로 인하여 당신을 찬송할 수 있는 자들은 육적인 빛에 도취(陶醉)되지 아니하고, 도리어 그 빛을 당신을 향한 찬송 속으로 취하여 들이니, 나도 이같이 되기를 원하나이다.[35] [그러므로] 나는 당신의 길을 걷다가, 내 발이 안목의 정욕에서 오는 시험에 걸려 넘어지지 않도록 그 시험에 대항해 싸우고 있으며, 심령의 눈을 당신께로 향하여 드오니, 이는 당신이 "내 발을 그물에서 벗어나게"(시 25:15) 해 주시기를 바람이니이다. [사실] 내 발이 그물에 걸릴 때마다 당신은 벗어나게 해 주시나이다. 나는 도처에 널려 있는 함정에 빠지기 일쑤라. 그때마다 당신은 계속 벗어나게 해 주시나이다. 이는 "이스라엘을 지키시는 자는 졸지도 아니하고 주무시지도"(시 121:4) 아니하심이니이다.

(53) 사람들은 안목의 정욕을 위해 갖은 기술과 재능을 동원하여 얼마나 많은 물건을 만들어 내는지요! 즉 의복, 신발, 도자기, 온갖 공예품이며 그림, 갖가지 조각품 등이오니, 이것들은 필요하고 적절한 수준을 지나치게 많이 초과할 때가 많고, 신앙생활에도 아무 도움이 되지 않나이다. 그러므로 사람들은 겉으로는 자기들이 만들어 놓은 물건을 좇아가며 살고, 안으로는 자기들을 만드신 분을 버리며, 또한 자기들 안에 창조된 [하나님의 형상을] 파괴시키고 있나이다.

---

34) 암브로시우스가 지은 찬송가 *Deus creator omnium*의 첫 행. 제9권 12장 참조.
35) 어거스틴에 있어서는 하나님만이 향유(享有, frui)의 대상이므로, 아름다운 빛이나 소리는 사용(使用, uti)의 대상에 불과하다.

나의 아름다움이 되신 나의 하나님, 하오나 나는 이것들을 인하여 당신께 찬송 드리며, 나를 거룩하게 하신 자를 위하여 찬양의 제사를 올리오니, 이는 영혼으로 말미암아 재주 많은 손을 통해 만들어진 아름다운 물건들은 실상 영혼 위에 존재하는, [최고의] 아름다움에서 오는 까닭이니이다. 내 영혼은 이 아름다움을 사모하여 밤낮 탄식하나이다. 하오나 외적인 아름다움을 만들어 내거나 추구하는 자들은 바로 거기서[=이 최고의 아름다움에서] 판단 기준을 찾나이다. 그럼에도 저들은 거기서 사용 기준은 찾지 않나이다. 사용의 기준이 거기 있어, 저들로 하여금 그 기준에서 멀리 벗어나지 못하게 해 주나, 저들은 그것을 보지 못하나이다. 그리하여 저들은 저들의 힘을 당신을 위해 비축하지 못하고, 쾌락을 추구하는 데 탕진하여 곤고함을 자초하나이다.

하오나 이같이 말하고 분별하는 나 자신도 외적인 아름다움에 발이 걸려 넘어지는 때가 있으니 주여, 당신이 나를 그 올무에서 풀어 주시나이다. 당신이 풀어 주심은, "주의 인자하심이 내 목전에"(시 26:3) 있음이니이다. 이는 내가 발이 걸려 가련하게 붙잡혀 있으면, 당신은 가련히 여기사 풀어 주시는 까닭이니이다. 때로 나는 그것을 느끼지 못하니, 이는 내 발이 살짝 걸려 있었던 까닭이며, 때로 나는 아픔을 느끼니, 이는 내 발이 아주 세게 걸려 있었던 까닭이니이다.

35. 호기심 때문에 오는 시험

(54) 여기에 다른 모양의 시험이 더하여지니, 이것이 훨씬 더 무서운 시험이니이다. 실로 "육신의 정욕"(요일 2:16)은 모든 감각적 즐거움과 쾌락을 추구하는 것으로, 이 같은 정욕의 노예가 되는 자들은 당신을 멀리 떠나 망하게 되나, [이 같은 정욕보다 훨씬 더 위험한 것은] 지식과 학문이라는 미명 하에 추구하는 헛된 호기심이니, 이것은 영혼 속에 자리잡은 일종의 욕구(欲求)로서, 육신의 쾌락을 추구하는 것은 아니나, 육신의 감각을 매개

로 하여 무엇을 알고자 하는 것이니이다. 호기심은 알고자 하는 욕구에 바탕을 두고 있으며, 여러 감관 중에서 알고자 하는 욕구를 가장 잘 충족시켜 주는 것은 눈인 까닭에 하나님의 말씀인 성경은 "안목의 정욕"이라는 이야기를 하나이다.

보는 것은 실로 눈의 원래 기능이니이다. 하오나 다른 감관을 인식하는 데 사용하는 경우에도 '본다' 라는 말을 사용할 수가 있나이다. 하온데 우리는 "무엇이 반짝이는지 들으라!", "얼마나 찬란한지 냄새 맡으라!", "얼마나 빛나는지 맛을 보라!", "얼마나 눈부신지 만지라!"는 말을 하지 않고, 이 모든 일에 대하여는 '본다' 는 말을 사용하나이다. 그리하여 눈으로만 지각(知覺)이 가능한 것에 대해서는 "무슨 빛이 나는지 보라!"고 하나이다. 그러면서도 "무슨 소리가 나는지 보라!", "무슨 냄새가 나는지 보라!", "무슨 맛이 나는지 보라!", "얼마나 단단한지 보라!"라고 말하나이다.

하온즉 앞에서 아뢴 것같이, 감각적 경험을 모두 '안목의 정욕' 이라고 부를 수 있나이다. 이는, 보는 일은 원래 그리고 일차적으로 눈의 사명이나, 다른 감관이 무엇을 알고자 나설 때에는 유비적(類比的)으로 '본다' 는 말을 적용할 수 있는 까닭이니이다.

(55) 하온데 여기에서 감관을 통해 추구되는 쾌락과 호기심의 차이가 명확히 구별되니, 쾌락은 아름다운 것, 듣기 좋은 것, 향기로운 것, 맛있는 것, 부드러운 것을 추구하는 반면, 호기심은 이와 정반대되는 것이라도 [한번] 시험해 보고자 하는 욕심 때문에 추구하나이다. 물론 그것은 힘든 일을 견디어 보자는 데 목적이 있는 것이 아니라, [새로운 것을] 경험하고 알아보자는 데에 목적이 있나이다.

가령 갈기갈기 찢긴 시체를 보는 것이 무슨 쾌락이 되리이까? [오히려] 소름끼칠 일이 아니니이까? 그럼에도 [그런 시체가] 놓여 있는 곳이면 그곳이 어디이든지 사람들은 [그리로] 몰려가 슬퍼하기도 하고, [경악하여] 창백해지기도 하나이다. 그들은 [그런 광경을] 꿈에 볼까 두려워하면서도, 누가 그들을 강제로 끌고 가 보게라도 한 것처럼, 혹은 아름다운 것이 있다는 [거짓된] 소문에 미혹되기라도 한 것처럼 달려가 보나이다.

이 같은 일은 다른 감관에 있어서도 마찬가지이니, 이를 다 아뢰는 것은 장황한 일이니이다. 이 호기심이라는 병으로 말미암아 극장에서 온갖 기이한 것이 상연되나이다. 이 호기심으로 말미암아 사람들은 우리 외부에 존재하는 자연의 신비를 궁구하러 나서나이다. 그것을 안다 하여 아무 도움이 되지 않으나, 단지 알고자 하는 욕심 때문에 그렇게 하나이다. 사람들이 마술을 통하여 잘못된 지식을 추구하는 것도 이 같은 호기심으로 말미암은 것이니이다. 이 같은 호기심은 심지어 종교생활에도 영향을 미쳐, 사람들은 기사(奇事)와 이적(異蹟)을 보여 달라고 하나님을 시험하니, 그들이 이렇게 함은 [영혼의] 구원에 목적이 있는 것이 아니라, 오직 [신기한 일을] 체험해 보고자 하는 욕심을 채우는 데 있나이다.

(56) "내 구원의 하나님"(시 18:46)이여, 보소서! 이같이 무서운 함정이 도처에 널려 있는 이 광막(廣漠)한 숲 속에서, 나는 당신이 내게 주시는 은혜로 말미암아 많은 것을 잘라내어 내 마음속에서 몰아내었나이다. 하오나 우리의 일상생활에서 [아직도] 이런 종류의 시험이 이처럼 많이 우리 주변 도처에 도사리고 있사오니, 이 같은 것을 거들떠볼 생각이 전혀 없고, 이 같은 것을 탐하는 헛된 욕심이 아주 없다고 어찌 감히 아뢸 수 있으리이까? 그 같은 말을 어찌 감히 아뢸 수 있으리이까?

물론, 극장이 더 이상 내 마음을 사로잡지는 못하나이다. 별의 운행을 아는 일, [곧 점성술]에도 나는 관심이 없나이다. 내 영혼은 귀신의 대답을 구하는 일, [곧 초혼술]에도 현혹되지 않나이다. 나는 신성모독적인 의식(儀式)은 모두 가증히 여기나이다. 주 나의 하나님, 나는 당신을 겸손하고 순전하게 섬겨야 하는데, 원수 [마귀]는 온갖 술수를 동원하여 나를 시험하여 이르기를, 당신께 "표적을"(마 16:4) 구해 보라 하나이다. 하오나 나는 나의 임금 [그리스도]로 말미암아, 그리고 순전하고 깨끗한 [우리] 본향 예루살렘으로 말미암아 당신께 간구하니, 내가 지금도 그러한 시험에 넘어가지 않고 있는 것처럼, 앞으로도 절대 그러한 시험에 넘어가지 않도록 해 주소서! 하오나 내가 다른 사람의 구원을 위하여 당신께 구할 때는 나의 추구하는 목적이 아주 다르오니, 이럴 때 당신은 당신이 원하시는 것을 행하시면서도 내게 은혜를 베푸사, 나로 하여금 당신의 뜻을 기쁨으로 청종케 하시나이다.

(57) 하오나, 호기심으로 인해 우리는 매일같이 수많은 사소하고 하찮은 일에 시험을 받아 넘어지는 때가 많으니, 누가 그것을 헤아리겠나이까? 사람들이 허망한 말을 할 때, 처음에는 [믿음이] 약한 자들의 기분을 상하게 하지 않아야 한다는 이유로 마지못해 참고 듣는 듯하나, 나중에는 점차 그런 말에 귀가 솔깃해지는 때가 얼마나 많나이까? 개가 토끼를 쫓는 구경하러 원형극장에 가는 일을 나는 지금은 하지 않나이다. 하오나, 들판 길을 지나가다 우연히 그런 일을 보게 되면, 나는 중요한 것을 생각하다가도 필시 마음을 그리로 향하게 되어, [전에 내가 보았던] 사냥 장면을 마음에 떠올리게 될 것이니이다. [그렇다 하여] 내가 타고 가던 나귀의 머리를 그리로 돌리지는 않겠으나 마음은 그리로 향하게 되니, 만약 당신께서 나의 약함을 즉시 깨우쳐 주지 않으시면, 그리하여 내가 그 광경을 본 것이 무슨 의미인지 깊이 묵상함으로 말미암아 당신께로 내 마음을 높이 올리지 못한다면, 혹은 그 광경을 완전히 무시하고 지나가지 않는다면, 나는 허망한 것을 생각하는 우준(愚蠢)한 자가 될 것이니이다.

내가 간혹 집에 앉아 도마뱀이 파리를 잡는 것이나, 거미가 거미줄에 걸린 파리를 거미줄로 휘감는 것을 흥미롭게 지켜볼 때는 어떠하나이까? 비록 저들이 작은 동물에 불과할지라도, 결과는 마찬가지가 아니니이까? 나는 이 같은 광경을 보고, 만물을 오묘하게 창조하시고 정돈하시는 당신을 찬양하는 데까지 나아가기는 하오나, 처음부터 그런 생각으로 그 광경을 지켜본 것은 아니니이다. [넘어졌다] 빨리 일어나는 것과 [처음부터] 넘어지지 않는 것은 차이가 있나이다.

나의 생활에는 실로 이런 일이 너무 자주 일어나나이다. 하온즉 나의 유일한 소망은 당신의 크나큰 자비뿐이니이다. 우리 심령이 이런 것들을 받아들이는 창고가 되어, 허접 쓰레기 더미로 가득 차 있을 때, 이로 인해 마음이 요동되어 우리의 기도가 방해를 받는 때가 많으니, 우리가 당신의 귀에 우리 심령의 소리를 올릴 때에도 어디로부터인지는 모르나, 쓸데없는 생각들이 몰아닥쳐 아주 중요한 기도가 단절되고 마나이다.

36. 교만과 칭찬받고자 하는 욕심에서 오는 시험

(58) 우리가 이것도 하찮은 일로 치부해야 하리이까? 당신의 자비하심을 몰랐다면 우리에게 무슨 소망이 있었겠나이까? 이는 당신이 우리를 변화시키기 시작하셨음이라. 당신이 우리를 얼마나 변화시켜 주셨는지 당신은 아시니, 당신은 먼저 나로 하여금 나 자신을 변명하려는 욕망에서 벗어나게 해 주셨고, 내 "모든 죄악을"(시 103:3) 사해 주셨나이다. 당신은 내 "모든 병을"(시 103:3) 고쳐 주셨고, 내 "생명을 파멸에서 구속하시고 인자와 긍휼로 관을 씌우시며 좋은 것으로"(시 103:4-5) 내 "소원을 만족케"(시 103:5) 하셨나이다. 당신은 내게 당신을 경외하는 마음을 주사 나의 교만을 꺾으셨고, 내 목을 길들여 당신의 멍에를 메게 하셨나이다. 지금 나는 그 멍에를 메고 있으나 그것은 내게 가벼우니, 이는, 당신께서 그렇게 약속하셨고 또한 그렇게 만들어 주셨음이니이다.[36] 그 멍에는 본시 가벼운 것이었으나, 나는 이전에 그것을 알지 못하여 그 멍에 지기를 두려워하였나이다.

(59) 하오나 주여, 오직 당신만은 교만함이 없이 다스리시니, 이는 "주만 여호와"(사 37:20)이심이니이다. 당신 외에는 참된 주가 없나이다. 하오면 주여, 이 세 번째 종류의 시험이 진정 내게서 떠나갔나이까? 이 같은 시험이 내 일생 동안 진정 다시는 찾아오지 않겠나이까? 내가 사람들의 두려움의 대상이 되고 동시에 사랑의 대상까지 되기를 원함은 그로 인해 기쁨을 얻고자 함이나, 그것이 어찌 참된 기쁨이 되리이까? 그것은 가련한 삶이요, 추악한 교만으로 얼룩진 삶이니이다. 당신을 사랑하지도, 당신을 순전한 마음으로 두려워하지도 않는 것은 대개 이에서 비롯되니, 하온즉 주께서는 "교만한 자를 대적하시되 겸손한 자들에게는 은혜를"(벧전 5:5) 주시며, 세상의 허욕(虛慾)에 "뇌성을"(시 18:13) 발하시니, "산의 터도 요동"(시 18:7)하나이다.

하오나 인간 사회에는 직분(職分)이 있기 마련이라. 이런 까닭에 우리가

---

[36] 마 11:30 참조.

사람들의 사랑과 두려움의 대상이 되는 것은 불가피하나이다. 하오나 우리의 참된 행복을 바라지 않는 원수 [마귀]는 이를 기화(奇貨)로 우리에게 다가와, "대단히 훌륭하다" 칭찬하며 사방에 덫을 깔아 놓나이다. 그리하여 우리는 칭찬받을 욕심에 눈이 어두워, 자신도 모르게 그 덫에 걸려드나이다. 우리가 당신의 진리에서 기쁨을 구하기보다는 사람들이 만들어 놓은 거짓된 것에서 기쁨을 얻으려 하는 것은 이런 까닭이니이다. 그리하여 우리는 '당신 까닭에' 사람들의 사랑과 두려움의 대상이 되기보다는, 사람들이 우리를 '당신 대신' 사랑하는 것, 두려워하는 것을 더 좋아하게 되나이다. [원수 마귀는] 이 같은 방법으로 우리를 자기와 비슷한 자로 만들어 그의 소유로 삼나이다. 그리하여 우리는 참 사랑의 연합에 가입하기보다는, 함께 벌을 받는 자들과 분깃을 나누게 되나이다. [원수 마귀는] 북녘에 자기의 보좌를 차리기로 작정하고, 당신을 사악하고 그릇된 방법으로 모방하면서, 우리로 하여금 어두움 속에서 추위에 떨며 저를 섬기게 만들고 있나이다.

하오나 주여, 보소서! 우리는 당신의 "적은 무리"(눅 12:32)오니, 우리를 당신의 소유 삼아 주소서! 당신의 날개를 펴사 우리로 그 아래 숨게 하소서! 당신이 우리의 영광되어 주소서! 당신 때문에 우리가 사랑을 받게 하시고, [사람들이 우리 자신보다도] 우리 안에 있는 당신의 말씀을 더 두려워하게 하소서! 당신의 책망을 받으면서 사람들의 칭찬을 받기 원하는 자는, 당신이 심판하실 때 사람들의 변호를 받지 못할 것이며, 당신이 정죄하실 때 구원을 받지 못할 것이니이다.

하온데 죄인은 그 마음의 소욕(所欲)대로 칭찬을 받지 못하며 행악자는 축복을 받지 못하니, 사람이 칭찬을 받는 것은 당신이 저에게 주신 은사 때문이니이다. 하온즉 저가 은사 받은 것을 기뻐하기보다는 칭찬받는 것을 더 기뻐한다면, 저는 [사람들의] 칭찬은 받을 수 있으나 당신에게서는 책망을 받을 것이니, 이런 경우 칭찬을 한 사람이 칭찬을 받은 사람보다 더 낫다고 할 수 있나이다. 이는 칭찬한 자는 사람이 받은 하나님의 은사 때문에 기뻐하는 반면, 칭찬 받는 자는 하나님의 은사보다는 사람의 칭찬을 더 기뻐하는 까닭이니이다.

37. 칭찬을 받고서 기뻐해도 되는 경우는?

(60) 주여, 우리는 매일 이 같은 시험으로 시험당하고 있사오니, 시험이 끊일 날 없나이다. 우리를 매일 연단하는 풀무불은 사람의 혀니이다. 당신은 이 같은 것에 대하여 절제를 명하시나이다. 하오니 당신이 명하시는 것을 주시고, 당신이 원하시는 것을 명하소서! 이 같은 일로 인하여 "나의 탄식이 주의 앞에"(시 38:9) 있음과 내 눈에 눈물이 강물같이 흐름을 당신은 아시나이다. 나로서는 내가 이 같은 질병에서 어느 정도 깨끗이 나음을 입었는지 알기 어려우니, 당신은 잘 아시나 나는 잘 알지 못하는 나의 "숨은 허물"(시 19:12)을 나는 심히 두려워하나이다. 이는 다른 종류의 시험에 대하여는 어느 정도 궁구할 능력이 내게 있으나, 이 같은 시험에 대하여는 그럴 능력이 별로 없음이니이다. 실로 육신의 정욕이나 무엇을 알고자 하는 헛된 호기심에 대하여는, 의도적이든 의도적이 아니든 육욕이나 호기심의 대상이 없는 상황에 한번 처해 봄으로써 내가 내 영혼을 어느 정도 제어할 수 있는지 알아낼 수가 있나이다. 이는 이 경우 나는 그 같은 것이 없을 때 내가 어느 정도 힘들어하는지를 자문해 볼 수 있기 때문이니이다.

이 세 가지 욕심 중에서 어느 한 가지나 두 가지, 혹은 세 가지 모두를 충족시킬 목적으로 재물을 추구하는 경우에도, 영혼이 이것을 소유하고도 그 소유에 초연할 수 있는지를 명확히 알 수 없다면, 일단 그 소유를 포기해 봄으로 자신을 시험해 볼 수 있나이다.

하오나 칭찬을 받지 못하는 상황에서 우리가 어찌 되는지 알아보기 위하여 우리가 짐짓 악한 생활을 해야 하나이까? 우리만 보면 누구든지 혐오감을 느끼지 않을 수 없도록, 우리가 그 정도로 사악하고 타락한 생활을 해야 하나이까? [하오나] 이보다 더 어리석은 말, 어리석은 생각이 또 어디에 있겠나이까? 하온데 선한 삶과 선한 행위에는 보통 칭찬이 따라오고 또 따라와야 마땅하니, 선한 삶이나 이에 따라오는 칭찬이나 어느 것도 버릴 수가 없나이다. 하오나 무엇이 없어도 내 마음이 평정(平靜)한지, 아니면 상하는지를 느껴 보려면 그것이 한 번 없어 보아야 하나이다.

(61) 하오면 주여, 내가 이 같은 종류의 시험에 대하여 당신께 무엇을 고백해야 하리이까? 칭찬을 받으면 기쁘다는 것 외에 무엇을 내가 더 고백해야 하리이까? 하오나 칭찬보다는 진리가 훨씬 더 좋은 것은 사실이니이다. 하온즉 "허둥대며 모든 일에 실수를 하면서도 사람들의 칭찬을 받는 것이 좋으냐? 아니면, 사람들의 비난을 받으면서도 진리에 굳게 서서 확신 있게 사는 것이 좋으냐?"는 질문을 내가 받는다면, 내가 무엇을 선택해야 할지 분명하나이다. 하오나 나에게 어떤 좋은 점이 있어, 그에 대해 다른 사람이 칭찬을 해 준다 해도, 그로 인해 내 기쁨이 커지지 않기를 바라나이다. 단지 내가 고백하기는, 사람들이 나를 칭찬해 주면 내 기쁨은 증가하고, 비난하면 감소한다는 것이니이다.

나의 이 같은 비참한 형편으로 인해 내 마음이 산란해질 때, 핑계 거리 한 가지가 생각나니, 하나님, 당신은 그것의 성격을 잘 아시나이다. 하오나 나는 그것의 성격을 잘 알지 못하겠나이다. 당신은 실로 우리에게 절제뿐 아니라 의(義)도 명하셨는데, 절제는, 무엇을 사랑하지 말아야 할 것인지에 관계하며, 의는 무엇을 사랑할 것인지에 관계하나이다. 당신이 우리에게 원하시는 것은, 우리가 당신을 사랑할 뿐 아니라 이웃도 사랑하는 것이니이다. 그리하여 내 이웃 가운데서 이해력이 좋은 자가 나를 칭찬해 주면, 나는 그의 지적 능력과 발전 가능성을 생각하며 기뻐할 때가 많고, 반대로 이해력이 없는 자가 자기도 모르는 내용을 가지고 비판하거나 올바른 내용을 가지고 올바르지 않다고 말하는 것을 들으면, 나는 그의 그릇됨으로 인하여 마음이 상하게 되나이다.

물론 [다른 사람의] 칭찬을 받고도 내 마음이 상할 때가 있으니, 곧 나 자신도 좋아하지 않는 나의 [잘못된] 성질을 남이 칭찬해 주거나, 약간 좋은 성질이라 해도 필요 이상으로 과도하게 칭찬해 줄 때, 그러하나이다. 하오나 다시 [생각해 보면,] 나를 칭찬해 주는 자의 나에 대한 평가가 나 자신의 나에 대한 평가와 다르지 않도록 이다지 마음을 쓰는 것은 대체 어디서 연유하는지 알 수 없나이다. 내가 이다지 마음을 쓰는 것은, 나를 칭찬해 주는 자의 유익을 위한 것이 아니라 나의 좋은 점이 내 마음에 들 뿐 아니라,

다른 사람의 마음에도 들 때 내 마음이 더 기뻐지기 때문이 아니니이까? 사실, 나 자신에 대한 나의 평가를 다른 사람이 수긍하지 않는다면, 그것은 어떤 의미에서 나 자신이 칭찬 받지 못하는 것과 같나이다. 곧 나 자신도 좋아하지 않는 나의 [잘못된] 성질을 남이 칭찬해 주거나, [약간 좋은 성질이라 해도] 나 자신이 평가하는 이상으로 과도하게 칭찬해 주면, 그것은 올바른 칭찬이라 할 수 없나이다. 하오면 이 문제에 대하여도 무엇이 옳은지 잘 알지 못하겠나이다.

(62) 진리 [되신 하나님], 보소서! 내가 당신 안에서 깨달은 바는, 내가 칭찬을 받고, 기쁜 마음을 가져도 되는 때는 나 자신을 위하여가 아니라, 내 이웃의 유익을 위하여 도움이 될 때라는 사실이니이다. 하오나 내가 진정 그러한 사람인지는 잘 모르겠나이다. 나의 형편에 대하여는 나 자신보다 당신이 더 잘 아시나이다. 나의 하나님이여, 내가 당신께 간구하오니, 나 자신을 내게 보여 주소서! 그리하여 장차 나를 위하여 기도하게 될 나의 형제들에게 나의 연약함을 고백하게 하옵소서! 나는 다시 한 번 나 자신을 좀더 세밀하게 성찰하려 하나이다. 내가 칭찬을 받을 때 진정 이웃의 유익을 위하여 내가 기뻐한다면, 다른 사람이 억울하게 폄론을 당할 때 나 자신이 억울하게 폄론을 당할 때보다 내 마음이 덜 동요하게 되나이까? 내가 어떤 친구와 똑같은 잘못을 저질러, 사람들의 비난을 받을 수 있나이다. 그때 그 친구가 비난을 받을 때보다 나 자신이 비난을 받을 때 마음이 더 아픈 것은 어찜이니이까? 이것마저 내가 모른다 하리이? 혹시 아직도 내가 당신 앞에서 나 자신을 속이며, 내 심령과 혀로 진실을 토로하지 않는 것이니이까? 주여, 이런 우매함을 내게서 멀리 만들어 주소서! 내 입이 죄인의 기름 같이 되어, 내 머리만 번드르르 바르지 않게 하소서!

38. 헛된 영광을 무시하는 데서 오는 시험

(63) "나는 가난하고 궁핍"하나이다(시 109:22). 하오나 나의 결점이 고

처짐으로써 내가 온전케 되어, 거만한 자의 눈에는 보이지 않는 평화에 이르기까지, 내가 나 자신에 대하여 불만을 느끼는 중에 남몰래 한숨지으며 당신의 자비를 구하면, 좀더 나은 자가 될 것이라. 하온데, [사람들의] 입에서 나오는[나에 대한] 말과, 사람들이 나의 행동에 대하여 알고 있는 바에 [내가 마음을 쓴다면, 나는 칭찬과 관련하여] 무섭기 그지없는 시험을 받게 되나이다. [실로] 칭찬받기 좋아하는 자는 자기 자신의 영광을 내세우기 위하여, 이리저리 칭찬을 [거지처럼] 구걸하며 다니나이다. [이같이 나는 칭찬을 좋아하는 까닭에] 내가 속으로 나 자신을 꾸짖을 때에도, 꾸짖는 바로 그것을 통하여 나는 시험을 받으니, 흔히 사람은 헛된 영광을 무시하는 중에 더 헛된 영광을 추구하나이다. 하온즉 결국 [헛된] 영광을 무시하는 때에도, 자기가 [헛된] 영광을 무시한다고 자랑하면, 그것은 진정으로 [헛된] 영광을 무시하는 것이 되지 않으니, 이는 자랑함은 영광을 무시함이 아닌 까닭이니이다.

39. 자기의 기분만을 생각하는 데서 오는 시험

(64) [우리] 속 깊은 곳, [아주] 깊은 곳으로 이와 비슷한 종류의 시험이 또 밀려오고 있으니, [이 시험은] 다른 사람이야 좋아하든 말든 다른 사람의 기분은 전혀 고려하지 않고, 자기만 좋으면 그만이라는 허망한 생각에 빠진 사람들이 빠지는 시험이니이다. 하오나 자기의 기분만을 생각하는 자들은 당신의 기뻐하심을 받을 수가 전혀 없으니, 이는 저들이 재화(財貨) 아닌 것을 재화인 양 생각할 뿐 아니라, 당신이 만드신 재화를 자기의 것인 양 생각하든지, 아니면 당신의 재화가 당신 것인 줄 알면서도 자기 자신의 공로로 얻은 양 생각하든지, 아니면 당신의 은혜로 받은 줄을 알면서도, [다른 사람들과] 함께 기뻐하지 못하고, 당신이 다른 사람들에게 주신 은혜를 시기하는 까닭이니이다.

이와 같은 갖가지 시험과 고통 속에서 나의 심령이 떨고 있음을 당신은 보고 계시니, 나는 내가 더 이상 매맞지 않기를 원하지 않고, 도리어 나의 상처가 당신에 의해 치유되기를 원하나이다.

40. 하나님이 계신 높은 곳을 향해 올라가기 원함

(65) 진리 [되신 하나님], 당신은 어디인들 나와 동행하지 않으신 적이 있나이까? 내가 이 낮은 곳에서 보았던 것을 내 힘자라는 범위 내에서 당신께 아뢰고 당신의 뜻을 여쭈었을 때, 당신은 내가 무엇을 조심해야 할지, 무엇을 구해야 할지 가르쳐 주시지 않았나이까?

나는 내 힘자라는 범위 내에서 외적인 세계를 감관을 통해 두루 살피고, 내 육신의 생명과 나의 여러 감관들에 대하여도 깊이 생각해 보았나이다. 그리고는 내 기억이라는 은밀한 곳으로 들어가 보았는데, 그곳의 수많은 방들 속에는 "기이"(욥 2:26)하게도 셀 수 없이 많은 것들이 가득하였나이다. 나는 이를 보고 너무나 놀랐으나, 당신 없이는 그것들 중 어느 것도 분간할 수 없었나이다. 나는 또한 그것들 중 아무것도 당신이 아님을 깨달았나이다.

이것을 깨달은 나는 모든 것을 두루 살피며 그것들을 구별해 보고, 그것들의 가치를 평가해 보았나이다. 그것들 중 어떤 것은, 감관이 전달해 준 것을 통하여 받아들인 것, 아니면, 감관에게 캐물어 본 것이며, 어떤 것은 나 자신과 완전히 뒤섞여 있음을 알게 된 것으로, 후자(後者)와 관련하여 나는 감관 자체를 구별하여 그 수를 헤아려 보기도 하였나이다. 그리고는 기억이라는 거대한 보물 창고로 들어가, [그 속에 간직돼 있는 것 가운데] 어떤 것은 살펴보고, 어떤 것은 다시 간직해 두고, 어떤 것은 꺼내 보기도 하였나이다. 하오나 나는, 이런 일을 행하는 나는 당신이 아니었으며, 이런 일을 행하는 나의 힘도 당신은 아니었으니, 이는 당신은 영원한 빛이심이니이다. 나는 당신에게 이 모든 것들에 대하여 이들이 진정 존재하는 것인지, 이들의 본질이 무엇인지, 이들의 가치가 얼마나 되는지 여쭈어 보았으며, 그때마다 가르치시며 명령하시는 당신의 음성을 들을 수 있었나이다. 이것은 지금도 내가 종종 하는 일로서, 나의 내 낙(樂)이니이다. 꼭 해야 될 일을 마치고 쉴 수 있을 때마다, 나는 물러나 이 낙을 찾나이다. 하오나 내가 당신께 물으면 두루 살피는 이 모든 것 속에서는, 내 영혼이 안연(晏然)히 거할 수 있는 곳을 찾을 수 없으니, [내 영혼의 안식처는] 오직 당신 안에만 있나이다. 당신 안에서는 나의 흩어진 것들이 모아지니, 나의 지체 중 어떠한 것도 당신에게서 멀어질 수 없나이다. 하온데 때로 당신은 나로 하여금 아주 특별한 경험을 하게 하시니, 곧 내가 내 속으로 들어가 말로 형용할 수 없는 기쁨을 맛보게 하시나이다. 이 기쁨이 내 속에서 온전케 된다면, 정확히 알 수는 없으나 정녕 이 세상의 기쁨은 아닐 것이니이다. 하오나 나는 나 자신의 고된 짐에 눌려 일상(日常) 속으로 다시 떨어져 내려와 거기에 붙들리게 되니, 그러면 아무리 울부짖어 보아도 속박된 상태에서 벗어나기란 너무 어려운 일이나이다. 습관의 위력은 이다지도 크나이다. 나는 아무리 싫어도 이 같은 상태에 머물러 있을 수밖에 없나이다. 온전한 기쁨을 맛볼 수 있는 곳에 머무르기를 아무리 소원해도 그 소원은 이룰 수 없으니, 나는 참으로 곤고한 자니이다.

41. 하나님과 거짓은 공존할 수 없음

(66) 그러기에 나는 내 죄악의 병폐를 세 가지 정욕에 비추어 살펴보았으며, 당신의 오른손이 나를 구원해 주시도록 간구하였나이다. 나는 실로 상한 마음으로 당신의 빛을 바라보았으나 눈이 부셔 뒤로 물러나 이렇게 아뢰었나이다.

누가 거기에 이를 수 있으리이까?
내가 "주의 목전에서 끊어졌나이다"(시 31:22).

당신은 진리시니이다. 모든 것을 다스리시나이다. 하온데 나는 탐욕으로 인해 당신을 잃고 싶지 않았으니, 당신과 함께 거짓도 동시에 소유하고자 했나이다. 하오나 아무리 거짓을 말하는 자라도 참이 무엇인지 잊어버릴 정도로 거짓을 말하지는 아니다. 하온즉 내가 당신을 잃어버린 것은, 내가 당신을 거짓과 함께 소유하는 것을 당신이 허락지 않으셨음이니이다.

42. 사단은 거짓된 중보자

(67) 나를 당신과 화목케 해 줄 자를 어디서 찾을 수 있으리이까? 내가 천사들을 찾아가야 하리이까? 무슨 기도를 올려야 하리이까? 무슨 예식에 참예해야 하리이까? 내가 듣기로, 많은 자들이 당신께 돌아가고자 애를 썼으나 자신들의 힘으로는 할 수가 없어, 이 같은 방법으로 시험해 보았다 하나이다. 하오나 그 결과 그들이 이상한 환상이나 보기 원하는 어리석은 자들이 되고 말았다 하나이다.

그들은 당신을 찾기는 찾았으나 가슴을 치고 통회(痛悔)하기보다는, 오히려 마음이 교만해져서 가슴을 불쑥 내밀며 자신들의 학문을 자랑하였고, 그들과 생각이 비슷한 "공중의 권세 잡은 자"(엡 2:2)를 그들 교만의 공모자(共謀者), 공범자로 끌어들였나이다. 그들은 이 자의 마술적인 힘에 속아, 이 자가 자기들을 깨끗이 씻어 줄 중보자가 아닌가 생각하였으나, 이 자는 그러한 중보자가 아니었나이다. 이는 저가 "광명의 천사로 가장"(고후 11:14)한 사단이었음이니이다. 사단은 육신을 지니지 아니한 까닭에, 교만한 육체를 많이 꾈 수 있었나이다.

주여, 당신과의 화목을 원하면서도 교만을 버리지 못한 자들은 죽을 수밖에 없는 죄인들이나, 당신은 결코 죽지 않으며, 죄가 없으시나이다. 하온데 하나님과 인간 사이의 중보자는 하나님 같은 본성과 사람 같은 본성을 동시에 지녀야 하오니, 만약 저가 모든 면에서 사람과 같다면, 하나님에게서 너무 멀 것이며, 만약 저가 모든 면에서 하나님과 같다면 사람에게서 너무 멀 것이니이다. 이런 경우 저는 중보자가 될 수 없나이다. 하온데 거짓 중보자는 사람과 한 가지 공통점을 지니고 있으니, 이는 곧 죄니이다. 죄로 인해 교만해진 자는 당신의 신비한 심판으로 말미암아 수치스러운 심판을 면할 수 없나이다. 하오나 거짓 중보자는 하나님과 공통된 점을 지니고 있는 양 보이려 하니, 곧 저는 육신의 가사성(可死性)을 입지 않았다는 이유로 마치 불가사성(不可死性)을 지니고 있는 양 보이려 하나이다. 하오나 "죄의 삯은 사망"(롬 6:23)이라. 저가 죄에서 사람과 공통점을 지니고 있으니, 사람과 마찬가지로 죽음을 면할 수 없나이다.

43. 참된 중보자는 오직 한 분

(68) 하오나 당신은 당신의 신비한 긍휼하심으로 말미암아 사람들에게 참된 중보자를 보여 주셨나이다. 당신은 그를 보내사 사람들로 하여금 그를 본받아 겸손을 배우게 하셨으니, 그는 "하나님과 사람 사이의 중보", 곧 "사람이신 그리스도 예수"(딤전 2:5)니이다. 그는 죽을 수밖에 없는 죄인들과 결코 죽지 않으시며 의로우신 하나님 사이에 나타나셨나이다. 그는 사람과 같이 가사적(可死的)이 되셨으나, 하나님과 같이 의로우신 분이시니이다. 의의 삯은 생명과 평화인 까닭에, 그는 의로 말미암아 하나님과 연합되어, 의롭다 함을 입은 죄인들의 죽음을 없애 주셨으니, 이를 위해 그는 저들과 죽음을 공유(共有)하고자 하였나이다. 그가 구약 시대의 성도들에게 계시되심은 그들이 장차 있을 그의 고난을 믿음으로 구원받게 하기 위함이었으니, 마치 우리가 과거에 그가 당한 고난을 믿음으로 구원받는 것과 같나이다. 그는 사람인 점에서는 중보자시나, 로고스이신 점에서는 [하나님과 사람 사이의] 중간적 존재가 아니니, 이는 그가 "하나님과 동등"(빌 2:6)된 분이시며, "하나님과 함께"(요 1:1) 계시는 하나님으로서, [성부 하나님과] 함께 한 하나님이 되시는 까닭이니이다.

(69) 좋으신 아버지 [하나님], 당신은 독생자를 아끼지 아니하시고 우리

같은 죄인들을 위하여 내어 주셨으니, 당신은 얼마나 우리를 사랑하셨는지요? 당신이 얼마나 우리를 사랑하셨기에, 그가 "하나님과 동등됨을 취할 것으로 여기지 아니하시고······ 죽기까지 복종"(빌 2:6-8)하사 "십자가에"(빌 2:8) 죽으셨나이까? 그분만이 "사망자"(시 88:5) 중에서 홀로 자유자(自由者)가 되사, 자기의 생명을 "버릴 권세도 있고 다시 얻을 권세도"(요 10:18) 있으니, 그는 당신 앞에서 우리를 위한 승리자시며 동시에 희생제물이신데, 그가 승리자 되신 것은 희생제물이 되신 까닭이니이다. 그는 당신 앞에서 우리를 위한 제사장이시며 동시에 희생제물이신데, 그가 제사장 되신 것은 희생제물이 되신 까닭이니이다. 그는 당신에게서 나셨으나 우리를 섬김으로, 우리를 당신 앞에서 종에서 자녀로 만들어 주셨나이다. 하온즉 내가 그를 나의 굳건한 소망으로 삼는 것은 당연한 일이니이다. 이는 당신이 그로 말미암아 내 "모든 병을"(시 103:3) 고쳐 주실 것임이라. "그는 하나님 우편에 계신 자요 우리를 위하여 간구하시는 자"(롬 8:34)이니, 그렇지 않으면 나는 낙심하고 말 것이니이다. 이는 내 병이 많고도 중함이니이다. 내 병은 많고도 중하나, 당신의 치료약은 힘이 더 강하나이다. 당신의 "말씀이 육신이 되어 우리 가운데"(요 1:14) 거하시지 않았다면, 우리는 당신의 로고스가 사람과 연합하는 것을 있을 수 없는 것으로 생각하고 우리 자신에 대해 낙담하였을 것이니이다.

(70) 나는 내 죄악으로 인해, 그리고 내 심한 곤고함으로 인해 마음이 떨려, 내 심중에 생각하고 헤아리기를, 한적한 곳으로 도망할까 해 보았으나, 당신은 이를 막으시고 내 마음을 위로하시며 이렇게 말씀하셨나이다.

> 그러므로 저가=그리스도가) 모든 사람을 위하여 죽으심은 산 자들로 하여금 다시금 저희 자신을 위하여 살지 않고 오직 저희를 대신하여 죽었다가 다시 사신 자를 위하여 살게 하려 함이니라(고후 5:15).

주여, 보소서! 내가 살기 위하여 내 염려를 당신께 맡기고, "주의 법의 기이한 것을"(시 119:18) 상고하리이다. 당신은 나의 무지함과 나의 연약함을 아시니, 나를 가르치시며 나를 치유하소서! 당신의 독생자에게는 "지혜와 지식의 모든 보화가 감취어"(골 2:3) 있으니, 그가 나를 그의 피로 속량(贖良)해 주셨나이다. "교만한 자가 나를 압박하지 못하게 하소서"(시 119:122) 이는 내가 나의 속량금(贖良金)을 생각하며, [그것을] 먹고 마시며 나누어 주는 까닭이니이다. 나는 가난하나, [그것을] 먹고 배부른 자들 가운데서 주로 인하여 배부르기를 원하나이다. 무릇 "여호와를 찾는 자는 그를 찬송할 것이라"(시 22:26).

성 어거스틴의 ‖고백록‖

제11권 시간을 창조하신 하나님

1. 고백의 목적은 참된 사랑을 일깨우는 데 있음

(1) 주여, 영원이 당신의 것인데, 내가 당신께 아뢰는 바를 당신이 어찌 모르실 수 있으리이까? 혹은 시간 속에서 일어나는 일을 당신이 어찌 시간적으로만 보실 수 있으리이까? 하오면 내가 이렇듯 많은 이야기를 당신께 하는 이유는 어디에 있나이까? 이는 진정 당신이 나를 통해 무엇을 알게 하려 함이 아니니이다. 도리어 내 속에, 그리고 이 책을 읽는 독자들 마음속에 당신께로 향한 사랑의 불길이 솟아오르게 하려 함이니, 그리하여 우리 모두 함께 "여호와는 광대하시니 극진히 찬양할 것"(시 96:4)이라고 외치려 함이니이다. 내가 전에도 아뢰었고 지금 다시 아뢰거니와, 내가 이를 행함은 당신을 사랑하는 사랑 때문이니이다. 이는 우리의 기도에 대하여도 진리 되신 [그리스도]께서 이렇게 말씀하셨음이니이다.

구하기 전에 너희에게 있어야 할 것을 하나님 너희 아버지께서 아시느니라(마 6:8).

하온즉 우리가 당신께 우리의 가련함, 그리고 우리에게 향하신 "주의 인자하심을"(시 33:22) 고백함으로 우리의 심중(心中)을 토로함은, 주께서 이미 시작하신 대로 우리를 온전히 자유케 해 주시기를 바라는 까닭이니, 그리해 주시면 우리는 [더 이상] 스스로 가련한 상태에 머무르지 않고, [오히려] 당신 안에서 복 있는 자들이 될 것이니이다. 이는, 당신이 우리를 부르심은 심령이 가난하고, 온유하고, 애통하고, 의에 주리고 목마르며, 긍휼히 여기고, 마음이 청결하고, 화평케 하는 자가 되게 하려 하심이니이다.[1]

보소서! 내가 힘을 다하고 뜻을 다하여 이같이 많은 것을 아룀은 내가 주 나의 하나님께 고백함이 일찍부터 당신의 뜻이었음이니이다. 주는 실로 "선하시며 그 인자하심이 영원"(시 118:1)하나이다.

2. 성경 말씀의 깊은 뜻을 알게 해 주시기를 간구함

(2) 당신은 나를 인도하사 당신의 백성을 위하여 말씀을 선포하고 성례를 집전(執典)하도록 하셨는데, 나로 하여금 이 같은 일을 하도록 하신 당신의 권면과 당신의 경책과, 위로와 지도를 어찌 필설로 다 표현할 수 있으리이까? 설령 이 모든 것을 차례대로 다 정리해 쓸 수 있다 해도, 나에게는 촌각(寸刻)이 아깝기만 하나이다.

하온데 오래 전부터 나는 당신의 율법을 묵상하고자 열망하였으며, [당신의] 능력으로 인해 [나의] 연약함이 삼킨 바 될 때까지, 율법에 관하여 내가 아는 것과 모르는 것, 당신이 허락하신 조명(照明)의 시초(始初), 그리고 나에게 아직도 남아 있는 어두움의 마지막 부분에 대하여 당신께 고백하고자 했나이다. 그러므로 나는 틈만 나면 시간을 헛되이 낭비하지 않고, 육신을 쉬게 하거나 정신적인 작업을 하거나, 사람들을 섬기는 일에 시간을 사용하고자 하니, 사람들을 섬기는 일은, 의무이기 때문에 할 때도 있고, 의무가 아니라도 [자발적으로] 할 때가 있나이다.

(3) 주 나의 하나님이여, "나의 부르짖음을 들으시며"(시 61:1), 당신의 자비하심을 인하여 나의 소원에 귀를 기울이소서! 내가 이같이 간구함은

---

1) 마 5:3-9 참조.

나 자신만을 위함이 아니고 형제애(兄弟愛)를 증진시키기 위함이니, 내 마음이 이러함은 당신이 보시는 바와 같나이다. [하온즉] 나로 나의 생각과 혀를 당신께 바쳐 당신을 섬기게 하소서! 또한 당신께 바칠 것을 내게 주소서![2] "나는 곤고하고 궁핍"(시 86:1)하나이다. [하오나] 당신은 당신을 "부르는 모든 사람에게 부요"(롬 10:12)하시니, 근심하실 일이 없으나 우리를 위해서는 근심하시나이다. 내 입술, 곧 내 입의 입술과 마음의 입술에 안팎으로 할례를 베푸사, 나로 하여금 경솔한 말이나 거짓된 말을 결코 하지 못하게 하소서! 당신이 주신 성경 말씀이 내게 순전한 기쁨이 되게 하시고, 그 말씀을 내가 잘못 이해하거나 그 말씀을 [다른 사람에게] 잘못 해석해 주는 일이 없게 하소서! 주여, [나를] 돌아보소서! 주 나의 하나님이여, [나를] 불쌍히 여기소서! 당신은 눈먼 자의 빛이 되시고, 약한 자의 강함이 되시며, 그와 동시에 보는 자의 빛과, 강한 자의 강함도 되시니, 내 영혼을 돌아보사 깊은 데서 부르짖는 나의 소리를 들어 주소서! 당신이 깊은 곳까지 당신의 귀를 기울여 주시지 않으면 우리가 어디로 가리이까? 우리가 부르짖을 곳이 어디에 있으리이까? "낮도 주의 것이요 밤도 주의 것이라"(시 74:16). 당신의 손짓 하나로 시간이 순식간에 날아가 버리나이다. 하온즉 당신의 법, 그 신비함을 우리가 묵상할 수 있도록 시간을 허락하시며, [문] 두드리는 자들에게 문을 잠가 두지 마소서! 그리하여 우리로 당신의 법을 이해하게 하소서! 물론 성경에 기록된 말씀 속에 이해하기 어려운 부분이 많이 있도록 당신이 허락하신 것은, 분명 무슨 뜻이 있을 것이니이다. 하온데 숲에는 사슴이 깃드니, 사슴은 숲에 들어가 소성(蘇醒)함을 얻고, [거기서] 거닐며 풀을 뜯고, [거기에] 누워 새김질을 하나이다. 오 주여, 나를 온전케 하사 이 숲의 비밀을 계시해 주소서! 보소서! 당신의 음성이 나의 기

---

2) 어거스틴은 여기서 우리가 주님께 바치는 것은 원래 우리 것이 아니라, 주님께서 은혜로 주신 것임을 말하고자 한다. 우리의 소유는 원래 주님의 소유였으며, 우리는 잠시 관리권(管理權) 또는 사용권(使用權)만을 부여받은 것이라는 것이 어거스틴의 생각이다.

쁨이오니, 당신의 음성은 넘치는 쾌락보다 더 승(勝)하니이다. 나의 사랑하는 것을 내게 주소서! 내가 진정 사랑하나이다. 하오나 이 사랑마저도 당신이 주신 것이니이다. 당신이 주신 은사를 헛되이 쓰지 말게 하시고, 시들어가는 들풀 같은 인생을 멸시치 마소서! 내가 당신의 책에서 발견한 것은 무엇이나 다 당신께 고백하리니, 내가 [거기서] "감사의 소리"(시 26:7)를 듣고 당신이 주시는 잔을 마시기 원하나이다. 내가 또한 "주의 법의 기이한 것을"(시 119:18) 보기 원하오니, 곧 당신이 천지를 지으신 태초로부터 당신과 함께 영원히 다스리게 될 당신의 "거룩한 성"(계 21:2)에 이르기까지니이다.

⑷ 주여, 나를 긍휼히 여기사 나의 소원을 들어 주소서! 내가 정녕 믿기는, 내가 구할 것은 땅의 것이 아니니, 금이나, 은이나 보석이나 아름다운 옷, 명예나 권력이나 육신의 쾌락이 아니고, 육신에 소용되는 것이나 우리가 나그네로 살아가는 이 세상에서 필요한 것도 아니니이다. 이 모든 것들은 우리가 당신의 나라와 의를 구할 때 더해지는 것이니이다.[3]

나의 하나님, 나의 소원이 어디에 있는지 보소서! 주여, 불의한 자들이 내게 즐거움에 대해 이야기하였으나, [그 즐거움은] 당신의 법도와는 같지 않았나이다. 나의 소원이 어디에 있는지 보소서! 아버지여, 보소서! 살펴 보시고 가상히 여겨 주소서! 나로 당신의 존전에서, 당신의 긍휼하심 앞에서 은혜를 얻게 하사, 내가 문을 두드릴 때 당신 말씀의 깊은 뜻을 열어 보여 주소서! 내가 당신의 아들 우리 주 예수 그리스도로 말미암아 간구하니, 그는 "주의 우편에 있는 자, 곧 주를 위하여 힘 있게 하신 인자"(시 80:17)시요, 당신과 우리 사이의 중보(中保)시니이다. 우리가 당신을 찾지 않고 있을 때, 당신은 그로 인하여 우리를 찾으셨나이다. 하온데 당신이 우리를 찾으심은 우리로 당신을 찾게 하려 함이었으니, 그는 당신의 로고스로, 당신은 그로 말미암아 만유를 창조하셨으며, 그 가운데 나도 포함되나이다. 그는 당신의 독생자이니, 그로 말미암아 당신은 믿는 백성을 불러

---

3) 마 6:33 참조.

양자로 삼으셨으며, 그 가운데 나도 포함되나이다. 당신의 우편에 앉아 계시사, "우리를 위하여 간구하시는 자"(롬 8:34) 그를 의지하여 내가 당신께 간구하니, "그 안에는 지혜와 지식의 모든 보화가 감취어"(골 2:3) 있나이다. 내가 당신의 책에서 찾는 것이 이 보화니이다. 모세가 [이 보화를 감추신] 그에 대하여 기록하였으니, 이를 그가 말씀하였고, 이를 진리가 말씀하였나이다.

3. 하나님의 내적 조명을 통해서만 진리를 알 수 있음

(5) 나는, 당신이 태초에 천지를 어떻게 창조하셨는지에 대한 말씀을 듣고, 그 말씀을 이해하기를 원하나이다. 이는 모세가 기록하였나이다. 저는 이를 기록해 놓고, 이승을 떠나 당신께로 갔사오니, 지금 내 앞에 있지 않나이다. 저가 만약 [내 앞에] 있다면 내가 저를 붙들고, 당신으로 말미암아 저에게 이를 풀어 달라고 간청하였을 것이니이다. 그리하여 저의 입에서 나오는 소리에 내 육신의 귀를 갖다 대었을 것이니이다. 하오나 저가 만약 히브리어로 말한다면, 저의 말소리는 공연히 내 [귀의] 감관(感官)을 울려 주기만 하고, 내 마음에 와 닿는 것은 아무 것도 없을 것이나, 만약 라틴어로 말한다면, 저가 무엇을 말하는지 내가 알아들을 수 있을 것이니이다. 하온데 저가 참을 말하는지 내가 어떻게 아는 것이니이까? 저가 참을 말한다는 것을 내가 안다 해도, 그 앎이 저로 말미암은 것이니이까? 아니니이다. 진리는 내 안, 곧 나의 생각이 거하는 내 안에 있으니, 그것은 히브리적인 것도 희랍적인 것도 라틴적인 것도 야만적인 것도 아니니이다. 진리는 입이나 혀 같은 도구가 없어도, 음절(音節)의 소리가 없어도 나에게 말하기를, "모세가 말하는 것은 참되도다" 할 것이며, 나는 즉각 분명한 확신을 가지고 당신의 종 모세에게 이르기를, "당신이 말하는 것은 참되오"라고 할 것이니이다.

하오나 내가 모세에게 물어 보는 것은 불가능하나이다. 하온즉 진리시여, 모세는 당신으로 충만하여 참된 것을 말하였으니, 내가 당신께 간구하나이다. 나의 하나님, 내가 당신께 간구하오니, "내 죄악을 싸매"(욥 14:16) 주시고 당신의 종 모세에게 은혜를 베푸사, 진리를 말씀하게 하신 것같이, 나에게도 은혜를 베푸사 이 진리를 깨닫게 하소서!

4. 피조물이 창조주를 선포함

(6) 보소서! 하늘과 땅이 존재하고 있사오니, 그것들은 자기들이 창조되었다고 외치나이다. 왜냐하면 그것들은 변화하며 바뀌고 있기 때문이니이다. 창조되지 않고도 존재하는 것이 있다면, 그 존재 안에는 전에 없었던 것이[=생성된 것이] 전혀 없어야 할 것이니이다. 변화하고 바뀐다는 것은 생성된[=창조된] 것에서만 가능한 일이니이다.

그래서 하늘과 땅은 자기들이 스스로를 만들지 않았노라고 외치기를, "우리가 존재하게 된 것은 우리가 만들어졌기 때문이라. 그래서 우리가 존재하기 이전에는 존재하지 않았기에, 우리가 우리 스스로 생성될 수 없었도다"라고 하나이다. 그들이 이렇게 말하는 소리는 그들의 모습에서 명백히 들리나이다.

그리하여 오 주님, 이 모든 것은 당신이 만드신 것이니이다. 당신이 아름다우시기에 그것들도 아름답고, 당신이 좋으시기에 그것들도 좋으며, 당신이 존재하시기에 그것들도 존재하나이다. 하오나 그것들이 창조자이신 당신과 똑같이 아름답고, 똑같이 좋고, 똑같이 존재하지는 않나이다. 당신과 비교하면 그것들은 아름답지도 않고 좋지도 않으며 존재하지도 않나이다.

우리가 이것을 알게 된 것을 당신께 감사하나이다. 하오나 우리의 이 같은 지식은 당신의 지식에 비하면 무지나 다름 없나이다.

5. 하나님은 무에서 유를 창조하심

(7) 하온데 당신은 어떻게 천지를 창조하셨나이까? 이같이 엄청난 일을 하시는 데 사용하신 도구는 무엇이었나이까? 사람인 장인(匠人)은 [이미 존재하는] 물체를 재료로 하여, 그의 영혼이 생각한 바를 따라 어떤 물체를 만드나, 당신은 그렇지 않나이다. 하온데 사람의 영혼이 자기 자신 안에서 내적인 눈으로 본 것에 무슨 형상(形相)을 부여할 능력을 지니고 있는 것이 사실이라 할지라도, 당신이 그 영혼을 만들지 않았다면, 사람의 영혼에 어찌 그 같은 능력이 있으리이까? 하온즉 사람인 장인은 이미 존재하는 것, 또는 존재를 소유한 것을 재료로 삼아 그것에 형상을 부여하니, 곧 흙이나 돌이나 나무나 금과 같은 것이니이다. 하오나 당신이 이같은 것들을 만드시지 않았다 하오면, 이 같은 것들이 어찌 존재할 수 있으리이까? 장인의 몸을 만드신 분은 당신이며, 지체(肢體)를 다스리는 영혼을 만드신 분도 당신이고, 무엇을 만드는 데 사용하는 재료를 창조하신 분도 당신이니이다. 당신은 또한 장인에게 재주를 주사 내적인 눈으로 본 것에 외적인 형상을 부여할 능력을 지니게 하였으며, 육신에 감관을 주사, 그것을 매개로 하여 [안의] 영혼이 결정한 것을 [밖의] 재료에 전달하게 하였고, 또 무엇이 만들어졌는지를 영혼에 다시 전달하게 하였으니, 영혼은 자신을 주장하는 진리에 자문을 구하여, 그것이 잘 만들어졌는지 자신 안에서 판단하나이다.

이 모든 것이 만유의 창조자이신 당신을 찬양하나이다. 하온데, 당신은 이 모든 것을 어떻게 창조하셨나이까? 하나님이여, 당신은 천지를 어떻게 창조하셨나이까? 당신은 천지를 결코 하늘에서나 땅에서 창조하지 않으셨고, 공중이나 물에서 창조하지 않으셨나이다. 이는 이들이 다 천지에 속한 것임이니이다. 당신은 또한 우주 속에서 우주를 창조하지 않으셨으니, 이는 존재하는 것이 생성되기 전에는, 그것이 생성될 공간 자체가 없었음이니이다. 당신은 또한 천지를 구성하는 재료도 전혀 손에 지니지 않으셨나이다. 당신이 지니신 것 가운데 당신이 만들지 않으신 것은 전혀 있을 수 없으니, 당신이 무엇을 만드실 때 그 재료는 어디서 온 것이니이까? 하오니 당신이 존재하지 않으신다 가정할 때에, 존재할 수 있는 것이 어디 있으리이까?

하온즉 당신이 말씀하시매 이루었고,[4] 말씀으로 당신은 이 모든 것을 만드셨나이다.[5]

6. 하나님의 로고스

(8) 하오면 당신은 어떻게 말씀하셨나이까? "구름 속에서 소리가 나서 가로되 '이는 내 사랑하는 아들'"(마 17:5)이라 할 때같이, 그렇게 말씀하셨나이까? 이는 그 소리는 한 번 났다가 지나가 버렸음이니이다. 그 소리는 시작과 끝이 있었나이다. 그 소리의 음절들이 울렸다가 사라져 갔으니, 첫 음절 다음에는 둘째 음절, 둘째 음절 다음에는 셋째 음절, 이런 식으로 모든 음절이 순서에 따라 울리고, 결국에는 마지막 음절이 울린 다음 침묵이 왔나이다. 하온즉 그 소리가 났던 것은 피조물의 진동 때문임이 분명하니, 이 진동은 비록 시간적인 것이었으나, 당신의 영원한 뜻에 봉사하는 것이었나이다. 시간적으로 형성된, 당신의 이 같은 말씀은 외부의 청각을 통하여 이해력을 지닌 영혼에 전달되니, 이 영혼 속에 있는 내부의 청각은 당신의 영원한 말씀을 향하나이다. 하온데 내부의 청각은, 시간적으로 소리가 발하여진 이 말씀을 소리 없이 이루어지는 당신의 영원한 말씀과 비교한 다음 이같이 말하였나이다.

이 두 말씀은 서로 다르도다. 아주 다르도다. 시간적인 말씀은 아득히 내 아래 있으니, 사실 존재하는 것도 아니도다. 이는, 시간적인 말씀은 순간적으로 지나가고 마는 것임이라. 그러나 내 위에 계신 하나님의 말씀은 영원히 서 계시는도다.

---

4) 시 33:9 참조.
5) 시 33:6 참조.

하온즉 만약 당신이 지나가고 마는 시간적인 말씀으로 "천지가 있으라!" 말씀하사 천지를 지으셨다면, 천지 이전에 이미 물질로 구성된 창조세계가 있었을 것이며, 당신의 음성은 시간적으로 진동하는 그 세계 속으로 발하여졌을 것이니이다. 하오나 천지창조 이전에는 어떠한 물질도 없었나이다. 만약 있었다 하여도, 당신은 그 물질을 지나가 버리는 음성으로 만드시지는 않았음이 분명하나이다. 이는 당신이 천지를 [시간적인] 말씀으로 창조하시기 위해서는 먼저 시간적인 음성을 창조하셨어야 함이니이다. 하오나 시간적 음성이 생겨난 근원이 무엇이든 간에 당신이 만들지 않으셨다면, 이 같은 음성은 절대 존재할 수 없나이다. 하오면 시간적 음성이 발하여질 물질세계를 만드시는 데 사용하신 당신의 그 말씀은 대체 어떠한 말씀이니이까?

7. 로고스의 영원성

(9) 하온즉 당신이 우리를 부르사, "말씀이 하나님과 함께 계셨으니 이 말씀이 곧 하나님이시니라"(요 1:1)는 말씀을 깨달으라 명하셨으니, 이 말씀이 곧 영원한 말씀이며, 이 말씀으로 말미암아 모든 것이 영원토록 말하여질 수 있나이다. 하오나 모든 것이 말하여진다 하여도, 하나의 말이 시작되었다 끝나고 다른 말이 그 말에 이어지는, 그러한 성질의 말이 아니고, 모든 것이 동시에 영원토록 말하여지는 것이니, 그렇지 않다면 시간과 변화가 있게 되는지라 참다운 영원성, 참다운 불멸성은 없을 것이니이다.

나의 하나님이여, 내가 이를 깨닫게 되었음을 당신께 감사드리나이다. 주여, 내가 이것을 깨닫고, 당신께 찬양의 고백을 드리오니, 나와 함께 이것을 깨달은 자들도 누구든지 이 확실한 진리에 감사하며 당신을 송축하지 않을 수 없을 것이니이다, 우리가 이제 깨달았나이다. 어떤 것이든 있다가 없어지고 없다가 있게 되는 한, 거기에는 소멸과 생성이 있음을 깨달았나이다. 하오나 당신의 말씀은 진실로 불멸적(不滅的)이고 영원한 까닭에, 소멸되는 것도 생성되는 것도 없나이다. 하온즉 당신은 당신과 함께 영원히 계신 로고스를 통하여 모든 말씀을 동시에, 그리고 영원적으로 하시나이다. 그리하여 당신이 "되라!" 말씀하시면, 무엇이든지 당신의 말씀대로 되나이다. 하온데 당신은 말씀 한 마디로 모든 것을 행하시나, 당신의 말씀으로 창조된 피조물이 모두 동시적인 것은 아니오며, 그 피조물 가운데 영원한 것은 아무것도 없나이다.

8. 태초부터 있는 영원한 진리 로고스

(10) [하온데] 이렇게 된 이유는 어디에 있나이까? 주 나의 하나님, 내가 여쭙나이다. 내가 이것을 조금은 알 것도 같으나, 이것을 어떻게 말로 표현해야 할지는 잘 모르겠나이다. 다만 존재하기를 시작하고, 또 존재하기를 그치는 것은 모두 영원한 로고스가 생성되라, 소멸되라 명하는 그때에 비로소 생성되고 소멸되는 것이 아닌지요? 하오나 로고스 안에는 시작도 끝도 없는 것으로 여겨지나이다. 이 로고스가 바로 당신의 말씀이니, 그는 "처음부터"(요 8:25) 우리에게 말씀하여 온 자니이다. 그리하여 그는 복음의 [시대에] 육신으로 말씀하였으니, 그의 육성(肉聲)이 외적으로 사람의 귀에 울려 사람으로 믿음을 갖게 하였고, 내적으로 그를 찾음으로 말미암아 영원한 진리 안에서 그를 만나게 하였나이다. 그는 [실로] 이 진리 안에서 모든 제자들을 가르치는 유일하게 좋은 스승[6]이니이다.

주여, 이 진리 안에서 나는 나에게 말씀하시는 당신의 음성을 듣사오니, 이는 우리를 가르치시는 그분의 말씀이 곧 당신의 음성임이니이다. 우리에게 [참된] 가르침을 주지 못하는 자는, 그가 혹 말을 한다 해도 그 말이 [참된] 말이 되지 못하나이다. 변함이 없는 진리 외에 대체 누가 우리에게 [참된] 가르침을 줄 수 있으리이까? 이는 우리가 가변적인 피조물을 통하여 권고를 받을 때에도, 우리가 인도함을 받는 곳은 불변적(不變的)인 진리인 까

---

6) 마 23:8 참조.

닭이니이다. 그곳에서 우리는 [참된 것을] 배우나이다. 우리는 그곳에 서서 "신랑의 음성"(요 3:29)을 듣고 크게 기뻐하며, 우리가 본디 있던 그곳으로 돌아가나이다. 하온즉 그는 "태초"[7] 자체니이다. 그가 불변적이 아니라면, 방황하던 우리가 돌아갈 곳이 없었으리이다. 하오나 방황하던 우리가 돌이킬 수 있었음은 진리가 어디 있는지 깨닫게 되었음이라. 그는 우리를 깨우치기 위하여, 우리를 가르치시나이다. 그는 실로 "처음부터" 우리에게 "말하여 온 자"(요 8:25)니이다.

9. 로고스의 신비

(11) 하나님이여, 당신은 이 "태초" 안에서 천지를 창조하셨으니, 그는 당신의 말씀, 당신의 아들, 당신의 능력, 당신의 지혜니이다. 당신은 신묘한 방법으로 말씀하시고, 신묘한 방법으로 창조하셨나이다. 누가 이를 이해할 수 있으리이까? 누가 이를 설명할 수 있으리이까? 나를 조명해 주고 내 심령을 때리되, 상하게는 하지 않는 이 빛은 대체 무슨 빛이니이까? 나는 한 편으로는 떨리고, 한 편으로는 마음이 불타오르나이다. 내가 떨리는 것은 내가 이 빛과 다른 까닭이요, 내 마음이 불타오르는 것은 내가 이 빛을 닮았음이니이다. 지혜! 나의 어두움을 헤치고 나에게 빛을 비춰 주는 것은 바로 이 지혜니이다. 하오나 내가 연약해질 때 나는 징벌을 받아, 어두움이 다시 나를 덮쳐 세게 짓누르나이다. 이는 "내 기력이 나의 죄악으로"(시 31:10) 심히 연약해져서, 내가 나의 선(善)을 계속 지탱할 수 없게 되었음이니이다. 주여, "내 모든 죄악을"(시 103:3) 사하신 당신께서 "내 모든 병을"(시 103:3) 고치시기까지, 나는 이 같은 상태를 벗어날 수 없나이다. 이는 내 "생명을 파멸에서 구속하시고 인자와 긍휼로 관을 씌우시며"(시

---

7) '태초'를 라틴어로 principium, 헬라어로 arche라 하지만, 이 말은 '만물의 근원'이라는 뜻을 가지고 있다.

103:4), "좋은 것으로" 내 "소원을 만족케 하사", 내 "청춘으로 독수리 같이 새롭게"(시 103:5) 하실 분은 당신이심이니이다. [이제] "우리가 소망으로 구원을 얻었으매"(롬 8:24) 당신의 약속을 "참음으로"(롬 8:25) 기다리나이다. 속사람에게 말씀하시는 당신의 음성을 들을 수 있는 자는 듣게 하소서! 나는 당신의 말씀을 굳게 믿고 다음과 같이 외치리이다.

여호와여, 주의 하신 일이 어찌 그리 많은지요. 주께서 지혜로 저희를 다 지으셨으니[주의 부요가 땅에 가득하나이다](시 104:24).

하온데 이 지혜가 바로 "태초"[8]니이다. 당신은 이 "태초에 천지를"(창 1:1) 창조하셨나이다.

10. 창조 이전에 대한 질문은 어리석음

(12) 보소서! 구습(舊習)에 빠져 있는 자들은 우리에게 "하나님은 천지를 창조하시기 전에 무엇을 하고 계셨느냐?"는 질문을 하나이다. 저들은 이렇게 말하나이다.

만약 하나님이 한가로이 계시면서 아무 일도 하지 않으셨다면, 하나님은 어찌하여 그와 같은 상태에 계속 머무르시지 않았느냐? 본디와 같이 항상 일에서 손을 떼고 계셨어야 하지 않았겠느냐? 만약 하나님 마음속에 무슨 새로운 움직임이 일어나, 전에는 한 번도 창조하시지 않았던 피조물을 창조하시고자 하는 새로운 의지가 생겨났다면, 전에는 없던 의지가 새로 생겨난 것이라 할 수 있는 만큼, 어찌 하나님께 영원성이 있다 하겠느냐? 실로 하나님의 의지는 피조물이 아닐 뿐더러 창조를 선행(先行)하는 것이라. 창조자의 의지가 선행하지 않는 한, 아무것도 창조될 수 없

---

8) 각주 7 참조.

도다. 이로 미루어 하나님의 의지는 하나님의 본체 자체에 속하는 것이라. 그런데 하나님의 본체 안에 전에는 존재하지 않던 그 무엇이 생겨났다면, 그 본체가 영원하다는 말을 하는 것은 불가능하도다. 그렇지만 피조물이 존재하기를 원하신 하나님의 뜻이 영원한 것이었다면, 어찌하여 피조물을 영원하다 할 수 없겠느냐?

11. 영원과 시간의 질적 차이

(13) 이런 말을 하는 자들은 아직 당신을 알지 못하는 자들이니이다. 오, "하나님의 지혜"(고전 1:24)시여, 모든 영혼의 빛이시여, 저들은 피조물들이 당신으로 말미암아 당신 안에서 만들어질 때, 어떻게 만들어지는지 알지 못하는 자들이니이다. 저들은 영원에 대해 알고자 하면서도, 저들의 심령은 과거의 일과 미래의 일의 움직임을 따라 날아 다닐 뿐, 아직 허망함에서 벗어나지 못하였나이다.

누가 저들의 심령을 붙들어, 잠시 동안이라도 조용히 있게 할 수 있으리이까? 항상 불변하는 저 영원의 광휘(光輝)를 찰나라도 붙들어, 변전무상(變轉無常)한 시간과 비교할 자 누구니이까? 영원과 시간은 비교할 수 없나이다. 긴 시간이 긴 시간이 되는 것은, 동시적으로 존재할 수 없는 수많은 사건의 흐름이 오래 계속되는 까닭이나, 영원에 있어서는 아무 것도 지나가지 않고, 모든 것이 다 현재적으로 존재하나이다. 반면 시간은 온전히 현재적으로 존재할 수 없으니, 과거는 항상 미래에 의하여 밀려나고, 미래는 항상 과거를 뒤따르나이다. 하오나 과거와 미래는 영원한 현재로 존재하시는 분에 의해 창조되어 흐르는 것이 아니니이까? 누가 인간의 심령을 붙들어 조용히 서 있게 하오리까? 그리하여 미래도 과거도 없이 언제나 영원하신 분이 미래와 과거의 시간을 다스리시는지 보게 할 수 있으리이까?

그럴 만한 "능력이 내 손에"(창 31:29) 있나이까? 내 입에서 나오는 말이 이같이 엄청난 일을 행할 수 있으리이까?

12. 하나님이 창조 이전에 하신 일은 없다

(14) 하오면 이제 내가 "하나님이 천지를 창조하시기 전에 무엇을 하고 계셨느냐?"는 질문을 하는 자들에게 대답하리이다.

어떤 자는 질문하는 자의 기세를 꺾기 위해 농담으로 "[하나님은 너무] 깊은 신비를 캐내려는 자들 때문에 지옥을 예비하셨다"고 대답하였다 하나, 나는 그렇게 대답하지 않겠나이다. [문제를 진정으로] 이해하는 것과 [남을] 비웃는 것은 서로 다르나이다. 그러므로 나는 그렇게는 대답하지 않겠나이다. 나는 오히려 모르는 것은 "모른다"고 대답하겠나이다. 그리하여 심오한 것에 대하여 묻는 자를 비웃는 자가 되고 싶지 않으며, 그릇된 대답을 함으로써 [사람들로부터] 훌륭하다는 칭찬을 받는 자가 되고 싶지 않나이다.

하온데 우리 하나님이시여, 나는 당신을 모든 피조물의 창조자라 부르고 싶나이다. 하옵고, '천지'라는 말이 모든 피조물을 뜻하는 것이라고 할 때, 나는 감히 "하나님께서는, 천지를 창조하시기 전에 아무 일도 하지 않으셨다"고 말하겠나이다. 당신이 무엇을 하셨다면, 피조물을 지으신 일 외에 [또] 무엇을 하셨으리이까? 나는 알아서 유익한 것은 모두 다 알기를 원하나이다. 하오나 천지가 창조되기 이전에는 아무 피조물도 창조되지 않은 것이 너무나 분명하니, 내가 무엇을 알 때에는 이 정도로 분명히 알기 원하나이다.

13. 창조 이전에는 시간 대신 영원만 있었다

(15) 하오나 어떤 몽상가(夢想家)가 있어, 창조 이전에 시간이 있었다는 환상에 들떠 헤매다가, 전능자시요 만유의 창조자, 만유의 통치자시요 하늘과 땅의 조성자이신 당신이 이 위대한 창조의 사역(事役)을 시작하시기 전에, 계수(計數)할 수 없이 긴 시간을 아무 일도 하지 않은 채 그냥 지내셨을 것으로 상상한다면, 그로 하여금 미몽(迷夢)에서 깨어나 자신이 그릇된

상상을 하고 있음을 깨닫게 하소서!

당신이 진정 모든 시간의 근원이시요, 창조자이신데, 당신이 만드시지도 않은 그 수많은 세월이 어찌 흘러갈 수 있었겠나이까? 당신이 창조하시지 않은 시간이 어찌 존재할 수 있었겠나이까? 하옵고 당초 존재하지도 않았던 시간이 어찌 흘러갈 수 있었겠나이까?

당신은 모든 시간의 창조자시니이다. 하오니 당신이 천지를 창조하시기 이전에 무슨 시간이 있었다면, 어찌하여 당신이 아무 일도 하시지 않았을 것이라는 말을 할 수 있으리이까? 당신은 바로 이 시간조차 창조하셨으니, 당신이 시간을 창조하시기 이전에는 시간이란 전혀 흘러갈 수 없나이다. 하온데 천지창조 이전에는 시간이 전혀 존재하지 않았다면, 어찌하여 사람들이 당신이 '그때' 무슨 일을 하셨는지에 대하여 묻나이까?

(16) 하옵고 당신은 시간을 시간적으로 앞서신 것이 아니니이다. 만약 시간적으로 앞서신다면, 당신이 모든 시간을 앞서신다 말할 수 없나이다. 하온데 당신이 과거의 모든 시간을 앞서신 것은, 언제나 현존하는 영원성의 탁월함으로 앞서신 것이요, 미래의 모든 시간을 초월하시는 것은, 그것이 앞으로 올 것이면서도, 일단 온 다음에는 지나가 버릴 것인 까닭이니이다. [하오나] "주는 여상⁹⁾하시고 주의 연대는 무궁하리이다"(시 102:27). 당신의 연대는 가지도 않고 오지도 않으나, 우리의 연대는 가기도 하고 오기도 하며, 결국 그 끝이 있나이다. 당신의 연대는 [항상] 현존하므로 모든 연대가 동시에 함께 있으니, 가는 것이 오는 것에 밀려나지 않으며 지나가 버림이 없나이다. 하오나 우리의 연대는 다 지나가 버린 다음에 끝이 있나이다. 당신께는 "천 년이 하루"(벧후 3:8) 같사오니, 당신의 날은 지나가는 '나날'이 아니라, 항상 '오늘'이니이다. 이는 당신의 오늘은 내일에 자리를 내주지 아니하고, 어제 뒤에 이어지지도 않는 까닭이니이다. 당신의 오늘은 영원이니, 하온즉 당신이 "오늘날 내가 너를 낳았도다"(시 2:7) 말씀하셨을 때, [당신과] 같이 영원하신 그분을 낳으셨나이다. 모든 시간은 당신

---

9) 여상(如常)= '언제나 같음.'

이 창조하신 바니이다. 당신은 모든 시간보다 먼저 '존재' 하신 분이니, 어떠한 시간도 없었던 그때에는 시간이란 존재하지 않았나이다.

14. 시간의 본질

(17) 하온즉 당신이 아무 일도 하지 않고 계셨던 시간은 도무지 존재하지 않았나이다. 이는 시간조차 당신이 창조하신 까닭이니이다. 하옵고 어떠한 시간도 당신과 같이 영원하지 않으니, 이는 당신만이 영원하신 분이심이니이다. 만약 시간이 영원하다면, 그것은 이미 시간일 수 없나이다.

하오면 '시간' 이란 무엇이니이까? 누가 이것을 쉽고 간략하게 설명할 수 있으리이까? 누가 이것을 잘 이해하여, [그 이해한 바를] 말로 표현할 수 있으리이까? 그러나 [사람의] 일상대화에서 '시간' 보다 더 익숙한 말, 잘 알고 있는 말이 또 어디 있으리이까? 우리가 '시간' 이라는 말을 할 때, 우리는 그 뜻을 잘 알고 있으며, 남이 이 말을 하는 소리를 우리가 들을 때에도 우리는 그 뜻을 잘 알고 있나이다.

하오면 "시간' 이란 무엇이니이까? 아무도 내게 묻는 자가 없을 때는 '아는 것 같다가도, 막상 묻는 자가 있어 그에게 설명하려 하면 나는 알 수가 없나이다. 하오나 내가 안다고 분명히 말할 수 있는 것은, 만약 아무것도 흘러 지나가지 않을 때는 과거의 시간이란 없고, 만약 아무것도 다가오지 않을 때는 미래의 시간이 없을 것이며, 만약 아무것도 현존하지 않을 때는 현재의 시간이 없을 것이라는 사실이니이다.

하오면 과거와 미래라는 두 시제(時制)는 어찌 있는 것이니이까? 과거가 더 이상 '존재' 하지 않게 되는 것은 언제이며, 미래 또한 더 이상 '존재' 하지 않게 되는 것이 언제니이까? 하오나 현재가 항상 현재로 있어 과거로 넘어가지 않는다면, 그것은 이미 시간일 수 없고 영원이 될 뿐이니이다. 하온즉 현재가 시간이 될 수 있으려면 과거로 넘어가야 하나이다. 하오면 어찌 이 현재를 존재한다 말할 수 있나이까? 현재의 존재이유란 지나가 없어져 버리는 데 있지 않나이까? 하온즉 시간은 존재하는 것이라기보다는, 비존재(非存在)로 향해 가는 것이라고 말하는 것이 옳지 않나이까?

15. 시간의 길고 짧음

(18) 하오나 그럼에도 우리는 '긴 시간' 이니 '짧은 시간' 이니 하는 말을 하며, 그 말을 과거 혹은 미래에다 적용하나이다. 가령 백 년 전은 '먼' 과거, 백년 후는 '먼' 미래라 하고, 반면 열흘 전은 '가까운' 과거, 열흘 후는 '가까운' 미래라 하나이다. 하오나 [현재] '존재' 하지 않은 것에 대하여 '길다' 혹은 '짧다' 는 말을 할 수 있나이까? 이는 과거란 [지금은] '더 이상 존재' 하지 않는 것이요, 미래란 '아직 존재' 하지 않는 것인 까닭이니이다. 하온즉 우리는 과거에 대하여 '길다' 는 말보다는, '길었다' 는 말을 해야 할 것 같사오며, 미래에 대하여는 '길 것이다' 라고 말해야 할 것 같나이다.

나의 주, "나의 빛"(미 7:8)이시여! 하오나 이 점에서도 당신의 진리는 인간을 비웃고 있지 않나이까? 과거가 '길었다' 는 것은 실로 이미 지나간 과거의 시간이 길었다는 것이니이까? 아니면 아직 현재로 있었을 때가 길었다는 것이니이까? 과거의 어떤 기간이 길 수 있으려면, 길게 될 수 있는 그 무엇이 존재했어야 하나이다. 하오나 지나간 것은 더 이상 존재했다 말할 수 없으니, 전혀 '존재' 하지도 않았던 것을 '길었다' 고 말하는 것은 있을 수 없나이다.

하온즉 과거의 시간이 '길었다' 고 말하는 것도 불가능하나이다. 과거의 시간이란 '한 번 지나가면 더 이상 존재하지 않는데, 존재하지 않는 것은 길이를 가질 수 없는 까닭이니이다. 차라리 '현재의 시간이 길었다' 고 말하는 것이 좋을 것이니, 시간이란 현존할 때만 길이를 가질 수 있나이다. 이는 아직 지나가지 않은 것, 그리하여 그 존재가 없어지지 않은 것만이 길이를 가질 수 있음이니이다. 하오나 일단 지나간 다음에는 길이를 가질 가능성도 사라지니, 이는 그 '존재' 자체가 사라졌음이니이다.

(19) 아, 인간의 영혼아! 현재의 시간이 길어질 수 있는지를 한 번 살펴보자! 이는 너에게 시간의 길이를 감지하고 측정할 수 있는 능력이 주어져 있음이니이다. 너는 나에게 무슨 답을 주려느냐?

백 년이 현존한다 할 때, 그것이 긴 시간이냐? 먼저, 백 년이 현존할 수 있는지를 살펴보자! 백 년 중 첫해에 우리가 살고 있다면, 이 첫 해는 '현존'하지만, 나머지 아흔아홉 해는 아직 미래이니 아직 존재하는 것이 아니다. 그러나 둘째 해에 살고 있다면 첫 해는 이미 지나갔고, 둘째 해는 현재의 해이고, 나머지 해들은 아직 미래에 속한다. 그리하여 백 가운데서 어떤 해를 선택하여 그 해를 현존한다고 생각할 때, 그 이전의 해는 과거가 되고 그 이후의 해는 미래가 된다. 그렇다면 백 년이라는 세월 [전부가] 현존하는 것은 불가능하다.

[다음으로] 최소한 일년이라는 세월이 현존할 수 있는지 살펴보자! 만약 우리가 일년 중 첫 달에 살고 있다면 나머지 달은 모두 미래요, 만약 우리가 둘째 달에 살고 있다면 첫 달은 이미 과거요, 나머지 달은 아직 미래다. 그런즉 일년의 경우도 전부가 현존하는 것은 불가능하며, 일년 전체가 현존하지 않는다면 일년이라는 세월이 현존하는 것이 아니다. 일년은 열두 달인데, 그 중 어느 한 달을 현재의 달로 가정한다면, 그 달은 현재 존재하지만 나머지 달은 과거 아니면 미래가 된다. 하지만 우리가 살고 있는 달도 현존하는 것이 아니고, 그 중 하루만 현존하는 것이다. 그리하여 만약 첫째 날이 현존한다면 나머지 날은 미래요, 만약 마지막 날이 현존한다면 나머지 날은 과거이며, 그 달 중간의 어떤 날이 현존한다면 그 날은 과거와 미래의 중간에 든다.

(20) 보라! 우리가 '길다'고 부를 수 있는바, 현존하는 시간이 겨우 단 하루 동안으로 줄어들었다. 하지만 이것마저도 [정말 그런지 다시 한 번] 검토해 보자! 왜냐하면 하루라는 시간도 전체가 현존하지는 않는 까닭이다. 하루는 낮 시간과 밤 시간 모두 합쳐 24시간으로 이루어져 있다. 그 중 첫째 시간이 현존한다면 나머지 시간은 미래요, 마지막 시간이 현존한다면 나머지 시간은 과거이며, 그 중간의 어떤 시간이 현존한다면 그 이전은 과

거이고 그 이후는 미래다. 그뿐 아니라, 그 한 시간조차 화살처럼 지나가는 짧은 순간들로 구성되어 있으니, 그 중 이미 날아가 버린 것은 '과거'요, 아직 남아 있는 것은 '미래'다. 만일 시간을 더 이상 쪼갤 수 없을 만큼 지극히 짧은 순간들로 나누어진다고 생각해 보면, 그렇게 나누어진 찰나의 순간만을 '현존'한다고 말할 수 있을 것이다. 그렇지만 그 순간은 너무나 빨리 미래로부터 날아와서 과거 속으로 흡수되는 까닭에, 잠시도 지체할 틈이 전혀 없다. 만약 틈이 있다면 그것은 다시 과거와 미래로 나누어질 것이다. 이런 까닭에 현재는 시간의 연장(延長)을 전혀 지니지 못한다.

그렇다면 '길다'고 말할 수 있는 시간이 도대체 어디에 있는가? 미래에 있는가? 하지만 우리는 미래에 대하여 '길다'는 말을 할 수가 없다. 왜냐하면 '미래는 아직 오지 않았기 때문이다. 아직 오지 않은 것에 대해서는 '길다'는 말 대신에 '길 것이다'라고 말하는 것이 옳다. 그런데 이 미래는 언제 올 것인가? 그것이 만약 미래의 어떤 시점에서 보아 아직 장차 올 것이라고 한다면, '길 것이다'라고 말하는 것도 불가능하다. 왜냐하면 '길다'고 할 수 있는 것이 미래의 그 시점에서는 아직 현존하지 않기 때문이다. 그러한 것이 아직 존재하지 않는 미래로부터 날아와 존재하기를 시작하고, 나아가 현존하는 것이 되어서 길이를 가질 수 있는 것이 될 때 비로소 길이를 가지게 될 것이라고 한다면, 현재의 시간은 크게 소리를 질러 자기는 결코 길이를 가질 수 없다고 할 것이니, 이는 우리가 이미 위에서 들은 바와 같다.

16. 시간의 측정

(21) 그러하나 주여, 우리는 시간과 시간 사이의 간격을 인지하고 그것을 서로 비교하여, 어느 것은 더 길고 어느 것은 더 짧다고 말하나이다. 우리는 또한 이 시간이 저 시간보다 얼마나 길고 얼마나 짧은지를 측정하기도 하여, 이 시간이 저 시간보다 두 배가 길다, 세 배가 길다, 혹은 길이가 똑같다 이르나이다. 그럼에도 우리는 인지하는 [시간만을] 측정할 수 있으

니, 그러므로 우리는 지나가는 시간만을 측정할 수 있나이다. 하오나 이미 지나가 버리고 없는 과거의 시간이나 아직 오지 않은 미래의 시간을 누가 측정할 수 있으리이까? 대체 누가 [지금] 존재하지도 않는 것을 측정할 수 있다고 장담할 수 있으리이까? 하온즉 시간이 지나가고 있을 때에는 그것을 인지하고 측정하는 것이 가능하나, 일단 지나가 버린 것은 [지금은 더 이상] 존재하지 않는 까닭에 그것을 인지하고 측정하는 것이 불가능하나이다.

17. 과거와 미래는 분명 존재한다

(22) [하나님] 아버지, 나는 [지금 무슨] 주장을 하고자 하지 않나이다. 다만 [당신께] 여쭙고 있을 따름이니이다. 나의 하나님이여, 나를 도우시고 나를 인도하여 주소서!

우리는 소년 시절에 과거, 현재, 미래라는 세 시제에 대해 배웠고, 우리도 [학교에서] 소년들에게 이들 시제에 대해 가르친 적이 있나이다. 하오나 [실상은] 이들 세 시제 중 현재만이 '존재'하고, 나머지 둘은 '존재'하지 않는다는 사실을 말해 줄 자가 있으리이까? 아니면 과거와 미래가 [정말로] '존재'하는 것이어서, 미래에서 현재가 나오고, 현재가 과거로 변할 때, 어떤 은밀한 곳에서 나왔다가 어떤 은밀한 곳으로 들어가는 것이니이까? 만약 미래가 없다면, 미래에 대해 노래한 예언자들이 어디서 아직 '현존'하지도 않는 미래의 일을 보았겠나이까? 이는 '존재'하지 않는 것을 봄은 불가능한 까닭이니이다. 하옵고 과거사에 대해 이야기하는 자도 만약 그가 과거사를 영혼을 통해 바라볼 수 없다면, 진실을 이야기할 수 없을 것이니이다. 만약 과거가 전혀 '존재'하지 않는다면, 그것을 바라보는 것 또한 전혀 불가능하나이다. 하온즉 미래와 과거는 '존재'하는 것이 분명하나이다.

18. 과거와 미래는 현재 속에 존재한다

(23) "나의 소망"(시 71:5)이 되신 주여, 나로 더 깊이 궁구하게 허락하소서! 나의 생각이 흐트러지지 않게 하소서!

미래와 과거가 진정 '존재'한다면 어느 곳에 존재하는지 알고자 하나이다. 내게는 아직 이것을 [깨달을] 힘이 없으나 다만 한 가지 아는 바는, 미래와 과거가 어디에 '존재'하든지 간에 미래나 과거 속에 '존재'하지 아니하고, 오직 현재 속에 '존재'한다는 것이니이다. 이는 미래가 미래 속에 존재한다면 아직 '존재'하는 것은 아니며, 과거가 과거 속에 존재한다면 더 이상 '존재'하지 않는 것임이니이다. 하온즉 미래와 과거는 그 위치가 어디이든, 그 본질이 무엇이든 간에 오직 현재 속에서만 존재하는 것이니이다. 하오니 과거의 사실을 사실 그대로 말할 때에도, 이미 지나가 버린바 된 과거의 사실 자체를 기억 속에서 꺼내어 말하는 것이 아니라, 과거의 사실에 대한 영상(影像)을 기반으로 하여 형성된 언어가 말해지는 것인데, 이 영상으로 말하면 과거의 사실들이 감각을 통해 지나가면서 영혼에 흔적을 남겨 놓은 것이니이다. 예컨대 나의 소년 시절은 더 이상 '존재'하지 않는 과거의 시간에 속해 있으니, 지금은 더 이상 존재하지 않나이다. 하오나 그 시절을 회상하며 이야기할 때, 나는 그 시절에 대한 영상을 현재 보고 있는 것이니이다. 이는 아직도 그 영상이 내 기억 속에 존재하는 까닭이니이다.

[하오면] 미래의 일을 예언하는 경우에도 이와 같은 것인지요? 그리하여, 아직 존재하지 않는 사물의 영상을 벌써 존재하는 것처럼 미리 내다볼 수 있는 것인지요? 나의 하나님, 나는 모른다고 고백[밖에] 할 수 없나이다. 다만 나는 이것은 아나이다. 즉 우리는 장차 우리가 할 일을 미리 생각해 볼 때가 많은데, 미리 생각해 보는 것은 현재의 일이나, 미리 생각해 봄의 대상이 되는 장차의 일은 아직은 '존재'하지 않는 미래에 속한 것이라는 사실은 아나이다. 하오나 내가 행동에 착수하여, 내가 미리 생각해 본 일을 실천에 옮기기 시작할 때, 비로소 그 일은 존재하게 될 것이니, 그때 [비로

소] 그 일은 더 이상 미래의 일이 아니라 현재의 일이 될 것이니이다.

(24) 하오나 미래의 일을 미리 내다본다는 것이 제아무리 신비한 일이라 할지라도, '존재' 하지 않는 것은 보는 것이 불가능하나이다. 반면 이미 '존재' 하는 것은 미래에 속한 것이 아니고 현재에 속한 것이니이다. 하온즉 미래의 일이 보인다면 보이는 것은 아직 '존재' 하지 않는 미래의 일 자체가 아니라, 필시 미래의 일을 일어나게 할 원인이거나 미래의 일에 대한 표상(表象)일 것이니, 이러한 것은 이미 '존재' 하는 것이니이다. 그러므로 이러한 것은 보는 자들에게는 미래의 일이 아니고 현재의 일이니이다. 사람들은 바로 이러한 것으로 말미암아 미래의 일을 영혼 속에서 미리 내다볼 수 있으며 예언도 할 수 있나이다. 미래에 대한 이러한 영상은 이미 '존재' 하는 것이니, 미래의 일을 예언하는 사람들은 자기의 내면에 현존하는 이러한 영상을 바라보고 있는 것이니이다.

이에 대한 예를 들자면 한이 없으나, 나는 그 중 한 가지에 대해서만 아뢰고자 하나이다.

먼동이 트는 것을 볼 때 나는 해가 뜰 것이라고 말하나이다. 이때 내가 보는 것은 현재의 일이나, 내가 말하고 있는 것은 미래의 일이니이다. 이미 존재하는 태양은 미래에 속한 것이 아니니, 단지 태양의 떠오름만이 아직 '존재' 하지 않는 것이니이다. 하온데 지금 나는 일출에 대해 말하고 있으나, 만일 내가 일출(日出)에 대한 영상을 영혼 속에 가지고 있지 않다 하오면 일출에 대해 이와 같이 미리 말하는 것은 불가능하나이다. 하오나 내가 [지금 동녘] 하늘에 먼동이 트는 것을 보고 있다 해도, 그 먼동이 일출 자체는 아니고 단지 일출에 선행하는 것일 따름이니이다. 내 영혼 속에 있는 일출에 대한 영상도 일출 자체는 아니니이다. 나는 이 두 가지[10]를 현재적인 것으로 봄으로 말미암아 장래의 일출을 미리 말할 수 있나이다.

하온즉 미래의 일은 아직 존재하지 않으니, 아직 존재하지 않는 것은 '비존재' (非存在)니이다. 비존재는 존재하는 것이 전혀 불가능하나이다. 하오

---

10) 한 가지는 먼동이고, 다른 한 가지는 일출에 대한 영상이다.

나 이미 '존재'하는 것, 그리하여 지금 볼 수 있는 것을 기초로 하여 미래의 일을 미리 말하는 것은 가능하나이다.

19. 신비로운 예언의 은사

(25) [하나님이여,] 당신은 당신의 피조물의 통치자시니이다. 하온데 당신은 어떠한 방식으로 [인간의 영혼을] 가르쳐 미래의 일을 알 수 있게 하시나이까? 당신은 실로 당신의 선지자들을 가르치셨나이다. 당신께는 미래가 도무지 없는데, 당신은 대체 어떠한 방식으로 미래에 대해 가르치시나이까? 혹여 현재를 가르치사 이를 통해 미래를 추론케 하시나이까? 이는 존재하지 않는 것을 가르친다 함은 전혀 불가능한 까닭이니이다. 미래에 대하여 가르치시는 당신의 방식은 "너무 기이하니 높아서 내가 능히 미치지 못하나이다"(시 139:6). 나의 힘으로는 미치지 못하나이다. 하오나 내 영혼의 눈을 비추시는, 감미로운 빛이시여, 당신이 힘 주시면 당신으로 말미암아 내가 할 수 있으리이다.

20. 과거, 현재, 미래라는 세 가지 시제

(26) 하오면 이제 분명히 밝혀진 것은 미래나 과거는 '존재'하지 않는다는 것이니이다. 과거, 현재, 미래라는 세 가지 시제가 '존재'한다고 말하는 것도 원래는 불가능하나이다. 대신 이렇게 말하는 것이 옳을 것 같나이다.

과거 일의 현재, 현재 일의 현재, 미래 일의 현재라는 세 가지 시제는 '존재'한다.

이는 이 세 가지 시제가 영혼 속에 존재하는 것이 사실이기 때문이니이다. 영혼 이외의 곳에서는 그 존재함을 볼 수 없사오니, 과거 일의 현재는 기억함이요, 현재 일의 현재는 바라봄이요, 미래 일의 현재는 예상함이니이다. 이같이 말하는 것이 허락된다면 세 가지 시제를 나는 볼 수 있고, 세 가지 시제가 '존재' 함을 인정할 수 있나이다.

하온즉 과거, 현재, 미래라는 세 가지 시제가 '존재' 한다고 말하는 것이 비록 잘못된 [언어]습관 때문이라 해도 별 문제가 되지 않나이다. 보소서! 나는 그렇게 말하는 것을 괘념(掛念)하거나, 반대하거나, 비판하지 않나이다. 다만 미래에 있을 일이나 과거에 있었던 일을 현재 '존재' 하는 것으로 생각하지는 말아야 할 것이니이다. 사람이 정확한 언어를 사용할 때보다는 오히려 부정확한 언어를 사용할 때가 더 많으나, 무슨 뜻인지를 [대강이라도] 이해하는 경우가 많나이다.

21. 시간을 어떻게 측정할 것인가?

(27) 나는 앞에서,[11] 시간은 지나갈 때 측정할 수 있다는 이야기를 하였나이다. 곧 이 시간의 길이는 저 시간의 길이의 두 배라느니, 이 시간의 길이는 저 시간의 길이와 같다느니 하며, 그 밖의 어떠한 시간도 측정한 것을 서로 비교한다는 말을 하였나이다.

사실 시간이란 내가 아뢴 바와 같이 지나갈 때 측정할 수 있는 것이니, 만일 누가 나에게 "네가 어떻게 그것을 아느냐?" 묻는다면 나는 이렇게 대답할 것이니이다.

> 측정함을 통하여 아느니라. 그리고 '존재' 하지 않는 것은 측정할 수 없으며, 과거의 일이나 미래의 일은 '존재' 하지 않느니라.

하오나 현재의 시간은 어떻게 측정하나이까? 현재의 시간은 길이가 없

---

11) 제11권 16장.

지 않나이까? 그러므로 [시간은] 지나갈 때 측정하나이다. 반면 [이미] 지나간 과거의 시간은 측정할 수가 없으니, 이는 측정할 대상이 더 이상 존재하지 않는 까닭이니이다.

하오나 우리가 시간을 측정한다 할 때, 그 시간은 어디서 오며, 어디를 통과하며, 어디로 향해 가나이까? 미래가 아니면 어디서 오며, 현재가 아니면 어디를 통과하며, 과거가 아니면 어디로 향해 가리이까? 그러므로 시간은 아직 존재하지 않는 미래에서 오며, 길이가 없는 현재를 통과하며, 더 이상 존재하지 않을 과거를 향해 가는 것이니이다.

하오나 시간에 아무 길이가 없다면, 시간을 우리가 어찌 측정할 수 있으리이까? 우리가 시간에 대하여 말할 때 한 배의 시간, 두 배의 시간, 세 배의 시간, 혹은 똑같은 길이의 시간 등으로 말하는 것이 시간에 아무 길이가 없다면 실로 불가능하나이다. 하오면 우리는 무슨 길이에 근거하여 지나가는 시간을 측정하는 것이니이까? 시간이 미래에서 오므로 미래 속의 길이에 근거해야 하나이까? 하오나 아직 '존재'하지 않는 미래의 시간을 우리는 측정할 수 없나이다. 하오면 시간이 현재를 통과하므로 현재 속의 길이에 근거해야 하나이까? 하오나 현재의 시간은 길이가 전혀 없으니, 측정이 불가능하나이다. 하오면 시간이 과거를 향해 가므로 과거 속의 길이에 근거해야 하나이까? 하오나 과거의 시간은 더 이상 '존재'하지 않으니, 우리는 이를 측정할 수 없나이다.

22. 하나님의 도우심만이 이 문제의 해결책이다

(28) 내 영혼은 너무나 어려운 이 문제를 해결하려는 열망으로 불타오르나이다. 주 나의 하나님, 외면하지 마소서! 좋으신 아버지여, 그리스도로 인하여 간구하오니, 잘 풀릴 것 같으면서도 잘 풀리지 않는 이 의문을 풀고자 하는 나의 열망을 외면하지 마소서! 주여, 도리어 내가 문제 속으로 깊이 들어가도록, 그리하여 당신의 자비로운 빛에 의지하여, 이 문제를 밝히

해결할 수 있도록 하소서! 내가 이 문제에 대하여 누구에게 물어 보겠나이까? 당신이 아니면 내가 누구에게 나의 무지를 고백하여 도움을 얻을 수 있으리이까? 당신의 책을 내가 너무나 열심히 연구한다고 해서 당신은 나를 싫어하지 않으시나이다. 내가 사랑하는 것을 주소서! 이는 내가 [성경을] 사랑하나, 이 사랑까지도 당신이 주셨음이니이다. 아버지여, 당신은 당신의 자녀들에게 좋은 것을 줄 줄 아시는 분이시니이다.[12] 내가 이것을 알고자 노력하기로 작정했으니, [알도록] 허락하소서! 당신이 알도록 허락해 주시지 않으면 "내게 심히 곤란"(시 73:16)함만 있나이다. 그리스도로 인하여 간구하오니, 지극히 거룩하신 그리스도의 이름으로 간구하오니, 아무도 내 옆에서 훤화(喧譁)하지 못하게 하소서! "내가 믿는 고로"(시 116:10) 아뢰나이다. 나의 소망은 오직 주님의 "아름다움을 앙망"(시 27:4)하는 것이오니, 이것이 나의 사는 목적이니이다. 주여, 당신은 나의 날을 "그림자 같이"(시 39:6) 만드셨으니, 그것이 지나가도 어떻게 [지나가는지] 나는 알지 못하나이다.

그럼에도 우리 인간은 "시간, 시간", "세월, 세월"을 되뇌이며, "얼마 동안 그가 이 말을 했느냐?", "그가 이 일을 해 내는 데 참 오랜 시간이 걸렸구나!", "너를 참 오랜 만에 보는구나!", "이 음절을 발음하는 데는 저 짧은 음절보다 두 배의 시간이 든다"는 말을 하나이다. 사람들은 이 같은 말을 서로 주고받으나, 서로 이해하는 데는 별 지장이 없나이다. 이 같은 말은 너무나 명확하고 너무나 잘 쓰는 말이나, 다시 [생각해 보면] 너무나 오묘하고 새로운 것이라 우리의 지력(智力)으로는 알 수가 없나이다.

23. 시간은 천체의 운동이 아니다

(29) 나는 어느 학자로부터 해와, 달과, 별의 운동이 곧 시간이라는 말을 들은 적이 있으나 [그 말을] 인정하지 않았나이다. 그 말이 옳다면, 어찌 모

---

12) 마 7:11 참조.

든 물체의 운동이 다 시간이 아니겠나이까? 하늘에서 빛을 내는 천체(天體)들이 정지하고, 토기장이의 물레만 돈다고 가정하면, 그 물레가 도는 것을 측정할 시간이 없다고 할 수 있으리이까? [시간이 있어야] 같은 속도로 돈다느니, 이것이 더 느리게 돌고 저것이 더 빨리 돈다느니, 이것이 더 오래 돌았고 저것은 덜 오래 돌았다느니 하는 말을 할 수 있지 않겠나이까? 그리고 우리가 이런 말을 할 때, 우리 자신이 시간의 범주 안에서 말하는 것 아니니이까? 그리하여 우리들 말에 긴 음절과 짧은 음절이 있는 것도 실은 이것은 길게 발음되고 저것은 짧게 발음되는 까닭이 아니니이까?

하나님이여, 사람들에게 [은총을] 베푸사 작은 것 속에서 크고 작은 사물에 공통된 개념을 볼 수 있게 하소서! 하늘의 별과 빛은 "징조와 사시와 일자와 연한"(창 1:14)을 위한 것이니이다. 사실이 그와 같으나, 나무로 된 물레가 한 바퀴 회전한 것이 하루라는 말을 내가 할 수 없음같이, 그 학자 역시 이것이 시간이 아니라는 말을 해서는 안 되나이다.

(30) 나는 시간의 힘과 본질을 알기 원하니, 사람들은 시간으로 물체의 운동을 측정하여, 예컨대 이것의 움직임이 저것의 움직임보다 두 배 더 오래 지속된다는 말을 하나이다. 나의 이 같은 의문에는 근거가 있나이다. 가령 사람들이 '하루'라는 말을 할 때, 태양이 지구 위에 떠 있는 시간만을 의미하는 것이 아니니이다. 이는 태양이 떠 있는 시간은 '낮'이 되고, 그렇지 않은 시간은 밤이 되는 까닭이니이다.[13] 하온즉 '하루'는 태양이 동쪽에서 뜬 다음 완전히 한 바퀴 돌아 다시 동쪽에 도착할 때까지를 의미하나이다. 하오니 "이같이 많은 날이 지났다"는 말을 할 때, 밤을 '하루'에 포함시키는 까닭에 밤을 별도로 계산하지는 않나이다. 이같이 '하루'는 태양의 운동, 곧 태양이 동쪽에서 동쪽으로 한 바퀴 완전히 도는 시간을 가리키는 말인 까닭에, 내가 의문을 가지는 것은 '하루'란 태양의 운동 자체인지, 혹은 그 운동이 완성되는 데 걸리는 시간인지, 혹은 이 둘 다인지 하는 것이니이다.

우선 태양의 운동을 만약 '하루'라 하면, 태양이 단 한 시간 만에 그 운

---

13) 라틴어로는 '낮'이라는 말과 '날'이라는 말을 똑같이 dies라 한다.

동을 다 끝냈다 해도 '하루' 여야 할 것이니이다. 다음으로, 만약 태양의 운동이 [정상적으로] 완성되는 데 걸리는 [스물네] 시간을 '하루'라 하면, 태양의 움직임이 빨라져 단 한 시간 만에 그 운동을 끝내는 경우 그것을 '하루'라 할 수는 없고, 스물네 바퀴를 돌아야만 '하루'가 채워졌다 할 수 있을 것이니이다. 세 번째로, '하루'가 태양의 운동 자체이면서 동시에 그 운동이 완성되는 시간을 다 가리킨다면, 태양이 단 한 시간 만에 그 운동을 다 끝냈다 해도 '하루'라고 할 수 없으며, 태양은 운동을 멈추고 시간만 스물네 시간이 지났다 해도 '하루'라고 할 수 없나이다.

하온즉 내가 지금 알고자 하는 것은 '하루'라 일컫는 것의 본질이 아니고 오히려 시간의 본질이니, 우리는 시간으로 태양의 회전을 측정하면서, 만약 태양이 열두 시간 만에 회전을 마쳤다면, 태양이 한 바퀴 회전하는 데 평소보다 절반의 시간밖에 걸리지 않았다고 말하나이다. 하옵고 태양이 열두 시간 만에 한 바퀴 회전하는 경우와 평소처럼 회전하는 경우에 걸리는 시간을 우리는 서로 비교해 보면서, 앞의 경우보다 뒤의 경우에 두 배의 시간이 걸렸다는 말도 할 수 있으니, 우리가 이같이 말하는 것은 태양이 평소처럼 회전할 때와 두 배로 빨리 회전할 때가 자주 바뀐다 해도 마찬가지니이다.

하오니 그 누구라도 나에게 천체의 운동을 시간이라 말해서는 안 될 것이니이다. 이는 [옛날] 어떤 사람[14]이 싸움에서 승리하기 위해 태양이 머무르기를 간구하였을 때, 태양은 섰으나 시간은 가고 있었음이니이다. 그 싸움은 꼭 필요한 시간만큼 계속되다가 끝이 났나이다.

하온즉 내가 보기에, 시간이란 일종의 '연장'(延長)처럼 생각되나이다. 하오나 이러한 생각이 옳은 것인지요? 그것이 아니면, 내가 착각하고 있는 것인지요? 이것은 당신이 밝혀 주실 일이니이다. 당신은 빛이시요, 진리 되시나이다.

---

14) 여호수아를 말함. 수 10:12-14 참조.

24. 물체의 운동은 시간으로 측정함

(31) 시간이란 물체의 운동이라는 말을 누가 한다면, 당신은 내게 그 말을 인정하라 명하시나이까? 당신은 그와 같은 명령을 내리시지 않나이다. 이는, 내가 듣기로, 시간을 벗어나 움직이는 물체란 전혀 없는 까닭이니이다. 당신도 그러한 물체는 없다고 말씀하시나이다. 만약 어떤 물체가 움직인다 하오면, 그 물체가 얼마나 오래 움직이는지 측정하는 기준은 오직 시간뿐이니, 곧 그 물체가 움직임을 시작하여 정지 상태에 이를 때까지를 측정할 수 있는 것은 시간의 존재 때문이니이다. 하온데 어떤 물체가 계속 움직일 때, 내가 그 물체의 움직임이 언제 시작되었는지, 또 언제 끝나는지 본 적이 없다면, 나는 기껏해야 그 움직임을 보기 시작한 때로부터 보기를 마칠 때까지의 시간만 측정할 수 있나이다. 하오니, 내가 관측하는 시간이 길다면 [관측하는] 시간이 길다는 말은 할 수 있으나 [그 물체가 움직인 시간이] 얼마인지는 말할 수 없으니, 이는 그 시간이 얼마인지를 말하려 할 때는 비교를 통하여 말을 해야 하기 때문이니이다. 예컨대 "이것의 길이는 저것과 똑같다"든지, 혹은 "이것의 길이는 저것의 두 배다"라는 등의 말을 해야 하는 것이니이다. 하오나 만약 우리가 움직이는 어떤 물체나 그것의 일부분이 어디로부터 출발하여 어디까지 가는지 안다면, 곧 그 출발점과 종착점 사이의 거리를 안다면, 즉 가령 그것이 어떤 축을 중심으로 하여 회전한다면, 우리는 그 물체, 혹은 그것의 일부가 이곳에서부터 저곳까지 움직이는 데 어느 정도의 시간이 걸렸는지 말할 수 있나이다.

이처럼 물체가 운동하는 것과 그 물체가 운동한 시간을 측정하는 것은 서로 다른 문제이니, 이 두 가지 중 어느 것을 시간이라 불러야 할지 모르는 자가 어디 있겠나이까? 실로 물체는 움직일 때도 있고 움직이지 않을 때도 있으니, 우리는 그것이 운동하는 시간뿐 아니라 정지해 있는 시간까지 측정하면서, "운동한 시간이 정지해 있던 시간과 똑같다"느니, "운동한 시간보다 정지해 있던 시간이 두 배 내지 세 배이다"라느니 하는 말을 하나이다. 물론 우리가 이와 같은 말을 할 때, 그 말이 정확한 관측에 근거한 말일 수도 있고, '대강'이라는 말을 할 때같이 어림짐작으로 한 말일 수도 있나이다. 여하간 시간이란 물체의 운동이 아니니이다.

25. 시간은 수수께끼

(32) 하온데 주여, 내가 당신께 고백하기는, 내가 아직 시간이 무엇인지 모른다는 것이니이다. 하오나 주여, 내가 당신께 다시 고백하기는, 내가 시간 속에서 이 같은 말을 한다는 사실, 내가 시간에 대하여 벌써 오래 이야기하였다는 사실, 그리고 이 '오래'라는 현상 자체도 시간의 연장(延長)이 있기에 가능하다는 사실은 알고 있다는 것이니이다. 하오면 내가 시간이 무엇인지도 모르는 형편에 어찌 이 같은 사실들을 알게 되었나이까? 혹시 내가 알고 있으면서도 그것을 어떻게 말해야 할지 모르는 것이니이까? 오호, 나는 슬프도소이다. 나는 내가 무엇을 모르는지도 모르는가 봅니다. 나의 하나님, 보소서! 나는 당신 앞에서 거짓을 아뢰지 않나이다. 내가 아뢰고 있는 바가 곧 내 심중에 있는 것이니이다. 주 나의 하나님, 당신이 "나의 등불을 켜심이여!" 당신이 "내 흑암을 밝히시리이다"(시 18:28).

26. 짧은 시간으로 긴 시간을 측정함

(33) 내 영혼이 당신께 "내가 시간을 측정한다"고 고백함이 진실된 고백 아니니이까? 주 나의 하나님, 내가 측정함이 사실이나, 무엇을 측정하는지 모르는 것도 사실이니이다. 나는 물체의 운동을 시간으로 측정하나이다. 하오면 시간 자체도 측정하는 것 아니니이까? 물체의 운동이 얼마 동안 계속되는지, 여기에서 저기까지 이르는 데 얼마나 걸리는지 내가 측정할 때, 시간 속에서 일어나고 있는 그 움직임을 시간의 측정 없이 어찌 측정할 수 있으리이까?

하오면 시간은 무엇으로 측정하나이까? 대들보의 길이를 자의 길이로 측정하는 것같이, 긴 시간을 짧은 시간으로 측정하는 것이니이까? 이와 같이 우리는 짧은 음절의 길이로 긴 음절의 길이를 재어, 긴 음절의 길이가 두 배라 말하는 것이 분명하나이다. 마찬가지로, 시(詩)의 길이는 구절(句節)의 수로, 구절의 길이는 각운(脚韻)의 수로, 각운의 길이는 음절(音節)의 수로, 긴 음절의 길이는 짧은 음절의 길이로 재나이다. 이때 시의 길이를 시집(詩集)의 면수(面數)로 재지 않사오니, 이는 만약 우리가 면수로 시의 길이를 잰다면, 그것은 공간을 재는 것이지 시간을 재는 것이 아닌 까닭이니이다. 그리하여, 시를 낭송하는 소리가 흘러 지나갈 때, 우리는 다음과 같이 말하나이다.

> 이 시는 많은 구절로 이루어졌으니, 긴 시로다. 이 구절은 많은 각운으로 이루어졌으니, 긴 구절이로다. 이 각운은 많은 음절로 이루어졌으니, 긴 각운이로다. 이 음절은 길이가 단음절의 두 배나 되므로 장음절이로다.

그럼에도 정확한 시간측정을 위한 척도가 이런 식으로 얻어지는 것은 아니니, 이는 짧은 구절이라도 천천히 낭송한다면, 긴 구절을 빨리 낭송하는 것보다 오히려 시간이 더 오래 걸릴 수 있는 까닭이니이다. 이것은 시나 각운, 음절 등 다 마찬가지니이다.

내가 시간을 연장으로밖에 볼 수 없는 이유가 여기 있나이다. 하오나 무엇의 연장인지는 잘 모르겠나이다. 혹시 영혼 자체의 연장인지요? 나의 하나님, 내가 당신께 간구하오니, 내가 측정하는 것이 대체 무엇인지 가르쳐 주소서! 내가 어찌하여 "이 시간은 저 시간보다 길다"는 식으로 대강 말하거나, "이 시간은 저 시간보다 두 배나 길다"는 식으로 분명히 말하나이까? 내가 시간을 측정한다는 것은 알겠나이다. 하오나 내가 미래를 측정할 수 없음은 그것이 아직 '존재' 하지 않음이요, 현재도 측정할 수 없음은, 그것이 아무 연장이 없음이요, 과거도 측정할 수 없음은 그것이 더 이상 '존재' 하지 않음이니이다. 하오면 대체 나는 무엇을 측정하는 것이니이까? 그것이 [이미] 지나가 버린 것이 아니고, [현재] 지나가고 있는 것이니이까? 그러함을 [이미 앞에서] 아뢰었나이다.

27. 시간은 영혼으로 측정함

(34) 내 영혼아, 인내심을 가지라! 주의를 집중시키라! 하나님은 우리를 돕는 분이시라. "그는 우리를 지으신 자"(시 100:3)시니, 우리는 스스로를 짓지 않았도다. 살펴보아라! 진리의 여명(黎明)이 밝아 오는 곳을.

보라! 가령 어떤 물체의 소리가 나기 시작했다고 생각해 보자! 소리가 난다. 그리고 계속 소리가 나다 문득 그치면, 이제는 정적(靜寂)만 있다. 그러면 그 소리는 이미 지나갔으니, 더 이상 그 소리는 '존재' 하지 않는다. 소리 나기 전에, 그것은 미래에 속한 것이었으니, 아직 '존재' 하지 않아서, 측정하기 불가능하였다. 지금도 [측정은] 불가능하다. 이는 [지금 그것은] 더 이상 '존재' 하지 않는 까닭이다. 그런즉 소리가 났던 당시는 [측정이] 가능하였다. 이는 당시에는 측정할 대상이 '존재' 했던 까닭이다. 그렇지만 그것은 당시에도 정지하고 있는 것이 아니었다. 이는 그것이 흘러가고 있었던 것, 지나가고 있었던 것이었기 때문이다. 그 때문에 [당시에는] 측정이 더 용이했을까? 실로 현재란 아무 연장이 없는 까닭에 측정이 불가능하지만, 지나가고 있는 것은 시간의 연장 속으로 늘어지는 까닭에 측정이 가능한 것이다.

그러면 [소리가 났던] 당시는 측정이 가능했다 치고, 이제는 다른 소리가 나기 시작했다 생각해 보자! 그 소리가 아직 끊임없이 계속 나고 있다. 소리가 나는 동안 측정해 보도록 하자! 소리 나는 것이 그치면, 벌써 과거의 것! 측정할 대상은 더 이상 존재하지 않으리라. 그런즉 우리는 지금 바로 그것을 측정해 보자! 그리고 그 길이를 말해 보자! 소리는 아직 나고 있다. 소리의 길이를 측정하는 것은 소리가 나기 시작한 때부터 소리가 그친 때까지를 측정하는 것이다. 이는 우리가 무엇의 길이를 측정한다는 것은 그것이 시작하는 점부터 끝나는 점까지의 간격을 측정하는 것인 까닭이다. 그러므로 아직 끝나지 않은 소리는 그 길이의 측정이 불가능하여, 그것이 길다, 짧다는 말을 할 수가 없고, 다른 소리와 길이가 같다느니 길이가 두 배라느니 세 배라느니 하는 말도 할 수가 없다. 하지만 소리가 이미 끝나 버린 다음에는 그것은 더 이상 '존재' 하지 않는 것. 그러니 그것을 무슨 수로 측정할 수 있으리요? 물론 우리가 시간을 측정하는 것은 사실이다. 그러나 아직은 '존재' 하지 않는 [미래에 속한] 것이든지, 더 이상은 '존재' 하지 않는 [과거에 속한] 것이든지, 아무런 연장이 없는 [현재에 속한] 것이든지, 아직 끝나지 않아 한계가 없는 것의 시간은 측정할 수 없다. 다시 말해 우리는 미래의 시간도, 과거의 시간도, 현재의 시간도, 그리고 지나가는 시간도 측정할 수 없다. 그렇지만 우리가 시간을 측정하는 것 역시 사실이다.

(35) "Deus creator omnium",[15] 여덟 음절로 되어 있는 이 시구(詩句)는, 단음절과 장음절이 교대로 나타나고 있다. 단음절 넷은 첫째, 셋째, 다섯째, 일곱째 음절로서 장음절 넷, 곧 둘째, 넷째, 여섯째, 여덟째 음절에 비해 짧다. 장음절은 단음절보다 두 배의 시간이 걸리는바, 계속 낭송을 반복해 보면 그렇다는 사실을 누구나 분명히 느낄 수 있다. 감관(感官)을 통하여 느낀 것을 신뢰할 수 있다 가정한다면, 우리는 단음절로 장음절을 측정할 수 있으므로, 장음절이 단음절보다 길이가 두 배임을 느껴 볼 수 있다. 하지만 음절은 하나가 울린 다음에야 다른 하나가 울리는 것이니, 만약 첫 음절이 짧고 둘째 음절이 길면, 내가 무슨 수로 그 짧은 것을 붙잡아 두고, 그것을 잣대로 삼아 긴 것을 측정할 수 있을까? 그래서 장음절이 단음절보다 길이가 두 배라는 사실을 무슨 수로 알아낼 수 있을까? 단음절이 울리기를 그치지 않고서는 장음절은 울리기를 시작할 수 없지 않은가? 그렇다면 내가 이 장음절을 측정할 수 있는 것은 이것이 현존(現存)하는 동안뿐일까? 하지만 끝나지 않은 것을 무슨 수로 측정할 수 있다는 말인가? 단 그

---

15) '만유의 창조주 하나님' 으로 번역됨. 밀라노의 감독이었던 교부 암브로시우스(*334?, 재직 374–397)가 지은 찬송시의 첫 구절이다.

것이 끝난다는 것은 그것이 지나간다는 것을 의미한다.

그렇다면 내가 측정하는 것은 대체 무엇일까? 어디에 그 단음절이 있관대, 내가 그것을 잣대 삼아 측정한다는 말인가? 어디에 이 장음절이 있관대 내가 이것을 측정한다는 말인가? 두 음절이 다 울렸고, 날아가 버렸고, 사라져 버렸으니, 이제는 더 이상 '존재' 하지 않는다. 그런데도 나는 측정을 한다. 그리고 감각적 경험을 믿을 수 있다는 전제 하에서 자신 있게 이 장음절이 그 단음절보다 시간이 두 배로 든다는 말을 한다. 하지만 이 소리들이 지나가지 않았다면, 울리기를 그치지 않았다면, [이 같은 말을] 하는 것이 불가능하다. 그러므로 내가 측정하는 것이 더 이상 '존재' 하지 않는다고 말할 수는 없고, 오히려 무엇인지는 자세히 모른다 해도 내 기억 속에 머물러 있는 것임에는 틀림이 없다.

(36) 내 영혼아, 네 속에서 내가 시간을 재는구나. 사실이 이러하니, 너는 나를 혼란스럽게 하지 말아 다오! 감관을 통하여 느끼는 너의 [잡다한] 느낌으로 나를 혼란스럽게 하지 말아 다오! 내가 이르노니, 나는 네 속에서 시간을 재도다. 네 속을 지나가는 사물들이 느낌을 일으키는 것이니, 사물들은 지나가도 느낌은 남는 것. 나는 이 현존하는 느낌을 재는 것이지, 느낌을 일으키면서 지나가는 그 사물들을 재는 것이 아니니라. 내가 시간을 측정한다면 이 느낌을 측정하는 것이다. 그렇다면 이 느낌이 곧 시간이라. 그렇지 않다면 나는 시간을 측정하는 것이 불가능하도다.

그러면 우리가 소리 나지 않는 시간을 측정하는 것은 어떠하냐? 가령, 소리 나지 않은 시간이 소리 난 시간과 똑같았다고 말하는 경우는 어떠하냐? 이때 우리는 소리가 나지 않은 상황에서도, 마치 무슨 소리가 나기라도 했던 것처럼 생각의 날개를 펴, 소리가 나지 않은 시간이 얼마나 계속되었는지를 말할 수 있는 것이 아니냐? 사실 우리는 입을 다물고 소리 내지 않는 가운데 마음속으로 시나 시구를 읊어 볼 수 있고, 아무 연설문이라도 낭독해 볼 수 있고, 어떤 운동의 범위에 대하여 말할 수 있고, 나아가 그렇게 하는 데 걸린 시간이 얼마인지까지도 마치 소리를 냈을 때와 똑같이 서로 비교하여 말할 수 있지 않느냐? 만일 누가 소리를 조금 길게 내고자 마음먹고 얼마큼 길게 낼 것인가를 미리 생각하여 정했다 하자! 저는 분명 소리를 내지 않는 상태에서 시간의 길이를 재어 보고, 이를 마음으로 기억해 둔 다음 소리를 내기 시작할 것이고, 그 소리는 계속 이어지다가 미리 정해 둔 끝에 가서야 그치게 될 것이다. [그 소리가 계속 이어지는 동안은] 그 소리의 일부는 이미 났고, 일부는 앞으로 나게 될 것이다. 이는 그 소리의 일부는 이미 난 것이라, 지나가 버린 것이고, 일부는 아직 남은 것이라 앞으로 나게 될 것인 까닭이다. 그런즉 현재 뜻하고 있는 바가 미래의 것을 과거의 것으로 옮겨 놓는 것이니, 미래의 것이 감소함에 따라 과거의 것은 증가하고, 결국 미래의 것은 [전부] 소진(消盡)되고 모든 것이 과거의 것이 되어 버리고 마는 것이다.

28. 기억과 감지와 예상

(37) 하지만 아직 '존재'하지도 않는 미래의 것이 무슨 수로 감소하고 소진된다는 말인가? 또한 이미 '존재'하지 않는 과거의 것이 무슨 수로 증가한다는 말인가? 이 같은 일이 가능하다면 그것은 오직 영혼 속에서만 가능한 것이다. 이는 영혼 속에서 [미래의 것, 현재의 것, 과거의 것이라는] 세 가지 것에 대한 취급이 이루어지는 까닭이다. 즉 영혼은 예상(豫想), 감지(感知), 기억(記憶)이라는 기능을 통하여, 예상한 것을 감지하고 감지한 것을 기억해 두는 것이다. 사실 미래의 것이 아직 '존재'하지 않음을 누가 부정하겠는가? 하지만 그럼에도 불구하고 영혼은 미래사(未來事)에 대한 예상을 이미 하고 있다. 또한 과거의 것이 더 이상 '존재'하지 않음을 누가 부정하겠는가? 하지만 그럼에도 불구하고 영혼은 과거사에 대한 기억을 아직도 하고 있다. 또한 현재의 시간은 순간적으로 존재하다 지나가는 것인 까닭에 길이가 없다는 사실을 누가 부정하겠는가? 하지만 그럼에도 불구하고 영혼은 감지하는 기능을 계속 수행하는 까닭에, 미래의 존재는 그것을 통과하여 과거의 존재로 변천해 가는 것이다. 그런즉 아직 '존재'하지 않

는 미래의 시간이 긴 것이 아니니, 미래의 시간이 길다는 것은 미래에 대한 예상이 길게 연장됨을 의미할 따름이다. 또한 [더 이상] '존재'하지 않는 과거의 시간이 긴 것이 아니니, 과거의 시간이 길다는 것은 과거에 대한 기억이 길게 연장됨을 의미할 따름이다.

(38) 내가 아는 시를 한 수 읊는다 치자! [읊기] 시작하기 전에 나는 [그 시] 전체를 미리 생각해 본다. 그리고 일단 읊기 시작했다 치면, 이미 읊은 부분은 예상의 영역에서 과거의 영역으로 넘어가 기억 속에 자리잡는 까닭에, 나의 삶은 [시를 읊는] 나의 이 행동으로 인하여 기억과 예상[이라는 두 영역]에 걸쳐지게 되는 것이다. 곧 기억하는 것은 내가 이미 읊은 부분이 되고, 예상하는 것은 내가 앞으로 읊게 될 부분이 된다. 그렇지만 내가 감지하는 것은 현재적인 것이니, 이를 통하여 미래의 것이 과거의 것으로 옮겨지는 것이다. 이 같은 일이 계속하여 일어나면 예상의 영역 속에 있던 것은 점차 감소하고, 기억의 영역에 속에 있는 것은 점차 증가하여, 결국은 예상의 영역 속에 있던 것은 전부 소진되고 [시를 읊는] 행동은 전부 다 끝나, 모든 것이 다 기억의 영역 속에 옮겨져 있는 상태가 된다. 이 같은 일은 시 전편(全篇)에서만 일어나는 것이 아니라, 시의 각 부분, 시의 각 음절에서도 마찬가지로 일어난다. 이같은 일은 시를 읊는 것보다 더 긴 시간이 걸리는 행동에서도 마찬가지로 일어나며, 사실 인간의 생애 전체, 나아가 인류의 모든 역사에서도 마찬가지로 일어난다.

29. 시간적인 것에는 끝이 있다

(39) 하오나 "주의 인자가 생명보다"(시 63:3) 낫나이다. [주여,] 보소서! 나의 생명이 덧없이 흘러가나이다. 하오나 "주의 오른손이 나를"(시 63:8) 붙드시니, 곧 인자(人子)이신 나의 주 안에서니이다. 그는 한 분이신 당신과 우리 많은 자들 사이의 중보(中保)이신데, 우리는 많은 것들로 인하여 많은 자들로 나뉘었나이다. 하오나 그가 나를 붙드심은 내가 그로 말미암

아 "잡힌바 된 그것을"(빌 3:12) 붙잡게 하기 위함이며, 또한 지난날의 흐트러진 삶에서 벗어나 "뒤에 있는 것은 잊어버리고"(빌 3:13) 오직 한 분이신 당신만을 좇아가게 하기 위함이니이다. 하온즉 나는 이제 [미래로부터] 왔다가 [과거로] 사라져 버릴 것에 마음을 빼앗기지 아니하고, "앞에 있는"(빌 3:13) [영원한] 것을 바라보고 흐트러진 삶에서 벗어나 마음을 하나로 모아, "위에서 부르신 부름의 상을 위하여"(빌 3:14) 좇아가려 하나이다. 저 높은 곳에서 나는 찬미 소리를 들을 것이요, 당신의 "아름다움을 앙망"(시 27:4)할 것이니, 당신의 아름다움은 오는 것도 가는 것도 없이 영원하나이다.

하오나 지금 "나의 해는 탄식으로"(시 31:10) 보내고 있나이다. 주여, 당신은 나의 위로시며, 나의 영원한 아버지시라. 내가 시간 속에서 흐트러졌는데, 어찌하면 정돈되어 질서를 회복할 수 있을지 알 수가 없나이다. 나의 생각과 내 영혼의 깊은 곳은 여러 가지 번잡한 일들로 인하여 갈기갈기 찢겨 있으니, 당신의 사랑의 불로 정결하게 녹아져 흘러 당신과 하나가 되기까지니이다.

30. 시간은 창조와 함께 시작됨

(40) 하오니 나는 나의 원형이 되신 당신 안에, 당신의 진리 안에 굳게 서 있을 것이오며, 사람들이 "하나님이 천지를 창조하시기 전에 무엇을 하고 계셨느냐?" 혹은 "[천지창조] 전에는 아무것도 만드신 적이 없는 분이, [갑자기] 무슨 생각이 드셨기에 피조물을 만들게 되셨을까?"라는 질문을 할 때, 나는 이 같은 질문들을 용납하지 않을 것이니이다. 이 같은 사람들은 자신들이 지은 죄의 벌로 인해 자신들의 용량 이상의 물을 마시려고 허덕이는 자들이니이다.

주여, 저들로 하여금 저들이 하는 말을 잘 생각하게 하소서! 그리하여 시간이 존재하지 않는 상황에서는 "무엇을 한 적이 전혀 없다"는 말이 전혀 불가능함을 깨닫게 하소서! "무엇을 한 적이 전혀 없다"는 말은 "무엇을 했던 때가 전혀 없었다"는 말과 무엇이 다르니이까? 하오니 저들로 하여금, 창조 이전에는 시간이 존재하지 않았음을 깨닫고 [다시는] 이같이 헛된 말을 하지 못하게 하소서! 저들은 모름지기 "앞에 있는 [영원한] 것을"(빌 3:13) 향해야 할 것이니이다. 당신은 모든 시간보다 앞서시고, 모든 시간의 영원한 창조자이시며, 그 무슨 시간이라도 당신과 똑같이 영원할 수 없음을 저들로 깨닫게 하소서! 그 무슨 피조물이라도 당신과 똑같이 영원할 수는 없으니, 시간을 초월해 있는 [천사의] 경우도 그러하나이다.

31. 하나님은 영원토록 모든 것을 아심

(41) 주 나의 하나님, 당신의 깊은 "품속"(요 1:18)은 얼마나 신비할는지요? 하오나 나는 나의 죄악으로 인하여 그 품속에서 얼마나 멀리 끊어져 있는지요? 나의 눈을 치료하여 주소서! 내가 당신의 빛을 배우 즐거워하리이다. 만약 어떤 영혼이 있어, 내가 어떤 시(詩)를 아주 잘 알고 있듯, 과거와 미래를 속속들이 아는 지식과 선견(先見)을 가지고 있다면, 그는 분명 지극히 경탄할 만하고, 소름끼치도록 놀라운 자일 것이니이다. 마치 내가 그 시를 읊을 때, 초장(初章)부터 무엇을 얼마큼 읊었고, 종장(終章)까지는 읊어야 할 것이 아직 얼마큼 더 남아 있는지를 밝히 아는 것같이, 그 역시 과거로 지나간 오랜 역사나 미래에 다가올 긴 역사를 남김없이 알고 있을 것이니이다. 하오나 만유의 창조자 되시며 영혼과 육체의 창조자 되신 당신께서 온갖 미래사(未來事)와 과거사(過去事)를 아심은 결단코, 결단코 그와 같은 방식으로 아심이 아니니이다. 당신의 아심은 훨씬 훨씬 더 경이롭고 훨씬 더 신비롭게 아시는 것이니이다. 우리가 잘 아는 노래를 부른다든지, 우리가 잘 아는 노랫소리를 듣는다든지 할 때, 앞으로 다가올 소리를 예상하고 이미 사라진 소리를 기억함에 의하여 우리의 감정에는 기복(起伏)이 생기고, 우리의 감각은 분산되나, 변함없이 영원하신 당신, 우리의 영혼까지 창조하신 진실로 영원하신 당신은 그렇지 않나이다. 하온즉 당신이 "태

초에 천지를"(창 1:1) [창조하셨을] 때, 천지에 대한 당신의 지식에 변화가 생기지 않았음같이, 당신이 "태초에 천지를"(창 1:1) 창조하셨을 때 당신의 행동에는 변화가 없었나이다.

이 말을 알아듣는 자는 당신께 찬양의 고백을 드리게 하소서! 그리고 이 말을 알아듣지 못하는 자도 당신께 찬양의 고백을 하게 하소서! 오, 당신은 얼마나 존귀하신지요! "마음이 겸손한 자"(사 57:15)가 당신의 집이니이다. 당신은 실로 심령이 상한 자를 일으키시니, 저들이 넘어지지 않을 것이니이다. 당신은 저들의 높음이 되시나이다.

성 어거스틴의 ‖ 고백록 ‖

제12권 창세기 1장에 나오는 '천지'의 뜻

1. 성경의 올바른 해석은 어렵다

(1) 주여, 나의 심령은 내가 괴로운 인생길을 가고 있기 때문인지는 모르나, 성경에 기록된 당신의 말씀을 아무리 상고해 본다 해도 이 말씀을 이해하는 데 어려움이 많나이다. 사실, 사람이 말을 많이 하게 되는 것도 보통 지혜가 부족한 연고니이다. 이런 까닭에 [진리를] 발견했을 때보다는 [진리를] 추구할 때 말을 더 많이 하게 되며, [무엇을] 얻었을 때보다, [무엇을] 간청할 때 [말이] 더 길어지며, [무엇을] 받는 손보다는 [문을] 두드리는 손이 더 급하나이다. [하오나] 우리는 약속을 받았으니, 누가 이를 무효로 만들 리이까? "만일 하나님이 우리를 위하시면 누가 우리를 대적"(롬 8:31)하리이까? 당신은 다음과 같이 약속하셨나이다.

구하라, 그러면 너희에게 주실 것이요, 찾으라, 그러면 찾을 것이요, 문을 두드리라, 그러면 너희에게 열릴 것이니, 구하는 이마다 얻을 것이요, 찾는 이가 찾을 것이요, 두드리는 이에게 열릴 것이니라(마 7:7-8).

진리께서 [이같이] 약속하셨으니 누가 속을 것을 염려하리이까?

2. 두 종류의 하늘

(2) 이 미천한 내 혀가 존귀하신 당신께 찬양의 고백을 드리니, 이는 천지, 곧 내가 바라보는 저 하늘과 내가 [발을] 디디고 있는 [이] 땅을 당신이 창조하셨음이니이다. 흙으로 돌아갈 나의 몸은 땅에서 나왔나이다. [이것도] 당신이 창조하셨나이다.

하오나 주여, 우리는 시편을 통하여 "하늘의 하늘은 주의 것이라도 땅은 인생에게 주셨도다"[1]라고 [찬송하는] 소리를 듣는데, 이 '하늘의 하늘'[2]이란 어디에 있나이까? '하늘의 하늘'에 비하면, 우리가 볼 수 있는 모든 것은 '땅'에 불과한데, 이 '하늘의 하늘'은 대체 어디 있는 것이니이까? 모든 물질세계는 실로 모든 부분이 다 온전한 것은 아니나, 아주 하찮은 부분이라도 아름다운 모습을 나타내고 있으니, 우리 지구는 그 기저(基底)를 이루고 있나이다. 하오나, '하늘의 하늘'에 비하면, 이 땅에서 보는 저 하늘도 땅에 불과하나이다. 이 두 가지 엄청난 형체(形體), [곧 땅과 하늘]조차 저 불가사의한 '하늘의 하늘'에 비하면 '땅'이라고 불러도 무방할 것이라. '하늘의 하늘'은 주님의 것이지 인생의 것이 아니니이다.

3. 깊음 위의 흑암

(3) 하온즉 "땅이 혼돈하고 공허"했다는 [말씀은] 전혀 이상할 것이 없나이다. [당시] 땅은 무엇인지 알 수 없는 깊은 무저갱(無底坑)이었으며 그 위에는 빛이 없었으니, 이는 아무 형상도 없었음이니이다. 이런 까닭에 당신은 [성경 기자에게] 명하사 "흑암이 깊음 위에 있었더라"(창 1:2)고 기록하게 하셨나이다. [사실] 흑암이란 빛의 부재(不在)와 다를 바 어디 있겠나이

---

1) 『칠십인경』의 시 113:24.

2) 시 68:33, 115:16, 148:4 참조.

까? 이는 만약 빛이 존재했다면 "그 위에" 드높이 있어 비춰 주었을 것임이 니이다. 그 높은 곳 위가 아니면 빛이 존재할 곳이 또 어디 있으리이까? 하 온즉 빛이 아직 존재하지 않았던 상황에서 '흑암'의 존재는 빛의 부재와 무 슨 다를 바 있었겠나이까? 하온즉 "흑암이 위에 있었더라" 했을 때, '위'에 는 빛이 없었으니, 마치 소리가 없는 곳에 정적(靜寂)이 있는 것과 같나이 다. 실로 정적이 거기 존재하는 것은 소리가 거기 존재하지 않는 것과 다를 바 어디 있겠나이까?

주여, 당신께 찬양의 고백을 드리는 이 영혼을 당신이 "교훈"(시 71:17) 하시지 않으셨나이까? 주여, 당신이 이 무형의 질료에 형상을 부여하사 종 류를 나누어 주시기 전에는, 그것은 아무것도 아니었으니, 색채도 모양도 물체도 영(靈)도 아니었음을 당신이 내게 가르쳐 주시지 않았나이까? 하오 나 그것은 절대무(絶對無)는 아니었으니, [다만] 아무 형상도 없는 무형적 존재였을 따름이니이다.

4. 무형의 질료

(4) 이것을 대체 무엇이라 불러야 하리이까? [사람들이] 보통 쓰는 말로 표현할 때, 그때에만 이해력이 둔한 자들이 조금이라도 이해할 수 있지 않 겠나이까? 피조세계의 모든 부분 가운데서 '땅'이나 '무저갱' 말고 형상이 완전히 없는 것에 더 가까운 것이 어디 있으리이까? '땅'이나 '무저갱'은 [피조세계의] 가장 낮은 단계에 위치하고 있으니, 높은 곳에 위치하여 밝게 찬란하게 빛나는 다른 모든 것들보다 아름다움이 덜하니이다. 하온즉 당신 은 아무 형상도 없는 무형의 질료를 만드시고, 그것을 재료로 하여 아름다 운 피조세계를 만드셨으니, 이 질료라는 말 대신 사람들이 알아듣기 쉽게 "땅이 혼돈하고 공허"했다는 말이 사용되었다면, 내 어찌 이를 받아들이지 않으리이까?

5. 질료가 무엇인지를 알기란 대단히 어려움

(5) 하온데 우리가 질료에 대해 생각하면서, 질료를 어떻게 파악해야 할지 궁구해 볼 때, 우리는 스스로에게 다음과 같은 말을 해 볼 수 있나이다.

이것은 생명이나 정의(正義)와 같이 영적인 형상이 아니니, 이는 이것이 물체의 재료가 되는 까닭이다. 그렇다고 감각적 형상도 아니니, 이는 '혼돈하고 공허'한 것 속에는 볼 수 있는 것, 감각할 수 있는 것이 존재하지 않는 까닭이다.

우리 인간이 질료에 대하여 이같이 생각하며 말할 때에는, 모르면서도 알고자 애쓰는 것이든지, 아니면 알면서도 모르고자 애쓰는 것이라 할 수 있나이다.

6. 유형적 존재와 절대무 사이의 중간적 존재

(6) 하오나 주여, 당신이 이 질료에 대하여 내게 가르쳐 주신 모든 것을 내 입과 내 붓을 통해 고백하려 하나이다. 옛날 [마니교 신자였을 때] 나는 이 [질료라는] 말을 처음 들었으나 그 뜻을 잘 이해하지 못하였는데, [실은] 이것을 내게 말해 준 자들 역시 뜻을 잘 이해하지 못하고 있었나이다. 그리하여 나는 이 질료를 갖가지 무수한 형상을 가진 것으로 생각하고 있었으니, [도무지] 제대로 된 생각을 할 수가 없었나이다. 곧 흉하고 무섭고 무질서하게 뒤엉킨 형상만을 상상하면서, 생각을 이리저리 굴려 볼 따름이었나이다. 그럼에도 그것을 "형상은 형상"이라 생각했으며, "무형적 존재"라고 불렀으니, 이는 형상이 아주 없다기보다는 무슨 형상은 갖고 있되, 그것이 [내게] 나타날 때는 생소하고 이상하게 보여 내가 그것을 외면하게 되고, [나처럼] 연약한 사람은 마음이 혼미해질 것 같았기 때문이니이다.

하온즉 [당시] 내가 생각했던 ['무형적 존재'라는] 것은 전혀 아무 형상도 없는 것이라기보다는, 보다 온전한 형상을 가진 것에 비해서는 형상이 없는 것이나 마찬가지였나이다. 그리하여 올바른 이성(理性)으로 생각해 볼 때, 완전히 무형적인 것을 상상하려면, 형상이라는 형상은 전부 남김없이 제거해야 한다고 생각하게 되었나이다. 하오나 나는 그리하지 못하였나이다. 이는 아무 형상이 없는 것은 존재하지 않는다고 생각하기는 쉬웠어도, 형상(形相)과 무(無) 중간에 있는, 형상도 아니고 무도 아닌, 곧 무에 가까운 무형적인 존재를 생각하는 것은 어려웠던 까닭이니이다.

하온데 나의 오성(悟性)은 이에 대해 나의 영혼에 물어 보기를 포기하였으니, 이는 나의 영혼이 유형적 물체에 대한 영상(影像)들로 가득 차 있었고, 이들을 임의로 변화, 교체시키는 까닭이었나이다. 이에 나는 물체 자체에 주목하였고, 물체의 가변성(可變性)에 대해 좀더 깊이 궁구하여, 어찌하여 존재했던 것들이 존재하기를 중단하고, 존재하지 않았던 것들이 존재하기를 시작하는지 살펴보았나이다. 그리하여 하나의 형상이 다른 형상으로 변전(變轉)하는 일이 무형적인 그 무엇으로 말미암아 이루어지는 것이지, 절대무(絕對無)로 말미암아 이루어지는 것은 아니라고 추측하게 되었나이다.

그럼에도 내가 원한 것은 [단순한] 추측이 아니라 [참된] 지식이었나이다. 하오나 당신이 내게 주신 이 문제 대한 해답을 내가 당신께 전부 필설로 고백한다 해도, 그 내용을 이해하기 위하여 인내심을 가지고 끝까지 읽어 줄 사람이 과연 있겠나이까? 하오나 이같이 말로 다 형용할 수 없는 것에 대하여도 내 심령은 당신께 존귀와 영광의 찬송 드리기를 쉬지 않으리이다.

사실, 무상(無常)한 존재들의 가변성 자체가 온갖 형상을 수납(受納)하는 것이니, 무상한 존재들은 온갖 형상을 취함을 통하여 변해 가나이다. 하오면 가변성이란 대체 무엇이니이까? 영혼이니이까? 물체니이까? 영혼이나 물체의 존재방식이니이까? 혹여 이를 '일종의 무', '존재하지 않는 것'이라 말할 수 있다면, 나는 그같이 말하리이다. 하오나 이것이 어떤 식으로든 존재하는 것은 사실이라. 만약 그렇지 않다면, 가시적이고 정돈된 형체들이 어찌 만들어질 수 있었겠나이까?

7. 무형의 질료는 하나님께서 창조하심

(7) 하온데 이것이 무슨 방식으로 존재하든지 간에 당신으로 좇아 온 것이 사실이니이다. 그렇지 않다면, 그 어디로부터 좇아 왔겠나이까? 이는 존재하는 것들은 모두 그것들이 존재의 어느 단계에 속한 것이든지 간에 당신으로 좇아 왔음이니이다. 그러하나 당신으로부터 거리가 멀어질수록 [당신과의] 유사성(類似性)은 줄어드나이다. 하오나 여기서의 거리는 공간적인 거리가 아니니이다. 하오니 주여, 당신은 시공(時空)에 따라 변화하는 분이 아니시니이다. 항상 같으시고, 같으시고, 같으시니, 거룩, 거룩, 거룩[3]하시며 전능하신 주 하나님이시니이다. 당신은 '태초' 자체가 되신 그분, 당신으로 좇아 나오신 그분, 당신의 지혜가 되시며, 당신의 본체(本體)로 좇아 나오신 그분 안에서 [무형의 질료를] 무(無)로부터 창조하셨나이다.

당신은 실로 "천지를" 창조하셨으나, 천지는 당신으로 좇아 나온 것이 아니니이다. 만약 천지가 당신으로 좇아 나왔다면 천지는 당신의 독생자와 동등한 존재가 되고, 나아가 당신과도 동등한 존재가 되고 말 것이니이다. 당신으로 좇아 나오지 않은 것이 당신과 동등한 존재가 되고 만다면, 이것은 절대 이치에 맞지 않나이다. 삼위일체가 되시고, 일체삼위가 되신 하나님이여, 당신 외에는 아무것도 없었으니, [천지의 재료가 되는 '무형적 존재' 까지도] 없었나이다. 하온즉 당신은 무로부터 하늘과 땅, 곧 큰 것과 작은 것을 창조하셨나이다. 이는 당신이 전능하시고 선하사 모든 것을 선하게 창조하셨음이니이다. 큰 하늘과 작은 땅을 당신이 창조하셨나이다. 당신이 '계실' 때 무 외에는 아무것도 없었으니, 이 무로부터 당신은 하늘과 땅 두 가지를 창조하사, 하나는 당신께 가까이, 다른 하나는 무에 가까이 두셨나이다. 그리하여 하나는 당신만이 그 위에 계시며, 다른 하나는 무만이 그 아래 있나이다.

---

3) 사 6:3, 계 4:8 참조.

8. 무형의 질료에서 우주만물이 창조됨

(8) 하오나 주여, 저 "하늘의 하늘"[4]은 당신의 것이나, 인생에게 주사, 보고 만지게 하신 땅은 지금 우리가 보고 만지는 땅과 같지 아니하였나이다. 그 땅은 실로 "혼돈하고 공허"한 "깊음"이었으니, 그 위에는 빛이 없었나이다. 그러므로 "흑암이 깊음" '위에' 있었고, 그 흑암은 "깊음" '속'의 흑암보다 더 심한 것이었나이다. 지금 우리가 눈으로 볼 수 있는 바닷물 속의 심연(深淵)은 실로 그것이 아무리 깊다 해도 제나름의 빛이 있어, 물고기나 바다 밑을 기어 다니는 생물들이 어찌하든 볼 수 있으나, 저 "깊음"은 완전히 거의 무(無)에 가까워, 아직 아무 형상이 없었나이다. 그럼에도 그 것이 존재하기는 했으니 무슨 형상을 가질 가능성은 가지고 있었나이다.

주여, 당신은 세상을 무형의 질료로 만드셨사나이다. 하옵고 이 질료는 무에서 만드셨으니, 거의 무에 가까운 것이니이다. 이것으로 당신은 인생들이 찬탄하는 거대한 [우주]를 만드셨나이다. 실로 너무나 오묘한 저 우주를 [만드셨나이다.] 당신이 빛을 만드신 다음 날, "물 가운데 궁창이 있어 [물과 물로 나뉘게 하라!]"(창 1:6)고 말씀하시매, "그대로"(창 1:7) 되었나이다. 당신은 "궁창"을 "하늘이라"(창 1:8) 칭하셨으나, 이 "하늘"은 당신이 셋째 날에 창조하신 이 땅과 바다의 하늘이었나이다. 당신은 이 하늘을 모든 날 이전에 창조하신 무형의 질료에 보이는 형상을 부여하사 만드셨나이다. 물론 당신이 만드신 하늘에는 모든 날 이전에 만드신 하늘도 있으니, 그것은 "하늘의 하늘"이니이다. 이는 당신이 "태초에" 하늘과 땅을 창조하셨음이니이다.

하오나 당신이 [태초에] 창조하신 그 땅은 무형의 질료였으니, [그때] 땅은 "혼돈하고 공허하며 흑암이 깊음 위에" 있었나이다. 이같이 "혼돈하고 공허한 땅", 형상이 없이 거의 무(無)에 가까운 것으로 당신은 이 우주만물을 만드셨으니, 이 변화 많은 세상은 이들 만물로 구성되었나이다. 이 세상

---

[4] 『칠십인경』의 시 113:24 참조. 『개역성경』 시 68:33, 115:16, 148:4도 참조.

은 항존(恒存)하는 것이 아니니이다. 여기에는 가변적인 현상이 나타나니, 이로 말미암아 시간이 감지되고 측정되나이다. 이는 시간이 사물들의 변화로 이루어짐이니이다. 사물들의 형상은 변화무쌍한 것인데, 이 사물들의 질료는 위에서 아뢴바 "[혼돈하고] 공허한 땅"이니이다.

9. 시간 이전의 창조

(9) 하온즉 당신의 종 [모세의] 스승 되신 성령께서 "태초에 하나님이 천지를 창조하시니라"(창 1:1)고 말씀하실 때, 시간과 날에 관하여는 침묵을 지키시는 까닭이 여기 있나이다. 당신이 "태초에" 창조하신 "하늘의 하늘"은 실로 영적인 피조물인 것이 사실이니이다. 물론 그것이 결코 성삼위 되신 당신같이 영원하지는 않으나, 당신의 영원성에는 동참하고 있고, 당신을 바라봄에서 오는 지극히 복된 즐거움 때문에 자신의 가변성을 아주 잘 억제하여, 그것이 창조된 이래 전혀 죄악에 빠지지 않은 채 [줄곧] 당신께 의지함으로써 시간의 변화무상(變化無常)함을 온전히 초월하는 존재가 되었나이다.

하오나 이 형상이 없는 "혼돈하고 공허한 땅"이 만들어진 때 역시 [창조의] 날 수에는 포함되지 않았나이다. 이는 형상과 질서가 없는 곳에는 오는 것과 가는 것이 전혀 없고, 오는 것, 가는 것이 전혀 없는 곳에서는 날 수도 없고 시간의 변전(變轉)도 없는 까닭이니이다.

10. 빛의 조명을 간구함

(10) 오, 진리시여, 내 심령의 빛이시여! 나의 어두움이 [더 이상] 내게 말을 못 하게 하소서! 나는 무상(無常)한 것 들 속에 빠져 어두워졌나이다. 그러하나 나는 그 속에서, 아니 그 속에서조차 당신을 사랑하게 되었나이

다. 내가 유리(流離)하는 중에도 당신을 기억하였나이다. 나는 나의 등 뒤에서 "돌아오라!" 부르시는 당신의 음성을 들었나이다. 하오나 소란스러운 자들의 훤화(喧譁) 때문에 바로 알아듣기가 참으로 어려웠나이다. 보소서! 이제 내가 목말라 헐떡이며 당신의 샘물로 돌아가나이다. 그 누구도 나를 가로막지 못하리니, 이 물을 마시고야 내가 살리이다. 나는 스스로 내 생명이 되지 않을 것이니, 나 스스로 살 때 나는 악한 삶을 살았으며, 내가 곧 나 자신의 죽음이었나이다. 나는 당신 안에서 다시 생명을 얻나이다. 당신이 내게 말씀해 주소서! 당신이 나와 대화를 나누어 주소서! 나는 당신의 책 [성경]을 믿게 되었나이다. 하오나 당신의 말씀은 너무 신비하나이다.

11. 어거스틴이 '천지'에 대한 자신의 해석을 요약함

(11) 주여, 당신은 이미 힘찬 음성으로 내 심령의 귀에 이르시기를, 당신은 영원하시며 당신께만 "죽지 아니함이"(딤전 6:16) 있다 하셨나이다. 이는 당신이 그 무슨 형상에 의해서든 운동에 의해서든 도무지 변함이 없으시고, 당신의 의지 또한 시간에 따라 달라지지 아니함이니이다. 이때는 이렇게 변하고, 저때는 저렇게 변하는 의지는 실로 영원한 의지라 할 수 없나이다. 이것이 당신의 목전에서 내게 분명하니, 더욱 더 분명해지기를 당신께 간구하나이다. 그리하여 이 밝은 빛 가운데서 당신의 날개 아래 안연(晏然)히 거하기를 원하나이다.

주여, 당신은 또한 힘찬 음성으로 내 심령의 귀에 이르시기를, 당신 이외의 모든 실체와 그 본성은 모두 당신이 만드신 것으로, 비록 당신과는 다르다 해도, '존재' 하는 것은 사실이라 하셨나이다. 당신으로 말미암지 않은 것은 오직 무와 [잘못된] 의지의 움직임뿐이니, 무는 '존재' 하지 않는 것이며, [잘못된] 의지는 [최고의] 존재이신 당신을 떠나 저급한 것을 향하여 움직이는 것이니이다. 이 같은 움직임이 죄악이니이다. 그러하나 그 누구의 죄도 당신을 해치거나 당신 나라의 질서를 위아래 어디서도 절대 어지럽히지 못하나이다. 이것이 당신의 목전에서 내게 분명하오니, 더욱더 분명해 지기를 당신께 간구하나이다. 그리하여 이 밝은 빛 가운데서 당신의 날개 아래 안연히 거하기를 원하나이다.

(12) 당신은 또한 힘찬 음성으로 내 심령의 귀에 이르시기를, 오직 당신만을 자신의 즐거움으로 삼는 피조물인 천사라 할지라도, 당신같이 영원하지는 않다 하셨으니, 천사는 언제나 변함이 없는 지극한 순결함을 간직한 채, 오직 당신이 주시는 양식만으로 만족하며, 자신의 가변성을 언제 어디서도 결코 드러내지 않고 항상 당신 곁에 있어, 정성을 다해 당신을 모시나이다. 그런 까닭에 천사는 기다려야 할 미래도 없고 기억 속에 간직해야 할 과거도 없으니, 그 무슨 변화에도 영향을 받지 않고, 그 어떠한 시간 속으로도 분산되지 않나이다.

아, 이 같은 피조물, 당신이 주시는 행복을 사모하는 피조물은 얼마나 복된지요? 당신이 그의 영원한 거처가 되어 주시고 그를 조명해 주시니, 그는 복이 있나이다. 하온즉 나는 주님께 속해 있는 이 '하늘의 하늘'을 '당신의 집'이라고 표현하는 것이 좋을 것 같으니, 이는 이보다 더 좋은 표현을 찾을 수 없음이니이다. 이 '집'은, 당신이 주시는 즐거움을 맛보는 곳이니이다. 이곳은 아무 부족함도 없으니, 다른 [저급한] 것에 마음을 두어 그리로 떨어질 위험이 전혀 없나이다. 이곳은 우리가 [육안으로 보는] 저 하늘보다 더 높은 곳에 있는 당신의 도성(都城)이니이다. 이곳은 순수한 영의 세계이니, 이곳에서는 거룩한 영들, 곧 [천국의] 시민들이 평화의 끈으로 함께 연결되어 온전히 마음이 하나 되어 살고 있나이다.

(13) 영혼은 이를 보고 깨달아야 할 것 아니니이까? 멀리 떠나 방황하던 영혼이 벌써 당신을 갈망하게 되었다면, 사람들이 날마다 저에게 "네 하나님이 어디 있느뇨"(시 42:3) 하여 "눈물이 주야로"(시 42:3) 저의 음식이 되었다면, 그리해야 할 것 아니니이까? 또한 당신께 청하는 것이 오직 하나, 곧 저의 사는 모든 날 동안 당신의 집에 거하는 것뿐이라면,[5] 그리해야 할

---

5) 시 27:4 참조.

것 아니니이까? 사실, 당신 외에 누가 저의 생명이 되리이까? 하옵고 당신의 날이란 당신의 영원하심 외에 또 무엇이리이까? 당신은 여상(如常)하시니 당신의 "연대는 무궁"(시 102:27)하지 않나이까? 하온즉 영혼은, 자기가 깨달을 수 있는 이것, 곧 모든 것을 초월해 계시는 영원하신 당신이 얼마나 존귀하신지 깨달아야 할 것이니이다. 또한 방황함이 없었던 '당신의 집' [천사]는 비록 당신같이 영원하지는 않을지라도, 끊임없이 당신께 계속 의지하는 까닭에 시간이 변전해도 영향을 받지 않나이다.

이것이 당신의 목전에서 내게 분명하니, 더욱더 분명해지기를 당신께 간구하나이다. 그리하여 이 밝은 빛 가운데서 당신의 날개 아래 안연)히 거하기를 원하나이다.

(14) 보소서! [피조물 중] 가장 끝에 있는 것, 가장 낮은 곳에 있는 것들은 변화하고 있는데, 이 변화의 기초가 되는 무형의 질료가 대체 무엇인지는 알 수 없나이다. 이를 내게 설명해 줄 자가 있다면, 그는 자기 심령의 허망함으로 인하여 망령된 허상(虛像)을 찾아 헤매는 자뿐일 것이니이다. 그와 같은 자는 내게 이르기를, "형상이 [점차] 감소하여 [결국] 완전히 소멸된다면 무형의 질료만 남는데, 이로 말미암아 사물의 형태가 변화하고 시간의 변전이 일어나는 것이라" 할 수 있지 않겠나이까? 하오나 이는 결코 있을 수 없나이다. 이는 움직임으로 인하여 일어나는 변화 없이는 시간이 존재할 수 없음이니이다. 또한 형상이 전혀 없는 곳에는 변화도 전혀 있을 수 없나이다.

12. 시간을 초월하면서도 영원하지는 않은 존재

(15) 나의 하나님이여, 내게 [문을] 두드리라 촉구하시고, 내가 문을 두드릴 때 열어 주시는 당신이 [힘을] 주시는 대로 내가 이 같은 일을 생각해 보고, 무시간적(無時間的)이면서도, 당신같이 영원하지는 못한 두 가지 존재를 당신이 만드신 것을 발견하였으니, 그 하나는, [본디] 가변적이면서도

[당신을] 끊임없이 바라봄으로 인해 한 순간도 변함 없이 계속 [당신의] 영원하심과 불변하심을 온전히 향유하는 것이고, 다른 하나는, 형상 자체가 전혀 없는 까닭에 운동을 통해서도 정지를 통해서도 형상의 변화가 전혀 일어나지 않아, 시간의 지배를 전혀 받지 않는 것이니이다. 하오나 당신은 이 [무형적인] 것을 [무형적인 것으로 마냥] 내버려두시지 않았으니, 이는 당신이 만세(萬世) 전, 곧 태초에 천지를 창조하셨음이니이다. [하온데 하늘과 땅,] 이 두 가지에 관하여는 내가 [이미] 아뢴 바 있나이다. 하온즉 "땅이 혼돈하고 공허하며 흑암이 깊음 위에"(창 1:2) 있었다는 말씀은 무형적인 것에 관한 말씀으로, 모든 형상이 다 없어진다는 것이 절대무(絶對無)에 이르는 것이 아님을 생각지 못하는 자들로 하여금 점진적으로 이해할 수 있게 해 주는 말씀이니이다. [이 말씀은] 이 [무형적인] 것에서 두 번째 하늘과 가시적이며 정돈된 땅, 그리고 아름다운 물이 만들어졌고, [그 다음에야] 이 세상 만물이 날과 함께 순차적으로 만들어졌음을 기록하고 있나이다. 이는 이 세상 만물은 운동이나 형상이 질서 있게 변화함으로 말미암아 시간의 변화를 따르게 되는 까닭이니이다.

13. 창조의 날 이전에 창조된 피조물

(16) 나의 하나님이여, 성경에 "태초에 하나님이 천지를 창조하시니라"(창 1:1)는 말씀, "땅이 혼돈하고 공허하며 흑암이 깊음 위에"(창 1:2) 있었다는 말씀은 기록되어 있되, 당신이 몇 번째 날에 [천지를] 창조하셨는지는 기록되어 있지 않은 것을 나는 우선 이렇게 이해하고자 하나이다. 즉 내가 우선 이해하기에, [창세기 1장 1절의] "하늘"은 "하늘의 하늘", 곧 영적인 하늘을 가리키는 것으로, 이 하늘에서는 인식함이란 [무엇을] 동시에 다 인식함, [무엇을] "부분적으로", "거울을 보는 것같이 희미"하게 아는 것이 아니라, "온전히", "얼굴과 얼굴을 대하여"(고전 13:12) 보는 것같이 확실하게 아는 것을 의미하나이다. [하오니] 처음에 이것을 인식한 다음 나중에 저것을

인식하는 방식으로 인식하는 것이 아니고, 이미 아뢴 대로 [단번에] 시간의 경과가 전혀 없이 인식하는 것이니이다. 하옵고 "땅이 혼돈하고 공허"하다는 것은 시간의 경과가 전혀 없는 관계로, "처음에는 이것, 나중에는 저것"이라고 할 수 있는 여지 자체가 없다는 것을 의미하오니, 이는 아무 형상도 없는 곳에 "이것, 저것"이라는 변화가 있을 수 없는 까닭이니이다.

당신의 성경 말씀에 "태초에 하나님이 천지를 창조하시니라"(창 1:1) 기록되어 있으면서도 [구체적인] "날짜"에 대한 언급이 없는 것은, 나의 짧은 소견으로 볼 때 이 두 가지를 염두에 둔 까닭으로 보이나이다. 즉 처음부터 온전한 형상을 부여받은 것과 형상이 전혀 없는 것, "하늘"이로되, "하늘의 하늘"인 저것과, "땅"이로되 "공허하고 혼돈"한 땅인 이것, 이 두 가지를 염두에 둔 까닭으로 보이나이다. 그러므로 [창세기 1장 2절은] 그 땅이 어떠한 땅인지를 즉각 부연 설명하는 것이니이다. 하옵고 둘째 날에 "궁창"(穹蒼)을 만드시고, 그것을 "하늘"이라 칭하셨다는 것은, "[창조의] 날" 이전의 하늘이 어떠한 하늘인지를 짐작하게 해 주는 것이니이다.

14. 성경 말씀은 놀랍도록 심오함

(17) 당신의 말씀은 놀랍도록 심오하나이다. 우리가 그 겉모양만 보면, 어린아이들이라도 좋아하게 만들 것 같나이다. 하오나, 그 심오함은 [참으로] 놀랍나이다. 나의 하나님, 그 심오함이 [참으로] 놀랍나이다. 그 속을 들여다보는 것은 두려운 일이니이다. [너무나] 영광스럽기에 두렵고, [너무] 사랑하기 때문에 떨리나이다. 나는 [성경을] 대적하는 자들을 심히 미워하나이다. 당신이 저들을 "좌우에 날선"(히 4:12) 검으로 죽이사 저들이 성경의 적대자가 되지 못하게 하소서! 내가 이 같은 일을 소원함은 저들이 자기 자신에 대하여는 죽되, 당신을 향하여는 살게 되기를 바라는 까닭이니이다.

하온데, 보소서! 창세기의 내용을 비판하기보다는, 오히려 상찬하는 자들도 있는데, 이들은 이 같은 말을 하나이다.

하나님의 영이 그의 종 모세에게 이 말씀을 기록하게 하셨으나, 이 말씀을 네가 말하는 식으로, 해석해서는 안 되느니라. 오히려 우리가 말하는 대로 해석하는 것이 옳으니라.

이들에게 나는 다음과 같이 반론하고자 하오니, 우리 모두의 하나님이시여, 당신이 심판자가 되어 주소서!

15. 어거스틴의 반론

(18) 창조주의 참된 영원성에 대하여 진리가 힘있는 음성으로 내 영혼의 귀에 하신 말씀을 너희가 거짓이라 말할 수 있느뇨? 창조주의 본성은 시간이 흘러도 전혀 변함이 없고, 그의 의지 또한 그의 본성을 떠나 있지 않도다. 그런즉 지금은 이것을, 다음에는 저것을 원하시는 일이 없으시고, 오히려 원하시는 일은 단번에, 동시에 항상 원하시도다. 그의 의지에는 변함이 없는 까닭에 때에 따라 이랬다 저랬다 하는 일이 없으시도다. 그리하여 [전에는] 원하지 않으셨던 것을 나중에는 원하시고, 전에는 원하셨던 것을 [나중에는] 원하시지 않는 일이 없으시도다. 이같이 이랬다 저랬다 하는 의지는 가변적이고, 가변적인 것은 모두 영원하지 않으나, 우리 하나님은 영원하시도다.

그리고 진리가 내 영혼의 귀에 하신 이 말씀도 거짓이라 할 것이뇨?
장래의 일에 대한 기대는 그 일이 온 다음에는, 보는 것으로 바뀌고, [그 일이 일단] 지나간 다음에는 보는 것이 기억으로 바뀌느니라.

그런즉 이같이 바뀌는 인식은 가변적인 것이요, 가변적인 것은 그 어떠한 것도 영원하지 않도다. 하지만 우리 하나님은 영원하시도다. 이를 종합적으로 생각해 볼 때 나의 하나님, 곧 영원하신 하나님은 무슨 새로운 뜻을 세우셔서 피조물을 창조하신 것이 아니라는 사실, 그의 지식은 시간의 변화에 아무 영향도 받지 않으신다는 사실을 발견하게 되도다.

(19) 그런즉 논적(論敵)들이여, 너희는 [이에 대해] 무슨 말을 하려느뇨? 내가 한 말이 잘못되었느뇨? "아니라." 이것이 저들의 대답이로구나. 그러면 무엇이뇨? 형상을 [이미] 부여받은 존재, 그리고 형상을 부여받을 수 있는 질료는 그 무엇이나 다 최고의 선이시고 최고의 존재이신 그분에게서 비롯되었다는 것이 잘못되었느뇨? "이것 역시 잘못이 아니라"는 것이 저들의 대답이로구나. 그러면 너희는 무엇을 말하려 하느뇨? [피조물 가운데는] 참되신 하나님, 참으로 영원하신 하나님을 순결한 사랑으로 의지하는 위대한 피조물이 있으니, 이 같은 피조물은 비록 그분같이 영원하지는 않을지라도, 시간의 흐름과 변전에 상관없이 그분을 떠나거나 그분에게서 멀어지는 일이 없으며, 도리어 오직 그분만을 순전하게 바라보면서 [참된] 평안을 누리고 있는데, 너희가 이를 부인하려느뇨? 오, 하나님, 당신은, 당신이 명하신 대로 당신을 사랑하는 자에게 당신을 보여 주시며 만족을 주시니, 그러므로 저가 당신을 등지고 자기 자신에게로 돌이킬 수 없나이다. 이 같은 피조물이 "하나님의 전"(창 28:17)이니이다. 땅에 속한 것이 아니요, 그 무슨 천체(天體)도 아니니, 영적인 것이며, 당신의 영원하심에 동참하는 것이니이다. 이는, 이 같은 피조물은 영원토록 흠이 없음이니이다. 당신이 저를 "영영히 세우시고 폐치 못할 법을"(시 148:6) 정하셨나이다. 하오나 저가 당신 같이 영원하지는 못하오니, 이는, 저의 시작이 없지 않고 저가 지음을 받은 까닭이니이다.

(20) 하오나 저가 있기 전에는 시간도 없었으니, 이는 "지혜가 모든 것들보다 먼저 창조"(집회서 1:4)되었음이니이다. 우리 하나님이여, 그럼에도 이 '지혜'는 [당신의 아들이신] 그 '지혜'와는 같지 않으니, [당신의 아들이신] 그 '지혜'는 그의 아버지 되신 당신과 한 가지로 온전히 영원하시며, 그로 말미암아 모든 것들이 지은 바 되었고, 그는 당신이 그 안에서 천지를 지으셨다는 의미에서 '태초' 자체가 되시나이다. 반면에 이 '지혜'는 창조된 것으로 영적인 본성을 지녔으며, 빛을 바라봄으로 인해 빛이 된 것으로

서, 비록 창조되었을지라도 역시 '지혜' 라 칭함을 받을 수 있나이다. 하오나 비추는 빛과 비침을 받는 빛의 차이만큼이나 창조하시는 지혜와 창조된 지혜의 차이는 크니, 이는 의롭게 하는 의(義)와 칭의(稱義)로 인해 얻은 의의 차이와 같나이다. 그리하여 당신의 종 [바울]도 우리가 그리스도 "안에서 하나님의 의"(고후 5:21)가 되었다고 말한 것같이, 우리도 사실 당신의 의라 칭함을 받았나이다. 그러므로 "지혜가 모든 것들보다 먼저 창조"(집회서 1:4)되었는데, 이 창조된 지혜는 이성을 지닌 영적인 정신으로, 당신의 순결한 도성에 거하나이다. 이 도성으로 말하면, "우리 어머니"(갈 4:26)이시니이다. '위에' 있으며 '자유자' 니이다. 이곳은 "하늘에 있는 영원한 집"(고후 5:1)이니, 당신을 찬양하는 "하늘의 하늘"(시 148:4)이 아니고 무엇이리이까? '하늘의 하늘' 은 주께 속하였나이다. 이것은 "모든 것들보다 먼저 창조"(집회서 1:4)되었으니, [이것의 창조는] 시간의 창조보다 앞선 것으로서, 이것 이전에는 시간도 없었나이다. 하온즉 이것 이전에는 창조주의 영원성만이 있었고, 이것은 창조주로부터 지음을 받아 [존재하기] 시작했나이다. 물론 이 시작은 시간의 시작은 아니오니, 이는 아직 시간이 없었음이니이다. 하오나 이것이 피조물로서 존재하기를 시작한 것은 사실이니이다.

(21) 그리하여 이 피조물이 우리의 하나님이신 당신으로 좇아 나왔으나, 당신과는 전혀 달리 [불가변적인] 존재 자체는 아니니이다. 물론 이것 이전에는 시간이 없었고, 이것 자체 안에도 시간이 없으니, 이는 이것이 당신의 얼굴을 항상 볼 수 있고, 당신에게서 결코 떠나지 않는 까닭이니이다. 바로 이런 까닭에 이것은 변화를 전혀 경험하지 않나이다. 하오나 이것 안에는 가변성이 존재하는 까닭에 크나큰 사랑 가운데서 당신을 의지함으로 당신에게서 빛과 열을 받지 아니하는 한, 대낮의 밝음과 뜨거움을 상실하고, 어두움과 차가움에 빠지고 말 것이니이다.

오, 참으로 밝고 아름다운 집이여! "내가 주의 계신 집과 주의 영광이 거하는 곳을 사랑"(시 26:8)하노니, 너를 지으시고 너를 소유하신 분은 나의 주시라. 순례자 생활을 하는 나는 너를 사모하여 탄식하노라. 내가 너를 지으신 자에게 아뢰기는, 그가 나를 네 안으로 영접하여 소유해 달라 함이로

다. 이, 그가 나의 창조자도 되심이라. "잃은 양같이"(시 119:176) 유리하는 나! 그럼에도 나의 바람은 나의 목자 되시며 너의 창조자 되신 그분의 어깨에 업혀 너에게로 돌아가는 것이로다.

(22) 너희 논적들이여, 나의 이 말에 대해 너희는 뭐라고 말하려느뇨? 너희도 모세가 하나님의 충성된 종이라는 것과 그의 책이 성령의 계시에 의한 것임을 믿지 않느뇨? 이 하나님의 집이 비록 하나님과 똑같이 영원하지는 않을지라도, 자기의 한계 내에서는 "하늘에 있는 영원한 집"(고후 5:1)이라 할 수 있지 않느뇨? 그 집에서는 시간의 변전이 없으니, 너희가 찾아도 찾지 못하고 헛수고만 하는구나! 이는, 하나님께 항상 의지함을 자신의 보화로 삼는 자는 시간의 온갖 연장(延長)이나 유수(流水) 같은 세월의 흐름을 온전히 초월해 있는 까닭이라. 너희도 "그렇다"고 답하는구나. 그렇다면 나의 하나님을 찬양하는 소리를 내 심령이 속으로 듣고서, 그에게 부르짖은 것 가운데서 무엇이 잘못되었는지 말해 보아라! 아무 형상도 없는 까닭에 아무 질서도 없는 것을 내가 '무형의 질료'라고 부른 연고냐? 질서가 전혀 없는 곳에는 시간의 변전도 전혀 있을 수 없는 법이라. 허나 이것이 거의 무에 가깝다 해도 절대무(絶對無)는 아닌 까닭에 창조주에게서 비롯된 것이 사실이라. 실로 존재하는 것은 모두 다 창조주에게서 비롯되었도다. "이 역시 우리가 부정하지 않는다"고 너희는 말하는구나.

16. 상반된 해석에 대한 최종적 심판자는 하나님

(23) 나의 하나님이여, 나는 당신의 진리께서 내 심령 속에 숨김없이 말씀해 주시는바 이 모든 것을 참이라 인정하는 자들과 당신 앞에서 대화를 계속 나누고자 하나이다. 이것을 참이라 인정하지 않는 자들에 대하여는 그들의 귀청이 떨어질 때까지 짖어 대라 하소서! 나는 그들이 잠잠해져서 당신의 말씀에 길을 내어 드릴 때까지 그들을 타일러 보겠나이다. 그래도 마다하며 나를 뿌리친다면, 나의 하나님이여, 내가 간구하오니, 내게는 잠

잠치 마소서! 내 심령 속에 진리를 말씀하소서! 이는 오직 당신만이 진리를 말씀하심이니이다. 나는 저 흙먼지를 부는 자들, 그리하여 자기들 눈에다 흙을 집어넣는 자들은 밖에다 내버려두고, 나의 침소로 들어가 당신께 사랑의 노래를 부르리이다. 말로 형용할 수 없는 탄식으로 순례자의 슬픔을 토로하리이다. [하늘의] 예루살렘을 기억하면서 내 심령을 위로 향하리이다. 예루살렘은 나의 고향이요, 나의 어머니시니이다. 당신이 그 성의 통치자요 조명자가 되시며, 아버지요 보호자가 되시며, 남편이 되시며, 순결하고 변함없는 기쁨이 되시며, 형언하지 못할 재화(財貨)의 전부가 되시나이다. 하온데 당신의 모든 것은 하나 되심에 있으니, 이는 당신이 유일하고 참된 최고선(最高善)이심이니이다. "나를 긍휼히 여기시는"(시 59:17) 나의 하나님이여, 당신이 이 흐트러지고 변형된 상태에 있는 나를 온전히 거두어 주사, 지극히 자애로운 나의 어머니인 [저 예루살렘의] 평화로 인도하실 때까지, 나는 그곳을 향한 나의 마음을 돌이키지 않겠나이다. 그곳에는 내 영혼의 첫 열매가 있으며, 그곳으로부터 나는 이 [모든] 일에 대한 확신을 얻게 되니, 나로 하여금 저 예루살렘을 본받아 영원토록 견고케 하소서!

하오나 진실된 이 모든 사실들을 거짓이라 하지 아니하는 자들, [당신의] 거룩한 자 모세가 기록한 당신의 거룩한 책을 존중하며, 우리들처럼 이 책의 지극히 높은 권위를 인정하고 따르는 자들, 그러면서도 어떤 부분에서는 나의 생각에 반대하는 자들에 대하여 나는 이렇게 말하겠나이다.

우리 하나님이여, 당신이 나의 고백과 저들의 반대를 심판해 주소서!

17. 창세기 1장 1절에 대한 여러 가지 해석의 가능성

(24) 저들은 실로 이렇게 말하나이다.

설령 이런 것들이 사실이라 해도, 모세가 성령의 계시로 "태초에 하나님이 천지를 창조하시니라"(창 1:1)라고 말하였을 때, 이 두 가지[6]를 염두에 둔 것이 아니라. '하늘' 이라는 말로 언제나 하나님의 얼굴을 우러러 뵙는, 영적이고 이지적인 피조물을 가리킨 것이 아닌 것같이, '땅' 이라는 말로 무형의 질료를 가리킨 것이 아니라.

"그러면 무엇을 가리키느냐?"고 물으면 저들은 이렇게 대답하나이다.

모세는 우리가 생각하는 바와 똑같은 것을 가리켰나니, 그것을 그러한 말로 표현했을 따름이라.

"그것이 대체 무엇이냐?"고 물으면 저들의 대답은 이와 같나이다.

'천지' 라는 말로 모세는 우선 가시적 세계 전체를 통틀어 간략하게 표현하려 하였나니, 그 다음에 성령께서 전하라 하시는 대로 창조의 날을 하루 하루 세어 가면서 낱낱이 설명하려 한 것이라. 모세 시대의 사람들은 대개 무식하고 감각적인 사람들이라. 하나님이 하신 일에 관해 설명할 때는 보이는 것에 대해서만 설명하는 것이 옳게 여겨졌기 때문이라.

하오나 "땅이 혼돈하고 공허하며 흑암이 깊음 위에"(창 1:2) 있었다는 말씀에 대하여 저들은 이 말씀이 '무형의 질료' 를 가리키는 말씀이라는 데 별 다른 이의 없이 동의하나이다. 이는 [창세기 1장 3절] 이하에 설명된 바와 같이, 이 '무형의 질료' 로부터 우리가 알고 있는, 이 모든 가시적인 것들이 정해진 날에 만들어지고 질서를 부여받았음이니이다.

(25) 하온데 다른 사람이 다음과 같이 말하는 경우는 어떠하겠나이까?

혼돈 상태에 있던 무형의 이 질료가 처음에 '천지' 라는 이름을 갖게 되었도다. 이는 이 가시적 세계와 이 안에 뚜렷이 나타나는 모든 것이 이 질료로부터 창조되고

---

[6] 첫째는 천사들, 둘째는 무형의 질료.

완성된 까닭이니, 바로 이 까닭에 '천지'라는 말이 흔히 사용되는 것이라.

하오나 또 다른 사람이 다음과 같이 말하는 경우는 어떠하겠나이까?

'천지'를 가시적 세계와 불가시적 세계 모두를 지칭하는 말이라 보다도 아무 문제없도다. 하나님이 "지혜 안에서,"[7] 곧 "태초 안에서"[8] 모든 피조물을 창조하실 때, 이 '천지'를 바탕삼아 창조하셨으니, 이 두 마디 말 안에 모든 것이 포함되어 있다고 생각해도 아무 문제가 없도다. 그럼에도, 이 모든 것은 하나님의 본체로부터 창조된 것이 아니라, 무로부터 창조되었으니, 이는 이들이 하나님과 같을 수 없음이라. 그런즉 만물에는 가변성이 내재되어 있는데, 이것은 하나님의 영원한 집인 천사들같이 변화하지 않는 것이든지, 아니면 인간의 영혼이나 육신같이 변화하는 것이든지 간에 상관이 없도다. 그리하여 가시적인 것이거나 불가시적인 것이거나 모든 것의 공통된 질료는 아직 형상이 없어도 형상을 부여받을 가능성은 지닌 것으로서, 이 질료로부터 천지, 곧 가시적인 피조세계와 불가시적인 피조세계 둘 다가 만들어졌으며, 이것을 지칭하여 "공허하고 혼돈한 땅"이라, "깊음 위에 있는 흑암"이라 부른 것이로다. 다만 구별지어야 할 것이 있으니, 이는 "공허하고 혼돈한 땅"이라 함은 형상을 갖추기 이전의 물질적 질료를 의미하는 것이요, "깊음 위에 있는 흑암"이라 함은 무한정한 유동 상태가 중지되기 이전, 그리고 지혜의 조명을 받기 이전의 영적인 질료를 의미하는 것이라 함이로다.

(26) 아직 더 말하고자 하는 자는 이렇게 말할 수도 있을 것이니이다.

"태초에 하나님이 천지를 창조하시니라"(창 1:1)는 말씀에 나오는 '천지'라는 말은 가시적인 것이든 불가시적인 것이든 간에, 이미 형성되고 완성된 것을 지칭하는 말

---

7) Lt: in sapientia.
8) Lt: in principio. 여기서 '태초'(principium)는 시간적인 개념이 아니라, 희랍의 자연철학자들이 만물의 근원을 지칭하기 위하여 사용했던 '아르케'(arche)에 해당하는 말이다.

이 아니요, 만물이 아직 만들어지기 이전의 원초적인 무형의 질료, 곧 그것으로 무엇을 만들어 내는 것이 가능한 원질(原質)을 지칭하기 위한 말이라. 이는 지금은 이미 형상이 주어져서 어떤 것은 '하늘', 어떤 것은 '땅'이라 부르고 있어도, 처음에는 혼돈 상태로 있어서 아직 속성이나 형태가 구별되지 않았기 때문이라. 여기서 '하늘'은 영적인 피조물을 의미하고, '땅'은 물질적 피조물을 의미하느니라.

18. 한 성경 구절에 대해 여러 가지 해석이 가능함

(27) 이 모든 말을 듣고 나는 깊이 생각해 보았나이다. 하오나 나는 말다툼을 할 생각이 없으니, 이는 "유익이 하나도 없고 도리어 듣는 자들을 망하게"(딤후 2:14) 하는 까닭이니이다. 반면, "사람이 율법을 법 있게 쓰면 율법은 선한 것"(딤전 1:8)으로서 [덕을] 세우기에 유익하니, 이는 율법의 "목적은 청결한 마음과 선한 양심과 거짓이 없는 믿음으로 나는 사랑"(딤전 1:5)임이니이다. 그리하여 우리 스승 되신 주님께서도 [사랑의] 이중계명(二重誡命)이 "온 율법과 선지자의 강령"(마 22:40)임을 아셨나이다. 나의 하나님, 당신은 흑암 속에서도 내 눈의 빛이 되어 주시니, 내가 이 계명을 불타는 심령으로 믿고 받아들일 때 한 성경 구절을 여러 가지 의미로 해석하고, 그 여러 가지 해석을 다 옳다 해도 그것이 내게 무슨 해가 되겠나이까? 내가 아뢰나니, 성경 기자가 의도한 바를 내가 다른 사람과 다른 방향으로 해석한다 해서 그것이 내게 무슨 해가 되겠나이까? 우리는 모두 성경을 읽을 때 성경 기자가 의도한 바를 발견하고 이해하기를 힘쓰나이다. 그리하여 성경 기자가 진실을 말하고 있다는 사실을 일단 믿으면, 우리가 거짓이라고 알고, 거짓이라고 생각하는 것을 성경 기자가 말했으리라는 상상은 감히 시도조차 하지 않나이다. 하온즉 성경에 대하여는 누구든지 성경 기자가 의도한 참 뜻을 알기 원하는 것이니이다. 하온데, 만일 어떤 사람이 진실된 모든 영의 빛이 되신 당신께서 참되다 가르쳐 주신 대로 해석할 때, 그 해석이 성경 기자의 원래 의도한 것과 다르다 해서 나쁠 것이 무엇이리

이까? 그것이 성경 기자의 원래 의도와는 다르다 해도 참된 것은 사실 아니니이까?

19. 이들 여러 가지 해석에 모두 타당한 부분이 있음

(28) 주여, 당신이 "천지를 창조"하셨다는 말씀은 참이니이다. 또한 '태초'가 당신의 '지혜'라 함도 참이니, 당신은 이 "지혜로 저희를 다"(시 104:24) 지으셨나이다. 하옵고 가시적 세계는 하늘과 땅이라는 두 부분으로 구성되었다는 것도 참이니, '천지'라는 말은 당신이 창조하시고 형성하신 삼라만상을 간략히 요약해 주는 말이니이다. 또한 가변적인 것은 모두 우리로 하여금 무형적인 것을 생각할 수 있도록 해 준다 함도 참이니, 무형성(無形性)으로 말미암아 형상이 더해질 수 있고, 변화와 교체가 이루어지나이다. [한편, 하나님의] 불변적 형상과 굳게 연합하여, 본디 가변적이면서도 변화를 초월하는, 그리하여 시간의 지배를 받지 않는 존재[9]가 있다 함도 참이니이다. [하옵고] 무에 가까운 무형의 질료가 시간의 변화를 겪지 않는다 함도 참이니이다. [또한] 사람들은 보통 무슨 물체의 원질(原質)을 그 물체와 같은 이름으로 부른다 함도 참이니이다. 하온즉 무형의 질료를 '천지'라 할 수도 있고, 그 질료로부터 만들어진 것을 '천지'라 할 수도 있나이다. [하옵고] 형상을 지닌 것 중에 "땅"과 "깊음"보다 더 무형의 질료에 가까운 것도 없다 함도 참이니이다. [또한] 당신이 [이미] 창조하시고 형성하신 것들뿐 아니라, 창조와 형성이 가능한 것들조차 모두 당신이 만드셨으니, 이는 만물이 당신에게서 났음이니이다.[10] [하옵고] 무형적인 것으로부터 형성된 모든 것이 처음에는 아무 형상이 없다가 나중에 형상을 갖추게 되었다 함도 참이니이다.

---

9) 천사를 말함.
10) 고전 8:6 참조.

20. 창세기 1장 1절에 대한 다섯 가지 해석

(29) 당신이 영안(靈眼)을 주사, 이 모든 명제들이 참되다는 것을 통찰할 수 있는 사람들, 당신의 종 모세가 "진리의 영"(요 14:17)으로 참된 말 한 것을 굳게 믿는 사람들은 이 모든 명제를 의심치 않나이다. 그리하여 "태초에 하나님이 천지를 창조하시니라"는 말씀을 어떤 사람은 "하나님이 영원히 자신과 함께 계시는 로고스 안에서 비감각적 피조물과 감각적 피조물, 혹은 영적)인 피조물과 육적인 피조물을 만드셨다"는 의미로 해석하나이다. 둘째, 어떤 사람은 "하나님이 영원히 자신과 함께 계시는 로고스 안에서 감각적 세계 전체와 그 속에 있는 모든 가시적 물체를 만드셨다"는 의미로 해석하나이다. 셋째, 어떤 사람은 "하나님이 영원히 자신과 함께 계시는 로고스 안에서 영적인 피조물과 육적인 피조물의 재료가 되는 무형적 질료를 만드셨다"는 의미로 해석하나이다. 넷째, 어떤 사람은 "하나님이 영원히 자신과 함께 계시는 로고스 안에서 육적인 피조물의 재료가 되는 무형적 질료를 만드셨으니, 처음에는 천지가 혼돈 상태에 있었으나 나중에는 가지런히 정돈되어 지금 우리가 보고 있는 우주가 되었다"는 의미로 해석하나이다. 다섯째, 어떤 사람은 "하나님이 창조 사역을 시작하실 때, 먼저 무형의 질료를 만드셨는데, 천지는 그 안에 혼돈 상태로 있었으며, 그 질료를 바탕으로 천지와, 그 속에 있는 모든 것들이 만들어져 오늘날 우리가 밝히 보는 세상이 된 것"이라는 의미로 해석하나이다.

21. 창세기 1장 2절에 대한 다섯 가지 해석

(30) 그 다음에 나오는 말씀, 곧 "땅이 혼돈하고 공허하며 흑암이 깊음 위에"(창 1:2) 있었다는 말씀을 해석함에 있어서도 마찬가지니이다. 사람마다 여러 가지 해석 중에 하나를 선택하나이다. 그리하여 어떤 사람은 이 말

쓈을 이렇게 해석하나이다.

하나님께서 만드신 것은 물질적인 것으로 질서도 빛도 없는, 무형의 질료였으니, 이것이 나중에 여러 가지 물체가 되나라.

둘째, 어떤 사람은 이 말씀을 이렇게 해석하나이다.

이것은 하늘과 땅 전체를 가리키는 것으로, 하늘과 땅은 처음에 형상이 없는 암흑의 질료였으나, 이 질료로부터 물리적인 하늘과 물리적인 땅이 만들어졌으니, 그 안에는 육체적 감관(感官)을 통해 알 수 있는 것이 다 포함되어 있도다.

셋째, 어떤 사람은 이 말씀을 이렇게 해석하나이다.

이것은 하늘과 땅 전체를 가리키는 것으로, 하늘과 땅은 처음에 형상이 없는, 암흑의 질료였으나, 이것으로부터 영적인 하늘과 [물리적인] 땅이 만들어졌으니, 영적인 하늘은 "하늘의 하늘"이라 불릴 때가 있고, 땅이란 물리적 성질의 것을 모두 지칭하는 것으로서, 땅에는 물리적인 하늘도 포함되며, 이것에서 가시적 피조물과 불가시적 피조물 전체가 만들어지나라.

넷째, 어떤 사람은 이 말씀을 이렇게 해석하나이다.

성경은 '천지'라는 말로 무형의 질료를 지칭한 것이 아니라. 무형의 질료는 이미 존재하고 있었던바, 이것을 "혼돈하고 공허한 땅" 내지는 "깊음 위에 있는 흑암"이라는 말로 표현한 것이로다. 하나님은 이 질료로부터 천지, 곧 영적인 피조물과 육적인 피조물을 창조하셨으니, 이것이 [창세기 1장 1절]에 미리 언급되었도다.

다섯째, 어떤 사람은 이 말씀을 이렇게 해석하나이다.

"땅이 혼돈하고 공허하며 흑암이 깊음 위에" 있었다는 말씀은 무형의 질료가 이미 있었다는 말씀으로, 하나님은 이 질료로부터 [물리적 의미의 천지를] 창조하셨으니, 이것이 [창세기 1장 1절에] 미리 언급되었도다. 다만 하나님은 이 온 우주를 크게 두 부분으로 나누셨으니, 곧 높은 부분과 낮은 부분이라. 그 속에 우리가 늘 보아 잘 아는 피조물들이 모두 들어 있도다.

22. 네 번째와 다섯 번째 해석에 대한 반론과 답변

(31) 이들 해석 중에 끝의 두 해석에 반대하는 사람은 다음과 같은 반론을 제기할 것이니이다.

만일 '천지'라는 말이 무형의 질료를 지칭한다는 생각을 너희가 하지 않는다면, 하나님이 창조하시지 않은 무엇이 이미 존재하고 있었을 것이고, 그것으로부터 하나님은 천지를 만드셨을 것이라. 성경에는 하나님께서 이 무형의 질료를 만드셨다는 말씀이 없도다. 허나, "태초에 하나님이 천지를 창조하시니라"는 말씀 속에 나오는 '천지'라는 말 속에, 혹은 '땅'이라는 단 한 마디의 말 속에도 하나님께서 이 무형의 질료를 만드셨다고 암시되어 있다고 생각지 않을 수 없노라. 그런즉 다음에 "땅이 혼돈하고 공허하며 흑암이 깊음 위에" 있었다는 말씀이 나오는 것은 [모세가] 무형의 질료를 표현하기 위해 사용한 말로 생각되도다. 그리하여 "천지를 창조하시니라"는 말씀이 먼저 기록되었다 하더라도, 이 말씀은 오직 하나님께서 무형의 질료를 만드셨다는 사실을 표현하기 위한 말씀으로만 이해해야 할 것이니라.

하오나 끝의 두 해석에 찬성하는 사람들이 이 같은 말을 들으면 이렇게 대답할 것이니이다.

우리는 이 무형의 질료가 하나님으로 말미암아 창조되었음을 부정하지 않노라. 하나님으로 말미암은 것은 모두 다 "심히"(창 1:31) 좋은 것이라. 실로 지음을 받은 것, 형체를 부여받은 것이 지음받을 수 있는 것, 형체를 부여받을 수 있는 것보다 더 좋다고 우리는 말하도다. 그럼에도 비록 지음받을 수 있는 것, 형체를 부여받을 수 있는 것이 지음을 받은 것, 형체를 부여받은 것보다 덜 좋기는 해도, 역시 좋은 것이라는 사실은 인정하지 않을 수 없구나. 성경에는 하나님께서 이 무형의 질료를 만드셨다는 언급이 없는데, 이와 마찬가지로 그룹이나 스랍, 그리고 바울이 분명히 지적한 "보좌들이나 주관들이나 정사들이나 권세들"(골 1:16)을 하나님께서 만드셨다는 언급이 성경에는 없도다. 하지만 이 모든 것을 하나님께서 만드셨음이 분명하도다. 또한 "천지를 창조하시니라"고 말씀하셨을 때, 이 '천지' 속에는 만물이 다 포함되니, 그렇다면 "하나님의 영은 수면에 운행하시니라"(창 1:2b)는 말씀이 가리키는 '물'에 대하여 우리는 무슨 말을 하리요? 만약 '물'이 '땅'에 포함되어 있다면, 이같이 아름다운 물을 포함하고 있는 땅을 우리가 어찌 '무형의 질료'라고 부를 수 있으리요? 또한 왜 성경에는 같은 무형의 질료에서 '하늘'이라 칭하는 궁창이 창조되었다는 기록[11]은 있어도, [같은 무형의 질료에서] 물이 창조되었다는 기록은 없는 것이냐? 이처럼 아름다운 모습으로 흐르는 물을 보면서 우리가 "혼돈하고 공허"하다는 말을 할 수가 없도다. 그런데 만약 하나님이, "천하의 물이 한 곳으로"(창 1:9) 모이라 말씀하셨을 때 물이 비로소 이처럼 아름다운 모습을 취하였다면 모이는 것이 [아름다운] 모습 취하는 것이 되도다. 그렇다면 궁창 위의 물에 대하여 우리는 무슨 말을 하리요? 만약 궁창 위의 물이 무형적인 것이라 한다면, 어찌 그같이 영광스러운 자리에 놓일 수 있었을까? 더구나 이 물이 무슨 말씀으로 형성되었는지에 대하여는 [성경에] 기록된 바 없도다.

그런즉, 설령 창세기에 하나님께서 무엇을 만드셨다는 기록이 없다 할지라도, 올바른 신앙이나 건전한 이성은 하나님께서 창조주라는 사실을 결코 의심치 않도다. 이러므로 창세기에 물이 언제 창조되었는지에 대해 전혀 언급되어 있지 않음을 안다 할지라도, 온전한 가르침을 따르는 사람이라면, 이 물이 하나님과 똑같이 영원하다는 말을 감히 하지 않을 것이라. 그렇다면 성경이 "혼돈하고 공허한 땅"이라, "깊음 위에 있는 흑암"이라 부르는 무형의 질료에 대해, 그것이 언제 창조되었다는 이야기가 비록 생략되었다 할지라도, 그것을 하나님께서 무로부터 창조하셨으며, 또한 하나님과 똑같이 영원하지 않다는 사실을 우리가 진리의 가르침을 받아 깨닫는 것을 왜 깨닫지 못하겠는가?

---

11) 창 1:8 참조.

23. 두 가지 의문

(32) 나는 이 같은 말을 듣고, 나의 연약한 이해력이 허락하는 범위 내에서 곰곰이 생각해 보았나이다. 나의 하나님, 당신은 나의 연약함을 아시고, 나는 당신께 나의 연약함을 고백하나이다. 하오나 나의 부족한 생각으로는, 어떤 사람이 무슨 사실을 말로 전달할 때, 그 사람이 비록 진실된 사람이라도 두 가지 의문이 나올 수 있을 것 같나이다. 즉 한 가지는, 그 사실의 진실성에 대한 의문이요, 다른 한 가지는 그 사실을 전달한 사람의 의도에 대한 의문이니이다. 하온즉 우리가 창조의 기사(記事)에 대하여 그 기사의 진위를 묻는 것과, 믿음 안에서 당신의 탁월했던 종 모세가 이 말씀을 통하여 이 말씀을 읽는 자나 듣는 자에게 무엇을 전달하려 했는가 하는 것은 서로 다른 문제니이다.

첫 번째 의문과 관련하여, 거짓된 것을 참된 것으로 알고 있는 사람들은 모두 내게서 떠나게 하소서! 두 번째 의문과 관련하여, 모세가 거짓된 것을 말했다고 생각하는 사람들도 모두 내게서 떠나게 하소서! 반면에 주여, 풍성한 사랑 속에서 당신의 진리를 먹고 사는 자들과 내가 당신 안에서 하나가 되게 하사, 내가 그들과 함께 당신 안에서 즐거움을 누리게 하소서! 우리는 함께 당신의 성경 말씀 앞으로 나아가리이다. 우리가 그 안에서 당신의 뜻을 찾을 것이오니, 그때에 당신의 종 모세의 의도를 우리가 이해할 것이니이다. 당신은 그가 잡은 붓끝으로 말미암아 우리에게 [성경] 말씀을 주셨나이다.

24. 성경 해석의 어려움

(33) 하오나 [성경] 말씀의 진리는 그것을 연구하는 자들에게 이렇게도 해석되고 저렇게도 해석되니, 우리 가운데 누가 이 여러 가지 올바른 해석

가운데서 가장 정확한 해석을 발견하여, "이 해석이야말로 모세의 의도에 꼭 맞는 것이다"라든가, 또는 "이 이야기는 이렇게 해석하는 것이 모세의 의도에 꼭 맞는 것이다"라고 자신 있게 말할 수 있으리이까? 모세가 이것을 의도했든지 저것을 의도했든지 간에, 이 해석이야말로 가장 정확한 해석이라고 자신 있게 말할 수 있는 사람이 어디 있으리이까?

나의 하나님, 보소서! 나는 "주의 종이라"(시 116:16). 나는 이 글을 통하여 당신께 찬양과 고백의 제사를 드리기로 서원하였나이다. 내가 기도하오니, 내가 당신의 긍휼을 인하여 "나의 서원을"(시 116:14) 당신께 갚게 하소서! 보옵소서! 가시적인 것이든 불가시적인 것이든, 당신은 만물을 당신의 변함이 없는 로고스 안에서 창조하셨음을 나는 확언할 수 있나이다. 그러하나 "태초에 하나님이 천지를 창조하시니라"(창 1:1)는 말씀을 기록하면서 내가 생각하는 것과 똑같은 생각을 모세가 했다는 확신, 다른 생각은 전혀 하지 않았다는 확신을 과연 내가 할 수 있으리이까? 당신이 만물을 당신의 변함없는 로고스 안에서 창조하셨다 함은 내가 당신의 진리 안에서 분명히 알 수 있나이다. 하오나 모세가 이 말씀을 기록하면서 꼭 이것만을 생각했는지는 분명히 알 수 없나이다.

모세는 "태초에"라는 말을 하면서 아마 창조의 시작을 염두에 두었을 것이니이다. 모세는 같은 곳에서 '하늘', '땅'이라는 말을 하면서, 영적인 것이든 물질적인 것이든, 이미 창조가 완성된 존재를 의미한 것이 아닌 것 같나이다. 오히려 창조가 시작만 되고 아직 형상은 갖추지 못한 존재를 의미하는 것 같나이다. 모세가 이 두 가지 의미 가운데 무슨 의미로 이 말을 했든지 간에 그가 참말을 한 것이라 생각되나이다. 하오나 그가 이 두 가지 의미 중 무슨 의미로 이 말을 했는지 아는 것은 나로서는 불가능하나이다. 그가 이 두 가지 의미 중 무슨 의미로 말을 하였든지 간에, 혹은 내가 언급하지 아니한 다른 의미로 말을 하였든지 간에, 그처럼 위대한 인물이 이 같은 말을 했다면, 그가 영으로 바라본 것을 말하였을 것이니이다. 그는 참된 것을 보았고, 그것을 그는 올바로 전했으리라는 사실을 나는 의심할 수 없나이다.

25. 오만함과 논쟁하기 좋아하는 것을 경계함

(34) 하온즉 누가 나에게 "너의 해석보다는 나의 해석이 모세의 의도와 더 합치한다"고 말함으로써 나를 더 이상 괴롭게 하지 못하게 하소서! 누가 내게, "모세의 이 말에 대한 너의 해석이 모세의 의도와 합치한다는 것을 네가 어찌 아느냐?"고 묻는다면 나는 꾹 참을 수밖에 없을 것이니이다. 하옵고 아마도 앞에서 한 대답을 되풀이할 것이니이다. 또 그가 자기주장을 완강히 고집할 경우엔 좀더 자세한 대답을 해 줄 것이니이다. 하오나 그가 만약 "너의 해석보다는 나의 해석이 모세의 의도와 더 합치한다"고 하면서도, 나의 해석과 그의 해석 두 가지 모두 옳을 수 있음을 부정하지 않는다면 오, 가난한 자의 생명 되시는 나의 하나님이시여, 당신의 품안에는 아무 모순이 없나이다. 내 마음에 온유함의 비를 내리사 나로 하여금 이 같은 사람을 인내로 감당하게 하소서! 그가 내게 이 같은 말을 하는 것은 그가 신령해서도 아니요 당신의 종 모세의 마음속을 들여다보아서도 아니니이다. 도리어 그가 오만하고 모세의 생각을 알지 못하기 때문이니이다. 그는 자기 자신의 생각을 사랑하니, 그 생각이 참이기 때문이 아니라 그 생각이 자기 것이기 때문이니이다. 그렇지 않다면 그도 다른 사람의 옳은 생각을 받아들일 것이니이다. 나도 그가 진리를 말할 때는 그의 말을 받아들이니, 이는 진리를 말한 사람이 그이기 때문이 아니라 그가 말한 것이 '진리'이기 때문이니이다. 그가 말한 것이 진리인 이상 그가 말한 진리는 더 이상 그의 소유가 아니니이다. 혹 그가 그것이 진리이기 때문에 그것을 사랑한다면, 그것은 그의 것도 되고 내 것도 되니, 이는 진리란 그것을 사랑하는 자 모두의 공동 소유가 되기 때문이니이다.

하오나 나의 해석이 모세의 의도한 바와 다르고, 오로지 자기 해석만이 모세의 의도한 바와 같다고 우기는 자들의 말을 나는 인정하고 싶지 않나이다. 이는 혹 그들의 말이 옳다 해도, 이렇게 우기는 것은 지식에서 나오는 것이 아니라 오히려 오만함에서 나오는 것이요, 깨달음의 산물이 아니라 자만심의 산물이기 때문이니이다.

주여, 하온즉 당신의 심판이 두렵나이다. 당신의 진리는 내 것이 아니요 그 누구의 것도 아니니이다. 도리어 우리 모두의 것이니, 그것을 공유하라고 당신은 공공연히 명하셨고, 우리를 엄히 경계하사 우리로 하여금 그것을 사사로이 소유하지 못하게 하셨나이다. 이는 우리가 진리를 사사로이 소유할 때 진리를 박탈당하기 때문이니이다. 만약 어떤 사람이 있는데, 당신이 모든 사람에게 향유하라고 허락해 주신 것을 그가 자기 개인의 사유물이라고 주장한다면, 그리하여 모든 사람의 소유를 자기 [한 사람]의 소유라고 주장한다면, 그는 마땅히 공(公)에서 사(私)로, 곧 진리에서 거짓으로 밀려나게 되나이다. 이는 [누구든지] "거짓을 말할 때마다 제 것으로"(요 8:44) 말하기 때문이니이다.

(35) 지극히 선하신 심판자시여, 들으소서! 진리 자체이신 하나님이시여, 들으소서! 내가 나의 논적(論敵)에게 하는 말을 들으소서! 이는 내가 당신의 목전에서 말하고 내 형제들의 목전에서 말함이니, 이 형제들은 사랑의 목적을 이루기까지 "율법을 법 있게"(딤전 1:8) 쓰는 자들이니이다. 내 말이 당신 마음에 합당하다면, 내 말을 들어 주시고 내가 무슨 말을 하는지 들어 주소서! 나는 실로 나의 논적에게 이같이 말하고 싶나이다.

만약 우리 둘 다 네가 하는 말도 참이고 내가 하는 말도 참이라는 사실을 알게 된다면, 우리가 이 사실을 어디서 알게 되는 것이냐?고 나는 묻는다. 분명 내가 네 안에서 보는 것도 아니요, 네가 내 안에서 보는 것도 아니라. 우리 둘은 오히려 우리 영혼보다 높은 곳에 있는 불변하는 진리 속에서 보는 것이라. 그런즉 우리가 이 빛, 곧 우리 주 하나님의 빛에 대해서는 쟁론하지 않으면서, 어찌 이웃의 생각에 대해서는 쟁론하느뇨? 이웃의 생각을 우리는 불변의 진리를 보듯 확실하게 볼 수는 없지 않느뇨? 설령 모세가 친히 우리 앞에 나타나 "내가 생각한 것은 이것이라"고 말한다 해도, 우리가 그의 생각을 보는 것은 불가능하고, 다만 그가 한 말을 믿을 뿐이 아니뇨? 이러므로 "기록한 말씀 밖에 넘어가지 말라"(고전 4:6)고 하였고, "서로 대적하여 교만한 마음을 먹지"(고전 4:6) 말라고 하지 않았느뇨? 우리는 "마음을 다하고 목숨을 다하고 뜻을 다하여 주"(마 22:37) 우리 하나님을 사랑하고 우리 "이웃을" 우리 "몸과 같이"(마 22:39) 사랑하자! 모세가 그의 책에서 의도한 바가 무엇이든 간에, 그는 이 사랑의 이중 계명을 염두에 두고 있었으므로, 우리가 이 사실을 도외시하여 믿지 아니하면, 우리는 주님을 "거짓말하는 자로"(요일 1:10; 5:10) 만드는 것이니, 이는 이 경우에 우리는 하나님이 가르치신 이외의 것이 그의 종 모세의 생각 속에 있다고 억측하게 되기 때문이라. 모세가 [기록한] 말 속에서 지극히 올바른 생각을 상당히 많이 골라 낼 수 있기 때문에, 모세의 여러 생각들 중에 오직 이 생각만이 가장 정확하다고 우리가 무분별하게 주장하는 것이 얼마나 어리석은 일인 줄 너는 정녕 알지라. 모세가 이 모든 말을 기록한 목적이 [참된] 사랑이었다면, 그의 말을 해석한다는 명목하에 백해무익한 논쟁을 일삼다가 바로 이 사랑의 덕을 무너뜨리게 되면 어찌할 것이뇨?

26. 성경의 권위는 지극히 높다

(36) 비천한 나에게 높음이 되시며 곤비한 나에게 안식이 되시는 나의 하나님, 당신은 나의 고백을 들으시고 내 죄악을 사하여 주시나이다. 그리고 나에게 내 이웃을 내 몸과 같이 사랑하라고 명하시나이다. 당신은 지극히 신실한 당신의 종 모세에게 엄청난 은사를 주셨으나, 만약 내가 모세 시대에 태어났다고 가정하면, 또 내가 모세 대신 성경을 기록하라는 명령을 당신에게서 받았다고 가정하면, 나는 당신이 내게도 그와 같은 은사 주시기를 간절히 사모했을 것이니이다. [내가 그 같은 명령을 받았다면] 나는 내 심장과 혀를 바쳐 이 책을 썼을 것이니, 이 책은 먼 훗날까지 온 인류에게 유익을 줄 책이며, 그 높은 권위는 하늘에 닿아 거짓되고 교만한 자들의 모든 이단사설(異端邪說)을 물리칠 것이니이다.

하오니 내가 당시 모세였다면, 나는 그 같은 것을 소원했을 것이니이다. 이는 우리 인간은 모두가 "진흙 한 덩이"(롬 9:21)에서 나왔기 때문이니이다. 하오면 "사람이 무엇이관대 주께서 저를 생각"(시 8:4)하시나이까? 옳소이다. 내가 당시 모세였으며 당신이 내게 창세기 기록을 명하셨다고 한다면, 나는 당신께 비범한 언어 구사력과 표현력을 달라고 간구했을 것이니이다. 그리하여 하나님께서 어떻게 창조하셨는지 아직 이해하지 못하는 자들도 자기네 힘에 벅차다고 해서 이 책을 버리지 않기를 바랐을 것이며, 또한 하나님의 창조를 이해하는 자들, 곧 사고력을 발휘하여 조금이라도 옳은 생각에 도달하는 자들은 당신의 종 [모세]의 몇 마디 말 속에서도 내가 발견한 진리를 놓치지 않고 발견하기를 바랐을 것이니이다. 하옵고 진리의 빛 속에서 내가 발견한 진리와 다른 진리를 발견한 사람의 경우에도, 그가 우리와 똑같이 모세의 말을 통해 발견하기를 바랐을 것이니이다.

27. 성경은 단순한 자도 이해할 수 있다

(37) 물이 풍부한 샘은, 비록 그 크기가 작아도 여러 개의 시내로 나뉘어 흘러, 한 샘에서 여러 곳으로 흘러가는 [많은] 시내들 중 그 어느 하나보다 더 넓은 땅을 적셔 주는 것같이, 당신의 종 [모세]는 후세의 수많은 당신의 말씀 전파자들에게 유익을 주는 말을 하였으니, 곧 말은 적게 하면서도 순결한 진리의 강물을 용솟음치게 하였나이다. 그리하여 모든 사람이 이 강물로부터 힘껏 참된 것을 퍼 올리게 되었으니, 이 사람은 이러한 면에서 참된 것, 저 사람은 저러한 면에서 참된 것을 퍼 올려, 그것을 자기 나름대로 자세하게 풀어 보나이다.

사실 많은 사람들은 이 성경 말씀을 읽거나 들을 때 하나님을 마치 사람과 같은 존재, 아니면 엄청나게 큰 능력을 지닌 무슨 물체로 생각하나이다. 그리하여 이 하나님이 돌연히 새로운 결심을 하사 자기 자신 바깥에, 곧 자기와 동떨어진 곳에 하늘과 땅이라는 두 거대한 물체를 하나는 위에, 하나는 아래에 만드셨고, 거기에 만유를 포함시켰다고 생각하나이다. 이들은 또한 "하나님께서 말씀하시니 그대로 되니라"라는 말씀을 들을 때, 그 말씀을 시작과 끝이 있는 말씀, 시간 속에서 울렸다가 사라진 말씀으로 생각하나이다. 그래서 그 말씀이 울려 퍼지자마자 존재하라고 명령받은 피조물들이 즉시 존재하게 되었다고 생각하고, 다른 것에 대해서도 다 이같이 자신들의 감각적 습관에 맞추어 생각하나이다.

  이 같은 [생각을 하는] 사람들은 아직도 어머니 품을 벗어나지 못하는 어린아이와 같아서, [성경에 기록된] 이같이 소박한 당신의 말씀에 자신의 연약함을 내맡겨야 하니, 이럴 때 이들의 신앙이 굳게 세워져, 눈앞에 두루 펼쳐지는 형형색색의 아름다운 대자연을 하나님께서 창조하셨다는 사실을 확실히 믿어 의심치 않게 될 것이니이다.

  이들 가운데 혹시라도 누가 말씀을 소박하다고 얕보고, 가엾게도 오만함에 빠져 저를 길러 준 둥지 밖으로 뛰쳐나간다면, 오, 슬프도다! 저는 가엾게도 [땅에] 떨어질 것이니 주 하나님이여, 저를 불쌍히 여기사 길 가는 행인들에게 밟히지 않게 하소서! 저는 아직 날개도 돋지 않은 어린 새끼이니이다. 당신의 천사를 보내사 저를 둥지에 다시 넣어 주소서! 그리하여 저로 생명을 보전케 하시며, [스스로] 날갯짓을 할 수 있게 될 때까지 [거기 머무르게 하소서!]

28. 지혜로운 자에게 깊은 진리를 열어 주는 성경

  (38) 하오나 이 말씀이 어떤 자들에게는 더 이상 둥지가 아니라 울창한 숲과 같으니, 저들은 거기 숨겨진 [많은] 열매를 보고 즐거이 날고, 재잘거리며 찾아다니다가 그 열매를 따 먹나이다.

  오 하나님, 이는 저들이 이 말씀을 읽거나 들을 때, 당신의 영원불변하심이 과거와 미래의 모든 시간을 초월한다는 사실을, 또한 시간적인 피조물 가운데 당신이 창조하지 않으신 것이 하나도 없다는 사실을 깨닫게 됨이니이다. 하옵고 당신의 뜻은 당신의 존재와 같은데, 당신은 결코 변함이 없으시니, 당신이 전에 뜻하지 않으신 것을 새로 뜻하사 만물을 창조하지도 않

---

12) 신플라톤주의적인 개념. 라틴어로는 similitudo라 한다. 신플라톤주의에 의하면, 만물은 플로티노스가 '일자'라고 부른 하나님과 비슷해지면 비슷해질수록, 혹은 닮아 가면 갈수록 더 완전해진다.

으셨나이다. 하오나 당신은 당신과 '비슷함'[12]을 당신 자신에게서 나오게 하지 않으셨으니, 이 비슷함이 만유의 원래 모습이니이다. 당신은 도리어 [당신과] 비슷하지 않은 무형적인 것을 무(無)에서 창조하셨는데, 이 무형적인 것이 당신을 닮아 감으로 말미암아 형상을 얻어 '하나'이신 당신께로 돌아가니, 만물이 종류에 따라 자기에게 주어진 능력을 힘입어 그리하나이다. 하온즉 "심히 좋았더라"(창 1:31)는 말씀이 모든 만물에 적용되나이다. 그리하여 당신과 가까이 있는 것이든 혹은 시간적, 공간적으로 당신과 멀리 떨어져 있는 것이든 간에, 다 아름다운 변화를 일으키기도 하고 받기도 하나이다.

저들은 이것을 깨닫고 당신의 진리의 빛 가운데서 즐거워하니, 저들이 이승에서 받은 능력이 아무리 적을지라도 그러하나이다.

(39) 하온데 저들 중에 어떤 자는 "태초에 하나님이 천지를 창조하시니라"는 말씀을 상고할 때, '태초'를 '지혜'로 간주하니, 이는 지혜가 우리에게 말씀하시는 자도 되심이니이다.[13] 반면 다른 사람은 같은 '태초'라는 말을 똑같이 상고하면서도 모든 피조물이 창조되기 시작한 때로 생각하니, 이런 사람은 "태초에 하나님이 천지를 창조하시니라"라는 말씀을 "처음에 [하나님이 피조세계를] 창조하시니라"라는 뜻으로 받아들이나이다.

하오나 "태초에 하나님이 천지를 창조하시니라"라는 말씀을 당신이 "지혜로 천지를 창조하셨다"는 뜻으로 받아들이는 사람들도 '천지'라는 말의 뜻에 관하여는 의견이 갈라지나이다. 즉 어떤 자는 '천지'를 '질료'(質料)로 보아, 이에서 천지만물이 창조되었다고 믿으며, 또 어떤 자는 '천지'라는 말을 '이미 질서 있게 형성되어 있는 피조세계'를 의미하는 것으로 생각하고, 또 어떤 자는 '천'(天)이란 말은 "이미 질서 있게 형성되어 있는 영적인 세계"만을 의미한다고 보고, '지'(地)라는 말은 '무형의 물질적 질료'를 의미한다고 보나이다.

하오나 '천지'라는 말을 '아직 형태를 갖추지 않은 질료'라고 이해하여,

---

13) 요 8:25에 나오는 "나는 처음부터 너희에게 말하여 온 자니라"는 말씀을 참조할 것.

피조세계가 이에서 창조되었다고 믿는 사람들도 '질료'라는 말의 뜻에 관하여는 의견이 갈라지나이다. 즉 어떤 자는 이 질료에서 영적인 세계와 감각적 세계의 창조가 공히 이루어졌다고 여기고, 어떤 자는 이 질료에서 오직 감각적이고 물질적인 세계만 이루어졌다고 여기니, 후자가 생각하는 세계는 광대하여, 그 안에는 우리가 [육안으로] 밝히 바라볼 수 있는 천지만물이 다 들어 있나이다.

하오나 이 구절[14]에 나오는 '천지'라는 말을 '이미 질서 있게 형성되어 있는 피조세계'를 의미하는 것으로 생각하는 사람들도 '피조세계'라는 말의 뜻에 관해서는 의견이 갈라지나이다. 즉 어떤 자는 불가시적 세계와 가시적 세계 모두를 의미한다고 보며, 어떤 자는 가시적 세계만을 의미한다고 보니, 후자가 생각하는 가시적 세계에서 우리는 밝은 하늘과 어두운 땅, 그리고 그 안에 있는 모든 것을 바라보나이다.

29. '처음에'라는 말의 네 가지 의미

(40) 하온데 "태초에 하나님이 천지를 창조하시니라"는 말씀을 "처음에 [하나님이 피조세계를] 창조하시니라"는 뜻으로 받아들이는 자는 '천지'라는 말을 '하늘과 땅의 질료'로 해석해야만 옳으니, 여기서 '하늘과 땅'은 피조세계, 곧 영적인 세계와 물질적 세계 전체를 지칭하나이다. 이는 '천지'라는 말을 '이미 질서 있게 형성되어 있는 피조세계 전체'로 해석한다면, 마땅히 다음과 같은 질문을 받게 됨이니이다.

이를테=이미 질서 있게 형성되어 있는 피조세계 전체를 하나님께서 처음에 창조하셨다면, 그 후에 창조하신 것은 무엇이뇨?

---

14) 창 1:1.

만유가 완성된 다음에는 창조될 것이 더 없으니, 다음과 같은 질문이 제기되는 것은 불가피하나이다.

그 후에 창조하신 것이 더 없다면, '처음에' 라는 그 말이 무슨 의미가 있느뇨?

하오나 처음에 무형적인 것이 창조되고 그 후에 유형적인 것이 창조되었다고 말한다면 문제가 없나이다. 단지 영원이나 시간, 선택이나 기원의 관점에서 무엇이 먼저인지를 분간하는 능력은 필요하나이다. 여기서 예를 들자면, 하나님이 만유보다 먼저이심은 하나님의 영원하심 때문이며, 꽃이 열매보다 먼저임은 시간의 관점에서 그러한 것이고, 열매를 꽃보다 낫다 함은 선호에서 비롯된 것이며, 소리가 노래보다 앞선 것은 기원의 관점에서 그러한 것이니이다.

내가 말한 이 네 가지 예 가운데 첫째 것과 마지막 것은 이해하기 아주 어려우나, 둘째 것과 셋째 것은 아주 이해하기 쉽나이다. 첫째로 주여, 당신의 영원하심을 이해한다는 것은 실로 웬만한 통찰력 아니고는 심히 어렵나이다. 이는 당신 스스로는 불변적이시면서 가변적인 것들을 만드시고, 이로 인해 '태초' 가 되시기 때문이니이다. 다음으로, 소리가 어찌 노래보다 앞선 것인지를 별로 힘 들이지 않고 알아낼 수 있으려면, 얼마나 예리한 분별력이 있어야 하나이까? 이는 노래가 형태를 갖춘 소리임이니이다. 대개 형태를 갖추지 못한 것이라도 존재할 수는 있나이다. 하오나 존재하지 않는 것은 형태를 지닐 수 없지 않나이까? 이와 같이 이 질료[15]는 그것에서 비롯된 것[16]보다 먼저니이다. 하오나 이 질료가 먼저임은 이 질료가 [무엇을] 만들어 내는 까닭이 아니니이다. 이 질료는 도리어 만들어진 것이니이다. 이 질료는 또한 시간의 간격에서 앞서는 것도 아니니이다. 이는 노래의 경우, 우리는 먼저 형태를 갖추지 않은 소리를 내고, 그 다음에 그것을 연

---

15) 여기서는 '소리.'
16) 여기서는 '노래.'

결하여 노래를 만드는 것이 아닌 까닭이니이다. 상자를 만들려면 목재가 [먼저] 있어야 하고, 그릇을 만들려면 은이 [먼저] 있어야 하나, 노래는 사정이 다르나이다. 목재나 은 같은 질료는 이들 질료에서 나온 물건이 형태를 갖추기 전에도 존재하나이다. 하오나 노래의 경우는 그렇지 않나이다. 이는 노래를 할 때 소리가 들리오나, 형태를 갖추지 않은 소리가 먼저 나고 그 다음에 노래가 만들어지는 것이 아니기 때문이니이다. 사실 소리란 한 번 나면 곧 사라지는 것이니, 그것을 다시 붙들어 노래로 만드는 것은 불가능하나이다. 하온즉 노래는 그 소리와 함께 있으니, 소리가 노래의 질료가 되나이다. 이는 노래가 만들어지기 위해서는 소리가 형태를 부여받아야 함이니이다. 이런 까닭에 내가 아뢴 대로 소리라는 질료가 노래라는 형태보다 먼저이나, 소리가 노래를 만들어 내는 힘이어서 먼저가 아니니이다. 사실 소리는 노래를 만들어 내지 못하니, 오직 노래를 부르는 자의 영혼을 위한 육신적 조건이 될 따름이니이다. 하온데 소리는 노래보다 시간상으로도 먼저가 아니니이다. 이는 소리와 노래는 동시적으로 만들어지기 때문이니이다. 하옵고 소리는 노래보다 선호에서도 먼저가 아니니, 이는 노래가 단순히 소리만으로 이루어지지 않고 아름다운 소리로 이루어지는 까닭에, 소리가 노래보다 더 낫다고 말할 수 없음이니이다. 하오니 소리는 오직 기원의 관점에서만 노래보다 먼저니이다. 이는 노래가 형태를 부여받아 소리가 되는 것이 아니라, 소리가 형태를 부여받아 노래가 되기 때문이니이다.

위의 보기를 통하여 명철한 자는 다음과 같은 사실을 알 수 있을 것이니이다. 즉 만유의 질료가 먼저 창조된 후에 이에서 피조세계가 만들어졌고, 이 피조세계가 '천지'라 칭함받았다는 사실이 그것이니이다. 하오나 질료가 '먼저' 생겼다는 것이 시간적인 의미는 아니니이다. 이는 시간이란 만유가 형상을 지니기 전에는 시작되지 않는데, 처음에 질료는 아직 무형적(無形的)이었던 까닭이니이다. 질료는 형태를 부여받음과 동시에 시간과 함께 인지되나이다. 하오나 질료에 대해 무슨 말을 할 때에는, 질료가 형상보다 시간적으로 먼저인 것처럼 말할 수밖에 없나이다. 이는 질료가 가치에 있어 형상보다 더 낮게 평가되기 때문이니이다. 형상을 부여받은 것이 무형적인 것보다 더 낮다는 것은 불문가지(不問可知)니이다. 하온데 질료보다는 하나님의 영원성이 앞서 있으니, 질료는 무에서 나왔고, 이 질료에서 만유가 생성되었나이다.

30. 의견이 다름에도 영원한 사랑 안에서는 하나가 됨

(41) [성경을] 올바로 해석한다 해도, 의견이 이같이 갈라지오니, 진리께서 직접 나서시어, 일치를 가져다 주소서! "하나님은 우리를 긍휼히"(시 67:1) 여기사, 우리로 "율법을 법있게"(딤전 1:8) 쓰게 하소서! [율법의] 계명이 경계하는 목적은 진실한 사랑에 있나이다.[17]

하온즉 누가 나에게 이들 [네 가지 해석] 가운데 어떤 것이 당신의 종 모세의 의도에 맞는지를 질문해 올 경우, 내가 당신 앞에서 모른다고 고백하지 않는다면, 내가 지금 쓰고 있는 이 책은 나의 『고백록』이 될 수 없나이다. 하오나 내가 한 가지 아는 것은 이들 [네 가지] 해석 모두 일리가 있다는 것이니이다. 물론 육적인 해석은 이에서 제외해야 할 것이니, 이에 대해서는 내가 이미 필요하다고 생각한 범위 내에서 언급했나이다. 하오나 당신의 책에 기록된 이 말씀들은 천한 듯하면서 고귀하고, 간략한 듯하면서 풍성하여, "어린 아이"(고전 3:1) 같은 자들이라도 굳건한 소망을 가지고 살기만 하면, 놀랄 것이 없나이다.

하오나 내가 고백하거니와, 이 말씀 가운데서 참된 것을 발견하고 또 전한다고 하는 우리는 모두 서로 사랑해야 하나이다. 하옵고 우리가 허탄한 것을 추구하지 않고 진리에 목말라하는 자들이라면, 우리는 진리의 근원 되신 우리 하나님, 당신을 다 함께 사랑해야 하나이다. 아울러 우리는 이 [성경]책을 기록하여 후세에 전한 당신의 종 [모세를] 귀하게 여겨야 하니,

---

[17] 딤전 1:5("경계의 목적은 청결한 마음과, 선한 양심과, 거짓이 없는 믿음으로 나는 사랑이거늘, ...") 참조.

저는 당신의 영으로 충만한 자였나이다. 당신이 저에게 계시를 주사 이 말씀을 기록하게 하셨을 때, 저는 이 [말씀] 속에 진리의 빛과 유익한 열매를 최대한 담기 원하였으니, 우리는 이 사실을 믿어야 하나이다.

31. 모세는 해석의 여러 가능성을 염두에 둠

(42) 하온즉 만일 누가 "모세의 의도는 나의 해석과 같다"고 한다든지, 혹은 "아니라. 그것은 나의 해석과 같다"고 말한다면, 나는 다음과 같이 말하는 것을 더 경건하다 여길 것이니이다.

만일 두 가지 해석이 다 옳다면, 모세가 두 가지 해석을 다 염두에 두었다고 믿지 않을 까닭이 어디에 있느냐? 만일 누가 세 번째, 네 번째, 혹은 그 이상의 전혀 다른 뜻을 이 말씀 가운데서 발견했다면, 모세가 이 모든 해석을 염두에 두지 않았다고 믿지 않을 까닭이 어디에 있느냐? 한 분이신 하나님이 모세에게 많은 사람들의 이해 정도에 맞게 성경을 기록하게 하셨다면, 사람들은 성경에서 각기 자기의 이해 정도에 따라 이 사람은 이러한 진리, 저 사람은 저러한 진리를 발견할 수 있지 않겠느냐?

여하간 내가 마음을 털어놓고 거침없이 아뢰고 싶은 것은 이것이니이다. 즉 내가 최고로 권위 있는 사람이 되어 무슨 글을 쓴다면, 그 글이 너무나 명확하게 하나의 뜻만을 간직하여 다른 뜻은 일체 배제하도록 쓰기보다는, 내 말이 [독자들의 마음속에] 메아리쳐서, 누구든지 내가 다루고 있는 문제에 관해 자기 나름대로의 진리를 발견하도록 쓰고 싶나이다. 이는 내 글이 너무나 명확하게 하나의 뜻만을 간직하여 다른 뜻은 일체 배제하는 경우에도, 어떤 독자가 나의 그 글에서 다른 뜻을 발견한다고 해서 그것이 거짓되다고 배척할 수만은 없기 때문이니이다. 오, 나의 하나님, 하온즉 나는 경솔한 자가 되고 싶지 않나이다. 그리하여 그처럼 위대한 인물 모세가 당신

---

18) 글을 쓸 때, 그 글이 여러 가지 뜻을 가지도록 하는 능력.

에게서 이 같은 능력[18]을 받지 않았다고 믿고 싶지 않나이다. 모세가 이 말씀을 기록할 때, 그는 분명 우리가 이 말씀 안에서 발견할 수 있었던 진리뿐 아니라 우리가 발견하지 못했던 진리, 그리고 아직까지는 발견하지 못하였으나 언젠가는 발견하게 될 진리를 염두에 두고 있었을 것이니이다.

32. 하나님의 영이 진리를 밝혀 줌

(43) 끝으로 주여, 당신은 하나님이시니이다. "혈육이 아니"(마 16:17)시니, 인간인 모세는 보지 못한 것이 있었으나 "나를 공평한 땅에 인도"(시 143:10)하시는 주의 선한 영이 당신께서 이 말씀을 통해 후세의 독자들에게 나타내고자 하시는 뜻을 어찌 모를 수 있으리이까? 비록 모세가 이 말씀을 기록할 때 다른 여러 뜻 가운데서 설령 단 하나의 뜻만을 염두에 두었다 할지라도, 당신의 영이 그것을 모를 리 없나이다. 하옵고 만약 모세가 단 하나의 뜻만을 염두에 두고 이 말씀을 기록하였다면, 그가 염두에 두었던 바로 그 뜻이 다른 여러 뜻보다 더 우세할 것이니이다. 하오나 주여, 모세가 염두에 두었던 바로 그 뜻을 우리에게 가르쳐 주시든지, 아니면 당신께서 기뻐하시는 다른 참된 뜻을 가르쳐 주소서! 당신의 종 모세에게 가르쳐 주신 것을 우리에게 가르쳐 주시든지, 아니면 이 [성경] 말씀을 통해 다른 것을 우리에게 가르쳐 주시든지, 당신만이 우리를 기르시는 자시니이다. 우리로 그릇된 길로 빠지지 않게 하시나이다.

주 나의 하나님, 내가 비오니 보소서! 우리가 몇 마디 [당신의] 말씀에 대하여 얼마나 많은 글을 써 왔나이까? 이 같은 방식으로 한다면, 당신의 책 전부를 [해석하기] 위해서는 얼마나 많은 노력과 얼마나 많은 시간이 필요하리이까?

하온즉 나로 [당신] 말씀을 간략하게 해석토록 하시고, 여러 가지 [해석]이 나올 수 있는 [애매한] 곳에 대하여 비록 여러 가지 [해석]이 실제로 제시된다 하더라도, 당신이 내게 영감을 주사 참되고 확실하고 선한 해석 하나만을 선택하게 하옵소서! 그리하여 나의 해석이 당신의 종 모세의 해석과 일치한다면 그것이 옳고 매우 좋은 일이니, 나는 그 일을 위해 힘써야 할 것이니이다. 내가 설령 그 목표를 달성하지 못한다 해도, 모세의 말을 빌려 당신의 진리가 내게 말씀하시고자 하신 바로 그것을 나로 말하게 하여 주소서! 당신의 진리는 그 원하시는 바를 모세에게도 말씀하여 주셨나이다.

성 어거스틴의 ‖고백록‖

제13권 창조주되신 삼위일체의 하나님

1. 하나님의 선하심에 대한 감사

(1) "나를 긍휼히 여기시는 하나님"(시 59:17)이여, 내가 나의 창조자 되신 당신께 부르짖사오니, 나는 당신을 잊었어도 당신은 나를 잊지 않으셨나이다. 내 영혼 속에 모셔 들이고자 당신을 내가 부르오니, 당신은 내 영혼을 감동시키사 당신을 사모하게 하시고 당신을 영접하도록 준비시키시나이다. 이제 내가 당신을 부르오니, 나를 버리지 마소서! 내가 부르기 전에 당신은 먼저 찾아오사 갖가지 방식으로 말씀하시며, 거듭거듭 재촉하심으로써 나로 하여금 멀리서 듣고 [가던 길을] 돌이켜, 나를 부르시는 당신을 나도 부르게 하셨나이다.

이는 주여, 당신이 내 모든 죄과를 도말하사 당신을 배반한 내 손을 벌하지 않으셨음이니이다. 하옵고 내가 무슨 선을 행하든지 당신은 그에 앞서 찾아오사 나를 도우셨으니, 이는 내가 행한 선으로 나를 창조하신 하나님의 손에 영광을 돌리게 하려 함이었나이다. 당신은 실로 내가 존재하기 전부터 계셨으며, 무(無)였던 나에게 존재를 허락하셨나이다. 하오니 보소서! 내가 존재하는 것은 이 모든 만물보다 먼저 계신 당신의 선하심 때문이니, 당신의 선하심은 당신이 나를 만드시기 이전부터, 아니 나를 만드실 때 사용하신 재료를 만드시기 이전부터 있었나이다. 당신은 실로 나를 필요로 하지 않으셨으며, 나는 당신께 도움이 될 만큼 선하지도 않나이다. 나의 주 나의 하나님이시여, 내가 당신을 섬김은 당신이 일하다가 피곤치 마시라는 뜻이 아니니, 이는 나의 섬김이 없다 해서 당신의 권능이 줄어들지 않음이니이다. 내가 당신을 섬김은 땅을 경작함과 같지 아니하니, [땅은 경작하지 아니하면 묵게 되나] 당신은 내가 당신을 섬기지 않는다 해도 묵게 되지 않으시나이다.[1] 내가 당신을 섬기고 받듦은 당신으로 말미암아 내가 잘되기 위함이니이다. 당신으로 말미암아 나는 존재하며, 내가 잘될 수 있음은 당신으로 말미암나이다.

2. 모든 피조물은 하나님의 선하심 때문에 창조됨

(2) 당신의 피조물은 [모두] 진실로 당신의 풍성한 선하심으로 인하여 존재를 부여받았으며 선한 것이 되었나이다. 하오나 [피조물의] 선함은 당신께 아무 도움이 되지 않으며 당신의 선하심과 같지 않나이다. 다만 [피조물은] 당신으로 말미암아 창조되어 존재와 선을 부여받았나이다.

'천지' 가 전에 무슨 공을 세운 일이 있어, "태초에"(창 1:1) 창조하셨나이까? "주께서 [당신의] 지혜로"(시 104: 24) 지으신 영적인 피조물과 물질적 피조물로 하여금 저들이 대체 전에 당신을 위해 무슨 공을 세웠는지 말하게 하소서! 저들은 이제 막 존재를 시작하여 아직 아무 형상이 없는 상태에서도 지혜에 의존하고 있었으니, 영적인 피조물과 물질적 피조물이 본디다 그러했나이다. 저들은 무질서로 빠지는 경향, 당신과의 비유사성(非類似性)[2]에로 멀리멀리 가 버리는 경향을 지니고 있나이다. 이는 영적인 것

---

[1] 여기서 '섬기다' 는 말과 '경작하다' 는 말은 모두 라틴어로 colere이며, 그 완료분사는 cultus다. '묵은' 에 해당하는 형용사 incultus는 cultus의 반대어다.

[2] 신플라톤주의적인 개념. 라틴어로는 dissimilitudo라 한다. 신플라톤주의에 의하면, 만물은 플로티노스가 '일자' 라고 부른 하나님과의 비슷함을 상실하면 상실할수록 더 불완전해진다.

은 형상이 아직 없어도 형상을 갖춘 물질보다 낫고, 물질적인 것은 형상이 아직 없어도 절대무(絶對無)보다는 나음이니이다. 하온즉 형상이 없는 것이라도 당신의 로고스[3]에 의존하여 있었나이다. 그리하여 이 로고스 없이 저들은 당신과 다시 하나 됨으로 부름을 받지 못했을 것이며 아무 형상도 받지 못했을 것이니, 만유는 이 로고스로 말미암아 오직 유일하신 최고선(最高善)인 당신에게서 "심히"(창 1:31) 좋은 것으로 존재할 수 있다는 허락을 받았나이다. [하오나] 비록 무형적인 것이라 할지라도 저들이 전에 무슨 공을 세운 일이 있어 그 존재를 허락받았나이까? 이는 무형적인 것이라 할지라도 당신의 허락 없이는 존재할 수 없음이니이다.

(3) 물질적 질료가 전에 무슨 공을 세운 일이 있어 "혼돈하고 공허"한 상태로나마 존재하게 하셨나이까? 이는 당신이 창조하지 않으셨다면 그 질료는 존재할 수 없었음이니이다. 하온즉 [본디] 존재하지 않았던 것이니, 존재하기 위한 공을 사전에 세울 수도 없었나이다.

또한 영적인 피조물의 시작을 살펴볼 때, 심연같이 흑암에 휩싸여 출렁이던 저들이 전에 무슨 공을 세운 일이 있었나이까? 저들은 당신과의 유사성(類似性)이 없나이다. 저들은 로고스로 말미암아 창조되었고, 바로 이 로고스에 의해 로고스 자신에게로 돌이킴을 받았으니, 저들은 로고스의 조명을 받아 빛이 되었나이다. 그리하여 저들은 비록 당신과 똑같지는 않으나 당신의 형상과 일치된 모습을 갖게 되었나이다.

물질적 존재는, 그것이 존재한다는 사실과 그것이 아름답다는 사실이 서로 같지 않나이다. 그렇지 않다면 추한 것은 존재할 수 없나이다. 영적인 피조물의 경우, 산다는 것과 지혜롭게 산다는 것은 서로 같지 않나이다. 그렇지 않다면 저들의 지혜는 불변적일 것이니이다. 하오나 저들에게는 당신께 항상 "가까이함이 복"(시 73:28)이 되니, 저들은 빛을 돌이킴으로 인해 얻었나이다. 하온즉 등을 짐으로 인해 빛을 잃고, 흑암에 휩싸인 심연과 같

---

3) 어거스틴은 여기서 '하나님의 지혜'(sapientia Dei)와 '하나님의 로고스'(verbum Dei)를 동일시한다.

은 삶으로 다시 빠져서는 안 될 것이니이다.

우리 [인간] 역시 영혼을 가졌다는 점에서는 영적인 피조물이니이다. 우리의 빛 되신 당신을 등짐으로 인해 한때는 "어두움"(엡 5:8)의 삶을 살았는데, 그 어두움의 잔재가 아직도 남아 그 속에서 아직도 힘겨워 하고 있으니, 우리가 당신의 독생자 안에서 "하늘의 산들"(시 36:6)과도 같은 당신의 "의"(고후 5:21)가 되기까지니이다. 이는 이전에 우리는 깊은 무저갱과도 같이 당신의 심판의 대상이었음이니이다.

3. 창세기 1장 3절에 대한 어거스틴의 해석

(4) 하온데 당신은 창조를 시작하실 때 "빛이 있으라"(창 1:3) 하셨고, 그 말씀에 따라 빛이 있었나이다. 이 빛은 영적인 피조물이라고 이해해도 무방하리라 생각하나이다. 이는 영적인 피조물은 당신의 빛의 조명을 받기 이전에 벌써, 무슨 종류의 것인지는 모르나 생명을 지니고 있었기 때문이니이다. 하오나 영적인 피조물은 당신의 빛의 조명을 받을 수 있는 생명이 되기 위한 공로를 전에 세운 적이 없었고, [생명을 부여받아] 존재하게 된 다음에도 빛의 조명을 받을 만한 공로를 당신 앞에 세운 적이 없나이다. 영적인 피조물은 빛이 되기 전까지 아무 형상도 없었는데, 그와 같은 상태에서는 당신의 기뻐하심을 입을 수가 없나이다. 저가 빛이 된 것은 그저 존재한다는 사실 때문이 아니라, 저를 조명하시는 당신을 바라보고 당신께 의지하였기 때문이니이다. 하온즉 영적인 피조물이 사는 것, 나아가 복된 삶을 사는 것은 전적으로 당신의 은총에 달렸으니, 저는 돌이켜 당신을 바라봄으로써 더 나은 존재로 변화를 받아야 할 것이니이다. 하온데 당신은 더 나은 것으로도 더 못한 것으로도 변하실 수 없는 분이시니이다. 이는 당신만이 영원불변하시기 때문이니이다. 당신만이 순전한 존재이시니, 당신께는 산다는 것과 복된 삶을 산다는 것이 같나이다. 이는 당신이 당신의 행복 자체이신 까닭이니이다.

4. 하나님은 피조물을 필요로 하지 않으심

(5) 당신은 스스로 선이시니, 피조물이 하나도 존재하지 않는다 해도, 혹은 무형의 상태에 계속 머물러 있다 해도 무슨 부족함이 당신께 있겠나이까? 당신이 피조물을 만드신 것은 피조물이 필요해서가 아니었나이다. 당신은 당신의 풍성한 선하심 때문에 피조물을 붙드셨고 피조물에 형상을 부여하셨나이다. 하오나 피조물이 당신의 기쁨을 온전히 채워 주지는 않나이다. 이는 당신은 완전하사 피조물의 불완전함이 당신의 기쁨을 온전히 채워 줄 수 없기 때문이니이다. 피조물은 당신으로 인해 완전하게 될 때만 당신께 기쁨을 드릴 수 있나이다. 하오나 당신은 불완전하지 않으시니, 피조물을 완전하게 하심은 당신 자신을 완전하게 만드시기 위함이 아니니이다.

하옵고 당신의 선한 영이 "수면에 운행하시니라"(창 1:2)고 기록된 것은 당신의 영이 물에 의해 떠받침을 받아 물 위에서 쉬셨다는 의미가 아니니이다. 당신의 영이 강림하사 사람들 속에 거하신다 하는 말씀도 실상은 사람들로 하여금 당신 안에서 안식하도록 만들어 주신다는 뜻이니이다. 그러하나 영원불변하며 자족적(自足的)인 당신의 의지는 당신이 만드신 생명[4] 위에 운행하였나이다. 그 생명에게는 사는 것이 곧 복된 삶을 사는 것이 아니었나이다. 이는 그가 아직 자신의 어두움 속에서 출렁이며 살고 있었던 까닭이니이다. 그에게 남은 일은 그를 만드신 분께로 돌이켜, "대저 생명의 원천이 주께 있사오니 주의 광명 중에 우리가 광명을 보리이다"라는 말씀같이, 생명의 원천 되신 당신 곁에 머물며 점차 더 많은 생명을 얻고 온전함과 빛의 조명을 받아 복된 자가 되어야 했나이다.

---

4) 하나님의 빛의 조명을 받기 이전의 영적인 피조물.

5. 창조주 되신 삼위일체 하나님

(6) 나의 하나님, 보소서! 이제 나에게는 삼위일체라는 수수께끼가 보이나이다. 이는 성부(聖父) 되신 당신께서 우리 지혜의 근원 되신 당신의 "지혜로"(시 104:24) 천지를 지으셨음이니이다. 당신의 '지혜'는 당신께로부터 났으며, 당신과 동등하시고 당신과 똑같이 영원하시니, 곧 성자(聖子)이시니이다.

하옵고 우리는 '하늘의 하늘', '혼돈하고 공허한 땅', '깊음 위에 있는 흑암'에 대하여 많은 이야기를 나누었는데, 아직 형상을 부여받지 못한 영들은 이 '흑암' 속에서 방황하며 떠다니고 있었나이다. 저들은 저들에게 생명을 허락하신 분에게로 돌이켜 빛의 조명을 받은 연후에야 아름다운 생명으로 변모되고, 그분의 '하늘의 하늘'이 될 수 있었으니, 이 '하늘의 하늘'은 나중에 당신이 물과 물 사이를 나누실 때 만드신 하늘[5]의 '하늘'이 되었나이다.

그리하여 나는 이 같은 것을 만드신 성부는 '하나님'이라는 이름으로 이미 붙들고 있었고, 성자는 '태초'(太初)[6]라는 이름으로 붙들고 있었는데, 성부께서는 성자 안에서 이 같은 것을 창조하셨나이다. 하옵고 나는 그전부터 나의 하나님을 삼위일체의 하나님으로 믿고 있었던 까닭에 하나님의 거룩한 말씀 속에서 이에 대해 궁구해 보았나이다. 그리하여 당신의 "영이 '수면에 운행하시니라'"(창 1:2)라는 말씀을 발견하였나이다. 보소서! 내 하나님은 성부, 성자, 성령 삼위일체의 하나님이시니이다. 모든 피조물의 창조주 되시나이다.

---

5) '궁창'을 의미함. 창 1:7-8 참조.

6) 어거스틴은 '태초'를 시간적인 개념으로만 파악하지 아니하고, 성자 로고스와 동일시하기도 한다.

6. 성령이 수면에 운행하셨다는 표현에 대한 의문

(7) 오, 참되신 빛이시여! 하온데 무슨 까닭이었나이까? 행여 내 심령이 내게 허탄한 것을 가르칠까 염려하여 내 심령을 당신께로 가까이 가져가오니, 내 심령 속의 어두움을 쫓아내어 주소서! 어머니 되신 사랑[7]에 의지하여 당신께 간구하오니, 내게 말씀하여 주소서! 당신의 성경이 하늘과 혼돈하고 공허한 땅과 깊음 위의 흑암을 먼저 언급한 연후에야 비로소 당신의 영에 대하여 언급한 것은 무슨 까닭이었나이까? 내가 당신께 간구하오니, 내게 말씀하여 주소서! 혹시 "[수면]에 운행하시니라"는 말씀을 하시기 위해서 그러한 언급이 먼저 필요했던 까닭이 아니니이까? 즉 당신의 영이 무엇 위에 운행하셨는지 이해시킬 수 있기 위해서는 그것이 먼저 언급되어야만 가능한 것 아니니이까? 성령은 성부 위에도, 성자 위에도 운행하시지 않았나이다. 하오나 [성령의] 운행에 대하여 말하면서 아무것 위에도 운행하지 않으셨다고 말하는 것도 옳지 않을 것이니이다. 하온즉 당신의 영이 무엇 위에 운행하셨다는 말을 하기 위해서는 먼저 그 무엇에 대하여 언급한 연후에 비로소 운행에 대하여 말하는 도리밖에 없나이다. 하오나 "[수면]에 운행하시니라"는 말씀 말고 성령에 대하여 말씀할 수 있는 다른 방법은 없었나이까?

7. 성령이 수면에 운행하셨다는 표현에 대한 해석

(8) 하오면 이제부터 지력(智力)이 있는 자는 당신의 사도가 말하는 것을 따라야 할 것이니이다.

---

7) 여기에 나오는 사랑은 참된 사랑 caritas이며, 어거스틴은 caritas를 성령과 동일시한다.

우리에게 주신 성령으로 말미암아 하나님의 사랑이 우리 마음에 부은 바 됨이니 (롬 5:5).

당신의 사도는 "신령한 것"(고전 12:1)에 대하여 가르쳐 주었으며, "제일 좋은"(고전 12:31) 사랑의 길을 보여 주었고, 우리로 "지식에 넘치는 그리스도의 사랑"(엡 3:18)을 알게 하고자 우리를 위하여 당신 앞에 "무릎을 꿇고"(엡 3:15) 간구하기도 하였나이다.

하온즉 '제일 좋은' 자가 태초부터 '수면에 운행' 하신 것은 이러한 까닭이니이다.

우리를 깊디깊은 무저갱 속으로 이끌어가는 정욕의 무게와 '수면에 운행' 하시는 당신 영으로 말미암은 사랑의 양력(揚力)에 대하여 내가 누구에게 말하며 어떻게 말하리이까? 누구에게 말하리이까? 어떻게 말하리이까? 우리는 잠겼다가 솟아오르지 않나이까? 우리가 잠겼다가 솟아오르는 곳은 [물리적인] 공간이 아니니이다. [이것은 비유이니,] 이같이 적절한 비유가 또 어디 있겠으며, 이같이 적절하지 못한 비유가 또 어디 있겠나이까? 이것은 감정과 사랑에 관한 비유니이다. 하나는 우리를 근심하게 하는 것들에 대한 사랑을 가리키니, 이로 말미암아 우리의 영은 아래로 이끌려 내려가 부정(不淨)함을 입게 되며, 다른 하나는 우리를 안연(晏然)하게 하는 것들에 대한 사랑을 가리키니, 이로 말미암아 우리는 위로 이끌림을 받아 거룩함을 입게 되나이다. 당신의 영이 '수면에 운행' 하신다고 할 때의 그곳은 우리 심령을 위로 올려 당신께 가까이 나아갈 그곳이니이다. 거기서 우리는 지극히 좋은 안식에 이르게 되니, 이는 "우리 영혼을 잠갔을"(시 124:4) 실체 없는 물[8]을 통과한 다음이니이다.

---

8) 여기서 '실체 없는 물'(aquas sine substantia)은 죄악의 물을 의미하는데, 이는 어거스틴에 있어 죄악은 '실체가 없는 무(無)이기 때문이다. 어거스틴에 있어 참된 실체가 될 수 있는 것은 선(善)뿐이다.

8. 복된 안식은 하나님 안에서만 가능

(9) 천사도 휩쓸려 내려가고 인간의 영혼도 휩쓸려 내려갔나이다. 그리하여 저들은 무저갱이 무엇인지 보여 주었나이다. 만약 당신이 태초에 "빛이 있으라!"(창 1:3)는 말씀을 하시지 않으셨다면, 그리하여 빛이 있게 되지 않았다면, 모든 영적 피조물은 깊은 흑암 속으로 빠져 들어갔을 것이니이다. 하옵고 당신의 하늘 도성(都城)에 속한 모든 영적 피조물이 순종하는 마음으로 당신을 의지하지 않았다면, 그리하여 모든 가변적인 것 위를 변함없이 운행하는 당신의 영 안에 안연히 거하지 않았다면, 저들은 깊은 흑암 속으로 빠져 들어갔을 것이니이다. 만약 그랬다면 비록 '하늘의 하늘' [9] 이라도 자기 스스로에게 무저갱이 되었을 것이니이다. 하오나 저들은 지금 "주 안에서 빛"(엡 5:8)이니이다.

하온데 [무저갱 속으로] 휩쓸려 내려간 영들은 당신이 입혀 주신 빛의 옷을 벗기운 채 자신의 어두움을 드러내고 있으나, 당신은 저들의 비참한 '불안'을 통하여 당신이 만드신 영적인 피조물이 얼마나 고귀한지 보여 주고 계시나이다. 이는 당신보다 못한 것은 저들에게 복된 '안식'을 결코 줄 수 없는 까닭이니이다. 저들은 자기 자신을 통해서도 결코 복된 안식에 이르지 못하나이다. 우리 주여, 실로 당신만이 우리 "흑암을"(시 18:28) 밝히실 것이니이다. 우리 의복은 당신에게서 나올 것이니, 우리 "어두움이 낮과 같이 될 것"(사 58:10)이니이다.

나의 하나님이여, 당신을 내게 주소서! 당신을 내게 돌려주소서! 보소서! [당신을] 사랑하나이다. 모자라는 사랑이나마 당신을 더 뜨겁게 사랑하고 싶나이다. 나의 평생에 [항상] 당신 품을 향해 달려가고, 내가 "주의 은밀한 곳에"(시 31:20) 숨김을 받는 그 날까지 내가 결코 돌아서지 않으려 하나이다. 하오나 내가 그렇게 할 수 있을 만큼 나의 사랑이 충분하게 되기에는 얼마큼 나의 사랑이 모자라는지 나는 측량할 수 없으니, 내가 그것을 측량

---

9) 시 68:33, 115:16, 148:4.

할 수 없다는 것만 아니이다. 내가 아는 것은 오직 이뿐이니이다. 당신을 떠나서는 내가 나의 밖에 있든지 나의 안에 있든지 내게는 화가 있으니, 나의 하나님 없이는 어떠한 풍성함도 내게는 궁핍함이 되나이다. 이는 나의 하나님이 나의 [참된] 풍성함이시기 때문이니이다.

9. 하나님의 영은 위로 올라감

(10) 성부와 성자는 수면에 운행하시지 않았나이까? 하온데 여기서 '운행'이라 함은 물체의 경우와는 달리 장소적인 것이 아니니이다. 그렇다면 성령의 운행도 마찬가지니이다. 하오나 '운행'이라는 말이 온갖 가변적인 것을 초월해 계시는, 불변하시는 하나님의 위대하심을 표현하기 위한 말이라면, 성부, 성자, 성령이 모두 '수면에 운행' 하셨다는 말이 성립되나이다.

하오면 어찌하여 당신의 영에 대해서만 이 말이 기록되어 있나이까? 당신의 영은 장소를 초월하는 존재인데, 어찌하여 마치 무슨 장소에 계시는 것같이 기록되어 있나이까? 하옵고 어찌하여 당신의 영에 대해서만 당신의 "선물"(행 2:38)이라 기록되어 있나이까? 우리는 당신의 선물 안에서 안식을 누리니, 그 안에서 당신을 향유하나이다. 우리의 안식, 그것이 우리의 [본디] 자리니이다.

사랑이 우리를 그리로 끌어 올리나이다. 주의 영은 "선하시니"(시 143:10), 우리 비천함을 "사망의 문에서"(시 9:13) 일으키시나이다. [당신의] "기뻐하심을"(눅 2:14) 입을 때 우리 가운데 평화가 있나이다. 물체는 자기 무게에 따라 자기 자리로 가니, 무게는 아래로만 향하는 것이 아니라 자기 자리로 향하는 것이니이다. 불은 위를 향하고 돌은 아래를 향하나이다. 자기 무게에 따라 움직이며, 자기 자리를 찾아가나이다. 기름은 물 속으로 붓더라도 물 위로 떠오르며, 물을 기름 위에 붓더라도 기름 밑으로 가라앉으니, 저마다 자기 무게에 따라 움직이며 자기 자리를 찾아가나이다. 질서가 잡히지 않은 것은 불안정하나, 질서가 잡히면 평온해지나이다. 나의 무게는 나의 사랑. 그것이 나를 어디로 이끌든지 나는 그리로 끌려가나이다. 당신의 "선물"(행 2:38)이 우리를 불타오르게 하니 우리가 위로 올라가나이다. 우리는 불에 타며 길을 가나이다. 우리 심령이 상승(上昇)의 길을 갈 때 우리는 "성전에 올라가는 노래"[10]를 부르나이다. 우리는 당신의 불, 당신의 선한 불에 타며 길을 가나이다. 이는 우리가 예루살렘의 평화를 향해 길을 감이니이다. "사람이 내게 말하기를 여호와의 집에 올라가자고 할 때에 내가"(시 122:1) 기뻐하였나이다. [당신의] 선한 뜻에 따라 우리가 거기 모일 것이니, 우리는 "영원히"(시 61:7) 거기 거하는 것 외에는 더 바랄 것이 없겠나이다.

10. 하나님의 영이 천사와 인간에게 빛을 비춤

(11) 오직 당신 곁에 거할 때만 참된 평화를 누릴 수 있음을 아는 피조물은 복되나이다. 하오나 저들은 모든 가변적인 것 위를 운행하시는 당신의 영이 아니었다면 복된 피조물이 될 수 없었을 것이니이다. 저들은 "빛이 있으라"(창 1:3)고 말씀하신 당신의 음성이 발해짐과 동시에 빛이 되었나이다. 우리 인간에게는 "우리가 어두움"(엡 5:8)이었던 때와 빛이 되는 때가 구별이 있나이다. 하오나 [천사들의 경우] 저들이 빛의 조명을 받지 못했다면 어떠한 존재가 될 뻔했는지 하는 것이 성경 말씀에 기록되어 있나이다. 곧 천사들에 대하여 저들이 마치 처음에는 혼돈과 흑암 속에 거했던 것같이 기록되어 있나이다. 이같이 기록됨은 저들이 다른 존재가 된 까닭, 곧 저들이 영원한 빛을 향하여 돌아선 까닭에 빛이 된 사실을 분명히 드러내려 함이니이다. 힘이 미치는 자는 이를 이해할 수 있을 것이니, 이를 위해 당신께 간구할 것이니이다. 내가 마치 이 "세상에 와서 각 사람에게 비취는 빛"(요 1:9)이라도 되는 것같이 사람들이 나를 괴롭게 할 일이 무엇이니이까?

---

10) 시 120편, 121편, 122편, ... 133편의 제목.

11. 사람 속에 있는 삼위일체의 흔적

(12) 누가 있어 전능하신 삼위일체를 이해할 수 있으리이까? 하오나 또, 삼위일체에 관해 말하지 않는 자 누구니이까? 하온데 그들이 말하는 삼위일체가 진정한 삼위일체니이까? 저들이 삼위일체에 관해 무슨 말을 한다 해도, 저들 가운데 자기가 말하는 바를 이해하는 자는 아주 적나이다. 저들이 다투고 싸우나 [참된 내적] 평화 없이는 아무도 삼위일체의 신비를 들여다볼 수 없나이다.

내가 원하는 바는 사람들이 자기 자신 속에 있는 다음 세 가지를 생각해 보는 것이니이다. 이 세 가지가 삼위일체와 아주 다른 것은 사실이나, 내가 이를 말함은 저들로 이를 통하여 그 차이를 연습해 보고 시험해 보고 느껴 보도록 하기 위함이니이다.

하온데 내가 말하고자 하는 세 가지는 존재와 지식과 의지니이다. 이는 내가 존재하며 지식과 의지를 가지고 있음이니이다. 즉 나는 지식과 의지를 가지고 존재하나이다. 나는 또한 내가 존재한다는 사실과 의지를 가지고 있다는 사실을 아나이다. 하옵고 나는 존재하기 원하고 알기 원하나이다.

하온즉 힘이 미치는 자는 이 세 가지에서 생명이란 어느 정도 불가분(不可分)의 것인지를, 생명도 하나요 영혼도 하나요 본질도 하나인 것을, 그리하여 이 세 가지가 서로 구별되나 분리되지는 않는 것임을 보아야 할지니이다. 사람들은 저마다 자기 자신 앞에 서 있으니, 먼저 자기 자신을 들여다보고, 그 다음에 내게 말하는 것이 합당하나이다.

하오나 이 세 가지에서 무슨 발견을 했다 해도, 그리고 발견한 것을 말로 표현할 수 있다 해도, 이 모든 것을 초월하여 계시는 불변적 존재를 벌써 발견했다 생각해서는 안 되니, 당신은 존재에서도 불변적이시고 지식에서도 불변적이시며 의지에서도 불변적이심이니이다. 존재와 지식과 의지, 이 세 가지로 인해 당신이 삼위(三位)로 계시는지, 아니면 이 세 가지가 삼위의 각 위(位)에 다 있어, 삼위의 각 위가 이 세 가지를 다 가지고 계시는지, 아니면 당신은 신비로우시니 단일성(單一性)과 복합성(複合性)을 다 가지고 계시사 무한하시면서도 스스로 한계를 정하시어, 이 한계 안에서 존재하시고, 스스로를 아시고 스스로를 충족시키시되, 단일성 속에서도 영원히 변함없는 풍성하심과 위대하심을 유지하시는지를 누가 있어 쉽게 알 수 있으리이까? 누가 어찌 말로 형용할 수 있으리이까? 누가 감히 말할 엄두를 내겠나이까?

12. 창조는 교회 창설의 예표

(13) 내 심령아, 고백을 계속하라! 주 너의 하나님께 아뢰라!

거룩, 거룩, 거룩하신 주 나의 하나님! 당신의 이름으로 우리가 세례를 받았나이다. 성부, 성자, 성령이여! 당신의 이름으로 우리가 세례를 주나이다. 이는 그리스도 안에서 우리 가운데도 "하나님이 천지를 창조"(창 1:1)하심이라. 곧 자기 교회에 영적인 자들과 육적인 자들이 함께 있게 하심이라. 우리의 "땅"은 가르침이라는 형상을 받기 이전에는 "혼돈하고 공허"(창 1:2)하였으며, 무지(無知)라는 "흑암"(창 1:2)에 뒤덮여 있었으니, 이는 "주께서 죄악을 견책하사 사람을 징계"(시 39:11)하셨음이라. "주의 판단은 큰 바다와 일반"(시 36:6)이니이다.
하오나 성령이 "수면에 운행"(창 1:2)하셨기에 당신의 긍휼이 우리를 버리지 않았나이다. 그리하여 당신은 "빛이 있으라"(창 1:3)고 말씀하셨나이다. "회개하라 천국이 가까왔느니라"(마 4:17)고 말씀하셨나이다. "회개하라! 빛이 되라!"고 말씀하셨나이다. 하옵고 주여, 우리 영혼이 우리 "속에서 낙망이 되므로"(시 42:6), 우리가 요단 땅에서 당신을 기억하였나이다. 높은 산과 같이 당신과 동등한 분이나 우리를 인하여 낮아지신 분 안에서 우리는 당신을 기억하였나이다. 이에 우리는 우리의 어두움을 싫어하게 되었고, 당신께로 돌이켜 빛이 되었나이다. 보소서! 우리가 "전에는 어두움이더니 이제는 주 안에서 빛"(엡 5:8)이 되었나이다.

13. 영적인 창조는 아직 완성되지 않음

(14) 하오나 우리가 빛이 된 것은 믿음으로 말미암은 것이지, "얼굴과 얼굴을"(고전 13:12) 대함으로 된 것이 아니니이다. "우리가 소망으로 구원을 얻었으매, 보이는 소망이 소망이"(롬 8:24) 아니니이다. 아직도 우리는 "깊은 바다"(시 42:7)같이 서로 부르고 있으나, "당신의 폭포소리"(시 42:7)가 벌써 함께 하나이다. "내가 신령한 자들을 대함과 같이 너희에게 말할 수 없어서 육신에 속한 자들을 대함과 같이 하노라"(고전 3:1)라고 말하던 그 사람[11]도 자신을 가리켜, "나는 아직 내가 잡은 줄로 여기지 아니하고 오직 한 일, 즉 뒤에 있는 것은 잊어버리고 앞에 있는 것을 잡으려고……쫓아가노라"(빌 3:13) 말하였나이다. 그는 무거운 "짐 진 것같이 탄식"(고후 5:4)하였으며, 그의 영혼은 "사슴이 시냇물을 찾기에 갈급함같이"(시 42:1) "생존하시는 하나님을 갈망"(시 42:2)하여 이르기를, "내가 어느 때에 나아가서 하나님 앞에 뵈올꼬"(시 42:2)하였나이다. 그는 "하늘로부터 오는 처소로 덧입기를 간절히 사모"(고후 5:2)하였나이다. 그리고 보다 깊은 심연 속에 빠져 있는 자들을 향하여 말하였나이다.

> 너희는 이 세대를 본받지 말고 오직 마음을 새롭게 함으로 변화를 받으라(롬 12:2).
> [형제들아,] 지혜에는 어린 아이가 되지 말고 악에는 어린 아이가 되라. 지혜에 장성한 사람이 되라(고전 14:20).
> 어리석도다, 갈라디아 사람들아 누가 너희를 꾀더냐(갈 3:1).

하오나 이제 이같이 외치는 자는 그가[=바울이] 아니니이다. 실상은 당신이 그를 통하여 말씀하시는 것이니이다. 즉 하늘에 오르사 은혜의 댐 문을 열어 놓으신 그리스도로 말미암아 당신은 지극히 높은 곳에서 당신의 영을 보내시니, 그 강물의 요동침이 당신의 도성을 "기쁘게"(시 46:4) 하나이다.

신랑의 "친구"(요 3:29)는 벌써 "성령의 처음 익은 열매"(롬 8:23)를 신

---

11) 사도 바울.

랑에게 받았으나, 여태 그 도성을 사모하며 "속으로 탄식하여 양자 될 것, 곧"(롬 8:23) 자기 "몸의 구속을"(롬 8:23) 기다리고 있나이다. 저는 신부의 지체인 까닭에 신랑을 사모하며 탄식하고, 저는 신랑의 친구인 까닭에 신랑을 위해 열심을 내나이다. 옳소이다. 저가 신랑을 위해 열심을 냄은 자기 자신을 위함이 아니니이다. 저가 심연 속에 빠져 있는 자들을 향하여 외치는 것은 실로 자기 자신의 음성으로 외치는 것이 아니니이다. 도리어 "당신의 폭포소리"(시 42:7)로 외치는 것이니이다. 저는 신랑을 위해 열심을 낼 때 "뱀이 그 간계로 이와[=하와]를 미혹케 한 것같이"(고후 11:3), 행여 사람들의 마음이 당신의 독생자이신 우리 신랑을 향한 "깨끗함에서 떠나 부패할까"(고후 11:3) 두려워하나이다. 하오니 그리스도를 "그의 계신 그대로"(요일 3:2) 뵙게 되는 날, 그리고 "사람들이 종일 나더러 하는 말이 "네 하나님이 어디 있느뇨?"(시 42:3) 할 때, "주야로 내 음식이"(시 42:3) 되었던 그 눈물이 씻겨지는 날 보게 될 빛은 어떠한 빛이니이까?

14. 우리는 어떤 의미에서 빛인가?

(15) 나 역시 "나의 하나님, 당신은 어디 계시나이까?" 하고 여쭙나이다. 보소서! 당신은 어디 계시나이까? "내가…… 성일을 지키는 자들의 무리와 동행하여 기쁨과 찬송의 소리를 발하며"(시 42:4) 내 마음을 쏟아 놓을 때, 나는 조금이나마 숨을 돌려 쉴 수 있나이다. 하오나 아직도 내 마음은 슬프니, 이는 내가 다시 미끄러져 [다시] 심연이 됨이니이다. 아니면 여지껏 심연이었던 상태를 아직도 못 벗어나고 있다는 느낌을 내가 떨치지 못하는 까닭이니이다. 이에 당신은 내게 믿음을 주사 밤중에 내 발의 등불이 되게 하셨는데, 이 믿음이 내 영혼에게 이같이 이르나이다.

내 영혼아, 네가 어찌하여 낙망하며 어찌하여 내 속에서 불안하여 하는고. 너는 하나님을 바라라(시 42:5).

주의 말씀은 네 발에 등이요, [네 길에 빛이라].[12]
악인들의 어미가 되는 밤이 다 지날 때까지, 주의 진노가 다 지날 때까지 소망 중에 참으라! 우리는 한때 "진노의 자녀"(엡 2:3)였고, "전에는 어두움"(엡 5:8)이었으며, 아직도 죄로 인하여 죽을 몸 속에 어두움의 찌끼를 끌고 다니고 있도다. 날이 새고, 어두움이 걷힐 때까지, 너는 소망 중에 참으라!
너는 하나님을 바라라(시 42:5).

"아침에 내가 주께 기도하고 바라리이다"(시 5:3). 내가 항상 주를 송축하리이다. 아침에 내가 나의 하나님, 곧 내 "얼굴의 도우심"(시 42:5)을 뵈리니, 하나님은 우리 "안에 거하시는 그의 영으로 말미암아"(롬 8:11) 우리 죽을 몸도 살리실 것이니이다. 이는 성령께서는 자비로우사 어두움 가운데 요동치는 우리 심령 위를 "운행"(창 1:2)하셨음이니이다. 그에게서 우리는 "보증"(고후 1:22)을 받았으니, 곧 이 순례의 도정(道程)에서도 벌써 빛이 될 수 있다는 보증이니이다. 물론 우리는 아직 "소망으로[만] 구원을"(롬 8:24) 얻었고 "빛의 아들이요 낮의 아들"(살전 5:5)이 되어, 이전과는 달리 "밤과 어두움에 속하지 아니하"(살전 5:5)나이다.
하오나, 우리 인간의 지식은 아직도 불완전한 까닭에, 어두움의 자녀들과 우리 [빛의 자녀들을 구별할 수 없나이다. 그 구별은 오직 당신만이 하실 수 있는 일이라. 당신만이 우리 "마음을 시험"(시 17:3) 하시고, "빛을 낮이라, ……어두움을 밤이라 칭"(창 1:5)할 수 있나이다. 당신 외에 누가 우리를 가려낼 수 있나이까? 우리에게 "있는 것 중에 받지 아니한 것이 무엇"(고전 4:7)이나이까? 당신은 같은 "진흙 한 덩이로 하나는 귀히 쓸 그릇을, 하나는 천히 쓸 그릇을"(롬 9:21 참조) 만드시지 않았나이까?

---

12) 시 119:105 참조.

15. 궁창은 성경의 비유

(16) 오, 우리 하나님! 우리를 위하여 우리 위에 "하나님 당신의 책"이라 불리는 권위의 "궁창"(창 1:7)을 만드신 이가 당신이 아니면 누구리이까? 하늘이 언젠가는 "두루마리 같이"(사 34:4) 말릴 것이나, 지금은 가죽같이 우리 위에 펼쳐져 있나이다. 당신의 책인 하나님 책의 권위는 그 책을 기록한 사람들보다 더 위대하나이다. 이는 당신의 말씀의 도구인 그들은 이미 세상을 떠났[으나 당신의 말씀은 영원히 살아 있는] 까닭이니이다. 하옵고 당신은 아시나이다. 오, 주님, 당신은 아시나이다. 사람들이 죄를 지어 죽게 되었을 때, 당신은 그들에게 "가죽 옷을"(창 3:21) 입혀 주셨나이다. 그리하여 당신은 가죽, 즉 궁창과 같은 당신의 책을 우리 위에 펼쳐 주셨나이다. 곧 서로 일치하는 당신의 말씀을 죽을 수밖에 없는 사람들이 행한 봉사를 통하여 우리 위에 펼쳐 주셨나이다. 그들은 다 죽었으나, 그들을 통하여 선포된 당신의 말씀 속에 있는 권위는 굳센 궁창과도 같이 그들의 죽음을 통하여 더욱 고귀하게 그 아래 있는 모든 것 위에 펼쳐져 있게 되었나이다. 그들이 아직 살아 있을 때는, 성경의 권위가 널리 알려지지 않았나이다. 그때는 당신이 하늘을 가죽같이 아직 펼치지 않으셨고, 그들의 죽음의 명성을 모든 곳에 아직 알리지 않으셨나이다.

(17) 오, 주님, 우리로 하여금 당신의 "손가락으로 만드신"(시 8:3) 저 하늘을 보게 하소서! 하늘을 덮고 있는 저 안개를 우리 눈에서 거두어 주소서! 거기에는[=저 하늘, 곧 당신의 책 속에는] 어린 아이에게도 지혜를 주시는 당신의 증거가 있나이다.[13]

오, 나의 하나님, "어린 아이와 젖먹이의 입으로 말미암아"(시 8:2) 당신께 드리는 우리의 찬양을 완성케 하소서! 우리가 알거니와 교만을 이같이 쳐부수는 책, 자기의 죄를 변명하며 당신과의 화해를 마다하는 원수들, 변

---

13) 시 8:3 참조.

명자들을 이같이 무너뜨리는 책을 우리는 본 적이 없나이다. 오, 주님, 이같이 나를 감동시켜 죄를 고백하게 하며, 나의 굳은 목을 숙여 당신의 멍에를 메게 하며, 즐거움으로 당신을 섬기게 하는 이같이 순전한 말씀을 나는 다른 곳에서 읽어 본 적이 없나이다. 오, 좋으신 아버지여, 나로 하여금 당신의 말씀을 깨닫게 하소서! 그 앞에 고개 숙인 나에게 그것을 깨닫는 깨달음을 주소서. 이는 자기를 겸손히 낮추는 자를 위하여 당신이 이 말씀을 굳게 세우신 까닭이니이다.

 (18) 내가 믿기로, 이 궁창 위에는 [궁창 아래의 물과는] 다른 물이 있으니, "궁창 위의 물"(창 1:7)은 이 세상의 부패와는 전혀 상관없는 불가사적(不可死的) 존재, [곧 천사를 가리키는 말]이니이다. 하늘보다 더 높은 곳에 있는 당신의 천사들, 그들 무리는 당신의 성호(聖號)를 찬양할지라! 그들은 당신의 성호를 찬양할지라! 그들은 저 궁창을 바라볼 필요가 없으며, [성경을] 읽어 당신의 말씀을 깨달아야 할 필요도 없나이다. 이는, 그들이 항상 당신의 얼굴을 바라보며(마 18:10), 거기서 시간적 제약을 받는 [인간 언어의] 음절 없이도 당신의 영원한 뜻이 무엇임을 읽고 있기 때문이니이다. 그들은 [당신의 뜻을] 읽고 선택하며 사랑하나이다. 그들은 항상 [당신의 뜻을] 읽고 있는바, 그들이 읽는 것은 결코 지나가 버리지 않나이다. 이는 그들이 선택하고 사랑하며 읽고 있는 것은 당신의 변함없는 [구원의] 경륜인 까닭이니이다. 그들이 읽고 있는 책은 결코 덮이지 않고, 그들이 들고 있는 두루마리는 결코 말리지 않나이다. 이는 당신 자신이 바로 그들의 영원한 책이 되시는 까닭이니이다. 당신은 그들을 궁창 위에 두셨으며, 궁창 밑에는 이 세상의 연약한 백성을 두사 궁창을 바라보고 당신의 긍휼하심을 깨닫게 하셨으니, 궁창[=성경]은 시간을 창조하신 당신을 시간 속에서 선포하나이다. 이는 당신의 "인자하심이 하늘에 있고 주의 성실하심이"(시 36:5) 구름 위까지 사무쳤음이니이다. 하온데 구름은 흘러가도 하늘은 남나이다. 당신의 말씀을 선포하는 자들은 이 세상에서 저 세상으로 옮겨가나, 당신의 책은 세상 끝 날까지 열방 위에 펼쳐져 있나이다. 진실로 천지는 없어지겠으나 당신의 말씀은 영영히 없어지지 아니하리이다(마 24:35).

이는 두리마리가 말릴 것이고,[14] 두루마리가 펼쳐져 있던 풀밭도 "그 [모든] 아름다움"(사 40:6)과 함께 사라지겠으나, 당신의 "말씀은 영영히"(사 40:8) 설 것이기 때문이니이다. 당신의 말씀이 "이제는"(고전 13:12) 하늘을 가린 구름을 비추는 거울같이 원래 모습 그대로 우리에게 나타나지 않나이다. 이는 우리가 비록 당신 아들의 사랑을 받는 자들이나, 우리가 "장래에 어떻게 될 것은 아직 나타나지"(요일 3:2) 않았음이니이다. 당신의 아들이 [육신으로 오사] 육신의 창(窓)으로 우리를 들여다보셨고,[15] 우리를 정답게 대하셔서 우리의 사랑을 불타게 하셨으니, 우리가 그 향기를 따라 달려갔나이다. 하오나 "그가 나타나심이 되면 우리가 그와 같을 줄 아는 것은 그의 계신 것 그대로 볼 것"(요일 3:2)임이니이다. 주여, 우리가 그의 계신 것 그대로 보는 것, 이것이 우리의 목적이니이다. 하오나 그 목적을 이루는 것은 우리에게 아직 장래 일이니이다.

16. 하나님의 본성은 오직 하나님만 아심

(19) 진실로 당신의 본성을 아시는 분은 오직 당신뿐이니이다. 당신은 존재에서도 불변적(不變的)이시고, 지식에서도 불변적이시고, 의지에서도 불변적이시니이다. 당신의 존재는 불변적 지식과 의지를 지녔으며, 당신의 지식은 불변적 존재와 의지를 지녔고, 당신의 의지는 불변적 존재와 지식을 지녔나이다. 하온즉 불변적인 빛이 자기 자신을 아는 것과 똑같이 빛의 조명을 받은 가변적인 것이 자기 자신을 알 수 있다는 것은 당신 앞에서 가당치 않나이다. 하오니 "내 영혼이 마른 땅같이 당신을 사모"(시 143:6)함은 스스로 자기를 비추지 못함같이 스스로 자기를 채우지 못함이니이다. 진실로 "주의 광명 중에 우리가 광명을"(시 36:9) 보는 것같이 "생명의 원

---

14) 사 34:4 참조.

15) 아 2:9 참조.

천이 주께"(시 36:9) 있나이다.

17. 바다와 육지의 비유적 의미

(20) 누가 짠 바닷물 같은 사람들을 모아 하나의 사회를 이루도록 하였나이까? 저들은 모두 실로 시간적, 지상적 행복이라는 동일한 목적을 지향하고 있나이다. 이 목적을 위하여 저들은 헤아릴 수 없이 많은 근심에 시달리면서도 온갖 일을 다하나이다. 주여, "물이 한 곳으로 모이고 뭍이 드러나라!"(창 1:9)고 말씀하신 분이 당신이 아니면 또 누구시니이까? 바다는 당신의 것이니이다. 당신이 만드셨고 육지도 당신 "손이 지으셨나이다"(시 95:5). 하오나 마른 땅이 드러나게 하심은 당신을 "갈망"(시 63:1)하게 하심이었나이다. 하온데 여기서 '바다'라 일컫는 것은 물의 집합체이니이다. 왜곡된 의지의 모음이 아니니이다. 하오나 당신은 사람들의 그릇된 욕망을 제어하시고 한계를 정해 주셨으니, 마치 물로 그 한계를 넘어가지 못하게 하신 것과 같나이다. 사실 바다의 파도는 서로 부딪쳐 부서지나이다. 하온즉 당신은 바다를 만드사 만유를 다스리시는 당신의 통치 질서 아래 두셨나이다.

(21) 하오나 당신을 "갈망"(시 63:1)하는 영혼들, '바다'로 비유되는 사회의 구성원들과는 달리, 인생의 목적을 다른 곳에 설정한 영혼들은 [당신의] 은밀한 샘에서 흘러나오는 감미로운 물을 당신에게 공급받아, 마치 "땅이 그 소산을"(시 67:6) 내듯 자기 열매를 맺으니, 우리 영혼은 자기의 주인 되신 당신의 명을 따라 "각기 종류대로"(창 1:12) 긍휼의 일을 행하여, 육신의 궁핍함에 처한 사람들을 도와주는 이웃 사랑을 실천하나이다. 이는 우리가 "각기 종류대로 씨 가진"(창 1:12) 열매를 맺음이니이다. 하온데 우리가 곤궁에 처한 이웃을 동정하여 도와주는 것은 우리 자신의 연약함을 생각하는 까닭이니, 우리 자신도 곤궁에 처했을 때 이웃의 도움을 받기 바라는 마음이 있는 것과 같나이다. 하오나 "씨 맺는 채소"(창 1:12)의 경우같이 쉬운 일만 아니라, "씨 가진 열매를 맺는 과목"(창 1:11)의 경우같이 힘과 용

기를 내어 다른 사람을 돕고 보호하는 일에도 우리는 나서야 하니, 곧 압제 당하는 자를 권세자의 손에서 건져내는 일이니이다. 우리는 굳센 힘을 내어 압제당하는 자가 의로운 심판을 받을 수 있게 보호해 주고 은신처를 제공해 줄 것이니이다.

18. 궁창에 있는 광명의 비유적 의미

(22) 하온즉 주여! 내가 당신께 간구하오니, 당신이 기쁨과 능력을 주실 때 행하시는 것같이, 진리로 "땅에서"(시 85:11) 솟아나게 하소서! 솟아나게 하소서! "의는 하늘에서 하감"(시 85:11)하게 하시고, "하늘의 궁창"(창 1:15)에는 광명이 있게 하소서! "주린 자에게는 식물을 나눠 주며, 유리하는 빈민을"(사 58:7)을 우리 집에 들이며, "벗은 자를 보면 입히며"(사 58:7), 우리 "골육을 피"(사 58:7)하지 않게 하소서!

하옵고 땅에서 난 이런 열매들을 보시고 "좋다" 하시고, 우리 "빛이 아침같이"(사 58:8) 비취게 하소서! 그리하여 행위라는 이같이 낮은 단계의 결실에서 출발하여 위로 올라가 관조(觀照)의 즐거움 속에서 "생명의 말씀"(빌 2:16)을 얻게 하시되, 하늘의 궁창과도 같은 당신의 책에 침잠하여 세상의 빛으로 드러나게 하소서!

당신은 실로 당신의 책을 통하여 말씀하사, 우리의 영적인 것과 감각적인 것을 구별함이 "주야를"(창 1:18) 구별하는 것과 같게 하시고, 영혼에 대해서도 영적인 것에 몰두하는 영혼과 감각적인 것에 몰두하는 영혼을 구별하게 하시나이다. 그리하여 이제는 궁창의 생성 이전 당신 홀로 당신의 은밀한 판단으로 "빛과 어두움을"(창 1:4) 나누시던 것같이 아니하시고, 당신의 은혜를 세상에 나타내시기 위하여 당신의 영적인 자녀들을 궁창에 각각 따로 붙여 놓아 두사[16] "땅에 비취게 하시며"(창 1:17), "주야를 나눠게"(창

---

16) 어거스틴이 생각하기에, 영적인 그리스도인들은 궁창 위에 빛나는 별 내지 광명

1:14) 하시고, 때의 "징조"(창 1:14)를 이루게 하셨나이다. 옳소이다! "이전 것은 지나갔으니 보라, 새것이 되었도다"(고후 5:17)라는 말씀, "우리의 구원이 처음 믿을 때보다" 가까웠다는 말씀(롬 13:11), "밤이 깊고 낮이"(롬 13:12) 가까웠다는 말씀이 합당하나이다. 당신은 또한 당신의 "은택으로 연사(年事)에 관을"(시 65:11) 씌우시고, 당신의 추수 때에 "추수할 일꾼들을"(마 9:38) 보내사 "다른 사람들"(요 4:38)이 노력하여 심은 것을 추수하게도 하시고, 혹은 또 다른 씨를 뿌리게 하사 그 소출을 세상 끝에 거두게도 하시나이다.

이와 같이 당신은 간구하는 자의 소원을 들어 주시고, 의로운 자의 세월에 복을 내리시나이다. 하오나 "주는 여상하시고 주의 연대는 무궁"(시 102:27)하오니, 당신은 흘러가는 세월을 위하여 곳간을 마련해 두시나이다.

(23) 그리하여 당신은 영원한 경륜을 인하여 때를 따라 하늘의 보화를 땅 위에 내려 주시나이다. 하온즉 어떤 사람에게는 "성령으로 말미암아 지혜의 말씀"(고전 12:8)을 주시니, 이 사람은 "큰 광명"(창 1:16) 같은 자니이다. 아침햇살 같은 밝은 진리의 빛을 기뻐하는 자이니이다. 하오나 어떤 사람에게는 "같은 성령을 따라 지식의 말씀"(고전 12:8)을 주시니, 이 사람은 "작은 광명"(창 1:16) 같은 사람이니이다. 하오나 어떤 사람에게는 "믿음을"(고전 12:9), 어떤 사람에게는 "병 고치는 은사를"(고전 12:9), 어떤 사람에게는 "능력 행함을"(고전 12:10), 어떤 사람에게는 "예언함을"(고전 12:10), 어떤 사람에게는 "영 분별함을"(고전 12:10), 어떤 사람에게는 "각종 방언 말함을"(고전 12:10)을 주시니, 이 모든 것이 [하늘의] 별과 같나이다. 이는 "이 모든 일은 같은 한 성령이 행하사 그 뜻대로 각 사람에게"(고전 12:11) 나눠 주시는 까닭이니이다. 그리하여 일반 효용(一般效用)[17]을 위해 하늘의 별같이 나타나 빛나게 하시는 까닭이니이다.

같은 존재다.

17) 어거스틴의 일반효용의 개념에 대해서는 본 역자의 졸고, "어거스틴의 일반효용의 개념에 관한 전통사적 고찰",『개혁사상』3 (1989. 겨울): 123-142 참조.

모든 거룩한 표상(表象)은 달이 때를 따라 변하는 것같이 변하나이다. 하오나 모든 거룩한 표상에 관한 "지식의 말씀"(고전 12:8)이나 하늘의 별에 비겨서 내가 말한바 다른 은사들은 지혜의 밝음에는 미치지 못하니, 지혜의 밝음은 앞에서 말한바 낮이 누리는 밝음과도 같은 것이고, 다른 은사들의 밝음은 겨우 초저녁에나 알아볼 수 있는 것이니이다. 이 다른 은사들은 "육신에 속한 자"(고전 3:1)들에게 필요한 것인데, 여기서 "육신에 속한 자"들이라 함은 당신의 지극히 명철한 종 [바울]이 "내가 신령한 자들을 대함과 같이 너희에게 말할 수 없어서 육신에 속한 자"(고전 3:1)들을 대함과 같이 한다고 한 바로 그 사람들이니이다. 하오나 바울은 "온전한 자들"(고전 2:6) 사이의 지혜에 관하여 말하나이다.

하온데 "육에 속한 사람"(고전 2:14)은 "그리스도 안에서 어린 아이"와 같고 젖먹이와 같으니, "단단한 식물"(히 5:12)을 먹을 만큼 강해지고 시력이 태양을 볼 수 있을 만큼 향상되기 전까지는 그의 밤이 캄캄한 상태로 남아 있어서는 안 될 것이니이다. 하온즉 달이나 별의 빛으로나마 만족해야 하나이다.

지극히 지혜로우신 우리 하나님이여, 당신은 당신의 궁창인 성경을 통하여 우리에게 이 같은 것을 가르치사, 우리로 이 모든 것을 경탄하는 마음으로 바라보며 분별하게 하시나이다. 하오나 우리는 아직 "징조와 사시와 일자와 연한"(창 1:14) 안에서만 이 모든 것을 바라보며 분별할 수 있을 뿐이니이다.

19. 그리스도인은 세상의 빛

(24) 하오나 당신은 말씀하시나이다.

너희는 먼저 스스로 씻으며 스스로 깨끗케 하여 내 목전에서 너희 악업을 버려(사 1:16).
마른 땅이[=뭍이] 드러나게 하라(창 1:9).

선행을 배우며…… 고아를 위하여 신원하며 과부를 위하여 변호하라(사 1:17).
그리하여 땅으로 풀과…… 씨 가진 과목을 내게 하라(창 1:11).
오라 우리가 서로 변론하자(사 1:18).
하늘의 궁창에 광명이 있어(창 1:14),
땅에 비추게 하라(창 1:17).

한 부자가 "선한 선생님"(막 10:17)께 "무엇을 하여야 영생을"(막 10:17) 얻을 수 있는지 물었나이다. 그 부자는 그리스도를 사람으로만 생각했지, 그 이상으로는 생각하지 못했나이다. 하오나 그리스도는 하나님이시기 때문에 선하신 분이니이다. 하온데 그리스도는 그 부자에게 이같이 말씀하셨나이다.

'네가 생명에 들어가려면 계명들을 지키라'(마 19:17). 바닷물같이 짠 것, 곧 사악한 것을 네게서 떨쳐 내라! '살인하지 말라. 간음하지 말라. 도적질하지 말라. 거짓 증거하지 말라'(마 19:18). 뭍이 드러나게 하며, [18]땅에 식물이 자라게 하라![19] 즉 네 부모를 공경하고, 네 이웃을 사랑하라![20]

이에 그 부자가 가로되, "이 모든 것을 내가 지키었나이다"(마 19:20)라고 말하였나이다. [나는 그 부자에게 이렇게 말하고 싶나이다.]

그런데 땅이 그리도 비옥하다면 가시덤불이 이다지도 무성한 것은 무슨 까닭이뇨? 탐욕이라는 무성한 가시덤불을 제거하라! 네가 온전하고자 할진대 가서 네 소유를 팔아 가난한 자들을 주라. 그리하면 하늘에서 보화가 네게 있으리라. 그리고 와서'(마 19:21) 주님을 좇으라! 주님의 지혜의 말씀을 청종하는 무리에 속하라! 주님은 무엇을 낮에, 무엇을 밤에 나누어 줄지를 알고 계시니, 너도 그것을 알게 되리라. 그리하여 '하늘의 궁창에'(창 1:15) 너를 위한 광명이 있게 되리라. 그러나 네 마음이 거기에 있지 않는 한 이 같은 일은 없을 터이다. '선한 선생님'(막

---

18) 창 1:9 참조.
19) 창 1:11-12 참조.
20) 마 19:19 참조.

10:17)이 네게 들려주신 것같이 '네 보물이' (마 6:21) 거기에 있지 않는 한 네 마음도 거기 없을 것이라. 하지만 불모지 같은 그 부자의 마음은 근심에 싸였고, 가시떨기가 말씀을 막았구나.[21]

(25) [나는 독자들에게 이렇게 말하고 싶나이다.]

그러나 '너희...... 택하신 족속' (벧전 2:9)이여, '세상의 약한 것들' (고전 1:27)이여, 너희가 '모든 것을 버리고 주를 좇았' (막 10:28)으니, 그의 뒤를 따라가 '강한 것들을 부끄럽게' (고전 1:27) 하라! 아름다운 발이여,[22] 그의 뒤를 따라가 '하늘의 궁창에' (창 1:15) 빛을 발하여, 하늘로 그의 '영광을 선포' (시 19:1)하게 하라! 그리고 아직 천사같이 온전하지 않으나, 그래도 온전한 자들의 빛과 아직 어린아이 같은 자들의 어두움을 구별케 하라! 물론 어린아이 같은 자들이라 해도 낙망해서는 안 된다. 땅 위를 두루 비추라! 햇빛이 밝은 날은 지혜의 말씀을 '날에게 말하고' (시 19:2), 달빛이 밝은 '밤은 밤에게 지식을' (시 19:2) 전하게 하라! 달과 별은 밤에 빛나건만 밤이 그 빛을 막지 못함은, 달과 별이 밤을 비추되 밤의 용량을 고려하는 까닭이다. 보라! 하나님이 '하늘의 궁창에 광명이 있으라!'[23] 하신 것같이, '홀연히 하늘로부터 급하고 강한 바람 같은 소리가 있어...... 불의 혀같이 갈라지는 것이 저희에게 보여 각 사람 위에 임하여 있더니' (행 2:2-3), '생명의 말씀' (요일 1:1)을 지닌 광명이 '하늘의 궁창에' (창 1:14) 생겼도다. 오, 거룩한 빛들, 찬란한 빛들이여, 온 천지로 내달아라! 진실로 '너희는 세상의 빛' (마 5:14)이니 '말 아래' (마 5:15) 있어서는 안 된다. 너희가 굳게 붙든 그리스도는 높임을 받으셨고, 그리스도는 너희를 높이셨다. 내달아라! 그리고 만민에게 전하라!

---

21) 마 13:22 참조.
22) 사 52:7, 롬 10:15 참조.
23) 창 1:14 참조.

20. 바다의 생물들의 비유적 의미

(26) [나는 독자들에게 이런 말도 하고 싶나이다.]

바다도 잉태하여 너희 소생을 낳으라! '물들은 [기는] 생물로 번성케 하라' (창 1:20). 이는 너희가 '만일 천한 것에서 귀한 것을 취할 것 같으면' (렘 15:19), 너희는 하나님의 입같이 될 것임이라. 하나님은 너희를 통하여 '물들은 땅이 낳는 생물로 번성케 하라!'는 말씀을 하고자 아니하시고, '기는 생물과 땅 위 [하늘의 궁창을] 나는 새로 번성케 하라!'는 말씀을 하고자 하셨도다.

하나님이여, 당신의 성례(聖禮)는 당신의 거룩한 종들의 사역으로 말미암아, 파도치는 세상의 시험 속으로 뚫고 들어가, 당신의 세례를 통하여 [세계] 만민을 당신의 이름으로 적시었나이다.

하온데 이 같은 일들을 통하여 당신은 "큰 물고기"(창 1:21)에 비교할 수 있는 엄청난 "대사를"(시 71:19) 행하셨으니, 당신이 보내신 사도들의 목소리가 "땅 위 하늘의 궁창"(창 1:20)을 새처럼 날았나이다. 이 궁창은 당신 책의 비유니이다. 당신의 책은 그들이 이 세상 어디로 날아가든지 그들 사역의 규범(規範)이 되었나이다. 진실로 그들의 목소리를 듣지 못한 언어와 방언은 없었나이다. 그리하여 "그 소리가 온 땅에 통하고 그 말씀이 세계 끝까지 이르도다"(시 19:4)라는 말씀이 이루어졌나이다. 주여, 이 같은 일이 행해진 것은 당신이 "그들에게 복을 주어...... 생육하고 번성"(창 1:22)하게 하셨음이니이다.

(27) 내가 혹시 거짓말이라도 하는 것이니이까? 그렇지 않으면 내가 혼동하고 있는 것이니이까? 그리하여 내가 하늘의 궁창에서 일어나는 이 같은 일을 명확히 인식하는 것과 하늘의 궁창 밑 물결치는 바다 속에서 행해지는 육신적 사역을 구별하지 못하는 것이니이까? 그렇지 않나이다. 하늘의 궁창에서 일어나는 이 같은 일에 대한 인식은 시대가 흘러가도 변함이 없이 분명하고 확실하여, 마치 지혜와 지식의 빛과 같나이다. 하오나 하늘

의 궁창 밑 물결치는 바다 속에서 행해지는 육신적 사역은 복잡하고 다양하여, 당신의 축복 가운데서 이것에서 저것으로 "생육하고 번성"(창 1:22) 하나이다. 오, 하나님, 그리하여 당신은 우리 죽을 수밖에 없는 자들의 감각이 권태롭지 않게 해 주시고자, 대상은[=진리는] 하나뿐이라도 그 대상이 영혼에 인식됨에 있어서는 물체의 여러 가지 운동으로 말미암아 여러 가지 모양으로 나타나고 표현되게 하셨나이다.

물들이 이같이 "생물로 번성케"(창 1:20) 하였나이다. 하오나 이 같은 일은 당신의 로고스 안에서 일어났나이다. 당신의 영원한 진리에서 멀리 떨어진 백성들의 아쉬움을 달래기 위해 이 같은 일이 당신의 복음 안에서 일어났나이다. 물들이 "생물로 번성케" 한 것도 실상 물들의 쓴맛이 그 원인이었나이다. 이는 그 쓴맛 때문에 당신의 로고스로 말미암아 이 같은 일이 행해진 것이기 때문이니이다.

(28) 하온데 만유는 당신이 만드신 까닭에 아름답나이다. 하오나, 보소서! 만유를 만드신 당신은 말로 형용할 수 없이 더 아름다우시니이다. 하온데 만약 아담이 당신께 범죄하여 타락하지 않았다면 아담의 몸에서 바다의 짠물이 흘러나오지 않았을 것이니, 바다의 짠물은 호기심이 깊고 교만으로 부풀어 오르고 마음이 항상 파도같이 불안정하게 요동치는 인류의 비유니이다. 하오나 아담의 타락이 없었다면, 당신이 보내신 전도자들도 많은 물 같은 이 세상 속에 신비로운 말씀과 일들을 형체적, 감각적으로 표현하는 성례가 필요하지 않았을 것이니이다. 실상 지금 나는 "움직이는 모든 생물"(창 1:21), "날개 있는 모든 새"(창 1:21)라는 말씀을 이같이 이해하고 있나이다. 하오나 세례를 받고 신앙에 입문한 사람들이 외형적 성례에만 얽매여 있다면, 그리하여 그들 영혼이 보다 높은 차원의 영적 능력을 얻지 못한다면, 그들은 더 이상 진보하지 못할 것이니, 입문의 말씀을 받은 정도에 그치고 완성을 바라보지 못할 것이니이다.

21. 땅의 생물들의 비유적 의미

(29) 이런 까닭에 깊은 바다는 당신의 로고스 안에서 "움직이는 생물"과 "날개 있는 새"를 내놓았다 할 수 있으나, 산 영혼을 내놓은 것은 바다의 짠 물에서 갈라져 나온 "땅"(창 1:24)이라 할 수 있나이다.

하온데 산 영혼은 세례가 필요 없나이다. 세례는 이방인에게 필요한 것이니이다. 혹은 산 영혼이 전에 물로 덮여 있을 때 필요했던 것이니이다. 물론 세례를 받지 않고서는 "하나님 나라에"(요 3:5) 들어갈 수 없으니, 천국은 세례를 통해서만 들어가도록 당신이 정하셨나이다. 산 영혼은 믿음을 위하여 엄청난 기적을 추구하지도 않나이다. 그는 "표적과 기사를 보지 아니하면 도무지 믿지"(요 4:48) 아니하는 자가 아니니, 이는 벌써 땅이 짜디짠 바닷물에서 갈라져 나온 것같이, 믿는 자가 불신앙에서 갈라져 나온 까닭이니이다. 하옵고 "방언은 믿는 자들을 위하지 않고 믿지 아니하는 자들을 위한 표적"(고전 14:22)이니이다. 하온즉 당신이 "물 위에 펴신"(시 136:6) 땅은 당신의 말씀으로 물에서 생겨난 날짐승을 필요로 하지 않나이다. 당신의 전도자들을 보내사 당신의 말씀을 이 땅에 전하소서! 우리는 그들의 장한 일을 이야기하고 있으나, 그들 가운데 역사하사 산 영혼을 낳게 하신 분은 당신이시니이다.

산 영혼을 낳는 것은 땅이니이다. 이는 전도자들이 땅에서 장한 일을 하는 것은 바로 땅 때문이니, 이것은 흡사 하늘의 궁창 아래 [바다에서] "움직이는 생물"과 "날개 있는 새"가 나온 것이 바로 바다 때문인 것과 같나이다. 하온데 땅은 이 같은 생물을 필요로 하지 않나이다. 하오나 땅은 깊은 바다에서 꺼낸 물고기[24]를 당신이 믿는 자들의 "목전"(시 23:5)에 베푸신 상(床)에서 먹나이다. 하온데 물고기를 깊은 바다에서 꺼낸 것은 마른 땅을 먹이기 위함이니이다. 날짐승들도 비록 바다에서 처음 생겼으나, 땅 위에서 번성하나이다. 복음 전도자들이 처음 소리를 내기 시작한 것도 사람들

---

24) 물고기는 그리스도를 상징한다.

의 불신앙이 그 원인이었나이다. 하오나 믿는 사람들도 전도자들로 말미암아 날마다 여러 가지 권면과 축복을 받나이다. 하오나 산 영혼의 출처는 땅이니이다. 이는 이 세상에 대한 사랑을 포기하는 것은 믿음을 이미 가진 사람에게만 유익한 까닭이니이다. 사실 믿는 자들의 영혼도 전에 쾌락 가운데 살 때는 죽어 있었으니, 주여, 쾌락은 죽음을 가져오나이다. 하오나 당신은 청결한 심령에 생명을 주시는 즐거움이시니이다.

(30) 하온즉 당신의 종들로 땅에서 일하게 하소서! 하오나 저들이 말씀을 전파할 때, 전에 불신앙의 물에서 기사(奇事)와 성례), 신비로운 방언(方言)을 통하여 하던 것같이 해서는 안 될 것이니이다. 이 같은 것은 신비로운 이적(異蹟)에 대한 두려움 때문에 경탄의 어미인 무지(無知)에 빠진 자들이 주목하나이다. 이 같은 것은 아담의 자손들이 당신을 잊은 다음, 당신의 "낯을 피하여"(창 3:8) 스스로 숨어 "무저갱"이 되었다가, 믿음으로 돌아오는 첫 관문(關門)이 되나이다. 하오나 당신의 종들로 무저갱의 소용돌이에서 갈라져 나온, 마른 땅 같은 곳에서 일하게 하소서! 저들이 믿는 자들 앞에서 살 때 "믿는 자의 본이"(살전 1:7) 되어 믿는 자들이 저들을 본받게 하소서! 이는 그래야만 믿는 자들이 다음과 같은 말을 들을 때 듣는 것으로 그치지 않고 행동으로 옮길 수 있는 까닭이니이다.

너희는 하나님을 찾으라! 그리하면 너희 영혼이 살 것이며, 땅은 산 영혼을 내리라. '너희는 이 세대를 본받지 말고'(롬 12:2), 이 세상에서 너희를 지키라! [세상적인 것을] 피하면 영혼이 살고, 추구하면 죽느니라. 끝없이 커지는 야수적(野獸的)인 교만이나 나태와 사치를 불러오는 향락, '거짓되이 일컫는 지식'(딤전 6:20)에서 너희를 지키라! 그리하면 들짐승은 순해지고 가축들도 길들여지고 뱀도 해가 없어지리라. 이 모두가 영혼의 움직임을 비유하는 것이니, 곧 교만하게 남을 무시하는 것과 육욕을 즐기는 것, 해로운 호기심으로 영혼이 죽었을 때 일어나는 움직임들이라. 대개 영혼의 죽음은 모든 움직임의 중단이 아니라 생명의 원천을 떠남으로써 죽는 것, 그리하여 헛된 세상일에 휩쓸려 들어가 이 세대를 본받는 것이니라.

(31) 하오나 하나님, 당신의 로고스는 "영생하도록 솟아나는 샘물"(요 4:14)이시니 지나감이 없나이다. 하온즉 영혼이 당신을 떠나고자 할 때, 당신은 로고스로 말미암아 그 길을 막으시고 "이 세대를 본받지 말라"(롬 12:2)고 말씀하시나이다. 그리하여 당신은 땅을 생명의 샘물로 적시사 산 영혼을 낳게 하시니, 이 같은 영혼은 당신이 보내신 전도자들로 말미암아 당신의 로고스 안에서 스스로를 지키는 영혼, 그리스도를 본받는 자들을 본받는 영혼이니이다. 이것이 바로 "종류대로"(창 1:12)라는 표현의 뜻이니이다. 이는 사람이 자기와 같은 마음을 가진 사람을 본받기 마련이기 때문이니이다. 그러므로 [바울도] 이르기를, "[형제들아] 내가 너희와 같이 되었은즉 너희도 나와 같이 되기를 구하노라"(갈 4:12)고 하였나이다.

하온즉 산 영혼 안에는 온순하게 행동하는 착한 들짐승들이 거하게 되나이다. 이는 당신이 다음과 같이 명하여 이르신 까닭이니이다.

모든 일을 온유하게 행하라. 그리하면 모든 사람에게 사랑을 받으리라(집회서 3:17).

가축들 또한 좋아질 것이니이다. 먹어도 지나침이 없고, 먹지 않아도 부족함이 없을 것이며, 뱀들 또한 좋아질 것이니이다. 남을 해치는 독이 없어지고 지혜롭게 되어 오직 자기를 지키는 일에만 힘쓰고, 시간적 피조물을 탐구하되 [하나님의] 영원성이 "그 지으신 만물에 분명히 보여 알게"(롬 1:20) 되기에 족하리만큼 할 것이니이다. 이는 이 같은 짐승들은 죽음의 길을 떠나 살고 선한 존재가 될 때 비로소 이성에 봉사하는 까닭이니이다.

22. 사람이 하나님의 형상대로 지음받은 이유

(32) 우리의 창조주 되신 우리 주 하나님이시여, 보소서! 우리는 [전에] 세상에 대한 사랑 때문에 그릇된 삶을 살아 죽음에 빠져 있었으나, [이제] 우리 심령이 세상에 대한 사랑에서 벗어나 올바른 삶을 살게 됨으로써 '산

영혼'이 되기 시작하였을 때, 그리하여 당신이 당신의 사도를 통하여 하신 "너희는 이 세대를 본받지 말라"(롬 12:2)는 말씀이 이루어질 때, 이 말씀에 이어서 하신 말씀, 곧 "오직 마음을 새롭게 함으로 변화를 받으라"(롬 12:2)는 말씀 역시 이루어질 것이니이다. 하오나 이 말씀은 "종류대로"(창 1:12) 살라는 뜻이 아니니, 우리보다 앞서간 이웃들이나 우리보다 더 나은 사람들의 권위에 의지해서 살라는 뜻이 아니니이다. 이는 당신이 사람을 창조하실 때, "사람이 '종류대로'(창 1:12, 21) 생기라" 하지 아니하시고, "우리의 형상을 따라 우리의 모양대로 우리가 사람을 만들자"(창 1:26)고 하셔서, 우리로 당신의 뜻이 무엇인지 분별하게 하신 까닭이니이다.

하온즉 복음으로 자녀를 낳은 당신 말씀의 전도자 바울은 그들을 언제까지 어린아이로 취급할 수 없어, 즉 유모가 젖먹이에게 젖을 먹이고 품에 품어 주듯 하는 일을 언제까지나 할 수 없어 다음과 같이 말하였나이다.

> 너희는 오직 마음을 새롭게 함으로 변화를 받아, 하나님의 선하시고 기뻐하시고 온전하신 뜻이 무엇인지 분별하도록 하라!

이런 까닭에 당신은 "사람이 생기라!"고 말씀하지 아니하시고 "우리가 사람을 만들자!"고 하셨으며, "종류대로"라고 말씀하지 아니하시고 "우리의 형상을 따라 우리의 모양대로"라고 말씀하셨나이다. 이같이 마음을 새롭게 함으로 당신의 진리를 보아 알게 된 사람은, 자기와 같은 종류의 사람 가운데서 모범을 제시해 줄 사람을 필요로 하지 않고, 대신 당신의 인도하심을 받아 당신의 "선하시고 기뻐하시고 온전하신 뜻이 무엇인지 분별"(롬 12:2)하게 되니, 이제 그는 이 같은 분별력을 가지고 당신의 가르치심을 따라 한 분 하나님의 삼위성(trinitas)과 삼위 하나님의 일체성(unitas)을 이해하게 되나이다. 그러므로 "우리가 사람을 만들자"(창 1:26)고 복수형의 말씀이 나온 다음에 "하나님이 사람을 창조"(창 1:27)하셨다는 단수형의 말씀이 나왔으며, "우리의 형상을 따라"(창 1:26)라는 복수형의 말씀이 나온 다음에 "하나님의 형상대로"(창 1:27)라는 단수형의 말씀이 나왔나이다. 이런 까닭에 사람은 "자기를 창조하신 자의 형상을 좇아"(골 3:10) 새로워짐으로써 하나님을 인식하게 되며, "신령한 자"(고전 2:15)가 되어 판단을 받아야 할 "모든 것을 판단하나 자기는 아무에게도 판단을 받지"(고전 2:15) 않나이다.

23. 신령한 사람의 권세

(33) 하온데, "모든 것을 판단한다" 함은 사람이 "바다의 고기와 공중의 새와 육축과"(창 1:26) 들짐승과 "온 땅에 기는 모든 것을"(창 1:26) 다스린다는 뜻이니이다. 이 같은 일을 사람이 할 수 있는 것은, "하나님의 성령의 일을"(고전 2:14) 받을 수 있는 영적 분별력이 있기 때문이니이다. 그렇지 않다면 사람은 "존귀에 처하나 깨닫지"(시 49:20) 못하니, 어리석은 짐승과 맞먹나이다. 하온데, 많은 사람은 영적 분별력을 잃어버리고 어리석은 짐승같이 되어 버렸나이다.

하온데, 우리 하나님이여! 우리는 "선한 일을 위하여 지으심을 받은"(엡 2:10) 당신의 피조물이니이다. 당신의 교회 안에서 우리는 교회에 베푸신 당신의 은혜를 따라 [새로운] 피조물이 되었으니, 이 사실은 영적으로 [다른 사람들을] 주관하는 자들뿐 아니라, 영적으로 그들에게 순종하는 자들에게도 해당되나이다. 그리하여 당신은 "사람을 창조하시되 남자와 여자를 창조"(창 1:27)하셨으나, 당신의 영적인 은총 가운데 남자와 여자의 성적 차별은 존재하지 않나이다. 이는 "헬라인이나 유대인이나, 종이나 자주자나 [남자나 여자 없이 다 그리스도 안에서 하나임이라]"(갈 3:28). 하온즉 영적인 사람은 주관하는 위치에 있든지 주관받는 위치에 있든지 간에 영적으로 판단하게 되나이다. 하오나 궁창에 빛나는 영적인 지혜의 빛을 판단해서는 안 되나이다. 이는 그와 같이 높은 권위에 대하여 판단하는 것이 옳지 않음이니이다. 하온즉 당신의 책인 성경에 대하여도, 혹 그 안에 명확하지 않은 부분이 있다 할지라도 판단하는 것은 옳지 않나이다. 이는 우리가 우리의 지성을 성경의 권위 아래 복종시키기 때문이니이다. 우리가 보아서 이해하지 못하는 내용이라 할지라도, 성경 말씀은 옳고 참된 말씀임을 확신해야 할 것이니이다. 이와 같이 우리가 이제 영적인 사람이 되어, 우리를 "창조하신 자의 형상을 좇아 지식에까지 새롭게 하심을"(골 3:10) 받았다 할지라도, "율법의 준행자"(약 4:11)가 되어야지 율법의 "재판자"(약 4:11)가 되어서는 안 되나이다. 우리는 또한 영적인 사람과 육적인 사람을 구별하고 판단하는 일을 하지 말아야 하니, 이는 우리 하나님이여, 누가 영적인 사람이고 누가 육적인 사람인가 하는 것은 오직 당신 눈에만 드러나기 때문이니이다. "그의 열매로 그들을"(마 7:20) 알 수 있으나, 우리에게는 아직 그들의 행위가 전혀 드러나지 않고 있나이다. 하오나 주여, 당신은 이미 궁창이 생기기 전부터 그들을 아시고, 그들을 나누시고, 그들을 은밀히 부르셨나이다. 하온즉 영적인 사람은 이 세상의 요란함 가운데 사는 사람들을 판단하지 아니하니, "외인들을 판단하는"(고전 5:12) 것이 어찌 그의 할 일이리이까? 그는 그들 가운데 누가 당신 은총의 단맛을 보게 될지, 누가 불신앙의 영원한 쓴맛에 머무르게 될지 모르지 않나이까?

(34) 하온즉, 당신이 당신의 "형상대로"(창 1:27) 지으신 사람은 하늘의 "광명"(창 1:14)이나 신비한 하늘 자체, 하늘을 창조하시기 전에 부르신 낮과 밤[25]이나 "모인 물"(창 1:10), 곧 바다에 대한 치리권(治理權)을 부여받지 아니하였고, 오직 "바다의 고기와 공중의 새와 육축과 온 땅과 땅에 기는 모든 것"(창 1:26)에 대한 치리권만 부여받았나이다.

그리하여 그는 옳은 것은 옳다 판단하고, 그른 것은 그르다 판단하나이다. 이와 같은 판단은 당신의 자비로 말미암아 많은 물 가운데서 찾아낸 자들을 입교시키는 엄숙한 예식을 거행할 때,[26] 혹은 깊은 바다에서 잡은 물고기를 진설(陳設)한 후 경건한 땅[27]이 그것을 먹는 예식을 거행할 때[28] 행해지나이다. 또한 사람들이 말과 소리를 통하여 당신의 책인 성경의 권위

---

25) 창 1:5 참조.
26) 세례식을 행할 때.
27) 교회를 상징함.
28) 성찬식을 행할 때.

에 순종한다는 표시를 할 때도 이와 같은 판단이 행해지나이다. 또한 궁창 밑을 나는 새들의 지저귐같이 사람들의 입에서 성경에 대해 해석하고, 설명하고, 가르치고, 논의하는 소리, 당신을 찬양하고 당신께 기도하는 소리가 터져 나올 때, 그리하여 청중들이 "아멘"이라는 소리로 화답할 때도 이 같은 판단이 행해지나이다. 이 같은 말들이 모두 육신의 음성을 통하여 전달되어야 하는 까닭은 세상이 무저갱같이 악하고 우리 육신의 눈은 어두워, 소리가 귓전에 크게 울리지 않고는 남이 생각한 것을 이해하기가 불가능하기 때문이니이다. 그러므로 공중에 나는 새들이 땅에서 "번성"(창 1:22)하면서도, 물이 그들의 근원이 되나이다.

이와 같이 "신령한 자는"(고전 2:15) 믿는 사람들이 하는 일과 행동에 대하여 옳은 것은 옳다, 그른 것은 그르다 판단하나이다. 즉 구제하는 일에 대하여는 "땅"(창 1:12)이 소출을 내는 것에 비교하여 판단하고, 또한 산 영혼에 대하여도 판단하니, 산 영혼은 정욕을 억제시켜 "먹지 못함과 깨끗함"(고후 6:5-6) 가운데서 육신의 감관을 통하여 지각되는 [모든] 것에 대하여 경건한 생각을 지니는 영혼이니이다. "신령한 자"가 이 [모든] 것을 판단한다 함은 이 [모든] 것을 바로잡는 권세도 지닌 것을 의미하나이다.

24. 진리는 하나라도 그 해석은 다양하다

(35) 하온데 이 무슨 일이니이까? 이 무슨 신비니이까? 오 주여, 보소서! 당신은 사람을 축복하사 "생육하고 번성하여 땅에 충만하라"고 하셨나이다. 당신이 이 말씀을 통하여 우리에게 암시하시는 것이 전혀 없나이까? 아니니이다. 당신이 이 말씀을 하심은 우리로 다음과 같은 것을 이해하라 하심이니이다.

즉 당신이 "낮이라 창"(창 1:5)하신 빛을 축복하지 않으신 까닭, 하늘의 궁창이나 광명이나 별이나 땅이나 바다를 충복하지 않으신 까닭을 이해하라 하심이니이다.

하온즉 나는 이같이 아뢰고 싶나이다. 당신의 형상대로 우리를 창조하신 우리 하나님! 나는 이같이 아뢰고 싶나이다. 곧 당신은 물고기와 고래들을 축복하사 "생육하고 번성하여 여러 바다 물에 충만하라"(창 1:22) 하셨고, 날짐승들도 축복하사 "땅에 번성하라"(창 1:22) 하셨으나, 인간에게는 당신의 형상대로 지음받았다는 이 특별한 은혜와 복을 내리셨다 하는 것이니이다. 내가 또 아뢰고 싶은 것은, "생육하고 번성하라"는 축복이 자생번식(自生繁殖)을 하는 생물에게도 적용된다면, 나무나 풀, 육축에게도 같은 축복이 적용될 것이라 하는 것이니이다. 하오나 "생육하고 번성하라"는 축복은 풀이나 나무, 들짐승이나 파충류에게 내려진 것이 아니었나이다. 물론 이같은 생물들은 모두 물고기나 새, 사람과 마찬가지로 생식을 통해 그 수가 늘고 그 종(種)을 유지하는 것이 사실이니이다.

(36) 하온즉 나의 빛이시여, 진리시여! 내가 무슨 말을 하오리까? 이 말씀을 아무 뜻도 없는 공허한 말씀으로 치부해야 하오리까? 우리에게 믿음을 주신 아버지시여! 결코 그렇지 않나이다. 당신의 말씀의 종이라면 아무 뜻도 없는 말을 할 수가 없나이다. 하오니 당신이 무슨 뜻으로 이 말씀을 하시는지 내가 이해하지 못한다 할지라도 나보다 더 나은 자, 곧 나보다 지혜가 더 많은 자들은 오, 나의 하나님이여, 당신이 각 사람에게 주신 지혜에 따라 이 말씀을 보다 더 잘 해석할 것이니이다.

하오나 "주의 앞에"(시 79:11) 나의 고백도 당신 눈에 들게 하여 주소서! 이는 주여, 내가 믿는 바를 내가 고백함이니이다. 당신은 아무 의미 없이 이 말씀을 하시지 않았나이다. 그러므로 이 말씀을 읽고 내 마음에 떠오르는 생각을 나도 감출 수가 없나이다. 이는 이 말씀이 참된 까닭이니이다. 하온즉 당신의 책 성경에 있는 비유적인 말씀을 내 나름대로 해석하는 것을 막는 것은 없다고 생각되나이다. 내가 알기로는, 영의 눈에는 하나로 나타나는 것도 감각적 표상으로는 여러 가지로 표현되고, 반면에 감각적 표상으로는 단 한 가지 모양으로 표현된 것도 영적으로는 여러 가지로 파악되나이다. 하나님 사랑과 이웃 사랑이 그 좋은 예니이다. 이 사랑은 하나이나 여러 가지 성례를 통하여, 무수한 언어를 통하여, 그리고 언어 하나하나에 있어서도 무수한 언어적 표현을 통하여 구체적으로 전해지나이다. "여러 [바다] 물"(창 1:22)에서 나온 생물들도 이같이 생육하고 번성하나이다.

하온데, 이 책을 읽는 독자들이면 누구나 다시 한 번 주의를 기울여야 할 것이 있나이다. 즉 성경이 "태초에 하나님이 천지를 창조하시니라"(창 1:1)라고 단 한 가지 방식으로 기록하고 있다 해도 그 해석은 여러 가지라는 사실이니이다. 이는 여러 가지로 해석한다 해도, 그것이 오류나 속임수의 산물이 아니기 때문이 아니니이까? 아담의 자손들도 이와 같이 생육하고 번성하나이다.

(37) 하온데 우리가 만물의 본성을 비유적으로 파악하지 않고 본래적으로 파악한다면, "생육하고 번성하라"는 말씀은 씨를 통해 번식하는 모든 생물에 적용될 수 있나이다. 하오나 나의 생각으로는, 이 말씀을 오히려 비유적으로 해석하는 것이 더 옳을 것 같나이다. 그리하여 이 말씀을 비유적으로 해석한다면, "생육하고 번성하라"는 축복이 수중생물(水中生物)이나 인류에게만 내려졌다는 사실은 반드시 무슨 의미가 있을 듯하나이다. 이 같은 비유적 해석은 [성경의 다른 구절에도] 많이 적용될 수 있을 것이니이다. 예를 들면, "하늘과 땅"(창 1:1)은 영적 피조물과 육적 피조물을, "빛과 어두움"(창 1:4-5)은 의로운 영혼과 악한 영혼을, 물과 물 사이에 놓여진 "궁창"(창 1:6)은 율법을 우리에게 전한 성경 기자(記者)들을, "바다"(창 1:10)는 [불신앙 가운데서] 사는 맛을 모르고 살아가는 사람들로 이루어진 사회를, "뭍"(창 1:10)은 신실한 영혼들의 열심을, "씨 맺는 채소와 열매 맺는 나무"(창 1:12)는 이 세상에서 행해지는 이웃 사랑의 행위를, "하늘의 궁창에"(창 1:14) 있는 광명은 일반효용(一般效用)[29]을 위해 주어지는 영적 은사를, "산 영혼"은 정욕을 다스려 절제에 도달함을 의미하는 것으로 해석할 수 있을 것이라.

이런 모든 것에서 우리는 다양함과 풍부함, 자라남을 발견하나이다. 그

---

29) 어거스틴의 일반효용의 개념에 대해서는 본 역자의 졸고, "어거스틴의 일반효용의 개념에 관한 전통사적 고찰", 『개혁사상』 3 (1989. 겨울): 123-142 참조.

리하여 "생육하고 번성하라"는 말씀을 통해 우리는 한 가지 사실이 여러 가지 방식으로 표현되고, 한 가지 표현이 여러 가지 방식으로 이해됨을 알게 되니, 외적인 표상을 제시하거나 사유(思惟)를 통해 어떤 대상을 생각해 냄이 없이는 이 같은 일이 불가능하나이다.

하온즉 수중생물의 생육과 번성은 외적으로 제시된 표상을 의미하는 것으로서, 이것이 필요한 것은 우리 육신이 [죄악에] 깊이 빠져 있기 때문이라고 생각되며, 반면에 인간의 생육과 번성은 사유를 통해 어떤 대상을 생각해 내는 것으로서, 이것이 가능한 이유는 [우리 인간의] 이성이 사유의 열매를 풍성히 맺는 데 있다고 생각되나이다.

주여, 당신께서 "생육하고 번성하라"는 말씀을 수중생물과 우리 인간에게 하신 것은 바로 이런 까닭이라고 생각되나이다. 이 축복의 말씀을 통해 당신은 우리 [인간]에게 [이성의] 힘과 능력을 주사, 무엇을 한 가지 방식으로 이해하면서도 그것을 여러 가지 방식으로 표현할 수 있게 하시며, 또한 막연하게 한 가지 방식으로 표현된 것을 읽을 때도 여러 가지 방식으로 이해할 수 있게 하신다고 여겨지나이다. 이같이 하여 바다에 물이 채워지니, 바닷물은 여러 가지 표상 없이는 움직이지 않나이다. 땅이 아담의 자손으로 채워지는 것도 마찬가지니이다. 땅이 마르는 것은 진리에 대한 갈망 때문이니, 땅은 이성[30]이 지배하나이다.

25. 땅의 열매의 비유적 의미

(38) 주 나의 하나님, 이제 나는 "생육하고 번성하라"는 말씀 다음에 나오는 성경 말씀이 내게 가르쳐 주는 바도 아뢰고 싶나이다. 나는 이를 아뢰되 두려움 없이 아뢰고자 하나이다. 이는 내가 당신이 내게 영감을 주시는

---

30) 어거스틴은 신학과 철학의 통합을 추구하였으므로, 이성을 부정적으로만 생각하지 않았다.

대로 진실되게 아뢰려 함이니이다. 당신은 내가 아뢸 때, 당신이 영감을 주시는 말씀에 의거해서 아뢰기를 원하시나이다. 내가 믿기에, 당신의 영감 없이는 결단코 내가 진리를 아뢸 수 없으니, 이는 당신만이 "진리"[31]시요 "모든 사람은 거짓말장이"(시 116:11)이기 때문이니이다. 하온즉 "제 것으로"(요 8:44) 말하는 자는 거짓을 말하는 자니이다. 이런 까닭으로 내가 진리를 아뢰고자 할 때에는 당신의 것으로 아뢰어야 하나이다.

[주여,] 보소서! 당신은 "온 지면의 씨 맺는 모든 채소와 씨 가진 열매 맺는 모든 나무를"(창 1:29) 식물로 주셨나이다. 비단 우리 [사람]에게뿐 아니라 하늘의 모든 새들과 땅의 짐승들, [땅에] 기는 뱀들에게도 주셨나이다(창 1:30). 하오나 물고기와 큰 고래에게는 이 같은 양식을 주시지 않았나이다.

앞에서 나는 땅의 열매란 비유적, 상징적으로는 이 세상에서 행해지는 이웃 사랑의 행위를 의미한다고 아뢴 바 있나이다. 이 같은 행위는 비옥한 땅에서 이 세상의 삶에 필요한 것들이 공급되는 것과 같나이다. 이와 같은 땅의 예로는 신실한 오네시보로가 있으니, 당신이 저의 집에 긍휼을 베푸사 저가 바울을 "자주 유쾌케 하고"(딤후 1:16), 바울이 "사슬에 매인 것을 부끄러워 아니"(딤후 1:16)했나이다. 이와 같은 일을 한 다른 예로는 '마게도냐에서 온 형제들"(고후 11:9)이 있으니, 저들은 바울의 "부족한 것을 보충"(고후 11:9)함으로써 같은 종류의 열매를 맺었나이다. 반면에 바울 사도는 자기가 마땅히 받아야 할 열매를 주지 않은 '나무들'에 대하여 얼마나 슬퍼하였나이까? 그러므로 그는 다음과 같이 말하였나이다.

> 내가 처음 변명할 때에 나와 함께한 자가 하나도 없고 다 나를 버렸으나 저희에게 허물을 돌리지 않기를 원하노라(딤후 4:16).

이와 같은 열매는 하나님의 신비를 깨닫고 [우리에게] 신령한 가르침으로 봉사하는 자들에게 마땅히 주어져야 하나이다. 이와 같은 열매가 저들

---

31) 요 14:6 참조.

에게 마땅히 주어져야 하는 것은 저들이 [활동적] 인간이기 때문이니이다. 하오나 "산 영혼", 곧 [관조적] 인간에게도 이 같은 열매가 마땅히 주어져야 하니, 이들은 온갖 절제된 생활을 통하여 우리에게 모범을 제시해 주나이다. 끝으로, 날짐승에 비유되는 사람들에게도 이와 같은 열매가 마땅히 주어져야 하는데, 이들은 땅 위를 다니면서 복된 소식을 널리 전하기 때문이니이다. 이들의 "소리가 온땅에 통"(시 19:4)하나이다.

26. 참된 열매

(39) 하오나 이와 같은 '식물'[32]을 먹는 자는 오직 그것을 기뻐하는 자들뿐이니이다. 배를 "저희의 신"(빌 3:19)으로 삼는 자들은 이 같은 양식을 기뻐하지 않나이다. 또한 이 같은 "열매"(창 1:11-12)를 제공하는 자들에게는 무엇을 주느냐보다는 어떠한 마음의 자세로 주느냐가 중요하나이다.[33]

하오니 하나님을 섬겼으나 "자기의 배"(롬 16:18)를 섬기지 않았던 사도 바울이 왜 기뻐하였는지 나는 잘 알고 있으며, 잘 아는 까닭에 나도 그와 함께 심히 기뻐하나이다. 그는 비록 빌립보 교인들이 "에바브로디도 편에"(빌 4:18) 보낸 것을 받았으나, 내가 보기에 그가 기뻐한 이유는 따로 있나이다. 즉 그가 기뻐했던 것은 그에게 기쁨을 주는 양식 때문이었나이다. 그러므로 그는 진심으로 이같이 말하였나이다.

> 내가 주 안에서 크게 기뻐함은 너희가 나를 생각한 것이 이제 싹이 남이니, 너희가 또한 이를 위하여 생각은 하였으나 기회가 없었느니라(빌 4:10).

하온데 [기회를 잡지 못한] 빌립보 교인들은 오랫동안의 기다림에 지쳐

---

32) 창 1:29-30 참조.
33) 어거스틴의 윤리학은 동기주의(動機主義)에 바탕을 둔 심정윤리학(心情倫理學)이었다.

선한 행위의 열매를 맺을 수 없을 만큼 말라 버렸나이다. 그러므로 바울이 기뻐한 것은 저들이 다시 싹을 냈기 때문이니이다. 자기의 궁핍함을 저들이 도와주었기 때문이 아니니이다. 그러므로 바울은 계속해 말하였나이다.

> 내가 궁핍하므로 말하는 것이 아니라 어떠한 형편에든지 내가 자족하기를 배웠노니, 내가 비천에 처할 줄도 알고 풍부에 처할 줄도 알아 모든 일에 배부르며 배고픔과 풍부와 궁핍에도 일체의 비결을 배웠노라. 내게 능력 주시는 자 안에서 내가 모든 것을 할 수 있느니라(빌 4:11-13).

(40) 오, 위대하신 바울 사도여! 하오면 당신은 무엇을 기뻐하셨나이까? "자기를 창조하신 자의 형상을 좇아 지식에까지 새롭게 하심을 받은 자"(골 3:10)시여, "절제"(갈 5:23)가 지극하던 "산 영혼"이시여, 신비를 이야기하던 "공중의 새"(창 1:28)의 혀시여, 당신은 무엇을 기뻐하고 무엇을 양식으로 삼으셨나이까? 당신과 같은 영혼에게 합당한 양식은 무엇이니이까? 당신이 먹고 살던 양식은 무엇이니이까? 그것은 기쁨, 그것이었나이다. [하나님이여,] 바울이 이어서 하는 말을 들어 보겠나이다.

> 그러나 너희가 내 괴로움에 참예하였으니 잘하였도다(빌 4:14).

바울이 기뻐한 것은 그들이 바울의 궁핍함을 덜어 주어서가 아니라, 그들이 선한 일을 행한 까닭이니, 바울은 바로 이것을 자기의 양식으로 삼았나이다. 바울은 여기서 환난 중에 있는 자기를 위로하신 당신에 대해 이야기하였나이다. 하옵고 "풍부와 궁핍에도 일체의 비결을"(빌 4:12) 배우되, 자기에게 "능력 주시는"(빌 4:13) 당신 안에서 배웠다고 하였나이다. 바울은 계속하여 말하였나이다.

> 빌립보 사람들아, 너희도 알거니와 복음의 시초에 내가 마게도냐를 떠날 때에 주고받는 내 일에 참예한 교회가 너희 외에는 아무도 없었느니라. 데살로니가에 있

을 때에도 너희가 한 번 두 번 나의 쓸 것을 보내었도다(빌 4:15-16).

하온즉 바울이 기뻐했던 것은 마른 땅이 옥토가 되어 푸르름을 되찾고 다시 싹을 냄과 같이, 그들이 선한 일을 다시 하게 된 까닭이니이다.

(41) 바울이 "너희가 한 번 두 번 나의 쓸 것을 보내었도다"(빌 4:16)고 하였을 때, 자기가 받는 유익 때문에 기뻐하였겠나이까? 그 때문에 기뻐하였겠나이까? 그것 때문이 아니니이다. 하오면 우리가 이것을 어떻게 알 수 있나이까? 우리가 이것을 알 수 있는 것은 바울이 다음과 같이 말하기 때문이니이다.

내가 선물을 구함이 아니요 [오직 너희에게 유익하도록] 과실이 풍성하기를 구함이라(빌 4:17).

나의 하나님이여, 나는 당신에게서 '선물'과 '과실'을 구별하는 법을 배웠으니, '선물'이란 이 세상에서 필요한 것을 나누어 주는 사람이 나누어 주는 대상이니이다. 돈이나 먹을 것이나, 마실 것이나 의복, 거처나 원조물이 그 예들이니이다. 한편, '과실'이란, 나누어 주는 사람의 선하고 올바른 의지니이다. 그러므로 [우리의] "선한 선생님"(막 10:17; 눅 18:18)께서는 "선지자를 영접하는 자"(마 10:41)라고만 말씀하지 않으시고 "선지자의 이름으로"(마 10:41)라는 말을 덧붙이셨으며, "의인을 영접하는 자"(마 10:41)라고만 말씀하지 않으시고 "의인의 이름으로"(마 10:41)라는 말을 덧붙이셨나이다. 이는 이같이 할 때, 한 사람은 선지자의 상을 받고, 다른 사람은 의인의 상을 받게 되는 까닭이니이다. "선한 선생님"께서는 또한 "이 소자 중 하나에게 냉수 한 그릇이라도 주는 자"(마 10:42)라고만 말씀하지 않으시고 "누구든지 제자의 이름으로"(마 10:42)라는 말을 덧붙이셨으며, 이어서 "내가 진실로 너희에게 이르노니 그 사람이 결단코 상을 잃지 아니하리라"(마 10:42)고 하셨나이다. '선물'이란 선지자를 영접하고, 의인을 영접하고, 제자에게 냉수 한 그릇을 주는 것이니이다. 하오나 '과실'이란 선지자의 이름, 의인의 이름, 제자의 이름으로 이 같은 일을 행하는 것이니이다. 엘리야는 과부의 '열매'를 먹고 살았으니, 그 과부는 그가 하나님의 사람임을 알았기에 그에게 먹을 것을 주었나이다.[34] 하오나 엘리야는 까마귀가 갖다 준 '선물'을 먹고 산 적이 있나이다.[35] 하오나 '까마귀가 갖다 준' 선물'을 먹고 산 것은 엘리야의 속사람이 아니라' "겉 사람"(고후 4:16)이었나이다. 이는 이 같은 음식이 없었다면, 그가 죽었을 것임이니이다.

27. 물고기와 고래의 비유적 의미

(42) 주여, 하온즉 나는 당신 앞에서 진실을 아뢰고자 하나이다. "무식한 자들이나 믿지 아니하는 자들"(고전 14:23)이 입교하여 구원을 받고자 하면, 세례의 예식과 기적이라는 "대사"(大事)(시 71:19)가 필요하니, 내가 믿기로 이 같은 사람들이 "바다의 고기"(창 1:26)와 "고래"(창 1:21)[36]로 비유되고 있나이다. 이들은 당신의 종들을 영접하여 그들의 육신을 소성케 하고, 그들을 도와 이 세상의 삶에 필요한 것을 공급해 주나이다. 하오나 무슨 까닭에, 무슨 목적으로 이 같은 일을 해야 하는지 모르나이다. 하온즉 여기서는 참된 의미의 공궤(供饋)를 행하는 사람도 없고 받는 사람도 없나이다. 이는 공궤를 하는 쪽에서는 거룩하고 올바른 마음으로 공궤를 하지 않고, 공궤를 받는 쪽에서는 그 공궤가 '선물'은 될지 모르나 '열매'는 아직 아님을 아는 까닭에 참된 기쁨을 느낄 수 없음이니이다. 영혼이란 실로 기쁨을 주는 것만을 양식으로 삼을 수 있나이다. 하온즉 물고기와 고래는 짜디짠 바닷물과는 온전히 분리돼 있는 땅에서 난 먹이 없이는 살 수 없나이다.

---

34) 왕상 17:8-16 참조.

35) 왕상 17:2-6 참조.

36) 우리말 개역성경에는 '큰 물고기'로 번역되어 있으나, 어거스틴은 '고래'(coeti)로 번역하고 있다.

28. 심히 좋았더라는 말씀

(43) 주여, 당신은 당신이 만드신 모든 것을 보시고 "심히 좋다"라고 말씀하셨나이다.[37] 우리도 당신이 만드신 모든 것을 보니 심히 좋나이다. 당신이 말씀으로 "있으라!" 하사 여러 종류의 피조물이 각각 생성되었나이다. 하온데, 당신은 그 모든 피조물이 다 좋은 것임을 보셨나이다. 내가 세어 보니, 당신이 만드신 것을 보시고 "좋다"고 말씀하신 것이 [성경에] 일곱 번 기록되어 있나이다. 하옵고, 여덟 번째에는 그 지으신 모든 것을 보시고 그냥 "좋다"고만 하지 않으시고, 모든 것이 전체적으로 "심히 좋다"고 말씀하셨나이다. 이는 당신의 피조물이 '개별적으로는' 그냥 좋기만 하였으나, '전체적으로는' 좋기도 할 뿐더러 "심히" 좋기도 한 까닭이니이다. 모든 아름다운 몸도 이와 같으니, 그 몸의 지체가 각각 아름다우나, 아름다운 지체로 구성된 몸은 그 지체 하나하나보다 훨씬 더 아름답나이다. 이는 각 지체가 저마다 아름답다 해도, 그 지체가 함께 모여 최고의 조화를 이루게 될 때 전체가 완성되는 까닭이니이다.

29. 하나님 말씀은 영원하나 인간의 이해는 시간적임

(44) 나는 [성경을 상고할 때] 당신의 피조물이 당신 마음에 들어 당신이 좋다고 말씀하신 것이 일곱 번인지 여덟 번인지를 알아보려고 주목해 보았나이다. 하오나 나는 당신의 보심에서 시간을 찾아볼 수 없었는데, 나로서는 시간이 존재해야 당신이 하신 일을 당신이 몇 번 보셨는지 이해할 수 있나이다. 그러므로 나는 당신께 아뢰었나이다.

오, 주여, 진실하시며 진리 되신 당신께서 당신의 말씀인 이 성경을 지으셨으니,

---

37) 창 1:31 참조.

이 성경은 참되지 않나이까? 하오면 어찌하여 당신은 나에게 "당신의 보심에는 시간이 없다"고 말씀하시고, 당신의 이 성경은 "당신이 날마다 당신이 지으신 것을 보시고 '좋다' 하셨다"고 기록했나이까? 나는 [당신이 "좋다"고 하신] 그 회수를 세어 보고, 그것이 얼마인지를 알았나이다.

이에 당신은 내게 대답을 해 주셨으니, 이는 당신이 나의 하나님이심이니이다. 당신은 큰 소리로 외치며 당신의 종의 귀에 다음과 같이 말씀해 주셨는데, 그때 내 막힌 귀가 뚫렸나이다.

오, 사람아! 나의 책 성경이 말하는 것이 곧 내가 하는 말이라. 단지 성경은 시간 속에서 말하고 있으나 나의 말은 시간을 초월하나니, 이는 나의 말은 나와 함께 영원히 존재함이라. 너희가 성령을 통하여 보는 것을 내가 보나니, 이것은 마치 너희가 성령을 통하여 말하는 바를 내가 말하는 것과 같도다. 또한 너희가 시간적으로 보는 바를 나는 시간적으로 보지 않으니, 이것은 마치 너희가 시간 속에서 말하는 바를 내가 시간 속에서 말하지 않는 것과 같도다.

30. 마니교의 잘못된 세계관

(45) 주 나의 하나님이여, 나는 이 말씀을 듣고 당신의 진리에서 흘러나오는 감미로운 생수를 마셨나이다. 그리하여 당신이 하신 일을 마음에 들어 하지 않는 자들이 있음을 알게 되었나이다. 저들은 말하기를, 당신은 당신의 피조물 중의 상당수를 어쩔 수 없이 만드셨다 하니, 예를 들면 하늘의 구조나 별들의 배열 같은 것이 그것이니이다. 이나마도 당신이 창조하신 질료에서 만드신 것이 아니라, 당신 이외의 다른 존재가 이미 만들어 놓은 것을 당신이 모으고 짜 맞추셨다 하나이다. 저들은 또 주장하기를, 당신은 당신께 패한 원수들을 재료삼아 우주에 성벽을 쌓으사, 당신께 완전히 패한 그 원수들이 그 성벽에 결박되어 다시는 반역을 일으킬 수 없게 하셨다

느니, 살을 가진 생물이나 극히 작은 생물, 땅에 뿌리를 박고 사는 생물은 모두 당신이 만드신 일이 없고, 조립하신 일은 더욱 없다고 하며, 당신에 의해 창조되지도 않았고 당신에게 적대적인 어떤 영적인 존재가 이 같은 생물을 우주의 하층 계에서 조성하고 형성한다느니 하나이다.

이같이 말하는 자들은 미련한 자들이니이다. 이는 저들이 당신의 피조물을 보되 당신의 영을 통해 보지 아니하고, 또한 피조물 안에서 당신을 인식하지도 못하는 까닭이니이다.

31. 영적인 사람은 하나님의 영을 통하여 봄

(46) 하오나 당신의 영으로 피조물을 보는 사람들에 있어서는 당신이 그들의 눈이 되어 주시나이다. 하온즉 그들이 보고 좋다고 여기는 것은 당신도 보시고 좋다고 여기시는 것이니이다. 당신으로 인하여 우리에게 기쁨이 되는 것은 모두 당신께도 기쁨이 되나이다. 만약 어떤 것이 당신의 영으로 말미암아 우리에게 기쁨이 된다면, 그것은 우리 안에 역사하시는 당신께도 기쁨이 되니, 이는 바울이 다음과 같이 말한 바와 같나이다.

사람의 사정을 사람 속에 있는 영 외에는 누가 알리요. 이와 같이 하나님의 사정도 하나님의 영 외에는 아무도 알지 못하느니라. 우리가 세상의 영을 받지 아니하고 오직 하나님께로 온 영을 받았으니, 이는 우리로 하여금 하나님께서 우리에게 은혜로 주신 것을 알게 하려 함이니라(고전 2:11-12).

이 말씀을 상고할 때 내 마음에 떠오르는 생각이 있어 이같이 아뢰나이다.

하나님의 사정은 정녕 하나님의 영 외에는 아무도 알지 못하나이다. 하오면 하나님께서 우리에게 은혜로 주신 것을 우리가 어떻게 알 수 있나이까?

나에게 주어지는 대답은 이와 같으니, 곧 우리가 하나님의 영으로 아는 것마저도 하나님의 영 외에는 그 어느 누구도 알지 못한다는 것이니이다. 하온즉 하나님의 영으로 말미암아 말하는 자에게 "말하는 이는 너희가 아니라"(마 10:20)는 말씀이 옳은 것같이, 하나님의 영으로 말미암아 아는 자에게 "아는 이는 너희가 아니라" 하는 말도 옳은 것이니이다. 하온데, 이에 못지않게 옳은 말은, 하나님의 영으로 보는 사람들에게 "보는 이는 너희가 아니라" 하는 말이니, 하나님의 영으로 피조물을 보고 좋다고 여기는 것도, 실상은 그 사람들이 아니라 하나님께서 보시고 좋다고 여기시는 것이니이다.

　　하온즉 전에 아뢴 바와 같이, 좋은 것도 나쁘다고 여기는 사람들이 있으나, 좋은 것을 보고 좋다고 여기는 사람들도 있나이다. [하오나 좋은 것을 보고 좋다고 여기는 사람들] 가운데 다수는 당신의 피조물의 좋은 것만 좋다고 여기지, 그 피조물을 인하여 당신을 좋다고 여기지 않나이다. 이는 저들이 당신보다 피조물을 더 향유하고자 하기 때문이니이다. 하오나 다음과 같은 경우도 있나이다. 즉 어떤 사람이 무엇을 보고 좋다고 여길 때, 그 사람 안에 역사하시는 하나님께서 좋다고 여기시는 경우니이다. 이 경우에는 하나님께서 자기의 피조물을 인하여 사랑을 받으시니, 우리는 하나님을 성령으로 말미암지 않고는 사랑할 수 없나이다. 하오나 성령은 하나님께서 주시니, [이는 다음과 같이 기록된 바와 같나이다.]

　　우리에게 주신 성령으로 말미암아 하나님의 사랑이 우리 마음에 부은 바 됨이니……(롬 5:5).

　　우리는 이 성령으로 말미암아 모든 존재를 좋다고 여기나이다. 하오나 이때에 우리는 존재 방식에는 상관하지 않나이다. 이는 모든 존재는 모든 것을 초월해 계시는 절대적 존재이신 그분에게서 왔기 때문이니이다.

32. 하나님이 창조하신 것은 다 좋음

(47) 주여, 당신께 감사하나이다. 우리가 하늘과 땅을 생각할 때, 하늘은 물질세계의 상층을 가리키고 땅은 물질세계의 하층을 가리키든지, 아니면 하늘은 영적인 세계를 가리키고 땅은 물질세계를 가리킴을 알 수 있나이다. 하옵고 세계 전체는 그것이 물질세계 전체든지 아니면 모든 피조세계 전체든지 간에, 이들 부분이 조화롭게 모여 형성된 것임을 알 수 있나이다. 이런 까닭에 우리는 빛이 창조되어 어두움과 나뉜 것 또한 알 수 있나이다.

우리가 [또한] 하늘의 궁창을 생각할 때는, 그것이 상층의 영적인 물과 하층의 물질적인 물 사이에 자리잡은 가시적인 세계의 제일가는 형체든지 아니면 기체(氣體)가 활동하고 있는 공중임을 알 수 있는데, 후자의 경우 역시 '하늘'이라고 불리고, 이 '하늘'에는 물이 증발하여 올라가 돌아다니니, 이 물은 청명한 밤에 이슬이 되나이다. 그리하여 하늘의 새들은 이 '하늘'의 물과 땅에서 도도히 흐르는 물 사이를 날아 다니나이다.

우리는 [또한] 망망대해에 모인 물의 아름다움과 마른 땅을 생각하나이다. 하온데 땅에는 헐벗은 땅과 질서 있게 잘 정돈되어 보기 좋은 땅, 곧 풀과 나무가 잘 자라는 땅이 있나이다.

우리가 하늘 위에 여러 "광명"(창 1:14)이 있어 빛나는 것을 보니, 태양은 낮을 채우고 달과 별은 밤에 위로를 주나이다. 하옵고 우리는 이 모든 광명으로 인하여 시간을 표시하고 알릴 수 있나이다.

우리가 [또한 보니,] 대자연의 습한 기운을 힘입어 물고기와 들짐승들이며 하늘의 새들이 어디에나 생육하며 번성하고 있나이다. 이는 새들로 날 수 있게 하는 공기의 밀도가 수분의 증발로 인하여 높아지는 까닭이니이다.

우리는 [또한] 땅의 표면이 들짐승들로 아름답게 치장됨과 당신의 형상과 모양대로[38] 지음받은 인간이 당신의 형상과 모양, 이것을 힘입어 이성이 없는 모든 생물을 다스림을 보니, 당신의 형상과 모양으로 인해 인간은

---

38) 창 1:26 참조.

이성과 지력(智力)을 지니나이다.

　인간의 영혼은 두 부분으로 나누어지니, 첫째 부분은 생각함으로 다스리는 부분이고, 둘째 부분은 첫째 부분에 예종되어 다스림을 받는 부분이니이다. 남녀 간의 질서도 이와 같나이다. 곧 육신적으로 여자는 남자를 위해 창조되었으니, 영혼과 이성적 인식의 면에서는 남녀가 서로 동등하나, 육신의 성(性)으로는 여성이 남성에 종속되나이다. 이는 마치 사람이 무슨 행동을 하고자 할 때, 올바른 행동을 할 힘을 얻기 위해서는 감정을 이성에 복종시켜야 함과 같나이다.

　우리가 이 모든 것을 보니 하나하나가 다 좋으며, 전체적으로는 "심히"(창 1:31) 좋나이다.

33. 형상과 질료의 창조는 동시적이었음

　(48) 당신이 지으신 것들이 당신을 찬미함은 우리로 당신을 사랑하라 함이요, 우리가 당신을 찬양함은 당신이 지으신 것들로 당신을 찬미하라 함이니이다. 당신이 지으신 것들은 시간 속에 그 시작과 끝을 지니고 있으며, 흥망성쇠가 있고, 아름다울 때와 시들 때가 있나이다. 하온즉 피조물에게는 알게 모르게 '아침과 저녁'이 번갈아 닥치나이다. 이는 피조물이 당신에 의해 무(無)에서 창조되었기 때문이니이다. 하오나 당신에게서 유출된 것은 아니고, 당신의 피조물 아닌 그 무엇에서 창조된 것 역시 아니며, 혹은 그 전부터 존재하고 있던 그 무엇에서 나온 것 역시 아니니이다. 오히려 피조물은 동시적으로 창조된 질료로부터, 곧 당신이 피조물과 동시적으로 창조하신 질료로부터 만들어졌나이다. 즉 당신이 무형적인 질료를 만드신 것과 그 질료에 형상을 부여하신 것에는 아무 시간 간격이 없나이다.

　본디 천지의 질료와 천지의 형상은 서로 다르나이다. 하오나 당신이 이 두 가지를 동시에 창조하셨으니, 질료는 절대무(絶對無)에서 창조하셨고, 세계의 형상은 무형적 질료에서 창조하셨나이다. 그리하여 질료에 형상이 부여되는 일이 아무 시간 간격 없이 일어났나이다.

34. 창조 기사에 대한 비유적 해석을 요약함

(49) 우리는 당신이 어떠한 뜻으로 피조물을 이와 같은 순서로 창조하셨는지, 혹은 창조 기사(記事)를 이와 같은 순서로 기록하게 하셨는지 살펴보았나이다. 그리하여 피조물 하나하나가 다 좋으며, 피조물 전체는 "심히"(창 1:31) 좋다는 사실을 깨달았나이다. 하옵고 당신의 로고스, 곧 당신의 독생자 안에서 하늘과 땅, 곧 교회의 머리와 몸이 '아침과 저녁'이 없는 만세 전에 예정되었음을 깨달았나이다. 하오나 당신이 [만세 전에] 예정하신 바를 시간 속에 실현하사 감추어진 것을 드러나게 하시고, 우리의 혼돈에 질서를 부여해 주시기 시작할 때, 당신의 선한 영이 때맞추어 우리를 돕고자 [수면에] "운행"(창 1:2)하셨으니, 이는 우리의 죄악이 우리 위에 있어, 우리가 당신을 떠나 "흑암"(창 1:2)에 휩싸인 "깊음"(창 1:2) 속으로 빠져들고 있었음이니이다. 그리하여 당신은 "경건치 아니한 자를 의롭다"(롬 4:5) 하셨고, 저를 사악한 자들과 구별하셨나이다. 하옵고 당신의 책 성경의 권위를 당신께 순종하는 윗사람들과 이들에게 순종하는 아랫사람들 사이에 굳게 세워 두셨나이다. 당신은 또한 불신자들을 하나로 모으사 사악한 집단이 되게 하셨으니, 이는 신자들의 열성이 돋보이게 하기 위함이니이다. 신자들은 당신을 위하여 사랑의 행위를 나타내니, 곧 하늘의 보화를 얻기 위하여 땅의 재물을 가난한 사람들에게 나누어 주나이다.

당신은 또한 "궁창에 광명"(창 1:14)을 두셨다 하였는데, 이것은 생명의 말씀을 간직하는 당신의 거룩한 자들을 상징하니, 이들은 영적인 은사를 받아 높은 권위의 빛을 발하는 자들이니이다. 하옵고 당신은 믿지 않는 이방 백성들을 교화시키고자, 물질적 질료에서 성례전과 보이는 기적과 '궁창' 과도 같은, 당신의 책의 권위에 근거한 말씀의 음성을 내어 주셨으니, 이로 말미암아 신자들도 복을 얻나이다. 다음으로 당신은 신자들로 그들의 정욕을 절제의 힘으로 다스리게 하사, 그들에게 '산 영혼'을 형성해 주셨나이다. 그리하여 당신은 그들의 영을 당신의 형상과 모양대로 새롭게 하사, 인간적 권위에는 결코 다시는 모방할 필요가 없이, 오직 당신께만 순종하게 하셨나이다. 하옵고 당신은 행위로 이성의 지도를 받게 하셨는데, 이는 마치 여자로 남자에게 순종케 하심과 같으니, 행위는 이성의 지도를 받을 때 이성적이 되나이다. 끝으로, 현세의 삶에서 신자들을 온전케 하기 위해서하여는 사역자(事役者)들이 필요한 까닭에, 당신은 신자들이 그들의 현세적 용도를 채워 주기 원하시나이다. 이는 신자들의 이 같은 행위는 장래에 열매를 맺을 행위임이니이다.

이 모든 것을 우리가 보니 "심히"(창 1:31) 좋나이다. 이는 당신이 우리 안에서 이들을 보심이니이다. 당신은 우리에게 성령을 주셨으니, 이는 우리로 성령 안에서 이들을 보고, 이들로 말미암아 당신을 사랑하게 하려 하심이니이다.

35. 우리에게 평화를 주소서!

(50) 주 하나님이여, 우리에게 평화를 주소서! 모든 것을 우리에게 주셨으니 정적(靜寂)의 평화, 안식일의 평화, 저녁이 없는 평화를 주소서! 이는 만물의 이 지극히 아름다운 질서가 "심히"(창 1:31) 좋다 해도, 자기 갈 길을 다 간 후에는 사라지고 말 것임이니이다. 만물에게는 실로 아침이 있고, 저녁이 있나이다.

36. 저녁이 없는 날

(51) 하오나, 일곱째 날은 저녁이 없나이다. 이 날은 해가 지지 않사오니, 이는 당신이 이 날을 "거룩하게"(창 2:3) 하사 영원토록 지속하게 하셨기 때문이니이다. 당신은 비록 당신의 창조사역을 고요한 중에 행하셨으

나, 그 사역을 다 마치신 후 일곱째 날에는 안식하셨다고 당신의 책 성경이 미리 우리에게 말씀해 주신 것같이, 우리도 당신이 우리에게 행하라고 주신 우리의 할 일을 다 마친 후에는 영원한 생명의 안식을 당신 안에서 누릴 것이니이다.

37. 우리 속에 있는 하나님의 안식

(52) 그때에는 실로 당신도 우리 안에서 쉬실 것이라. 이는 지금 당신이 우리 안에서 일하시는 것과 같나이다. 그리하여 당신의 안식은 우리로 말미암을 것이니, 이는 지금 당신의 일하심이 우리로 말미암음과 같나이다. 하오나 주여, 당신은 언제나 일하시며 언제나 쉬시나이다. 당신의 보심은 시간 속에서 보심이 아니며, 당신의 움직이심은 시간 속에서 움직이심이 아니고, 당신의 쉬심 역시 시간 속에서 쉬심이 아니니이다. 하오나 당신은 시간 속에서 보는 일과 시간 자체와 시간 이후[39]의 안식을 마련해 주셨나이다.

38. 영원하신 하나님의 보심과 일하심과 안식

(53) 당신이 창조하신 것들을 우리가 볼 수 있음은 이것들이 실로 먼저 존재하는 까닭이니이다. 하오나 이것들이 존재함은 당신이 이것들을 보고 계시는 까닭이니이다. 우리는 이것들의 존재를 외적인 눈으로 보며, 이것들의 좋음은 내적인 눈으로 보나이다. 하오나 당신은 만들고자 하신 것을 보실 때 이미 만들어진 것을 보시나이다.

하온데 우리는 당신의 영으로 말미암아 우리 심령이 좋은 일을 할 마음을 가지게 된 후에야 좋은 일을 행하게 되나이다. 하오나 이전에 우리는 당

---

39) 종말 이후.

신을 떠나 있었기에 악을 행하는 데 바빴나이다. 유일하시고 선하신 하나님이시여, 하오나 당신은 좋은 일 행하시기를 그치지 않으셨나이다. 물론 우리도 좋은 일을 한 적이 있으나, 모두 당신의 은혜로 말미암아 한 일이었나이다. 하온데 우리가 하는 일은 영원하지 않으나, 우리의 할 일을 다 마친 후에 당신 안에서 거룩하고 영화롭게 되어 안식하기를 소망하나이다. 하오나 당신은 선 자체시라서 아무 선도 필요로 하지 않나이다. 당신은 또한 당신의 안식 자체시라서 언제나 안식하고 계시나이다.

하온데, 이것을 사람 중에 누가 깨달아 다른 사람에게 가르쳐 줄 수 있으리이까? 어느 천사가 다른 천사에게 가르쳐 주리이까? 어느 천사가 사람에게 가르쳐 주리이까? 당신께 간구해야 할 것이며, 당신 안에서 찾아야 할 것이며, 당신이 들으시도록 문을 두드려야 할 것이니이다. 그리하면, 오직 그리하면 받을 것이며, 찾을 것이며, 열릴 것이니이다.[40]

---

40) 마 7:8 참조.

어거스틴(354. 11. 13 - 430. 8. 28) 연표

371	아버지 파트리키우스(Patricius) (*308) 소천
371-375	카르타고(Carthago)의 수사학교
371	동거녀 플로리아(Floria)와 동거 시작(-385)
372	아들 아데오데투스(Adeodatus) († 390) 출생
373	호르텐시우스(Hortensius)의 체험
373-382	마니교 신자
375-376	고향 타가스테(Thagaste)에서 수사학 교사로 일함
376-383	카르타고에서 수사학 교사로 일함
383-384	로마에서 수사학 교사로 일함. 회의주의
384 가을 - 386	가을 밀라노(Milano) 국립 수사학교 교수 (286-402 로마제국 서부의 수도) 암브로시우스(*334?, 재직 374-397)
384 말	다시 학습교인이 됨
385 봄	어머니 모니카(Monica)(331-387), 밀라노로
385 말	동거녀 플로리아 버림
386 봄	신 플라톤주의 철학에 접하게 됨
386. 8 초	폰티키아누스(Ponticianus)의 방문 『안토니우스(Antonius)의 전기』 Tolle, lege! 롬 13:13-14

386. 8 하순 – 387. 2	카시시아쿰(Cassiciacum)
387. 3. 10 (수) – 4. 24(토)	사순절
387. 4. 24 (토)	부활절 전야 수세(受洗, 집례자: 암브로시우스)
387 초여름	밀라노 떠남
387. 8	로마의 외항(外港) 오스티아(Ostia)에 도착
387. 가을	어머니 모니카(*331) 소천(만 56세)
387 가을 – 388 여름	로마에 체류
388 가을	고향 타가스테로 귀환
388 가을 – 391 초	타가스테에서 수도원 생활
391 초	힙포 레기우스(Hippo Regius) 방문
391 봄	힙포(Hippo)의 장로가 됨
393	힙포 회의(會議)에서 정경(正經)의 범위 결정
395	힙포의 공동감독(公同監督)이 됨
396 초	힙포의 감독이 됨(만 42세)
397	카르타고 회의에서 정경의 범위 재확인
401	『고백록』 완성
410. 8. 24 – 27(만 3일)	서 고트(Goth)족이 로마 약탈
411	카르타고 회의에서 도나투스파 정죄
411 – 431	펠라기우스(Pelagius) 논쟁
421/422	『신망애 편람』(信望愛 便覽) 완성
422/426	『삼위일체론』 완성
427	『신국론』(神國論) 및 『기독교 학문론』 완성
	에라클리우스(Eraclius), 어거스틴의 후계자로 선출됨
429 – 529	반 펠라기우스 논쟁
429. 5	반달(Vandal)족, 북아프리카 침입
430. 5	반달족, 힙포 성(城) 포위
430. 8. 28	어거스틴 소천(만 76세)
431. 6 – 9	에베소 회의
431. 7	힙포 성, 반달족에게 함락됨
431 – 439	포씨디우스, 『어거스틴의 전기』 집필
529	아라우시오(Arausio=Orange) 회의

참고문헌

1. 우리말 서적

김광채. "로마감독의 수위권에 대한 아우구스티누스의 입장." 『韓國敎會史學會誌』 第5輯 (1992): 65-78.

―――. "어거스틴의 일반효용의 개념에 관한 전통사적 고찰." 『改革思想』 3 (1989. 겨울): 123-142.

―――. 『신학논문작성법』 2판. 서울: 도서출판 참말, 1994.

김규영. 『아우구스티누스의 生涯와 思想』 서울: 螢雪出版社, 1986.

김명혁. 『초대교회의 완성자 어거스틴의 생애』 서울: 성광문화사, 1995.

金正俊. 『어거스틴』 서울: 大韓基督敎書會, 1958.

문시영. 『아우구스티누스와 행복의 윤리학』 서울: 서광사, 1996.

배수영. 『어거스틴의 내면세계로의 여행』 서울: 도서출판 예루살렘, 2002.

서요한. 『초대교회사』 서울: 크리스챤다이제스트, 1999.

선한용. 『시간과 영원: 어거스틴에 있어서』 서울: 성광문화사, 1986.

오병학. 『어거스틴』 서울: 규장문화사, 1993.

유형기. 『히포의 성 어거스틴』 서울: 한국기독교문화원, 1985.

이규철. 『어둠에서 빛으로: 하나님을 향한 어거스틴의 회심』 서울: 쿰란출판사, 2001.

이석우. 『아우구스티누스』 서울: 민음사, 1995.

이장식. 『젊은 어거스틴』 서울: 종로서적, 1993.

이형기. 『세계교회사』 I. 서울: 한국장로교출판사, 1994.

鄭義采 · 金奎榮 共著. 『中世哲學史』 서울: 志學社, 1977.

韓哲河. 『古代基督敎思想』 서울: 大韓基督敎書會, 1970.

2. 번역 서적

노만 가이슬러 편. 『작품으로 살펴본 어거스틴 사상』 박일만 옮김. 서울: 성광문화사, 1986.

자느 다느마리. 『모니카와 어거스틴: 영원한 母子』 송규빈 옮김. 서울: 성훈출판사, 1978.

H. R. 드롭너(Drobner). 『교부학』 하성수 옮김. 왜관: 분도출판사, 2001.

B. 럿셀(Russell). 『西洋哲學史』 上 · 下. 崔旼洪 옮김. 서울: 集文堂, 1973. 上: 『古代篇 및 中世篇』 下: 『現代篇』.

미카엘 마샬(Michael Marshal). 『사진과 함께 보는 어거스틴의 생애』 김원주 옮김. 서울: 나침반社, 1989.

R. 배튼하우스(Battenhouse). 『아우구스티누스 연구 핸드북』 현재규 옮김. 서울: 크리스찬 다이제스트, 1997.

W. S. 뱁코크(Babcock). 『아우구스티누스의 윤리학』 문시영 옮김. 서울: 서광사, 1998.

──. 『아우구스티누스의 기본신앙』 김원주 옮김. 서울: 생명의 말씀사, 1995.

피터 브라운(Peter Brown). 『어거스틴: 생애와 사상』 차종순 옮김. 서울: 대한예수교장로회 총회출판국, 1992.

H. J. 스퇴릭히(Störich). 『세계철학사』 상권. 임석진 옮김. 왜관: 분도출판사, 1983.

K. 야스퍼스(Jaspers). 『어거스틴의 생애와 사상』 김쾌상 옮김. 서울: 전망사, 1981.

佐野勝野 편저. 『어거스틴과 그의 사상』 서울: 은성, 1993.

헨리 채드윅(Henry Chadwick). 『아우구스티누스』 김승철 옮김. 시공사, 2001.

J. N. D. 켈리(Kelly). 『고대기독교교리사』 서울: 도서출판 한글, 1990.

C. 크레모나(Cremona). 『성아우구스티누스傳』 성염 옮김. 서울: 성바오로 출판사, 1992.

티오도르 택(Theodor Tack). 『아우구스티누스가 살아 있다면』 서울: 성바오로출판사, 1993.

D. 테일러(Taylor). 『어거스틴의 생애』 최치남 옮김. 서울: 생명의 말씀사, 1986.

3. 영어 서적

Bonner, Gerald. *St. Augustine of Hippo: Life and Controversies*. 2d ed. Norwich: Canterbury Press, 1986.

Brown, Peter. *Augustine of Hippo: A Biography*. Berkeley: Univ. of California Press, 1967.

MacCuish, Dolina. *Augustine: A Mother's Son*. Fearn, Rossshire: Geanies House, 1999.

Matthews, Alfred Warren. *The Development of St. Augustine from Neoplatonism to Christianity: 386-391 AD*. Washington, D. C.: Univ. Press of America, 1980.

Meagher, Robert E. *An Introduction to Augustine*. New York: New York Univ. Press, 1978.

O'Connell, Robert J. *St. Augustine's Confessions: The Odyssey of Soul*. 2d ed. New York: Fordham Univ. Press, 1989.

O'Meara, John J. *The Young Augustine: The Growth of St. Augustine's Mind up to His Conversion*. London: Longmans, 1954.

Smith, Warren Thomas. *Augustine: His Life and Thought*. Atlanta, Ga.: John Knox Press, 1980.

TeSelle, Eugene. *Augustine the Theologian*. London: Burnes & Oates, 1970.

CHRISTIAN LITERATURE CRUSADE

사단법인 기독교문서선교회는 청교도적 복음주의신학과 신앙을 선포하는 국제적, 초교파적, 비영리 문서선교기관입니다.

사단법인 기독교문서선교회는 한국교회를 위한 교육, 전도, 교화에 힘쓰고 있습니다.

만일 당신이 예수 그리스도와 그리스도인의 생활에 대하여 알기를 원하시면 지체 말고 서신 연락을 주십시오. 주 안에서 기쁜 마음으로 도움을 드리겠습니다.

서울시 서초구 방배동 983-2
Tel. (02)586-8761~3

사단법인 기독교문서선교회

성 어거스틴의 고백론
The Confessions

2004년 7월 3일 초판 발행
2022년 3월 31일 초판 5쇄 발행

지 은 이 | 성 어거스틴

편　　집 | 김광채
펴 낸 곳 | (사)기독교문서선교회
등　　록 | 제16-25호(1980. 1. 18.)
주　　소 | 서울특별시 서초구 방배로 68
전　　화 | 02-586-8761~3(본사) 031-942-8761(영업부)
팩　　스 | 02-523-0131(본사) 031-942-8763(영업부)
이 메 일 | clckor@gmail.com
홈페이지 | www.clcbook.com
송금계좌 | 기업은행 073-000308-04-020 (사)기독교문서선교회

ISBN 978-89-341-0825-2(03230)

이 책의 저작권은 저자와 (사)기독교문서선교회가 소유합니다.
신저작권법에 의하여 한국 내에서 보호받는 저작물이므로 무단 전재와 무단 복제를 금합니다.